游心书屋札记

问学寻思录

张西平 著

中 华 书 局

图书在版编目(CIP)数据

游心书屋札记:问学寻思录/张西平著. —北京:中华书局,
2019.12
ISBN 978-7-101-13679-1

Ⅰ.游… Ⅱ.张… Ⅲ.①东西文化-文化交流-文化史-中国
-文集②基督教史-中国-文集③语言学史-中国-近代-文集
④汉学-西方国家-文集 Ⅳ.①G129-53②B979.2-53③H0-09
④K207.8-53

中国版本图书馆 CIP 数据核字(2019)第 001927 号

书　　名	游心书屋札记——问学寻思录
著　　者	张西平
责任编辑	李碧玉
出版发行	中华书局
	(北京市丰台区太平桥西里 38 号　100073)
	http://www.zhbc.com.cn
	E-mail:zhbc@zhbc.com.cn
印　　刷	北京市白帆印务有限公司
版　　次	2019 年 12 月北京第 1 版
	2019 年 12 月北京第 1 次印刷
规　　格	开本/920×1250 毫米　1/32
	印张 20　插页 16　字数 500 千字
国际书号	ISBN 978-7-101-13679-1
定　　价	180.00 元

知青时代

首席专家张西平

与恩师任继愈先生合影

与德国汉学大师傅吾康合影

2004年6月参加韩国汉字国际学术讨论会

2011年在里斯本召开的第二届澳门学会议上
与葡萄牙著名学者萨安东教授合影

与德国汉学家郎宓榭合影

2014年与法国汉学家汪德迈合影

与意大利著名汉学家蓝乔蒂合影

在德国《华裔学志》研究所与所长马雷凯合影

与伊朗汉学家萨贝基合影

在日本关西大学与余英时先生、沈国威教授、周振鹤教授合影

与梵蒂冈图书馆签订合作协议

在巴黎遣使会档案馆

与美国汉学家马爱德、北京外国语大学文庸教授在故宫参观

与香港基督教研究专家李志刚合影

与耿昇先生、大象出版社周常林社长等合影，从此开启了20多年的合作历程

2015—2019年担任国际儒联副会长期间与会长滕文生先生合影

与阎存德先生合影

与我的学术好友任大援教授合影

与我的第一个博士生杨慧玲合影，她的关于马礼逊研究的博士论文获得全国优博提名

七十岁生日与弟子们在香山合影

2019年获得西班牙使馆颁发的国民成就勋章时与西班牙驻华大使合影

2014年被评为"光明之光"中国文化交流年度人物

与太太侯定慧在济州岛合影

卷首语

序为书之眼,跋为书之心。自写序是为书明题,为他人写序则是作为读者为书明题。俗话说,眼为心之窗,序言亦如此。一篇好的序言,清澈澄明,无论是自己写,还是他人写,都能使读者如沐春风,读后如醉如痴,爱上这本书。跋或后记则是作者展开心灵的地方,尤其一些厚厚的学术性书籍,拿起来沉甸甸,读起来艰辛得很。大多数读者第一想知道的就是作者写的是什么,为何写这样一本书。一旦读到明了、清新的后记,就仿佛越过重重的山峰,会当凌绝顶,一览众山小。后记是作者和读者沟通心灵之桥,以文会友,作者和读者虽相距在万里之遥,但犹如朋友在后记中相会。我在书市购书,不管买哪种书,第一件事就是看后记,因为在那里可以看到作者的苦恼与快乐,作者的所思所虑,一下子和作者拉近了距离。

另外,序言和后记作为文章也自有其特点,不像学术论文那样一本正经,板个面孔。文风有点像散文、随笔。古人之文章,文情并茂,令人百读不厌。而今我辈至开始学会写学术论文后,呲牙咧嘴,文章面目狰狞,才情已荡然无存,风骨已无踪影。凡写文章都要谈思想,讲深度,文中之"道"早已把文中之"彩"压得无踪无影了。"盖文章,经国之大业,不朽之盛事",这样的佳作已经很难寻。我自己也已习惯于学术论文的写作模式,无力自拔。这样,每每在书的前言、后记中试图做一突围,抒以真情。这也是喜欢为自己和他人写点序言、后记之类短文的原因之一。

　　自上个世纪九十年代开始，我自己开始了学术的转型，进入中西文化交流史为基础的西方汉学研究，每每出书都一定写序言与后记，写出自己的学所得和学所困。后来，朋友多了，读了别人的书后也常发感想。顾炎武在谈到读书时曾说："惟是斯道之在天下，必有时而兴，而君子之教人有私淑艾者，虽去之百世而犹若同堂也。"文人之乐在于此，可与古人通精神，可用文章会朋友。这本札记收录了我二十余年来在中西文化交流史中的西学东渐研究、中国基督宗教史研究、近代中国语言史研究、西方汉学研究和跨文化研究五个学术研究领域中，读书问学、涂鸦会友的文字。六十岁时，曾在三联书店出版了《东西流水终相逢》，以告慰我六十而耳顺之年。在自己到了七十而从心所欲不逾矩的年龄时，在中华书局出版这本《游心书屋札记》，书中所收文章不揣芜杂之嫌，幸读者谅而教之，正是：文章千古事，得失寸心知。

西平识

2018 年 3 月 27 日于游心书屋

目　录

碧海丝路　中西汇通

他乡有夫子　东西流水终相逢

黄鹂春风鸣　五洲汉字风

天地南北双飞客　一桥横渡化古今

十年甘苦心　得失寸心知

碧海丝路　中西汇通

重新回到平等对话的元点上

在远古的时代，东西双方在对方的眼中都是一个梦，一个神话。希腊人最早把中国人称"赛里斯人"，他们认为赛里斯人"身高达十三肘尺"，"寿逾二百岁"，"皮与河马相近，故万箭不能入"，中国人此时在西方人眼中真是半人半仙。在《吕氏春秋·古乐篇》《逸周书·王会解》等先秦典籍中，我们的先祖也有了一些对西方的认识，如《山海经》中，我们的先祖把西部世界的人描绘成"其状如人，豹尾虎齿"，由此可以看出，那时西方人在中国人眼中也是半仙半人。

在漫漫的历史长夜中，那一望无垠的大漠上的阵阵驼铃声连起了东方和西方，那时双方的交往大都还停留在器物交流的水平上。元代时东西交通畅通，威尼斯商人马可·波罗（Marco Polo）成为蒙古大汗的座上客，据说还被派到了扬州当了几年的"父母官"，但他那本震惊西方的《马可·波罗游记》竟然一字未提孔子、儒家，难怪至今有人怀疑马可·波罗是否真的到过中国。或许是像黑格尔所说，那时人类的"自我意识"还没有达到宗教和哲学的阶段，因而根本谈不上实质性的思想和哲学的交流。

世界近代化的曙光是在碧蓝的大海上升起的，哥伦布（Christopher Columbus）这个被有些人称作"是个骗子、可耻的人、小偷和见了女人就追的人"，拉开了世界近代化的序幕。"寻找契丹"，寻找《马可·波罗游记》中那神奇、富饶的东方，是大航海的直接动因之一。哥伦布就是身怀着西班牙国王所写的"致大汗书",肩负着寻找契丹的使命,带着他那到达香料堆积如山、白帆遮天蔽日的刺桐港的梦想而踏上这历史性的航程的。但阴差阳错,不知道大西洋上的哪股风把他的船吹到了海地。从此,大航海的时代到来了,地理大发现的时代到来了。

哥伦布没有到达中国,但东西双方宗教与哲学的交流,乃至近代以来整个中西文化的交流的奠基性人物还是由一个意大利人来完成的,这就是明万历年间入华的耶稣会传教士利玛窦(Matteo Ricci)。利玛窦1552年10月6日出生于意大利马切拉塔城(Macerata)的一个以红蓝色刺猬为其族徽的大户人家。据占星学家说,利玛窦出世的时候,"天平宫适在其上,土星刚刚上升",这预示着他是一个非凡的人物。

此事不知真假,但利玛窦这只"红蓝色刺猬"的东渡使东西方哲学、宗教思想真正相遇,从而使双方的思想都发生了重大的变化。就此而言,方豪先生称"利玛窦实为明季沟通中西文化之第一人"实不为过。在中西思想文化交流史上,他的成就恐怕是前无古人、后无来者。交流也就是对话,思想的对话才使文化交流达到它的高潮。

利玛窦及他以后的来华耶稣会士做了两件惊天动地的大事。

第一件就是"西学东渐",为中国近代思想的演进掀开了新的一页。利玛窦第一次向中国介绍了西方天文学,其《乾坤体义》被《四库全书》的编纂者称为"西法入中国之始",继而又和明末大儒李之藻合著《浑盖通宪图说》。从此,对西方天文学的介绍一直是来华耶稣会士的重头戏,乃至明清间历局大部分为传教士所主持。

历学和算学二者历来不可分,利玛窦和徐光启所翻译的《几何原本》在中国产生了重大的影响,阮元认为传教士所介绍的各种西学书中"当以《几何原本》为最",所以,梁启超后来称这本书是"字字精金美玉,为千古不朽之作"。

利玛窦所绘制的《万国舆图》更是受到了许多人的喜爱,明清间先后被翻刻了十二次之多,乃至万历皇帝也把这幅世界地图做成屏风,每日坐卧都要细细端看。

表面上利玛窦所介绍的这些似乎都是纯科学的知识,其实这些科学知识蕴含着西方的宇宙观、哲学观。历学虽仍是中世纪的,但理论对中国来说却完全是异质的,算学则把西方科学逻辑思维方法介绍到中国,而地学则是大航海以来西方新的世界观念的体现,它从根本上动摇了中国传统的夷夏观念。

利玛窦这只"红蓝色刺猬"是极为聪明的,科学不过是他传教的手段,而传教则是他的目的。像他自己所说:"象纬之学,特是少时偶所涉猎;献上方物,亦所携成器,以当羔雉。其以技巧见奖借者,果非知窦之深者也。若止尔尔,则此等事,于敝国庠序中,是为微末,器物复是诸工人所造,八万里外,安知上图之无此?何用泛海三年,出万死而致之阙下哉?所以然者,为奉天主至道……"①

利玛窦和来华耶稣会士在传播西方哲学思想方面的成绩亦是很大的,利玛窦的《天主实义》是中西文化史上第一部比较哲学的著作,也是中西文化的第一次实质性的对话。该书言古经,谈天主,文采四溢,博学通达,一时赢得许多士大夫好评,明清间此书久印不衰。长期以来一些人认为利玛窦介绍来的这套天主教的东西是有害的东西,这种看法实在太肤浅。宗教传播历来是文化传播的重要途径,如果没有自玄奘以来的译经活动,中国哪里知道印度的文化。徐光启加入天主教直接的原因之一就是看到了一幅精美的圣母像,实际上他是被基督教文化所震撼。

直到今天许多人还认为亚里士多德、毕达哥拉斯、西塞罗等这些古希腊罗马的大哲学家是在五四时期介绍到中国来的,其实不然,别的不说,仅亚里士多德的书明清时就有多部被译成中文。被

————————

① 〔意〕利玛窦:《辨学遗牍·利先生复虞铨部书》。

称为"西来孔子"的艾儒略(Giulio Aleni)认为西方哲学中的"落日加"即逻辑学位于首位,是"立诸学之根基";傅泛际(Francois Furtado)和李之藻将亚里士多德的逻辑学的一部分译为中文,取名《名理探》;比利时传教士南怀仁(Ferdinand Verbiest)则继而把他们未完成的后半部分整理出版,中文取名《穷理学》。这种逻辑思想的传入对中国传统思想产生了重大的影响,为处于阳明心学衰落中的中国思想界注入了一股清风。

　　明清间,从利玛窦入华到乾嘉厉行禁教时为止,"中西文化之交流蔚为巨观。西洋近代天文学、历法、数学、物理、医学、哲学、地理、水利诸学,建筑、音乐、绘画等艺术,无不在此时传入"①。这次西方文化的传播规模之大,影响之广,是中国历史上前所未有的。

　　特别引人注意的是此时士大夫阶层对西学的接受的态度。当时,尽管保守派并不少,并时时挑起争端,但大多数知识分子对西学采取接受态度。利玛窦在明末时交游的士大夫有一百四十多名,朝中的主要官员、各地主要公卿大夫几乎都与其有过来往。当时的不少士大夫对于利玛窦等人介绍来的西学既不趋之若鹜,盲目附和,也不拒之门外,孤芳自赏,而是心态平稳,该做自我批评时就反躬自问,虚心学习,该承认自己传统时,也不夜郎自大,旁若无人。如徐光启在《同文算指序》中对中国算学失传做深刻反省,认为原因之一在于"名理之儒,土苴天下之实事",而利先生的西学之根本优点在于"其言道、言理,既皆返本蹠实,绝去一切虚玄幻妄之说"。而只有学习西学才能把我们已丢失的黄帝、周公之算学继承下来。那时的读书人中既没有晚清知识分子因山河破碎所造成的在中西文化关系上的焦虑之感,也没有后来五四精英们的那种紧张感,如晚明名士冯应京所说:"东海西海,此心此理同也。"②从容

---

① 方豪:《中西交通史》下册,岳麓书社,1987年,第692页。
② 冯应京:《刻交友论序》。

自如,大度气象一言尽之。这同五四时期的那种东西方的二分法、非此即彼的文化态度形成明显的对比。

胡适后来在谈到中国近代思想的演进时就曾提到,中国近三百年来思想学问皆趋于精密细微科学化,许多人认为即17世纪西洋天主教耶稣会教士来华影响。"西学东渐",东西会通,中国文化开始向近代形态转变。

利玛窦和来华耶稣会士所做的第二件事就是将中国文化传向西方,简称"中学西传"。

由于利玛窦所确定的"合儒补儒"路线取得成功,明清间在华耶稣会士虽和中国文化时有冲突,但大体耶儒相通。这条路线的确定使传教士来华的第一件事就是学习方块字,说中国话,用毛笔写中文书,这对后来的传教士产生重要影响。别的不说,仅利玛窦就有中文著作二十几部,这一点就是当今最大的汉学家也望尘莫及。

会说了中国话,能读了中文书,对中国文化就有了了解。于是一二百年间来华的耶稣会士要么写信,要么译书,要么著书,以各种西方文字把中国的书译成西文。来华耶稣会士在中学西传上耕笔之勤,兴趣之广,成就之大,令世人惊叹!《论语》《道德经》《诗经》《书经》《礼经》《孟子》《中庸》《大学》这些统统都有西文译本,而且不止一种语言的译本,甚至连《洗冤录》这样的很专的中国最早的法医学著作都被他们翻译成了西方语言。

由于来华耶稣会士大多数是饱学之士,尤其是来华的法国耶稣会士更是个个学富五年,博通古今,文理皆是高手,他们还写下了一系列研究中国文化、中国科学的著作。

从利玛窦的《天主教进入中国史》开始,到曾德昭(Alvaro de Semedo)的《中国通史》、卫匡国(Martino Martini)的《中国上古史》、安文思(Gabrielde Magalhes)的《中国新事》、卜弥格(Michael Boym)的《中国植物》《中医脉诀》等,来华耶稣会士的汉学著作一部接一部地在西方出版。如果说在他们前期的汉学著作中转述性、介绍性内容较多，那么到后期他们的学术研究已达到很高的成就。像宋君荣(Antoine Gaubil) 的《中国天文史略》和《中国天文纲要》两本书，通过考证《书经》中之日食、《诗经》中之日食、《春秋》中首见之日食来考察中国的纪年，其方法和今天中国进行的"三代断代工程"相差不多。

正是在利玛窦的"适应"政策之下，经过一二百年的努力，在西方的东方学中产生了一门新的学问——汉学。汉学实为中西文化会通之产物。来华耶稣会士对中国文化的介绍，难免有不实之处，他们中许多人就是"索隐派"的重要成员，但这丝毫不能降低他们在中西文化交流与对话中所作的重大贡献。

颇有趣味的是来华耶稣会士为了证明其"耶儒相合"路线的正确，争取欧洲对其在中国传教的支持，在他们的著作中护教成分较多，但这些文章和著作却在欧洲思想界引起轩然大波，他们的著作不仅没有起到"护教"的作用，反而被进步的思想家所利用。培尔高度赞扬中国的宽容精神，以抨击教会对异己思想的排斥；伏尔泰则高举起孔子的仁爱精神，批评西欧中世纪文化的落后性；中国哲学的自然理性成为莱布尼茨走出神学的主要依据。这真是有意栽花花不开，无心插柳柳成荫。文化接受中的"误读"实在是一个极有趣味的问题，不论怎样误读，东方文化，中国精神，成为瓦解西欧中世纪城堡的一个重要因素。这是一个被普遍接受的结论。

那时的东西双方好像处在"初恋"之中，情人眼中出西施，各自都从自己的需要出发，学习对方，徐光启把"泰西"作为人类社会的理想，伏尔泰则时时以孔子弟子自居，对儒学顶礼膜拜。

相互的学习，相互的尊重，相互的倾慕，成为那个时代东西方的主要特征。从皇帝开始，康熙学西洋数学，听西洋音乐，让八旗子弟们演几何，学外语，明末清初的学术领袖们如徐光启、顾炎武等人，个个都读西洋之书，谈历学、算学。心学衰，实学兴，与西学有着直接的联系。而大西洋岸边的路易十四则专门将被传教士带到法国的中国人黄嘉略留在身边，喝中国茶，建中国亭，用中国漆器，看中国的皮影戏，一时间"中国热"遍及欧洲。那是一个会通的时代，尽管有着虚幻，有着矫情，但双方是平等的，心态是平稳的。

当然，那个时代并非是"莺歌燕舞"的时代。地理大发现是欧洲资本与文化扩张的时代，对许多第三世界国家来说是一个残酷而血腥的时代，但历史从来就是在"恶"中前进的，浪漫主义的历史观无法直面和说明真正的历史。正像资本具有二重性一样，大发现时代也是一个充满矛盾的时代。我们今天所以要强调那个时代的意义，是因为我们过去更多的是看到这一历史进程中的"恶"，而没有从更宏观的历史进程中看到大发现"不仅会推翻那个时代的整个欧洲社会及其制度，而且也会为各国的完全解放奠定基础"（恩格斯语）。

那个时代的东西方关系，尤其是中国和西方的关系与西方和北美洲的关系有很大的不同。西方面对一个国力比其还要强盛的大国，出于无奈，只能采取较为缓和、平等的政策。而入华的传教士虽以传教为宗旨，但面对比基督教文化悠久得多的中国文化，大多数传教士是震惊的，甚至是敬佩的。正是在向对方的学习中，西方走出了中世纪，借东方之火煮熟了自己的肉，而中国向西方学习的运动终未酿成社会大潮。乾嘉禁教之后，其间虽有乾嘉汉学之一搏，但终因清政府的闭关锁国政策已成定局，这星星之火未成燎原之势，中国知识分子的思想始终还是在自己的屋子里打圈圈，会通之路没有打通。拒绝了海洋，拒绝了交往，中世纪的城堡最终关闭了一切进步的因素，一个庞大的帝国终于彻底衰败了。

这期间当然也有些偶然的因素，例如"礼仪之争"就是一个重大的事件，这是中西方关系的转折点。就西方来说此事已暴露出基督教文化的排他性,缺少宽容性的一面。当代天主教神学家汉斯·昆(Hans Kung)说教皇的许多错误决定中,不允许中国教徒实行中国礼仪是一个最大的错误。四百年后西方才真正看到了利玛窦的智慧与价值。就中国来说,她错过了与世界同步发展的一个机会,思想界终未出现一个像伏尔泰那样敢于挖自己肉的英雄,悠久的文化成为一个沉重的包袱,当"西学东源说"登场时,中国思想界已失去了她的生命力,当思想僵死时,这个民族也就面临着极大的危机。

三百年一个轮回。1840年以后中西关系彻底颠倒了,西洋人的战舰使用着中国人发明的罗盘驶入了我们的海岸,用我们祖先发明的火药制造出了威力十足的大炮,轰塌了虎门的海关,在南京,晚清的大员们在自己祖先发明的纸上签下了第一个卖国条约,从此,中国江河日下。平等的对话再不存在,中国再不是西方慕恋的对象。

19世纪是西方人的世纪,是强者的世纪,是西方人欺凌、强暴东方人的世纪,晚清的败局刺激了每一个中国人,从此,"救亡图存""变法维新"成为中国的两面旗帜。而要达到这两条,只有学习西方。如梁启超所说"参西法以救中国",当"尽取西人之所学而学之"①。毛泽东后来也描述过当时的情景,认为"要救国,只有维新,要维新,只有学外国"。在严酷的事实面前,东西方关系完全失衡了。在国家面临生死存亡之关头,人们似乎无别的路可走,这种局面实际上一直持续到五四。从此,在东西方关系上,东方与西方,现代与传统,成为一个打不破的定式。

百年烟云,沧海一粟。当今天东西方又重新回到一个平等的起点上时,当哥伦布所起航的世界一体化进程已成铺天大潮时,回

---

① 梁启超:《变法通议·论译书》,见张品兴主编《梁启超全集》第1卷,北京出版社,1999年,第44页。

顾近四百年的中西思想交流历程,我们应从整体上对中西关系作一新的说明,或者说我们应将中国放入世界近代化的进程中,把世界作为一个整体来重新考虑中国的文化和思想重建问题。

如果把 20 世纪的中国革命看作是晚清以来中国追求现代化的一个延续,那么,在中国已被卷入经济全球化的今天,在中国作为一个民族国家已自立于世界民族之林的今天,在现代化已成为我们大部分现实生活的今天,19 世纪以来的中国人的"苦难情结"应该抛去,西方的"强权霸语"应该结束。晚清以来的东西双方各自形成的"西方观"和"中国观"应该重新检讨。

在一定的意义上,今日东西方的思想对话又重新回到了公元 1500 年—1800 年这个起点上,这或许是黑格尔所说的否定之否定。历史具有极大的相似性和重复性,但至少可以说,公元 1500 年—1800 年间中西方的思想文化交流在今天仍有其极大的历史魅力。

因从客观的历史进程来看,这一时期是今日世界的起点,是今日世界的胚胎,它包含着说明今日世界的一切因素。从这一丰富的历史过程中,我们至少可以对东西文化关系得出以下两点启示:

第一,在世界全球化的进程中,任何民族都无法脱离这种进程,无论这种进程以"恶"的形式还是以"善"的形式表现出来,谁都无法拒绝。"大风泱泱兮大潮滂滂",历史不可拒绝。在世界一体化中,任何一个民族的思想都不能再"独语",任何一种文化都不能在自己原有的封闭系统中发展。正像经济活动使世界各个孤立的国家联结成一个统一的市场一样,政治和经济的交往也必然引起文化的交往与融合。我们应当以当年康熙帝、徐光启、李之藻那种容纳百川的宏大心态对待西方文化,以一种平静的心态看待自己,看待别人。徐光启说得好:"欲求超胜,必须会通。"面对这种全球化的大潮,不必恐惧,老祖宗的东西该丢失的想留也留不住,不能丢失的,它一定会留下。中国传统的夷夏观念必须彻底地打破,凡属人类美好的东西我们都应学、都应用。不仅要以中国人的眼光看待东西方的文化，还要以人类的眼光看待东西方的文化；也不应再有五四时期那种紧张感，似乎不把洋人的东西全拿来就毫无出路，似乎不把祖宗留下的那份遗产全扔掉就无法使国富民强。这倒不是去责备五四的健将们，那时的局势太紧迫，容不得他们去做更周全的考虑，矫枉必然过正，这样西方成了一切，东方是无足轻重的。一百多年来，我们总算有了可以喘息的机会，现在我们总算可以从更大更远的角度来考虑问题。以更深刻、更全面的方法来看这种世界全球化中的文化问题。晚清以来的一百多年都是特殊的年代，是中国历史上最悲惨、最壮烈的时代，但那毕竟是一个东西方关系不正常的年代，在宏大的历史叙事中，百年只不过是弹指一挥间。更重要的在于，无论东方还是西方，那时心态都是不正常的，在枪炮下的交往是扭曲的交往，在刀剑火影中的评判带有极端性。只有到了今天，当我们在因特网上读美国图书馆的文献时，当中国近二十年来经济迅猛发展并使中国真正成为世界家庭的重要一员时，一切历史的本质东西才开始清晰起来。以往焦虑的呐喊、病态的呻吟、无知的狂躁都成为过去。"化中西为古今"，此时才能对一百多年来形成的东方西方的定式给予重新考虑。我们仿佛又回到康熙时代，不！这是一个更为崭新伟大的时代，密纳发的猫头鹰要到傍晚才起飞。哲学家该出场了，我们期待那飞翔的猫头鹰。

　　第二，西方该抛弃掉"霸权话语"。具有普世性的不仅是基督教文化，中国文化同样具有普世性。在全球化进程中的世界当然有它共同的话语，共同的价值。这些标准的确有些是来自西方，但这并不能证明，西方文化可以取代一切。每一滴水都能折射出七色的阳光，每一个生命都有自身的尊严，每个民族的文化都有着存在的依据，中国文化同样是人类普遍价值的源泉。

　　1840年以后的中国人在西方人眼中失去了光彩，拖着长辫、衔着烟枪的中国人不再被西方人所喜爱,孔夫子在黑格尔笔下只不过是一个只会讲伦理格言的俗老头,毫无精彩之处。近百年来西方的中国观是一个扭曲的中国观,他们忘记了"初恋"时对中国的钟情,昔日的"神"已变成了"鬼"。他们按照强权的西方话语编造了一个东方的故事。其实中国人既非"神"也非"鬼"。天同此道,人同此心,中国人和西方人一样有着自己的尊严,自己的价值,自己的梦想。大西洋、太平洋,潮水相连;阿尔卑斯山、唐古拉山,山山相连。世界万象,但殊途同归。自大航海时代开始的四百年,不仅是东方学习西方的过程,也是西方学习东方的过程。美国学者拉克(Lach)在他的巨著 *Asia in the Making of Europe* 中已信服地证明了这一点。这里我们绝不是回到晚清的"西学东源说",而是强调东西双方在文化态度上应回到一个平等的起点上,回到公元1500 年这个起点上;西方应抛弃掉 19 世纪所确立的东方观、中国观,回到利玛窦所确立的路线上来。正像萨义德所说的,西方应抛掉 19 世纪所形成的东方观,重新看待东方。

提出这一点丝毫不是认同晚清以来的"国粹派"和今天的"中国救世论",而是应让西方人知道,不能仅从西方文化看自身,还应从世界文化来反观西方文化。

西方所孕育出的商品文化是一种矛盾,它一方面为个性的发展提供了更为广阔的空间,但另一方面却使人平白化,单一化。从卢梭以来的西方浪漫思潮几百年来一直在西方文化内部进行着批判西方主流文化的工作。

历史是一个圆,在这个圆的任何一点上似乎都能看到一条直线,但相对于整个历史,那只是一个点。今天,我们必须走出点,而从整个圆来看历史。19 世纪东西方所形成的东西观都应重新检讨,尤其是西方。文化交流与对话的前提是对对方的承认和尊重,丧失了这个前提就根本不存在对话。在这个意义上,中西双方应回到明清间的初识阶段,回到"大航海时代",重新梳理四百年来的中西关系史,回到平等对话的元点上来。

（笔者《中国与欧洲早期宗教和哲学交流史》序言,东方出版社
2001 年出版;曾发表于 2001 年 9 月 18 日《光明日报》史学版）

中西初识　惊鸿一瞥

伊比利亚半岛位于欧洲大陆的西端,葡萄牙人把最西端的罗卡角称作"欧洲之角"。葡萄牙的著名诗人卡蒙斯曾写下这样的诗句:"大地在此结束,海洋由此开始。"

人类海洋时代的序幕也的确是由伊比利亚半岛上的葡萄牙和西班牙拉开的。在西班牙国王的支持下,哥伦布怀揣着《马可·波罗游记》,扬帆驶向了大西洋,去寻找那香料堆积如山的刺桐港,梦想能见到契丹的大汗,递上西班牙国王给大汗的国书。但他却阴差阳错地到达了墨西哥,发现了美洲大陆。与此同时在年轻的葡萄牙王子恩里克的支持下,葡萄牙的三桅帆船沿着非洲西海岸不断向前推进,几年后大航海家达迦玛就绕过了好望角,驶入了印度洋,占领了印度的果阿。当葡萄牙人穿过马六甲海峡,先在中国的宁波海岸,继而在澳门站稳脚跟时,西班牙人的大帆船也已经从墨西哥横渡太平洋,占据了吕宋岛,开始在福建沿海和中国人打交道。伊比利亚半岛上的这两个小国在南中国海会师,标志着世界合围,世界的全球化由此开始。而全部大航海时代的灵魂,二百年航海史的主旋律就是:寻找契丹,发现马可·波罗所说的那富饶的东方。

当葡萄牙人和西班牙人第一次见到中国人时,他们留下什么印象呢?他们眼中的东方是什么形象呢?葡萄牙当代历史学家洛瑞罗(Rui Manuel Loureiro)所编的《十六和十七世纪伊比利亚文学视野里的中国景观》给我们展开了一幅丰富的历史画卷。这里有历史学家如实的记载,有冒险家在中国的亲身经历,有商人们贪婪的眼光里对中国财富的描述,有传教士的日记,有文学家的梦想……

在澳门回归之际,国内学术界出版了多种有关澳门的历史文献和研究著作,但正像澳门史专家汤开建先生所说的:"事实上,葡萄牙人关于中葡早期通商的记录远比中国文献的记录要详细得多。"因此,葡文方面关于中葡关系的早期文献就显得格外重要,在这方面中国学者做得最为突出的是金国平、吴志良的一些译著和著作,而洛瑞罗所编的这本文献是葡萄牙学者中最为重要的一本。

从历史文献的角度来看,书中大部分材料是葡萄牙人和西班牙人最早对中国的记载。像葡萄牙首任赴华大使皮雷斯(Tome Pires)的《东方概要》、巴罗斯(Joao de Barros)的《亚洲十年》、卡斯塔内达(Fernao Lopes de Castanheda)的《葡萄牙人发现和征服印度史》都是极为珍贵的历史文献,而维埃拉(Cristovao Vieira)的《广州来信》、佩雷拉(Galiote Pereira)的《我所了解的中国》、克鲁斯(Gasparda Cruz)的《中国概说》则是西方来中国的第一批冒险家的回忆,史料真实可靠。如果写 1500 年以来的中国和欧洲交通史,离开这些文献几乎无法动笔。

传教士是近代以来中西文化交流的桥梁,正像古代的僧人是中国和印度之间文化交流的桥梁一样,这点在近代以来的中西文化交流中十分重要。洛瑞罗教授对此十分清楚,传教士的文献在他编的这本书中占有重要的地位。入华耶稣会士孟三德(Eduard de Sande)的《日本天正遣欧使节团》可能是利玛窦对中国介绍的最早欧洲文献,而入华多明我会士费尔南德斯(Domingo Fernandez Navarrete)的《中国王朝历史、政治、伦理和宗教论》一书不仅是西班牙早期最重要的汉学著作,也是"礼仪之争"中最重要的文献。

从大航海以来,中国的历史已经不能在自己原有的框架内书写,中国的丝绸通过西班牙的大帆船运往欧洲,直接冲击了欧洲的纺织业市场,中国早期的工业已开始有了简单、初步的世界市场。我们应该从世界史的角度来重新审视自己的历史,只有从世界史的角度来研究中国历史,才能真正认识中国。要做到这一点,必须了解中西交流的历史,这本书则为中国学者提供了中西初识时的最原始文献,提供了以澳门为中心的世界经济贸易的第一手材料。

"历史是任人打扮的小姑娘",这句名言绝不是在赞扬一种主观的历史观,而是在说明揭示历史真相的困难。19世纪以来世界史的书写基本上是在欧洲中心主义的观念下完成的,世界近代史不过是一个始于欧洲的全球化过程,一些本是欧洲自己地域性的经验被提升、演绎为世界性的普遍性理论,同时,在世界历史的进步中各种文明之间的互动不见了。实际上的前近代和近代世界史并不完全是这样,前不久在国内引起争论的贡当·佛兰克(Andre Gunder Frank)的《白银资本》,去年在美国汉学界引起热烈讨论的彭慕兰(Kenneth Pomeranz)的《大分流:1500—1800》都是从世界全球化的起始的300年历史入手,说明世界史的复杂一面,努力揭示东方,揭示中国在整个世界史中的作用。中国学者王国斌的《转变的中国——历史变迁及欧洲经验的局限》、李伯重的《江南的早期工业化》则以中国的材料说明这一点。其实,西方早期的世界史观也并不是今天这个样,欧洲的第一部世界史著作是伏尔泰的《风俗论》。这位18世纪欧洲的思想领袖的世界史是首先从中国写起的。坚信其从欧洲社会历史经验中总结出来人类发展的五阶段论的马克思,在晚年读到俄国公社的材料时,受到极大震撼,不得不放下《资本论》的修改,而去研读东方。因为,欧洲的经验不能解释整个世界史。

如何把中国放入世界,如何突破欧洲中心主义的藩篱重新绘制全球化史的历程,这是一个尚未解决的问题。《十六和十七世纪伊比利亚文学视野里的中国景观》给我们提供了第一手的历史文献,这些文献不仅为我们深入了解中国明清史提供了新的史料,也为我们展现了全球化起始时的东西方互动的历史,为我们打开了一个新的世界眼光。

　　一些西方学者为西方文化优于其他文化编制了许多神话,似乎今天西方文化的一些优势在娘肚子里就有,其实并非如此。西方文化和东方文化始终是在相互影响中发展,在相互交流中共生。在1500—1800年的西方文化演进中,中国文化就曾起到过重要的作用。君若不信,就可读读洛瑞罗教授这本书。

　　据有的学者研究,当时中国经济约占世界经济总量的三分之一,其富足和强大令东来的葡萄牙人和西班牙人吃惊。皮雷斯在《东方概要》中说:"据东方国家讲,中国物产很多,土地辽阔,人口众多,宝藏丰富,讲究排场,铺张奢华,使人以为那是我们葡萄牙而不是中国。"这里还有点夜郎自大的味道,但不到三十年,在奥索里奥(D. Jeronimo Osorio)《光荣之歌》中就已经变为:"我们中间那些曾经同中国人有过某些接触的人说,在城市的雄伟方面,在建筑物的华丽方面,在生活水平和文明程度方面,或在对各种艺术的浓厚兴趣方面,在如今的世界上很难找到某个民族能同中华民族匹比。在印刷术方面,人们几乎不知道他们在多少个世纪之前就开始使用金属活字来印书了,而我们只是在不久之前才开始使用这种技术的。"巴洛斯在《亚洲十年》中对中国的技术也给予了高度的评价,他认为:"特别是在治国之道和在金属、木工、纺织、丝绸织造方面的技术,必然会感到这个世俗国家的一切皆可与希腊和拉丁媲美。"

　　打动这些葡萄牙人和西班牙人的不仅是物质的富庶和技术的发达,还有中国文化和制度,曾德昭在《中华大帝国记事》中详细介绍了中国的私塾情况,他说:"中国人从年龄很小的时候就开始学习。初学者用几本很简单的书,课文的内容是关于美德、良好习惯和遵从父母和老人等等。几个月后教他们古典作家们的作品,这些作品像《圣经》一样,正文和评注在一起,学生们要记熟,然后由教师讲解。……他们学习极为严格,任何人都不得消遣娱乐。"

特别是中国的科举制度,对于在官僚制度上还处在世袭制的欧洲来说是相当新鲜的。奥索里奥在《光荣之歌》中是这样介绍中国的文官制度的,他说:"中国人十分重视教育,如果不把最高的权力交给那个被证明具有管理一切之有文化能力的人,那就将被视为非法。在授予某个人(管理和统治的)职位时,绝不考虑其家庭或其所拥有的财富,而考虑他的学识水平。因此,所有希望获得即使是(管理和统治的)最下层的职位,都得进行刻苦学习。当他们认为已经取得了不会令自己丢脸的进步之后,就到某些专门指定的考官那里去接受考核。通过这些考官的裁定,他们或因文化水平不够而被淘汰,或因学识渊博而得到某种荣誉奖章。然后再从这些人中挑选佼佼者担任管理小范围的职责。""经过考试,被认定为有才干、高文化水平的人是很多的,但通过各级的学识考试,能够到达最高职位的人是不多的;达不到的人中,大部分是因为天赋所限,同时也有不少情况是因为运气不佳。至于那少数脱颖而出的精英就将占据最高的行政职位,就会被置于权力的顶峰。"

现代学者们研究考证西方的文官制度受启于中国的科举制度,是他们系统研究了当时有关中国文官制度后,结合欧洲的情况而创造出来的,是一种"有欧洲特色"的文官制度。三十年河东,三十年河西,今天又到了我们学习西方的文官制度,创造出"有中国特色"的行政体制的时候了。

当然,初到中国的洋人们也并不是一味地歌颂中国,他们觉得中国的女人们很漂亮,但女人的小脚让他们反感,尤其是中国人对上帝的不敬,沉醉于各种各样的迷信,使他们感到中国人的堕落和无可救药。

从比较文学的角度看,任何异国的形象都是受描述者自身的意识形态所影响的,都是从自身的文化需要出发来解释的。刚刚驶出地中海的西方人正在走出中世纪的城堡,东方的新鲜空气,使他们兴奋,使他们新奇,这本书使我们看到西方人第一次与中国相遇时的真实情景。其实西方的文化历史就是不断融合其他文化的历史,基督教文明诞生在东方,尔后传入西方,对其产生了根本影响。罗素(Bertrand Russell)早年也曾说过:"不同文化之间的交流过去已经多次证明是人类文明发展的里程碑,希腊学习埃及,罗马借鉴希腊,阿拉伯参照罗马帝国,中世纪的欧洲又模仿阿拉伯,而文艺复兴时期的欧洲则仿效拜占庭帝国。"这说明欧洲对待其他文化,对待东方文化并非一直是现在这种态度。因此,就西方来说,如果同东方对话,首先应放弃近百年来所形成的"欧洲中心",那种无视其他文化、蔑视中国文化的态度。近百年来西方文化的东方研究很大程度上都受这一心态的影响,如萨义德(Edward W. Said)在《东方学》中所说的,欧洲的东方知识,即对东方的认识是伴随着欧洲的扩张、欧洲的殖民过程一起产生的。而19世纪是欧洲人的世纪,整个东方都受到欧洲殖民主义的影响,在这种情况下,西方对东方的认识不可能是平等的和公正的,在西方人眼中"东方是非理性的,堕落的,幼稚的,'不正常的';而欧洲则是理性的,贞洁的,成熟的,'正常的'"。在对待中国的态度上西方是典型的"变色龙"。

西方人应抛弃"欧洲中心主义"的立场,以一种平等的心态看待东方文化,看待中国文化。在这方面西方历史上是有经验可借鉴的,本书中葡萄牙人和西班牙人的描述,以后利玛窦所做出的"文化适应"政策,都已为今天的西方人做出了榜样,这些入华传教士已经探索了一条平等对话之路。

例如,就利玛窦来说,他并未放弃他已有的文化立场,他仍希望"中华归主",他在中国活动的目的仍然是为扩大基督教的影响,但他确立了一种对待异于基督教文化的态度,即对于中国文化是尊重的,对它的悠久和博大是称赞的。对不同于基督教的中国文化他是理解的、宽容的,他没有站在一种狭窄的基督教立场上对中国文化异于西方文化的部分采取完全排斥的做法。如在祭祖祭孔问题上,他是赞同中国教徒这样做的。即便对于中国文化和基督教文化相分歧的地方,他也不是不予理睬,而是采取积极对话的态度。如他对佛教的批评,实际上是一种理论上的对话;又如他对宋明理学的批评,也是一种研究式的态度,而且这种批评并没有妨碍他同理学家们很好地交往。

这种较为平等的态度还表现于欧洲思想文化界在 17—18 世纪对中国文化的热情上。他们崇拜孔子,赞扬儒家的自然宗教,对中国伦理交口赞扬。这在伏尔泰那里,在莱布尼茨那里表现得十分突出。17—18 世纪欧洲的中国热当然有其自身文化的原因,但那时西方对中国文化的态度与 19 世纪的态度完全不同,更多表现出一种平等对话的态度。这说明西方文化若采取一种正确的对话态度,应放弃现在的"欧洲中心主义",从历史中汲取智慧,调整文化心态,这才是正确的出路。《十六和十七世纪伊比利亚文学视野里的中国景观》可以使一些西方人看到四百年前他们初到东方时的态度。历史是一面镜子。

对我们中国人来说绝不能满足于一种历史的陶醉中,但从这段历史中清洗一下在我们头脑中久已存在的殖民主义话语,还是有价值的。19 世纪以来,西方文化是强势文化,他们根据自身的需要塑造了一个中国的形象,把中国视为"丑恶的"和"批判的",这一切都是西方从自身文化出发的,这种被曲解、想象了的中国是作为西方自身文化的"他者"出现的。当然,我们并不是说我们自己的文化不需反省,我们需要注意的是在反省时,又要警惕西方殖民主义的话语对我们的影响。实际上,这种警惕是不够的。近代以来西方已经把他们的这种中国形象输入给我们,强加于东方。这样的中国观又反过来影响了中国,从而把中国纳入了西方文化的权力结构中。这种西方的话语系统严重影响了我们对自身文化的认识,五四以来的,"东方与西方""现代与传统"的二分法实际就是这种殖民主义话语在中国文化中的反映,按照这种二分法理解,西方等于现代,中国等于传统,要现代化就要抛弃传统,全盘西化。显然按这个思路,很难谈得上什么对话,因为这是"无差异"的现代化,是中国文化将完全丧失的现代化。我们应看到,这种思路至今仍限制着我们。

或许我们把眼光放得更远些,在一个更大的历史叙事中看待西方,反省自己会好些。在天天讲全球化的今天,让我们一起回到全球化的起始岁月,抖掉那历史的尘埃,重看一下中西初识时的场景吧。

羊年初一写于郑州家中

（澳门《文化杂志》编《十六和十七世纪伊比利亚文学视野里的中国景观》序言,本书由北京外国语大学海外汉学研究中心组织编写,大象出版社 2003 年出版）

在历史的深处触摸中西初识的岁月

——读《青石存史》

一

中国作为后发现代化的国家,经过百年欧风美雨,在国家形态、人们的日常生活上已经完全融入了当今世界体系之中。但东方的崛起意味着世界大格局的重新改写,这是一个世界历史上的"三千年未有之变局"的关键时刻。西方应如何对待东方?他们这方面的优秀文化遗产在哪里?中国应该如何面对西方?我们如何走出晚清情结,在大历史、长时段中预测中国今后的发展?在中国已成为全球大国的今天,这些问题时刻萦怀在我们的心头。

学习历史吧!历史是一本真实的教科书,一个人能向后看多远,就决定着他能向前走多远。一人是如此,一个国家也是如此。《青石存史:"利玛窦和外国传教士墓地"的四百年沧桑》这本书就给我们打开了一幅中国与西方世界友谊的画卷,给我们讲述了中西初识时那段动人的故事,给当代的世界提供了一个文化间互惠互进的真实历史文本。

这本煌煌巨作绝不仅仅是一本历史的画集,它在学术上极有特点,如果将这本书放在当下的中西文化交流史研究中,其学术上的突破与贡献也是很明显的。

　　首先,在对来华耶稣会士的文献收集上有突破。来华耶稣会
士是一个庞大的学术群体,因为涉及中外的历史,历来在文献收集
上比较困难。关于栅栏墓地的历史,上世纪北京行政学院的研究
人员曾编纂两本书,即《历史遗痕:利玛窦及明清西方传教士墓地》
(中国人民大学出版社 1994 年)和《虽逝犹存:栅栏——北京最古
老的天主教墓地》(澳门文化局 2001 年),但这本画集在文献的收
集上超过了前两次的内容,除了前两书已经收录的 83 通现存和已
佚墓碑的碑阴拓片外,另增加了北京石刻艺术博物馆的 3 通墓碑
的碑阴拓片和 63 通现存墓碑的照片。同时,书中还列出了“现存
墓碑碑主名录”“遗失墓碑碑主名录”“现存墓碑的碑帖、碑文、注释
和照片”“遗失墓碑的碑帖、碑文及注释”。这样,就在整体上将整
个栅栏的历史遗貌最大限度地表现了出来。书中文献编排的细
致,中外文对照的详尽,都使得这本书可以作为一本研究中西文化
交流史的工具书来用。

　　其次,在中文学术研究领域,此书是呈现明清中西文化交流图
像最多的一本画集。以图证史,通过历史图集来研究历史,是近年
来史学研究的一个新的趋势,这本书在这方面的特点极为鲜明。
可以用四个字来概括这本图录:中外合璧。画集中提供了利玛窦、
汤若望、南怀仁、戴进贤、费隐等人家乡的图片,这些图片一般中文
学术领域很少见到。特别是一些传教士的图像十分珍贵,例如,利
类思的画像、戴进贤的画像、汤若望的画像都是首次在中文学术领
域看到。同时,画集中提供了大量珍贵的中文书影和实物的照片,
这些照片和书影与国外的书影、画像在一起,给我们展示出了一幅
丰富的历史画卷,为学术界提供了开展研究的新角度。

　　最后,这本大型画集在编排上有了新的创意。这主要表现在
画集的第九部分——滕公栅栏墓地的四百年荣辱兴衰,这一部分
内容在以往所编写的同类书中均无。这一部分中有许多照片十分
珍贵,从这些外国要人和友人参观墓地的照片中,我们感受到历史

那跳动的脉搏,感受到西方世界对这段历史记忆的珍视。

二

　　翻看着一页页的历史图集,四百年前的历史仿佛重新回到我们眼前。今天看来,这些文化交流的先驱们做了两件惊天动地的大事。

　　第一件就是"西学东渐",为中国近代思想的演进掀开了新的一页。利玛窦第一次向中国介绍了西方天文学,其《乾坤体义》被《四库全书》的编纂者称为"西法入中国之始",继而又和明末大儒李之藻合著《浑盖通宪图说》。从此,对西方天文学的介绍一直是来华耶稣会士的重头戏,乃至明清间历局大部分为传教士所主持。历学和算学二者历来不可分,利玛窦和徐光启所翻译的《几何原本》在中国产生了重大的影响,阮元认为传教士所介绍的各种西学书中"当以《几何原本》为最",所以,梁启超后来称这本书是"字字精金美玉,为千古不朽之作"[1]。利玛窦所绘制的《万国舆图》更是受到了许多人的喜爱,明清间先后被翻刻了十二次之多,乃至万历皇帝也把这幅世界地图做成屏风,每日坐卧都要细细端看。

　　表面上利玛窦所介绍的这些似乎都是纯科学的知识,其实这些科学知识蕴含着西方的宇宙观、哲学观。历学虽然是中世纪的,但其理论对中国来说却完全是异质的,算学则把西方科学逻辑思维方法介绍到中国,而地学则是大航海以来西方新的世界观念的体现,它从根本上动摇了中国传统的夷夏观念。利玛窦这只"红蓝色刺猬"是极为聪明的,科学不过是他传教的手段,传教是其目的。像他自己所说:"象纬之学,特是少时偶所涉猎;献上方物,亦所携成器,以当羔雉。其以技巧见奖借者,果非知窦之深者也。若止尔

---

①徐宗泽:《明清间耶稣会士译著提要》,上海书店出版社,2006年,第3页。

尔，则此等事，于敝国庠序中，是为微末，器物复是诸工人所造，八万里外，安知上图之无此？何用泛海三年，出万死而致之阙下哉？所以然者，为奉天主至道……"①

利玛窦和来华耶稣会士在传播西方哲学思想方面的成绩亦是很大的，利玛窦的《天主实义》是中西文化史上第一部比较哲学的著作，也是中西文化的第一次实质性的对话。该书言古经，谈天主，文采四溢，博学通达，一时赢得许多士大夫好评。直到今天许多人还认为，亚里士多德、毕达哥拉斯、斯多葛、西塞罗等古希腊罗马的大哲学家是在五四时期介绍到中国的，其实不然，别的不说，仅亚里士多德的书明清时就有多部被译成中文。被称为"西来孔子"的艾儒略认为，西方哲学中的"落日加"即逻辑学位于首位，是"立诸学之根基"②；傅泛际和李之藻将亚里士多德的逻辑学的一部分译为中文，取名《名理探》；比利时传教士南怀仁继而把他们未完成的后半部分整理出版，中文取名《穷理学》。这种逻辑思想的传入对中国传统思想产生了重大的影响，为处于阳明心学衰落中的中国思想界注入了一股清风。

明清间，从利玛窦入华到乾嘉厉行禁教时为止，"中西文化之交流蔚为巨观。西洋近代天文学、历法、数学、物理、医学、哲学、地理、水利诸学，建筑、音乐、绘画等艺术，无不在此时传入"③。特别引人注意的是，此时士大夫阶层对西学的接受态度。利玛窦在明末时交游的士大夫有一百四十多名，朝中的主要官员、各地主要公卿大夫几乎都与其有来往。当时不少士大夫对于利玛窦等人介绍来的西学既不趋之若鹜，盲目附和，也不拒之门外，孤芳自赏，而是心态平稳，该做自我批评时就反躬自问，虚心学习；该承认自己传统时，也不夜郎自大，旁若无人。如徐光启在《同文算指序》中对中

①朱维铮：《利玛窦中文著译集》，复旦大学出版社，2001年，第659页。
②〔意〕艾儒略：《西学凡》，1623年，第3页。
③方豪：《中西交通史》下册，岳麓书社，1987年，第692页。

国算学失传做深刻反省,认为原因之一在于"名理之儒,土苴天下实事",而利先生的西学之根本优点在于"其言道、言理,既皆返本蹠实,绝去一切虚玄幻妄之说"①。那时的读书人中既没有晚清知识分子因山河破碎所造成的在中西文化关系上的焦虑感,也没有后来五四精英们的那种紧张感,如晚明名士冯应京所说:"东海、西海,此心、此理同也。"②这种从容自如的大度气象,同五四时的那种东西方的二分法、非此即彼的文化态度形成明显的对比。胡适后来在谈到中国近代思想的演进时就曾提到,中国近三百年来思想学问皆趋于精密细微科学化,许多人认为即 17 世纪西洋天主教耶稣会教士来华影响。"西学东渐",东西会通,中国文化开始向近代形态转变。

第二件事就是将中国文化传向西方,简称"中学西传"。由于利玛窦所确定的"合儒补儒"路线取得成功,明清间在华耶稣会士虽和中国文化时有冲突,但大体耶儒相通。这条路线的确定使传教士来华的第一件事就是学习方块字、中国话,用毛笔写中文书,这对后来的传教士产生重要影响。别的不说,仅利玛窦就有中文著作二十多部,这一点就是当今最大的汉学家也望尘莫及。

会说中国话,能读中文书,对中国文化就有了了解。于是一二百年间来华的耶稣会士要么写信,要么译书,要么著书。来华耶稣会士以各种西方文字把中国的书译成西文,在中学西传上耕笔之勤,兴趣之广,成就之大,令世人惊叹!《论语》《道德经》《诗经》《书经》《礼经》《孟子》《中庸》《大学》这些统统都有西文译本,而且不止一种语言的译本,甚至连《洗冤录》这样很专的中国最早的法医学著作都被他们翻译成了西方语言。

由于来华耶稣会士大多数是饱学之士,尤其是来华的法国耶

---

① 徐宗泽:《明清间耶稣会士译著提要》,第 204 页。
② 徐宗泽:《明清间耶稣会士译著提要》,第 271 页。

稣会士更是个个学富五车,博通古今,文理皆是高手,他们还写下了一系列研究中国文化、中国科学的著作。从利玛窦的《天主教进入中国史》开始,到曾德昭的《中国通史》、卫匡国的《中国上古史》、安文思的《中国新事》、卜弥格的《中国植物》《中医脉诀》等,来华耶稣会士的汉学著作一部接一部地在西方出版。如果说在他们前期的汉学著作中转述性、介绍性内容较多,那么到后期其学术研究已达到很高的成就。像宋君荣的《中国天文史略》和《中国天文纲要》两本书,通过考证《书经》中之日食、《诗经》中之日食、《春秋》中首见之日食来考察中国的纪年,其方法和今天中国进行的"夏商周断代工程"相差不多。

　　正是在利玛窦的"适应"政策之下,经过一二百年的努力,在西方的东方学中产生了一门新的学问——汉学。汉学为中西文化会通之产物。来华耶稣会士对中国文化的介绍,难免有不实之处,他们中许多人就是"索隐派"的重要成员,但这丝毫不能降低他们在中西文化交流与对话中所作的重大贡献。

　　颇有趣味的是,来华耶稣会士为了证明其"耶儒相合"路线的正确,争取欧洲对其在中国传教的支持,在他们的著作中护教成分较多,但这些文章和著作却在欧洲思想界引起轩然大波,他们的著作不仅没有起到"护教"的作用,反而被进步的思想家所利用。培尔高度赞扬中国的宽容精神,以抨击教会对异己思想的排斥;伏尔泰则高举起孔子的仁爱精神,批评西欧中世纪文化的落后性;中国哲学的自然理性成为莱布尼茨走出神学的主要依据。这真是有意栽花花不开,无心插柳柳成荫。文化接受中的"误读"实在是一个极有趣味的问题,不论怎样误读,东方文化,中国精神,成为瓦解西欧中世纪城堡的一个重要因素。这是一个被普遍接受的结论。

三

如果以 1583 年罗明坚、利玛窦正式入华,在广东肇庆建立了"仙花寺"为起点,到 1840 年鸦片战争爆发,中西早期文化交流史便告一个段落。在这期间西方文化在中国的命运与"礼仪之争"有着重要的关系,这一事件的发生暴露了自利玛窦以来天主教儒学化所包含的自身矛盾,西方文化面对着有其悠久文化传统和独特哲学表述的中国文化应该进行怎样的调整? 中西文化相遇后如何找到"会通"之路? 这是一个很大的挑战。但后来入华的传教士们并未解决利玛窦留给他们的矛盾,面对这份有着巨大价值的理论文化遗产,利玛窦的继承者们消化得并不理想,到康熙时传教士中"惟白晋一人稍知中国书义",而白晋、马若瑟等人又走的是"索隐派"的路线,西学的式微应在必然之中。

当然,雍正、乾隆两代所采取的"节取技能而禁传其学术"的路线,只能使西学归结为"技能",形而上学和宗教被列为排斥之列,这样西方宗教和哲学在中国的传播就失去了发展的空间。道光十八年(1838)拥有一技之长的传教士退出历局,西学被整个社会(包括帝王在内)遗忘。两年之后英国的大炮便轰塌了虎门炮台,一个新的时代便开始了。西方文化结束了它在中国的第一次传播。

尽管入华耶稣会士对中国的介绍有其理想化的一面,但基本材料还是真实的,18 世纪的欧洲"中国热"并非像一些西方学者所讲是"一个神话",也并不能把它归入今天的所谓"东方主义"。这是中西思想第一次相识以后,东方文化对西方文化的第一次大的冲击。在康乾年间中国的国力在世界上是第一位的。当时中西双方同时在向近代转化,而中国文化悠久于欧洲,国力也强于欧洲,因而形成了这种"中国热",除有欧洲自身的原因外,也是当时中西方的实际情况决定的。今天有些西方人完全忘记了这一点,或者说从"欧洲中心主义"出发不愿意接受这一点。显然简单地用萨义德的"东方主义"来解释16至18世纪的东方观也不尽全面，因为在萨义德看来，"东方主义"是今日西方所构建的东方，这只是西方的"他者"，是"想象"的东方，而不是实际的东方。即19世纪以后"欧洲中心"形成以后的东方观，不能套到1500—1800年间欧洲的中国观上。

16至18世纪，甚至可以说是15至18世纪，在西方第一次进行殖民主义扩张时，西方人也是第一次走出地中海，走出大西洋，他们面临着一个崭新的世界。如果说他们对南美洲是物质掠夺与精神文化扫荡同时进行的话，那么他们在东方则遇到完全不同的境遇，因为那是一个比西方还要强大的东方，一个比欧洲文明还要悠久的中国文明。因此，在东方面前，此时"欧洲中心主义"并未形成。更何况当时中国在经济上也是十分强大的。当时中国与欧洲的交往是平等的。这段历史至今仍未被充分研究，我们很习惯接过19世纪以来中西方关系完全不对等以后的一些理论来解释这段历史，应看到西方的"中国观"是变化的"中国观"，在对待东方和中国的态度上，西方是典型的"变色龙"。

1793年英国的马戛尔尼使团访华以后，西方对中国的认识就开始发生转变，黑格尔则是这种转变的完成者。在黑格尔眼中，中国哲学已完全失去了它的光环，孔子成了一个俗不可耐的糟老头。中国到乾隆晚年已露出败象，当乾隆二十四年（1759）颁布《防范外夷规条》并关上中国大门时，中国就注定要失败了。此时，西方发生了科技革命，法国开始了轰轰烈烈的大革命，平衡开始被打破。欧洲人的世纪来了，这就是19世纪。

1500—1800年这三百年是近代世界史上最重要的三百年，长期以来对世界体系的研究受到欧洲中心主义的影响，今天当中国、当东方、当第三世界重新返回世界体系时，当经济真正开始了它的全球化时，1800—2000年这两百年所形成的世界体系将被打破，文

化上的"欧洲中心主义"将被真正解构。就中国来说,历史仿佛又
回到了上次的起点,但这次西方遇到的是一个再次逐步强大的东
方,一个迅速发展的中国,完全异于西方文化的东方文化。

19世纪以来的文化结构必须被打破,中西方应回到一个平等
的起点上,重建世界体系,重新开始不同文化的平等对话。正是在
这段历史中我们看到,五四以来所困扰中国思想界的"现代与传
统""东方与西方"的二元结构已被化解。这告诉我们,中国的传统
并不是完全与近现代社会相冲突,中国文化并不是与现代思想根
本对立,在我们的传统和先哲的思想中有许多具有同希腊文明一
样永恒的东西,有许多观念同基督教文明一样具有普世性。只要
我们进行创造性的转化,中国传统哲学的精华定会成为中国现代
文化的有机内容。东方在世界体系中也并非无足轻重,在西方走
向世界时,东方无论是在思想上还是在经济上都起着不可取代的
作用。同样,在西方近代思想的形成过程中,"欧洲中心主义"并不
是其主流,在伏尔泰的《风俗论》中,他丝毫没有白种人的优越感①;
在维科的《新科学》中,民族平等是其基本准则。这说明我们应从
更长的历史,从全球化新的视角,从近五百年中西文化互动的历史
中重新梳理世界近代思想的形成。

四

读了《青石存史》后我感到,明清中西文化的相遇是当时多维
度、多侧面展开、涉及中西双方文化变迁的一个巨大学术研究领
域,它涉及多个学科,多种语言。对这个学科的研究有两点我认为
是很重要的:

其一,一定要有开阔的学术视野。无论从中国方面展开研究

---

① 〔法〕伏尔泰著,梁守锵译:《风俗论》,商务印书馆,1996年,第319、330页。

还是从西方角度展开研究,这两个方面都是相连的,你的眼界一定要同时向东也向西。在学科上交叉研究、跨学科研究是这一研究领域所必需的,无疑,这对我们传统的治学方法提出了挑战,但这也是该研究领域最迷人、最让人兴奋的地方。在这里,你永无止境,在这里,你永远面临新的问题和挑战,这几乎是一个没有边界的领域。

其二,一定要有开阔的学术心胸。由于这个学术领域的无边界特点,使得每个学者都时时面临挑战,语言和知识的局限是每一个人都能感觉到的,在这个领域永远是如履薄冰。在这个意义上,任何权威都是有限度的,这是一个开放的学术领域,任何所谓的权威在这个领域中的边界都是极其有限的,同时任何一种学术观点也都是有限度的。十余年前,我在进入这个研究领域时,常听到一些外国朋友说这个研究圈子很小,全世界不过那么几个研究机构在研究。现在看来,这个说法是不成立的。学术乃天下公器。这本画册采取的以图证史的方法就值得肯定,这本书以墓地为中心展开中西文化的研究,开辟了一个研究的新路径。

正是在这个意义上,滕公栅栏旧地具有极高的文化意义,在整个人类历史上,在东方和西方整个文化交往史上,这是唯一一次文化间平等交流的历史。滕公栅栏旧地默默地告诉我们,在全球化的今天,在文化多极化的今天,文化应该如何相处,文明间应如何学习。今日中国之崛起所面临的根本问题是,西方应该如何面对中国,中国应该如何应对西方近百年形成的世界体制,所有的答案似乎都隐藏在滕公栅栏旧地之中。

(发表于《新视野》2012年第5期)

利玛窦研究的新进展

意大利学者菲利浦·米尼尼（Filippo Mignini）教授的新著《利玛窦——凤凰阁》的中文版出版了，这位来自利玛窦家乡——马切拉塔的学者是近十余年来在国际学术舞台上最活跃的利玛窦研究者之一。中国读者或许会记起 2010 年分别在北京和上海等地举办的大型学术展览"利玛窦：明末中西科技文化交融的使者"，这个展览的策划者和组织者就是米尼尼教授。

在"利玛窦：明末中西科技文化交融的使者"展览中，米尼尼教授撰文，认为利玛窦逝世已经四百年了，但"当我们再度思考那次文明之间的不同寻常的相遇，发现友谊正是这个话题的焦点。……这段历史可以说是绝无仅有的佳话，它不仅仅是个别人的努力和行为，更体现了他们所代表的两国人民几千年来相互交往的愿望与动力"。从世界多文明的融合与发展的现实出发，米尼尼教授突显出了利玛窦的当代文化价值，如果说 2010 年的关于利玛窦的展览办得大气磅礴的话，这次他的这本《利玛窦——凤凰阁》则写得细致深入。作为一个外国学者，特别是作为一名意大利学者，一名来自利玛窦家乡的学者，米尼尼教授所写的这本利玛窦传记充分体现出了他的特点，相对于近年来所出版的多种利玛窦

研究著作①,他的这本新著展现了近十余年国际学术界研究利玛窦
的新进展,这些进展表现在以下几点:

　　首先,对利玛窦在家乡的早期生活做了首次的研究。以往的
利玛窦研究最缺少的就是利玛窦家庭的情况,作为利玛窦家乡的
学者,来弥补学术研究的这一缺憾是最合适不过了。作者直接使
用了《马切拉塔史》中关于利玛窦家族的材料,这样我们就知道了
利玛窦的父亲是一位药铺的小老板,他还承包了马切拉塔市的银
行,家族中不少人在罗马教廷任职。在书中作者还介绍了利玛窦
父亲与母亲以及他的家庭的具体情况,他的父亲"约翰·巴蒂斯
塔·里奇那几年过得颇为艰辛,1563 年,由于经营不善,他管理的
银行亏损了 63 弗罗林,他本人也因此银铛入狱。后来,他被一位
兄弟保释出狱,不得不暂时移居到距马切拉塔不远的蒙泰乔治城
(Montegiorgio)。1565 年,他在该城的市政府任财务管理员。翌
年,他重返马切拉塔。也许就是在这一阶段,约翰·巴蒂斯塔·里

①关于利玛窦著作的翻译和整理有:何高济等译:《利玛窦中国札记》,中华书
　局,1983 年;朱维铮主编:《利玛窦中文著译集》,复旦大学出版社,2001 年;
　P. Antonio Sergianni P. I. M. E. 编,荛媞译:《利玛窦中国书札》,宗教文化出
　版社,2006 年;刘俊馀等译:《利玛窦全集》,台湾辅仁、光启联合出版,1986
　年。研究性著作和传记有:罗光:《利玛窦传》,台湾辅仁大学出版社,1982
　年;张奉箴:《利玛窦在中国》,台湾闻道出版社,1983 年;云先·克鲁宁著,
　思果译:《西泰子来华记(利玛窦传)》,台湾光启出版社,1964 年;〔法〕裴化
　行著,管震湖译:《利玛窦评传》,商务印书馆,1993 年;林金水:《利玛窦与中
　国》,中国社会科学出版社,1996 年;〔美〕邓恩著,余三乐等译:《从利玛窦到
　汤若望:晚明的耶稣会传教士》,上海古籍出版社,2003 年,〔美〕乔纳森·斯
　彭斯著,王改华译:《利玛窦传》,陕西人民出版社,1991 年(此书实际是美国
　汉学家史景迁的《利玛窦的记忆之宫》,该书 2005 年上海远东出版社出大陆
　版,在港台有多种译本);〔日〕平川祐弘著,徐一平等译:《利玛窦传》,光明
　日报出版社,1999 年;林金水、邹萍著:《泰西儒士利玛窦》,国际文化出版公
　司,2000 年;汪前进:《西学东传第一师:利玛窦》,科学出版社,2000 年;张西
　平:《跟随利玛窦到中国》(中英文),五洲出版社,2006 年。

奇为儿子规划了未来,希望他能够在教皇的宫廷中有所发展并为家族带来好运"。他的母亲叫乔瓦纳(Giovanna)。利玛窦有六个弟弟,四个妹妹。这些材料对中国学术界来说是闻所未闻的。

其次,书中详尽地介绍了利玛窦在意大利期间的学习过程和当时的文化背景。利玛窦知识渊博,才能超众,这在他自己的传记中可以清楚地看出。但在中国学术界,对于他是如何获得这些知识的,他的这些能力是如何培养出来的,我们所知甚少,特别是将利玛窦放到文艺复兴以后的历史文化背景中考察,合理地说明他的宗教信仰的文化底色,在中国学者的研究著作中显得十分单薄。米尼尼教授充分发挥了一位西方学者,特别是一位意大利学者熟悉西方宗教文化历史,熟悉文艺复兴历史的长处,对利玛窦在意大利学习成长的文化历史背景作了极为详细的介绍。

从米尼尼教授的书中,我们知道利玛窦系统地接受了西方高等人文科学即古典文学的训练,他学习了拉丁文、希腊文。在历史方面,读"历史学家恺撒、萨卢斯蒂奥(Sallustio)、李维乌斯和库尔齐奥(Curzio)的作品;在诗歌方面,他们要学习除《牧歌集》和《埃涅阿斯纪》第四卷以外的维吉尔(Virgilio)的诗歌、贺拉斯(Orazio)的颂歌选读,以及其他著名诗人的挽歌、讽刺诗等作品,但要删除其中的色情内容。在所有诗歌中,马尔齐亚莱(Marziale)的讽刺诗因风格优雅而备受推崇。1559年,耶稣会通过修会新建立的印刷所印制了一批删节版的马尔齐亚莱讽刺诗集。修辞学基础教材的内容主要来源于由奇普里亚诺(Cipriano)节选的苏亚雷斯(Soares)神父编写的《论修辞》一书。第二学期,学生们要阅读西塞罗的一些演讲稿。这个学期的学习宗旨是帮助学生更好地理解古典作家并学习用希腊语写作"。"除西塞罗外,亚里士多德也被视为语言学大师,他的两部作品《修辞学》和《诗学》是教学的重点。学校通过教授历史学家、拉丁和希腊作家的作品以及各民族的风俗来扩充学生的知识面。这里的拉丁和希腊作家主要是指古典作家,如德摩斯梯尼(Demosthe-

nes）、柏拉图、修昔底德（Thucydidēs）、荷马（Homēros）、赫西奥德
（Hesiodos）、品达罗斯（Pindaros）等，根据教会学校的要求，这些作
家的作品中与天主教教义不符的内容被一一删除。除此之外，学
校中还教授教父圣额俄略（Nazianzeno）、圣金口若望（san Giovanni
Crisostomo）和圣巴西（Basilio）的作品。每天上课时，学生们要用几
个小时学习和背诵古典作家的作品，练习写作并当众朗诵所学作
家的作品或自己的作文”。正如作者所说，“人文主义运动和文艺
复兴在托斯卡纳地区留下了大批杰作，在那里的生活经历和这些
杰作的耳濡目染，极大地促进了年轻的利玛窦的成长，对其后来在
‘真龙天子’的国度里进行文化交流活动具有重要的意义”①。

　　作者在书后所附的“大事记”也别具匠心。作者将“利玛窦生
平”“政治和宗教大事记”以及“文化大事记”三个并列，从而使我
们不仅仅看到了利玛窦个人的生平，而且看到了利玛窦所处的时
代与历史，使读者从更为宽阔的历史文化视角来理解利玛窦。

　　最后，此书充分展示并介绍了西方学者研究的成果。中国学术
界在利玛窦研究中主要发挥熟悉中文文献的优势，但在外文文献上
略显不足。这些年来关于利玛窦研究的翻译著作，除了上个世纪西
方的研究成果，如裴化行（Henri Bernard）的著作、邓恩（George H.
Dunne）的著作外，真正能提供新材料的并不多。但米尼尼教授的著
作给我们展现了西方学术界主要的具有代表性的关于利玛窦研究的
重要著作的成果，这对中国学术界来说是很有价值的。例如，关于利
玛窦的生平，他使用的是熊三拔（Sabbatino de Ursis）的《有关利玛窦
神父去世的报告》（*Relação da morte do P. Mattheus Ricio*），这份文献
是 1910 年在罗马出版的，书的标题是《来自在利氏弥留之际一直照
顾他的熊三拔神父寄给当时葡萄牙及葡属殖民地耶稣会会长的助手

----

① 〔意〕菲利浦·米尼尼著、王苏娜译：《利玛窦——凤凰阁》，大象出版社，
　2012 年，第 32—35 页。

马什卡雷尼亚什(A. Mascarenhas)神父的第一版报告》,这是利玛窦弥留之际所留下的第一手重要文献。关于利玛窦的家庭,他使用的是帕奇尚的《利玛窦的家庭》(*La famiglia di Matteo Ricci*)一书的文献,这些文献至今尚未正式出版。对利玛窦在耶稣会罗马公学院的学习情况,作者直接查阅到了原始档案中1574年春利玛窦在第一学期末获得的评语:"会友利玛窦,24岁(实际年龄为21岁),三年级。所修课程:修辞学一年级。学习成绩:中等;健康状况:良好;实际能力:可以在罗马以外教授二年级的语法课,在悉心准备后可以开始布道。"①这样的例子在书中比比皆是,这些都会使中国的读者们有一种新鲜感。

　　以上说的是米尼尼所代表的西方学者在利玛窦研究上的新进展,在这里我向中国的读者们介绍中国学者在利玛窦研究上的新进展。近年来在利玛窦研究上只要有一本著作的出版、一篇文献的发现,就应引起学术界的注意。

　　这本中国学者的新作就是旅意大利的人文历史学者宋黎明的《神父的新装:利玛窦在中国(1582—1610)》②,这本书十分值得重视。这部著作在西方文献的使用上主要是利用了德礼贤(D'Elia)编《利玛窦神父的文献资料》(*Fonti Ricciane*),但他在中文文献的发掘上,在研究的问题意识上都很有创意。纵观全书,作者颇有挑战中外学术界传统认识的气势。在许多有定论的问题上,敢发前人所未发之观点。尽管有些观点也可以继续讨论,但作为一家之言是很启发人的。

　　我们先看看他在文献上的贡献。学术界对罗明坚带回欧洲的教宗致大明皇帝书一直未有深入研究,显然这是一份利玛窦的重要文献,尽管执笔应是明代的文人,但工作主要是利玛窦所做。法

①〔意〕菲利浦・米尼尼著、王苏娜译:《利玛窦——凤凰阁》,第35页。
②宋黎明:《神父的新装:利玛窦在中国(1582—1610)》,南京大学出版社,2011年。感谢宋黎明先生赠送此书。

国汉学家裴化行曾对这篇文献做过介绍,大陆学者李华川对其进行了整理①,宋黎明在书中则做了进一步的整理和说明。这篇文献的原文如下:

　　　　　　　教宗西师都五世致中国皇帝书②
　　　　　　　　　　太僧天主教门都僧皇西师都第五顿首拜
大明国国主御座下:

　　伏以天主者,吾人之大父母也。生厕名世间,绍天主之正脉,处修善念,躬率礼拜教门,兼宣经戒等事,惟愿天下人,自知有大父母,不可不隆孝以尊拳(奉)天主,传其圣教,显其名号。闻外邦多有昧天主事理,眩于异端。生居天竺,恻然动念,是以不惮委任之勒,跋涉之劳,锱铢之费,特选笃实博雅儒僧,遍游四方,谕扬天主正教,授以真经。其经乃天主亲制,以惠后人,当佩服而恪守之也。往谕之后,又申饬衔(御)旨,欲其钦奉厥职,随所经历之地,察彼之教门,果与天主相合,始为正道。间有好崇邪说,即善为劝诱,以归吾教,毋使碔砆得以混玉哉。生见鄙,他无所求,窃幸推广慈悲,普济世人,俾仓(苍)生戴齿之伦,无不敬恭天主,谨遵规戒,则冥冥之中降以祯祥,同登仙境,不致愪(误)陷迷途,死堕苦狱,而生之夙愿慰矣。

　　先年曾委数僧,游至盛国,闻君明臣良,相与翊景运,文风丕振,苍赤宁生,经书家喻户晓,猗欤称綦隆矣。惟天主上帝,其事未解明否,今再令上僧四人,伯都鲁、宾禄、里诺、马的亚,德行颇优,儒文宏博,在热所天主名字寺发卷(愿),并旧住三僧,二德、玛窦、安东,代生趋拜足下,外具蔽国土物为贽,薄将

────────────

①台湾学者张奉箴在《利玛窦在中国》一书中对此文献也做过一定的分析,黄一农在《两头蛇》中提到这份文献并影印了部分内容,但尚未展开分析。李华川曾写《考狄〈十七、十八世纪西人在华所刻中文书目录〉跋》一文。
②此处标点引自宋书,略作修订。

鄙诚。其物第一件乃天主真经一卷，盖足下膺宝历以抚黎元，必为天主宠佑。烦望口诵心维，俯垂清照，虽道隔云泥，不俨若近聆清诲乎？所属臣庶，亦希为宣谕，推仁柔远，毋日诞妄，则幸甚、幸甚。

又望足下不弃贱壤，爰赐硕才杰士，泛航而来，使生常瞻懿范，方显真诚相爱，倘符愚愿，四僧给有札牒，沿途迎送，以华其行，则生之荷恩，宁有涯哉。敬修寸墨，伏祈

台照不宣。

都僧皇西师都再顿首

时目（自）
天主生日一千五百九十年西师都第五年三月天竺国京师书立

作者认为这篇文献并非罗明坚所写，在结论上和米尼尼相同，但在具体内容的分析上更为深入。一是，作者对"国书"中所提到的四个使者做了分析，提出了不同意法国学者戴遂良（Leon Wieger）的观点，同时，作者运用外文文献具体说明了这份"国书"产生的具体细节。这是一份涉及中国和梵蒂冈关系史的重要文献，有些细节仍待进一步研究，如为何这份"国书"的原刻板让罗明坚带回？为何这份文献留在巴黎？起草这份文献的中国文人是何人？罗明坚在这份文献起草中是何角色？尽管这些问题书中尚未回答，但作者目前的研究已经大大推进了学术的进步。

又如，作者在耶稣会档案馆发现的夹在利玛窦书信中的中文附页，这是作者首次披露的一份从未被人注意的文献。作者认为，这份文献的作者"如水王顺民"很可能是利玛窦的一个文人朋友或者是私塾先生，尽管这是一个假设，尚无确实证明，但作者从这份文献的拉丁文与中文的对照注音中发现利玛窦在中文的理解上尚有问题，一些字的拉丁注音完全错了。作者认为"尽管早在肇庆时

期,利玛窦就声称自己中文已经过关,其实言过其实。利玛窦的中文水平显然被高估,而他的拉丁文水平也值得探讨"①。这样的结论使我们对利玛窦的中文能力有了保留认识,不管你是否认可,作者是从原始文献出发的。

　　由于作者长期生活在意大利,对西方语言和中文都比较熟悉,因此,作者从翻译入手,无论是从中文翻译成外文,还是从外文翻译成中文,他对传教士的翻译工作做了研究,这是以往学者做得较少的。例如,对罗明坚和利玛窦在"西来净土"的翻译上的研究颇有新意,作者指出他们在向西方翻译这个词时都未解其意。由此说明罗明坚和利玛窦在面对欧洲教会时是如何将中国的实际情况加以修改以适应欧洲的文化。对王泮所题字如何理解上,究竟是"仙花寺"还是"迁华寺",作者的分析十分独到,指出了罗明坚和利玛窦的理解均有问题,这些观点都很尖锐,他的分析自成一家。

　　又如,作者对利玛窦着儒服的分析也很启发人,他认为利玛窦走出韶州时所戴的并非儒冠,而是东坡巾,这点利玛窦在晚年时自己也曾说过,但至今学术界并未深入分析。利玛窦将其称为东坡巾是有文化含义的,在他看来,东坡巾是道教的行头。这样,利玛窦的这套装束并非是儒家的装束,而是表示自己是一个"有文化的传道人"。利玛窦这样做的目的在于,"当利玛窦穿戴直裰和东坡巾并以'道人'自居时,他淡化了自己身上的佛教色彩而强化了方术的魅力"②。这个观点几乎推翻了学术界传统的看法。

　　在本人看来这是近三十年来中文学术领域研究利玛窦的最新进展,反映了中文学术的进步。学术观点尚可讨论,但宋黎明的这种不为传统观点所束缚,坚持从原始文献出发,坚持中外文献的互对与互证,通过文献发现问题的研究方法是完全值得肯定的。如

――――――――――

①宋黎明:《神父的新装:利玛窦在中国(1582—1610)》,第83页。
②同上书,第91—92页。

果说米尼尼教授作为利玛窦的家乡人,书中对利玛窦的研究有一种难以割舍的热情,那么,宋黎明的研究则要冷静得多。这也是笔者在这里将其成果与米尼尼教授的研究一并介绍的原因。

2010 年在肇庆召开的纪念利玛窦逝世四百周年的学术研讨会上,肇庆本地学者公布了明代刘承范所写的《利玛窦传》,这是近年来利玛窦研究中最重要的发现之一。2010 年 11 月《韶关学院学报》发表了刘明强的论文《万历韶州同知刘承范及其〈利玛窦传〉》一文①,对新发现的刘承范的《利玛窦传》做了初步的解读和研究。通过刘明强的研究我们可以得知,这篇《利玛窦传》是目前所发现的明代万历年间与利玛窦有过亲自交往的明代官员所写的唯一一篇传记。对于《利玛窦传》所记载的历史事实,作者初步与《利玛窦札记》和台湾版的《利玛窦全集》中的《利玛窦书信》作了对照,可以证明完全和利玛窦所记载的事实相对应,因此,应是一份可以信赖的文献。

这份文献的学术价值是不言而喻的,从传记中的记载来看,利玛窦的中文水平和对中国文化的理解是相当好的。更重要的是,这篇文献对进一步研究利玛窦在韶关时期的活动提供了重要的中文文献,同时,通过这篇文献我们可以看到利玛窦在韶关期间对中西文化交流所起的作用。总之,这是一份非常重要的中文文献。

在米尼尼教授这部新著出版之际,我也将这篇文献放在序言中一并发表:

利 玛 窦 传②
〔明〕刘承范

利玛窦者,西域高僧也,别号西泰。与其弟僧天佑重九译

---

①黎玉琴、刘明强:《利玛窦史海钩沉一则》,《肇庆学院学报》2011 年第 4 期;刘明强:《万历韶州同知刘承范及其〈利玛窦传〉》,《韶关学院学报》2010 年第 11 期。
②该文的点校是由肇庆学院的黎玉琴所做,在此照录。感谢金国平先生将此文献提供给本人。

而至粤之端州,寓古刹中,采石陶砖建巨塔焉,其色尚白,颜(额)曰"银海世界"。岁己丑,予与浙东陈海楼公同守韶阳。以职事赴端,谒制府刘公,维舟塔下。议翌日取道三水,查盘连阳诸州,因有游七星岩之约。是夕宿舟中,步王龟龄韵,口占云:"白塔何僧舍,清灯此夜舟。遥从三水去,少为七星留。"诘旦,利僧登舟献茶,询之,知为欧罗巴国人也。其貌则突颡深目,苍颜紫髯,觉有异焉者。其茶则清香满室,啜之两腋风生也。见予案头诗,因以请,遂命吏录以遗之。

越两月,连阳事竣,复诣端境,盖以制府檄余谈兵务也。会间密语,曰:"近惠潮道报称,合浦大盗陈某者,连年勾引琉球诸国,劫掠禁地,杀人越货,大为边患。又香山澳旧为诸番朝贡舣舟之所,迩来法制渐弛,闻诸夷不奉正朔者,亦端端假朝贡为名,贸迁其间,包藏祸心,渐不可长。本院欲肃将天威,提楼舡之师,首平大盗,旋日一鼓歼之。第闻海南欧罗巴国,有二僧潜住我境,密尔军门,倘一泄漏,事体未便。该厅当以本院指召而谕之:'韶州有南华寺,为六祖说法之所,中有曹溪,水味甚甘,与西天无异,曷往居之?是一花五叶之后,又德积余芳也。'即彼当年有建塔之费,本院当倍偿之。"余"唯唯"。出。是日诏僧,语之故,余尚未启口,辄曰:"大夫所谕,得非军门欲搜香山澳乎?此不预吾事,吾何敢泄。第皇明御世,如天覆地载,异域远人,招之尚恐其不来,今欲逐之,则越裳白雉,不当献周庭矣。"余曰:"汝何以知之?岂军门将吏有私于汝者乎!"曰:"小僧舫海越都,走数万里,岂人间念头尚不能前知乎?但欲我移居南华,固所愿也。"及语以建塔偿金,乃曰:"军门用兵,无非欲加官荫子耳。和尚视中国四夷如一人,即此幻身究亦成空耳,须金何为?但人命至重,一观兵无不波及,大人若承望风旨而行之,恐有鬼神司祸福者。"予闻其言,大骇。次早谒军门密请曰:"台下曾以兵事询将吏乎?"曰:"此事甚大，即府道亦未及询，直以该厅慎密，故厚讬之。"云云。是日，二僧亦赴军门叩辞，且治装行，塔中物一无所取，仅图书数匣，出之几上，方移入舟中。军门令人觇之，始知其所携者，皆《六经》《语》《孟》及《性鉴》《史记》诸书，而他不与也。益深喜，复遣篙师送之，而二僧竟辞不受。盖自是即入南华矣。

居数日，予有香山之行，声言查盘军饷，实则物色澳夷也。香山尹徐君迎而问曰："大人此行，岂军门令观兵乎？"余曰："惟查饷耳。"徐曰："饷以饷兵，而特委大人，固知军门指矣。"次日，余偕徐尹，亲诣澳中，则见诸番皆鸟言卉服。即所称操万货者，多文身断发，绝无他技。询之皆中国之人勾引而来，利其所有耳。徐尹曰："职矢以百口，保其无他，且军门军饷，取给广州者，每岁不下三十余万，皆自榷税中来也。倘必欲加兵诸夷，必疑畏而不至，则此饷何从取足？又朝贡诸番，假令藉口而绝中国，九重之上，将有辞于此举矣。窃以为寝之便。"余于是大书一联于澳门曰："帝德配天，万里梯航输上国；臣心如水，一泓星月照灵台。"徐尹深嘉之，而授诸梓。乃取该县印，结连回呈以上。

其略曰：伏睹皇明祖训，有以四方诸夷，皆隔山限海，彼既不为中国患，而我轻兵以伐，不祥也。大哉王言，其万世御夷之龟鉴乎？职至愚，不知海防至计，昨祗承宪令，躬诣香山，窃于议澳夷者，有慨于中焉：夫香山澳距广州三百里而遥。旧为占城、暹罗、贞腊诸番朝贡舣舟之所，海滨弹丸地耳。第明珠、大贝、犀象、齿角之类，航海而来，自朝献抽分，外襟与牙人互市，而中国豪商大贾，亦挟奇货以往，迩来不下数十万人矣。顷当事者，睹澳夷日聚，或酿意外之虞？欲提楼舡之卒，驱之海上，岂非为东粤计深远哉！顾东南岛，惟日本鸷悍，祖宗朝尝绝之。而占城诸国，世修朝贡。尝询之浮海之民，及商于澳门者，咸谓诸夷，素奉佛教，贸易毫发不敢欺绐。彼酋长皆家累万金，重自爱惜。乃楼舡将军，谓拥旗提鼓，以靖海岛，可大得志。诸襦裤之仕，慕诸夷珍宝山积，大创即可囊而归之。事虽未行，而先声已播，且有乘此诈吓者。不知诸夷念此至熟矣。假令一旦出师，彼且漂海而逝，我军望洋而返，意必恣意杀戮，伪上首级，海上益骚然矣。无乃为东粤生灵祸乎？近代为患者，莫如边虏。我皇上俯从互市之请，二十年来锤橐卧鼓，以享太平之福。视往岁兴兵之费，所省什佰，此其尤大彰明较著者也。独奈何使款顺之夷，望之而惊且走哉？是明珠、大贝，不饰朝夕，犀象、齿角，不充玩好也。请榜之通衢，照常抽分，听彼贸易，以安诸夷向化之心。毋弦虚声，自相疑骇，而沿海弋舡，仍严为防守，斯备其在我以制之之道也。倘必以倭奴视诸夷，而曰"吾且为郭钦，为江统，无论仰背祖训，即视皇上互市之意异矣"。云云。时万历庚寅春莫也。奉军门刘批据议，酌古准今，信为驭夷长策，即将批词及申文警语，悬之香山、澳门港口泊舟紧要处可也。

又越月，则利僧至韶阳请太守陈公，曰："蒙军门命僧移居南华，敢不遵依，但寺僧皆椎牛嗜酒，大坏六祖之教，僧羞与为侣。且去府较远，浮言易兴，愿移府城外光孝寺，以观德化何如？"公素闻其美，即为之具陈军门，军门云："前练兵厅，勘处诸番情由，招携来远，两得其道，则蔡人皆吾人也，又何有于僧人哉？其欲移居府城也，或亦远人慕义之诚乎？虽与之处可耳。"寺在府城西河外，芙蓉山在焉，即六祖著坛经处，利僧取旁隙地居之。

以本年九月九日建八方高阁一座，上悬木天楼，刻七星，因取予过端州诗"少为七星留"之句，以为讖（谶）。阁凡三层，上祀天主母，中祀天主，他无祀焉。又精舍数间，所藏皆六经正学，子史诸书，求其手自翻译者，独《大瀛全图》耳。

予与陈堂翁诘之曰："吾中国世传，谓达摩西来，人称阿弥陀佛,故礼佛法者,必尊三宝。唐元(玄)奘,白马驼经,亦自西番来,自是支流派演。称佛藏经者,几汗牛充栋。尔为西僧,独曰不然。毋乃学于墨氏,而不从其教乎?"曰:"西番诸专城之国,不下二伯有奇,今所称阿弥陀佛,或系他国教主,我欧罗巴国无是也。惟以天下之至称者,莫于天苍苍之表,惟神主之,而此神实生于此母,故本国止祀一神。若曰'见象作福多',则念不专矣。"曰:"何以知之?"曰:"下国相传,自有典故。"及视其象绘在玻璃板中,非金非玉,然须眉眼目,俱觉微动,真神物也。

及询其书所自来,曰:"吾远游上国,直为数卷书耳。始一译而之占城,又历数十国,无过吾心者;乃再译而之暹罗,又历数十国无当吾心者;乃三译而之真腊;四译而之琉球,五译而之福岛,计所适国,凡百有奇,为时则十年往矣。然竟未睹挟书者。问之道路,皆盛称广城,故专觅乡道,尽译汉音,乃徐徐入广。至睹坊间书籍,大契吾心,恨独不识汉字耳。遂谋之主人,专求明师?翼日,果有秀士至,且问且答,曰:'闻僧欲求明师乎?'曰:'《六经》须得一师,《四书》诸史共一师,可也。'秀士曰:'天下止有《五经》,安得有《六经》?此是人绐汝耳。'曰:'汝新会道学陈白沙诗,传入我国,有"《六经》仁义沛江河"之句,岂此诗亦妄乎?'遂不答而去。越数日,则有余师矣。三年间,朝夕思绎,遂尽得诸书之趣。官长士夫及俗辈来访者,多苦无暇晷,乃避之肇庆,今不得已而处于韶阳,或亦安身立命处也。"予与陈公闻之,遂嘉赏曰:"如僧所言,盖振古异人也,岂特彼所谓豪杰之士哉?"

无何,南雄司理渭南孙公,以公事过韶,问余曰:"贵治有西僧乎?"余曰:"然。""精书史乎?"余曰:"书虽有,精不精,非所知也。"孙遂与余造之。孙业《诗》,以《烝民》《元(玄)鸟》章问。余业《易》,以"《易》与《天地》准"章问僧,皆能言其旨。

孙目余笑曰："余两人各治一经，而僧兼之，宁不见笑于彼乎？"遂揖去。盖自是僧之名重矣。诸达官过韶间，有不入城而独谒西僧者。

所携有铜人刻漏二，别为密室藏之，其机发一，悬之梁上。日有十二时，每时至，则铜人之司时者，起而一击于某时上，其声巨。时有八刻，每刻至，则铜人之司刻者，起而一击于某刻上，其声细。中间消息流动，非他人所能识。又有浑天仪二，一以测天，一以测地，一以测山川河海。如云天有九重，自第一重至第二重，该若干度，算若干里。自某国至某国，该若干度，算若干里。余皆执至，以坐照之。吾初未甚信，因指所对皇冈山，而命之曰："汝试度寺门至山顶，相几何？"僧执仪而睨视之曰："若干，若干。"乃命左右取麻线数缕，牵至山顶，以僧所定步弓较之，无毫发爽。又有奇石一，约一尺五寸许，光明莹彻，若水晶然，而温润过之。仰照之，则日星辰无不垂象；俯照之，则山川湖海无不深列。其最妙处、又能解观者意，现出本省名胜。如陈翁浙人，欲见西湖则西湖，欲普陀则普陀。予楚人欲衡岳则衡岳，欲鹤楼则鹤楼。其神妙有如此者。会有家京师者，请见皇宫。则止之曰："万里君门岂易窥。"遂函收之而罢。

明年元夕，市中酒徒数人，至寺游玩，借观神物，意恃酗酒，即可攘而有也。时二僧方与诸文学谈经阁下，谓酒人曰："汝诚欲我衣钵，但拜天主老爷，可任意携去。"数人方下拜，忽闻阁上大响一声，各门尽合。即八方窗棂无一得开，其宫室机法之妙，大率类此。数人俯伏地下，若绁缚然，牢不可脱。次日曲江县令至彼处拈香，诸酒徒将责治之，二僧因请代责，乃罢。令遂为之请于府道，出示严禁，二僧惟束之高阁，绝不张挂。曰："恐人谓和尚假府道势，以恣恐吓也。"

辛卯五月朔二日，二僧入敝署求见，因谓曰："老爷不久当

有远行,但要欢然自得,绝莫忧煎。"予知其为休官兆也。即应
之曰:"吾何所忧? 但虑嗣息耳。"曰:"老爷念念好生,即如香
山一行,全活不啻数万,上天已昭鉴之。公子须在六十之外,
此时且不必望。"予细叩之,曰:"老爷遂于《易》者,唯'乾天
也'一章,最宜熟玩,老爷子女多在其中,终始不脱此数。"余不
省所谓,遂辞之而去。是年七月,余果以黔中人言,挂冠还里。
二僧相送,谓余曰:"老爷行后,亦欲治装游两都,历各省,备观
皇明风教。俟老爷八十后,僧尚有缘适楚,又当图一良晤,祈
留一言教之。"余曰:"汝之见识,高出凡庸一等,何待余言。惟
天下之宝,当与天下共之,此今古不易之理也。倘至关下,出
宝藏以献当宁,必获重赉。即官爵非汝所欲,亦明哲保身之道
也。"僧深以为然,遂稽首而别。

　　按:西僧履历行藏,皆余所目击者,真生平奇遇也。故传
之以志岁月。后见所著,有《天学初函》诸书行于世。随阅本
府《徐公祖文集》,亦有《西僧传》,称"天和尚留金陵,西泰则
以进宝如京师矣",盖信前言不诬云。

　　(原系〔意〕菲利浦·米尼尼《利玛窦——凤凰阁》序言,大象
出版社 2012 年出版,现扩充以中国学术界的研究进展内容)

以明清中西文化交流史研究为基础

近二十年来我一直在历史学的中外关系研究领域活动，现在回想起来，我感到自己很有幸。因为，我的学术基础是西方当代哲学，对历史学，尤其是对中西文化交流史研究领域我并不熟悉，基本是个门外汉，现在可以在这个领域做一些基础性的研究，全仗前辈的指引和朋友们的帮助，这才跌跌碰碰地走到今天。第一次接触这个领域是得到任继愈先生的指导，当时，我希望做一些和中国历史文化相关的研究，不想单纯做西方哲学。但感到自己的国学基础差，不知从何入手。此时，任先生告诉我，可以从明清之际的思想史入手，特别是这一时期的西学东渐研究。他说，这段历史是研究中国哲学史和思想史最薄弱的环节，除何兆武先生有过研究，大的成果不多，当年朱谦之先生也做一些。先生的话对于处在迷茫中的我来说，仿佛给我拨开了迷雾。后来，我拜访过何兆武先生，向他请教这段研究。何先生告诉我应该读哪些书，后来何先生出了这方面的书也寄给我，使我备受鼓舞。

但对我影响比较大、对我多有帮助的是历史所的耿昇先生和中华书局的谢方先生。耿先生原本是《国际汉学》第一辑的作者，我通过组稿结识了他，加之我们住得比较近，所以常常到他家里拜访他。从他的书架上，我找到了许多在图书馆借不到的好书。由此，你来我往，我们成了很好的朋友，常常一起聚会，一起喝酒，天南海北，无所不谈。耿先生对法国汉学著作的翻译在中国学术界是有贡献的,现在做西域研究、藏学研究和明清中西文化交流史研究的学者,大都受益于他的翻译。从那时起我成了中外关系史研究的新人,也几次用我们研究所仅有的一点点费用支持中外关系史的会议。与耿先生的交往,使我对明清之际中西文化交流史的研究从枯燥的书本层面到了现实的生活层面,我对这段迷人的历史日益感兴趣。

　　谢方先生是上个世纪八十年代后中外关系史研究发展的重要推动者,他在中华书局所编辑的那套《中外关系史名著译丛》,就是在今天也是学者案头必备之书。我从德国访学回来后做的第一件事就是出版《利玛窦全集》,合作者是美国的马爱德先生。当时我找到了谢先生,他答应和我一起来做。后来由他出面,我们找到了做地图的黄盛璋先生和汪前进先生,做天文学的陈久金先生,做语言学的尹斌庸先生。之后,由于马爱德先生的去世,加之翻译和点校工作进展也不顺利,此事被商务久拖了下来。但利玛窦的中文文献我们已经全部点校完毕,至今仍放在商务的常绍民先生那里,何时出版,只有他知道,我们这些作者只有耐心等待。此时,我才想起谢先生说的一句话,在商务出版,犹如小船进入大海,何时到岸,完全由不得作者了。书虽然至今未出版,但我和谢先生成了忘年交。我的文献学和版本学的知识就是跟他学的。谢先生为人谦和,满腹学识,从不显露。在和他的交往中,我看到和学到了老一辈的那种为学和为人的风范。

　　在这二十余年的中外关系研究中,我们海外汉学研究中心几度和耿昇为会长的中外关系史学会合作,其中2005年在沈阳我们与沈阳故宫博物院的吴斌院长、澳门基金会的吴志良先生一起开明清中西文化交流史的学术会议。我许诺,会议论文集由我来负责出版,但由于出版经费问题,一拖再拖,直到现在书才算有了出版的希望。我略作增补,尽快将其出版,不然实在对不住中外关系史研究领域的学者和同仁。

　　到此,文债总算还了,我也松口气,但想起自己在历史研究中走过的这些路,我仍是感恩于任继愈先生、何兆武先生、谢方先生、黄时鉴先生、陈佳荣先生、耿昇先生等这些曾帮助我、给我知识和兴趣的前辈和朋友们。

　　2012 年 9 月 23 日写于北京枣林路游心书屋

　　(张西平、耿昇、武斌编《明清之际中外文化交流史研究新进展》后记,外语教学与研究出版社 2013 年出版)

中西文化交流之探

自晚明以来,中国已经开始与西来的西方文明接触,中国自己的历史已经不能在原有的轨道上发展,夷夏之分的观念开始动摇。外部世界与中国的关系已成为中国发展的重要问题,文化间的对话已成为中国必须面对的问题。但不同文化间的对话,尤其是中国文化和西方文化间的对话与理解并非易事。对双方而言,无论是从历史的角度还是从现实的角度,中西文化之间的对话都需要我们深入研究。

一、历史的回顾

中国和西方之间的对话并非今天才有,这两大文化之间有着悠久的交流和相互对话的历史,研究这一历史会使我们得到启示,并从中汲取经验教训和智慧。中国文化和西方文化之间的交流和对话大体经历了三个阶段。

1. 初识时期(635—1498)

唐贞观九年(公元635年),东罗马帝国的聂斯脱利派主教阿罗本(Olopen)来到长安并开始在中国传播基督教,名曰"景教"。在唐朝宽松的宗教环境下,景教一时"法流十道……寺满百城"。

这是西方宗教第一次进入中国①。

公元 1206 年中国北方的蒙古帝国形成后,蒙古铁骑横扫欧亚大陆,从地中海到中国东海都成为草原帝国的版图,这大大加强了中国与西欧诸国的联系。

在此期间教皇英诺森四世曾派出柏朗嘉宾(Giovanni de Plano Carpini,1182—1252)作为使团团长拜访蒙古大汗。1246 年 8 月 24 日当使团到达蒙古政治中心哈拉和林时,正赶上贵由即蒙古大汗的登基典礼。柏朗嘉宾在哈拉和林住了几个月,1247 年 11 月 24 日返回里昂。他留下了著名的《柏朗嘉宾蒙古行纪》,这是在西方文献中第一次真实地记叙中国的情况。

在元代,先后来过中国的还有鲁布鲁克(Guillaume de Rubrouck,约 1215—1295)、孟高维诺(Giovanni da Montecorvino)和著名的马可·波罗(Marco Polo,1254—1324),他们都留下了文献,介绍了中国文化②,尤其《马可·波罗游记》在西方产生了持久而深远的影响。契丹(实为中国)的广阔、富饶使西方对中国的物质生活有了直接的认知,中国形象开始在西方文化中具体化。

中国对西方的认识最早可追溯到《史记·大宛列传》和《汉书·西域传》。史书中所称的"黎轩"实际上是"亚历山大里亚",即埃及的托勒密王朝的首都,它在地理上虽不属欧洲,但却属于希腊文化。

直到草原帝国兴起,才有中国人第一次访问了欧洲,这个人是列班·扫马(Rabban Sauma)。他是元朝畏兀儿人,出身于大都一个信奉聂斯脱利教的家庭,其父是聂斯脱利教会的视察员。1275 年他决心到耶路撒冷朝圣,这个计划得到元朝允许;1284 年在伊尔汗国的阿鲁浑支持下,列班·扫马被派往欧洲。他在君士坦丁堡

---

①朱谦之:《中国景教》,人民出版社,1993 年。
②《柏朗嘉宾蒙古行纪·鲁布鲁克东行纪》,中华书局,1985 年。

拜见了东罗马皇帝安德罗尼古斯二世(Andronicus II),在法国拜见了法王腓力四世(Philippe le Bel IV),在英国拜见了英王爱德华一世(Edward I),后返回罗马,谒见了新选出的教皇尼古拉四世(Nicolas IV),之后他返程行至桃里寺(今伊朗大不里士),在那里病故。

列班·扫马出使欧洲的旅行记被叙利亚文《教长马儿·雅八·阿罗诃和巡视总监列班·扫马传》一书保存下来。这是中国人第一次记叙了真实的欧洲。

在这一时期中国和欧洲文化已开始交流和对话。景教一度十分昌盛,诗仙李白也有访景教寺院的诗句;而《马可·波罗游记》则风靡欧洲,家喻户晓。但此时双方仍处在初识阶段,对对方的认识并不深入。景教在唐武宗灭佛后,基本上消失了,以致到晚明基督教再次入华时,中国人已不知基督教为何教;而《马可·波罗游记》毕竟是以一个威尼斯商人的眼光来看中国,看到的只是一个物质生活极为丰足的国度,他甚至连孔子和儒家都一字未提。

2. 相遇阶段(1498—1840)

1492年哥伦布发现美洲新大陆,1498年达·伽马绕过好望角进入印度洋,并发现印度。从此,大发现的时代到来。欧洲的殖民主义者在东西两个"新"大陆采取了完全不同的路线:在南北美洲烧杀抢掠,而在东亚,在南中国海,当他们遭到大明帝国强有力的反击后,只好采取对话的方式。1601年,当意大利传教士利玛窦(Matteo Ricci,1552—1610)进驻北京,成为万历皇帝的门下客时,一场中西文化的真实对话开始了。

利玛窦为在中国站住脚,经过近十年的观察和思考以后,决定采取"合儒补儒"的路线,脱下僧侣服,穿上儒袍,与明末的儒生们展开广泛的对话。他通过介绍西方的文化、科学,赢得了晚明士人的欢迎。他写下的《交友论》《二十五言》《天主实义》是中西文化史上第一批比较文化的著作,也是中西文化的第一次实质性对话。

　　他认为在中国先秦的儒家文献之中有一种和基督教相似的宗教崇拜,他说:"吾天主,即华言上帝。"①这样他通过肯定先儒来批后儒,认为宋明理学以后向理性化发展。从理论上讲,利玛窦的悟性极高,对中国文化的整体把握也较为正确,因中国文化的确有一个"'巫'→士→教(儒教,姑且称之)"的过程,到今天为止,我们仍在返回原儒,寻求这种文化之根。

　　利玛窦对中国文化的另一种态度就是"求同存异"。他高度称赞儒家的伦理思想,强调耶、儒在伦理上的共同性,正因此,他的《交友论》受到普遍的欢迎。

　　利玛窦在这场文化对话中表现出了一种极大的宽容与理解,如对儒家礼仪中的祭祖、祭孔给予了肯定。若从当时欧洲文化背景来讲,这是犯了大忌的,因天主教的基本教义在于:不向耶稣以外的任何偶像跪拜。利玛窦的做法引起了争议,他之后的所谓"礼仪之争"就是围绕这个问题展开的。这场争论的实质在于:基督教对于异于自己的文化应采取什么态度,是以自己的文化为标准剪裁异文化,还是求同存异。在这场争论中,利玛窦的路线受到了彻底的批判,从而对中西文化交流产生了重大的影响。

　　中国文人对此也有两种态度。一种是以徐光启为代表的,在坚守自己文化的同时,积极汲取基督教文化,"会通以求超胜"的态度,对科学应不问中西,只要好就学。如王征所说:"不问中西,总期不违于天。"②也如阮元后来评价梅文鼎时所说:"见中西之会通,而补古今之缺略。"③另一种则是以杨光先为代表的,这一派抱残守缺,抗拒西方文化,或如清中期的"西学中源论",又回到一种"华夏中心说"的老路上去。这条路线后来逐渐占了上风,这也是晚清中

---

① 〔意〕利玛窦:《天主实义》。
② 《远西奇器图说录最》。
③ 《畴人传》卷三十八。

国文化日益走向封闭的原因之一。

这一时期应是中西文化对话的最好时期,入华传教士大规模地介绍西方宗教、科学,形成近代中国的"西学东渐",而同时经过传教士之手,中国典籍大量西译,形成"中学西传",引起了欧洲历史上的第一次"中国热"。

3. 冲突阶段(1840—1949)

1793 年(乾隆五十八年)英国马戛尔尼使团的失败标志着中国和西方的"蜜月期"已经结束①。随着乾隆去世,中国日益走向衰落,闭关锁国决定了以后的败局。而鸦片战争以及"整整一批'不平等条约'(正如中国人不无理由地称呼的那样),则以难以磨灭的方式,标志着西方列强与中国之间的关系,它是建立在既是不可抗拒的,又是厚颜无耻的强权暴力基础上的,它也是建立在西方于一个世纪中对中国不断地表现出的鄙视与嘲弄的基础上的"②。

从此,中国在西方失去光彩,黑格尔(G. W. F. Hegel)在《哲学史讲演录》中认为中国根本没有哲学,马克斯·韦伯(Max Weber)则认为以儒家和道家为其文化内核的中国人根本不可能实现工业化,因为中国没有新教的伦理精神。在对待中国的态度上西方前后判若两人,西方是典型的变色龙③。

在中国方面,百年败局极大地刺激了中国知识分子。"变法图强"、学习西方成为唯一的选择。经五四以后,"现代与传统""西方与东方"的二分法已成为理解中西文化对话的基本框架。

这是一个中西文化激烈冲突的时期,是一个"欧洲中心主义"步步进逼,中国文化步步败退的时期,平等的对话已不可能。

---

① 〔英〕斯当东著,叶笃义译:《英使谒见乾隆纪实》,上海书店出版社,1997 年。
② 〔法〕雅克·布罗斯著,耿昇译:《发现中国》,山东画报出版社,2002 年,第130 页。
③ 〔英〕道森著,常绍民等译:《中国变色龙》,时事出版社,1999 年。

二、文化间对话的可能性

中国和西方作为两种不同的文明类型,不应把冲突作为双方关系的模式,也不能把文化的统一作为目标,而应是在保留差异下进行对话,这是唯一可以采取的有利于双方的文化交流的模式。我们认为中西文化平等对话的可能性至少有以下两条根据:

1. 西方的历史资源提供了平等对话的可能性

其实西方的文化历史就是不断融合其他文化的历史。基督教文明诞生于东方,而后传入西方,对其产生了根本影响。罗素(Bertrand Russell)早年也曾说过:"不同文化之间的交流过去已经多次证明是人类文明发展的里程碑,希腊学习埃及,罗马借鉴希腊,阿拉伯参照罗马帝国,中世纪的欧洲又模仿阿拉伯,而文艺复兴时期的欧洲则仿效拜占庭帝国。"这说明欧洲对待其他文化并非一直是后来那种态度。因此就西方来说,如果同东方对话,首先应放弃近百年来所形成的"欧洲中心"观,放弃其无视其他文化和蔑视中国文化的态度。近百年来西方文化中的东方研究很大程度上都受这一心态的影响,如萨义德(Edward W. Said)在《东方学》中所说的,欧洲的东方知识,即对东方的认识是伴随着欧洲的扩张,与欧洲的殖民过程一起产生的。而19世纪是欧洲人的世纪,整个东方都受到欧洲殖民主义的影响,在这种情况下,西方对东方的认识不可能是平等的和公正的。在西方人眼中,"东方是非理性的,堕落的,幼稚的,'不正常的';而欧洲则是理性的,贞洁的,成熟的,'正常的'"①。

---

① 〔美〕爱德华·W·萨义德著,王宇根译:《东方学》,生活·读书·新知三联书店,1999年,第49页。

西方人应抛弃"欧洲中心主义"的立场，以一种平等的心态看待东方文化，看待中国文化。在这方面西方历史上是有经验可借鉴的，例如明清时期的入华传教士利玛窦等人已为今天的西方人做出了榜样，这些入华传教士已经探索了一条平等对话之路。

就利玛窦来说，他并未放弃他已有的文化立场，他仍希望"中华归主"，他在中国活动的目的仍然是为扩大基督教的影响，但他确立了一种对待异于基督教的文化的态度，即对于中国文化是尊重的，对它的悠久和博大是称赞的。对于不同于基督教的中国文化，他是理解的、宽容的，他没有站在一种狭隘的基督教立场上对中国文化异于西方文化的部分采取完全排斥的做法。如在祭祖祭孔问题上，他是赞同中国教徒这样做的。

即便对于中国文化和基督教文化相分歧的地方，他也不是不予理睬，而是积极对话。如他对佛教的批评，实际上是一种理论上的对话；又如他对宋明理学的批评，也是一种研究式的态度，而且这种批评并没有妨碍他同理学家们很好地交往。

这种较为平等的态度还表现于欧洲思想文化界在 17—18 世纪对中国文化的热情上。他们崇拜孔子，赞扬儒家的自然宗教，对中国伦理交口赞扬。这在伏尔泰那里[1]，在莱布尼茨那里[2]表现得十分突出。17—18 世纪欧洲的中国热当然有其自身文化的原因[3]，但那时西方对中国文化的态度和 19 世纪完全不同，更多地表现出一种平等对话的态度。

这说明西方文化若采取一种正确的对话态度，应放弃现在的"欧洲中心主义"，从历史中汲取智慧，调整文化心态，这才是正确的出路。

———————————

[1]孟华：《伏尔泰与孔子》，新华出版社，1993 年。
[2]李文潮、〔德〕H·波塞尔编：《莱布尼茨与中国》，科学出版社，2002 年。
[3]许明龙：《欧洲 18 世纪"中国热"》，山西教育出版社，1999 年。

2. 中国历史文化的资源提供了平等对话的可能性

中国文化所以从古至今从未断绝并不断发展,其根本的原因在于它对外来文化采取一种兼容、汲取、吸收的态度,从而在与外来文明的对话中不断充实自己,改变自己,提高自己。

这种文化态度可用孔子的"和而不同"来概括。孔子说:"君子和而不同,小人同而不和。"①这里的"和"是在强调对话,强调沟通,而"同"则表示取消差别。孔子所强调的是在保持"差异"下的"和",而不是取消差异,追求完全等同。这说明孔子认为"不同"是现实存在的,但这并不妨碍"和"。

孔子的这种文化态度深深地影响了中国文化的走向,中国文化对佛教的吸收就是一个典型的例子。中国文化本质上是一种"入世"的文化,而印度的佛教是一种"出世"的文化,二者之间的差别是很大的。佛教在传入中国各地时曾引起过文化的矛盾和冲突,但中国文化对佛教文化仍采取了一种吸收的态度,在讨论中解决矛盾,在探讨中推动思维。正因如此,中国才在隋唐以后产生了本土化佛教,如天台、华严和禅宗;之后在宋明时,理学一方面批判佛教,一方面却吸收了佛教的哲学思想,把儒家进一步向本体论方向提升,创立了一种新的形而上学,即新理学。正如汤一介先生所说:"中国文化曾受惠于印度佛教,印度佛教又在中国得到了发扬光大。"②

16世纪西方基督教传入中国以后,虽然反对声从未断绝,"华夏中心论"时隐时现,从未根绝,但入华传教士带来的西方文化仍受到大多数文人的欢迎,这点我们上面已讲了。

以上说明就中国文化本身来说,它具有这种吸收外来文化,与

---

①《论语·子路》。
②汤一介:《汤一介学术文化随笔》,中国青年出版社,1996年,第315页。

异域文化展开积极对话的历史传统。正是这个传统使中国文化不断发展和更新，也为我们展开今天的中西文化对话提供了历史的资源和基础。

三、中西文化对话的限制

跨文化的对话，是一个"我"与"他者"之间相互影响、相互融合互动的过程。就中西文化来说，把握好这种对话并非易事，这场对话的成功与否在于双方对自身文化的认识和对"他者"文化的认识。在漫长的历史过程中，"本质主义"的单一文化几乎是不存在的。文化的对话同时又受他者文化因素的影响，因而这场对话中的限制是明显存在的。

就中国文化来说，对自身文化的认识受到两个方面的限制。

其一，殖民主义话语的限制。19世纪以来，西方文化是强势文化，它们根据自身的需要塑造了中国的形象，无论是从"乌托邦"出发，把中国作为"浪漫"和"理想"的，还是从"意识形态"出发，把中国作为"丑恶的"和"批判的"，这一切都是西方从自身文化出发的，这种被曲解、想象了的中国是作为西方自身文化的"他者"出现的。但值得注意的是，这些中国形象又被西方强加于东方，强加于或影响了中国，从而把中国纳入了西方文化的权力结构中。这种西方的话语系统严重影响了我们对自身文化的认识。五四以来，"东方与西方""传统与现代"的二分法实际就是这种殖民主义话语在中国文化中的反映。按照这种二分法的理解，西方等于现代，中国等于传统；要现代化就要抛弃传统，全盘西化。显然，按这个思路很难谈得上什么对话，因为这是"无差异"的现代化，是中国文化完全丧失的现代化。我们应看到，这种思路至今仍限制着我们。

其二，过度"本土化"。全球化已成为一个无法抗拒的事实，经济的全球化必然带来文化的全球化。对这种文化的全球化有两种态度,一种是赞同,而不注意本土化的发展;一种是反对,把本土化作为对全球化的抗衡。实际上全球化并不一定是西方化,现代化也不一定是西方化,这点亨廷顿(Samuel Huntington)已作了深入的说明①。但不少研究者对"全球化"这把双刃剑没作全面理解,只看其消极方面,而对抗其消极方面的最简单方法是强调"本土化"。

　　"21 世纪是中国文化的世纪"的观点,以及"儒家文化救世说"都是这种心态的反映。不加批判地接受全球化不对,一味地强调"本土化"也会封闭我们的视野。作为本土文化的中国文化具有独特价值,但它又是个发展的过程,而不是静止的,不能以一种本质主义态度来看待它。实际上我们应从全球化的角度来看待本土文化,积极在全球化中与异质文化,包括西方文化对话,而不能对其置之不理,采取回避的"独语"。

　　就西方文化来说,在对话中它所受到的限制也有两个方面。

　　其一,经济与政治上的限制。历史上的文化补充与对话历来是同文化间的政治、经济活动交织、联系在一起的,从来没有纯粹的文化对话。就目前世界经济来说,西方,尤其是美国占有十分重要的地位,但随着亚洲经济,尤其是中国经济和政治的崛起,美国认为这影响了它的经济政治利益,因而提出了"遏制中国"的战略。

　　亨廷顿的书值得肯定的一面是他承认文明已经多元化了,他认为有八大文明存在,但他的基本立场仍是美国单边主义的立场。他认为:"中国的崛起对美国形成了更根本的挑战……中国作为东亚占主导地位的地区大国的状况如果继续下去,将对美国的核心利益构成威胁。美国与中国冲突的潜在原因,是两国在东亚未来均势问题上的根本分歧。"②

　　如果持这样一种态度,中国将继续被美国"妖魔化",一种平等

①〔美〕塞缪尔·亨廷顿著,周琪、刘绯、张立平、王圆译:《文明的冲突与世界秩序的重建》,新华出版社,1998 年。

②〔美〕塞缪尔·亨廷顿:《文明的冲突与世界秩序的重建》,第 254 页。

的文化对话是根本不可能的。

其二,"西方中心主义"立场。这是西方 19 世纪以来所形成的对待东方、对待中国的基本态度,这在黑格尔那里,在马克斯·韦伯那里十分明确地存在着,上面已讲到。

应该说西方文化若同中国文化对话,这两条限制是十分明显的。

一百多年前梁启超在《少年中国说》一文中对中国未来之强盛作了诗化的描写,在他眼中强大的中国是"红日初升,其道大光;河出伏流,一泻汪洋;潜龙腾渊,鳞爪飞扬;乳虎啸谷,百兽震惶;鹰隼试翼,风尘吸张;奇花初胎,矞矞皇皇;干将发硎,有作其芒;天戴其苍,地履其黄;纵有千古,横有八荒;前途似海,来日方长。美哉,我少年中国,与天不老!壮哉,我中国少年,与国无疆!"[1]

自晚明葡萄牙人和西班牙人东来起,中国已经卷入了一个逐步全球化的历史过程,在长达四百年的时间中与外部世界的关系经历了大起大落、惊心动魄的历史过程。今天,中国开始以更为自信和自觉的态度融入世界,并在世界的各项事务中发挥着越来越重要的作用。但变幻的历史,复杂的现实,使中国和世界的关系还存在不少的变数,我们应以更宏大的历史眼光来审视中国与外部世界的关系。无疑,16—19 世纪为我们提供了长时段、大历史的角度,或许在这样长时段的大历史研究中,我们会对中国与世界的外部关系有一个更为从容和理性的认识。此丛书为此而立。

（与郝平先生合撰,《中国与世界:16—19 世纪》丛书总序,外语教学与研究出版社出版）

---

[1]梁启超:《饮冰室合集·文集之五》,中华书局,1988 年,第 12 页。

论明清之际"西学汉籍"的文化意义

　　明清之际从时间上说大体是晚明万历朝到清顺、康、雍时期。黄宗羲用"天崩地解"来形容这一时期的早期阶段,所言极是。这一时段,国内明清鼎革,历经满汉政权转化与文化巨变,世界范围正经历从 15 世纪末期的地理大发现带来的西方文化与体制在全球的扩张。文化相遇与冲突以多重形式展开。其影响波及今日之世界。

　　对中国和西方关系来说,最重要的事件是葡萄牙和西班牙从印度洋和太平洋来到东亚,耶稣会入华。由此,拉开了中华文明和欧洲文明在文化与精神上的真正相遇。著名汉学家许理和(Erik Zürcher)认为,17 至 18 世纪的中西文化交流史是"一段最令人陶醉的时期:这是中国和文艺复兴之后的欧洲高层知识界的第一次接触和对话"①。

一

　　正是在这次文化相遇与对话中,来华的传教士将刊书作为传教的重要手段。利玛窦说:"基督教信仰的要义通过文字比通过口

---

① 〔荷〕许理和撰,辛岩译:《十七—十八世纪耶稣会研究》,载任继愈主编《国际汉学》第 4 辑,大象出版社,1999 年,第 429 页。

头更容易得到传播,因为中国人好读有任何新内容的书。"①"任何以中文写成的书籍都肯定可以进入全国的十五个省份而有所获益。而且,日本人、朝鲜人、交趾支那的居民、琉球人以及甚至其他国家的人,都能像中国人一样地阅读中文,也能看懂这些书。虽然这些种族的口头语言有如我们可能想象的那样,是大不相同的,但他们都能看懂中文,因为中文写的每一个字都代表一样东西。如果到处都如此的话,我们就能够把我们的思想以文字形式传达给别的国家的人民,尽管我们不能和他们讲话。"②梵蒂冈图书馆所藏的《天主圣教书目 历法格物穷理书目》中,明确说出传教士刻书传教之目的:"夫天主圣教为至真至实,宜信宜从,其确据有二:一在外,一在内。在内者则本教诸修士著述各端,极合正理之确论。其所论之事,虽有彼此相距甚远者,如天地、神人、灵魂、形体、现世、后世、生死等项,然各依本性自然之明,穷究其理,总归于一道之定向,始终至理通贯,并无先后矛盾之处。更有本教翻译诸书百余部,一一可考,无非发明昭事上帝,尽性命之道,语语切要,不涉虚玄。其在外之确据,以本教之功行踪迹,目所易见者,则与吾人讲求归复大事,永远固福,辟邪指正而已。至若诸修士所著天学格物致知,乾象历法等书,亦有百十余部,久行于世,皆足征天主圣教真实之理。愿同志诸君子归斯正道而共昭事焉。"③

由此,明清之际开始,在中国的历史文献中出现了一批新的类

---

①〔意〕利玛窦、〔法〕金尼阁著,何高济等译:《利玛窦中国札记》,中华书局,1983年,第172页。

②《利玛窦中国札记》,第483页。

③梵蒂冈图书馆藏 RACCOLTA GENERALE-ORIENTE Stragrandi. 13a,据 CCT-database 数据库著录,编撰者为比利时耶稣会士安多(Antoine Thomas, 1644—1709)。

型的书籍,即以翻译、介绍与回应欧洲文化宗教的汉文书籍①。

梁启超在《中国近三百年学术史》中说:

　　明末有一场大公案,为中国学术史上应该大笔特书者,曰:欧洲历算学之输入。先是马丁·路得既创新教,罗马旧教在欧洲大受打击,于是有所谓"耶稣会"者起,想从旧教内部改革振作。他的计划是要传教海外,中国及美洲实为其最主要之目的地。于是利玛窦、庞迪我、熊三拔、龙华民、邓玉函、阳玛诺、罗雅谷、艾儒略、汤若望等,自万历末年至天启、崇祯间先后入中国。中国学者如徐文定(名光启,号元扈,上海人,崇祯六〔1633〕年卒,今上海徐家汇即其故宅)、李凉庵(名之藻,仁和人)等都和他们来往,对于各种学问有精深的研究。先是所行"大统历",循元郭守敬"授时历"之旧,错谬很多。万历末年,朱世堉、邢云路先后上疏指出他的错处,请重为厘正。天启、崇祯两朝十几年间,很拿这件事当一件大事办。经屡次辩争的结果,卒以徐文定、李凉庵领其事,而请利、庞、熊诸客卿共同参预,卒完成历法改革之业。此外中外学者合译或分撰的书籍,不下百数十种。最著名者,如利、徐合译之《几何原本》,字字精金美玉,为千古不朽之作,无用我再为赞叹了。其余《天学初函》《崇祯历书》中几十部书,都是我国历算学界很丰厚的遗产。又《辨学》一编,为西洋论理学输入之鼻祖。又徐文定之《农政全书》六十卷,熊三拔之《泰西水法》六卷,实农学界空前之著作。我们只要肯把当时那班人的著译书目一翻,便可以想见他们对于新知识之传播如何的努力。只要肯

――――――――――――

① 与此同时,在欧洲的文献中出现了大量的关于东亚和中国的报道与研究的书籍,中国古代文化典籍被译成各种欧洲语言,中国的思想和文化开始进入欧洲思想家和民众的视野,从而逐渐形成18世纪欧洲中国热。鉴于本文的主题所限,这里不作展开。

把那个时代的代表作品——如《几何原本》之类择一两部细读一过,便可以知道他们对于学问如何的忠实。要而言之,中国知识线和外国知识线相接触,晋唐间的佛学为第一次,明末的历算学便是第二次(中国元代时和阿拉伯文化有接触,但影响不大)。在这种新环境之下,学界空气,当然变换,后此清朝一代学者,对于历算学都有兴味,而且最喜欢谈经世致用之学,大概受利、徐诸人影响不小。①

梁公这段论述有两点十分重要:一是,明清之际的中西文化交流是继佛教传入中国后,中华文明与外部世界知识最重要的一次接触,梁公从中国历史的角度将明清之际的中西文化交流史定位,对其评价的视野与高度都是前所未有的;其二,对传教士与文人所合作翻译的"西学汉籍"给予了高度的评价,认为其"字字精金美玉,为千古不朽之作"。

梁启超对这批书籍并未统一定义,学界也有人用"汉文西书"来对其进行定义②,这个定义尚不能全面概括这类文献的特点。一是在文献呈现形式上,并非全部是以书的形式出现,其中还有大量手稿、舆图等;二是从文献内容上,不仅有大量向中国介绍西方的学术和知识的内容,也有传教士用中文写作,研读中国文化的文献的内容,例如白晋的汉文《易经》手稿。同样,将其定义为"汉语天

---

① 梁启超:《中国近三百年学术史》,东方出版社,2004年,第9页。
② 如邹振环谓:"今天我们也用该词('西学')来泛指16—19世纪通过西方传教士介绍给中国的西方学术、西方知识或西方的知识体系。构成反映这一部分内容的文献,可以统称为'汉文西书'。"见《晚明汉文西学经典:编译、诠释、流传与影响》,复旦大学出版社,2011年,第6页。书中邹振环认为"西学"一词最早出现在中国人的著述中,可能是南宋李心传(1167—1244)记述高宗一代史事的史书《建炎以来系年要录》,其中卷一六六记载曹冠在廷试对策中所言:"凡为伊川之学者,皆德之贼也。又曰:自西学盛行,士多浮伪。陛下排斥异端,道术亦有所统一矣。"经我的查找,"西学"最早可能出现在《礼记·祭义》中:"祀先贤于西学,所以教诸侯之德也。"

主教文献"过于狭小,因为其内容已经大大超出单纯的天主教范围,尽管天主教文献是其重要部分①。我们认为用"西学汉籍"较为稳妥。目前学术界已经不再将"汉籍"仅仅理解为中国士人在历史上的出版物,凡是用汉文书写的历史文献都可称为汉籍②。这些我们在下面介绍梵蒂冈图书馆藏明清中西文化交流史文献时再具体展开。

对这批文献的整理史,最早可以追溯到明万历四十三年(1615)杨廷筠所编的《绝徼同文纪》,书中收入了中国文人与部分来华耶稣会士为西学汉籍所写的70篇序言和7篇明朝关于处理来华传教士的公文,这些序言涉及传教士所出版的西学汉籍25部。杨廷筠在序言中说:"知六经之外自有文字,九州之表更有畸人,由是纪以索观其书,由读书以接遘其人。"③尽管《绝徼同文纪》以西学汉籍的题跋序言为主,但它开启了对西学汉籍的整体收集与整理。

李之藻在明天启三年(1623)编成的《天学初函》,收录了传教士和中国文人的著作19种,其中"理编"9种,"器编"10种。收入理编的有:《西学凡》(唐景教碑附),《重刻畸人十篇》(附西琴曲意八章),《交友论》,《重刻二十五言》,《天主实义》,《辩学遗牍》,《七克》,《灵言蠡勺》,《职方外纪》;收入器编的有:《泰西水法》,《浑盖通宪图说》,《几何原本》,《表度说》,《天问略》,《简平仪说》,《同文算指》,《圜容较义》,《测量法义》,《句股义》。李之藻在

①参阅张先清编:《史料与视界:中文文献与中国基督教史研究》,上海人民出版社,2007年。"西学汉籍"是不能仅仅放在中国天主教史的框架中来讨论的,它是中国近代文化史研究的重要内容,同时也是西方汉学研究的重要内容,这批文献的多重性需要我们以新的视角来加以考察。
②张伯伟编:《域外汉籍研究集刊》,第1—4辑,中华书局,2005—2008年。
③杨廷筠:《绝徼同文纪》,〔比利时〕钟鸣旦、〔荷〕杜鼎克、蒙曦编《法国国家图书馆明清天主教文献》第6卷,台北利氏学社,2009年,第10页。

《天学初函》的序中说:"时则有利玛窦者,九万里抱道来宾,重演斯义,迄今又五十年,多贤似续,翻译渐广……顾其书散在四方,愿学者每以不能尽睹为憾。"①康熙朝后西学影响日益扩大,后因"礼仪之争",特别是雍乾禁教,西学日渐式微,但作为一种新的知识,这批文献官方仍不能忽视。在四库馆臣看来,"西学所长在于测算,其短则在于崇奉天主以炫惑人心"②,这样《四库全书》仅收入西学汉籍 22 种。对于西学汉籍中的非科学类书籍,《四库全书》是"止存书名",不收其书,这样有 15 部西学汉籍被列入《存目》之中,其中收入子部杂家类的 11 种,收入史部地理类的 2 种,收入经部小学类的 2 种③。

　　生于 1620 年的中国文人刘凝,弱冠入县学④,一生未得功名。他编辑的《天学集解》,涉及西学汉籍有 284 本,分为首集、道集、法集、理集、器集、后集⑤。尽管是手稿尚未出版,但已是当时收集最全面的西学汉籍序跋集⑥。这些序跋大部分撰写于 1599—1679 年间。

　　"刊书传教"已成为利玛窦所确立的"适应路线"的重要举措,从教内各类书目也可以看出这批"西学汉籍"的传播,上面提到的

---

①李之藻:《天学初函》,上海交通大学出版社,2013 年,第 1 页。
②永瑢等编:《四库全书总目》,中华书局,2003 年,第 1136 页。
③参阅计文德:《从四库全书探究明清间输入之西学》,台湾汉美图书有限公司,1991 年。
④肖清和:《清初儒家基督徒刘凝生平事迹与人际网络考》,《中国典籍与文化》2012 年第 4 期。
⑤参见 Ad Dudink ,"The Rediscovery of a Seventeenth-century Collection of Chinese Christian Texts: The Manuscript Tianxue Jijie" , *Sino-Western Cultural Relations Journal* 15 (1993) , pp. 1–26.
⑥胡文婷:《明清之际西学汉籍书目研究初探》,北京外国语大学硕士论文,2013 年。

梵蒂冈图书馆所藏的中文书中有两份文献专门记载了这批书目①，
编号为 RACCOLTA GENERALE-ORIENTE Stragrandi. 13a。《天主
圣教书目》著录了宗教类著作 123 种,《历法格物穷理书目》著录了
89 种西学汉籍文献,两份书目共收录了 212 种文献。

　　《圣教信证》是张赓和韩霖合写的一部书,书中列有来华传教
士的汉文著作,以表达"续辑以志,源源不绝之意"②。全书收录 92
名传教士的简要生平,著录 229 部汉文西书。同治年间的胡璜著
《道学家传》有着很高的文献学价值。全书共收录了传教士 89 人,
其中有中文著述的 38 人,共写下中文著作 224 部。

　　与此同时,在中国文人所编的各种书目和丛书中也开始著录
和收录西学汉籍的图书③。初步研究大约有 15 种书目著录了各种
西学书籍,共约 138 部④。

　　同时,随着欧洲天主教修会进入中国和各地教徒数量的增加,
各地修会也开始翻刻耶稣会所出版的书籍,中国信徒也开始翻译

----

①伯希和编,高田时雄补编: *INVENTAIRE SOMMAIRE DES MANUSCRITS ET*
　IMPRIMÉS CHINOIS DE LA BIBLIOTHÈQUE VATICANE,A posthumous work by
　Paul Pelliot,revised and edited by Takata Tokio,Kyoto,1995. 有关这个目录的
　情况下面还要专门介绍。
②韩霖、张赓:《圣教信证》,《东传福音》第 3 册,黄山书社,2005 年,第 53 页。
③据徐宗泽《明清间耶稣会士译著提要》统计,共有 13 种丛书收录了西学文
　献。而据郑鹤声、郑鹤春《中国文献学概要》(上海书店,1990 年)统计,共有
　11 种丛书收录了西学文献。
④赵用贤(1535—1596)的《赵定宇书目》,祁承㸖(1565—1628)的《澹生堂藏
　书目》,赵琦美(1563—1624)的《脉望馆书目》,徐𤊹(1570—1642)的《徐氏
　家藏书目》,陈第(1541—1617)的《世善堂西书》,董其昌(1556—1636)的
　《玄赏斋书目》,无名氏(明末)的《近古堂书目》,钱谦益(1582—1664)的《绛
　云楼书目》,季振宜(1630—?)的《季沧苇藏书目》,钱曾(1629—1699 之后)
　的《也是园藏书目》,黄虞稷(1629—1691)的《千顷堂书目》,徐乾学(1631—
　1694)的《传是楼书目》等等。见钟鸣旦、杜鼎克《简论明末清初耶稣会著作
　在中国的流传》,《史林》1999 年第 2 期;毛瑞方《汉语天主教文献目录编纂
　史概述:以教外知识分子为中心的考察》,《世界宗教研究》2014 年第 3 期。

和编写出版各类西学书籍①。

在西方汉学界,最早注意来华耶稣会中文著作的是基歇尔(Athanasius Kircher,1602—1680)。由于和来华耶稣会士有着密切的关系,他于1667年在阿姆斯特丹出版的《中国图说》中,首次向欧洲介绍了入华传教士的中文著作,其中包括利玛窦、罗雅谷、高一志等人的书籍②。

明末清初来华传教士究竟出版了多少西学汉文书籍? 他们写作并留下了多少西学汉文手稿? 对于这些问题学术界至今尚无定论。

亨利·考狄(Henri Cordier,1849—1925)1901年所编写的《十七十八世纪欧洲人在中国的出版书目》(*L'Imprimerie Sino-européenne en Chine：bibliographie des ouvrages publiés en Chine par les Européens au XVIIe et au XVIIIe siècle*)中收录了明清之际的西学汉籍363种。

法国汉学家,著名的中国基督教史研究专家裴化行(Henri Bernard),1945年在《华裔学志》(*Monumenta Serica*)第10卷上发表了《从葡萄牙人到广东至法国传教士到北京期间欧洲著作的中文编译书目(1514—1688)》("Les Adaptations Chinoses D'ouvrages Européens：Bibliographie chronologique depuis la venue des Portugais à Canton jusqu'à la Mission Française de Pékin, 1514-1688")的论文③,在这篇文章中,刊登出38位传教士名单,其中36人有中文著作,共236种。1960年在《华裔学志》的第19期,他又发表了《从法国

---

①张淑琼:《明末清初天主教传教士在粤刻印书籍述略》,《图书馆论坛》2013年第2期。
②〔德〕基歇尔著,张西平、杨慧玲等译:《中国图说》,大象出版社,2010年。张西平《国外对明末清初天主教中文文献的收集和整理》,见《陈垣先生的史学研究与教育事业》,北京师范大学出版社,2010年,第234—238页。
③*Monumenta Serica* 10(1945),pp. 1-57,309-388.

传教士到北京至乾隆末期欧洲著作的中文编年书目（1689—1799）》
（"Les Adaptations Chinoses D'ouvrages Européens: Bibliographie chro-
nologique depuis la fondation de la mission Française de Pékin jusqu'à
la mort de l'empereur K'ien-long, 1689-1799"）的论文①，并整理出《北
京刊行天主圣教书板目》《历法格物穷理书板目》《福建福州府钦一
堂刊书板目》《浙江杭州府天主堂刊书板目录》四篇目录。这四个
目录共刊录了 303 种文献。

　　由冯承钧所译的法国中国基督教史研究专家费赖之（Louis
Pfister）1932 年 所 作 的《在 华 耶 稣 会 士 列 传 及 书 目》（Notices
Biographiques et Bibliographiques sur les Jésuites de L'ancienne Mission
de Chine, 1552-1773），是一部研究入华传教士的重要的工具书，把
传教士的中文和西文的文献统一编目，提供了入华耶稣会士中文
文献的重要而又丰富的信息。《在华耶稣会士列传及书目》中共收
录 63 人的 366 种中文文献②。

　　《法国国家图书馆馆藏中国图书目录》（Catalogue des Livres
Chinois Coréens, Japonais, etc）是 1912 年由法国人古郎（Maurice
Courant）所作，古郎书目共收入了 99 名作者的明清天主教文献 374
种③，这些作者中包括耶稣会传教士 56 人，方济各会、道明会、奥斯
定会等其他修会的传教士 15 人，中国士人 28 人。这 374 部文献中
有作者署名的文献有 278 种，无作者署名的有 96 种④。

---

①Monumenta Serica 19(1960), pp. 349-383.
②这里的统计包含地图，但未包含汉外双语或多语词典的数量和相关的作者。
③不含副本，这只是一个初步的统计，徐宗泽的统计是 733 部，他的统计含重
　复和副本。
④张西平 2002 年在法国国家图书馆访问了三个月，初步将其全部的明清天主
　教文献过眼一遍，并在古郎书目的基础上做了简目。国内学者大都很熟悉
　徐宗泽书后所附的《巴黎国立图书馆所藏明末清初耶稣会会士及中国公教
　学者译著书目录》，但徐宗泽的目录并未收全古郎书目的西学汉籍文献，如
　罗明坚所拟写的《罗马教皇致大明国国主书》，就未收入其中。

徐宗泽所编《徐汇书楼所藏明末清初耶稣会士及中国公教学者译著书目》,收录文献达402种。其中基督教宗教类著作达296种,占总数的74%;属于自然科学技术方面的著作共62种,占总数的15%;关于中西哲学、政治、教育、社会、语言文学艺术方面的共31种,约占总数的8%;传教士奏疏等历史文献共13种,约占3%。译著书籍的主体是宗教类文献,其次是自然科学技术类文献。《巴黎国立图书馆所藏明末清初耶稣会会士及中国公教学者译著书目录》著录了760种,基本是宗教、神哲学类译著文献。《梵谛冈图书馆所藏明末清初耶稣会士及中国公教学者译著书目》有169种[1]。

由方豪主编的《上智编译馆馆刊》,于1947年发表冯瓒璋编《北平北堂图书馆暂编中文善本书目》,初步统计共收录了103部西学汉籍。其中汉文天主教著作86部[2],满文天主教著作3部,农家类1部(熊三拔《泰西水法》),天文历算类8部(南怀仁《妄占辩》《灵台仪象志》,汤若望《交食表》二部、《交食历指》,罗雅谷《月离表》《月离历指》《日躔历指》),杂家类4部(傅汎际《名理探》,高一志《空际格致》《童幼教育》《平治西学》),集部1部(徐昌治订《破邪集》)[3]。

据钱存训统计,明清之际耶稣会传教士在华两百年间共翻译西书437种。其中纯属宗教的书籍251种,占总数的57%;属自然科学的书籍131种,占总数的30%;属人文科学书籍55种,占总数的13%[4]。梁启超在《中国近三百年学术史》中著录西学汉籍321种。

---

[1]徐宗泽:《明清间耶稣会士译著提要》,上海书店出版社,2010年,第304—330页。
[2]其中最令人关注的贺清泰的《圣经》译本。因为目前在上海徐家汇藏书楼所发现和出版的贺清泰《圣经》译本未必是底本,抄本的可能性很大,而北堂藏本是底本的可能性很大。
[3]感谢谢辉提供以上数字。
[4]钱存训:《近世译书对中国现代化的影响》,《文献》1986年第2期。宋巧燕:《明清之际耶稣会士译著文献的刊刻与流传》,《世界宗教研究》2011年第6期。

李天纲估计明末清初关于天主教的文献应该不少于 1000 种①。

<h2 style="text-align:center">二</h2>

雍乾禁教以后,天主教发展处于低潮,从而使得许多天主教方面的书只有存目,不见其书,到清末时一些书已经很难找到,如陈垣先生所说:"童时阅《四库提要》,即知有此类书,《四库》概屏不录,仅存其目,且深诋之,久欲一睹原书,粤中苦无传本也。"②

由此,从民国初年至今,中外学者为收集和整理这批文献进行了长达一百多年的努力。马相伯是清末民初的风云人物,晚年时极力主张天主教的本色化,他在明末清初的入华耶稣会的中文著作中找到了心中的理想,"找到一种天造地设的契合,而利氏所译最切近这理想"③。因此他对这批文献的收集十分重视。他曾写下了《重刊〈辩学遗牍〉跋》《重刊〈主制群征〉序》《书〈利玛窦行迹〉后》《重刊〈真主灵性理证〉序》《重刊〈灵魂道体说〉序》《重刊〈灵言蠡勺〉序》等多篇有关整理明末清初天主教文献的文字。他在和英敛之等人的通信中曾提到他自己过眼的明清天主教文献有 26 部之多④。为做好

①李天纲:《中文文献与中国基督宗教史研究》,见张先清编《史料与视界》,上海人民出版社,2007 年,第 7 页。
②陈垣:《万松野人言善录跋》,《陈垣全集》第 2 册,安徽大学出版社,2009 年,第 404 页。
③李天纲:《信仰与传统——马相伯的宗教生活》,见朱维铮主编《马相伯传略》,复旦大学出版社,2005 年,第 138 页。
④马相伯所提到和过眼的文献有:《辩学遗牍》《主制群征》《景教碑》《名理探》《利先生行迹》《天学举要》(阳玛诺)《真主性灵理证》(卫匡国)《灵魂道体说》《铎书》《天教明辨》《圣经直解》《圣教奉褒》《圣教史略》《圣梦歌》《寰有诠》《童幼教育》《超性学要》《王觉斯赠汤若望诗翰》《天学初函》《七克》《教要序论》《代疑论》(阳玛诺)《畸人十篇》《三山论学记》《遵主圣范》《灵言蠡勺》。

这件事,他曾和英敛之、陈垣多次通信,对陈垣的工作倍加赏识,在给英敛之的信中说"援庵实可敬可爱"①。在推动明清天主教文献的整理方面,马相伯发挥了重要的作用。

英敛之早年正是读了利玛窦、艾儒略等人的书后才加入了天主教。民国初年,他经十余年努力找到了《天学初函》的全本,并重新刊印其中的部分文献。他在重刊《辩学遗牍》的序言中说:"《天学初函》自明季李太仆之藻汇刊以来,三百余年,书已希绝。鄙人十数年中,苦志峡②罗,今幸觅得全帙。内中除器编十种,天文历法,学术较今稍旧,而理编则文笔雅洁,道理奥衍,非近人译著所及。鄙人欣快之余,不敢自秘,拟先将《辩学遗牍》一种排印,以供大雅之研究。"③

马相伯、英敛之、陈垣三人中当属陈垣学术成就最高,他的《元也里可温教考》一举成名,奠定了中国天主教史研究的基础,在明清天主教文献的收集和整理上他也着力最大。

他不仅整理和出版了入华传教士的著作,如《辩学遗牍》《灵言蠡勺》《明季之欧化美术及罗马字注音》《利玛窦行迹》等,而且在教外典籍中发现了许多重要的文献。他所写下的《从教外典籍见明末清初之天主教》《雍乾间奉天主教之宗室》《泾阳王徵传》《休宁金声传》《明末殉国者陈于阶传》《华亭许缵曾传》《汤若望与木陈忞》等一系列论文,不仅在学术上大大加深了天主教入华传教史的研究,在历史研究和文献研究上也开辟了一个崭新的领域。陈寅恪在陈垣先生的《明季滇黔佛教考》的序言中说:"中国乙部之中,几无完善之宗教史,然其有之,实自近岁新会陈援庵先生之著述始。"④这说明了陈垣

────────────

①朱维铮主编:《马相伯集》,复旦大学出版社,1993年,第369页。

②按:此字疑有误。

③方豪:《李之藻辑刻天学初函考》,见《天学初函》,台湾学生书局,1965年,第9页。

④陈寅恪:《明季滇黔佛教考序》,见《明季滇黔佛教考》,中华书局,1962年,第1页。

先生在中国宗教史,特别是在中国基督教史研究上的地位。

　　陈垣先生在谈到这批文献的整理时,认为应该继承李之藻的事业,把《天学初函》继续出版下去。在给英敛之的信中,他说:"顷言翻刻旧籍事,与其倩人缮抄,毋宁径将要籍借出影印。假定接续《天学初函》理编为天学二函,三函……分期出版,此事想非难办。细思一过,总胜于抄,抄而又校,校而付排印,又须再校,未免太费力。故拟仿涵芬楼新出《四部丛刊》格式,先将《超性学要》廿一册付影印,即名为天学二函,并选其他佳作为三函,有余力并覆影初函。如此所费不多,事轻而易举,无缮校之劳,有流通之效,宜若可为也。乞函商相老,从速图之。此事倘行之于数年前,今已蔚为大观矣。"①

　　为此,他曾肆力搜集有关史料,并计划仿《开元释教录》及《经义考》《小学考》体制而为乾隆基督教目录,为中国天主教的文献做一次全面的清理,也为《四库全书总目》补阙拾遗。这一计划最终仅完成了一部分,即附刊在《基督教入华史略》后的《明末清初教士译著现存目录》,这个目录虽然限于当时的条件只收集了有关天主教士的教理和宗教史的部分,尚未收录天文、历算、地理、艺术等方面的传教士重要的著述,但在徐宗泽《明清间耶稣会士译著提要》之前,他的这份目录是当时搜集天主教文献最多的一个目录,其中未刊本较多于已刊,由此可见其搜访之勤。

　　正是在马、英、陈三人的努力下,民国初年这批文献的收集和整理、出版取得了显著的成绩。

　　向达先生是治中外关系史的大家,他在敦煌学、目录学等方面的贡献,大都为学界所知,但在收集和整理明清间入华天主教史文献上,也有显著成绩,却多不为人所知。在这方面,他不仅写下了《明清之际中国美术所受西洋之影响》等重要的论文,还整理和收集了部分天主教史的书籍。其点校的《合校本大西西泰利先生行

<hr>

① 方豪:《李之藻辑刻天学初函考》,见《天学初函》,第14页。

迹》,是他把自己在法国、罗马等地找到的几个刻本统一校勘后整理出来的,很长时间内是最好的校本。他自己还收藏了许多珍本,《上智编译馆馆刊》曾公布过觉明先生所藏有关天主教的书目。

　　王重民先生是我国著名的目录学家、文献学家、敦煌学家,他在明清天主教文献的收集和整理上有着重要的贡献。1934 年他和向达先生被北平图书馆派往欧洲进行学术考察,期间他把收集明清天主教文献作为其在欧洲访书的第二项任务。他在访问巴黎国家图书馆和罗马的梵蒂冈图书馆时,对这类书格外关注,并从欧洲带回了部分重要文献。之后他先后写下了有关明清间山西地区重要的基督徒韩霖著作的《跋慎守要录》,和有关明人熊人霖著作的《跋地纬》,以及《王徵遗书序》《跋王徵的王端节公遗集》《跋爱余堂本隐居通义》《跋格致草》《道学家传跋》《经天该跋》《历代名公画谱跋》《尚祐卿传》《程大约传》《评杨淇园先生年谱》《海外希见录》《罗马访书录》等有影响的文章。他和陈垣先生一样想编一个入华传教士译著的书目,并定名为《明清之间天主教士译述书目》,这本书已有初稿,但之后没有完成,书稿也已丢失①。

　　徐宗泽是徐光启的第十二代世孙,21 岁时入耶稣会,并到欧美学习,1921 年返回中国后不久,担任了《圣教杂志》的主编和徐家汇天主堂图书馆的馆长。在此期间,他发表了一系列有关明清天主教史的论文和著作。在明清之际天主教历史文献方面,他最有影响的还是关于明清天主教史的中文著作目录。他的首篇目录《梵蒂冈图书馆所藏明清间中国天主教人士译著简目》发表在 1947 年的《上智编译馆馆刊》第二卷第二期,但当年他便因病逝世。《上智

---

① 王重民:《冷庐文薮》,上海古籍出版社,1992 年,第 937 页。本丛刊(编者按:指《梵蒂冈图书馆藏明清中西文化交流史文献丛刊》)主编之一的张西平曾就职于中国国家图书馆六年,对王先生一直心怀敬意,每当想起王先生"文革"中屈死于颐和园长廊,未完成《明清之间天主教士译述书目》,更感我辈之责任。

编译馆馆刊》第二卷第四、五期合刊上又发表了他的遗著《上海徐家汇藏书楼所藏明清间教会书目》，1949年中华书局出版了他编著的《明清间耶稣会士译著提要》。这本书的学术价值直到今天仍然很高，它的两个贡献是其他任何同类工具书所不及的：其一，它公布了世界上主要图书馆所藏明清间天主教史的书目，大大拓宽了当时学界对这批西学汉籍的认识；其二，它公布了210篇文献的序、跋。对于难以见到原始文献的研究者来说，这些序跋无疑是雪中送炭。

方豪先生是继陈垣先生后，在明清天主教史和明清天主教文献研究方面最有成就的学者，他不仅继承了马相伯、英华等教内之人的传统，也和学术界的董作宾、傅斯年、胡适、陈垣等人有学术的交往，特别是和陈垣先生交往甚深。方豪先生服膺"史学就是史料学"的格言，在文献和史料上着力最深，写下了一批有关明清天主教历史文献和史料考证的重要文章。值得一提的是，方豪先生从1946年9月到1948年7月主持《上智编译馆馆刊》，历时两年，共出版三卷十三期，这十三期《上智编译馆馆刊》成为当时收集和整理明清天主教史文献最为重要的学术阵地，也展现了民国时期在这批文献的收集和整理上所达到的最高水平。它在文献校勘、标点方面的研究成果，直到今天也是我们仍须汲取的。

陈垣先生当年在给他的信中说："公教论文，学人久不置目，足下孤军深入，一鸣惊人，天学中兴，舍君莫属矣！"[1]方豪一生以陈氏私淑弟子自居，牟润孙曾说"《新会学案》中，当列方司铎为第一传人"[2]，实不为过。1965年，《天主教东传文献》和《天学初函》在方豪推动下于台湾出版，接着先后于1966年、1998年出版了《天主教东传文献续编》和《天主教东传文献三编》，从而开启了明清之际天

[1]陈智超编：《陈垣来往书信集》，上海古籍出版社，2010年，第329页。
[2]牟润孙：《敬悼先师陈援庵先生》，《海遗丛稿二编》，中华书局，2009年，第81页。

主教文献大规模的复制整理工作。学术界有的学者认为方豪是
"史料学派理论最佳的阐释者与实践者,称其为台湾,甚或中国,史
料学派的最后一人不为过"①。

　　改革开放后中国学术界对这一领域继续展开研究,1994 年田
大畏先生总编的《民国时期总书目·宗教》中收录明清之际西学汉
籍 37 部②,《中国古籍总目》所收录者不少于 390 种③。

　　近三十年来,在谢和耐(Jacques Gernet,1921—)、许理和(Erik
Zürcher,1928—2008)提出欧洲汉学界在明清之际的研究上应该实
行"汉学的转向","从传教学和欧洲中心论的范式转到汉学和中国
中心论的范式"④,即"中国文化(包括中国传统文化对外国文化体
系的传入的反应方式)应该总是我们研究的首要问题"⑤。这样一
种学术范式的转变主要是从欧洲自身的研究传统来讲的,对中国

---

①李东华:《方豪年谱》,台北"国史馆",2001 年,第 262 页。在这一期间还有
　两位学者我们不能忘记,这就是阎宗临先生和冯承钧先生。阎先生是当时
　为数不多的能到欧洲有关图书馆访书的学者,为完成他的博士论文,阎先生
　曾几次前往罗马梵蒂冈图书馆查阅文献,抄录档案。这些档案抗战期间他
　大多数发表在《扫荡报》的《文史地》上。冯先生是治中西交通的大家,他的
　《西域南海史地考证译丛》中的译文也十分重要。
②田大畏:《民国时期总书目·宗教》,书目文献出版社,1994 年。对"西学汉
　籍"书目史的整理与研究,张西平在 2005 年发表了《明末清初天主教入华史
　中文文献研究的回顾与展望》一文,参阅张西平著《传教士汉学研究》,大象
　出版社,2005 年。
③毛瑞方《汉语天主教文献目录编纂史概述:以教外知识分子为中心的考察》
　(《世界宗教研究》2014 年第 3 期)认为《中国古籍总目》收录了 390 种西学
　汉籍,这个数字需要进一步精确,数量肯定大于这个统计。陈垣先生所提出
　的像《开元释教录》那样,编辑一本中国天主教文献总目的理想至今仍待我
　辈努力。
④〔比利时〕钟鸣旦撰,马琳译:《基督教在华传播史研究的新趋势》,任继愈主
　编《国际汉学》第 4 辑,第 478 页。
⑤〔荷〕许理和撰,辛岩译:《十七—十八世纪耶稣会研究》,任继愈主编《国际
　汉学》第 4 辑,第 444 页。

学术界来说则是另一个问题①。学术范式的转变带来了明清之际
天主教文献整理出版的高潮：1996 年，欧洲学者钟鸣旦、杜鼎克和
中国台湾学者黄一农、祝平一编辑的《徐家汇藏书楼明清天主教文
献》（五册）由台北方济出版社出版。2002 年，钟鸣旦、杜鼎克编辑
的《耶稣会罗马档案馆明清天主教文献》（十二册）由台北利氏学社
出版。2009 年，钟鸣旦、杜鼎克、蒙曦所编《法国国家图书馆明清天

---

① 许理和在文中说，从陈垣开始早就这样做了，因此，对中国学者来说不存在
一个从欧洲文献转向汉语文献的问题，但存在一个如何将明清之际的天主
教史纳入中国近代文化史之中的问题，"从传记式的史事铺陈中走出来，尝
试对西学东渐在社会所产生的反响，进行一较全面且深入的探讨"（黄一农
《明末清初天主教传华史研究的回顾与展望》，任继愈主编《国际汉学》第 4
辑，第 476 页）。同时，明清之际基督教来华研究是中西文化交流史的一侧，
另一侧则是西方汉学的"传教士汉学阶段"，传教士汉学的西方语言材料呈
现出多样性，它既构成中国天主教史的一部分，也同时构成欧洲近代思想文
化史的一部分。对中国学者来说，优势在于对中文文献的掌握和理解，弱势
在于对西方语言文献的掌握和理解。这样，对中国学术界来说，不仅仅要重
点关注中文文献的研读，也要将天主教史的西学纳入整个中国近代史视域
加以研究。同时，加大对来华传教士西文文献的翻译整理，加强中文和西文
材料的相互辨读，亦是明清之际天主教史研究的一个重要维度。北京外国
语大学中国海外汉学研究中心在这方面的努力和成就受到中国学术界的认
可，其原因便在于此。同时，从更为宏观的角度来看明清之际的中西文化交
流史，则不应仅仅局限于"西学东渐"、基督教对于中国近代社会的影响研究
这个维度，而应同时关注传教士汉学对于欧洲思想文化史的影响。黄一农
先生提出："我们也应尝试将研究的视野打开，不要将目光自我拘限在中国
或耶稣会，不仅有必要去理解并探讨当时世界的政经局势和教会的内部生
态，对天主教传华所产生的影响，对朱谦之在其《中国哲学对于欧洲的影响》
一书中所开创的重要研究方向，也应努力承续，以调整先前的偏颇，而能更
进一步对当时中、欧文明所出现的双向交流有一较全面的掌握。"这无疑是
一个非常重要的思想，按照这样的思路，欧洲汉学家们所提出的"汉学转向"
模式也有着自身的问题。1500—1800 年是全球化初始阶段，应从全球史研
究的范式，开启新的研究模式，这是中国学术界新的使命。参阅张西平《欧
洲早期汉学史：中西文化交流与西方汉学的兴起》，中华书局，2009 年。

主教文献》(二十六册)由台北利氏学社出版。2013年,钟鸣旦、杜
鼎克、王仁芳编辑的《徐家汇藏书楼明清天主教文献续编》(三十四
册)由台北利氏学社出版。这些文献"选择精当,史料价值高,大多
数是孤本,于学界大有裨益"①。中国学术界继承陈垣先生的传统,
始终对中文文献十分重视。1984年,王重民先生整理出版《徐光启
集》,虽文献有所缺漏,但毕竟是大陆第一本较为完整的徐光启文
集。1999年,汤开建主编的《明清时期澳门问题档案文献汇编》在
人民出版社出版。2000年,青年学者周岩以一人之力点校整理出
版了《明末清初天主教史文献丛编》,在北京图书馆出版社出版。
同年,陈占山点校的《不得已(附二种)》在黄山书社出版②。2003
年,中国第一历史档案馆编辑出版了《清中前期西洋天主教在华活
动档案史料》(四册,中华书局)。2001年,朱维铮先生主编的《利
玛窦中文著译集》在复旦大学出版社出版,在学界引起较大反响。
2006年,韩琦、吴旻校注的《熙朝崇正集　熙朝定案(外三种)》在
中华书局出版。2011年,朱维铮、李天纲主编的《徐光启全集》(十
册)在上海古籍出版社出版,林乐昌点校整理的《王徵全集》在三秦
出版社出版。2013年,黄兴涛、王国荣主编的《明清之际西学文本:
50种重要文献汇编》(四册)在中华书局出版。同年,已故青年学
者周岩的《明末清初天主教史文献新编》(三册)在国家图书馆出版
社出版。年底周振鹤先生主编的《明清之际西方传教士汉籍丛刊》
第一辑出版,收入文献30种。中国学者不仅仅在文献的复制上迈
开了较大的步伐,在文献的点校整理上更显示出特有的优势,取得
了令人称道的成绩。

　　近三十年来,中外学术界在明清之际天主教史中文文献的收

①李天纲:《中文文献与中国基督宗教史研究》,见张先清编《史料与视界——
　中文文献与中国基督宗教史研究》,第8页。
②这一年郑安德主编的《明末清初耶稣会思想文献汇编》(五卷)以内部文献
　形式出版。

集、复制、整理上，取得了前所未有的好成绩，大大推动了学术界对明清之际中西文化交流史的研究①。

三

　　近年来所出版的这些明清之际西学汉籍文献，大多在台湾出版，且冠以"天主教东传文献"的统称。这次出版的《梵蒂冈图书馆藏明清中西文化交流史文献丛刊》，是首次在大陆大规模影印出版明清之际的西学汉籍。由于梵蒂冈图书馆馆藏的地位和特点，在文献种类上覆盖了绝大多数台湾已出版的天主教历史文献。同时，本丛刊的特色在于，它不再局限于"天主教文献"这样的理解之中，而是将这批文献放入中西文化交流史、中国近代文化思想史、西方汉学史的角度来加以考察。概言之，以全球化史的新视角来重新审视这批文献，故称之为"西学汉籍"。即便在天主教史的范围内，它也包含了众多来华传教修会的汉文文献，而不仅仅是来华耶稣会士的汉文文献，从而给我们展示了一个更为宽阔的视野。自然，也不能仅仅将这批文献归结为"传教士汉籍"，因为它也包含有中国士大夫、文人信徒乃至佛教徒与天主教论辩的文献，传教士从中国带回或寄回欧洲的数量不菲的中国古籍，以及文化交流史中基础性的工具书——辞典和字典。这些整合起来，构成了文化史上丰富多彩的历史画卷。将其放入当时的中西文化交流史和传教士的汉籍写作方面来看，这批中文文献就凸显出特殊的价值，因为这些文献是传教士们编写辞典和转写汉字文献的工具书和学术思想的来源。因此，这批文献的出版，对中国明清史研究，以及中国思想文化史、中国天主教史、中国翻译史、中国语言史，乃至对西

---

① 中国学术界在研究领域中取得的进展同样值得称道，鉴于本文主题在文献的整理，这里不再一一记述。

方汉学史和全球化史研究,都必将产生深远的影响。其影响正如陈寅恪在《陈垣〈敦煌劫余录〉序》中所说的那样:"一时代之学术,必有其新材料与新问题。取用此材料,以研求问题,则为此时代学术之新潮流。"①

　　首先,这批西学汉籍文献的出版对中国明清史的研究将会有所推动。稽文甫在《晚明思想史论》中对那个时代有一个很生动的描写:"晚明时代,是一个动荡时代,是一个斑驳陆离的过渡时代。照耀着这时代的,不是一轮赫然当空的太阳,而是许多道光彩纷披的明霞。你尽可以说它'杂',却决不能说它'庸';尽可以说它'嚣张',却决不能说它'死板';尽可以说它是'乱世之音',却决不能说它是'衰世之音'。它把一个旧时代送终,却又使一个新时代开始。它在超现实主义的云雾中,透露出现实主义的曙光。"②晚明之"杂"就在于"西学"开始进入中国,中国文化面临一个完全陌生的对话者,中国历史开始因伊比利亚半岛上的葡萄牙和西班牙人的到来,发生了一系列新的问题。近年来学术界对于来华耶稣会士在晚明的活动也多有研究③,但限于文献不足征,有不少关键性问题无法透彻研究。例如关于南明王朝的研究,近些年有了很好的学术著作④,但学者很少注意到来华耶稣会士毕方济(Francois Sambiasi,1582—1649)的中文文献,很少注意到波兰来华传教士卜弥格

---

①陈寅恪:《金明馆丛稿二编》,上海古籍出版社,1980 年,第 236 页。
②稽文甫:《晚明思想史论》,河南大学出版社,2008 年,第 1 页。
③南炳文、汤纲:《明史》,上海人民出版社,2003 年;樊树志:《晚明史》(1573—1644),复旦大学出版社,2003 年;牟复礼、崔瑞德编:《剑桥中国明代史》,中国社会科学出版社,1992 年;张天泽:《中葡早期通商史》,香港中华书局,1988 年;万明:《中葡早期关系史》,社会科学文献出版社,2001 年;万明主编:《晚明社会变迁:问题与研究》,商务印书馆,2005 年。
④顾诚:《南明史》,中国青年出版社,1997 年;钱海岳《南明史》,中华书局,2006 年;黄一农《两头蛇:明末清初的第一代天主教徒》,上海古籍出版社,2006 年。

（Michel Boym）作为南明朝特使赴罗马的一些汉文文献①，如果不掌握梵蒂冈所藏卜弥格所带回的全部材料，很难说清楚永历朝后期的问题，这些文献对晚明和南明的研究有着重要价值。又如对王丰肃（Alphonse Vagnoni，1566—1640，又名高一志）的研究，已经有了很好的文章，但只有读到他的全部中文著作后，才能对南京教案、晚明绛州地方史等方面的研究有所深入。

如果说对中国史的研究，明清以前主要是中文文献的挖掘和收集，那么，在明清史研究方面，中西文化交流史文献的挖掘和收集就显得格外重要，特别是对传教士西学汉籍及相关文献的研究。戴逸先生说过，清代的历史与以往的朝代不一样，它自始至终与世界保持着联系，你必须在世界的背景下观察中国，必须了解当时西方人对中国写了些什么，说了些什么，做了些什么。我们编纂清史，如果不了解这些，清史没法写。在梵蒂冈的这批文献中包含有清史的罕见珍贵历史文献。例如，顺治帝赐封汤若望（Johann Adam Schall von Bell）三代的文献，汤若望的奏疏，白晋（Joachim Bouvet）在康熙帝指示下学习《易经》的手稿，马若瑟（Joseph de Premare）、马国贤（Matteo Ripa）在康熙朝时的一些中文手抄散页，雍正四年关于穆敬远（Joannes Mourao）和毕天祥（Ludovicus Antonius Appiani）的诏书，傅圣泽（Jean Francoise Foucquet）带回罗马的大量清代钦天监的手稿，这些对于研究清代历史具有重要的学术意义。

更为重要的是，这批西学汉籍一旦纳入中国近代历史的研究视野，将对于确认鸦片战争以前的中国社会已具有自己内发原生的近代性思想文化因素有重要价值，从而看到明清之际对于中国近代史开端的深刻影响。中国近代历史分期的研究，"文革"以前

①〔波〕卜弥格著，〔波〕爱德华·卡伊丹斯基、张振辉、张西平译：《卜弥格文集：中西文化交流与中医西传》，华东师范大学出版社，2013年。

受苏联模式影响,以"侵略——革命"模式来裁定中国历史,改革开放后,费正清的"冲击——反应"模式传入中国。这两种模式都将鸦片战争定位为中国近代史的起源,但有学者已经指出:"中国近代思想史可以追溯到16世纪。20世纪以来,一大批中国学者在明清学术研究领域潜心开拓,以大量的史实证明了中国有自己内发原生的近代性思想文化因素的观点。早在20世纪伊始,章太炎先生就写了《清儒》《说林》《释戴》等文章,从资产阶级革命派的观点出发表彰残明遗老和戴震的学说;与此同时,梁启超作《中国学术变迁之大势》,纵论明清思想史,首倡'中国文艺复兴说'。辛亥之年,蔡元培著《中国伦理学史》,特表彰黄宗羲、戴震、俞正燮三家学说'殆为自由思想之先声'。'五四'时期,吴虞作《明李卓吾别传》,以李贽为新文化的先驱;梁启超又有《清代学术概论》和《中国近三百年学术史》诸书问世,进一步论证了清代学术'与意大利文艺复兴绝相类'的观点。至20世纪末,胡适之、熊十力、嵇文甫、容肇祖、谢国桢、侯外庐、邱汉生、萧萐父诸大师接踵而来,慧解卓识,蔚为大观。其中,堪与梁启超、胡适之的'文艺复兴说'相媲美且更具论史卓识者,有嵇文甫在《晚明思想史论》中提出的'曙光说',侯外庐在《近代中国思想学说史》中提出的'早期启蒙说',萧萐父在《明清启蒙学术流变》一书中提出的以明清之际的启蒙思想为传统与现代之间的'历史接合点说'。特别是侯外庐的《近代中国思想学说史》(1947)一书,把中国近代史看做是中国资本主义萌芽和具有近代人文主义性质的启蒙思潮发生和发展的历史,以明清之际作为中国近代史的开端,同时也是中国近代思想史的开端,观点最为鲜明。"①在以上学者的论证中,来华传教士的西学汉籍著作都受到普遍重视,并作为立论的根据之一。因此,晚明西学汉籍并不仅

---

①许苏民:《中国近代思想史研究亟待实现三大突破》,《天津社会科学》2004
　年第6期。

仅在史学材料上提供了新的文献,而且这批文献的出版将推动中国近代历史研究的创新。

其次,从中国基督宗教史研究来看,基督教三次入华,唯明清之际的传入获得成功。明清之际的西学东渐研究,中国天主教史研究是其重要的内容。近三十年来这一领域研究取得了长足的进步,钟鸣旦(Nicolas Standaert)、孙尚扬的《一八四〇年前的中国基督教》,李天纲的《中国礼仪之争:历史·文献和意义》,张先清的《官府、宗族与天主教:17—19 世纪福安乡村教会的历史叙事》,汤开建的《明清天主教史论稿初编:从澳门出发》等著作,从不同侧面推进了中国天主教史的研究。汤开建认为:"研究中国天主教史,中国的专家应走在这一学科的前沿,这应是理所当然,且义不容辞。而要走到中国天主教史研究的前沿,两条腿走路的方针必不可少。一条腿必须坚实地站在中文档案文献的基础之上,另一条腿则要迈进浩瀚无涯的各种西文档案文献的海洋之中,缺一不可。"①他对藏在梵蒂冈图书馆等地的中文文献给予了很大的期待。

应该说,梵蒂冈图书馆的收藏会大大促进对中文文献的开拓,其中既有一些中国教徒的原始性文献,也有传教士关于教区发展的一些重要历史文献。例如方济各会来华传教士康和子(Carolus Orazi de Castorano,1673—1755)详尽记述了他在山东传教历程,并附有原始的教徒名册,这在中国天主教史研究中是十分罕见的历史文献。

基督教作为外来宗教,在其本土化过程中形成自己的神学思想和表达方式,因此,中国天主教史研究的另一个方面就是在历史进程中汉语神学思想的形成。近年来,关于汉语神学的讨论十分

①汤开建:《明清天主教史论稿初编:从澳门出发》,澳门大学出版中心,2012年,第11页。

热烈①,尽管汉语神学的倡导者也承认中国汉语神学起源于明清之际,但却认为"汉语神学属于中国基督徒学人,属于当今和未来的每一个中国基督徒学人"②。由此,作者很轻易地把明清之际由来华传教士和中国文人共同写下的这批西学汉籍排除在汉语神学之外,否认了这批西学汉籍在汉语神学形成史上的地位。我们认为,即便没有读到更多的明清之际的汉语神学的原著,但利玛窦的《天主实义》等著作已经清楚地表明汉语神学具体形态。学术界对于此也提出了不同的意见,认为不能将利玛窦为代表的以汉语作品言述其对耶稣基督之认信经验与对其信仰之反思的传教士排除在汉语神学之外,"凡是以汉语进行写作,回应汉语语境中的各种问题的神学,不论其主体是中国人还是西方人,都应包容性地将其纳入汉语神学的范畴之内"③。

汉语神学提出的一个理论根据是"圣言"总是通过"人言"来表达的,在这个意义上,汉语神学和作为母语神学的拉丁语神学、德语神学、法语神学一样,这样汉语神学就"没有必要再用一种'人言'去置换另一种'人言',亦即没有必要去把其他'人言'表现形式'中国化'或者'本色化',而应当用'汉语'这种'人言'去直接承纳、言述'圣言'"④。这样的理解实际上把基督教神学的丰富历史传统解构了,从学理上也只是一种理想神学。"理论形态的基督神学"是在具体语境中成为现实的。因此,离开犹太语的基督"人言",我们是无法直接去理解"圣言"的。耶稣会入华带来的就是这

---

①1995年刘小枫在《现代语境中的汉语基督神学》(载李秋零、杨熙楠编《现代性、传统变迁与汉语神学》上,华东师范大学出版社,2010年)提出后,学术界多有讨论。
②刘小枫:《汉语神学与历史哲学》,汉语基督教文化研究所,2000年,第4页。
③孙尚扬:《利玛窦与汉语神学》,《中国民族报》2010年5月11日。
④李秋零:《"汉语神学"的历史反思》,李秋零、杨熙楠编《现代性、传统变迁与汉语神学》(下),第651页。

种具体语境中的神学,并将其翻译成汉语。"明清之际关于中西信仰之争,其实就是'汉语神学'"①。

汉语神学的提出者对汉语神学的解释缺乏对中国基督教历史的全面了解,将整个中国基督教历史归结为与民族国家冲突的历史,尚不知明清之际的中西文化交流是一种平等的文化交流。这样,很容易将明清之际所形成的汉语神学传统和资源放在了一边。有学者指出:"从中西文化交流史的角度看,中国社会接受基督教是四百年中西文化交流的产物,也是中西文化在这四百年中双向互动的结果。不了解始于四百年前的中西文化交流史,就无法明了中西双方在新世纪全球一体化进程中的位置与作用,更无法为基督教在当代中国社会文化中的作用准确定位。历史是一面可资借鉴的镜子,但若观察者不具有足够宽阔的视野和多维的视角,那么历史会成为一个沉重的包袱。"②

"明清之际,中国正经历着历史上另一个大变局……天主教在不同的宗教和学说传统中,做着统摄和融合的工作。实际上是为中国教会和信徒建立一种'汉语神学'。"③回到明清之际,回到明清之际中国基督教第一批汉语神学文献,这些问题就迎刃而解了。因此,这批西学汉籍不仅仅为中国教会史提供新的史料,同时,也会使我们对汉语神学的历史有一个更为全面清晰的认识。

其三,这批文献在中国翻译史上的价值。中国翻译历史源于对佛教文献的翻译,对佛典的翻译直接影响了中国文学的发展。

---

①李天纲:《明清时期汉语神学:神学论题引介》,《道风:基督教文化评论》第 27 期,香港道风书社,2007 年,第 23 页。
②王晓朝:《关于基督教与中国文化融会的若干问题》,李秋零、杨熙楠编《现代性、传统变迁与汉语神学》(中),第 372—373 页。
③李天纲:《明清时期汉语神学:神学论题引介》,《道风:基督教文化评论》第 27 期,第 29 页。

胡适认为,一是佛典翻译"成为白话文与白话诗的重要发源地",二是"中国的浪漫主义的文学是印度的文学影响的产儿",三是"佛经的散文与偈体夹杂并用,这也与后来的文学体裁有关"①。来华传教士的西学汉籍基本上是翻译作品或者编译作品,其数量是继佛教文献传入中国后最大的一批域外翻译文献,这是欧洲文化、文学、宗教首次在中国登陆,其学术意义重大。近来李奭学先生从翻译角度做了十分出色的研究,他认为"以往大家知道近代中国文学始自清末,殊不知清末文学新像乃发萌乎明末,尤应接续自明末的翻译活动"。在这批西学汉籍中"有中国第一次集成的欧洲歌词的集子,有中国第一次出现的欧洲传奇小说,有中国第一次译出的欧洲上古与中古传奇,有中国第一次翻译的欧洲修辞学专著,有中国第一次可见的玛利亚奇迹故事集,有中国第一次中译英国诗,也是中国第一次见到欧人灵修小品集"②。传教士们不仅仅是在介绍欧洲的文学,而且按照中国古代小说的形式用汉语来写小说,法国来华耶稣会士马若瑟(Joseph de Prémare,1666—1736)的《儒交信》就是一个例子③。晚清后来华的基督新教传教士继承天主教传教士的这个传统,开始用汉文写作各类文体的文学作品,成为近代中国文学的一个重要方面④。中国翻译史研究中最为薄弱的就是明清之际的翻译历史研究,文本的缺乏、语言能力的不足是重要原因,随着这批西学汉籍的出版,将会有更多学者投入明末清初西学汉

①胡适:《白话文学史》,《胡适文集》第 4 册,人民文学出版社,1998 年,第 148—149 页。
②李奭学:《译述:明末耶稣会翻译文学论》序言,中文大学出版社,2012 年。
③张西平:《清代来华传教士马若瑟研究》,《清史研究》2009 年第 2 期。
④宋莉华:《传教士汉文小说研究》,上海古籍出版社,2010 年;黎子鹏编注:《晚清基督教叙事文学选粹》,台湾橄榄出版有限公司,2012 年。

籍的翻译研究,从而丰富中国翻译的研究①。另一方面,在这批西学汉籍的来源考证方面,现在的学者已经迈出了坚实的步伐,这批文献在大陆的出版,将会引起更多明清文学史学者的关注,进而研究这批欧洲文学文化的翻译文本对晚明和清初文坛的影响。近期对来华耶稣会士贺清泰(Louis de Poirot,1735—1814)《圣经》中译本稿本的研究表明,这或许是近代以来最早的白话文学②。至于晚清来华基督新教传教士米怜(William Milne,1785—1822)《张远两友相论》及其基督教《圣经》译本的翻译在近代文学史上的影响,学界已有研究,这里不再展开③。但明显不足在于目前对西学汉籍的翻译研究和文学研究,绝大多数停留在晚清阶段,明清之际西学汉籍翻译与文学影响的研究才刚刚开始。正是在这个意义上,梵蒂冈藏明清之际西学汉籍文献的出版在中国翻译史研究上就具有重大的学术意义。

　　其四,这批文献是中国近代概念史研究的宝藏。中国近代概念史研究是思想文化史研究的一个重要方面,这几年取得了显著

①马祖毅:《中国翻译史》,湖北教育出版社,1999年;马祖毅:《中国翻译通史》,湖北教育出版社,2006年;黎难秋:《中国科学翻译史》,中国科学技术大学出版社,2006年;王宏志主编:《翻译史研究》2011、2012、2013卷。从这些研究可以明显看出,翻译史研究领域的学者基本上局限在晚清翻译史的研究,明末清初翻译史的研究仍是一个亟待开辟的领域。
②郑海娟:《贺清泰〈古新圣经〉研究》,北京大学博士论文,2012年。
③朱维之曾说过:"民国以来,中国基督教对于中国文学上最大的贡献,第一是和合译本《圣经》底出版,第二便是《普天颂赞》底出版。二者虽不能说是十全十美的本子,但至少可以说已经打定了基督教文学底根基,而且作为中国新文学底先驱,这是值得大书特书的。"(《基督教与文学》,吉林出版集团,2010年,第121—122页)参阅杨剑龙:《旷野的呼声:中国现代作家与基督教文化》,上海教育出版社,1998年;陈镭:《文学革命时期的汉译圣经接受:以胡适、陈独秀为中心》,《广州社会主义学院学报》2010年第2期;张楠:《合和本〈圣经〉的异化翻译及对中国现当代文学的影响》,山东师范大学硕士论文,2010年。

的进展,无论是从语言研究的角度,如马西尼(Federico Masini)的《现代汉语词汇的形成:十九世纪汉语外来词研究》、沈国威的《近代中日词汇交流研究:汉字新词的创制、容受与共享》,还是从文化史角度的研究,如刘禾的《跨语际实践:文学、民族文化与被译介的现代性(中国,1900—1937)》,金观涛、刘青峰的《观念史研究:中国现代重要政治术语的形成》,这些著作都打开了一个新的研究领域,引起学界关注①。"一个伟大时代的出现,往往会使语言成为巨大的实验场所,新词层出不穷。""一般说来,人们在发现自己的价值体系和习惯规则受到冲击甚至威胁时,会努力寻求新的精神依托,新的发现或价值转换会体现于语言。"②晚清是"三千年未有之大变局"的时代,新词汇、新概念喷涌而出,这些新词汇、新概念逐步改变了中国的思维方式,同时,新词汇所构成的新知识又直接影响了人们对世界和时代的理解,成为新思想产生的基础。正如黄兴涛所说的,大量双音节以上新名词的出现,明显地增强了汉语语言表达的准确性。同时,反过来通过使用这些新名词的社会文化实践,极为有效地增进了中国人思维的严密性和逻辑性。这是中国语言和思想现代化的重要表现形式。这些新词汇极大地扩展了中国人的思想空间、运思的广度和深度,提高了科学思维的能力和效率,从而为新思想体系的产生,奠定了重要的思维基础③。

　　但是目前对近代新词汇的研究大都集中在晚清中日之间的词汇交流,而实际上明末清初时期天主教东来后,创造了大量新词汇,这些新词汇在东亚开始传播。当时,东亚对西学的接受是一个

---

①冯天瑜:《"封建"考论》,武汉大学出版社,2006年;黄兴涛:《"她"字的文化史:女性新代词的发明与认同研究》,福建教育出版社,2009年。

②黄兴涛:《"她"字的文化史:女性新代词的发明与认同研究》方维规序言,第5、4页。

③黄兴涛:《近代中国新名词的思想史意义发微——兼谈对于"一般思想史"之认识》,《开放时代》2003年第4期。

整体,来华传教士们所出版的西学汉书同样流传到日本、韩国和越南,用汉文写作来推动传教成为了传教士们的共识。利玛窦在信中也写到过:"当获悉我们用中文编译的书在日本也可通用时,便感到莫大的安慰。因此视察员神父范礼安在广州又印刷了一次,以便带往日本。副省会长巴范济神父曾要求我们,把我们编译的书多给他寄一些,因为中国书籍在日本甚受欢迎。"①日本学者杉本孜在《近代日中语言交流史序论》中曾指出:"现代日本的数学术语一般被认为是明治以后从欧洲学来的所谓洋算用语。但是,明清的汉籍对日本数学用语所作的贡献是不能抹杀的。这些都是包括方以智在内的中国学者和在华传教士即'西儒'共同在中国大地上播下的种子,是他们用汉语精心创造并建立起来的学术用语体系。"②明清之际的西学汉籍传入日本后被接受了多少? 哪些词汇被日本接受后,在晚清时又如何被作为日本创造的新词返回中国? 这些问题至今无人回答,根本在于对明清之际的西学汉籍了解不够。

从事晚清文化史研究的黄兴涛先生认识到这一点,他说:"因为要想弄清近代中国所流行的相当一部分新名词的真实来源,并辨析它们与明治维新后日本汉字新名词之间的复杂关联,非得下定决心、去一一翻检明末清初直至清中叶那些承载和传播西学的各种书籍不可。"③他与王国荣所点校的《明清之际西学文本》是目前点校整理最多的出版物,随着文献的整理,明清之际新词语的研究必将进一步推进。邹振环的《晚明汉文西学经典》一书则打通了

①〔意〕利玛窦:《致罗马总会长阿桂委瓦神父书》(1608 年 3 月 8 日),《利玛窦全集》第 4 册,台湾光启出版社,1986 年,第 366—367 页。
②陆坚、王勇编:《中国典籍在日本的流传与影响》,杭州大学出版社,1990 年,第 263 页。
③黄兴涛、王国荣:《明清之际西学文本:50 种重要文献汇编》,中华书局,2013 年,第 23 页。

晚明和晚清,论证了"晚明汉文西学经典如何在晚清得到反复诠释,以及在晚清西学知识场重建过程中的意义,藉此阐明晚明与晚清在学术上之承上启下的关联问题"①。这些研究证明了明清之际的西学汉籍在中国近代知识进展的历史中的重要性,其核心是新知识的形成,而承载新知识的新词语、新概念就成为其关键。

语言具有"共时性"和"历时性"两个层面。在历史过程中,语言会随着时间的演化而演化,但是它在任何一个时间点上都有一个既定的结构。"概念史"的研究既关注于语言的"历时性"层面,也关注于语言的"共时性"层面。"它不仅在一个特定的历史时间点上,在一个特定的语义域内对'核心概念'(core concepts)做'共时性'分析,而且还对'核心概念'做一种'历时性'分析,这种'历时性'分析将凸显出'概念'的意义变迁。"②明清之际新词汇、新概念研究的学术意义在于,近代西学进入中国后,西学的根源在于这一时期,对这一时期的新词语、新概念的研究将直接关系到对近代中国文化史和思想史的理解,关系到今天中国学术体系与概念的重建。这正是陈寅恪所说的"凡解释一字即是作一部文化史"③,也如黑格尔所说的"只有当一个民族用自己的语言掌握了一门科学的时候,我们才能说这门科学属于这个民族了"④。

在梵蒂冈图书馆这批文献中还有一批关于科技、舆图的文献,这些文献在以往的文献整理中往往反映不够,例如近年来在台湾

①邹振环:《晚明汉文西学经典:编译、诠释、流传与影响》,复旦大学出版社,2011年,第29页。
②〔英〕伊安·汉普歇尔·蒙克主编,周保巍译:《比较视野中的概念史》,华东师范大学出版社,2010年,第3页。
③见《沈兼士学术论文集》,中华书局,1986年,第202页。
④〔德〕黑格尔:《哲学史讲演录》第4卷,上海人民出版社,2013年,第187页。参见冯天瑜:《"封建"考论》,武汉大学出版社,2007年;郎宓榭、阿梅龙、顾有信编著,赵兴胜等译:《新词语新概念:西学译介与晚清汉语词汇之变迁》,山东画报出版社,2012年。

出版的几套文献几乎完全没有收录西学汉籍中历算方面的文献，这样已经出版的这些文献无意中就将明清之际全球化背景下的中西文化交流压缩为中国天主教史研究了。实际上，从《天学初函》开始，李之藻就把"器编"与"理编"相对作为一个重要的内容。梵蒂冈图书馆中有一些十分罕见、珍贵的中国科技史文献，例如汤若望的《近五十年来欧洲天文学之进展》，在书中详细介绍了哥白尼的天文学说，这就打破了以往所说的耶稣会不介绍哥白尼的天文学的说法，认为耶稣会只是到了乾隆时代的蒋友仁（Michel Benoist，1715—1774）才把哥白尼学说介绍到中国。特别要指出的是傅圣泽从北京返回罗马后，因为他在钦天监工作，所以带回了大量的他在历局工作的材料和手稿，其中不乏他的天文演算手稿，这对于研究清代科技史有着重要的意义。在舆图方面，梵蒂冈图书馆所藏的利玛窦的《坤舆万国全图》、卜弥格所绘制的中国分省地图都是极为珍贵的历史文献。近十余年的研究已经证明，耶稣会士们所介绍的这些科学知识推进了中国天文学的发展，"耶稣会士在中国大力传播西方天文学，后果之一，是使中国天文学一度处在与欧洲非常接近的有利状况。就若干方面来说，当时中国与欧洲天文学的最新发展只有不到十年的差距。例如，伽利略用望远镜作出的天文学新发现，发表于 1610 年，而这些发现的主要内容在阳玛诺 1615 年刊行的中文著作《天问略》中就已有介绍。又如，整个《崇祯历书》虽以第谷的体系为基础，但其中也采纳开普勒好几种著作中的成果，最晚的那种出版于 1618—1621 年，下距《崇祯历书》开始编撰仅八年"[1]。梵蒂冈图书馆所藏的各类科学类文献必将大大推进我们对近代中国科技史的研究。梵蒂冈所藏的科技史文献将进一步证实这个观点。

---

[1]江晓原：《通天捷径——明清之际耶稣会士在华传播的欧洲天文学说及其作用与意义》，见朱维铮主编《基督教与近代文化》，上海人民出版社，1994 年，第 12 页。

　　梵蒂冈图书馆所藏的明清中西文化交流史文献中,特别引人注意是一批汉欧双语词典,这是中国双语词典史的重要历史文献。中文和欧洲语言的双语词典起源于罗明坚和利玛窦的《葡华辞典》。传教士来到东亚后第一件事就是学习汉语,这样编撰辞典成为他们的一件大事,为此传教士们付出了极大的精力。杨慧玲认为"从罗明坚、利玛窦的葡汉词典到万济国的西汉词典,体现了欧汉、汉欧词典萌芽和最初发展的轨迹"①。直到 1813 年,叶尊孝(Basilio Brollo,1648—1704)的《汉字西译》在巴黎出版,汉欧双语辞典的编写达到了它的高潮。遗憾的是,这批汉外双语辞典绝大多数仍以手稿形式藏在世界各地的图书馆,以梵蒂冈图书馆所藏最多。学术界对这批价值连城的汉欧双语词典的研究只是在近年来才逐步开展起来②。

　　索绪尔把与语言有关的因素区分为"内部要素"和"外部要素",认为语言的"外部要素"不触及"语言的内部机构"而予以排除。他说:"至于内部语言学,情况却完全不同:它不容许随意安排;语言是一个系统,它只知道自己固有的秩序。"③语言是一个同质的结构,语言学主要研究语言内部稳定的系统和特点。这样,他们把语言的外在因素放在了一边,对外部因素对语言的变异影响不太关注。

　　语言接触(language contact)的认识始于 19 世纪。从上个世纪

①杨慧玲:《19 世纪汉英词典传统:马礼逊、卫三畏、翟理斯汉英词典的谱系研究》,商务印书馆,2012 年,第 71 页。
②张西平等编著:《西方人早期汉语学习史调查》,中国大百科全书出版社,2003 年;姚小平主编:《海外汉语探索四百年管窥》,外语教学与研究出版社,2008 年;姚小平:《西方语言学史》,外语教学与研究出版社,2011 年;姚小平:《罗马读书记》,外语教学与研究出版社,2009 年;董海樱:《16 世纪至19 世纪初西人汉语研究》,商务印书馆,2011 年;魏思齐编:《西方早期(1552—1814 年间)汉语学习和研究》,台湾辅仁大学出版社,2011 年。
③〔瑞士〕费尔迪南·德·索绪尔著,高名凯译:《普通语言学教程》,商务印书馆,2001 年,第 46 页。

九十年代开始,语言接触成为语言学研究的热门话题,甚至要成为语言学的一个分支。同时,社会语言学也开始关注这个问题,语言的“外部要素”也成为历史语言学主要内容的一部分。这说明语言的变化并不仅仅在内部因素,外部因素也有着重要的作用,即语言接触引起的变化。对汉语的变化影响最大的两次汉语与外部语言的接触,一次是佛教传入中国后对汉语的影响,一次是晚明后基督教传入对汉语发展产生的影响。随着梵蒂冈所藏的这批欧汉双语辞典的公布,必将大大推动中外语言交流史的研究和中国词典史与中国语言史的研究。

　　最后,明清之际西学汉籍将会大大加深中国近代思想史的研究①。明清之际西学的影响不仅仅停留在知识论的水平,也不仅仅是信教和反教两类人物对西学的理解,最重要的是西学已经和晚明至清初的中国本土思想产生了互动。晚明王学盛行,尤其在江浙一带。王学反对死读先贤古圣的书,主张“涂之人皆可为禹”,陆九渊认为“东南西北海有圣人出焉,同此心同此理也”,自然为接受外来文化奠基了基础。明清之际接受西学的大都是王学之徒,而反对西学的大都是朱学之后②。朱维铮先生说:“王学信徒接受外来文化,皈依西方宗教,这就反映出一个事实,即王学藐视宋以来的礼教传统,在客观上创造了一种文化氛围,使近代意义的西学在中国得以立足,而王学系统的学者,在认知方面的特有平等观念,即王守仁所谓‘良知良能,愚夫愚妇与圣人同’,在清代仍以隐晦的

①陈卫平:《第一页与胚胎——明清之际的中西文化比较》,上海人民出版社,1992年;孙尚扬:《明末天主教与儒学的交流和冲突》,文津出版社,1992年;何俊:《西学与晚明思想的裂变》,上海人民出版社,1998年;李天纲:《跨文化的诠释:经学与神学的相遇》,新星出版社,2007年。
②〔德〕卜恩理著,江日新译:《东林书院及其政治的和哲学的意义》,见魏思齐编《〈华裔学志〉中译论文精选:文化交流和中国基督宗教史研究》,台湾辅仁大学出版社,2009年,第278页。

形式得到保存,实际上为汉学家们所汲取。这看来是悖论,然而却是事实。"①他认为清初的汉学和西学之间具有"性质关联""结构关联""方法关联"和"心态的关联"。

　　明清之际所传入的西学与中国近代思想变迁之间的关系,从梁启超到胡适,到当代学者多有注意,但限于文献不够充分,这个方向的论证仍在进展之中。近年来学者仅仅使用台湾出版的部分西学文献就已经大大推进了西学与明清思想史的研究。许苏民认为高一志的"西学治平四书"(即《治政源本》《民治西学》《王宜温和》《王政须臣》),直接影响了顾炎武,因为高一志在山西传教十五年,顾炎武在写《日知录》时也在山西和陕西一带,他的朋友圈就有研习西学的李鲈。他在《日知录》中提出:"合天下之私以成天下之公,此所以为王政也……此义不明久矣。世之君子必曰有公而无私,此后代之美言,非先王之至训也。"②这是很重要的思想,承认了个人私有的合理性,这样"衡量王政的标准不再是'有公而无私',只有'合天下之私以成天下之公',才是'王政'之本质"③。许苏民认为顾炎武这个思想直接来源于高一志的《王宜温和》一书,书中谈到"王权由何而生存"时说:"人性原自私爱,乃无不好自从自适,岂有甘臣而从他人之命耶? 即始明视他人之才能功德绝超于众,而因自足庇保下民者,即不待强而自甘服从,以致成君臣之伦也。"④

　　方以智和传教士有直接的联系,王夫之在天主教主导的永历王朝任职,黄宗羲研读西学已经有文献所证,对此学者已经做了大

①朱维铮:《走出中世纪》,复旦大学出版社,2007年,第144页。
②顾炎武:《日知录》卷三《言私其豵》,《日知录集释》,上海古籍出版社,2010年,第148页。
③许苏民:《晚明西学东渐与顾炎武政治哲学之突破》,《社会科学战线》2013年第6期。
④高一志:《王宜温和》,《法国国家图书馆明清天主教文献》第1册,台北利氏学社,2009年,第262—263页。

量的考证①。随着梵蒂冈图书馆所藏的明清中西文化交流史文献
的出版,西学汉籍的总体面貌呈献给中国学术界,那时,将会大大
拓宽和加深这一研究领域。

　　传教士们所写下的这些西学汉籍还有另一重意义,即这批文献
也是西方汉学史的一个重要组成部分。当然,这些西学汉籍背后有
着不少中国文人为其润笔着墨。这批中外合作的西学汉籍,实际上
是全球化史初期,世界文化交流史上的瑰宝,它的双边性,展示了其
在世界文化史上中国文明和欧洲文明初识后的对话与交流、文明间
互鉴的丰硕成果。它不仅仅是东亚走向现代化进程的重要思想资
源,也是西方文化如何与异质文化相处的宝贵文化资源。在西方人
走出"西方中心主义"的时刻,回到利玛窦时代的文化态度,回到启蒙
时代伏尔泰、莱布尼茨的多元文化立场,这才是一个正确的方向。
就此而言,这批文献是具有当代文化意义的重要文化思想遗产。
这是一批具有世界文化史意义的重要宝藏。

　　如果从张元济先生 1910 年出国期间,访问罗马教廷梵蒂冈图
书馆,首次从梵蒂冈图书馆复制了南明朝重要文献算起,历经百年
努力,阎宗临、王重民几代学者前赴后继,为这批文献回归中国不
懈努力。今天,我辈踏前贤足迹,与梵蒂冈图书馆合作八年,使这
批文献终于全部回到中国,《梵蒂冈图书馆藏明清中西文化交流史
文献丛刊》的出版是中国学术界近百年来,对欧洲所藏中国文献的
复制整理出版的最重要成果之一,是继敦煌文献回到中国以来,在
中国出版的最大一批欧洲所藏的中文历史文献,这是近百年来中
国学术发展史上重要的事件。谨以此序追思前贤,以叩谢在此历

①方豪:《明末清初旅华西人与士大夫之晋接》,《方豪六十自定稿》,学生书局,
　1969 年,第 255—272 页;徐海松:《清初士人与西学》,东方出版社,2000 年;许
　苏民:《王夫之与儒耶哲学对话》,《武汉大学学报(人文社科版)》2012 年第 1
　期;许苏民:《黄宗羲与儒耶哲学对话》,《北京行政学院学报》2013 年第 4 期;
　冯天瑜:《明清之际西学与中国学术近代转型》,《江汉论坛》2003 年第 3 期。

程中所有帮助过我们的友人。

张西平　任大援
2014 年 3 月初稿,端午节修改,7 月 7 日定稿

（《梵蒂冈图书馆藏明清中西文化交流史文献丛刊》序言,大象出版社 2015 年出版;部分内容发表于 2015 年 6 月 29 日《中华读书报》）

应系统整理中国和欧洲文化交流史历史文献

　　明清之际是中国历史上"天崩地裂"的时代,这一时期不仅有明清两朝的鼎革,还有葡萄牙人和西班牙人分别从印度洋和太平洋两个方向进入中国海域。在经济贸易展开的同时,传教士来到东方,文化与思想的相遇也同时展开了。此阶段的中国史和欧洲史都已经不能仅仅在地域史中加以解释,而应将其放在全球史的框架中加以考察。"互动,即不同地域、不同民族、不同文化的人群通过接触,在经济、政治、文化等多重领域实现的互动,是全球史观的核心理念。"①

　　近代中国与欧洲之间的互动就表现在"西学东渐"和"中学西传"上。这是两个方向相反而相互关联、密不可分的思想文化交流运动。

　　"西学东渐"——来华的耶稣会士开始将西方文化介绍到中国来,从天文历算、时空观念、地理知识到宗教哲学、社会文化,明清士大夫第一次接触到一个完全不同的文化形态、哲学观念。中国思想从晚明空谈心性的"王学",转变为求实、务实的乾嘉考据之学,西学在这里产生了重要的催化作用。如梁启超所说:"明末有

---

①刘新成:《互动:全球史观的核心理念》,载刘新成主编《全球史评论》第2辑中国社会科学出版社,2009年,第4页。

一场大公案,为中国学术史上应该大笔特书者,曰欧洲历算学之输入。……要而言之,中国智识线和外国智识线相接触,晋唐间的佛学为第一次,明末的历算学便是第二次。"①我们可以借用胡适的话,将明清之际的西学东渐称之为"中国的文艺复兴"。如此形容,应不为过:明清之际的西学东渐,已开启了中国近代思想文化的转型。

"西学东渐"的同时,经过来华传教士之手,中国的精神文化传向西方。中国古代文化经典开始被翻译成各种欧洲语言,特别是在"礼仪之争"之后,《大学》《论语》《中庸》《孟子》先后被翻译成拉丁语,基歇尔的《中国图说》、利玛窦的《天主教中国开教史》、杜赫德的《中华帝国全志》、柏应理的《中国哲学家孔子》这些介绍中国文化的著作使得一时洛阳纸贵,成为欧洲大众和思想家案头的必读书。中国人富足的生活、悠久的历史、非宗教性的思想文化,成为欧洲启蒙运动的催化剂。中国文化传播在当时欧洲所产生的作用也许是我们今天所不能想象的,这些汉学著作给欧洲人带去了遥远东方的芳香和神奇,在整整一个世纪期间,这些著作吸引了欧洲的知识界。对他们来说中国绝不仅仅是异国的情调,而是新思想之源,如当代法国学者微席叶所说:"耶稣会士书简就如同其他许多游记一样,广泛地推动了旧制度的崩溃,在西方那已处于危急的思想中发展了其相对的意义。……这些书简甚至部分地造就了 18 世纪的人类精神面貌。"②

明清之际中国和欧洲的文化交流史是全球化历史上最珍贵的文化遗产,是人类近代历史上仅有的文明间大规模相互学习、相互影响的范例。19 世纪后,西方强势崛起,中西之间平等的文化交流

---

① 梁启超:《中国近三百年学术史》,中国书店,1985 年,第 8—9 页。
② 〔法〕伊莎贝尔·微席叶、约翰—路易·微席叶:《入华耶稣会士与中西文化交流》,见〔法〕谢和耐、戴密微等《明清间耶稣会士入华与中西汇通》,东方出版社,2011 年,第 90 页。

关系瓦解了,15—18 世纪中西文化的"蜜月"期已经成为一段被遗忘的历史。但在全球化成为我们生活现实的今天,在 19 世纪所形成的"西方中心主义"已经被普遍认为应加以检讨和抛弃的今天,这段历史的文化意义日益凸显出来。

我们应拂去历史的尘埃,在一个较长的时段内重新审视这段历史,揭示其价值,视其为全球化史研究的重要课题。而首先要做的第一步就是系统整理近代以来中国和欧洲文化交流史的基本文献,在全球化史的新史观下重新加以理解。

就"西学东渐"的基础性历史文献来说,我们将来华传教士和明清士大夫所写下的这批中文文献称为"西学汉籍"。学术界对这批文献并不太熟悉。尽管乾隆年间编撰的《四库全书》已经注意到这批西学汉籍,并收录了 22 种,但在"节取技能,禁传其学术"的原则指导下,大量的西学汉籍被排除在外。经历了晚清多次"教案"之后,这批文献已经成为稀缺之物,乃至陈垣先生进入这个领域,开始他开拓性的研究时,书已经很难看到了。为此,陈垣曾肆力搜集有关史料,并计划仿《开元释教录》及《经义考》《小学考》体制而为乾嘉基督教录,为中国天主教的文献做一次全面的清理,也为《四库全书总目》补阙拾遗。这一计划最终仅完成了一部分。

弹指间,历史翻过了 20 世纪,国内外学术界开始关注这段历史,西学汉籍的学术价值和意义重新引起人们的重视,国外汉学家已经开始复制出版一批基础性文献,由我和马西尼教授、任大援教授主编的《梵蒂冈图书馆藏明清中西文化交流史文献丛刊》也将在明年开始出版。如此一来,点校整理这批西学汉籍的工作就被提上了日程,而这项工作是西方汉学家所不及的,理应由中国学者来完成,这是一种文化的使命①。但欧洲的学者至今很少人认识到这

---

① 周骐方、黄兴涛诸位先生已经开始这项工作,但这一切刚刚开始。参阅周骐方《明末清初天主教史文献丛编》,黄兴涛、王国荣《明清之际西学文本:50 种重要文献汇编》。

批西学汉籍应属于欧洲近代文化史的一部分,尽管它是用中文书写并雕版刻印的。

就"中学西传"来说,在全球化初期,西方文化在全球的扩张充满了血腥,但唯一有一个例外,这就是西方文化与中国文化的接触。正是在这两百年间中国文化和欧洲文化相遇、相识、交融,开出了绚烂的文化交流的花朵,成为全球化初期人类在文化上最大的收获、最有价值的精神成果,与最珍贵的文化历史遗产。留下一批关于中国历史文化的西文文献,我们将其称为"中学西书"。西方留下这一宝贵成果的主因在于,中国在经济实力与文化实力上都与欧洲不相上下,甚至高于欧洲的水平。远来的葡萄牙人和西班牙人无法采取他们在非洲和南北美洲所采取的殖民政策,只能以另一种形式开始与中国接触①,而来自欧洲的耶稣会士为了自己的宗教利益,开始探索在不同文化环境下的天主教传播,从而为文化之间的接触和理解做出了不懈努力和历史性的贡献。"17 世纪耶稣会在华传教的历史与欧洲对中国的早期研究,或称早期汉学,是不可分割的。虽然传教这一首要任务将耶稣会士和早期汉学家区别开来,但耶稣会士作为有关中国地理、语言、政治、哲学、历史和社会生活情况的主要传播者和解释者,为那些后来成为早期汉学家的欧洲学者提供了学术基础。来华的耶稣会传教士经常利用返回欧洲逗留的机会或通过从中国寄回欧洲的书信与这些学者保持直接的、紧密的联系。"②这些用西文记录、写作下来的"中学西

---

① 西班牙传教士桑切斯在菲律宾制定的攻打中国的计划,葡萄牙初到中国南海与明军的交战,都以失败而告终。参阅张维华《明史佛郎机吕宋和兰意大里亚四传注释》(台湾学生书局,1972 年);张铠《中国与西班牙关系史》(大象出版社,2003 年);万明《中葡早期关系史》(社会科学文献出版社,2001年);金国平《西力东渐:中葡早期接触追昔》(澳门基金会,2000 年);金国平、吴志良《过十字门》(澳门成人教育协会,2004 年)。

② 〔美〕孟德卫著,陈怡译:《奇异的国度:耶稣会适应政策及汉学的起源》导言,大象出版社,2010 年,第 2—3 页。张西平:《欧洲早期汉学史》,中华书局,2009 年。

书"，如同在中国出版的"西学汉籍"一样，具有双边性：它们属于欧洲史的一部分，同时也属于中国史的一部分。北京外国语大学海外汉学研究中心十余年来陆续翻译了一些传教士汉学的学术名著，但对于来华传教士基础文献的收集、翻译、整理才刚刚开始，有大量工作亟待开展。"中学西书"这批文献，目前是中国历史首次被西方语言详细记载的第一批文献，具有重要的学术价值。中学西传的历史文献说明中国历史的研究已经不能仅仅拘泥于中文文献。这需要我们与欧洲的朋友合作，将其整理翻译成中文，使其进入中国近代历史文化的研究视野。

　　这是一个交错的文化史，单一的地域史研究已经无法解开其中的秘密与内核，唯有回到全球史观，这批"西学汉籍"与"中学西书"才能彰显出学术价值。由此可见，用全球化史观收集和整理近代以来的中西文化交流史基础文献，是一个亟待开发的、具有重要学术价值和思想文化意义的领域。中华书局是国内出版界最早开始关注这一学术领域的出版机构，谢方先生主持的"中外交通史籍丛刊""中外关系史名著译丛"，以及柴剑虹先生主持的"世界汉学论丛"，都受到学界高度评价。如今"中国和欧洲文化交流史文献丛刊"在中华书局出版，正在接续上述学术传统，在新的历史条件下将这一领域的学术研究向前再推进一大步。

　　　　2013 年 7 月 19 日写于北京岳各庄东路游心书屋

　　　　（《中国和欧洲文化交流史文献丛刊》序言，中华书局出版）

中西文化交流史研究三论：
文献、视野、方法

2009 年我的《中国与欧洲早期宗教和哲学交流史》在东方出版社出版。十年过去了，新疆人民出版社又计划出版这部书，并改名为《丝绸之路：中国与欧洲宗教哲学交流研究》，纳入"丝绸之路研究丛书"。一个读书人，书能修订再版总是好事，说明自己的书有读者，得到学界的认可。写书是读书人的基本生活状态，书出版后它就成为作者自己的精神史。所以，这次再版，我对原书除了在文字上做些修订和应出版社的要求增加了一些图片外，内容基本上未做增补。但近十余年来，在 1500—1800 年中国和欧洲早期文化交流史的研究上取得了很大的发展，特别是随着中国快速的崛起，中国和欧洲都在寻找双方的共同点，这段历史引起学界的关注是很自然的。但如何进一步展开 1500—1800 年的中西文化交流史的研究？在这个研究领域的学术界所面临的难点和任务如何？在方法论上应注意哪些？我利用本书出版之际，在"后记"中谈几点看法。

一、建立明清之际中西文化交流文献学

陈寅恪在《陈垣〈敦煌劫余录〉序》中说："一时代之学术，必有其新材料与新问题。取用此材料，以研求问题，则为此时代学术之新潮流。治学之士，得预于此潮流者，谓之预流。其未得预者，谓

之未入流。此古今学术史之通义，非彼闭门造车之徒，所能同喻者也。"①清末民初，敦煌文献和安阳考古的发现，是促使中国学术界学术研究一大飞跃的关键之一。在中外文化交流史研究领域，与国外汉学家的研究相比，中国学者一直不占上风，究其原因也在材料。傅斯年说得很清楚："本来中国学在中国在西洋原有不同的凭藉，自当有不同的趋势。中国学人经籍之训练本精，故治纯粹中国之问题易于制胜，而谈及所谓四裔，每以无比较材料而隔膜。外国学人能使用西方的比较材料，故善谈中国之四裔，而纯粹的汉学题目，或不易捉住。"②以后，汉学家的研究也开始逐步进入中国内核文化研究，如沙畹对《史记》的研究，中国学者也开始进入四裔之研究，如张星烺的《中西交通史料汇编》。但总的来说，中国学者对于文化交流史的研究不如外国学者，这里的核心问题仍是材料的掌握。

中外文化交流在中国历史上大规模的就两次，一次是佛教的传入，一次是明清基督教的传入。我主要研究明清基督教传入的前半段，即明清之际的中西文化交流史。从这段研究来看，目前向前推进的关键仍在于材料的发现和整理。明清之际中西文化交流史的文献主要有两类：一类是以中文文献为主体的东方历史文献③，一类就是西文的历史文献，其中包括葡萄牙文、西班牙文、拉丁文、意大利文、法文、荷兰文等欧洲多种语言的文献。

关于中文文献，《四库全书》是官方首次收入天主教的文献。在四库的采进书目中有西学书共24种，四库所著录的西学书有22种。雍乾教难以后，天主教发展处于低潮，从而使得许多天主教方面的书只有存目，不见其书，到清末时一些书已经很难找到。如陈垣先生所说："童时阅《四库提要》，即知有此类书，《四库》概屏不录，仅存其目，

①陈寅恪：《金明馆丛稿二编》，上海古籍出版社，1980年，第236页。
②桑兵：《国学与汉学——近代中外学界交往录》，浙江人民出版社，1999年，第4页。
③这里所讲的东方历史文献是包括日文在内的一些亚洲语言的文献。参阅戚印平：《远东耶稣会史研究》，中华书局，2007年。

且深诋之，久欲一睹原书，粤中苦无传本也。"①至今中国学术界尚无法全面统计出明清之际关于西学的汉籍文献究竟有多少种，近年来钟鸣旦等外国汉学家陆续出版了藏在台湾地区、罗马耶稣会档案馆、法国国家图书馆的有关文献②，但仍未完成。陈垣先生当年提出的要编一本像《开元释教录》那样的基督教来华的中文文献目录，至今仍未实现。这是一个亟待学术界努力的地方。但也有做得比较好的，例如澳门研究，中国学者对澳门与中西文化交流史研究已经有了一批很好的著作，在文献的整理上澳门学研究的做法值得借鉴，这里不再展开③。

①陈垣：《万松野人言善录跋》，《陈垣全集》第 2 册，安徽大学出版社，2009 年，第 404 页。

②〔比利时〕钟鸣旦、黄一农、〔荷〕杜鼎克、祝平一编：《徐家汇藏书楼明清天主教文献》，台北方济出版社，1996 年；钟鸣旦、杜鼎克编：《耶稣会罗马档案馆明清天主教文献》，台北利氏学社，2002 年；钟鸣旦、杜鼎克、蒙曦编：《法国国家图书馆明清天主教文献》，台北利氏学社，2009 年。

③印光任、张汝霖：《澳门纪略》，广东教育出版社，1988 年；张天泽：《中葡早期通商史》，香港中华书局，1988 年；张维华：《明史欧洲四国传注释》，上海古籍出版社，1982 年；周景濂：《中葡外交史》，商务印书馆，1991 年；黄文宽：《澳门史钩沉》，澳门星光出版社，1987 年；黄鸿钊：《澳门史纲要》，福建人民出版社，1991 年；邓开松：《澳门历史（1840—1949）》，澳门历史学会，1995 年；吴志良：《澳门政治发展史》，上海社会科学院出版社，1999 年；万明：《中葡早期关系史》，社会科学文献出版社，2001 年；汤开建：《委黎多〈报效始末疏〉笺正》，广东人民出版社，2004 年；黄庆华：《中葡关系史》，黄山书社，2006 年；刘然玲：《文明的博弈：16 至 19 世纪澳门文化长波段的历史考察》，广东人民出版社，2008 年；中国第一历史档案馆、澳门基金会、暨南大学古籍研究所：《明清时期澳门问题档案文献汇编》（1—4），人民出版社，1999 年；张海鹏主编：《中葡关系史资料集》，四川人民出版社，1999 年；汤开建、陈文源、叶农主编：《鸦片战争后澳门社会生活记实：近代报刊澳门资料选粹》，花城出版社，2001 年；汤开建、吴志良：《〈澳门宪报〉中文资料辑录（1850—1911）》，澳门基金会，2002 年；中国第一历史档案馆、北京大学、澳门理工学院编：《清代外务部中外关系档案史料丛编——中葡关系卷》，中华书局，2004 年；刘芳辑、章文钦校：《葡萄牙东波塔档案馆藏清代澳门中文档案汇编》，澳门基金会，1999 年；萨安东主编、金国平等汉译：《葡中关系史料汇编》，澳门基金会、澳门大学，1996—2000。

　　关于明清之际中西文化交流的西文文献更是一个庞大的数量。来华传教士的各个修会从中国内地、从澳门发回了大量的关于中国内地教会情况、中国历史情况的信件和报告。近年来北京外国语大学海外汉学研究中心以整理和翻译这批西文文献为其重要的工作，用了近15年时间才翻译了20本左右，而实际存在的西文文献数量惊人。

　　2004年我申请了清史编撰委员会的《清代来华传教士文献档案收集与整理项目》①，我们选择了当年在澳门的耶稣会士整理的《耶稣会在亚洲》(*Jesuítas na Ásia*)作为项目的主要内容之一。《耶稣会年报告表》是从《耶稣会在亚洲》档案文献中所择录出来的文献目录。《耶稣会在亚洲》档案文献原藏于葡萄牙的阿儒达图书馆(Biblioteca da Ajuda)，它是1549年沙勿略到达日本后西方传教士在远东传教活动的真实原始记录。全部档案共61卷，均为手抄本，计三万页。文献是以拉丁文、葡萄牙文、西班牙文、意大利文及法文写成。

　　这批文献最早是由葡萄牙耶稣会神父若瑟·门丹哈(José Montanda)和若奥·阿尔瓦雷斯(João Álvares)修士等于1742—1748年对保存在澳门的日本教省档案室的各个教区档案整理而成的。在这些教区中包括中国的北京、广州、南京以及交趾支那、老挝、柬埔寨等地。他们将这些原始文献加以分类、整理和编目，最后抄录，形成这批档案。

　　另外，在罗马传信部档案馆，从1623到19世纪末的中国各教区的西文档案，各个来华传教士修会的西文档案基本上仍处在原始文献档案状态，数量之大令人吃惊。2008年我到这个档案馆访

────────────

①这个项目的天主教历史文献部分是由笔者和金国平、张晓飞、蒋薇等人共同完成的。

问,馆长告诉我,这些档案全部是从中国发回罗马的①。

在罗马的意大利国家图书馆也收藏有大量的来华传教士从中国寄回罗马的西文历史文献档案,其中不仅仅是关于来华耶稣会的档案,也包括来华道明会的档案,其档案数量很大,至今没有准确的统计②。

在罗马耶稣会档案馆、罗马道明会档案馆、罗马方济各会档案馆、罗马梵蒂冈图书馆和档案馆,仍有大量的发自澳门的西文历史文献档案。除此之外,在巴黎的法国国家图书馆、巴黎外方传教会档案馆,在西班牙的方济各会档案馆、道明会档案馆,在葡萄牙的阿儒达宫档案馆等处,也有着大量的发自澳门的关于中国的西文历史文献档案。

对于这些藏在欧洲各国的,主要从澳门发回欧洲的各个传教修会的档案,至今我们仍然对其藏点、数量、内容没有一个基本的了解。因此,我建议应建一门"明清之际中西文化交流文献学",下气力全面收集和整理这批文献,在这方面日本学术界做得比中国学术界好。没有这批文献的整理、出版,我们在学术上的研究很难有重大的突破。

二、以全球史的新视角重审 1500—1800 年 中西文化交流史

以往的世界史编写有两个特点:一是整个世界的历史是以西方历史为中心的;二是世界各国之间的联系几乎是没有的,所谓的

---

① 参阅 *Inventory of the Historical Archives of the Sacred Congregation for the Evangelization of Peoples or De Propaganda Fide*, Pontificia Universitas Urbanian Rom 1988.

② 参阅 Eugenio Menegon, *The Casanatense Library (Rom) and its China Materials a Finding list*.

世界史只是按照一个统一编年展开的各国历史。全球史(Global History)的兴起打破以往世界史的编写理念,在全球史研究者看来,世界的"历史是世界各民族之间互动的产物","就是全球人类社会的交往史"。刘新成认为:"互动,即不同地域、不同民族、不同文化的人群通过接触,在经济、政治、文化等多重领域实现互动,是全球史观的核心理念。"①现在国际学术界打破了从1500年开始,由西方开启了全球史的观点,认为全球史是一个漫长的历程。1500年前是古典版全球史,1500—1800年是"初始全球化"(Proto-globalization)。

这样,在对明清之际中西文化交流史的研究上就必须从全球史的角度来重新看待,这是一个重要的视角。这样一个视角就使我们在研究中获得两个重要的研究视域:

第一,应将明清之际的中西文化交流史作为一个整体来把握。期间所发生的"西学东渐"和"中学西传"有着内在的关联。从中国来说,自晚明以来,中国历史的记述已经不再仅仅是中文文献,西文历史文献开始成为记述中国历史文化的重要载体。这个转折点就是从来华传教士从中国发回西方的西文历史文献开始。如果缺乏这批西文历史文献,中国近代以来的历史研究就不再完整。以明史研究为例,近年来出版的几部大的研究著作②,在中文文献的使用上几乎已经到了竭泽而渔,但在西文历史文献的使用上则明显不足,对来华传教士的西文历史文献所用甚少,这严重地影响了中国学术界对明史的研究。

---

①刘新成:《浮动:全球史观的核心理念》,载刘新成主编《全球史评论》第2
　辑,中国社会科学出版社,2009年,第4页。
②顾诚:《南明史》,中国青年出版社,1997年;南炳文、汤纲:《明史》,上海人民
　出版社,2003年;樊树志:《晚明史》,复旦大学出版社,2005年;钱海岳:《南
　明史》(120卷),中华书局,2006年。

同时，中国发生的历史直接影响了西方历史的进程。我将西方汉学的发展分为"游记汉学""传教士汉学"和"专业汉学"三个阶段①，其中传教士汉学阶段的文献绝大多数是从中国发回欧洲的。来华传教士，特别是耶稣会士用西方语言写了大量关于研究中国的著作。这批在欧洲公开出版的传教士汉学著作的重要性不仅在于使我们加深认识中国近代史，更为重要的是使我们加深认识了欧洲近代思想文化史。

"传教士汉学"的发展是同欧洲18世纪的文化变迁、思想革新联系在一起的，所以，以《耶稣会中国书简集》为代表的传教士汉学著作的另一历史作用主要在于它为18世纪欧洲的思想变革提供了思想的材料。许理和说它影响的主要是"欧洲思想史"。在这个意义上"传教士汉学"是欧洲思想文化史的一部分，也就是说只有从欧洲思想的变迁历史过程中我们才能把握住"传教士汉学"的实质所在。

长期以来我们在谈到明清之际的中西文化交流时，主要侧重于"西学东渐"，似乎西方人影响中国成为主要内容，甚至压缩为中国天主教史的研究，这样的看法显然是有问题的，所以，黄一农提出注意克服这段历史研究中的"扬教"心态，既是指的过去，也对现代研究有所包涵②。

第二，要从东亚整体的角度看待此阶段的西学东渐。过去我们在研究时大都仅仅限于对中国西学东渐的研究，较少关注整个东亚在西学传来后的互动，这就是缺乏全球史的视角。

实际上西人东来后在组织形态上是一个相连的整体。从欧洲

---

①张西平：《传教士汉学研究》，大象出版社，2005年。
②〔英〕约翰·霍布森著，孙建党译：《西方文明的东方起源》，山东画报出版社，2009年；〔美〕孟德卫著，江文君、姚霏译：《1500—1800：中西方的伟大相遇》，新星出版社，2007年。

来到东方的传教士,虽然隶属不同的修会,有着不同的国家背景,但都隶属于罗马天主教会。

罗马教会在最初管理东亚教区时赋予澳门主教很大的权力,澳门教区的管辖范围是"中国全境、日本列岛、澳门及与之相连的邻近岛屿与地区、那里的城市、村庄以及由塞巴斯蒂安国王亲自任命、或为此而任命之人管辖、以及由他们规定的管辖区域"①。由于中国和日本在东亚地区的重要地位,澳门主教的正式全称是"驻澳门的中国和日本主教"。以后,日本教区独立,范礼安认为:"整个地区的主教或特定地区的主教都不宜来到日本。不仅如此,澳门或中国主教干涉日本事务、主教前来视察日本或主教派来教区主教,都是绝对不合适的。"②

当从葡萄牙里斯本出发的耶稣会从印度来到东亚的时候,从西班牙出发、经墨西哥跨过太平洋的道明会也来到了东亚,开始进入日本和中国,此时耶稣会和托钵修会之间的矛盾加剧,各个传教修会与欧洲国家之间矛盾开始出现,各个传教修会和罗马教廷之间的关系也日趋紧张。

1622年1月6日罗马教廷所成立的传信部实际上是一个协调罗马教廷与各传教修会之间、与进入东亚的各个欧洲国家之间矛盾的一个机构,一个确保罗马教廷利益的重要机构。尽管这些来到东亚的各个传教修会之间矛盾重重,但总体上他们还是一个协调一致、利益互为关联的传教整体。在这种情况下,东亚西学作为一个整体有着内在的逻辑,我们应从整体的角度来把握东亚西学,这种整体观符合基督教东来的基本组织形态,由此我们才能把握西学在整个东亚的传播与流变。

---

①戚印平:《远东耶稣会史研究》,中华书局,2007年,第489页。
②戚印平:《远东耶稣会史研究》,第494页。

　　从西学汉籍来看，这点就很清楚。用汉文写作来推动传教是东亚传教士们的共识。作为一个文化区域的东亚，汉字构成其基础，虽然日本和韩国都有着本国语言的西学书籍，但由于汉字是东亚各国都通行的文字，从而以来华传教士为主体编写的汉籍西书从一开始就在东亚各国传播，形成了东亚西学史的一个重要特点。

　　沙勿略是最早认识到东亚文字特点的人，也是最早意识到通过汉籍传播基督教教义是一个有效方法的人，他也可能是最早用汉字写出传教书籍的人。因为他在给罗耀拉的信中就已经明确说："后来，我们还用汉字写了相同的书。希望在去中国时，在能够说中国话之前，让他们理解我们的信仰条文。"①以后的耶稣会士都是沿着沙勿略这个思路做下去的。

　　利玛窦当年在进行中文写作时也清楚认识到，他们所写的这批汉文西学书籍不仅仅会在中国，而是会在整个东亚产生影响。他说："会写文章本身就是一项很大的成就，何况，一本不普通的中文书，一定能在全国十五行省畅销。此外，中文书籍也会受到日本、朝鲜、交趾支那的民众欢迎，因为这些国家的文人都懂得中文。虽然他们的方言，彼此区别很大，这些人能念中文书籍，因为，每个中国字，只代表一个意思。果真如此，我们所写的书，其影响将是整个中国文化圈，而不仅是中国人了。"②

---

① 戚印平：《十七世纪东亚近世耶稣会史论集》，台湾大学出版中心，2004年，第86页。关于沙勿略所写的这本中文教义书，至今没有下落，参阅戚印平《十七世纪东亚近世耶稣会史论集》第86页，《远东耶稣会史研究》第174页。

② 刘俊馀、王玉川译：《利玛窦全集》第2卷，台湾光启出版社，1986年，第427页。

　　东亚的西学历史证明了这一点①。所以，在明清之际的中西文化交流史的研究中，全球史视角是绝对不可以缺少的。

三、在研究方法论上，要对后
殖民主义理论保持警觉

　　后殖民主义理论是目前中国学术界一些人在讨论域外中国知识和形象时的一个基本支点。这些学者认为："研究西方的中国形象，有两种知识立场：一是现代的、经验的知识立场，二是后现代的、批判的知识立场。这两种立场不仅表现在研究对象、方法上，还表现在理论前提上。现代的、经验的知识立场，假设西方的中国形象是中国现实的反映，有理解与曲解，有真理或错误；后现代的、批判的知识立场，假设西方的中国形象是西方文化的表述，自身构成或创造意义，无所谓客观的知识，也无所谓真实或虚构。"②这个表述基本是对萨义德《东方学》的一种转述。在萨义德看来，西方关于东方的知识完全是一种"集体的想象"，也是在西方文化和意识形态的影响下形成的，西方的东方学是毫无可信的一种语言的

---

①国内学者中李虎较早地关注了中日韩三国的西学史，并开始做了初步的研究，对于东亚西学史的展开有奠基性价值。但目前对三国的西学东渐史尚未充分研究的情况下，做整体的研究尚有不少困难，特别是中国明清之际的西学史研究刚刚起步，虽然取得了不少进展，但至今尚无一部系统的著作能将这一阶段加以总结和概括。究其原因在于，明清之际的西学东渐的个案研究尚不充分，大量的西学汉籍基本没有整理，大陆学者能读到的西学汉籍不到实际藏书的一半，更不用说期间相关的外文文献和档案的整理和翻译。因此，东亚西学史的研究目前主要应集中在文献收集和个案研究上。参阅李虎：《中朝日三国西学史比较研究》，中央编译出版社，2004年。
②周宁：《天朝遥远：西方的中国形象研究》（上），北京大学出版社，2006年，第3—4页。

技巧，一种没有任何客观性的知识①。

　　根据这个理论，国内的这些学者认为对西方汉学的研究实际上是一种"自我东方化"，是一种"汉学主义"。这样的认识是值得讨论的。西方汉学是否凝聚了关于中国的真实知识？就西方的汉学（中国学）而言，从 16 世纪以后，他们对中国的知识获得了大踏步的进展。"游记汉学"与"传教士汉学"的重大区别就在于，传教士已经开始长期生活在中国，并开始一种依据基本文献的真实的研究，它不再是一种浮光掠影式的记载，一种走马观花的研究。传教士汉学绝不是传教士们随意拼凑给西方人的一幅浪漫的图画，他们对中国实际认识的进展，对中国典籍的娴熟和在翻译上的用功之勤，就是今天的汉学家也很难与其相比。特别是到"专业汉学"时期，汉学家在知识论上的进展是突飞猛进的，我们只要提一下法国的著名汉学家伯希和就够了。在这个意义上萨义德在其《东方学》中的一些观点并不是正确的："东方学的意义更多地依赖于西方而不是东方，这一意义直接来源于西方的许多表述技巧……"②由此，西方的整个东方学在知识论上都是意识形态化的，其真实性受到怀疑。他认为西方的东方学所提供的是"种族主义的，意识形态的和帝国主义的定型概念"③，因而，他认为，东方学的失败既是学术的失败，也是人类的失败。萨义德的观点显然不符合西方汉学的实际情况，作为西方知识体系一部分的东方学，它在知识的内容上肯定是推动了人类对东方的认识的，从汉学来看这是个常识。

　　我这样讲并不是否认西方汉学受其欧洲中心主义的影响，平心而论，萨义德说西方的东方学是伴随着帝国主义的海外扩张而

①参阅〔美〕爱德华·W·萨义德：《东方学》，生活·读书·新知三联书店，
　1999 年，第 36 页。
②〔美〕爱德华·W·萨义德：《东方学》，第 29 页。
③〔美〕爱德华·W·萨义德：《东方学》，第 421 页。

形成的，这是对的，东方学受到其西方文化的影响和制约也是对的。但由此认为西方的东方学"并没有我们经常设想的那么具有客观性"的结论缺乏具体分析。萨义德所提供给我们的从比较文化的角度来评价西方的东方学的方法是对的，但在分析中有两点我不同意：其一，不能因西方东方学所具有的意识形态性，就完全否认它其中所包含的"客观性"。以传教士汉学为例，传教士入华肯定不是为推进中国的现代化，而是为了"中华归主"，这种心态对他们的汉学研究产生了重大的影响，但这并不妨碍传教士的汉学研究仍具有一定的"客观性"，他们仍然提供给了欧洲一些准确无误的有关中国的知识。采取比较文化的研究方法就在于对西方汉学（中国学）中的这两部分内容进行客观的分析，哪些是"意识形态"的内容，哪些是"客观知识"，二者之间是如何相互影响的。其二，西方东方学中的方法论，研究方式不能完全归入"意识形态"之中。这就是说不仅研究的知识内容要和"意识形态"分开，就是萨义德所说的意识形态也要做具体的分析。方法论和研究的方式当然受到西方整个学术进展的影响，但它和政治的意识形态不同。作为方法论它具有一定的独立性，同时也具有一定的"普世性"，即它是整个人类的精神。如伯希和在做西域史研究中的科学的实证方法，高本汉在做中国语言研究中的现代语言学的方法，这些方法是在整个时代的进步中产生的，尽管它和西方社会历史有着血肉的联系，是其精神的一部分，但不能因此就否认它的客观性。特别是美国当代的中国学家，他们有别于传统汉学的根本之点在于，将社会科学的研究方法移植到中国学研究中，如果把这种方法论的变迁一概否认，那就是将中国学的灵魂否认了，那我们从当代中国学中几乎学不到任何东西。其三，如果完全采用萨义德的理论，"社会科学理论几乎要遭到彻底的摒弃。几乎所有的社会科学都源于西方，几乎所有的西方理论都必然具有文化上的边界，并且，必然与更大的，和帝国主义纠缠在一起的话语结构结合在一起，因此，对此除了'批判性'地摒弃之外，任何汲取都会受到怀疑"①。

　　萨义德所引申出来的后殖民主义，对西方东方学的批判，在理论上是后现代理论在史学上的表现。后现代史学不强调知识本身，而是说明在知识本身产生的过程中，一个时代的语言结构和权力结构对其的影响，以其说明19世纪以来的知识的合法性是有问题的。后现代史学揭示了人类知识的复杂状态，关注了知识的形成过程，关注了知识的表述者与知识本身的关系，这显然要比19世纪的实证主义史学有了进步。但如果走过了头，把所有的知识都归结为一种语言的技巧，把所有知识的表述者在叙述知识时，因为其自身立场对知识表述的影响扩大到极端，从而使人类的知识成为主观的虚无，历史没有了真实和现实之分，那么历史学就可以取消了。

　　因为，中西文化交流史的研究涉及文化之间的认同与理解，涉及自我与他者，涉及知识本身和知识的表述，涉及中国之外的中国学问——汉学的真实性与虚假性等一系列的问题，这就必须同后现代史学交手，就必须重新认识萨义德的后殖民主义理论。这是我们在展开中西文化交流研究时的一个必需的理论立场。

　　马克思说过，只有一门学科：历史学。在全球化的时代，地区史和国别史的研究已经无法解释和说明这个变动的时代，在这个背景下，中西文化交流史受到关注是很自然的事，但中西文化交流史的研究是在跨语言、跨国别、跨文化的前提下展开的，其难度是超出一般的中国史研究的。所以，希望读者对书中的不足给予谅解。十年前拙著出版时，学界给了我不少的鼓励，《光明日报》史学版的编辑危兆盖先生专程来访，后来书的序言在《光明日报》史学版全文刊出，我的老师王树人先生和清华大学的王晓朝教授都写了一篇很出色的书评。十年弹指一挥间，感谢新疆人民出版社给

①黄宗智：《学术理论与中国近现代史研究》，见黄宗智编《中国研究的范式问题讨论》，社会科学文献出版社，2003年，第117页。

我这样一次机会,将自己的研究成果再次奉献给读者,同时,也将
自己新的研究心得在这里和学界同仁交流。

　　在写这篇"后记"时,我正在德国纽伦堡做学术访问,窗外大雪
飞扬,想起十年来在中国和欧洲之间的奔波,心中十分感慨,抄录
了去年在意大利访问和今年在德国访问时所写的三首关于历史的
小诗,作"后记"的收笔。

忆马国贤①

——访拿坡里圣家学院旧址

辞家万里篷帆远,

驿路遥遥两重天。

圣家窗徊中华音,

唱出海外第一篇。

庞　培②

孤城日暮乱飞鸦,

万巷皆空无人家。

满城都是四海客,

难寻当年楼台花。

---

①马国贤(Matteo Ripa),1771年来华,是经罗马教廷传信部派遣,由教宗的特
　使多罗推荐,进入清宫服务。马国贤在华13年,1723年(雍正元年)回国。
　在罗马教廷、查理六世、那不勒斯大主教和政府的支持下,马国贤于1732年
　4月在拿坡里成立了欧洲历史上第一个中国学院(也称为圣家学院,中华学
　院),这也是欧洲第一所教汉语、培养中国留学生、研究中国的学院。
②庞培是在意大利那不勒斯海湾、维苏威火山下的一座美丽的古城,它始建于
　公元前8世纪,占地1.8平方公里,曾经繁华一时。但是,公元79年8月,维
　苏威火山大爆发,滚滚的岩浆埋葬了这座古城。1600多年后,也就是1748
　年,这座古城被发现。此后,经过了200多年的挖掘,这座沉睡了近2000年
　的古城重见天日。

忆丁先生①

——访 Bamberger 城中丁先生工作过的修院

古城幽静修院墙，

万卷经书楼中藏。

几何原本古书在，

先生驾鹤在天堂。

契丹远，航程长，

利徐译书京城忙。

千古不朽美玉篇，

彩虹飞跨东西洋。

西平写于纽伦堡大雪之中

2010 年 12 月 16 日

（笔者《丝绸之路：中国与欧洲宗教哲学交流研究》后记，新疆人民出版社 2010 年出版；先后发表于 2011 年 4 月 12 日《文景》和《国际汉学》2012 年第 1 期）

---

①《几何原本》为希腊数学家欧几里得的名著，是利玛窦来华后和徐光启依据当时耶稣会士数学家克拉维乌斯神父（Christoph Clavius），即利玛窦的老师丁先生于 1574 年编注的 15 卷拉丁文本译出的，利玛窦和徐光启只译了前 6 卷。后 9 卷直到 1857 年才由李善兰和伟烈亚力（Alexander Wylie）译出。"丁先生"是利玛窦对他老师的译名，克拉维乌斯神父系德国人，曾在纽伦堡旁的 Bamberger 城中的耶稣会修院教书，至今其工作的房间仍在。

中国与欧洲

——一部交错的文化史

　　明清之际的中西文化交流史研究是近年来学术界最为关注的领域之一。关于这一方面的原始文献的整理出版、外文文献的翻译出版、研究著作的出版，一本接着一本；关于这一方面的博士论文一本接着一本，范围涉及之广、研究进展之快都是前所未有的。摆在我案头的这本《东方之旅：1579—1724 耶稣会传教团在中国》算是翻译西方汉学界的一本新书。

　　据我看到的信息，目前的几篇西方汉学家的书评，对这本书的评价不高，多有微词，其核心观点是此书写作的框架基本上仍是传教学的范式，套路比较旧，是欧洲中心主义的历史观。究竟如何评价这本书，这涉及关于中国基督教史研究范式的转变问题。

　　持这种观点的西方汉学家认为"在过去 25 年中，基督教在华传播史的研究发生了重要的范式变换。一般说来，这一变换是从传教学和欧洲中心论的范式转到汉学和中国中心论的范式"①。这种范式的转变导致了研究者的视角完全不同了，过去的传教学研究方式关注的是传教士的活动，他们如何传教，如何将西方文化介绍到中国，他们在这传教活动中的丰功伟业。显然，这是以传教士

---

① 〔比利时〕钟鸣旦著，马琳译：《基督教在华传播史研究的新趋势》，任继愈主编《国际汉学》第 4 辑，大象出版社，1999 年，第 478 页。

为中心的,也就是以欧洲为中心的。如果转变了研究的范式,不再以传教士为中心,那么"中国人如何接受基督或是西方科学? 他们对传教士的态度如何?"这必然涉及反对基督教的研究。这样的转变使得过去极为重要的传教士活动的西文材料和文献不太重要了,反而中文文献开始变得重要。这样的转变也带来研究者的变化,过去以教会内研究者或者以来华耶稣会士的西方文献为主的学者就要退场了,而汉学家们开始登场了。这个转变就是以荷兰汉学家许理和与法国汉学家谢和耐联手拿到一个欧洲重大项目开始的。

我曾在多篇文章中对欧洲汉学界的这种"汉学的转向"谈过看法。中国基督教史作为中西文化交流史的重要内容,它具有双重性:一方面,这段历史是中国明清史研究的重要内容,来华传教士在中国的活动是中国宗教史研究的一个重要部分;另一方面,这段历史中来华传教士的活动又是欧洲汉学史的一部分,我将其称为"传教士汉学"阶段。这样看待这段历史就会有不同的角度。从欧洲汉学演进的历史来看,它有其自身发展的规律和特点。明清之际的来华耶稣会研究作为欧洲汉学研究的一个重要内容,在其学术演进中也有着自身的特点。这正如西方汉学研究的其他题目一样。正像美国汉学家柯文不满意费正清在中国研究中的"冲击—反应式"的研究模式,提出了"从中国发现历史"的研究模式一样,近年来提出中国基督教史研究模式转变的汉学家们大体也是这样的路数。

从西方汉学研究的历史看,这样的模式转变有其自身的理路和发展逻辑,在以往西方学术界的中国基督教史研究中对中文文献注意不够,对中国教徒研究不够,现在开始关注是合理的。但将这种模式搬到中国国内的明清之际的基督教史研究就有了问题,有两点值得讨论:

第一,在中国自身的明清之际中国基督教史研究的传统中,对中文文献关注,对中国教徒关注,这样的视角、这样的模式一直是中国学者的研究重点和基本方法。读一下陈垣先生、方豪先生的著作就可以清楚看出这一点。这样的研究方式在中国学术场从来不是新鲜的模式。第二,从中国自身的基督教史研究历史传统来看,所缺的不是中文文献而是西文文献,研究进展最为薄弱的是来华传教士的内部运作和各类传教修会整体的研究。在这个意义上,西方学术界的传统传教学的研究恰恰弥补了中国学术界研究的空缺和不足。正是基于这一点,二十多年来,我致力于组织来华传教士西文文献的翻译。只要读一下近年来国内学术界重要的学术论文,就可以看到北外海外汉学研究中心所翻译的西文的传教士的基础文献对推动国内明清中西文化交流史研究的贡献。甚至可以说,如果没有这些对西方学术界以传教学方式研究来华传教士的重要文献和著作的翻译①,明清之际中国基督教史研究不知能否发展到今天。

　　从实际的历史发展来看,中国天主教长期以来是以来华的传教士主导的,在晚清以前,这是一个基本事实。由中国本土神父主导教会发展是很晚的事情。因此,如果不从传教学展开深入研究,中国基督教史的主要问题、基本线索都无法弄清楚。直到今天中国学术界本身仍写不出一本超越赖德烈的《基督教在华传教史》的

①〔比利时〕高华士著,赵殿红译:《清初耶稣会士鲁日满常熟账本及灵修笔记研究》,大象出版社,2007 年;〔法〕伊夫斯·德·托马斯·德·博西耶尔夫人著,辛岩译:《耶稣会士张诚——路易十四派往中国的五位数学家之一》,大象出版社,2009 年;〔德〕柯兰霓著,李岩译:《耶稣会士白晋的生平与著作》,大象出版社,2009 年;〔丹麦〕龙伯格著,李真、骆洁译:《清代来华传教士马若瑟研究》,大象出版社,2009 年;〔美〕魏若望著,吴莉苇译:《耶稣会士傅圣泽神甫传:索隐派思想在中国及欧洲》,大象出版社,2006 年;〔法〕杜赫德编,郑德弟等译:《耶稣会士中国书简集:中国回忆录》,大象出版社,2001年;〔法〕李明著,郭强等译:《中国近事报道(1687—1692)》,大象出版社,2004 年。

著作,一个重要原因是对教会的西文文献掌握不够,中国学术界真正从教会史角度展开研究的著作也不多。在这个意义上,认真翻译西方学术界以传教学方式研究的著作,对中国学术界是十分必要的。

正是在这个意义上,我对《东方之旅:1579—1724 耶稣会传教团在中国》这本书给予肯定。这是一本在传教学模式下的研究著作,它对中国基督教史的研究有三个贡献:

第一,作者所依据的历史文献十分珍贵。这部书主要文献来自《耶稣会在亚洲》(*Jesuítas na Ásia*),这套档案文献原藏于葡萄牙的阿儒达图书馆(Biblioteca da Ajuda),它是 1549 年沙勿略到达日本后西方传教士在远东传教活动的真实原始记录。全部档案共 61 卷,均为手抄本,计三万页。文献以拉丁文、葡萄牙文、西班牙文、意大利文及法文写成。

这批文献最早是由葡萄牙耶稣会神父若瑟·门丹哈(José Montanda)和若奥·阿尔瓦雷斯(João Álvares)修士等于 1742—1748 年对保存在澳门的日本教省档案室的各个教区档案整理而成的。在这些教区中包括中国的北京、广州、南京以及交趾支那、老挝、柬埔寨等地。他们将这些原始文献加以分类、整理和编目,最后抄录,形成这批档案。

这批文献是研究中国明清天主教史、明清中西文化交流史及清代社会史的最重要的一手文献,它包括给耶稣会总会的年报告表,教区内的通信,发生在康熙年间的"礼仪之争"的伦理学和神学争论的报道,宗座代牧与罗马传信部争论的报道,耶稣会殉难者列传,澳门地区、日本和中国教区的主教和各省会长记载,航行于澳门和日本之间的黑船所载运货物的列表,澳门及各省会修会的财产清单,传教士之间的通信等。这些文献不仅给我们提供了明清基督教史的重要历史文献,同时也记录了明清两朝的许多重要历史事件。这些事件在中文文献是没有记载的。这套文献,以往的研究中引用较少,至少不像这部书这样,其基本史料是立足于这套文献写成的。

第二,以往对来华传教士的研究,以个人研究居多,这部书是按照来华传教士入华的年代展开的,全书并不聚焦个人,而是从整体上、宏观上展开明清基督教的研究。这一方面给作者带来了一些困难,同时也披露了一些重要的历史细节,例如在 1644 年,耶稣会北方的几个住院有记录的信徒有 188 人;清初历狱的裁决是"元凶和钦天监的中国副手被处于死刑,放逐其他洋人,并笞以四十大鞭作为旅费"。这样的历史细节很多。其他研究著作由于集中在一个人,对众多耶稣会士活动的记载关注不够。这本书涉及了很多来华耶稣会士的活动,有些传教士过去很少提到,如费奇规(Gaspard Ferreria)、费乐德(Rodrigo de Figueiredo)、王以仁(Pieter Van Hamme)、方德望(Etienne Faber)等等。

第三,对在华耶稣会活动的内部结构作了较为详细的介绍。书中从传教士来华前的教育、来华历程到来华后的汉语学习、传教方法训练都有详细的介绍。在孟德卫(D. E. Mungello)的《神奇的土地》中对传教士如何利用《中国哲学家孔子》这本书展开汉语学习也曾作过介绍,而此书在这点上展开得更为丰富。书中还介绍了耶稣会的汉语学习的"教育计划书"。在这个计划书中,传教士们"每学年有两个学期,每天有两节课,一个礼拜六天课。在一天里学生们上午学习一个小时,下午学习四十五分钟,每天都要背诵"。中国基督教史研究专家汤开建先生对此这样评价,他说:"这部书最大的特点是从耶稣会传教团内部的角度出发,对耶稣会来华史展开研究,而非定位在耶稣会与欧洲或中国环境的互动影响上。从这一视角出发的研究必然会带来与传统传教史学、文化交流或中国史中心研究不同的见解和内容。"①

---

① 〔美〕柏里安著,陈玉芳译:《东游记:耶稣会在华传教史,1579—1724》译序,澳门大学,2014 年。

　　平心而论,这部著作由于过多依赖于《耶稣会在亚洲》,自然在文献上也有不足,因为《耶稣会在亚洲》主要记载了葡萄牙护教权时期来华耶稣会的活动,而随着法国耶稣会士的来华,大量来华耶稣会活动的文献已经转移到了法国,这样这部书自然有较多的葡萄牙色彩。同时,由于在传教学模式下展开,全书也无法反映出来华传教士与中国文化的互动,这是令一些学者不认同的主要原因。不过实事求是地说,从中国基督教史研究来说,目前传教学的研究不是多了,而是不够。大量的基础数字,重要的历史事件,至今仍没有得到完全研究,根本原因是西文文献的发掘不足。对中国学术界来说,那些汉语较好,以汉文献为主展开研究的汉学家所提供的研究成果,尽管对我们有启发,但随着中文文献的大批涌现,在中文文献研究领域中中国学者研究的进展,表明现在中国学者已经成为研究主体,其水平已经开始超过这些汉学家了。且不说年轻一代的中国学者如张先清、肖清和,已经登上历史舞台,只要看看黄一农先生和汤开建先生的著作就会知道,这些著作已经大大超过了西方汉学家的研究。经过三十多年的发展,在汉文文献研究上,依赖西方汉学家的时代已经过去了。反而,中国学术界目前所缺的是以西文文献研究为主体的西方学者的成果,如比利时学者高华士(Noël Gohers)。只要读一下去年在大象出版社刚出版的他从拉丁文翻译成英文后的《南怀仁的〈欧洲天文学〉》一书,就知道我们多么需要这类的西方学者。在这个意义上,《东方之旅:1579—1724 耶稣会传教团在中国》,尽管有些不足,但所展开的内容对中国本土学者的研究仍有价值。

　　如果从明清之际的中西文化交流史研究来说,中国基督教史研究无论采取哪种模式都是有不足的,因为,这段历史的双重性被完全忽略了,这段历史并非仅仅是"西学东渐",同时也是"中学西传"。特别奇妙之处在于,这两个方向完全相反的学术活动都是由来华的传教士们所承担的,而且这两件事本身是有内在联系的。

　　这样,如果将这段历史仅仅压缩为中国基督教史,特别是将重点放在中国教徒的研究,中国文人对西方文化的接收的研究,显然这样的"汉学转向"研究模式,也会曲解这段历史的全貌,使得最终无法做好中国基督教史的研究。例如,礼仪之争这个根本性事件,尽管中国信徒的声音是重要的一面,但如果仅从这个角度展开研究显然抓不住礼仪之争的核心,因为,这件事从本质上是欧洲教会史和欧洲思想文化史的重要内容。在这个意义上,西方汉学家提出的"从传教学和欧洲中心论的范式转到汉学和中国中心论的范式"仍未抓住这段历史的要害。不仅如此,这样的研究范式如果被中国学术界所接受,那就是一种误导,其结果就是不仅直接影响中国基督教史研究,也会大大压缩中国学者对这段复杂历史认识的空间。我一直认为,将来华传教士的活动仅仅作为中国基督教史来研究是不全面的,从西方汉学史的角度来说,这是其形成的"传教士汉学阶段"。传教士在中国期间所写下的中文著作和西文著作,既是中国基督教史的一部分,也是西方汉学的"传教士汉学"的一部分,既是中国史的一部分,也是欧洲史的一部分。这是一段交错的文化史,单纯的欧洲中心和中国中心都无法真正揭开这段历史之谜。这正是"横看成岭侧成峰,远近高低各不同",由于所选的研究视角不同,自然产生的结果也不同。而只有从全球史的角度来把握这段历史,才会"会当凌绝顶,一览众山小"。

张西平

2016 年 8 月 1 日写于北京岳各庄游心书屋

　　(〔美〕柏理安著、毛瑞方译《东方之旅:1579—1724 耶稣会传教团在中国》序言,江苏人民出版社 2017 年出版;部分内容以"交错的文化史　互动的东西方"为题发表于《读书》杂志 2018 年第 5 期)

康熙和法国传教士白晋的
一次文化对话

　　晚明耶稣会入华是中西文化交流史上的一件大事。特别是在清初期,中西文化交流达到很高的程度。在康熙的直接安排下,法国入华传教士白晋等人对中国的经典《易经》进行长达五年多的研究,这是清前期中西文化交流史上的重要事件。近年来国内外学者对这个问题已经做了部分研究,并取得了一些进展①。但由于白

①Claudia von Collani. , *P. Joachim Bouvet S. J. sei Lieben und Sein Werk*, Steyler Verlag,1985;John Witek. ,*Controversial ideas in China and in Europe:A Biography of F. Foucquet, S. J.* (1665-1741),Roma,1982. 国内学者最早研究这个问题的是已故的阎宗临先生,1941年他在《扫荡报》副刊《文史地》上发表了他从梵蒂冈图书馆带回的一系列重要文献,这些文献以后绝大多数被方豪先生采用。参见阎宗临著,阎守诚编:《阎宗临史学文集》,山西古籍出版社,1998年;阎宗临著,阎守诚编:《传教士与法国早期汉学》,大象出版社,2003年;计翔翔:《博综史料,兼通中西——〈阎宗临史学文集〉读后》,载黄时鉴主编《东西交流论谭》第2集,上海文艺出版社,2001年,第347—367页;罗丽达:《白晋研究〈易经〉史事稽考》,《汉学研究》(台湾)1997年第15卷第1期;韩琦:《白晋的〈易经〉研究和康熙时代的"西学中源"说》,《汉学研究》(台湾)1998年第16卷第1期;吴伯娅:《康雍乾三帝与西学东渐》,宗教文化出版社,2002年;张西平:《梵蒂冈图书馆藏白晋读〈易经〉文献初探》,韩琦:《再论白晋的〈易经〉研究——从梵蒂冈教廷图书馆所藏手稿分析其研究背景、目的及反响》,以上两文载荣新江、李孝聪主编《中外关系史:新史料与新问题》,科学出版社,2004年,第305—314、315—323页。

晋研究《易经》的中文原始文献尚未公布,绝大多数学者在研究中还不能使用这批文献,相关的研究仍有许多问题还未解决。本文依据梵蒂冈图书馆所藏白晋读《易》的原始文献,并吸取近年来国内外的研究成果,对通过《易经》研究在康熙和白晋之间所展开的文化对话做一系统的分析和研究。

一、康熙安排白晋等人研究《易经》的基本情况

白晋(Joachim Bouvet,1656—1730)是首批来华的法国传教士,到北京后和张诚(Francois Gerbillon,1654—1707)一起在宫中为康熙服务,深得康熙宠爱。白晋很早就开始对中国文化的研究,1697年返回法国,在巴黎做讲演时就说:"中国哲学是合理的,至少同柏拉图或亚里士多德的哲学同样完美",《易经》这本书"蕴含了中国君主政体的第一个创造者和中国第一位哲学家伏羲的(哲学)原理。"①这说明,此时白晋已经研读《易经》,并认识到《易经》在中国文化中的地位。六年后,即康熙四十二年(1703),白晋就已经写出研究中国典籍的著作《天学本义》②。在自序中提到《易经》说:"秦始皇焚书,大《易》失传,天学尽失。"表明写这本书的目的在于恢复天学,上卷是《择其解益明经书系天学之本》,下卷是《择集士民论上天

---

①转引自林金水:《〈易经〉传入西方考略》,载《文史》第 29 辑,中华书局,1988年,第 367 页。

②白晋的《天学本义》分别藏在巴黎国家图书馆和罗马梵蒂冈教廷图书馆,Maurice Courant 所编的 *Bibliothèque Nationale Dèpartement des Manuscrits Catalogue des livres chinois, caréens, japonais, etc* 的第 7160 号、7163 号为《天学本义》;《天学本义》的另一版本为《古今敬天鉴》(两卷),编号为 7161 号。罗马梵蒂冈教廷图书馆有两个目录,一个是余东所编的 *Catalogo Delle Opere Cinesi Missionarie Della Biblioteca Apostolica vaticana XVI—XVII*,《天学本义》的编号为 25-1;另一个是由伯希和(Paul Pelliot)所编,日本学者高田时雄所整理的 *Inventaire sommmaire des manuscripts et imprémes chinois de La Bibliothèque Vaticane*,《天学本义》的编号为 *Borg. Cinese. 3*。

公俗之语》①，如韩琰在给白晋《天学本义》所写序中所说："此书荟萃经传，下及方言俗语，其旨一本于敬天。"②此时，白晋研究的内容虽然涉及《易经》，但尚未把注意力完全集中在《易经》本身的研究上。

目前发现康熙安排白晋读《易》最早的文献是这样记载的：

> 四月初九日，李玉传旨与张常住：据白晋奏说："江西有一个西洋人，曾读过中国的书，可以帮得我。"尔传与众西洋人，着带信去将此人叫来。再白晋画图用汉字的地方，着王道化帮着他料理。遂得几张，连图着和素报上，带去。如白晋或要钦天监的人，或用那里的人，俱着王道化传给。钦此。③

据学者考证，这份文献的时间应是在康熙五十年④。傅圣泽（Jean-Francois Foucquet, 1665—1741）进京后和白晋一起研究《易经》，康熙对他的研究情况也十分关心。傅圣泽奏：

> 臣傅圣泽在江西叩聆圣旨，命臣进京相助臣白晋同草《易经》稿，臣自愧浅陋，感激无尽，因前病甚弱，不能陆路起程，抚院钦旨即备船只，诸方供应，如陆路速行，于六月二十三日抵京，臣心即欲趋行宫，恭请皇上万安，奈受暑气，不得如愿，惟仰赖皇上洪福，望不日臣躯复旧，同臣白晋竭尽微力，草《易

---

①梵蒂冈图书馆 Borg. Cinese. 316(14)《天学本义》白晋自序。
②梵蒂冈图书馆 Borg. Cinese. 316(14)《天学本义》韩琰序。
③此原始文献有两份抄件，个别字略有不同，如其中一份将句中"料理"写成"略理"，将"或用那里的人"写成"或要那里的人"。阎宗临选了其中没有涂改字的文献。梵蒂冈图书馆 Borg. Cinese. 439(b)，参见阎宗临著，阎守诚编：《传教士与法国早期汉学》，第169页；方豪：《中国天主教史人物传》中册，北京：中华书局，1988年，第281页。
④江西巡抚郎廷极在康熙五十年五月十五的奏折中，提到将送江西的传教士傅圣泽进京。罗丽达对方豪所讲到的有关白晋读《易》的十份文献做了很好的研究，见氏著：《白晋研究〈易经〉史事稽考》。

经》稿数篇,候圣驾回京,恭呈御览。①

在白晋研究《易经》的过程中,康熙十分关注,多次问及此事:

> 七月初五日,上问:"白晋所释《易经》如何了? 钦此。"王
> 道化回奏:"今现在解《算法统宗》之攒九图、聚六图等因具
> 奏。"上谕:"朕这几个月不曾讲《易经》,无有闲着;因查律吕根
> 原,今将黄钟等阴阳十二律之尺寸积数、整音、半音、三分损益
> 之理,俱已了然全明。即如箫笛、琵琶、弦子等类,虽是玩戏之
> 小乐器,即损益之理也,查其根原,亦无不本于黄钟所出。白
> 晋释《易经》,必将诸书俱看,方可以考验;若以为不同道则不
> 看,自出己意敷衍,恐正书不能完,即如邵康节乃深明《易》理
> 者,其所有占验,乃门人所记,非康节本旨,若不即其数之精微
> 以考查,则无所倚,何以为凭据? 尔可对白晋说:'必将古书细
> 心校阅,不可因其不同道则不看;所释之书,何时能完,必当完
> 了才是。钦此。'"②

从这段话可以看出,康熙不仅自己认真研究中国传统的数学、律吕
和《易经》的象数之学,而且对白晋提出批评,"不可因其不同道则
不看",也不要敷衍了事。这说明康熙十分清楚白晋的想法,知道
他作为一个传教士在理解《易经》上会遇到许多问题。

《易经》为六经之首,作为一个外国传教士读懂并非易事。白
晋在给康熙的奏书中也道出其苦衷:"初六日,奉旨问白晋:'尔所
学《易经》如何了? 钦此。'臣蒙旨问及,但臣系外国愚儒,不通中国

① 梵蒂冈图书馆 Borg. Cinese. 439(a),参见方豪:《中国天主教史人物传》中
册,第281页。
② 梵蒂冈图书馆 Borg. Cinese. 439(a),原文献有两个抄本,文献中有"亦无不
本于黄钟所出"句,阎本和方本均改为"亦无不本于黄钟而出"。参见阎宗
临著,阎守诚编:《传教士与法国早期汉学》,第170页;方豪:《中国天主教史
人物传》中册,第281—282页。

文义。凡中国文章,理微深奥,难以洞彻,况《易经》又系中国书内更
为深奥者。臣等来中国,因不通中国言语,学习汉字文义,欲知中国
言语之意,今蒙皇上问及所学《易经》如何了,臣等愚昧无知,倘圣恩
不弃鄙陋,假年月,容臣白晋同傅圣泽细加考究,倘有所得,再呈御
览,求圣恩教导,谨此奏闻。"①由此可见,康熙对白晋等人研究《易
经》活动督促很紧,他们似乎跟不上康熙的要求和期望。

　　傅圣泽进京后和白晋一起研究《易经》,二人随时将学习的情
况向康熙汇报②,梵蒂冈图书馆藏的一份文献说明了这一点:

　　　有旨问,臣白晋你的《易经》如何? 臣叩首谨奏。臣先所
　　备《易稿》粗疏浅陋,冒渎皇上御览,蒙圣心宏仁宽容,臣感激
　　无极。臣固日久专于《易经》之数管见,若得其头绪尽列之于
　　数图,若止臣一人愚见,如此未敢轻信。傅圣泽虽与臣所见
　　同,然非我皇上天纵聪明,唯一实握大易正学之权,亲加考证,
　　臣所得易数之头绪不敢当,以为皇上若不弃鄙陋,教训引导,
　　宽假日期,则臣二人同专心预备,敬呈御览。③

白晋向康熙奏报二人在《易经》研究上遇到的困难,希望康熙"教训
引导,宽假日期",亦说明康熙对白晋等人研究《易经》的细节非常
注意。

　　傅圣泽于康熙五十年进京协助白晋研究《易经》,和白晋产生
分歧后④,康熙就安排他研究数学和天文。康熙五十二年四月,他

---

①梵蒂冈图书馆 Borg. Cinese. 439(a),原文献中有"假年月"句,阎本和方本
　均改为"假半月"。参见阎宗临著,阎守诚编:《传教士与法国早期汉学》,第
　170 页;方豪:《中国天主教史人物传》中册,第 282 页。

②参见 John W. Witek, *Controversial Ideas in China and in Europe:a Biography of
　Jean-Francois Foucquet,S. J.* (1665−1741),p. 202.

③梵蒂冈图书馆 Borg. Cinese. 439(a)。此文献阎宗临未抄录。

④参见 John W. Witek, *Controversial Ideas in China and in Europe:a Biography of
　Jean-Francois Foucquet,S. J.* (1665−1741),p. 202.

在给康熙的奏书中说：

> 臣傅圣泽系外国愚儒，不通中国文义，蒙我皇上洪恩，命臣纂修历法之根。去岁带至热河，躬亲教导，实开茅塞。《日躔》已完，今岁若再随驾，必大获益。奈自去口外之后，病体愈弱，前病复发，其头晕头痛，迷若不知，即无精力。去岁犹有止时，今春更甚，几无宁息，不可以见风日。若再至口外，恐病体难堪，抑且误事。惟仰赖我皇上洪恩，留臣在京，静养病躯。臣尝试过，在京则病发之时少，而且轻，离京则病发之时多，而且重，今求在京，望渐得愈，再尽微力，即速作历法之书，可以速完。草成《月离》，侯驾回京，恭呈御览，再求皇上教导。谨此奏闻。①

说明傅圣泽协助白晋研究《易经》的时间不过两年。当然，傅圣泽主要做数学和天文学研究后，对《易经》的研究并未停止，在这一段时间仍然写了不少研究《易经》和中国文化的论文②。

白晋作为"索隐派"的主要成员，在"礼仪之争"中处于很尴尬的境地：一方面，他反对阎当代表的巴黎外方传教会等派别对中国文化的看法；另一方面，由于想推进和坚守利玛窦的思想和规矩，和耶稣会的原有思想和路线也产生矛盾，因此白晋向康熙奏报：

> 臣白晋前进呈御览《易学总旨》。即《易经》之内意与天教大有相同，故臣前奉旨初作《易经稿》，内有与天教相关之语。

①梵蒂冈图书馆 Borg. Cinese. 439（a），在这份文献的"恐病体难堪，抑且误事"一句中，阎宗临和方豪少抄了"抑"，但在"恐病体难堪"后加了一个"折"字，方豪在使用这个文献时也有疑虑，认为"折字下疑有磨字"，这是误判。"臣尝试过，在京则病发之时少，而且轻"一句，阎和方本漏"且"字。见阎宗临著，阎守诚编：《传教士与法国早期汉学》，第170页；方豪：《中国天主教史人物传》中册，第285页。
②Joan T. Witek, *Controversial Ideas in China and in Europe: a Biography of Jean-Francois Foucquet, S. J.* (1665-1741), pp. 164-207.

后臣傅圣泽一至,即与臣同修前稿,又增几端。臣等会长得[①]知,五月内有旨意,令在京众西洋人同敬谨商议《易稿》所引之经书。因[②]寄字与臣二人云:"尔等所备御览书内,凡有关天教处,未进呈之先,当请旨求皇上俞允其先察详悉。"臣二人日久专究《易》等书奥意,与西土秘学古传相考,故将己所见,以作《易稿》,无不合于天教,然不得不遵会长命,俯伏祈请圣旨。[③]

这件事实际上涉及耶稣会内部在"礼仪之争"中的矛盾,白晋为证明利玛窦路线的正确性,采取索隐派的做法,认为中国的《易经》等古籍中就有神迹。其他耶稣会士认为白晋走得太远了,如果照白晋的理解,中国倒成了天学之源。所以,在京的其他耶稣会士要求白晋所有上交给康熙的文稿都要审查。耶稣会的这种做法实际上是教权对皇权的一种挑战,无疑会使康熙很反感。有学者认为,耶稣会的这种做法可能是导致康熙逐渐对白晋研究《易经》失去兴趣的原因之一[④]。

---

① 阎宗临少抄此"得"字,方豪写为"通",参见阎宗临著,阎守诚编:《传教士与法国早期汉学》,第 170 页;方豪:《中国天主教史人物传》中册,第 282—283 页。

② 原稿有"会长"二字,后删去。

③ 梵蒂冈图书馆 Borg. Cinese. 439(a-h),参见阎宗临著,阎守诚编:《传教士与法国早期汉学》,第 170 页;方豪:《中国天主教史人物传》中册,第 282—283 页。

④ 白晋在这里讲的会长是谁? 罗丽达认为是意大利耶稣会士骆保禄(Jean-Paul Gozani,1647—1732),韩琦指出不是骆保禄,而认为是殷弘绪(Francois-Xavier d'Entrecolles,1662—1741),但仍不正确。因为此时殷弘绪是来华耶稣会的法国总会长,让白晋和傅圣泽将所有送给康熙的研究《易经》的文稿也要送给会长看的指令是他下的,但具体去落实这一指令的是法国在华耶稣会北京教区的会长龚当信(Cyr Contancin,1670—1733)。也就是说,给白晋写信并具体审查他给康熙书稿的人是龚当信,而不是殷弘绪。而且殷弘绪 1711 年在江西,1722 年才到北京。参见 Joan T. Witek, *Controversial Ideas in China and in Europe: a Biography of Jean-Francois Foucquet, S. J.* (1665-1741), pp. 176-179;〔法〕费赖之著,冯承钧译:《在华耶稣会士列传及书目》上卷,中华书局,1995 年,第 550 页;罗丽达:《白晋研究〈易经〉史事稽考》。

随着"礼仪之争"的深入，梵蒂冈和康熙的矛盾日益加深，入华传教士内部的矛盾也日趋尖锐，康熙逐渐失去了对白晋研究《易经》的兴趣：

> 五十五年闰三月初二日，为纪理安、苏霖、巴多明、杜德美、杨秉义、孔禄食、麦大成、穆敬远、汤尚贤面奏折，上将原奏折亲交与纪理安等。谕赵昌、王道化、张常住、李国屏、佟毓秀、伊都立：尔等共同传与白晋、纪理安等："所奏甚是，白晋他作的《易经》，作亦可，不作亦可；他若要作，着他自己作，不必用一个别人，亦不必忙；俟他作全完时，再奏闻。钦此！"①

尽管如此，康熙仍很宽容，让白晋继续进行《易经》的研究。

这样我们看到，从康熙五十年到五十五年，在长达五年的时间里，康熙亲自组织了白晋等人的《易经》研究，并随时解决研究中出现的各种问题。这在当时应是件大事。康熙为什么要让白晋等人读《易经》呢？这是一个值得深入研究的问题。

二、康熙让白晋研究《易经》的目的及其影响

康熙让一个外国传教士研究《易经》是有其内在原因的。

首先，康熙对科学的兴趣很大，这是安排白晋研究《易经》的重要原因之一。从汤若望和杨光先的历法之争开始，康熙就对西方科学产生兴趣，正如他事后所说："朕幼时，钦天监汉官和西洋人不睦，互相参劾，几至大辟。杨光先、汤若望于午门外九卿前，当面赌测日影，奈九卿中无一人知其法者。朕思，己不知，焉能断人之是

①梵蒂冈图书馆 Borg. Cinese. 439(a)，参见方豪：《中国天主教史人物传》中册，第285页。

非？因自愤而学焉。"①在中国历史上像康熙这样用心学习西方科学的皇帝可能仅此一人②。康熙即位不久，就请南怀仁（Ferdinand Verbiest，1623—1688）讲授天文数学，后又将张诚、白晋等留在身边讲授几何学。康熙对数学的这种热情一直保持着，康熙五十二年下令开蒙养斋：

> 谕和硕诚亲王允祉等，修辑律吕、算法诸书，著于蒙养斋立馆，并考定坛庙宫殿乐器。举人照海等四十五人，系学习算法之人。尔等再加考试，其学习优者，令其于修书处行走。③

同年六月十七日，和素给康熙的奏报称：

> 西洋人吉利安、富生哲、杨秉义、杜德海将对数表计算翻译后，起名数表问答，缮于前面，送来一本。据吉利安等曰：我等四人将此书尽力计算后，翻译完竣，亦不知对错。圣上指教夺定后，我等再陆续计算，翻译具奏，大约能编六七本。④

这说明康熙当时在研究数学问题，对数学有着极大的兴趣。康熙五十一年，康熙到热河避暑山庄，将陈厚耀等人都带到承德，同他们讨论《律历渊源》的编写⑤，第二年命诚亲王允祉等人"修律吕、算法诸书"⑥。

　　很清楚，康熙安排白晋等人研究《易经》，正是他热衷于西方数

①《圣祖仁皇帝庭训格言》。
②参见〔法〕白晋著，冯作民译：《清康乾两帝与天主教传教史》，台湾光启出版社，1966年；杜文凯编：《清代西人见闻录》，中国人民大学出版社，1985年。
③《清圣祖实录》卷二百五十六，康熙五十二年九月甲子条。
④中国第一历史档案馆编译：《康熙朝满文朱批奏折全译》，中国社会科学出版社，1996年，第878页。
⑤李迪：《中国数学史简编》，辽宁人民出版社，1984年，第266页。
⑥《清史稿》卷四五《时宪志》，中华书局，1997年，第7册，第169页。

学之时。《易经》研究在中国的经学解释史上历来就有"义理派"和
"象数派"两种路向,因为《易经》本身是符号系统和概念系统的结
合体,所以这两种解释方法都有其内在的根据,且皆有著作传世。
在象数派的著作中就包含了许多数学的内容,如郑玄所作的"九宫
数就是世界上最早的矩阵图"①。康熙对邵雍等象数派的《易经》
研究也十分清楚。康熙五十年二月在和直隶巡抚赵宏燮论数时,
康熙说:"夫算法之理,皆出自《易经》。即西洋算法亦善,原系中国
算法,彼称为阿尔朱巴尔。阿尔朱巴尔者,传自东方之谓也。"②这
说明康熙把对数学的兴趣和中国典籍《易经》结合了起来,两个月
后就传旨江西巡抚郎廷极,让傅圣泽进京协助白晋研究《易经》。

　　梵蒂冈图书馆也有康熙研读阿尔热巴拉法的文献,说明康熙
当时对数学的兴趣:"谕王道化:朕自起身以来,每日同阿哥等察阿
尔热巴拉新法,最难明白,他说比旧法易,看来比旧法愈难,错处亦
甚多,鹘突处也不少。前者朕偶尔传与在京西洋人,开数表之根,
写得极明白,尔将此上谕抄出并此书发到京里去,着西洋人共同细
察,将不通的文章一概删去,还有言者甲乘甲、乙乘乙,总无数目,
即乘出来亦不知多少,看起来此人算法平平尔,太少二字即可笑
也。特谕……"③从中可以看到,康熙对数学简直到了着迷的程度。
这份文献也说明,在康熙学习数学的过程中,白晋等传教士起着重
要的作用。白晋之所以能参与此事,是因为他入宫后曾和张诚一
起用满文给康熙讲授几何学,做过康熙的数学老师,康熙对他教授
数学的能力是充分信任的。另外,在当时的传教士中,白晋的中国
文化基础最好,康熙曾说:"在中国之众西洋人并无一人通中国文

①董光璧:《易图的数学结构》,上海人民出版社,1987年,第14页。
②《清圣祖实录》卷二百四十五,康熙五十年二月戊辰条。
③梵蒂冈图书馆 Borg. Cinese. 439(a).

理,惟白晋一人稍知中国书义,亦尚未通。"①康熙认为能完成此事者非白晋莫属②。

白晋对康熙的想法应该是清楚的,所以从象数的角度研究《易经》是他最重要的研究内容之一。他在《易数象图总说》中说:"内易之秘,奥蕴至神,难测而难达,幸有外易数象图之妙,究其内易之精微,则无不可知矣。"③在《易学外篇》首节中说:"易之理数象图,相关不离,诚哉!斯言也。盖言理莫如数,明数莫如象,象数所不及者,莫如图以示之。"④

在梵蒂冈图书馆所藏文献中,有一件白晋研究《易经》的日程表及康熙读白晋研究论文后的御批,主要内容就是在交流《易经》所包含的数学问题。

> 二十四日。进新改了的释先天未变之原义一节,又释河洛合一,天尊地卑图,为先天未变易数象图之原一本,并历法问答定岁实法一本,交李三湖呈奏。奉旨:朕俱细细看过了,明日伺候。钦此。
>
> 二十五日呈览。上谕:尔等所译之书甚好了,朕览的书合于一处,朕所改已上所谓地形者之处,可另抄过送上。
>
> 七月初四日。呈御笔改过的《易经》,并新得第四节释天

---

① 陈垣编:《康熙与罗马使节关系文书影印本》,参见〔意〕马国贤著、李天纲译:《清廷十三年》附录《康熙与罗马使节关系文书》,上海古籍出版社,2004 年。

② 参见 Claudia von Collani. ,*P. Joachim bouvet S. J. sei Lieben und Sein Werk*, Steyler Verlag,1985,pp. 124-133。韩琦在《再论白晋的〈易经〉研究——从梵蒂冈教廷图书馆所藏手稿分析其研究背景、目的及反响》中提出这个论点:"由此可看出白晋进讲《易经》的经过及康熙的意见,从另一侧面也可反映出康熙对《易经》所含数学的浓厚兴趣。"载荣新江、李孝聪主编:《中外关系史:新史料与新问题》,第 317 页。

③ 梵蒂冈图书馆 Borg. Cinese. 317(8),p. 3.

④ 梵蒂冈图书馆 Borg. Cinese. 317(10),p. 1.

尊地卑图,为诸地形立方诸方象,类于洛书方图之原,及大衍图一张,进讲未完。上谕:将四节合定一处,明日伺候。钦此。

初六日,呈前书并新作的释天尊地卑图,得先天未变始终之全数法图二张,进讲。上谕王道化,白晋作的数甚是明白,难为他,将新作的天尊地卑图,得先天未变始终之全数法并图留下,《易经》明日伺候。钦此。

初七日,进大衍图。上谕:将大衍图留下,朕览,尔等另画一张,安于书内,钦此。谕尔等俱领去收看,钦此。

十二日,进讲类洛书耦数方图之法一节,图一张,呈览。上谕:将耦数方图之法与前日奇数之法合定一处,尔等用心收看,钦此。本日御前太监叶文忠奉旨取去原有御笔写类书方图奇数格一张,并耦数方图一张。传旨,照此样多画几张。钦此。本日画的奇数方图格二张,教太监李三湖呈上,留下。

王道化谨奏:初九日,恭接得上发下大学士李光地奏折一件,并原图一幅,说册一节与白晋看。据白晋看,捧读之下,称深服大学士李光地精通易理,洞晓历法。①

这里所讲的《天尊地卑图》《释先天未变之原义》《洛书方图》《大衍图》等,均为白晋从象数角度研究《易经》的图和著作。康熙出于对数学研究的兴趣,希望白晋研究《易经》,发现其中的数学奥秘。白晋在研究过程中又进一步强化了康熙这方面的兴趣。正如研究者所指出的:正是白晋《易经》研究中的数学和象数的内容"使得康熙领会了其中的数学的奥秘,并使康熙对《易经》的兴趣持续了相当长的一段时间,康熙让一个外国人研究《易经》的原因或在于此"②。目前,这个问题仍待进一步研究,上述白晋所绘制的各种《易经》象数的图式仍有待发现和系统整理。

---

① 梵蒂冈图书馆 Borgia Cinese 317(4),p.22-24。这份文献并未注明日期。
② 韩琦:《白晋的〈易经〉研究和康熙时代的"西学中源"说》。

其次,通过白晋的《易经》研究来证实"西学中源"说。"西学中源"说是清初中西文化交流中的一个重要观点,对清初的思想和学术都产生了较大影响。谁最早提出这一思想,学术界尚有争论①。但有一点可以肯定,康熙四十三年,康熙在其《三角形推算法论》中已经明确提出了这个想法:"论者以古法今法之不同,深不知历。历原出自中国,传及于极西,西人守之不失,测量不已,岁岁增修,所以得其差分之疏密,非有他术也。"②

康熙五十年,康熙在和直隶巡抚赵宏燮论数时说:"夫算法之理,皆出自《易经》。即西洋算法亦善,原系中国算法,彼称为阿尔朱巴尔。阿尔朱巴尔者,传自东方之谓也。"这段话是康熙首次把"西学中源"说和《易经》联系起来,其依据就是"阿尔朱巴尔"。根据这个谈话的内容和时间,可以作出两个判断:其一,康熙在此前已经了解并学习了西洋算法阿尔朱巴尔法;其二,开始给康熙讲授这一算法的不是傅圣泽,因为傅圣泽接旨进京协助白晋研究《易经》的时间应是康熙五十年四月以后,即在康熙和赵宏燮谈话之后,魏若望认为傅圣泽康熙五十一年八月在热河时向康熙献《阿尔热巴拉新法》事,显然值得商榷③。

康熙四十二年,张诚、白晋、安多(Antoine Thomas,1644—1709)、巴多明(Dominique Parrenin,1665—1741)、杜德美(Pierre Jartoux,1668—1720)在给康熙讲授西方数学时已经包括阿尔热巴拉法。这期间翻译的西洋数学书就有《借根方算法节要》,"借根方算法"有

---

①徐海松在《清初士人与西学》(东方出版社,2000年)一书中认为最早提出这一思想的是梅文鼎。王扬宗则认为应是康熙,参见氏著:《明末清初"西学中源"说新考》,载刘钝等编:《科史薪传——庆祝杜石然先生从事科学史研究四十周年学术论文集》,辽宁教育出版社,1997年。

②《康熙御制文集》卷十九"三角形推算法论"。

③梵蒂冈图书馆 Borgia Cinese 319(4),其法文稿题为《代数纲要》(*Abregé d'algèbre*)。

多种译法①,《东华录》译为"阿尔朱巴尔法",梅文鼎在《赤水遗珍》中作"阿尔热八拉"。阿尔热巴拉法在数学上指的是代数,出自825年阿拉伯数学家阿尔·花拉子模(Mohammed ibn Musa ai-Khowarizmi)所作的 *Al-jabr w'al muqabala* 一书,是代数学之祖。"这本书在12世纪译成拉丁文时,书名为'Ludus algebrae et almucgrabalaeque',后来简称 algebra,今译为'代数学'"②。

代数学源于东方,后传到西方,康熙说是"东来之法"并不错。但"东来"实际上应是源于阿拉伯,而康熙很可能把它理解为源于中国。有学者怀疑,这是否为"传教士为讨好康熙而故意编造的谎话呢"③?史无凭证。有一点可以肯定,即康熙在安排白晋研究《易经》以前,已有以《易经》为西洋算法之源的想法。说明康熙安排白晋研究《易经》时有明确政治意图。因为"西学中源"说实际上是康熙对待西学的一种基本策略,是他在当时的中西文化冲突中所采取的一个重要文化政策④。

当傅圣泽再次向康熙传授阿尔热巴拉新法时,"用天干开首的甲、乙、丙、丁等字表示已知数,用地支末后的申、酉、戌、亥等字表示未知数(和笛卡尔用 a、b、c、d 等字母表示已知数,用 x、y、z 等字

①"(九)《借根方算法节要》上下二卷,共一册,有上述印记(即'孔继涵印','荭谷'及'安乐堂藏书记'诸印)。按孔继涵藏本,尚有:……(十一)《借根方算法》,原书为三卷矣。(十二)《借根方算法》,八卷一种,又《节要》二卷,不著撰人姓氏,藏前故宫博物院图书馆中。"(《李俨钱宝琮科学史全集》第7卷,沈阳:辽宁教育出版社,1998年,第69页)"《数理精蕴》编修前曾有《借根算法节要》一书问世,此书可能是西洋人译后给康熙讲课用的。"(吴文俊主编:《中国数学史大系》第7卷,北京师范大学出版社,2000年,第326页)
②〔美〕M. 克莱因:《古今数学思想》第1册,第218—219页,转引自樊洪业:《耶稣会士与中国科学》,中国人民大学出版社,1992年,第226页。
③参见樊洪业:《耶稣会士与中国科学》。
④参见吴伯娅:《康雍乾三帝与西学东渐》,第431—435页;徐海松:《清初士人与西学》,第352—365页。

母表示未知数相仿），又用八卦的阳爻━作加号，用阴爻╍作减号，以+为等号"①。康熙在安排傅圣泽进京协助白晋研究《易经》以后，再次对阿尔热巴拉法表示出兴趣。

梵蒂冈图书馆的文献也证实这一点：

　　启杜、巴、傅先生知：二月二十五日三王爷传旨，去年哨鹿报上发回来的阿尔热巴拉书，在西洋人们处所有的西洋字的阿尔热巴拉书，查明一并速送三阿哥处，勿误。钦此。帖到可将报上发回来的阿尔热巴拉书，并三堂众位先生们所有的西洋字的阿尔热巴拉书，查明即送到武英殿来，莫误。二月二十三日，李国屏、和素。②

　　字与杨、杜、纪、傅四位先生知：明日是发报的日子，有数表问答，无数表问答书，四位先生一早进来，有商议事，为此特字。六月二十五日，李国屏、和素。

　　字启傅先生知：尔等所作的阿尔热巴拉，闻得已经完了，乞立刻送来以便平定明日封报，莫误。二月初四日，李国屏、和素。

　　十月十八日奉上谕：新阿尔热巴拉，朕在热河发来上谕，原着众西洋人公同改正，为何只着傅圣泽一人自作，可传众西洋人，着他们众人公同算了，不过傅圣泽一人自作，不过傅圣泽说中国话罢了。务要速完。钦此。王道化。③

康熙前后两次热衷于学习阿尔热巴拉法，一方面和他的数学兴趣有关，另一方面也和他的"西学中源"思想有直接联系。在指导白

①梅荣照：《明清数学概论》，见《明清数学史论文集》，江苏教育出版社，1990年，第8—9页。
②梵蒂冈图书馆 Borg. Cinese. 439(a)。杜、巴、傅分别指杜德美、巴多明和傅圣泽。
③梵蒂冈图书馆 Borg. Cinese. 439(a)。杨、杜、纪、傅指杨秉义、杜德美、纪理安、傅圣泽。

晋研究过程中,康熙提醒白晋注意中国古籍中包含着丰富的数学思想,告诫白晋"必将古书细心校阅,不可因其不同道则不看"[1]。这实际在引导白晋向他的思想方向发展,正如在此期间康熙对李光地所说:"尔曾以《易》数与众讲论乎? 算法与《易》数吻合。"[2]

三、康熙让白晋研究《易经》是他在"礼仪之争"中所采取的重要步骤

"礼仪之争"是康熙年间中国和西方关系中最重大的事件,这场争论对康熙的天主教政策产生了重大影响。

康熙三十九年,在清宫中的耶稣会士精心策划了一份给康熙的奏书[3]:

> 治理历法远臣闵明我、徐日升、安多、张诚等奏为恭请睿鉴,以求训诲事。远臣看得西洋学者闻中国有拜孔子及祭天祀祖之礼,必有其故,愿闻其详等语。臣等管见,以为拜孔子敬其为人师范,并非求福、祈聪明爵禄而拜也。祭祀祖先出于爱亲之义,依儒礼亦无求佑之说,惟尽孝思之念而已。虽设立祖先之牌位,非谓祖先之魂在木牌位之上,不过抒子孙"报本追远""如在"之义耳。至于郊天之礼典,非祭苍苍有形之天,乃祭天地万物根原主宰,即孔子所云"郊社之礼,所以事上帝也"。有时不称"上帝"而称"天"者,犹如主上不曰"主上",而曰"陛下",曰"朝廷"之类,虽名称不同,其实一也。前蒙皇上所赐匾额,亲书"敬天"二字,正是此义。远臣等鄙见,以此答

①方豪:《中国天主教史人物传》中册,第 282 页。
②《清圣祖实录》卷二百五十一,康熙五十一年九月丙辰条。
③这份奏书是耶稣会士李明在欧洲策划的。参见李天纲:《中国礼仪之争:历史·文献和意义》,上海古籍出版社,1998 年,第 49 页;顾卫民:《中国天主教编年史》,上海书店出版社,2003 年,第 217 页。

之。但缘关系中国风俗,不敢私寄,恭请睿鉴训诲。远臣等不
胜惶怵待命之至。康熙三十九年十月二十日奏。①

康熙当天就批下这份奏书:"这所写甚好,有合大道。敬天及事君
亲、亲敬师长者,系天下通义。这就是无可改处。"②

康熙四十三年,教宗克莱门十一世公布谕旨,正式判定"中国
礼仪"为异端,应予禁止③。四十四年,多罗特使来华。四十五年,
康熙在畅春园接待多罗特使,传谕:"西洋人自今后若不遵利玛窦
的规矩,断不准在中国住,必逐回去。"同时让在华的传教士"领
票",告诫传教士:"领过票的,就如中国人一样。"④四十六年,多罗
特使在南京正式公布教宗禁止中国教徒祭祖敬孔的禁令,康熙在
最后一次南巡中接见传教士,并有"永在中国各省传教,不必再回
西洋"等语⑤。派传教士龙安国(Antoine de Barros,1664—1708)、
薄贤士(Antoine de Beanvollier,1656—1708)、艾若瑟(Giuseppe An-
tonio Provana)、陆若瑟(Raimundo Josè de Arxo)先后返回罗马,向
教廷解释其政策。四十九年,马国贤(Matteo Ripa)、德理格(Te-
odorico Perlrin)来华,康熙命傅圣泽进京协助白晋研究《易经》。五
十一年,教宗克莱门十一世发备忘录,确认多罗在中国所发的教
令。五十四年,教宗克莱门十一世颁布《自登极之日》⑥。五十五
年,康熙当着众传教士的面痛斥德理格有意错译康熙致教宗的

---

①转引自李天纲:《中国礼仪之争:历史·文献和意义》,第49—50页。
②李天纲:《中国礼仪之争:历史·文献和意义》,第50页。
③〔美〕苏尔、诺尔编,沈保义、顾卫民、朱静译:《中国礼仪之争西文文献一百
　篇(1645—1941)》,上海古籍出版社,2001年。
④《康熙与罗马使节关系文书影印本》第四件。
⑤何文豪、张星曜等:《昭代钦崇天教至华叙略》,见韩琦等点校:《熙朝崇正集
　熙朝定案(外三种)》,中华书局,2006年,第206—207页。
⑥〔美〕苏尔、诺尔编,沈保义、顾卫民、朱静译:《中国礼仪之争西文文献一百
　篇(1645—1941)》。

信①。五十六年，嘉乐特使来华。

　　从以上列出的这个时间表可以看出，康熙安排白晋研究《易经》的时间，正是"礼仪之争"激烈之时，是在多罗特使和嘉乐特使来华之间，此时也是康熙和罗马教廷关系紧张之时。这时康熙开始考虑对在华传教士应有一个统一的政策和要求。康熙四十五年传谕："近日自西洋所来者甚杂，亦有行道者，亦有白人借名为行道者，难以分辨是非。如今尔来之际，若不一定规矩，惟恐后来惹出是非，也觉教化王处有关系，只得将定例先明白晓喻，命后来之人谨守法度，不能少违方好。"②康熙对传教士反复讲的就是要遵守利玛窦的规矩。康熙第二次接见多罗时，向他说明了对待传教士的基本政策："中国两千年来，奉行孔学之道。西洋人来中国者，自利玛窦以来，常受皇帝的保护，彼等也奉公守法。将来若是有人主张反对敬孔敬祖，西洋人就很难再留在中国。"③接着他传谕全体在京的传教士：

　　　　自今以后，若不遵利玛窦的规矩，断不准在中国住，必逐回去。若教化王因此不准尔等传教，尔等既是出家人，就在中国住着修道。教化王若再怪你们遵利玛窦，不依教化王的话，教你们回西洋去，朕不教你们回去。倘教化王听了多罗的话，说你们不遵教化王的话，得罪天主，必定教你们回去，那时朕自然有话要说。说你们在中国年久，服朕水土，就如中国人一样，必不肯打发回去。教化王若说你们有罪，必定教你们回去。朕带信与他，说徐日升等在中国，服朕水土，出力年久。你必定教他们回去，朕断不肯将他们活打发回去……朕就将中国所有西洋人都查出来，尽行将头带于西洋去。设是如此，

①《康熙与罗马使节关系文书影印本》第7件。
②《康熙与罗马使节关系文书影印本》第2件。
③罗光：《教廷与中国使节史》，台湾光启出版社，1961年，第124页。

你们的教化王也就成了教化王了。①

"礼仪之争"中一些传教士的表现也令康熙恼火。先是阎当,不懂中国文理,却信口雌黄,康熙说他"愚不识字,擅敢妄论中国之道","既不识字,又不善中国语言,对话须用翻译。这等人敢谈论中国经书之道,像站在门外从未进屋的人讨论屋中之事,说话没一点根据"②。后是德理格擅自改动康熙给教宗的信,使康熙大怒,认为"德理格之罪,朕亦必声明,以彰国典"。康熙将他称为"奸人","无知光棍之类小人"③。

白晋是康熙最信任的传教士之一,多罗来华后,康熙让他直接参与一些重要活动,表示对他的信赖④。在这种背景下,康熙让白晋研究《易经》并在各方面给予支持,这个决定显然不是一个简单的个人兴趣问题。康熙想通过白晋的《易经》研究给传教士树立个榜样,让他们遵守利玛窦的规矩,知道"欲议论中国道理,必须深通中国文理,读尽中国诗书,方可辩论"⑤。这是康熙在"礼仪之争"中同教廷政策展开斗争,争取入华传教士按其规定的路线在中国生活、传教的重要政治举措。这点康熙在几次谕批中说得也很清楚。康熙五十年五月二十二日,他在读了白晋的手稿后说:"览博津(白晋——引者注)引文,甚为繁冗。其中日后如严党(阎当——引者注)、刘英(刘应——引者注)等人出,必致逐件无言以对。从此若不谨慎,则朕亦将无法解脱。西洋人应共商议,不可轻视。"和素在向传教士传达后给康熙的奏报中说:"即召苏琳、吉利安、闵明鄂、保忠义、鲁伯佳、林吉格等至,传宣谕旨。苏琳、吉利安、闵明鄂等共议后报称:凡事皇上教诲我西洋人,笔不能尽。以博津撰文内引言,甚为繁冗,故谕曰

①《康熙与罗马使节关系文书影印本》第 4 件。
②《康熙与罗马使节关系文书影印本》第 11 件。
③《康熙与罗马使节关系文书影印本》第 12 件。
④罗光:《教廷与中国使节史》,第 119—132 页。
⑤《康熙与罗马使节关系文书影印本》第 13 件。

后严当、刘英等人出,恐伤害我,不可轻视,著尔等共议。钦此。洪恩
浩荡,实难仰承。是以我等同心,嗣后博津注释《易经》时,务令裁其
繁芜、惟写真情,奏览皇上。所写得法,随写随奏,所写复失真,不便
奏皇上阅览,即令停修。"康熙高兴地批复:"这好。"①

　　由此可以看出,康熙让白晋研究《易经》是和"礼仪之争"紧紧
相关的。康熙想通过白晋的研究在这场争论中找到一些应对手
段,因为需要说服的不仅有阎当、刘应这样的传教士,甚至还有罗
马教廷。这个工作由传教士来做当然要比中国文人做更好。白晋
既得康熙信任,又通中国文理,自然是合适人选。

四、康熙对白晋的影响

　　白晋的《易经》研究是在康熙直接指导下展开的,因此康熙的
思想对白晋的研究产生了很大影响。通过《易经》研究,白晋对中
国文化的认知有所变化。

　　白晋在《古今敬天鉴天学本义自序》中写道:"天学者何? 乃有
皇上帝至尊无对,全能至神至灵,赏罚善恶至公无私,万有真主所
开之道,人心所共由之理也。盖上主初陶人心,赋以善良,自然明
乎斯理。天理在人心,人易尽其性而合于天。嗟乎! 未几人心流
于私欲,获罪于天,离于天理而天理昧。至仁上主不忍人之终迷
也……乃以天道之精微明录于经,以启世之愚象。"②这是白晋在康
熙四十六年的文字和思想,从中可以看到,文字是中国的,但思路
和逻辑完全是西方的,是《圣经》的伊甸园原善、先祖原罪、天主救
赎思路的中国式表述。在对中国典籍的了解上,《天学本义》基本
上是对中国典籍的择录和对民间俗语的收集,全书的逻辑结构完

---

①中国第一历史档案馆编:《康熙朝满文朱批奏折全译》,第725—726页。
②〔法〕白晋:《天学本义》,梵蒂冈图书馆 Borg. Cinese. 316(14)。

全是西方的,是天主教神学的构架,和中国本土思想没有太大关系。因此,在康熙安排白晋研究《易经》的初期,白晋仍停留在原有的思想上,其研究结果使康熙很不满意。康熙在和素、王道化的奏书上批注说:"览博津书,渐渐杂乱,彼只是自以为是,零星援引群书而已,竟无鸿儒早定之大义。"①这里的"自以为是",是说白晋完全按西方那一套来写,逻辑是西方的,只是引些中国古书,但对儒家本义并不理解。康熙把这个想法也告诉了在京的其他传教士,因为此事事关重大,传教士决定把远在江西的傅圣泽调到北京,协助白晋研究《易经》。康熙五十年六月十日和素奏报:"远臣苏琳、吉利安等跪读皇上谕旨:至博津所著《易经》内引言,恐日后必为本教人议论。钦此。将书退回。臣等同详议:皇上洞察细微,深爱臣等,为我等深谋,臣等感激无地。惟臣等均不谙《易经》,故先颁旨。俟江西西洋人富生哲(傅圣泽——引者注)至,再与博津详定,俟皇上入京城,进呈御览。为此谨奏。请皇上指教。"②这说明傅圣泽进京不仅仅是白晋的意见,更是在京传教士的集体决定。不久,和素也向康熙谈了对白晋研究成果的看法:"奴才等留存博津所著《易经》数段,原以为其写得尚可。奴才等读之,意不明白,甚为惊讶。皇上颁是旨,始知皇上度量宏大。奴才等虽无学习《易经》,虽遇一二难句,则对卦查注,仍可译其大概。再看博津所著《易经》及其图,竟不明白,且视其图,有仿鬼神者,亦有似花者。虽不知其奥秘,视之甚为可笑。再者,先后来文援引皆中国书,反称系西洋教。皇上览毕,早已洞鉴其可笑胡编,而奴才等尚不知。是以将博津所著《易经》,暂停隔报具奏,俟皇上入京,由博津亲奏。"康熙同意和素的这个看法,批示:"是。"③和素的看法反映了康熙的思想,也说明白晋此时的《易经》研究还未进入角色,尚不能从内在的精神实

---

①中国第一历史档案馆编:《康熙朝满文朱批奏折全译》,第 722 页。
②中国第一历史档案馆编:《康熙朝满文朱批奏折全译》,第 732 页。
③中国第一历史档案馆编:《康熙朝满文朱批奏折全译》,第 735 页。

质上把握《易经》。前引梵蒂冈所藏文献"七月初五日"条也说明这一点。因此康熙告诫白晋要"细心校阅"中国书,不能"因其不同道则不看"。

以上材料说明,白晋在康熙指定他研究《易经》初期仍未找到中西思想的结合点,对中国文化的理解也十分有限。康熙的批评对白晋产生影响,此后白晋的《易经》研究出现新的变化,对中国文化和思想的认识有所加深,索隐派的思想也更为成熟和圆润。他在《易论·自序》中讲到《易经》在中国文化的地位时说:

> 大哉! 易乎,其诸经之本,万学之原乎。《传》云:易之为书也,广大悉备。前儒赞之云,其道至广而无不包其用,至神而无不存,诚哉! 易理至矣,尽矣,无以加矣。十三经《书经》序云:伏羲、神农、黄帝之书,谓之三坟,言大道也。少昊、颛顼、高辛、唐虞之书,谓之五典,言常道也。至于夏商周三代之书,虽设教不伦,雅诰奥义,其归一揆,是故历代宝之为大训。《正义》曰:夏商周三代之书,有深奥之文,其所归趣与坟典一揆。《图书编》五经序云:六经皆心学也,说天莫辩乎易,六十四卦,三百八十四爻,孰非心乎,孰非圣人之心学乎? 是知诸经典籍之道,既全具于易,皆实惟言天学心学而已。[1]

从这段话可以看出,此时白晋对中国传统文献,如孔颖达《五经正义》等较为熟悉,这同他写《天学本义》时已有所不同。他在 1715 年的一封信中说道:"我的研究就是要向中国人证明,孔子的学说和他们的古代典籍中实际包含着几乎所有的、基本的基督教的教义。我有幸得以向中国的皇帝说明这一点,那就是中国古代的学

---

①Claudia von Collani. , *P. Joachim bouvet S. J. sei Lieben und Sein Werk*, Steyler Verlag, 1985, p. 209.

说和基督教的教义是完全相同的。"①从中可以看到,白晋终于在中国文化和基督教文化之间找到了一条通道,将二者完全合一。显然,此时他对中国文化的理解比过去加深了,却走向了另一个方向,这恐怕是康熙所始料未及的。

2003 年 4 月初稿
定稿于 2004 年 7 月

(曾以"中西文化的一次对话:清初传教士与《易经》研究"为题发表于《历史研究》2006 年第 3 期;后作为〔德〕柯兰霓著、李岩译《耶稣会士白晋的生平与著作》序言,大象出版社 2009 年出版)

---

① 罗马耶稣会档案馆,JS 176,f. 340:白晋写于 1715 年 8 月 18 日的信(Collani 所作副本)。

《耶稣会士中国书简集》:
欧洲"中国形象"的塑造者

正像当代法国学者所说的,这部书"部分地造就了 18 世纪的人类精神面貌。正如我们后来所看到的那样,中国皇帝甚至变成了开明和宽容专制君主的典型,中国的制度成了一种农业和宗法的君主政体,经过科举制而选拔的官吏是一批真正的出类拔萃者、千年智慧和哲学宗教的占有者。这样一来,入华耶稣会士们便从遥远的地方,甚至是从非常遥远的地方不自觉地参与了对法国社会的改造"。

西方早期汉学的三大名著之一

由北京外国语大学海外汉学研究中心组织,郑德弟、耿昇等学者翻译的《耶稣会中国书简集》六卷本终于在大象出版社全部出版,这是学术界的一件大事。从上个世纪初,学术界就谈到这部书,陈垣先生还根据这套书的部分译文写下《雍乾间奉天主教之宗室》等重要论文。近二十年来中西文化交流史研究升温,不少人在其研究中提到此书,但真正通读过法文原版的人寥寥无几。现在我们手捧这厚厚的六大卷,心中对为这套书的出版付出心血的译者、出版者、组织者表示深切的敬意。因为,学术总要从一点一点的积累做起,没有这种扎扎实实的基础建设,那种高头论章的煌煌大作是毫无价值的。

今天，当我们谈起西方人的中国观时，这部书是无论如何也绕不过去的。从以利玛窦为代表的耶稣会士入华后，在《耶稣会士中国书简集》出版以前，欧洲已经出版一些关于中国的书，如曾德昭的《大中国志》、安文思的《中国新史》、卫匡国的《鞑靼战纪》、金尼阁改写利玛窦的《基督教远征中国记》，这些书也都受到欧洲知识界的关注，特别是从未到过中国的基歇尔根据他的几个来华耶稣会的学生所提供的素材而编写的《中国图说》更是一时风靡欧洲，被译成多种版本出版。但这些书的影响力在一定的意义上都无法和《耶稣会士中国书简集》相比。为什么呢？我想大体有三条原因：首先，这部书的作者绝大多数是法国的耶稣会士，它的出版不仅标志着在中国传教区法国传教士已经开始取代葡萄牙传教士成为在华传教的主体，更反映了欧洲的文化生态。当时的欧洲，法国在经济、文化、语言等各方面都居于中心的地位，18 世纪是法国的世纪。因此，这套书在法国一出版，立即被翻译成各种欧洲语言，在整个欧洲产生影响。第二，这套书从 1702 年出版第一卷《耶稣会某些传教士写自中国和东印度的书简》，到 1776 年第 34 卷出版，前后近一个世纪，如果算上 1780 年到 1843 年的各种改编本，它在西方的影响长达一个多世纪，这是其他传教士的著作所无法比拟的。最后，《耶稣会士中国书简集》所记载的在中国的见闻，无论从其广度上还是深度上，也都是任何其他传教士关于中国的单本著作所无法相比的，它给法国的知识界、文化界以及大众展示了一个色彩斑斓、丰富多彩的东方帝国的全景图象，给法国人描述了基督教在中国跌宕起伏的百年历程。

在这个意义上，西方有些学者将《耶稣会士中国书简集》称为西方早期汉学的三大名著之一，这种评价并不为过。过去我们对这部书的评价大都是跟着西方学者讲的，今天，当我们真正看到法文的原版译本时，我们究竟应该如何从中国学者的立场看待这部西方汉学的名著呢？

18 世纪欧洲心目中的"乌托邦"

　　首先,它在塑造中国在欧洲的形象上起到重要的作用。耶稣会来华时的欧洲正处在启蒙时代,那是一个渴望新思想、新文化的时代,那是一个已经开始厌倦神父们的祈祷的时代,那是一个必须为不断发现的新大陆和不断发现的大自然找出根据的时代。耶稣会传教士们给欧洲展示一个清新、神奇、异质而又有着自己优良传统的中国,哲学家们在《耶稣会士中国书简集》中获得灵感,思想家们在耶稣会传教士描述的中国看到榜样。作为"他者"的中国成为变化中的欧洲的"乌托邦"。正像当代法国学者所说的,这部书"部分地造就了 18 世纪的人类精神面貌。它们出乎了其作者和巴黎的审查官们的意料之外,为哲学家们提供了武器,传播他们所喜欢的神话并为他们提供了楷模。正如我们后来所看到的那样,中国皇帝甚至变成了开明和宽容专制君主的典型,中国的制度成了一种农业和宗法的君主政体,经过科举制而选拔的官吏是一批真正的出类拔萃者、千年智慧和哲学宗教的占有者。这样一来,入华耶稣会士们便从遥远的地方,甚至是从非常遥远的地方不自觉地参与了对法国社会的改造"。这真是无心插柳柳成荫,为了使中华归主而勤奋写作的传教士们,他们的书信集竟成了点燃起他们后院大火的火种,他们所塑造的中国形象竟然成了一个新时代的理想,一个脱离宗教的世俗社会的理想。

　　中国的形象在西方是一个随着西方文化和思想的变迁而不断变化的形象,从《马可·波罗》的契丹神话到《耶稣会士中国书简集》的开明进步的中国,再到黑格尔笔下的只有空间而没有时间概念的停滞的中国,遥远的中国文化作为欧洲反思自己的异域文明不断地扮演着西方文化"他者"。在我们解读《耶稣会士中国书简集》时首先就要注意这个基本点。

东方因素在西方思想的发展中

其次,它为我们重新理解中西方文化关系提供了一个新的视角。从晚清以来,西方文化成为强势文化,西方的思想家们在中国和西方的文化关系上编造了两个神话:其一,"西方文化中心主义",他们用现代化在欧洲的成功,演绎出西方文化的自律的逻辑,似乎只有在希腊文化中才有现代化的基因,其他文化都不具有;其二,由此,便自然演绎出"东方与西方""现代与传统"的二元对立。五四的精英们就是接受这套理论,从此在这两个"二律背反"中左右徘徊,找不到出路。

这完全是西方人编制的神话。在人类的历史中,文化间的交流,异域文化间的碰撞历来是各个文化发展的动力和文化变迁的重要原因。西方有近二百年的向阿拉伯文化学习的过程,西方近代文化的起步阶段"文艺复兴"就是从阿拉伯文化中重新翻译他们已经丢失的希腊经典。而启蒙运动实际上就是欧洲的思想界借中国文化对自己文化的一次更大规模的改造。上面讲到在《耶稣会士中国书简集》所塑造的中国形象中,启蒙思想家们确立了自己新的理想。我在《中国与欧洲早期宗教和哲学交流史》一书中已经指出"东方在世界体系中也并非无足轻重,在西方走向世界时,东方无论在思想上还是在经济上都起着不可取代的作用。同样,在西方近代思想的形成过程中,'欧洲中心主义'并不是其主流,在伏尔泰的《风俗论》中,他丝毫没有白种人的优越感;在维科的《新科学》中,民族平等是其基本原则。这说明我们应该从更长的历史,从全球化的新视角,从近五百年来中西文化互动的历史中重新梳理世界近代思想的形成"。如果有了这个视角,我们看《耶稣会士中国书简集》时,就会发现西方近代思想中的东方因素;同样,我们看自己时,就会认识到"中国的传统并不是完全与近现代社会冲突,中国宗教和思想并不是与现代思想根本对立，在我们的传统中，在我们先哲的思想中有许多同希腊文明一样永恒的东西，有许多观念同基督教文明一样具有普世性。只要我们进行创造性转化，中国传统哲学的精华定会成为中国现代文化的有机内容"。

西方汉学与西方学术传承

最后，它为我们研究西方汉学史提供了宝贵的文献。西方汉学从"游记汉学"发展到"传教士汉学"，再演变成现代的"专业汉学"，其间经历了漫长的过程。作为西方东方学一部分的"汉学"，直到近代以来才引起中国学术界的重视，而今天，当中国学术的范式发生重大转折之时，西方汉学，特别是美国汉学（中国学）日益成为学术重建的一个重要参考系。在这种情况下，对西方汉学（中国学）做一种学术史的梳理已经十分需要，因为，如果不了解他们的学术传承，将其作为知识论的成果拿来就用，那会出问题的。上面的论述已经说明，西方汉学（中国学）的发展是和西方的思想和学术史连接在一起的，它是西方学术的一部分，绝不能将其简单地等同于"国学"。

在这个意义上，系统的翻译和整理西方汉学的经典著作，是我们展开这种学术史研究的基础。目前国内出版的关于西方汉学史的著作，凡是宏大叙事的书大都不令人满意，原因就在于这样的研究大都没有建立在扎实的个案基础上，没有对西方汉学的基本著作、基本人物的专题性研究，现在任何展开的通史性研究，都是靠不住的。我们需要像《耶稣会士中国书简集》这样的西方汉学的基本著作不断翻译出版，以推进国内的西方汉学（中国学）史的研究。

《耶稣会士中国书简集》出版的另一个学术价值就是对研究明清中国天主教史的意义。中国学术界在做明清天主教史或者说做明清中西文化交流史研究时，最大的困难就是传教士西文文献掌握不足,这点当年陈垣先生已经讲过。所以,从中国这一研究领域的整体来说,做好传教士西文文献的收集和整理、翻译始终是整个学术界的一个长期而又基本的任务。《耶稣会士中国书简集》以及北外海外汉学研究中心组织的,在大象出版社出版的一系列传教士基本汉学著作,之所以受到学术界的欢迎,就在于这个工作是从整个中国学术界对这一领域的研究整体出发的。近年来国外汉学家所说的在这一研究领域的所谓“从传教学向汉学的转向”,即将研究的重点转向中国文人和教徒对基督教接受的研究,完全是从他们自己的学术传统来讲的,和中国当下的研究没关系。实际上,对中国人接受西学的研究也不是像一些国外汉学家所说的是从他们开始的,我们的陈垣老早就这样做了,今天中国大陆学者徐海松、汤开建,台湾学者黄一农、李奭学的研究已经大大超过那些自喻是做“汉学转向”的国外学者了。但我们很清醒,整个中国学术界在这一研究领域所缺的是什么。所以,扎扎实实做好我们自己的事,沿着我们的学术传统推进,这才是最重要的。

　　(发表于 2006 年 3 月 31 日《中国图书商报》,转载于《新华文摘》2006 年第 12 期)

莱布尼茨与中国:读《中国近事》

　　莱布尼茨是 17 世纪中叶至 18 世纪 20 年代的一位伟大的思想家、科学家,一位百科全书式的伟大人物。莱布尼茨所生活的年代正是欧洲"中国热"的时代,"当莱布尼茨慢慢地进入当时的精神世界时,中国已成为欧洲的日常话题"①。莱布尼茨显然不是那种因喜欢中国庭院和漆木家具而爱上中国的人,他是一个欧洲当时最有影响的思想家,他的精神倾向有着自己更为深刻的原因。这点通过他的《中国近事》最典型地表现出来。

一、《中国近事》的出版

　　1697 年编辑出版的《中国近事》是莱布尼茨第一部,也是他最有影响的一部关于中国的著作。在莱布尼茨编辑出版《中国近事》以前,他已经长时间保持着对中国的兴趣,1666 年他在自己的《论组合术》中就已经提到了中国的文字。1689 年 7 月和 8 月间他在罗马结识了在华的耶稣会士闵明我,这恐怕是他意大利之行的最重要收获,因为从此他和在中国的传教士们有了直接的联系。莱布尼茨可以直接从耶稣会方面得到关于中国的消息。

---

①D. E. Mungello:*Curious Land*:*Jesuit Accommodation and the Origins of Sinology*,studia Leibnitiana, Supplementa 25, Wiesbaden 1985.

　　实际上,出版《中国近事》的想法恐怕在莱布尼茨的脑中已经酝酿了很长时间,因为南怀仁的《欧洲天文学史》一书的摘要是他在 1689 年访问罗马时就写下的,1695 年他收到了从罗马见面后返回中国的闵明我的回信,同时,在这一年他从法王路易十四的忏悔教父那里见到了在华耶稣会士张诚所写的有关《尼布楚条约》的信件和《1693—1695 年俄罗斯使团访问中国的沿途见闻》这份文件。1697 年他又收到了德国的耶稣会士约翰·克雷夫(Johannes Clerff)的两份重要文献,一份是在北京的耶稣会神父安多(Antoine Thomas,1644—1709)[1]写的信,一份是当时耶稣会在北京的负责人苏霖神父的信。苏霖神父的这封信最长,也最重要,它实际上相当于明末到康熙初年的中国天主教史,这封信使莱布尼茨知道了耶稣会在中国的传教有了根本性的好转。可以想象得到莱布尼茨收到这两封信时的兴奋心情,在收到这两封信以后不到一个月,《中国近事》就出版了,速度之快令人吃惊。

　　《中国近事》第一版所报道的中国情况,内容之丰富,涉及面之广,这在当时的欧洲是没有过的。上述六篇文章各具特色,内容十分丰富。六篇文章中五篇是在华的耶稣会传教士写的,一篇是外交官员写的。他们从不同的侧面记录了当时的中国社会。反映基督教在中国的发展情况的文章中,苏霖神父和安多神父的信是两篇难得的好材料。他们都长期生活在北京,了解康熙皇帝和中国社会政治生活的最新进展。信中介绍了天主教在中国发展的曲折历程。南怀仁的《欧洲天文学史》摘录,讲述了传教士在和杨光先的斗争获得胜利后,南怀仁主持钦天监所开展的科学活动,这份文件不长,但内容很具体,使读者能感受到传教士在北京的科学活动。南怀仁在报告中写道:"皇帝要求南怀仁神父负责并制造六个

----

[1]安多为比利时在华的传教士,到澳门后被南怀仁召到北京,1709 年死于北京。见〔法〕费赖之著,冯承钧译:《在华耶稣会士列传及书目》上册,中华书局,1995 年,第 403—412 页。

不同种类的欧式天文仪器。四年期间,他花费了大约19000欧洲古币(Imperialium)。他还用中文写了16本关于制造理论与使用手册。同样受命于皇帝,南怀仁神父还制造了55个不同的机械仪器,其中一部分为他自己使用。他用滑轮把一些修筑皇陵用的巨石从一座很长的桥上搬运下来(指卢沟桥)①,代替了原本需要用500匹马才能完成的工作。南怀仁神父采用一个8里长的引水管开发出泉水来。他还采用新的机械技术,铸造了132个铜制战炮,同时自己制造新战车。他受命于皇帝,解释了机械工程基本原理。他还填补了星球的天文表,并计算了两千多年之后的日食。他正在以天文学的名义来研究和引述,把辩证法和哲学传给中国人。他这样做,事实上,是为了使天主教的真理显现得更明确。在天文仪器中,我们可以找到天体仪、赤道仪、黄道仪、地平经仪、象限仪以及纪限仪。朝廷官员小心翼翼地记录着每个时辰发生的天文现象。他们每天还给钦天监监正汇报结果。事实上,他们每天观察到了中午太阳的影子,记录在圭表上。至于铜制天体仪,虽然它体重2000斤,但连一个小孩也能使它旋转,并且它可以提升到任何一个经纬度。"②这些内容具体、描写生动的文字,使每一位读者都印象深刻。

张诚的《写自尼布楚的信》报告了中国和俄罗斯签署《尼布楚条约》的情况,这是中国17世纪最重要的外交活动之一,也是中国近代以来第一次通过谈判和平解决边界问题而签订的第一个条约,这个条约反映了康熙较为进步的外交思想。信虽然不长,但扼要地介绍了谈判的情况。张诚在信中写道:"张诚神父与葡萄牙人徐日升神父,被中国皇帝派遣到东部鞑靼两次,目的是充当中国代表团与俄国谈判的翻译官。俄国逐渐扩展到西伯利亚广大的地

---

① 〔德〕莱布尼茨著,〔法〕梅谦立、杨保筠译:《中国近事:为了照亮我们这个时代的历史》(以下简称《中国近事》),大象出版社,2005年,第38页。
② 《中国近事》,大象出版社,2005年,第38页。

区,最后他们终于碰到了中国人与鞑靼。在建完一个城堡之后,俄国人开始声称享有打猎和获得兽皮的权利。从此以后,几乎有 30 年十分艰苦和残酷的战争。城墙被中国人摧毁了两次,但俄国人都修复了。城墙第三次被包围时,俄国人几乎投降了。……1688 年,中国知道俄国特使团已经来到了边境,即在东北的色楞格斯克,靠近北京 400 法里处。为了和平,中国部队撤退了。就在该处,俄国特使团等候中国使团。清廷决定派遣一个最具有权威的使团。本使团有一级将领及礼宾司陪同,他们具有同等重要的地位。使团中还有一位大臣,他曾经停止杨光先对教会的迫害,并借天主的恩宠使教堂重新开门了。另外一个拥有鞑靼民族身份的汉人,是一位皇帝的伯叔。总之使团是由多位高级皇室官僚组成。……中国代表团由 8000 到 9000 人组成,其中包括 3000 名士兵、150 位文官,再加上 12000 匹马、3000 匹骆驼和 50 门大炮。俄国代表团虽然人数少一点,但是在气势排场上双方势均力敌。经过多次幕后交涉,终于在 1689 年 9 月 3 日,于尼布楚城俄国人的教堂里,双方签订和平条约。"①这是欧洲国家和中国所签的第一份外交条约,莱布尼茨在这里报道给欧洲人是很有意义的。

布兰特的《1693—1695 年俄罗斯使团访问中国的沿途见闻》在莱布尼茨的《中国近事》以前,在欧洲已经出版过,它从地理的角度详细地介绍了从俄罗斯到中国的路线,这一点是很重要的。在华传教士闵明我从欧洲返回中国时试图走这条路,但没有成功。莱布尼茨一直想通过俄罗斯开辟一条通往中国的道路,为此花费了很多心思,他把这份文件重新在《中国近事》中发表,表示了他的这个想法。闵明我的信很短,但这是六封信中唯一一封直接和莱布尼茨有关的信。

从内政到外交,从科学活动到地理交通,从宫中的基督教发展

①《中国近事》,第 48—49 页。

到中国政府在对待基督教问题政策的确立,这六封信全方位地介绍了当时的中国,使欧洲的读者对清朝的政治、科学、宗教、文化、外交、历史、地理等多方面有了进一步的了解,从而直接推动了欧洲对中国的认识。

在《中国近事》的第一版中,《欧洲天文学史》一书的摘要中有一些南怀仁对康熙的描写。南怀仁写到"约四年之前,皇帝每天召见他,持续五个月。皇帝几乎每天从早到晚让南怀仁神父讲解耶稣会士所写的约 120 本有关天文学的书。那时,他和一两个人与皇帝在一起。南怀仁神父常在宫内用午餐,使用的是镀金餐具。皇帝给他很多荣耀,外国大使们都感觉到皇帝对他的特殊礼遇,而他们只能在离皇上很远的地方觐见"。"皇帝还要跟南怀仁神父学习,请他解释清楚有关利玛窦翻译的《欧几里得原理》一书,这本书是天文学的基础。经过一段艰辛的研究,他完整地了解到了所有的相关问题。他还下令把这本书翻译成满文。后来,他也学习了算术,以及平面和立体三角几何。通过艰难的数学问题之后,他才很轻松地学会使用几何、地面测量学和地形学。他在算术方面很成功,还自己训练不同的定比规律,甚至会开最困难的平方与立方根。他曾经尝试过几何级数和算术级数。当他会用线把他自己预算的地形学的结果实证时,他感觉到十分满意。皇帝还以纸做成的环来显示星球理论。同样,他也花费几夜的时间把固定星球的系统铭记在心,使他仰望天空时,很容易就能说出星球的名字。过去星球曾经引导东方三王朝拜上主,如今让中国皇帝接触到欧洲的天文学精华,希望对星球的认识也能成功地引导远东的人们去朝拜和信仰真正的星球主人。"①

白晋回欧洲后看到了《中国近事》,他对莱布尼茨的这本书很感兴趣,但他觉得书中对康熙皇帝的介绍仍不够详尽,于是他给莱

———————

① 《中国近事》,第 38—39 页。

布尼茨写信说:"您热心地了解并宣传在中国传播福音取得的进展,希望在中国皇帝的支持下让整个帝国归化基督教,为答谢您这一片好意,请接受一本我不久前刚出版的有关中国那位伟大君主的小书,我想这本书您应该会喜欢。"①

莱布尼茨收到白晋的信后十分高兴,他很快在 1697 年 12 月 2(或 12)日回复了白晋,对白晋的支持和热情表示感谢,同时建议将白晋的《康熙皇帝传》翻译成拉丁文在《中国近事》中重新出版,他说:"您说要寄给我您已出版的有关中国皇帝的作品,能在我的书里增加这样一段中国皇帝的小传,真是太完美了。我也十分期待您关于中国皇帝颁布容教令并允许自由传教前因后果的新作。我对您给予我的恩惠深表感谢,唯愿自己不致辱没您对我的好意。希望您的大作不仅用法语,也用拉丁语出版,让更多的民众都能拜读、受益。"②

白晋的《康熙皇帝传》在整个传教士的汉学著作中是一本十分特别的著作,是唯一一本专门向欧洲介绍康熙皇帝的书。

在白晋的笔下,康熙具有很强的人格魅力。"他具有与生俱来的世界上最优秀的禀赋:思想活跃、明察秋毫、博闻强记、智力过人。他有处理一切要务的刚劲毅力,有规划、指挥、实现宏伟事业的坚强意志。他的所有癖性嗜好均高雅不俗,符合其帝王身份。""康熙皇帝自即位之时起,就专心致力于文武两道,尽量使自己统治下的鞑靼人和汉人都对自己怀有好感。"③他力量过人,能拉开朝中无人可以拉开的弓;他马术娴熟,已经达到炉火纯青的地步;他武艺高强,十八般武艺样样精通,对西洋火器的使用如同使用弓箭一样;他喜欢音乐,无论是汉人的、满人的,还是西洋的乐器,他都能演奏;他热爱科学,为学习西方的科学,不耻下问,向传教士们请教;康

---

①Herausgegeben von Rita Widmaier, *Leibniz Korrespondiert mit China*, p. 6, Frankfurt am Main 1990.

②Herausgegeben von Rita Widmaier, *Leibniz Korrespondiert mit China*, p. 68.

③《中国近事》,第 53—54 页。

熙熟读儒家的经典,许多经典烂熟于心。按白晋的说法,他几乎读过所有汉文典籍,而且通晓汉诗。他生活简朴,从不追求奢侈浮华的生活。他不仅仅是一个君子,同时也是有着很高统治术的帝王。他威严谨慎,善于倾听部属和各方面的意见。白晋认为,康熙皇帝具有极敏锐的观察力,人们很难对他隐瞒事情的真相。"同时,由于他天赋极高,判断力极强,所以能够从一切复杂的事务中,找到最合理的解决问题的方法。"①他爱民、仁慈,善于选拔有才能的官吏,同时对各级官吏严加管理。白晋说:"由于康熙皇帝重视才干,所以常常提拔那些吏部推荐以外的人担任要职。当他发现优秀人才时,便立即予以破格提拔,委以最高最重要的职务,并公开赐予他们特殊的地位和优厚的待遇……如果一个官吏被控收受金钱,康熙皇帝就会毫不宽容地予以制裁,对任何人都绝不留情。"②

在三藩叛乱期间,他临危不惧,以聪明才智和怀柔政策很快瓦解了叛军,不仅平定了南方的叛乱,也镇压了北方的叛乱。无论内政还是外交,康熙皇帝都得心应手,在他的管理下,清帝国呈现出前所未有的繁荣。

因为这本小书是白晋献给法王路易十四的,所以他说"对在地球的极远之地发现了一位当时在法国之外从来未曾见到过的君王而深感惊讶。他和陛下一样,智慧精深非凡,兼具帝王胸怀,严于修身治民,备受国内外民众的爱戴。……简言之,这位皇帝集英雄美德于一身,即便他的治国之道尚远不如陛下,但至少也可以被称为统治天下的帝王之中最为圣明的君主之一"③。

白晋是利玛窦路线的极好的解释者,在他的笔下,虽然中国人不信仰天主教,但他们开化到了极高的程度,"因而一直走在其他异教国家的前面。所以,如有品行端正、业绩卓著、能够博得他们

---

① 《中国近事》,第 58 页。
② 《中国近事》,第 64—65 页。
③ 《中国近事》,第 52 页。

尊敬与信赖的人,能够采用正确的方法向他们明白通顺地宣传福音真理的话,他们远比其他国民更易于接受甚至信奉这些真理……"①这样既肯定了耶稣会在华的传教路线,也使欧洲的读者更加积极地支持耶稣会在中国的传教。

同时,在白晋对康熙的介绍中,我们可以感觉到他对整个欧洲思想的熟悉和了解,当时的欧洲正是一个民族国家形成的时期,在这样的时期,像康熙这样英明的君主、伟大的帝王的形象不仅会得到像法王路易十四这样野心勃勃的帝王的喜欢,就是对正在走向世俗社会的一般民众和读者来说也是相当能打动人的。所以,白晋这本书在当时是相当成功的。莱布尼茨在《中国近事》第二版时将其收入,这从一个侧面反映了莱布尼茨在对中国认识上和白晋的契合,这是他们两人合作的一个开始,事实证明,这是一个很好的开端。

二、《中国近事》的思想文化意义

《中国近事》是当时的欧洲思想和文化界主流对东方文化、中国文化的系统介绍,因在此之前对中国的介绍主要停留在教会的范围内。莱布尼茨作为当时整个欧洲的文化名流、学术巨人,他在《中国近事》中表达了欧洲思想和文化界的一种新的倾向和新的文化态度。对中国文化的评价,对欧洲应对中国和东方采取什么样的文化态度的论述,对中西文化交流所抱有的热情及宽阔的文化视野是莱布尼茨整个思想体系中最有价值和最重要的一部分内容,他的这些思想和观点无论是在17世纪还是在今天都卓尔不群,他的这一部分思想不仅是欧洲17世纪最重要的文化遗产,也是整个世界的重要文化遗产。莱布尼茨的这一思想主要体现在两个方面:

第一,中国和欧洲文化的交流是一项伟大的事业。他在《中国

---

①《中国近事》,第98页。

近事》的序言中一开始就指出："人类最伟大的文明与最高雅的文化今天终于汇集在了我们大陆的两端,即欧洲和位于地球另一端的——如同'东方欧洲'的 Tschina①。我认为这是命运之神独一无二的决定。也许天意注定如此安排,其目的就是当这两个文明程度最高和相距最远的民族携起手来的时候,也会把它们两者之间的所有民族都带入一种更合乎理性的生活。"②

　　也正因此,莱布尼茨对在欧洲与中国之间从事文化交流的耶稣会士给予了高度的评价。他在 1695 年 5 月给维利乌斯的信中说,入华传教士在中国所从事的是"牵涉到良知、荣誉和实用的最伟大的事业"。他希望欧洲能付出更多努力推动这项在中国进行的伟大事业,耶稣会神父们已经为这项伟大的事业播下了种子,获得了如此丰硕的成果,从而欧洲对这项伟大的事业充满希望③。在莱布尼茨看来,由传教士所承担的欧洲和中国的文化交流所以被认为是"伟大的事业",它由两个基本点构成。

　　其一,欧洲和中国的文化交流可以使双方学习到对方的历史经验,从而促进各自的发展。他在 1697 年给白晋的信中表达了这样的思想,他说:"您如果能告诉我一些有关从中国带来或是已经或将要运往中国的东西的具体情况,那就太好了。我对这些很感兴趣,因为我非常希望这样的交流能顺利进行,我认为这在当今无论对中国还是对我们欧洲,都是意义最为重大的事。如果有机会,我会很高兴地为之作贡献。因为我们能够几乎像注射一样把我们的知识技能一瞬间传授给他们,我们也一样能从他们那里一下子认识一个崭新的世界。若不通过这种交流,我们不知道要用多少世纪才能掌握这些知识。"④这里,莱布尼茨说得很形象,由于有了

---

①即中国,这是当时的读音。
②《中国近事》,第 1 页。
③Heraugegeben von Rita Widmaier, *Leibniz Korrespondiert mit China*, p. 30.
④Heraugegeben von Rita Widmaier, *Leibniz Korrespondiert mit China*, p. 64.

这种文化的交流,双方学习对方的知识几乎像"注射一样",在"一瞬间"就把自己所不知的知识学习到了手。莱布尼茨所设想的毕竟有些浪漫,但却揭示了文化交流的一个真理。实际上历史也证明了这一点,正是通过传教士这个中介,在1500—1800年间,欧洲与中国的科学技术、文化思想的交流达到了前所未有的程度,从而使双方在各方面都有了长足的进步。

其二,在交流中创新,在交流中发展。在莱布尼茨看来,欧洲与中国的这种文化交流不仅仅在于学习对方的历史性的知识与文明的成果,而且可以在两种文化的交流与碰撞中产生新的创造性的火花,从而推动两大文明的发展。这就是他所说的"我们的相遇和交流意义重大,它会孕育千万美好成果,千万发明创造"①。历史虽然没有像莱布尼茨设想的那样美好,但历史的实际进程也同样证明了他的这一想法的正确性和前瞻性。

莱布尼茨对当时欧洲与中国的文化交流抱有极大的希望,他把这种交流称为"文明之光的交换","我觉得它是如今最伟大的事业,不仅为了上帝的荣耀,为了福音的传播,更有利于人类的幸福,有利于我们欧洲与中国各自科学与技艺的成长,这就像文明之光的交换,能在短时间内让我们掌握他们奋斗几千年才掌握的技能,也让他们学会我们的技艺,丰富双方的文化宝库。这都是超出人们想象的光辉伟业"②。

第二,中国和欧洲的文化交流是一种完全平等的交流。莱布尼茨认为这种"光辉伟业"所以需要,是建立在中西文化差别的基础上的,有了不同才会有交流的愿望,有了不同,才会产生在异中求同的想法。对于这一点,他有很多精彩的分析。

他认为欧洲与中国的文化差异是基于这样一个基本点,即他

---

①Heraugegeben von Rita Widmaier, *Leibniz Korrespondiert mit China*, p. 61.
②Heraugegeben von Rita Widmaier, *Leibniz Korrespondiert mit China*, p. 55.

认为欧洲的长处是思辨与数学,这方面中国无法和欧洲相媲美;反之,中国的长处是实践性和经验性,而这点正是欧洲所缺乏的。数学计算要推理,这样欧洲在逻辑方面要强于中国。但是中国历史悠久,而且作为一个独立的文明区域,这种文明从未中断过。欧洲则不同,由于民族的迁移等多种原因,其古代的许多文明成果并未保留下来。所以,这两大文明应相互学习,相互交流。这就是他在《中国近事》中所写的那段著名的话:"这一文明古国在人口数量上早已超过了欧洲,在很多方面,他们与欧洲各有千秋,在几乎是对等的竞争中,二者各有所长。但是,我首先应该在二者之间比较什么呢? 在各方面进行比较虽是有益的,但这是一项长期的、在这里无法完成的工作。在满足日常生活所需的实用技术及以实验的方式与自然打交道的能力上,我们不相上下;假如要进行互补对比的话,各自都能通过相互交流而获得有益的知识。但在思维的深邃和理论学科方面,我们则明显更胜一筹。因为除了逻辑学、形而上学以及对精神事物的认识这些完全可以说属于我们的学科之外,我们在对由理智从具体事物中抽象出来的观念的理解方面,即在数学上,也远远超过他们。……他们到现在似乎对人类理智的伟大之光和论证艺术所知甚少,仅仅只是满足于我们这里的工匠所熟悉的那种靠实际经验而获得的几何知识。在战争艺术方面,他们也低于我们的水平,然而这并非完全出于无知,而是他们蔑视人类中一切产生或导致侵略的行径,更厌恶战争本身——在这一点上,他们几乎是在效仿被不少人误解了的、深知过于夸张了的基督的崇高教诲。假如只有他们自己在地球上生存的话,这确实是一种明智的态度。然而,我们今日面对的现实却是就连那些安分守己的好人也必须掌握损害它们的手段,从而使邪恶的力量不会损害自己。在这些方面,我们超过他们。"[1]不仅在自然科学方面,在

①《中国近事》,第1—2页。

社会伦理方面欧洲与中国也有不同。他说："如果说我们在手工艺技能上与他们不分上下、在理论科学方面超过他们的话，那么，在实践哲学方面，即在人类生活及日常风俗的伦理道德和政治学说方面，我们不得不汗颜地承认他们远胜于我们。"①

对于中国这个遥远的国度，莱布尼茨始终是一种平等的态度，他没有那种"欧洲中心主义"、基督教文化至高无上的观点，他在《中国近事》中说："我这样说，只是希望我们也能够从他们那里获得对我们更有利的东西，特别是实践哲学和更加合理的生活方式，暂且不论他们的其他成就。……因此我相信，若不是我们借一个超人的伟大圣德，亦即基督宗教给我们的神圣馈赠而胜过他们，如果推举一位智者来评判哪个民族最杰出，而不是评判哪个女神最美貌，那么他将会把金苹果判给中国人。"②1692 年 3 月 21 日他在给闵明我的信中说："我们请求您以您的智慧来考虑，是天意赋予您此次造福于人类的伟大使命。在相隔遥远的民族之间，应建立一种相互交流认识的新型关系。其他民族无权强迫中国人接受什么，恰恰相反，是友善和君主委托赋予您的威信。"③1705 年 8 月 17 日，他在给巴黎负责整个东方传教的维利乌斯神父的信中说："既然是您管理外方传教事务，而且您曾很好心地帮助我与您的传教士们通信，让我能不时从中获益，我希望欧洲能从这次在中国探索发现的机会中获得更多利益。因为我担心等中国人学会了我们的科学，他们总有一天会将欧洲人驱逐出境。所以我认为一定要抓住这些机会用我们的知识与他们作交换补偿自己。因为虽然我发现大部分我们的传教士倾向于用鄙视的口气谈论中国人的知识，但中国人的语言、生活方式、手工制造技术，甚至是游戏，与我们的几乎全部大不一样，就好像他们是另一个星球上的人。哪怕是一

①《中国近事》，第 2 页。
②《中国近事》，第 6 页。
③安文铸等编译：《莱布尼茨和中国》，福建人民出版社，1993 年，第 138 页。

份对他们日常事务毫无文采但准确无误的描述,也一定会让我们备受启发,这在我看来比了解不少学者热衷的古希腊罗马人宗教仪式和用具有用得多。"①

从这个基点出发,他对中国的一切简直着了迷,这里既表示出了他那宽阔的文化视野、平等的文化态度,也反映了一个科学家的好奇、认真。

《中国近事》出版以后,在知识界和文化界都产生了影响,给莱布尼茨带来不少声誉②。同时,也使他深深地卷入了有关的中国事务当中,他甚至开玩笑地说,应在他的门前挂一个"中国事务办公室"的牌子。

摆在读者面前的这本论文集就是当代中国学者和国外学者就《中国近事》所展开的一次研究,是北京外国语大学海外汉学研究中心和德国波茨坦莱布尼茨文集编辑部联合召开的一次国际学术讨论会的成果。我作为会议的主持人之一,在这里感谢我的同行德国波茨坦莱布尼茨文集编辑部的主任鲁道夫先生和国际著名的莱布尼茨研究专家、柏林工业大学的教授李文潮先生与我们海外汉学研究中心的精诚合作,感谢我们汉学中心的几位同仁。我们希望这只是我们合作的开始,由此而开创了一个中国学者和德国学者共同研究莱布尼茨的新局面。

张西平
丁亥年正月十五于北京

（笔者主编《莱布尼茨思想中的中国元素》序言,大象出版社2010年出版）

---

①Heraugegeben von Rita Widmaier, *Leibniz Korrespondiert mit China*, p. 213。
②李文潮、〔德〕H. 波塞尔编:《莱布尼茨与中国——〈中国近事〉发表300周年国际学术讨论会论文集》,科学出版社,2002年,第272—292页。

"为了照亮我们这个时代的历史"

　　莱布尼茨(Gottfried Wilhelm Leibniz,1646—1716)是 17—18 世纪欧洲最伟大的科学家和哲学家之一,是一位百科全书式的伟大人物,被后人誉为"是一个千古绝伦的大智者"。在莱布尼茨的学术生涯中,对中国的关注与热情是其整个学术思想的重要方面。作为哲学家,莱布尼茨看重的是中国和欧洲两大文明和文化的交流,认为欧洲人和中国人各有长短,"他们以观察见长,而我们以思考领先;正宜两好合一,互相取长补短,用一盏灯点燃另一盏灯"①。

　　开阔的学术视野、博大的文化胸怀,使莱布尼茨成为当时欧洲知识界中"以最大的顽强精神持之以恒地关心中国的人"。不可否认,莱布尼茨在许多方面把中国理想化了,这是在文化交流中所必然出现的现象,但当时他对中国的认识也并不都是一种闭门所思的乌托邦幻想。我们从莱布尼茨的书信中可以得知,他了解中国信息的渠道很多,不仅和入华的耶稣会士如闵明我、利国安、白晋、洪若翰、杜德美、刘应等有直接的通信,与当时耶稣会在欧洲东方传教事务的负责人维利乌斯、郭弼恩有着密切的交往,而且和当时普鲁士驻俄罗斯的外交官,以及荷兰、英国与中国有着外交与商业关系的人物都有着广泛联系。我甚至认为他掌握的有关中国的信

---

① Herauegegeben von Rita Widmaier, *Leibniz Korrespondiert mit China*, p. 12, Frankfurt am Main 1990.

息可能比耶稣会在欧洲东方传教事务的负责人维利乌斯以及郭弼恩还要多些,至少我们可以说莱布尼茨是当时欧洲掌握中国情况最多的人之一。正因这样,当代法国著名学者艾田蒲说:"在1700年前后关注中国的人之中,莱布尼茨无疑是最了解实情、最公平合理的一个,他的著作也是惟一一部我们今天还可以阅读的著作。"①

　　《中国近事》正是一部这样的著作。这部著作是1697年出版的,语言为拉丁文,原文书名为 *Novissima Sinica*: *Historiam nostri temporis illustratura*。第一版出版时除了莱布尼茨撰写的著名序言外,还收集了传教士所写的五封信和曾作为俄罗斯外交官员到中国访问过的荷兰商人伊德斯所写的俄罗斯考察团在中国的旅行报告。两年后(1699),莱布尼茨就出版了《中国近事》的第二版,把白晋的《中国现任皇帝传》(即《康熙皇帝传》)翻译成拉丁文后收入了其中。

　　莱布尼茨出版《中国近事》的思想意图是很清楚的,这就是告诫欧洲思想和宗教界,要了解中国,学习中国的长处,促进欧洲和中国两大文化的交流。正如他在序言中所说:"我认为这是命运之神独一无二的计划,人类文明和最高雅的文化今天应该汇集在我们大陆的两端,即欧洲和位于地球另一端的东方——'Tschina'(人们这样称呼它)。也许天意注定如此安排,以至于当这两个文明程度最高和相隔最远的民族携起手来的时候,也会把它们两者之间的所有民族都带入一种更好的生活理念。"

　　莱布尼茨的《中国近事》出版已经300多年了,已经有了关于莱布尼茨为这本书所写的序言及白晋所写的《康熙皇帝传》的多种译本,也有了对这本书较好的研究著作。但很遗憾,至今我们还未看到一个完整的拉丁文的全译本,无论是英文、德文或是法文。现

①〔法〕艾田蒲著,许钧、钱林森译:《中国之欧洲》上册,河南人民出版社,1992年,第385页。

在《中国近事》的第一个全译本在中国，以中文形式出版了，这是一件很值得庆贺的事，就是莱布尼茨在九泉之下，也会欣慰。

莱布尼茨应是欧洲在传教士之外的第一批汉学家，《中国近事》应是德国第一本汉学著作，我们研究的视野应将中国的基督教史或者说中国的近现代史和欧洲的早期汉学史或者说欧洲的近现代史放在一个历史的平面上加以考察。近年来在经济史的研究中已经这样做了，如弗兰克的《白银资本》、彭慕兰的《大分流》。但在文化和思想研究中还没有这样做。相反，一些学者用萨义德的"东方主义"来全面否认西方汉学，并以拒绝"欧洲中心主义"为由，否认传教士汉学文献的重要性。这显然是片面的，实际上正是从明清间入华的耶稣会士开始，西方人才真正意识到中国文明的伟大与悠久，如果说西方人在美洲发现的是土地，那么在东方发现的是文明。不可否认，传教士的汉学著作有着强烈的宗教色彩，但正是从传教士汉学开始到今天的绝大多数汉学家对中国文化的不断研究，才打破了西方中心主义的壁垒。当然，无论传教士汉学还是今天的西方汉学中，站在西方中心主义的立场，甚至以一种殖民主义的心态来看待中国、研究中国文化的大有人在，这在19世纪的汉学著作中特别明显。但不能由此就像萨义德那样，把整个西方汉学意识形态化，将西方汉学全部判断为"沾着殖民主义血的学问"，从而否认了从传教士汉学开始，西方汉学在对中国的认识进程中实际知识的进步与发展，否认了从16世纪开始，经传教士所介绍到西方的中国文化对催生欧洲近代文化形成所起的重要作用。而否认了这一点，恰恰是加强了西方中心主义，忘记了从16世纪开始，全球已经初步具备了全球化贸易的背景下中西思想与文化的互动与影响。这说明我们在使用后殖民主义理论去说明传教士汉学时，在说明17—18世纪的欧洲中国形象时，应对萨义德的《东方学》做一种批判式的理解。

读一下莱布尼茨的这本书吧！这就是我们出版《中国近事》一

书的学术意义,我们应将欧洲早期汉学史和中国基督教史放在一个平面加以研究,不仅研究中国的变化,也应研究欧洲的变化。莱布尼茨在《中国近事》里的论述表明,欧洲近代思想的形成并不是上帝只把金苹果给了西方人,而是在欧洲吸收了东方思想,特别是中国的思想后才形成的。这实际上从根本瓦解了"西方中心主义"。从莱布尼茨对中国文化的理解中,我们可以看到17—18世纪欧洲对中国文化的接受,除去它自身的文化原因以外,也从另一面说明中国文化本身的价值和特点,它的历史观、宗教观都比西方中世纪的历史观和宗教观有着更多的合理性。

（改写后作为〔德〕莱布尼茨著,〔法〕梅谦立、杨保筠译《中国近事:为了照亮我们这个时代的历史》中文本序,大象出版社2005年出版;部分内容发表于2005年9月1日《光明日报》）

澳门史研究的新进展

——读《澳门编年史》

当我拿到由吴志良、汤开建、金国平三人主编的《澳门编年史》时,第一印象就是震惊。厚厚的六卷本,3240页,总字数逾300万字,这样厚重的学术著作在今天的中国学术界并不多见。三人合作,历时五年,中文专家和西文专家如此紧密的合作,带领十余人的团队,这样的学术给合,在学术界也不多见。由此,这本书深深地吸引了我。这些年来我做中西文化交流史、中国基督教史和西方汉学史研究,澳门自然是我关注的重点,拿到这样的著作,有种迫不及待的感觉,十余天来闭门谢客,在一页一页的阅读中,澳门四百年的历史画面慢慢展现在我的眼前。

我认为《澳门编年史》这部著作有三大特点,特别引人注目:

第一,《澳门编年史》全面总结了近三十年来中外学术界澳门研究的最近学术成果。澳门研究像澳门的历史一样悠久,近三十年来,尤其是澳门回归前后,澳门研究开始呈现出井喷式的爆发。《澳门编年史》站在学术的最前沿,对百余年来的澳门研究成果和近三十年研究的最新进展都给予了关注,如汤开建所说"我们引证的以往研究著作及论文(含博、硕士论文)计有650种以上,早至龙思泰、徐萨斯的作品,晚至2008年出版的《澳门史新编》诸多专家

的研究成果和 2009 年出版的博士论文。"①这话是有根据的,改革
开放以来关于澳门研究的代表性的学术成果都纳入了编者的视
野,从上世纪八九十年代的澳门研究著作,例如戴裔煊的《〈明史·
佛郎机传〉笺证》、邓开颂等人的《粤澳关系史》、黄启臣等人的《澳
门经济四百年》等,到近年来的研究新作,如戚印平的《日本早期耶
稣会史研究》《远东耶稣会史研究》、万明的《中葡早期关系史》、张
铠的《中国与西班牙关系史》、董少新的《形神之间:早期西洋医学
入华史稿》等研究成果的要点都收入书中。由于编者地处澳门,对
澳门研究的中文学术专著的了解和掌握要远远高于一般内地澳门
研究学者,书中所引用的 209 种中文学术专著中,在台湾、香港和
澳门出版的著作就有 93 部,几乎占了一半,基本上将澳门研究的
最新中文成果吸收无遗,例如罗光主教、方豪神父早年在台湾出版
的关于中国教会史的重要著作,近年来苏精在香港出版的关于早
期基督教来华著作都被编者所引用。这样的知识含量是一般澳门
学研究者所不具有的。

　　《澳门编年史》所以具有开阔的学术视野,对近三十年来澳门
研究了如指掌,与三位主编本身就是近三十年来澳门研究的领军
式的学者身份分不开。吴志良的《澳门政制》《生存之道:论澳门政
治制度与政治发展》,汤开建的《澳门开埠初期史研究》《明清士大
夫与澳门》《委黎多〈报效始末疏〉笺证》,金国平的《西力东渐:中
葡早期接触追昔》《中葡关系史地考证》,以及金国平和吴志良共同
出版的《东西望洋》《过十字门》《镜海飘渺》《早期澳门史论》等,已
经是澳门研究和近代中西文化交流史研究的代表性成果。编者本
身所具有的学术视野使他们在择取学术界的研究成果时有见地、
有选择,在选择学界的研究成果时并不是一味地抄录,而是"采摘

----

①吴志良、汤开建、金国平编:《澳门编年史》第 1 卷,广东人民出版社,2009
　年,前言第 8 页。

上述研究的精华,将其准确的史实表述、精当的历史考证、真实的原档翻译纳入编年史中……"①对近百年来庞大的以澳门为中心的中西文化交流的研究成果有序、兼容地选择和编辑并非是件容易的事,这对编者的学术功底和学术见识都提出了不少的挑战。应该说,编者还是很好地完成了这个任务。

我们可以从编者如何处理澳门历史研究中的争论和不同意见上看到这一点。例如关于 Tamão,即葡萄牙初抵中国地的问题,作者将各种观点如实列出,从最早的龙思泰的观点到最新的 2006 年黄薇的关于上川岛"石笋"的研究论文,共列举了中外学者十八人的不同观点,使读者可以清楚了解到在这个重要问题上研究的进展。又如关于妈阁庙的创建时间也是学术界长期争论的问题,编者在处理上采取了兼纳百家的方法,在注释中罗列出四种近十人的不同观点。在处理这些不同意见时,编者也表达了自己的学术观点,认为"以上四说,景泰、天顺间说推论多于实证,其说欲立,尚需确实材料证明;弘治元年说应该说是没有史料依据的,仅凭清末民初一学者并不可靠的记录而定该庙创建于弘治间,是不足为凭的。第三说所征引的葡萄牙文、法文及意大利文的原始资料记载,如果不存问题的话,应该可以相信……"第四种说法,编者认为根据新的研究来看它是将妈阁庙的重修时间误认为创建时间②。兼容而不失自己的学术态度,陈列各家而不流于简单描述,在这里我们看到了编者的学术立场。

编者的这种严谨的学术态度最明显地表现在对以往学界研究成果的公允的批评上。编者在开始做这件工作时,所面对的就是葡萄牙学者施白蒂所出版的《澳门编年史》,编者坚持严肃的学术立场,对前人研究成果不盲从、不轻弃,而是从历史的事实出发,展

①吴志良、汤开建、金国平编:《澳门编年史》第 1 卷,前言第 8 页。
②吴志良、汤开建、金国平编:《澳门编年史》第 1 卷,第 141 页。

开客观的学术批评，一方面公正地指出了这部著作的价值所在，另一方面也客观地指出"施白蒂的《澳门编年史》是一部存在着严重缺失的澳门史著作，其中译本存在的问题更多"。接着编者从六个方面逐一做了批评。这些批评充分说明了编者这个学术团队的国际学术视野，对中外文研究成果的充分掌握，以及自己在澳门研究中所积累的学术见识与观点。每条批评都有理有据，读后使人信服。同时，编者在全书的编写中仍然使用了施白蒂《澳门编年史》中具有可靠性的学术成果。在一正一反之中表现出了编者有原则而又公允的学术立场。

兼容而不流于盲从，批评而不走向极端，对近百年的澳门研究史料和成果了解于胸，坦然面对，严谨处理，井然安排，这就使得《澳门编年史》绝不是对以往研究的简单汇集，而是在编者深入研究的基础上对近百年的澳门研究成果的系统梳理，对近三十年来澳门研究的新成果的认真总结。在这个意义上，可以说《澳门编年史》是今后学术界展开澳门研究的最佳的工具书，是今后学术界深入展开澳门研究的出发点。

第二，《澳门编年史》系统公布了近年来澳门研究的新史料。如果认为《澳门编年史》只是将近百年的澳门研究成果做了个汇集，那就完全没有读好这本书。这本书的另一个亮点就是首次系统地发布了近年来关于澳门研究的大量新发现，介绍了新翻译的中文、外文文献。其所发布文献数量之多、内容之新，相信每一位细心的读者都会为之震惊。就中文文献来说，编者不仅仅引用了这些年新出版的一些关于澳门的新文献、新档案，如《明清时期澳门问题档案文献汇编》《中葡关系史资料集》《澳门专档》《广东澳门档案史料选编》《清中前期天主教在华活动档案汇编》《欧洲所藏雍正、乾隆朝天主教文献汇编》《葡萄牙图书馆档案馆藏中文文献》《香山明清档案辑录》《金石铭刻的澳门史——明清澳门庙宇碑铭钟铭集录研究》，更为重要的是编者还在书中公布了一批从未整理出版过的明清中文刊本、抄本和稿本的文献材料，"如张本的《五湖漫录》、刘尧诲的《督抚奏议》、韩霖的《守圉全书》、邓士心的《心月轩稿》……"①特别引起我注意的是，在书中还公布了一批长期藏在海外各国档案馆中的关于澳门的中文文献。例如，当年准备跟随比利时来华耶稣会士去欧洲的陆希言（后因故未能成行）在澳门期间写下了《澳门记》，这篇文献后被殷藩辑录到《开天宝钥》中。这是一篇稿本的文献，笔者在巴黎国家图书馆查阅文献时曾读过，它近期被收入《法国国家图书馆明清天主教文献》一书。不出半年编者就将其收入《澳门编年史》，使国内学者可以读到这篇极其珍贵的历史文献。又如，清中期澳门的商人和主要的商铺写给葡萄牙国王的《书呈大西洋国王书（1809）》是藏在葡萄牙海外历史档案馆的中文文献，《澳门编年史》也予全文刊出。这样的例子还可以举出很多。所以，说"《澳门编年史》的完成，我可以将其视作澳门历史研究的一个阶段性的总结"②，这个判断是很确实的。

系统地公布了一大批关于以澳门为中心的中西文化交流的外文文献和史料是这本书在文献上的另一大特色。一方面，编者在书中大量择引了近年来翻译出版的关于以澳门为中心的中西文化交流的翻译著作，我统计了一下，书中所引用的外文翻译著作有106种，外文译文有86篇。笔者所在的北外海外汉学研究中心近十余年的翻译成果基本上都被采用。除了在中国大陆出版的译著和译文以外，书中还大量吸收了在香港、台湾和澳门出版的著作和译文的成果，如程绍刚的《荷兰人在福尔摩沙：1642—1662》、江树生的《荷兰台湾长官致巴达维亚总督书信集》等，这些译著中国大陆学者不易看到。由澳门文化局所主办的《文化杂志》成为该书外文文献的一个主要来源，这些说明编者充分利用了身处澳门的地

---

① 吴志良、汤开建、金国平编：《澳门编年史》第 1 卷，前言第 6 页。
② 吴光良、汤开建、金国平编：《澳门编年史》第 1 卷，第 11 页。

缘优势,较好地利用了港澳台三地的外文翻译文献。另一方面,读者要特别注意的是,编者在编写该书的过程中还亲自组织了一批青年学者直接翻译了一批外文著作和文章,这主要是博克赛《来自阿妈港的大帆船》、索萨的《帝国的幸存》等22种西文文献。在这个过程中金国平作为编者之一发挥了重要的作用,他所翻译的《西方澳门史料选粹(15—16世纪)》等一大批西文文献构成了《澳门编年史》的重要新史料来源。

　　注重原始文献,挖掘外文文献,立足新文献,发现旧文献,《澳门编年史》在文献的收集和发掘上,在目前的水准下可以说几乎做到了"竭泽而渔"。在这个意义上《澳门编年史》是一个展开中西文化交流史研究的宝藏,它给中文学术界的每个个体学者提供了前所未有的广阔天地,就文献的丰富性来说,这是任何一个个体学者很难达到的高度。在这个意义上,我们应该感谢《澳门编年史》惠泽学林的成就、以学术为公器的胸怀。

　　第三,开拓了中国编年史研究的新模式。中国史学有着悠久的编年史的传统,如编者在前言中所说:"中国的编年史传统源远流长,有左丘明《左传》式编年史,有司马光《资治通鉴》式的编年史,有商辂《资治通鉴纲目》式的编年史,还有李焘《续资治通鉴长编》式的编年史。"编者明确指出:"我们采用的大致就是李焘《续资治通鉴长编》的形式……"①德国汉学家普塔克在评价《澳门编年史》时,对其编年体例给予了较高的评价,他说:"本书既遵循了这些传统体例,又有自己的突破和创新,具有典型的'澳门特色'。主编们小心照顾各方需求,力图形成一个能反映'澳门独特性'(Macau identity)的综合体。简言之,他们创造出一种独特的体例,为未来编年体史书的编撰提供了一个突出的范例。"②那么,这种"澳门特色"的编

①吴志良、汤开建、金国平编:《澳门编年史》第1卷,前言5—6页。
②同上书,普塔克序第6页。

年体例的创造性表现在哪里呢?

笔者认为,以下三点最为突出。首先,编者认为《澳门编年史》是中国史的一部分,这样以中国纪年为纲,同时考虑到澳门地处中西文化交流的前沿,编年中引用大量的西文文献,涉及大量欧洲史的内容,故以西方历史纪年为目。因此,这部编年史是中国历代编年史中首次采用中西纪年混合的编年史,这应是一个创造。这个创造十分重要,不仅仅使读者在阅读中有一个清醒的中西纪年认识,更重要的是凸现出编者的一种全球史观研究理念,这点下面我会详细展开。其次,《澳门编年史》在编写中将中国传统编年方式灵活混合使用,不拘于一种固有的编年形式。如编者所说:"本编年史突破一般编年史的体例,书中糅合三种叙事方式:一是编年叙述,即按照档案史料编纂叙述史实过程;二是'史料长编',即反映澳门历史的重要文件、信函及游记等全文记录,转存史中;三是观点胪列与史料考证,即对在学界争论较大的澳门历史问题,均在注释中客观罗列学界主要观点,一般不作评判,但本书编者的观点,则在正文予以叙述。"①这样一种具有创造性的混合编年方法取得了十分明显的效果,使这本编年史不仅成为澳门研究的案头必备工具书,也成为澳门研究的最新文献汇编,成为澳门研究的最新学术进展评述,这无论对于资深的学者还是对于初入门的研究者都是十分方便的和有价值的。第三,《澳门编年史》单设"索引"一卷,这在中国传统的编年史中是从来没有的,特别是书中的人名和地名索引十分重要,这给阅读者和使用者带来了极大的方便。

《澳门编年史》在编年体例上走中西合璧之路,兼顾中西文化特点,创造性地开拓出了一种新的中国编年史的体例,这对于今后编写中国近代编年史、近代中国中西文化交流史、中国基督教史和西方汉学史都有较大的借鉴意义。

---

① 吴志良、汤开建、金国平编:《澳门编年史》第 1 卷,凡例第 1 页。

　　笔者才学疏浅，面对这部六卷本的洋洋大作，实在难以全面给予评价，但阅读完全书后，喜悦之情和学术的冲动仍难以平静，在这里有两点体会愿与读者分享。

　　首先，《澳门编年史》会通中西所取得的成绩，在当代世界的中西文化交流史研究上必有一席之地。澳门虽弹丸之地，但它是中国近代中西文化交流的起点，其历史涉及中西，是研究近代中西文化交流史的核心与难点。在这个研究领域长期以来中外学者各持一端，分别在中文文献研究领域和西文文献研究领域取得了较好的成绩，但由于澳门是处在中西文化的交汇点上，仅依靠中文文献展开研究和仅依靠西文文献展开研究都无法从总体上把握澳门发展的历史、中西文化交流的全局。这个问题长期以来困扰着中国和欧美的学者。在中国学者中也不乏外语较好的研究者，但那种同时掌握多国语言又熟悉中国近代历史的学者毕竟是凤毛麟角；而外国学者中也有中文较好的汉学家做澳门史研究，成绩不凡，但要让其熟读明清文人笔记，全面掌握中国文献也是强人所难。由澳门开启的中西文化交流史涉及宗教、历史、科学、艺术、法律、贸易、军事、文学等多学科、多方面，任何一个个体学者都很难全面把握。长期以来澳门研究基本上中西自我言说，西方学者以西文文献为主，展开研究，自成一个圈子；中国学者以中文文献为主，展开研究，自成一个圈子。《澳门编年史》的出版打破了百年来澳门研究的基本格局，由中国学者第一次将中国文献和西文文献汇总为一体，全面系统地概述了澳门四百年历史。这是一个很了不起的贡献，至今西方学术界尚做不到这一点。新近出版的施白蒂的《澳门编年史》之所以是一部有严重错误的编年史，就在于他完全不懂中文，显然，这样的澳门编年史是无法取得中外学术界的认可的。在这个意义上我们可以说，《澳门编年史》不仅仅是中国明清史和中国编年史研究的新突破、新进展，同时在世界学术的范围内，在整个世界的中西文化交流史研究范围内，在全球的澳门史中，这部书都是有其重要学术贡献和学术地位的,这是近三十年来中国学术界在人文社科学术研究领域取得的重大成果之一。或许对近代中西文化交流史研究不太熟悉的学者会感到我说得高了,其实只要将这本书放在西方的中西文化交流史研究、欧美的澳门史研究的领域一看就很清楚了。

在全球化日益成为我们生活现实的今天,在中国近三十年来以前所未有的速度融入全球发展的今天,全球化史已经成为学术界关注的一个热点。近代中国全球化史的起点在哪里?在澳门。《澳门编年史》的重要价值就在于它提供给了我们近几百年中国融入全球化史的全景画面,在这里我们不仅可以读到中西初识时的相互惊讶和欣赏,也能读到西人在强大的明清王朝面前所不得不采取的完全区别于他们在南北美洲的野蛮强盗行径的对策。放下了刀枪,拿起了笔杆,由此开启了近代全球化初期少有的国家民族之间的较为平等的对话与合作的历史,这是一段在全球化历史中少有的特例,从而给今天的历史以极大的启示。历史证明资本永远是贪婪的,全球化的规则是在血与火的较量中走向文明的,《澳门编年史》不仅给我们展示了文明间平等对话的历程,也给我们展示了西方列强在南中国海的血腥争夺、晚清时期西方列强对中国的百般蹂躏。

四百年澳门史是近代中国历史的一面明镜,是中国融入全球史的一幅真实画卷。全球史本质上是国家、民族与文化之间互动的历史,由此,以西方为中心的全球史就受到根本的质疑,在这个意义上澳门研究已经突破了它的地域性,它展示了近代以来中国与西方国家互动的历史,因此《澳门编年史》是中国学术界全球化史研究的新开拓。

(发表于《澳门研究》2011 年第 1 期)

在历史中探中西会通
在神圣中究天人之际

梁启超有一句名言:"今日之天下,则必以译书为强国第一义,昭昭然也!"这话的确不错,清末民初如此,五四如此,现在也是如此。从20世纪80年代以后,翻译西学书成为当时学术之大业。那时我自己也身在其中,翻译了一些西学书,自己感觉也不错。自从20世纪90年代我的学术方向转向中西文化交流史研究和西方汉学史研究以来,翻译书仍是我做的主要工作,但内容完全变了,此时翻译的是汉学著作。对于我组织的一些西方汉学名著的翻译,虽然学界好话不少,但批评之声,从未停止。慢慢地我悟出,翻译西方汉学的著作实际上要比翻译西方文化的著作难。何言之?有三点:其一,西方汉学著作的翻译对翻译者的中国传统学术和文化修养的要求要比翻译西学著作高,这是很自然的。正像翻译西学书要求译者有较好的西学功底一样。由于时代和教育的原因,对自己文化的冷漠与疏远已经严重地影响了几代人的中国传统文化修养,特别是对外语专业出身的人来说,这表现得很突出。这些人翻译西学著作时尚无大的困难,一旦面对西方汉学著作的翻译,其知识与文化的不足就表现出来了。现在年轻一代的学者已经很难达到像许渊冲、杨宪益那样中西兼通的程度,其间翻译汉学的苦衷是翻译西学的人所无法体会的。其二,汉学著作翻译中的回译对翻译者提出了很高的要求,这在西学翻译中是完全没有的。由于汉学家所使用的中国典籍的版本既有中文版，又有各种外文的翻译版本，这常常使翻译者为难。特别是对书中有关中国传统文化的短语的翻译，这些短句、短语一般作者并不标出文献出处，这使译者完全无法回译，稍一随意就会闹出些笑话。其三，汉学著作中的人名、官职和地名尤为难译，因为西方的拼音系统完全和我们不同，既有罗马拉丁文拼音，又有威妥玛—翟理斯系统的拼音，在传教士汉学中就更为复杂，很多人名、地名的拼音是意大利文、葡萄牙文和西班牙文的，处理起来很难，很多翻译的高手大都在这里翻过船，出过一些常识性的错误。

汉学著作的中译本的阅读者主要是从事中国传统文化学术研究的人，他们一般要比汉学著作的翻译者学术水平高、阅读范围广，这样西方汉学的中译本一出版就进入了众多高水平读者的视野，众目睽睽之下，翻译者的疏漏几乎无法逃脱。这和翻译西学完全不同，翻译海德格尔的著作，也有高手阅读，期间的翻译错误也会被发现，但绝不会像西方汉学著作的中译本这样要面对如此多的高水平阅读者。

之所以这样说，并不是为西方汉学著作的中文翻译者所犯的错误辩护。学术乃天下公器，作品一旦出版就不再属于翻译者个人，读者、公众都可以说三道四，由此学术方可进步，翻译方可日臻完善。但读者应该知道翻译汉学著作的特点和难处，在指出译者翻译不足的同时，多一些理解和善意还是应该的。

这样的想法在我翻译完基歇尔的这本《中国图说》以后就更加强烈了。这本书从2001年翻译起，已经历时八年。我和我的合作者始终不敢拿出手，交给出版社。因为，这本书从知识上来说涉及的学科太多，基歇尔这个被称为文艺复兴时代的最后一个伟人的耶稣会神父，可以说他把文艺复兴时代那种百科全书式的研究方式发挥到了极点，他一辈子写了四十几部书，天文地理、宗教艺术、科学自然简直无所不通。他这种天马行空式的写作风格，在《中国图说》中达到了炉火纯青的地步。书中既有基督教普世主义的那种幻想，又有他从他的学生、朋友那里得到的关于中国的真实知识。现在葬在杭州的西儒卫匡国跟他学过数学；第一个到过拉萨的匈牙利传教士白乃心和他一直保持通信；中国南明王朝派往罗马的第一个使臣卜弥格是他的汉语老师，在南京教案中被沈榷打了几十大板的葡萄牙传教士曾德昭返回罗马后成为他的朋友，可以说他几乎是当时罗马城中最了解中国的神父了。但当基歇尔把所有这些材料编排在《中国图说》中时，在他夸张的叙述和极高的想象下，中国成了远方的乐土，东方成了神奇的土地，华夏成了诺亚的后裔。

　　面对书中这样广阔的知识，这种想象和真实混杂交织而难以分辨的文本，翻译起来真是战战兢兢，不知何时自己会陷入陷阱之中。我和我的同事们在翻译时极为小心，深知自己的知识和学术背景离翻译好这本书还有很大的距离。初稿完成后，为了确保没有常识性的错误，我将翻译稿寄给了新疆大学的牛汝极教授，因为书中有大量的关于景教在中国的内容，而他是这方面的专家。我给北大的荣新江教授打了电话，希望他能看看书稿中关于西安大秦景教碑的有关内容，因为这是唐代研究中的重要问题。四年前的一个春天，我专程到了中央民族大学，拜访了伍昆明教授，请教书中有关白乃心所写的西藏的内容。很有幸，这些朋友全都帮助了我，他们或来电话，或写信，指出了我们翻译中的一些错误和问题。在这里我要特别感谢这些学界的朋友们的帮助和指点。

　　由于我所翻译的底本是英文版，在翻译中我对照了国家图书馆缩微阅览室所收藏的这本书的拉丁文版胶片，发现英文版翻译者在翻译中问题不少。为此我又将我们的译本送给我的朋友奥地利汉学家雷立柏博士，希望他能根据拉丁文本校对一下译稿，雷立柏博士是个水平很高的语言学家，他不仅帮助我审阅，还对书的出版给予了资助。他认为这是西方汉学中一部很值得翻译的著作。2006年我应德国著名汉学家施寒微教授的邀请，来到他任馆长的欧洲闻名的 Herzog-August-Bibliothek 图书馆访问，这个图书馆以收藏 16—18 世纪的欧洲稿本图书和摇篮本图书而著称，几乎 16—18 世纪西方关于中国的图书都可以在这里找到。图书馆坐落在 Wolfenbütter 小城之中，施馆长对我十分照顾，让我住在德国启蒙运动时期著名的文学家莱辛（Gotthold Ephraim Lessing）住过的房子中，因为莱辛和莱布尼茨（Gottfried Wilhelm von Leibniz）都曾在这里任过馆长，为了表示纪念，图书馆分别以他们的名义命名了访问学者所住的客房。在这里我第一次看到了《中国图说》1667 年的拉丁文版原版和 1670 年法文版的原版。这本书当时印制得如此精美实在令我惊讶，为了一饱眼福，我将这两本书一页页地翻了整整一周，夏日小城的幽静和《中国图说》早期两版的美图成为我这次访问德国的永恒的记忆。在这次阅读中，我已经发现 1670 年的法文版和 1667 年的拉丁文版的不同主要在于，1670 年法文版后附有一部仅由汉字注音所构成的法汉字典。这部词典是谁作的呢？2007 年在意大利罗马大学访学时马西尼教授告诉我，1670 年的法文版的字典具有重要的价值，他曾有过专门的研究，至今仍无法论证出其中法汉词典的作者，但他认为这个法汉词典无论在西方汉学史上，还是在中国语言史上都具有重要的学术意义。在他的建议下，我让从北外法语系毕业，后在我这里读研究生的全慧同学将法汉词典按照注音复原了汉字。后来考虑到这种做法难免有误，只好仍将法汉词典的原貌保留，作为附录放在书后，这或许是世界上第一部法汉词典。

　　2008 年夏天我再次来到罗马，希望找到基歇尔的博物馆，最终我的博士生杨慧玲找到了这个坐落在一所中学里的基歇尔博物馆。这里的人已经基本不知基歇尔的具体情况，只知他是个古代名人而已。所谓的博物馆不过是一个教室的一角，基歇尔的文物所剩无几。"昔人已乘黄鹤去，此地空余黄鹤楼"，人去楼空，这位 17 世纪最著名的欧洲早期的汉学家只存在于历史的记忆中了。

2008 年年底最后一次校对书稿时,在北大图书馆的张红杨老师和我的好友、国家图书馆的程真的帮助下,我再次将英文版和 1667 年的拉丁文版、1670 年的法文版做了对照,并写出一个三种版本的对照说明,作为附录放在书后。因为我们这次出版的《中国图说》虽然翻译的底本用的是英文版,但实际上已经将 1667 年版和 1670 年版的部分内容也放入了书中,并且根据拉丁文版对英文版做了部分的修订。

20 世纪 80 年代我翻译过卢卡奇的《历史和阶级意识》,当时大约两年就基本完成了,而手边这个西方汉学的奠基著作《中国图说》,我和我的同事们用了整整八年时间。由此,我感到翻译好一部汉学著作是很不容易的事。严复在《天演论》中说:"译事三难:信、达、雅。求其信已大难矣,顾信矣不达,虽译犹不译也,则达尚焉。……此在译者将全文神理融会于心,则下笔抒词,自善互备。至原文词理本深,难于共喻,则当前后引衬,以显其意。凡此经营,皆以为达,为达即所以为信也。"①"信、达、雅"可谓译事的最高境界,我们这部汉学著作的翻译离这个境界还相差很远,虽经八年之努力,但即便到今天我对自己的译本仍抱着极为谦卑的态度,一旦它正式出版,我将更加诚惶诚恐,等待着学界的批评。

在书出版之际,我感谢在这八年中对我们这部译稿关心的所有人,感谢为这本书的翻译提供过各种帮助的基金会和学者。仅此将这本书作为我自己六十甲子的一个纪念,作为我和我的同事们献给学术界 2009 年的一个新的礼物。

　　　　　　　　　　　　2008 年 12 月 28 日写于北京游心书屋

　　　　(〔德〕基歇尔著《中国图说》中文版译后记,大象出版社 2010 年出版)

---

① 严复:《天演论》,商务印书馆,1981 年,译例言第 11 页。

认识西方文化的艰难步伐

——读吴伯娅《康雍乾三帝与西学东渐》

中国文化和西方文化的实质性交流应始于明末清初的耶稣会入华。荷兰当代汉学家许理和认为这是中西文化之间最纯粹的一次文化交流。胡适则认为"17世纪耶稣会在中国的巨大成功，就是文化间一见钟情的好例子"①。胡适说得不错，徐光启第一次见到圣母的西洋油画时，久久凝视而不离去；晚明大儒冯应京读到利玛窦的《天主实义》时，爱不释手，马上翻刻；李卓吾曾几次和利玛窦见面，帮其修改奏书，赠其诗文，称他为"极标致之人"。三棱镜的神奇，红衣大炮的威力，《几何原本》的实用，天文观测的准确，如胡适所说："科学上的胜利，大大地推动了基督教的传播，为它赢得了不少当时最富才华、思想严谨的学者。"②

近日拜读吴伯娅的《康雍乾三帝与西学东渐》一书，对西方文化在明末清初的传播与接受有了一番新的认识。这本书有两个特点使你读起来爱不释手。

第一，她把研究的对象聚焦在清代前期的三个皇帝身上，追溯他们对西学认识的历程，考察他们在面对西方文化时，内心所发生的变化以及这种内心的感受对其政策所产生的影响。这样使读者

---

① 胡适："The Chinese Renaissance"，胡适著，周质平、韩荣芳整理《胡适全集·英文著述（三）》第37卷，安徽教育出版社，2003年，第434页。
② 胡适：《中国的文艺复兴》，外语教学与研究出版社，2001年，第172页。

对当时西学东渐的大局有了一种宏观的了解与把握。康熙对西学的兴趣源于清初杨光先和汤若望的"历法之争";而雍正对传教士和西学的恶感和疏远,则是由于传教士穆敬远参与了皇子间的储位之争以及雍正本人佛教信仰的背景;乾隆虽然文武兼备,但已再无康熙那样对自然科学的兴趣,他自己也写诗自嘲"皇祖精明勾股弦,惜吾未习值髫年。而今老固难为学,自画追思每愧艵",西学只成了一种玩赏的对象。应该说,康雍乾三帝对西学的态度和他们自己的性格、兴趣都有着直接的关系。但作者没有仅仅停留在这一因素的分析上,因为一个帝王对外来文化的接受与认可或者是拒绝与排斥是和其整个统治政策连在一起的,这和个人对一种信仰的接受有着很大的不同。

例如,在谈到康熙对待天主教的态度时,作者认为康熙之所以对天主教较有好感是因为"耶稣会士的科学知识、对清廷的高效服务、合儒补儒的传教策略,使康熙对天主教产生了一定的兴趣和好感,并认定天主教不是邪教异端"[1]。这种态度和他所确定的"崇儒重道"的基本国策是一致的。"礼仪之争"发生以后,康熙的天主教政策发生根本性的转变,因为此时和罗马教廷的冲突和分歧已经"不仅仅是文化传统与宗教教义的矛盾,而且是中国封建皇权与西方宗教神权的冲突。教皇的禁令既是对中国的内政和文化传统的干涉,也是对封建皇权的挑战"[2]。康熙的禁教政策是在万般无奈的情况下提出的,罗马教廷的蛮横无理和错误决策,是重要的原因。通过这个例子我们便可理解作者在前言中所说的"本书不打算面面俱到地叙述康雍乾三朝的西学东渐,而是以康雍乾三帝为主体,细致地分析他们对待西方文化的心态及认识,系统地考察他们的西方文化政策的制定、执行、变化、影响的全过程,认真地比较

---

[1]吴伯娅:《康雍乾三帝与西学东渐》,宗教文化出版社,2002年,第129页。
[2]同上书,第154页。

他们祖孙三代的异同与得失,把他们的所思所想、所作所为和当时的国际国内形势联系起来进行考察,放到时代发展的大潮中进行审视与评估,以总结历史的经验教训"①。

　　对明清史的研究已经有不少好的著作,而以康雍乾三帝对待西学的态度和他们的西方文化政策为研究对象,这在国内还是第一本。中国近代文化的根本问题就是如何对待和处理与西方文化的关系问题,在这个问题上,不仅民间的态度,知识分子的态度有着重要的作用,最重要的是封建当权者的态度。实际上,他们的态度决定着整个民族的文化走向。胡适当年在总结中日两国现代化的不同历程时,他举出的第一条原因就是,日本在向西方学习的过程中"拥有一个强有力的统治阶层",而"中国则完全没有这样一个得力的领导阶层"②,由此形成中日两国完全不同的近代化历史。近年来,在中国明清史的研究中,越来越多的研究者将其研究的目光转向中国社会自身的变化,而研究清帝与外部世界关系的著作,研究清帝西方文化政策的制定与演变的著作尚不多见,吴伯娅的著作向这个方向迈出了可喜的第一步。

　　这本书另一个重点是对入华传教士的研究,作者以康雍乾三帝为中心,将凡和康雍乾三帝有过关系的传教士做了一个全面的梳理。在一定意义上这本书是对近十年来中国学术界关于明清之际入华传教士研究的一个总汇,使学术界对服务于清廷的传教士有了一个整体的了解。中西初识,其中介就是入华的传教士。人类各类文化间的交流在历史上很少采取纯粹的文化形式。战争、宗教、贸易是人类各种文化间交流的基本形式。在这个意义上,我们才能对传教士的宗教热情和宗教活动给予客观和历史的理解。在书中我们看到,在清宫中的传教士为了赢得清帝的好感,真是竭

①吴伯娅:《康雍乾三帝与西学东渐》,第4页。
②胡适:《中国的文艺复兴》,第157页。

尽所能。数学家、天文学家、兵器专家、音乐家、外交家、机械师、画师、工程师、绘图师、医药师,他们几乎无所不能,无所不会。正是经过他们的手,西方文化的方方面面才传入中国。以往的一些研究者认为,入华传教士所介绍的西方文化对当时中国文化和思想没产生多大的影响,这个结论现在正在被研究者所质疑。当年胡适和梁启超早就认为,清初学风之变、朴学兴起和西学的传入有着直接的联系,而胡适则把乾嘉学派作为中国文艺复兴的第一缕曙光。

　　由于中国大陆对明末清初中西文化交流史的研究是在上个世纪 80 年代才重新恢复起来的,在这个恢复性研究阶段,对前辈学者的学习,资料的重新整理,思想的重新调整都是必然的。在这个过程中,大陆学者的研究相对于台湾学者和国外学者来说有着一定的距离。但经过近 20 年的努力,随着学术界对明清史料的整理、对西文文献的翻译和出版,更多的学者开始涉足这一研究领域,研究范围和研究视角急剧扩大,从而使这一领域出现前所未有的繁荣。近期以来,金国平、吴志良、万明的澳门史研究,李天纲的礼仪之争研究,沈定平的明末中西文化交流史研究,曹增友的明清科技史研究,徐海松的清初传教士与中国士人关系研究,戚印平的日本耶稣会研究,计翔翔的传教士汉学研究,顾卫民的中国天主教编年史研究等等,这些成果令人目不暇接。大陆学者在这一研究领域已经有了长足的进步,其研究的视角,研究的深度,其文献的开拓都已是前十年所不可比,许多研究有着自己明显的特点。吴伯娅这本书就是一个典型,作者在史料的开拓上十分明显,她完全依靠第一手的档案文献,从而使其研究十分扎实可靠。吴伯娅的著作说明,在这一研究领域中,中国大陆学者的著作丝毫不弱于台湾和国外的研究者,其研究人员也不再局限于一个狭小的圈圈之中。学术乃天下公器。我相信在今后将有更多的研究者进入这个领域,将会有更广阔的研究视野,从而突破仅仅局限于入华耶稣会的研究，使我们看到在 400 年前，中西双方文化交流的全景。

（发表于 2003 年 8 月 6 日《中华读书报》）

展现清代生活的画卷

1688 年在巴黎所出版的葡萄牙入华传教士安文思的《中国新史》是西方早期汉学发展史上的一部重要著作。它与此前在西方出版的利玛窦和金尼阁的《天主教进入中国史》(1615),曾德昭的《大中国志》(1642),卫匡国的《鞑靼战纪》(1654)、《中国新图》(1655)、《中国上古史》(1658)一起构成了西方 17 世纪关于中国知识的最重要来源。国内学者计翔翔认为这部著作是西方早期汉学第一发展阶段的一个总结和第二发展阶段的起点,甚至认为它已经走出了传教士汉学的框架①。

从汉学的角度来看,他对中国的介绍更为系统和全面。从中国的名称、地理位置、历史、语言、风俗到中国的物质生活、矿产、航运、船舶及政治制度、国家结构等,安文思一一做了介绍,给西方人呈现出了一幅中国的全景式图案。安文思写这本书时已在中国生活了二十多年,对中国已有了较为深入的认识。由于他本人认同利玛窦的"合儒易佛"的传教路线,他对中国的文明给予了高度的评价。此书的原名为《中国十二绝》,实际讲的是中国的十二条优

---

① 计翔翔:《十七世纪中期汉学著作研究》,上海古籍出版社,2002 年,第 37 页,参阅计翔翔:《耶稣会士汉学家安文思及其〈中国新志〉》,《国际汉学》第 9 辑,大象出版社,2003 年。笔者认为西方汉学的发展经历了"游记汉学""传教士汉学""专业汉学"三个时期,安文思的《中国新史》在我看来仍处在"传教士汉学"阶段,尽管它已经达到了很高的程度。

点,即:

1. 中国版图广大(书中第二章);

2. 中国历史悠久(书中第三章及第一、五章的部分内容);

3. 中国的语言文字优美(书中第四章);

4. 中国典籍丰富(书中第五章)

5. 中国人有礼貌和教养(书中第六章);

6. 中国水运的便捷和公共工程的完善(书中第七章和九章);

7. 中国工艺制造精美(书中第八章);

8. 中国物产丰富(书中第十章);

9. 孔子的崇高地位和巨大影响(第十一章);

10. 中国政治发达(书中第十二至十五章);

11. 中国君主之伟大(书中第十六和二十一章);

12. 北京之宏伟(书中第十七至二十一章)。①

如果和他以前的著作相比,对北京的介绍最为详细,是这本书的重要特点。他不仅介绍了王府街、白塔寺、铁狮子胡同、鲜鱼口这样的街道,还详细介绍了皇城。包括皇城的大小,皇城中的二十座宫殿等。如果不是经常在皇宫中活动,绝不可能对它做如此细的描写。正因为安文思长期生活在北京,他的这些报道和描写不仅推动了当时西方对中国的认识,也给我们提供了许多了解和认识清代历史的细节和材料,这些在今天依然是很有价值的。

在谈到皇宫每年的赋入时,他给我们提供了下面这些数字:

1. 每年运进宫廷粮仓的米面达四千三百三十二万八千八百三十四袋;

2. 一千三十五万五千九百三十七个盐块,每块重五十磅;

①参阅计翔翔:《耶稣会士汉学家安文思及其〈中国新史〉》。

3. 两百五十八磅极细的朱砂；

4. 九万四千七百三十七磅漆……①

从这些数字中我们才能较为真实地感受到当年清宫生活的实际状态，这些数字是我们了解清宫经济生活的参考。

在谈到皇帝祭祀的仪仗队伍时，安文思的记述也十分详细。他写道："他的仪仗如下：首先，有二十四名执大鼓的人，分为两行，每行各十二人。下面的行列也是如此。其次，二十四名喇叭手，每行十二名。……第二十三，两千名文曼达林，一千名一队。第二十四，两千名武曼达林，全都穿着华丽的礼袍……"②这些文字给人一种身临其境的感觉，使我们对清代皇帝祭祀的仪仗队有了一种更为直观、具体的了解。

安文思的书还提供给我们许多珍贵的清史材料，一旦我们将这些材料和中文文献相互印证，就会补充中文文献的不足，从而加深我们对清代历史的认识。

安文思在书中说，1669 年 12 月 8 号，皇帝命三位官员到汤若望的墓地焚香，"其目的是向他作特殊的礼敬，又命令赐给当时在朝的三个神父（我是其中之一）三百二十五克朗，支付他丧葬的费用"③。此事《正教奉褒》中记载为："康熙八年十一月十六日，上遣礼部大员捧御祭文一道，至汤若望墓所致祭。利类思、安文思、南怀仁等供设香案跪迎，恭听宣读。其文曰：'皇帝谕祭原任通政使司政使，加二级又加一级，掌钦天监印务事，故汤若望之灵，曰：鞠躬尽瘁，臣子之芳踪，恤死报勤，国家之盛典。尔汤若望来自西域，晓天文，特畀象历之司，爰锡通微教师之号。遽尔长逝，朕用悼焉。

---

① 〔葡〕安文思著，何高济、李申译：《中国新史》，大象出版社，2004 年，第129 页。

② 同上书，第 174—176 页。

③ 同上书，第 130 页。

特加恩恤,遣官致祭。呜呼,聿垂不朽之荣,庶享匪躬之报。尔如有知,尚克歆享。'"安文思说,第二天康熙在宫中宴请大臣时,让他们三人也参加了宴会,他们坐在右面第三排的第一张桌。这点《正教奉褒》没有记载。

杨光先案是清初的大事,书中也有记载,安文思说杨光先"加给汤若望神父的一条大罪是,在制作天球仪时,神父没有标出北极星,中国人称为帝星,即众星的帝王星。因为它不移动,他们说众星都围绕着它。……这个骗子由此得出结论,说汤若望神父没有标出这颗星,是因为他不承认中国皇帝,因此他是叛逆者,该当死罪"①。另,《正教奉褒》中有"康熙四年三月初一,礼刑两部会议,拟汤若望处死,其余教士俱仗充。初二日,辅政大臣方欲依议批行。忽地大震,惊散未批。"不少人认为这是教内的记载,不足以信。但安文思的书中也记载了这次地震,他是当事人,当时生活在北京。这使我们对这条事实有了新的旁证。

书后所附的利类思神父所写的《安文思传》也是一份重要的文献,在这个传记中所记载的他和利类思在张献忠处的经历补充了有关张献忠的文献②。书中写道,安文思死后,康熙赐给他悼词,这可以在中文文献中得到印证③。前不久在台湾出版的《耶稣会罗马档案馆明清天主教文献》的第十二卷中收有利类思和南怀仁所写的《远西景明安先生行述》的中文文献,此文和《安文思传》完全对应,从而说明《中国新史》作为外文文献的真实性。

现在这个译本是从 1689 年的英文本翻译过来的,个别篇章是译自法文本,译者也核对了 1957 年新版的葡文本。虽然英文

---

①〔葡〕安文思著,何高济、李申译:《中国新史》,第 149 页。
②参阅:《圣教入川记》。
③Albert Chan, s. j. , *Chinese Books and Documents in the Jesuit Archives in Rome*, p. 453;陈方中主编:《中国天主教史籍汇编》,台湾辅仁大学出版社,2003 年,第 530 页。

版和第一版的法文版相比有了不少改动①,但英文版有一个优点
很值得称道,即在许多章的后面加上了注释和说明,将安文思所
记的事实和此前在欧洲出版的其他汉学著作进行比较或核对,这
实际上是把安文思的书放到了西方早期汉学的学术脉络中加以
评价,从中我们也看到西方人在16—17世纪对中国认识的变迁。

　　(〔葡〕安文思著,何高济、李申译《中国新史》中文版序,大象
　　出版社2004年出版;部分内容发表于2005年10月25日《光明
　　日报》)

①参阅计翔翔:《十七世纪中期汉学著作研究》。

清代江南天主教史的一幅真实画卷

——读《清初耶稣会士鲁日满常熟账本及灵修笔记研究》

　　国内学术界对清中前期天主教史的研究有了不少进展，特别是新竹清华大学的黄一农在对清初历狱、陕西天主教史研究方面成绩显著，湖北大学的康志杰对磨盘山教区的研究令人耳目一新。现在摆在读者面前的《清初耶稣会士鲁日满常熟账本及灵修笔记研究》则是比利时学者高华士研究清初期天主教史的一部力作，此书由专门研究这段历史的青年学者赵殿红翻译，文笔流畅，更使此书锦上添花。

　　这本书的奇妙之处就在于它是高华士先生基于鲁日满当年（1674—1676年）在常熟时的原始账本而展开的研究，尽管账本记载的是纯粹的鲁日满的个人活动，从中我们并不能推知清中前期天主教在中国活动的整体面貌，但它的真实性却不容怀疑。这个账本有别于入华传教士们在欧洲公开出版的著作的最大之处在于：它没有任何为取悦欧洲读者而做的那种护教式的描写和记述，也没有为在"礼仪之争"中获得教内和教外更多的支持而做的那种夸张性和片面性的描写。账本只属于鲁日满自己，他从未想到发表。据我所知，这样珍贵的史料目前只发现了这一份。和鲁日满账本同样吸引人的是高华士基于账本所做的研究，看后使人爱不释手。我认为这本书是近十余年来国内外学术界在该研究领域所取得的最重要成果之一,是一本极为难得的佳作。

我认为起码在以下三个方面这本书是极有特点的。

首先,它为我们提供了清代经济史的一手文献。学术界对清代经济史的研究十分深入,像全汉升、李伯重等人的著作给我们提供了从1550—1850年中国经济发展的全景。鲁日满的账本主要记录传教活动,但已经包括了他的传教小团体的日常生活、他的经常性开支、他在苏州一带的十次旅行。因而,账本实际包括的内容很宽泛。正如高华士先生所说:"账本也是反映中国商品价格史及各种服务价格的一种材料,从这一点上说,它的内容又属于汉学的领域,更确切地说,属于所谓的'康熙萧条期'中国经济学的领域。这份发掘不久的来自常熟的西文材料,由此可以充分补充当时中文材料的缺陷……"实际上一旦对账本展开研究,就必然考察当时中国江南的经济情况,包括当时的各种商品和服务的市场价格、不同货币之间的兑换率等。这样,其内容已经超出了传教学的范围,我们必须将其放在当时清代的社会和经济生活中才能把握住这份文献的价值。

例如,作者根据鲁日满的原始记载,折算出当时的银和铜钱之间在常熟一带的兑换率,并根据这种兑换率的浮动分析了当时社会生活对经济生活的影响。这样我们就可以从这个普通的账本中,看到康熙在平"三藩之乱"时江南一带经济生活的变化。正如作者在书中所写的,"在账本反映的时间内(1674年10月至1676年4月),一个深刻影响铜钱价值的政治局面是1674年4月21日(康熙十三年三月十六日)爆发于福建的'三藩'之乱。战争的消息到达江南省,是在康熙十三年四月(1674年5月),市场上铜银比率急剧下降。……从康熙十三年四月(1674年5月),即账本开始前的半年,1000文钱兑换五钱银子;1674年接下来的数月和1675年,1000文钱只能兑换四钱甚至三钱银子。这种状况持续到1676年,直到战争形势明朗,满族军队扭转了战局,时间是康熙十五年九月(1676年10—11月间)。直到康熙十七年(1678—1679),铜钱才恢复到较'正常'的价值,例如 1000 文钱兑换八钱银子"。高先生还根据账本对鲁日满日常生活的消费做了具体的价格计算,从而使我们可以对 17 世纪 70 年代的江南经济生活有具体的了解,如下表:

物品	价格		账本页码	地点
桑皮纸	0.035 两/张	87.5 文	页 133	
墨	0.05 两/两	125 文	页 173	
蜡	0.185 两/斤	462.5 文	页 142	
大米	0.0900 两/斗	2250 文	页 140	
面粉	0.0056 两/斤	14 文	页 192 等	杭州
盐	0.0120 两/斤	30 文	页 226 等	
糖	0.0370—0.062 两/斤	73.4 文	页 214 等	
羊肉	0.0220 两/斤	55 文	页 190	杭州
牛肉	0.0170 两/斤	43.33 文	页 192	杭州
猪肉	0.0260 两/斤	64 文	页 192 等	杭州
未知名称的肉	0.0268 两/斤	67 文	页 188 等	杭州
油	0.0270 两/斤	69.33 文	页 185 等	杭州
香油	0.0254 两/斤	63.5 文	页 190	杭州
香圆片	0.0766 两/斤	191.5 文	页 156	杭州
茶叶	0.0480 两/斤	120 文	页 190	杭州
山药	0.0533 两/斤	133.25 文	页 221	
瓜仁	0.004 两/两	10 文	页 190	杭州
鸡	0.048 两/只	120 文	页 184	杭州
野鸡	0.090 两/只	225 文	页 220 等	

物品	价格		账本页码	地点
夏帽	0. 0300 两/顶	75 文	页 186	
冬帽(成人)	0. 2500 两/顶	625 文	页 153、223	
冬帽(儿童)	0. 175 两/顶	437. 5 文	页 223	
冬衣(成人)	1. 200 两/件	3000 文	页 41	
冬衣(儿童)	1. 000 两/件	2500 文	页 152	
眉公布制成衣	0. 600 两/件	1500 文	页 156	
丝带	0. 200 两/条	500 文	页 141 等	
冬袜(成人)	0. 200 两/双	500 文	页 126	
冬袜(儿童)	0. 170 两/双	425 文	页 136	
紫花布	0. 085 两/匹	212. 5 文	页 202	
棉布	0. 130 两/匹	325 文	页 227	
本色棉布成衣	0. 110 两/件	275 文	页 46	
棉桃	0. 060 两/斤	150 文	页 140	
煤(或炭)	0. 003 两/斤	7. 5 文	页 189	杭州
铅笔(或毛笔)	0. 006 两/支	18 文	页 164、229	
石青	0. 250 两/两	625 文	页 134	
(铜制)灯笼	0. 0048 两/只	12 文	页 177	杭州
铜门栓	0. 04 两/条	100 文	页 178	杭州
铜十字架苦像	0. 13 两/个	325 文	页 173	
茶壶	0. 02 两/只	50 文	页 44	
夜壶	0. 016 两/只	40 文	页 178	
容器	0. 035 两/只	87. 5 文	页 52	
钟表架子	0. 03 两/只	75 文	页 52	

续表

物品	价格		账本页码	地点
骨制念珠	0.03 两/串	75 文	页 225	
眼镜	0.3 两/只	750 文	页 45	
望远镜	1 两/只	2500 文	页 228	
盒子(盛放毛皮)	0.55 两/只	1375 文	页 148	
桌子	0.8 两/张	2000 文	页 226	

其次,对传教士的传教生活的实际揭示也是这本书的亮点。迄今为止对清中前期的天主教史的研究大都停留在一般性的历史描述上,特别是对传教士的具体传教情况缺乏细节性的描写。我们很难知道一个传教士在中国是如何生活,如何社交,如何传教,他们自己的灵修生活是如何进行的。此书是揭示传教士真实生活的第一本书,在这里传教士才揭下了神秘的面纱,使我们看到了一个活生生的个体,一个来自遥远国度的传教士在中国的真实的生命历程。

作者将鲁日满账本中涉及他日常生活的物品做了逐一的分析,这些物品有:房屋、大米、蔬菜、水果、肉类、奶类、鱼肉和贝类、糖果、酒类、器具等。通过这种分析,作者认为"我们至少可以知道,传教士的菜单远比普通中国人丰富得多,按照闵明我的另一种说法,普通中国人的饮食只包括三种食品:豆腐、各种蔬菜和大米。耶稣会士的菜单中还包括各种肉类、鱼类甚至贝类,还有蛋糕和点心"。这说明在华的耶稣会士吃得不错。高华士统计了鲁日满在1675 年一年的花费共 126.6688 两银子。

那么,传教士的钱是从哪里来的呢? 戚印平的《日本早期耶稣会史研究》给我们提供了一个线索,即在澳门的耶稣会传教团,通过和日本的商业贸易来获得利益。但这本书中给我们提供了另一种事实，即在中国的耶稣会传教团一开始是在分享这种商业利润，但从 1669 年后就不再获得。因为，当时的副省会长何大化明确反对这种商业活动。作者从账本中看出，鲁日满的经济来源主要是：（1）房租，当时鲁日满有三所房子出租；（2）土地，账本记有鲁日满的两次土地交易，同时，这些土地也是传教士们的生活来源，他们所吃的大米、蔬菜和一些农产品大都是自产的；（3）借贷利息；（4）来自在澳门的日本耶稣会省的每年所发的津贴，每年 60 两银子；（5）经济捐赠。

　　最后，鲁日满账本中所记载的与各种人物的交往，也使我们看到了传教士们的布道活动和社会活动的基本情况。例如，账本中曾提到鲁日满两次拜访在苏州的江南巡抚和知县。同时他和当地的文人们也保持着良好的关系，这些文人既有一般秀才、举人，也有在当地有影响的所谓"大文人"，例如江南著名文人诸际南、著名画家吴历等。这反映了耶稣会的基本传教路线。从账本的记载来看，账本中记载最多的并不是文人，而是平民、穷人。正如高华士在书中所说的："总而言之，账本反映了许多种类的职业，这里的职业全部由男人从事，他们有各种各样的技能（从舂米工到教员和钟表匠，包括不同的手工、脑力及其他繁琐的服务），从而也有着不同的社会地位。这反映了鲁日满及其传教生活的真实层面，没有任何保留和矫饰，这些在其他材料中是无法看到的。"

　　这本书是我们北京外国语大学海外汉学研究中心和比利时南怀仁文化协会合作的项目，译者赵殿红又是专做明清中西文化交流史的青年学者。这本书的翻译出版，说明我们在明清中西文化交流史的研究中必须从中文文献和西方语言文献同时入手，必须对传教士和中国文人，无论是信教或反教的，同时加以研究。从中国本土的学术传统来说，在这两个方面，前辈学者都给我们留下了丰富的学术遗产。陈垣先生侧重从中国文献材料进行研究，而他的弟子方豪在做好中文文献的基础上，在发掘西方语言文献上取得了很高的成就，陈寅恪先生称其为"新会学案有后人"。我们应继承这份学术传统，不可在学术上失去自信心，一味地跟着国外的研究走。

（修改后作为〔比利时〕高华士著、赵殿红译《清初耶稣会士鲁日满常熟账本及灵修笔记研究》序言，大象出版社 2007 年出版）

康熙帝身边的洋教士

　　傅圣泽（Jean-François Foucquet，1665—1741），清代法国入华传教士，"圣泽甫莅中国，即传教福建，然无所定所。一七〇二年诸道长遣之至江西之南昌、抚州。圣泽初至抚州，仅有教民百人，逾年其数倍增。考试年士子集州城，多有访问圣泽者，圣泽常集士子多人为之讲说教义，并以前辈教师所撰之书籍赠之"[①]。他在华的活动时间并不长，1699 年来华，1722 年返回欧洲，在中国生活了约二十二年（1699.7—1722.1——译者）。如果同那些在中国生活几十年，最后又葬于中国的传教士相比，他并不太突出。但在清代的入华传教士中，他仍是一个很有特点、值得研究的人物。美国汉学家魏若望先生所著《耶稣会士傅圣泽神甫传：索隐派思想在中国及欧洲》一书，是西方学术界关于傅圣泽研究最有影响的一本著作，作者依据大量的原始文献给我们提供了有关傅圣泽的丰富材料，使傅圣泽这个和中国清代历史相关联的人物形象渐渐清晰起来。如果把傅圣泽放在清代中西文化交流的大的历史背景下考察，傅圣泽在以下三个方面还是很有特点的。

　　第一，傅圣泽曾被康熙帝召进宫中和白晋一起研究《易经》。白晋是首批来华的法国传教士，到北京后和张诚一起在宫中为康熙服

[①]〔法〕费赖之著，冯承钧译：《在华耶稣会士列传及书目》（上），中华书局，1995年，第 556 页。

务,深得康熙宠爱。白晋很早就开始中国文化的研究,并对其十分推
崇。1697 年他返回法国,在巴黎做讲演时就说"中国哲学是合理的,
至少同柏拉图或亚里士多德的哲学同样完美"。《易经》这本书"蕴
含了中国君主政体的第一个创造者和中国第一位哲学家伏羲的(哲
学)原理"①。六年后,康熙四十二年(1703 年)白晋已经写出了研究
中国典籍的著作《天学本义》②。在《天学本义》自序中他提到了《易
经》,说:"秦始皇焚书,大《易》失传,天学尽失。"他的书的目的在于
恢复天学,这本书的上卷是"择其小经文论上天奥妙之大要",下卷是
"择集士民论上天公俗之语"③。如韩琰在给白晋《天学本义》所写的
序中说的"此书荟萃经传,下及方言俗语,其旨一本于敬天"④。此
时,白晋研究的内容已经涉及《易经》,但尚未把注意力完全集中在
《易经》的研究上。

　　目前所发现的康熙安排白晋研究《易经》的最早的文献曾记载
傅圣泽的情况有:"四月初九日,李玉传旨与张常住:据白晋奏说:'江
西有一个西洋人,曾读过中国的书,可以帮得我。'尔传与众西洋人,
着带信去将此人叫。再白晋画图用汉字的地方,着王道化帮着他略
理。遂得几张,连图着和素报上,带去。如白晋或要钦天监的人,或
要那(应为"哪"——作者注)里的人,俱着王道化传给。"⑤据学者考

①转引自林金水:《〈易经〉传入西方考略》,载《文史》第 29 期,第 367 页。
②白晋的《天学本义》分别藏在:古兰《法国国家图书馆中文日文书目》(Maurice-
　Courant, *Bibliothèque nationale Département des Manuscrits Catalogue des livres chi-
　nois careens, japonais, etc*(Paris 1912) Chinois 7160《天学本义》,7163《古今敬天
　鉴》(上卷),7161《古今敬天鉴》(下卷);余东:《梵蒂冈图书馆馆藏早期传教
　士中文文献目录:16 至 18 世纪》(Yu Dong, *Catalogo Delle Opere Cinesi Mission-
　arie Della Biblioteca Apostolica vaticana* XVI-XVII sec(Città Vaticano 1996)25-1
　《天学本义》,参阅伯希和(Paul Pelliot)目录号的 Borg. Cinese. 316(14)《古今
　敬天鉴天学本义》。
③④梵蒂冈图书馆 Borg. Cinese. 316(14)《天学本义》白晋自序、《天学本义》韩
　琰序。
⑤梵蒂冈图书馆 Borg. Cinese. 439(b)。

证,这份文献的时间应是在康熙五十年(1711)①。

　　对进京一事傅圣泽曾上奏康熙帝云:"臣傅圣泽在江西聆听圣旨,命臣进京相助臣白晋同草《易经》稿。臣自愧浅陋,感激无尽。因前病甚弱,不能陆路起程,抚院钦旨即备船只,诸方供应,如陆路速行,于六月二十三日抵京。臣心即欲趋行宫,恭请皇上万安,奈受暑气,不得如愿,惟仰赖皇上洪福,望不日臣躯复旧,同臣白晋竭尽微力,草《易经》稿数篇,候圣驾回京,恭呈御览。"②

　　康熙一直十分关心白傅二人的研究情况,多次问及此事。"七月初五日,上问:'白晋所释《易经》如何了? 钦此。'王道化回奏:'今现在解《算法统宗》之九攒九图、聚六图等因具奏。'上谕:'朕这几个月不曾讲《易经》,无有闲着;因查律吕根原,今将黄钟等阴阳十二律之尺寸积数、整音、半音、三分损益之理,俱已了然全明。即如箫笛、琵琶、弦子等类,虽是玩戏之小乐器,即损益之理也。查其根源,亦无不本于黄钟所出。白晋释《易经》,必将诸书俱看,方可以考验;若以为不同道则不看,自出己意敷衍,恐正书不能完,即如邵康节乃深明《易》理者,其所有占验,乃门人所记,非康节本旨,若不即其数之精微以考查,则无所倚,何以为凭据? 尔可对白晋说:必将古书细心校阅,不可因其不同道则不看;所释之书,何时能完? 必当完了才是。钦此。'"③这是康熙对白晋《易经》研究的具体指导。

　　作为一个外国传教士,要想读懂《易经》并非易事。白晋在给康

————————

①当时的江西巡抚郎廷极在康熙五十年五月十五的奏折中,提到将送江西的传教士傅圣泽进京。罗丽达对有关白晋读《易》的十份文献做了很好的研究,见其撰写的《白晋研究〈易经〉史事稽考》,(台湾)《汉学研究》,1997年第15卷第1期。

②梵蒂冈图书馆 Borg. Cinese. 439(a),参阅方豪:《中国天主教史人物传》(中),香港公教真理学会出版,1970年,第280页。

③梵蒂冈图书馆 Borg. Cinese. 439(a),参阅方豪:《中国天主教史人物传》(中),第280—281页。

熙的回奏中也道出了其苦衷。"初六日,奉旨问白晋:'尔所学《易经》如何了?钦此。'臣蒙旨问及,但臣系外国愚儒,不通中国文义。凡中国文章,理微深奥,难以洞彻,况《易经》又系中国书内更为深奥者。臣等来中国,因不通中国言语,学习汉字文义,欲知中国言语之意,今蒙皇上问及所学《易经》如何了,臣等愚昧无知,倘圣恩不弃鄙陋,假年月,容臣白晋同傅圣泽细加考究,倘有所得,再呈御览,求圣恩教导,谨此奏闻。"①由此可见,康熙对白晋和傅圣泽的《易经》研究活动抓得是很紧的,传教士们几乎跟不上康熙的要求和期望。

后来,傅圣泽与白晋在研究《易经》的认识上曾产生了分歧,梵蒂冈存的一份文献说明了这一点。"有旨问,臣白晋你的《易经》如何?臣叩首谨奏。臣先所备《易稿》粗疏浅陋,冒渎皇上御览,蒙圣心宏仁宽容,臣感激无极。臣固日久专于《易经》之数管见,若得其头绪尽列之于数图,若止臣一人愚见,如此未敢轻信。傅圣泽虽与臣所见同,然非我皇上天纵聪明,惟一实握大易正学之权,亲加考证,臣所得易数之头绪不敢当,以为皇上若不弃鄙陋,教训引导,宽假日期,则臣二人同专心预备,敬呈御览。"②

后来傅圣泽在对《易经》的理解上和白晋的分歧加大。傅圣泽是白晋让康熙从江西调到北京来,同他一起研究《易经》的,但俩人在研究上对《易经》的理解不同。"当白晋将注意力集中在《易经》的算术和几何成就时,傅圣泽却因对其道教的兴趣而超越了这一点。"③

在这本书中魏若望先生对傅圣泽和白晋一起研究《易经》的过程做了介绍,以上我只是根据这几年在梵蒂冈图书馆所查阅的有关文献加以补充。关于藏在梵蒂冈图书馆的白晋和傅圣泽研究

---

①梵蒂冈图书馆 Borg. Cinese. 439(a),参阅方豪:《中国天主教史人物传》
　(中),第280—281页。
②梵蒂冈图书馆 Borg. Cinese. 439(a)。
③Joan T. Witek,*Controversial Ideas in China and in Europe：a Biography of Jean-Francois Foucquet, S. J.*（1665—1741）,p202,Roma 1982。

《易经》的文献的作者归属，魏若望先生在本书中只是表达了一种意见，究竟如何，仍需要进一步研究。

第二，在康熙身边研究数学和天文学。

傅圣泽在研究《易经》和白晋有了分歧后，康熙曾安排他做数学和天文的研究。他在康熙五十二年(1713)四月给康熙的奏文中说："臣傅圣泽系外国愚儒，不通中国文义，蒙我皇上洪恩，命臣纂修历法之根。去岁带至热河，躬亲教导，实开茅塞。《旧躔》已完，今岁若再随驾，必大获益，奈自去口外之后，病体愈弱，前病复发。其头晕头痛，迷若不知，即无精力。去岁犹有止时，今春更甚，几无宁息，不可以见风日。若再至口外，恐病体难堪，仰①且误事。惟仰赖我皇上洪恩，留臣在京，静养病躯。臣尝试过，在京则病发之时少，而且轻，离京则病发之时多，而且重，今求在京，望渐得愈，再尽微力，即速作历法之书，可以速完。草成《月离》，候驾回京，恭呈御览，再求皇上教导。谨此奏闻。"②这说明傅圣泽协助白晋研究《易经》的时间不过两年，以后就主要做数学和天文学研究了。当然，傅圣泽自己对《易经》的研究并未停止，他自己在这一段时间仍然写了不少研究《易经》和中国文化的论文③。

康熙从刚即位时的汤若望和杨光先的历法之争开始，就对西方科学有了兴趣，正如他后来所说的："朕幼时，钦天监汉官和西洋人不睦，互相参劾，几至大辟。杨光先、汤若望于午门外九卿前，当面赌测日影，奈九卿中无一人知其法者。朕思，己不知，焉能断人

---

①阎宗临和方豪先生的引文均少抄这个字，见方豪：《中国天主教史人物传》（中），第285页。

②梵蒂冈图书馆 Borg. Cinese. 439(a)，参阅方豪：《中国天主教史人物传》（中），第285页。

③John W. Witek, *Controversial Ideas in China and in Europe: a Biography of Jean-Francois Foucquet, S. J.* (1665—1741), pp. 164—207.

之是非？因自愤而学焉。"①在中国历史上像康熙这样热爱西方科学,用心学习西方科学的皇帝并不多见②。康熙即位不久就请南怀仁为其讲授天文和数学,张诚、白晋等法国传教士来华后,他又把他们留在身边给他讲授几何学。康熙对数学的这种热情始终未减。康熙五十二年(1713)他下令开蒙养斋并颁旨:"谕和硕诚亲王允祉等,修辑律吕、算法诸书,著于蒙养斋立馆,并考定坛庙宫殿乐器。举人照海等四十五人,系学习算法之人。尔等再加考试,其学习优者,令其于修书处行走。"③康熙五十二年六月十七日和素给康熙的奏报中曾提到了傅圣泽:"西洋人吉利安、富生哲④、杨秉义、杜德海将数表计算翻译后,起名数表问答,缮于前面,送来一本。据吉利安等曰:我等四人将此书尽力计算后,翻译完竣,亦不知对错。圣上指教夺定后,我等再陆续计算,翻译具奏,大约能编六七本。"⑤这也表明傅圣泽是在康熙身边协助他研究数学的重要人物之一。

康熙五十年(1711)二月在和直隶巡抚赵宏燮论数时,康熙说:"夫算法之理,皆出于《易经》。即西洋算法亦善,原系中国算法,彼称为阿尔朱巴尔⑥。阿尔朱巴尔者,传自东方之谓也。"⑦这段话说

①《圣祖仁皇帝庭训格言》。
②〔法〕白晋著,冯作民译:《清康乾两帝与天主教传教史》,台湾光启出版社,1966年;杜文凯:《清代西人见闻录》,中国人民大学出版社,1985年。
③《清圣祖实录》卷二百五十六,康熙五十二年九月甲子。
④即傅圣泽。
⑤《康熙朝满文朱批奏折全译》,中国社会科学出版社,1996,第878页。
⑥阿尔朱巴尔,即"代数学"(algebra)词的译音,亦称"阿尔热巴拉""阿尔热八拉"。见梅毂成《赤水遗珍》。其最初见于公元825年的阿拉伯数学家阿尔—花拉子摸(Mohammed ibn Musa ai-khowarizmi)所撰的 *AI-jabr w'al muqabala* 一书,它是代数学之祖。"这本书在12世纪译成拉丁文时,书名为 *Ludus algebrae et almucgrabalaeque*,后来简称 algebra。参见樊洪业:《耶稣会士与中国科学》,中国人民大学出版社,1992年,第226页。
⑦《清圣祖实录》卷二百四十五,康熙五十年二月戊辰。

明康熙把对数学的兴趣和中国的典籍《易经》结合了起来，表明了康熙的"西学中源说"思想。

"西学中源说"是清初中西文化交流中的一个重要思想，它对清初的思想和学术都产生了较大的影响。是谁最早提出了这一思想，对此学术界尚有争论①。但有一点可以肯定，康熙四十三年（1704）康熙在其《三角形推算法论》中已经明确提出了这个想法："论者以古法今法之不同，深不知历。历原出自中国，传及于极西，西人守之不失，测量不已，岁岁增修，所以得其差分之疏密，非有他术也。"②

魏若望先生认为傅圣泽是康熙五十一年（1712）八月在热河时献给了康熙《阿尔热巴拉新法》③。这个判断需要进一步讨论。上面讲到和直隶巡抚赵宏燮论数时，康熙已把"西学中源说"和《易经》联系起来，其依据就是"阿尔朱巴尔"。这个谈话的时间是康熙五十年二月。根据这个谈话和时间，可以做出两点判断：其一，康熙在此前已经了解并学习了西洋算法阿尔朱巴尔法；其二，一开始给康熙讲授这一算法的肯定不是傅圣泽，因为傅圣泽接旨进京协助白晋研究《易经》的时间应是康熙五十年四月以后，即是在康熙和赵宏燮谈话之后。实际上早在康熙四十二年（1703）张诚、白晋、安多、巴多明、杜德美在给康熙讲授西方数学时已经讲授了阿尔热巴拉法。他们所译的西洋数学书中就有《借根方算法节要》，也就

①徐海松在《清初士人与西学》（东方出版社，2000年）中认为最早提出这一思想的是梅文鼎，王扬宗则认为最早提出的应是康熙，见王扬宗《明末清初"西学中源"说新考》，载刘钝等编《科史薪传——庆祝杜石然先生从事科学史研究四十年周学术论文集》，辽宁教育出版社，1997年。
②《康熙御制文集》第三集，卷十九"三角形推算法论"。
③梵蒂冈图书馆 Borgia Cinese 319（4），其法文稿题为《代数纲要》（*Abregé d'algèbre*）。

是代数学①。

　　代数学源于东方,后传到西方,康熙说这是"东来之法"②并不错,但正像一些学者所说,这个"东"的概念是有很大的差异的,"东来"实际上应指源于阿拉伯,而康熙很可能把它理解为源于中国,是不是"传教士为讨好康熙皇帝而故意编造的谎话呢"③? 史无凭证。但有一点可以肯定,即在康熙安排白晋研究《易经》以前,他就有了"西学中源"的想法,即《易经》为西洋算法之源的想法。也就是说康熙的这些想法在前,安排白晋研究《易经》在后,说明康熙安排白晋研究《易经》时有着强烈的政治意图。因为"西学中源说"实际上是康熙对待西学的一种基本策略,是他在当时的中西文化冲突中所采取的一个重要文化政策④。

　　当傅圣泽再次向康熙传授西方的《阿尔热巴拉新法》时,"用天干开首的甲、乙、丙、丁等字表示已知数,用地支末后的申、酉、戌、亥等字表示未知数(和笛卡儿用 a、b、c、d 等字母表示已知数,用 x、y、z 等字母表示未知数相仿),又用八卦的阳爻━作加号,用阴爻╍作减号,以+为等号"⑤。康熙在学习时很可能联想起已经学习过的

---

①"(九)《借根方算法节要》上下二卷,共一册,有上述印记(即'孔继涵印','荭谷'及'安乐堂藏书记'诸印)。按孔继涵藏本,尚有:……(十一)《借根方算法》,原书为三卷矣。(十二)《借根方算法》,八卷一种,又《节要》二卷,不著撰人姓氏,藏前故宫博物院图书馆中。"见《李俨钱宝琮科学史全集》第 7 卷《中算史论丛》,辽宁教育出版社,1998 年,第 69 页。"《数理精蕴》编修前曾有《借根算法节要》一书问世,此书可能是西洋人译后给康熙讲课用的。"见吴文俊主编《中国数学史大系》第 7 卷,北京师范大学出版社,2000 年,第 326 页。
②1712 年康熙在教梅文鼎之孙梅毂成"借根算法"时曾说:"西人名此书为阿尔热八达,译言东来之法。"载梅毂成著《赤水遗珍》。
③樊洪业:《耶稣会士与中国科学》。
④吴伯娅:《康雍乾三帝与西学东渐》,第 431—435 页;徐海松:《清初士人与西学》,第 352—365 页。
⑤梅荣照:《明清数学概论》,见《明清数学史论文集》,江苏教育出版社,1990 年,第 8—9 页。

"借根算法"，很可能想到以《易经》为代表的符号系统，想起他已形成的"西学中源"思想。因此，在安排傅圣泽进京协助白晋研究《易经》以后，康熙又再次对阿尔热巴拉法感兴趣。

现藏于梵蒂冈图书馆的文献也证实了这一点。

"启杜、巴、傅①先生知：二月二十五日三王爷传旨，去年哨鹿报上发回来的阿尔热巴拉书，在西洋人们处所有的西洋字的阿尔热巴拉书，查明一并速送三阿哥处，勿误。钦此。帖到可将报上发回来的阿尔热巴拉书，并三堂众位先生们所有的西洋字的阿尔热巴拉书，查明即送到武英殿来，莫误。二月二十三日，李国屏、和素。"②

"字与杨、杜、纪、傅③四位先生知，明日是发报的日子，有数表问答，无数表问答书，四位先生一早进来，有商议事，为此特字。六月二十五日，李国屏、和素。"④

"字启傅先生知：尔等所作的阿尔热巴拉，闻得已经完了，乞立刻送来以便平定明日封报，莫误。二月初四日，李国屏、和素。"⑤

康熙对阿尔热巴拉法的兴趣，一方面和他对数学的兴趣有关，另一方面也和他的"西学中源"思想有着直接的联系。在这个过程中傅圣泽直接向康熙讲授阿尔热巴拉法，给我们提供了进一步研究康熙思想变化的一个重要事实。

第三，傅圣泽是入华传教士中索隐派的重要成员。"索隐派"虽然是指传教士在解释中国文化时的一个派别，但它的出现说明在"礼仪之争"以后，西方在面对中国文化时所产生的复杂心态。在"礼仪之争"中无论是"利玛窦路线派"，"反利玛窦路线派"，还

①指杜德美、巴多明和傅圣泽。
②梵蒂冈图书馆 Borg. Cinese. 439(a)。
③指杨秉义、杜德美、纪理安和傅圣泽。
④梵蒂冈图书馆 Borg. Cinese. 439(a)。
⑤梵蒂冈图书馆 Borg. Cinese. 439(a)。

是"索隐派",每一种观点的提出都有其欧洲思想的背景,也就是说,看似针对中国的"礼仪之争",在思想侧面上完全是一个欧洲思想史的问题。它昭示了在中国和西方相遇后,中国文化的独特性对欧洲思想的影响,说明了我们在研究清代思想时应有更为广阔的视野。关于这一点魏若望先生已经做了很好的研究,我这里不再赘述。

很显然,魏先生的这本著作是在传教学的框架中来研究傅圣泽的,但对中国学术界来说,他的这种研究我们也是十分需要的。要研究好清代历史,入华传教士的研究是无论如何也绕不过去的,只有做好入华传教士的研究,我们才能对清代与外部世界的关系了解得更加清晰。正像戴逸先生所说:"清代历史和过去历史的一个很大不同,就是世界和中国的联系越来越密切。清代历史的很多方面深受世界的影响,离开世界这个历史背景,我们就难以解释清楚许许多多的问题、许许多多的情况。很多问题不联系世界,就看不清楚。"传教士就是清代的中国和世界联系的一个重要的环节,读完这本书,你一定会认同这个观点。

张西平

2004 年 8 月 31 日写于北京枣林路游心书屋

（〔美〕魏若望著、吴莉苇译《耶稣会士傅圣泽神甫传:索隐派思想在中国及欧洲》中文版序,大象出版社 2006 年出版）

传教士汉学的重要著作

——读李明的《中国近事报道》

　　如果把西方汉学的演变历程分为"游记汉学""传教士汉学"和"专业汉学"三个时期,那么,传教士汉学是其学术和思想发展道路上最重要的一个阶段。它不仅与"游记汉学"相承接,而且它奠基了西方的专业汉学,为西方专业汉学准备了基本的材料和文献,其研究的方法也直接影响了专业汉学。甚至在西方专业汉学发展的初期,它长期与专业汉学并存。欧洲著名汉学家许理和认为,对早期在华耶稣会的研究(17和18世纪)是研究中西关系史上一段最令人陶醉的时期。费正清在谈到基督新教的研究时曾说,对传教士汉学的研究是美国汉学研究中最重要和最困难的一个方面。

　　从上世纪80年代后期中国学术界重新开始了对传教士汉学的研究并取得了一些令人欣慰的成果,何高济等人所译的《利玛窦中国札记》,冯承钧和耿昇所译的《在华耶稣会士列传及书目》《在华耶稣会士列传及书目补编》,何高济和李申合译的曾德昭的《大中国志》都是十分重要的学术成果。九十年代以来北京外国语大学海外汉学研究中心和大象出版社合作所出版的《耶稣会士中国书简集》《中国来信》《中国的使臣——卜弥格》等系列丛书,将中华书局谢方先生所主编的《中外关系史译丛》的学术路向进一步集中在早期传教士汉学上,从而使传教士汉学著作的翻译向纵深发展。

　　在研究方面,孟华的《伏尔泰与孔子》、许明龙的《欧洲十八世纪"中国热"》《黄嘉略与早期法国汉学》、计翔翔的《十七世纪中期汉学著作研究》、戚印平的《日本早期耶稣会史研究》等著作都是基于传教士基本文献而展开的,从而取得了实质性的学术进展。这里要特别注意的是金国平和吴志良在澳门发表的一系列论文和著作,其成就绝不低于西方汉学界的研究水平。但我们不能不看到,国内不少的论文和著作在原创性上不够,一些著作充其量是对国外学术著作的转述和介绍,究其原因根本在于对早期传教士原始文献的掌握不够,在研究方法上宏大叙事过多,个案和专题研究不够。在这样的情况下,如果推动对西方传教士汉学的研究,最重要的仍是对其基本文献和著作的翻译,对专人和专书的个案研究。

　　最近清史编纂委员会编译丛刊的首批译著,清代入华的法国传教士李明的《中国近事报道》(郭强等译,大象出版社出版)就是这一思路的一个结果。

　　如果从早期传教士汉学的历史来看,法国耶稣会的入华是一件重要的事情。这不仅预示着葡萄牙保教权的丧失,在华耶稣会内部国别矛盾的开始,而且从法国传教士入华后,传教士汉学在数量和质量上都上了一个很大的台阶。李明的书就是这一趋势的开始。在法国传教士入华前,入华传教士已经在西方出版了一些重要的汉学著作,像曾德昭的《大中国志》,安文思的《中国新史》,金尼格改写的《天主教进入中国史》,卫匡国的《中国上古史》《中国新图》,柏应理等人的《中国哲学家孔子》等,现在我们还不能从总体来评价这些著作,因为国内学术界对这些著作尚没有逐一的深入研究。但从笔者所能读到的曾德昭、安文思、金尼格改写的利玛窦的著作以及当时欧洲的一些英文翻译本著作来看,李明的书仍是很有其特点的。

　　首先,这本书对清康熙年间的许多重要情况做了较为详细的介绍。上述著作大都是晚明或清初期的著作,对康熙时期情况的介绍有限，而李明这本书介绍得较为深入。书中多处介绍和描述了康熙皇帝，如在第二封信中说"在我看来，皇帝是中等以上的身材，比欧洲自炫长得匀称的普通人稍胖，但比一般中国人希望的稍瘦一点，面庞丰满，留有患过天花的疤痕，前额宽大，鼻子和眼睛是中国人式的，细小的，嘴很美，面孔的下半部长得很好。他的气色也很好。人们可以注意他的举止行为中有某种东西使他具有主宰者的气派，使他与众不同"。这使欧洲的读者对中国的皇帝有了一种具体的印象。在第十三封信中，对康熙在 1692 年所批准的礼部关于善待入华传教士，并允许天主教自由传教的议奏一事做了很详细的介绍，这使我们可以根据中文文献对这一重要的事件做更为深入的研究。也正是通过李明等入华法国传教士的介绍，康熙的这个"1692 年宽容敕令"在当时的西方产生了广泛的影响。书中有许多细节也很有意思，例如，康熙为了解传教士的真实想法，曾在传教士身边安插了人，每天把其言行向他汇报；又如在康熙平三藩之乱时，令南怀仁铸火炮，但如何将火炮运到前线是个大问题，最后南怀仁采取了先在北京铸成火炮的部件，然后运到前线组装的方法解决了这个问题。这些细节书中还有不少，而这正是在中文文献中所缺乏的。在这个意义上，此书可以补清史中文文献之不足。

对康熙年间的中国天主教史的介绍也是此书的一个重要特点。从曾德昭的《大中国志》到利玛窦的《天主教进入中国史》，早期汉学都始终把中国天主教史作为基本的内容，因为此时的汉学基本上是在传教学的框架中发展的。但对中国学术界来说，传教士汉学却提供给我们研究明清天主教史的基本文献和许多重要的细节，这些事实和细节在中文文献中很难找到。例如，李明在第十二封信中介绍了他本人在中国传教的经历，当时传教士在中国的分配情况，以及当时中国基督徒的信仰生活。他说："在中国我们拥有非常精心编制的教理书，书中清楚明白地解释了基督教的全部教义、生命、奇迹、我主的死以及上帝和教会的戒律。我们在书中可以看到对四福音书特别的阐述、有关伦理道德和基督教道德的论著，以及有理有据和众人皆可参与的论战；还有一生中不同阶段所要进行的精神上的宗教修行仪式、圣事惯用的祈祷和训言及针对学者们的神学，因为我们部分地翻译了圣托马斯的《概论》；最后是为教权所译的圣依纳爵（依纳爵·德·罗耀拉［Ignace de Loyola］是耶稣会的创始人——译者注）的《修炼》。编制这本书目的在于使福音传教的神圣种子四处传播，大量开花结果。我们曾经期望拥有弥撒经本的译文，目的在于根据我们已经得到的准许用中文唱弥撒，我们还期望得到《圣经》的全译本。"①这使我们知道当时传教士们传教的基本情况。中国基督教史的研究始终是中国宗教史研究中的薄弱环节，特别是传教士传教的方法、使用的经文及信徒的信仰等以往的研究不够。我们只要对比一下中国佛教史的研究就可以明显地感觉到这一点。当然，在传教士的这些书中有很强的护教和宣教的成分，但这并不妨碍我们从他们的介绍中获得一些教会史的基本情况。一个没有传教内容和教徒信仰内容的宗教史总是一种不全面的宗教史，即便是从学术的角度而不是从信仰的角度来看宗教史的研究也是如此。

其实，李明的《中国近事报道》真正的影响并不是在以上两点，这两点只是从今天中国学术研究的角度来看的。作为一本汉学著作，在当时的欧洲它的影响是极大的，可以说，它的影响比以前的所有传教士汉学著作都要大。这在于这本书卷入了当时的礼仪之争，如果研究礼仪之争，这本书是无论如何也绕不过去的。罗光主教在他著名的《教廷与中国使节史》中说，当时李明的著作出版以后受到了反对中国礼仪的神学家们的批评，先后"开会三十次，于

①〔法〕李明著，郭强等译：《中国近事报道（1687—1692）》，大象出版社，2004年，第304—305页。

1701年10月18日判决……有悖于神学原则"①。这就是对中国祭
孔、祭祖风俗的肯定,对孔子思想的赞扬违背了神学原则。李明在
第七封信中详细介绍了孔子的生平和事迹,并翻译了部分的孔子
语录。他说:"孔子是中国文学的主要光辉所在,如果不就他做专
门的介绍,那么,我对您所做的介绍就不可能具有一定的深度和广
度。因为这正是他们理论最清纯的源泉,他们的哲学,他们的立法
者,他们的权威人物。尽管孔子从未当过皇帝,人们却可以说他一
生中曾经统治了中国大部分疆土,而死后,以他生前宣扬的箴言,
以及他所做出的光辉榜样,任何一个人在治理国家中所占的位置
都不能胜过他,所以,他依然是君子中的典范。"②而且,李明从耶稣
会的立场出发,认为孔子并不是神,"全国上下敬他为圣人,并鼓励
后人对他的崇敬之情,这种感情显然将与世长存。国君们在他死
后在各省为他建立庙宇,学者们在某些时刻前去致以政治的敬意。
在许多地方可见大字书写的荣誉称号:致大师;致第一学者;致圣
人;致皇帝和国君之师。然而,不同寻常的是,中国人从来没有把
他造成一座神。"③

　　他甚至认为,从中国的历史编年史来看,作为诺亚后代的中国
人对上帝的信仰比欧洲还要早,比欧洲还要纯洁。在第十封信谈
到中国的宗教信仰时,他说:"草创之初,中国也并不比世界其他民
族高明多少,他们几乎是从人类的起源中寻觅到了神灵和宗教的
最初事迹。诺亚的儿女散布到了东亚大地,很可能建立了这个王
国;大洪水时期,他们领教了造物主的威力,从而也认识了造物主,
子子孙孙都对他有莫名的恐惧。时至今日,从中国人的历史中还
可以找到那些雪泥鸿爪,所以这一点几乎是不容置疑的。"④这显然

①罗光著:《教廷与中国使节史》,台湾光启出版社,1961年,第97页。
②〔法〕李明著,郭强等译:《中国近事报道(1687—1692)》,第177页。
③同上书,第182页。
④〔法〕李明著,郭强等译:《中国近事报道(1687—1692)》,第256页。

是一种索隐派的观点,其实我们只要认真研究利玛窦的著作,就可以发现,那里已经有了以后白晋等人的索隐派的基本观点,只不过白晋等人走得更远些罢了。这里李明也是如此。

如果到此,巴黎索邦神学院的神学家们也说不出什么。但李明却以此来批评欧洲。他说:"我们仔细研究一下中国历史就不难发现,此后三百年的周幽王时期——即耶稣诞生前八百年左右,偶像崇拜还没有影响到人们的精神境界。所以,中国人连续两千年都保持了对上帝的膜拜和景仰,简直可以作为基督徒的表率和说教。"①"我们可以发现,许多世纪以来,中国的民间都打上了这些名副其实的宗教遗痕。当然我们也可以做另外一种思考,借此来证明宇宙中的上帝。有时候,我们又觉得很奇怪,自耶稣诞生以来,中国和印度始终都淹没在偶像崇拜的雾霭之中,而希腊、部分非洲国家和整个欧洲却笼罩在基督信仰的光环之中。我们却没有发现,两千多年以来,中国一直保持着真正的上帝信仰,谨守着最纯洁的道德准则;相对而言,欧洲和其他地方却谬误百出,思想堕落。"②

正是这两段话惹恼了正统的神学家。平心而论,李明在这本书中并没有只赞颂中国,他在许多方面同样对中国做了批评,有许多批评在今天看来也是合理的。而他的这本书所以被教会所禁是与当时欧洲的思想文化背景有关。以伏尔泰为首的启蒙思想家们正在对教会展开猛烈的批评,正在这样的时刻,入华耶稣会士的来信和著作向法国人展开中国社会、历史和文化的画卷。中国在很长时间里没有基督的信仰,但历史却那样丰富和悠久;中国人所信的孔子并不是神,他们在很长的历史中也不信上帝,但却有着比欧洲人还要纯净的道德。这说明什么呢? 这有力地证明上帝的信仰

①同上书,第 258 页。
②同上书,第 260 页。

并不具有普世性,这说明以往的那种以基督教历史作为全部历史编年史的荒唐与可笑。对李明这本书感兴趣的不仅有伏尔泰,还有莱布尼茨、孟德斯鸠和赫尔德等人。这真是无心插柳柳成荫。李明本来想通过这本书说明基督信仰在中国的悠久,只是在以后受佛教影响而忘记了,这样在中国传教才更有价值和意义。从他的内心来讲,这本书有着明显的论战性,他写此书就是要为耶稣会的路线辩护,就是要回答方济各、道明会等修会对耶稣会的批评。

因此,要真正读懂李明这本书仅仅从中国方面来理解是远远不够的,仅仅从知识论的角度来理解是远远不够的,我们还应从当时的欧洲思想史来理解此书,还要从比较文化的角度来分析这本书的内容和结论。这正是传教士汉学最具魅力之处,它不仅给我们描绘了一幅中国文献所没有的丰富画卷,还给了我们一把打开16 至 18 世纪欧洲文化和思想史的特别的钥匙。

2004 年五一节写于北京枣林路游心书屋

(发表于《读书》2004 年第 11 期)

中国和欧洲关系的另一面

——读《中国对法国哲学思想形成的影响》

当人们谈到中国和欧洲的文化关系时,首先想到朱生豪所译的莎士比亚的戏剧,想到罗念生所译的古希腊戏剧,想到民国时风靡一时的林纾所译的法国小说……实际上从五四以来到上个世纪那狂飙的 80 年代,一直到今天,我们一代一代的人是在学习西方文化、批判中国传统文化的氛围中长大的。中国近代的文化就是一个不断学习西方文化、改造本土文化的历史过程。这样一谈到我们和西方的文化关系时,自然想到是西方对我们的影响。

但文化的交流历来是互动的,中国文化是否也影响过欧洲呢?有过!而且一度曾对欧洲文化产生了重要的影响,这就是 17—18世纪。这个结论就是我在读完商务印书馆出版的法国学者毕诺的《中国对法国哲学思想形成的影响》后所得到的。

这实在是一本难得的好书,对我们这些满脑子是西方文化的人来说简直打开了一个完全陌生的新天地,我们从来不知道在西方近代文化的形成中,东方文化,特别是我们中国文化曾起到如此大的作用。在以往的理解中,西方文化的发展有着自己很强的逻辑线索。这就是,从古希腊的哲学到中世纪的神学,意大利作为欧洲近代文化的长子,开启了欧洲近代文化。文艺复兴运动像和煦的春风,融化了中世纪那文化和思想的严冬。伽利略那望向遥远星空的望远镜,打开了近代科学之门,米开朗基罗那神功刀斧般的雕塑使人突然发现了人自身的力量。路德和加尔文的新教改革使欧洲文化波澜骤起,宗教改革和战争与政治的纷争使欧洲陷入了文化变革的阵痛之中。启蒙运动则是急风暴雨,伴随它的是法国的大革命,英国则在光荣革命中走上了工业革命之路。由此,欧洲开始领先世界。

　　从五四以来,这个历史与思想逻辑的完美叙述使我们坚信:西方与东方的对峙,现代与传统的分野。"除了学习西方,中国无路可走",这是青年毛泽东在《湘江评论》中写下的豪言。历史证明这条路是对的,但如何处理好我们自己的文化传统?在向西方学习中如何将我们几千年的文化融入现代生活之中?这个问题始终没有解决好。总觉得我们的传统文化和现代生活有很大的隔膜。

　　这本书告诉我们,在欧洲走出中世纪思想的时候,他们借用的是儒家思想,或者说当时的欧洲,特别是法国是在讨论中国的思想和哲学中反思了他们自己的思想。在伏尔泰那里,在培尔那里,在莱布尼茨那里,他们都是从自己的理论出发汲取了中国的思想。这就说明在中国文化和欧洲文化之间是互动的,而不像我们过去所理解的只是我们要单方面地学习西方文化。正如作者所说:"欧洲发现中国时正值路易十四最辉煌的时代。中国是一个完全不同的国家,具有完全不同的风俗。它的文明也不同,但无论是其古老的历史,还是其辉煌成就方面,都丝毫不逊色于欧洲文明。中国在某些方面可能落伍于欧洲,但在另外某些方面则大大超过欧洲。无论如何,我可以对这一切进行比较。我试图进行的这种比较,就已经限制了欧洲人的思想,因为这就是承认欧洲的至高无上的地位并非是无可争辩的。"

　　书中的这些历史事实不仅提醒我们在研究欧洲思想史时,要注意外部思想的影响,实际上世界近代思想的形成在当时是在中西思想的互动中形成的。过去在研究欧洲文化和思想史时很少注意这个角度。同时,我们需要重新反思近代以来我们对自己文化的定位。当然,这并不是否认近代以来我们向西方学习的历程,实际那是历史,也是否认不了的。这样,我们一方面可以走出"欧洲中心主义"的神话,在中国传统文化中寻求到可以融入现代文化中的因素;另一方面,也可以使我们对传统文化批判和审视时有更为开阔的视野,把中西双方的思想变动放在一个共同的历史平台上。

在中国学术界,朱谦之先生最早介绍了毕诺这本书,他的《中国哲学对欧洲的影响》受这本书影响较大。我前几年所写的《中国与欧洲早期宗教和哲学交流史》一书,就是受到了毕诺和朱先生的影响,希望从思想史的角度来研究欧洲近代思想形成中的中国因素,把中西文化交流史提高到一种中西思想交流史研究的高度。

在研究 17—18 世纪中西文化交流史时,"礼仪之争"是个大问题。近年来国内也出版了一些关于"礼仪之争"的学术著作,除李天纲先生的《中国礼仪之争:历史·文献和意义》一书在"礼仪之争"的中文文献上有所建树以外(此书在西方文献的研究上突破不多,但毕竟是国内第一本研究"礼仪之争"的著作),其他著作在对整个"礼仪之争"的西方文献的研究上所缺很多,一些著作基本上是在转述西方关于"礼仪之争"研究的二手成果,而且转述和介绍得极为不全。这情况倒可以理解,因为要求一个学者懂几门外语是不可能的。其实,最好的办法是先从基本文献入手,再做研究会好些,不然仅靠二手文献,特别是"礼仪之争"的研究,仅靠英文文献是绝对不行的。耿昇先生所翻译的这本《中国对法国哲学思想形成的影响》的价值就体现在这里。

这本书详细介绍了"礼仪之争"在法国发生的详细过程,许多材料都是我们第一次看到,对当时争论中的第一手文献的梳理和研究是这本书的重要特点。中国学者很难做到这一点,因此,毕诺给我们的研究提供了很好的一手文献。特别值得注意的是,这本书的第二部分是"有关法国认识中国的未刊文献",作者收集了许多极为珍贵的传教士关于中国的通信,使我们直接可以阅读到当时的第一手文献。看过这些文献我感到，在中西文化交流史的研究中，我们还有许多基本文献尚未阅读，因此，如果推进16—18世纪中西文化交流史的研究，最重要的还是对基本文献的整理和翻译，做宏大的历史叙述的时机尚未到来。

上个月我很高兴看到"国家清史纂修委员会"所主办的《编译丛刊》在大象出版社出版了法国入华传教士李明的《中国近事报道》和葡萄牙入华传教士安文思的《中国新史》，这两本书都是欧洲早期汉学的重要著作，特别是李明的《中国近事报道》是"礼仪之争"中的核心著作。毕诺在他的书中对李明的书做了详细的评述。有了李明的这本书，再来读毕诺的这本书就容易多了。我注意到，安文思和李明的这两本书也是北京外国语大学海外汉学研究中心组织完成的，近年来他们所组织翻译的《耶稣会中国书简集》、严嘉乐的《中国来信》等，在业内都受到了很高的评价。或许他们在一些著作的翻译上尚有不足，但他们这种学术定位是很有眼光的，从16至18世纪中西文化交流史的学术研究整体来说，这是一个不可缺少的学术环节。

另外，"国家清史纂修委员会"将这两本书列入其研究之中，也说明了他们的学术视野和眼光。在清史研究中入华传教士是一个重要而十分薄弱的环节，抓住了传教士这个环节，必将推动清史的研究。

最近还读到了一本关于清中前期中国基督教史研究的学术著作，在这本书中，一位汉学家认为在16至18世纪中西文化交流史的研究中，应该由过去的侧重对传教士的研究转向对中国教徒和文人对基督教反应的研究，说这是所谓"汉学的转向"。如果熟悉西方关于16至18世纪中西文化交流史的研究的学者会感到，对西方汉学界来说，这样的"汉学转向"有一定的道理。但如果把这样的口号移植到中国当代学术研究的境遇中就未必合适。因为，做中国基督教史研究的学者都知道，陈垣先生一开始做中国基督教史研究时,就是从中国对基督教的接受入手,从中文文献入手的,对我们的学术传统来说没有这种转向。

恰恰相反,从中国学术界对16至18世纪中西文化交流史的研究来看,我们在继承陈垣先生的传统,注意从中文文献入手推进研究以外,整体上所缺的正是传教士的研究,这和西方汉学界恰恰相反。因为,从"西学东渐"或者"明清基督教史"的研究来看,传教士都是一个极为重要的环节,在一定意义上,中国基督教会的主导权长期在传教士手中,不抓住这个主导的方面,如何研究"西学东渐"和"明清基督教史"?

更重要的是,16至18世纪中西文化交流史的研究绝不仅仅是"西学东渐"和"明清基督教史"这一方面,它同时还有另一方面,即"中学西传"和"中国对欧洲的影响史"。如果把注意力只放在中国对基督教的接受和反应上,必然忽略了中国对欧洲的思想影响这一方面。这个方面就是毕诺这本书所重点研究的。在这个意义上,我向读书界推荐毕诺这本书,它会推动我们的中西文化交流史研究,使我们在关注"西学东渐"的同时,也关注"中学西传"。

传教士汉学研究的新进展

——读《卫三畏与美国早期汉学》

　　随着对域外汉学研究的逐步展开,近年来学术界对来华传教士的汉学研究取得了较大的进展,在翻译方面北外海外汉学研究中心在大象出版社组织的"西方早期汉学经典译丛"已经出版了十余本书,除了《耶稣会士中国书简集》外,其放在清史编译组系列中的《中国近事报道》《中国新史》《耶稣会士傅圣泽神甫传:索隐派思想在中国及欧洲》《清初耶稣会士鲁日满常熟账本及灵修笔记研究》都是不可多得的好书。大象出版社2008年出版的《马礼逊文集》则是国内第一次出版的较全面的马礼逊著作。广西师大出版社近年来也翻译出版了一些基督教来华传教士的著作,周振鹤先生主编的"基督教传教士传记丛书"分别出版了《花甲忆记:一位美国传教士眼中的晚清帝国》《卫三畏生平及书信》《李提摩太在中国》等书,在史料上也比较珍贵。黄兴涛、杨念群主编的"西方视野里的中国形象"丛书中也有来华传教士的作品。另外,上海古籍出版社的《清廷十三年》《从利玛窦到汤若望》也都是学术价值比较高的传教士汉学翻译著作。在研究方面,从吴义雄的《在宗教与世俗之间:基督新教传教士在华南沿海的早期活动研究》出版以来,传教士研究的好书不断上市,令人目不暇接。其间最值得称道的是台湾地区学者苏精先生在香港出版的《马礼逊与中文印刷出版》《中国,开门!》《上帝的人马》三本著作,完全依靠原始档案展开研究,使人耳目一新。

目前所出版的涉及传教士汉学的书籍内容绝大多数集中在传教士在中国的活动,如上海人民出版社的《基督教与中西历史文化》、邹振环的《西方传教士与晚清西史东渐》、上海古籍出版社的"基督教与中国研究书系"、董少新的《形神之间:早期西洋医学入华史稿》、王文兵的《丁韪良与中国》都是值得细读的好书,但从西方汉学的角度,从"中学西传"的角度展开的研究,除张西平的《传教士汉学研究》、张国刚的《明清传教士与欧洲汉学》、吴莉苇的《当诺亚方舟遭遇伏羲神农:启蒙时代欧洲的中国上古史论争》、王毅的《皇家亚洲文会北中国支会研究》外,相对还比较薄弱。例如,当前关于美国中国学研究的著作已经不少,但恰恰在美国汉学的兴起这个基础性研究上略显不足。读了顾钧的《卫三畏与美国早期汉学》,这样的感觉有了变化。

我感到在传教士汉学的研究上这本书有以下三点可圈可点:

第一,为美国汉学史的研究打下基础。西方对中国的认识有着漫长的历史,在不同的时期西方对中国有着完全不同的认识,从汉学的历史来看,西方汉学经历了"游记汉学""传教士汉学""专业汉学"三个大的阶段。在这三个阶段西方汉学界对中国的认识和感受变化是很大的,在这个意义上西方汉学界对中国的认识是"真正的变色龙"。如果你不了解这个历史,就随便拿出一本西方汉学的著作进行评论,那一定会出现常识性的错误,为了客观了解西方汉学的历史,进而把握西方的中国观,就必须做深入的国别汉学史的研究,从学术上梳理每个国家对中国认知的历史、人物和著作,这样才能摸清他们中国观变迁的内在原因。而如果这样做,则必须从传教士汉学开始,因为,正是从来华的传教士开始,中国的知识才逐步向西方传播,无论是早期来华的天主教传教士还是后来来华的基督新教传教士。正如费正清所说的,这些传教士是中国和西方交流的桥梁,他们一手把西方介绍给中国,另一方面又把中国介绍给西方。

　　学术界对美国中国学的研究已有二十余年,出版了不少研究美国中国学的著作,也出版过一些关于美国传教士来华活动的研究著作,但至今没有出版过研究美国早期汉学的著作。这样我们至今说不清楚,美国对中国的研究如何从传统汉学研究为主转向以现代中国研究为主的中国学,也说不清楚在美国对中国的研究中传教士汉学到专业汉学之间的过渡是如何完成的。在这本书中,作者通过对卫三畏所办的《中国丛报》和他的代表性著作《中国总论》的研究,使我们认识到传教士在早期美国汉学发展中的重要地位。

　　《中国丛报》是美国传教士在中国所办的最早的一份英文刊物,它是直接为美国国内或西方的读者服务的,是一份典型的西方汉学的刊物。我们从作者所提供的一份统计表中可以看到《中国丛报》对中国研究的总体情况。顾钧依据《中国丛报》的总索引,将《丛报》内容的分类与篇数列表如下:

类别	篇数
1. 地理(geography)	63
2. 中国政府与政治(Chinese government and politics)	81
3. 财经与海陆军(revenue, army and navy)	17
4. 中国人民(Chinese people)	47
5. 中国历史(Chinese history)	33
6. 自然史(natural history)	35
7. 科学、工艺与艺术(arts, science and manufactures)	57
8. 游记(travels)	57
9. 语言文学(language, literature, &c.)	124
10. 商业(trade and commerce)	6

续表

类别	篇数
11. 船运（shipping）	56
12. 鸦片（opium）	55
13. 广东、商行等（Canton, foreign factories, &c.）	36
14. 中国对外关系（foreign relations）	34
15. 中英关系（relations with Great Britain）	38
16. 中英战争（war with England）	74
17. 香港（Hong Kong）	22
18. 中美关系（relations with America）	21
19. 日本、高丽等（Japan, Corea, &c.）	24
20. 暹罗和交趾支那半岛（Siam and Cochinchina）	21
21. 其他亚洲诸国（other Asiatic nations）	36
22. 南洋群岛（Indian archipelago）	18
23. 异教（paganism）	43
24. 传教（missions）	103
25. 教会医院（medical missions）	48
26. 修改圣经（revision of the Bible）	40
27. 学会（education societies, &c.）	31
28. 宗教（religious）	29
29. 传记（biographical notices）	38
30. 其他（miscellaneous）	37

以上共计 1378 篇。如果再粗略归类：

1—9 中国国情类	514
10—18 中外关系类	396
19—23 外国类	142
24—29 宗教类	289

通过这个表我们可以看出两点：其一，《丛报》中虽然有一些涉及亚洲其他国家的内容，但有关中国的内容占90%，是整份刊物的绝对主体；其二，《丛报》虽然是传教士所办，投稿者也主要是传教士，但宗教内容不是主要的，重点是对中国国情的介绍。这样作者认为："由此我们可以说，《丛报》是一份真正的汉学刊物。谭维理认为，《中国丛报》不仅是'当时唯一的汉学杂志'，而且其刊载的关于中国的研究论文'在今天看来仍有参考价值'。"[1]

　　长期以来学术界对来华传教士汉学著作的成就评价不高，这主要是没有从具体的文本和具体的人物出发做真正的学术性的深入分析，而满足于一种泛泛而论的研究。顾钧这本书从卫三畏的基本著作出发，得出了一个很重要的结论：卫三畏的《中国总论》是美国汉学的奠基之作。他说："法国学者考狄（Henri Cordier）在《西人论中国书目》（Bibliotheca Sinica）中将《中国总论》放在第一部分《中国总说》的第一类《综合著作》中，这是放入这一类别中的第一部美国著作，从这个意义上讲，将《中国总论》说成是美国汉学兴起的标志，应该是符合事实的。"在作者看来，卫三畏的学术价值不仅仅在于《中国总论》成为19世纪美国最有影响和最重要的汉学著作，而且在于，从《中国总论》开始美国汉学研究的新模式已经依稀可见。众所周知，美国中国学研究的领导者和积极推动者是费正

---

[1]Laurence G. Thompson, "American Sinology 1830-1920: A Bibliographical Survey", *Tsing Hua Journal of Chinese Studies*, vol. 2, no. 2 (1961), pp. 246-247.

清,但"在他看来,卫三畏的学术成果中最重要的不是汉英字典,也不是关于扶桑和苗族的考证,而是《中国总论》,其副标题'关于中华帝国及其居民的地理、政府、教育、社会生活、文艺、宗教等的概观'①完全可以作为地区研究的'课程提纲'(syllabus)来使用。从卫三畏一生的研究理路来看,他从总体上来说更接近于新的美国'中国学'模式,而不是老的欧洲'汉学'模式,应该说,他是20世纪出现的这一新的美国模式的先导者"。这是一个很重要的结论,由此,我们看到美国的传教士汉学和美国中国学之间的内在逻辑联系,传教士汉学再不是游离于美国的中国研究学术脉络之外的非学术东西,而是整个今天美国中国学出发的一个基础。

看看柯文的《在中国发现历史:中国中心观在美国的兴起》一书,就可以知道面对庞大、复杂的中国,美国的中国研究在把握这个庞大帝国上的困难,在学术研究进路上的变迁,而要摸清这个复杂的学术脉络,做好美国汉学史的研究是不可少的。而美国汉学史或者说美国的中国学的起点就是来华传教士,从传教士汉学入手,从个案研究入手,这是我们梳理美国的中国研究从传统汉学研究转向当代中国研究模式的基本方法。因为这是一个起点,其实不仅仅是对美国的中国研究,对所有西方国家的中国研究大体都应如此。

在当前的国别汉学史研究中通史性的研究是需要的,现在已经有个别受到普遍好评的国别汉学史研究著作,例如严绍璗先生的《日本中国学史》、阎国栋的《俄国汉学史》,但大多数的通史性国别汉学史著作不太令人满意,究其原因在于缺乏个案性的基础研究。没有扎实的国别汉学发展的重要人物、著作和断代史基础,要想写出令人满意的国别汉学史是比较困难的。学术的发展是急不

---

①John K. Fairbank, China Perceived; Images and Politics in Chinese-American Relations, pp. 214-215.

得的,一代人只能做一代人的事。扎扎实实地做好西方各国汉学发展史的个案研究,是推进国别汉学史研究的最好办法,在这方面,严绍璗先生领导的学术团队已经给我们做出了表率。这本卫三畏的个案研究则开启了美国传教士汉学的个案研究,这在学术上是值得肯定的。

第二,对卫三畏的汉语学习和研究成就做了初步的研究。长期以来,在研究国外汉学史时对传教士早期的汉语学习材料大都不屑一顾,其实来华传教士的汉语学习材料和文献的学术价值是很大的,我在《西方人早期汉语学习史调查》一书中曾说过,近代以来汉语在语音、语法、词汇三个方面的重大变化大都受来华传教士的汉语学习影响,顾钧对卫三畏的研究再次证明了这一点。

例如,《拾级大成》(*Easy Lessons in Chinese*,1842)是卫三畏独立编写的第一部汉语工具书。卫三畏在书的前言中说:"本书是为刚刚开始学习汉语的人编写的,读者对象不仅包括已经在中国的外国人,也包括还在本国或正在来中国途中的外国人。"①全书的内容如下:一、部首;二、字根(primitives);三、汉语的读写方式介绍;四、阅读练习;五、对话练习(与老师、买办、侍者);六、阅读文选;七、量词;八、汉译英练习;九、英译汉练习;十、阅读和翻译练习。这样一部汉语学习书籍有何价值? 当年《中国丛报》的一篇文章评论了卫三畏的这本书,文章认为,关于量词的第七章"是全书中最值得称道的一章",因为"这个问题此前没有受到应有的关注"②。"卫三畏认为这类词和英文中的 piece,sail,member,gust,sheet 等词相似,但比这些词用得远为广泛,特别在口语中更是如此,应该熟练掌握。他在书中列出了 28 个重要的汉语量词,并设计了对应的练习。它们分别是:个、只、对、双、把、张、枝、条、间、坐、度、幅、

---

①S. W. Williams,"Preface",*Easy Lessons in Chinese*,p. 1.
②*Chinese Repository*, vol. 14, p. 346.

阵、粒、场、群、笪、副、件、块、糖、行、架、朵、片、席、团。确实,对于外国人来说,汉语的数量词是难点之一,需要多加练习,卫三畏认为最好的方法是放在词组中进行学习。"①熟悉中国语言学史的人知道,中国语言学家把量词作为一个专门的词类加以研究。来华传教士可以说是汉语量词研究的开拓者,最早来华的天主教传教士就已经注意到了这一点。这里卫三畏虽然谈不上是量词研究的开创者,但我们一旦将其放入中国近代语言学史,他的地位就凸显了出来。

卫三畏一生汉语研究的最高成就是出版于 1874 年的《汉英韵府》(*A Syllabic Dictionary of the Chinese Language*),他此前在汉语研究和工具书编撰方面的工作可以说都是在为这部大字典做准备。在这部字典中他以《五方元音》作为自己的基础,因为他认为《五方元音》"纯用方音"②,记录了 17 世纪北京的语音系统,与 19 世纪中叶的北京话大致相同,另外它是按照音节排列汉字,而不是像中国的其他许多韵书那样按照声调排列,顾钧认为"《五方元音》用 12 韵目(天人龙羊牛獒虎驼蛇马豺地)和 20 字母(梆匏木风斗土鸟雷竹虫石日剪鹊系云金桥火蛙)来拼读汉字,头绪比较简单(《康熙字典》用 36 字母)。与常见的韵书《广韵》以'东'(tung)开始不同的是,《五方元音》以 ien 作为第一韵,这样拼读出来的第一个字就是'边'(pien),但在卫三畏的字典中,第一个字是'挨'(ai),'边'在第 686 页,为什么是这样呢? 因为《汉英韵府》是以拼音的罗马字母顺序排列的,这样排在最前面的 3 个音节便是 ai,ang,cha;按照ABCD……的顺序 pien 当然要排在后面。在这一点上《汉英韵府》和许多按照罗马字母拼音顺序排列的字典是一样的,但在具体每一个汉字的拼读方式上,不同的字典之间存在差异。比如为了表

---

①S. W. Williams, *Easy Lessons in Chinese*, p. 123—148.
②永瑢等撰:《四库全书总目》,中华书局,1965 年,第 393 页。

示汉语中类似英语 aisle 的音节,小德金、马礼逊和卫三畏分别使用
ay,ae,ai。我们发现,在《汉英韵府》中,'挨'(ai)的拼法和我们今
天使用的标准拼法是相同的,而'边'(pien)则在声母上存在清浊
的差异,但已经颇为接近,大同小异了。《汉英韵府》注音以北京官
话作为标准,但同时也提供了每个字在广州话、厦门话和上海话中的
发音,并且第一次采用了统一的注音方式,具有整合以前多种方言字
典的功能。此外,在收字方面,《汉英韵府》也达到了以前几部大字典
的规模(共 12,527 个字),种种迹象表明,《汉英韵府》在原先《撮要》
简便实用的基础上走向了全面和综合。"

　　卫三畏的《汉英韵府》在 19 世纪的中国音韵学研究上有着很
高的价值,他提供给了我们研究当时的官话、方言的最重要的原始
材料。在一定意义上可以说,要讲清明末清初官话的问题,要梳理
近代以来的中国方言,没有传教士的语言学研究成果是绝对不可
能的,高本汉的成名之作的秘密之一就在于他充分使用了来华传
教士的汉语研究的著作,特别是传教士关于方言的研究著作。

　　同时,要做好对外国人的汉语教学,了解外国人汉语学习的历
史就必须进入传教士汉语学习和研究这个领域。在这些方面,顾
书都给我们开了一个好头,值得从事对外汉语教学和世界汉语教
学史研究的学者关注。

　　第三,对卫三畏的汉学成果给予了客观的评价。如何看待传
教士的汉学著作? 如何看待来华传教士的学术著作? 学术界一直
有着不同的看法。上世纪 80 年代以前,基本上是一面倒,认为这
些传教士是帝国主义侵略中国的先锋,他们的著作基本上没有人
注意,就是注意到了,评价也不高。从西学东渐来说,来华传教士
究竟给中国带来的是什么科学? 回答很简单,中世纪的落后科学。
从中学西传来说,传教士的汉学能否算作学术著作? 回答也很简
单,都是一些护教性著作,价值不大。上世纪 80 年代以后,学术研
究领域扩展,发现中国近代以来的历史与思想与西方传教士为中

介的欧洲思想的传入关系很大，由此，对传教士研究渐热。如何看待来华传教士，特别是如何看待晚清时期的来华传教士，学术界开始寻找到一种新的评价标准：现代化尺度。从中国现代化的总体历史发展来看，来华传教士仍是有相当大的历史功绩的。这样，对来华传教士从教育、新闻、科学、文化等方面的研究迅速展开。应该说，这是一个不错的角度，从这个方面展开对来华传教士的研究会开拓出中国近代史研究多方面的新领域，今天这个研究仍刚刚开始，亟待努力和完善。从宗教学的角度来看，即便纯粹的中国基督教史也是一个完全没有完成的学术研究领域，亟待深入和展开。

但爱屋及乌，年轻的学者们在走入这完全崭新的研究领域后，不少人被传教士的宗教献身精神所打动（的确，这样的宗教献身精神是很感人的），为其所发现的新的研究天地而兴奋，为长期以来被学术界忽略的来华传教士对中西文化交流的贡献所感染。这样在他们的研究中，有意无意地忽略了来华传教士的宗教使命这个基本点，或者虽然认识到这点，但在如何处理其宗教背景和学术贡献这二者的关系上尚找不到一个有说服力的理论解释框架。

顾书在这个问题的处理上把握得比较好，对卫三畏在学术上的贡献给予充分的肯定。这点上面我们已经讲了；对于卫三畏的学术研究受其宗教教派立场的影响，作者也毫不回避。他说："19世纪传教士汉学家的普遍问题是，在涉猎范围很广的情况下，往往深度不够，有时甚至犯一些低级的错误。比如理雅各的老师吉德就曾将《三国演义》看作是一本讲统计学的书，而郭实腊则弄不清贾宝玉到底是男是女①。卫三畏的长处在于，虽然在很多问题上没有什么创见，但也没有什么明显的错误。"

在谈到卫三畏的《中国总论》写作时，作者认为，虽然卫三畏效

---

①Samuel Kidd, *Catalogue of the Chinese Library of the Royal Asiatic Society* (London, 1838), p. 11; C. Gutzlaff, "Review: *Dreams in the Red Chamber*", *Chinese Repository*, vol. 11, pp. 270–271.

力于美部会只有 20 多年,但他的"本色"始终伴随之,晚年卫三畏
在身体不佳的情况下坚持修订《中国总论》,他这样解释其动机说:
"一个念头刺激着我一生从事这一工作,它就是这样一种希望——
传教事业能够发展。在这个事业的成功中蕴藏着中国作为一个民
族的拯救,既在道德方面,也在政治方面。"①作者认为"不需要再做
更多的说明,我们已经不难看出在他身上传教与汉学之间的关
系"。卫三畏给中国的定位是"现存异教国家中最文明的国家",可
以说这是当时传教士能够给予中国的最高评价了。但顾钧认为:
"在上述观点背后隐藏着的是一种典型的西方中心主义和西方优
越论,正如赖德烈所指出的那样:'卫三畏希望纠正 19 世纪以来西
方人对于中国的轻蔑和无知,但他没有从一种居高临下的优越感
中解放出来,他确信,虽然中国绝不是未开化的国家,但中国在文
明程度上要落后于基督教国家……他生活在中国的年代清王朝正
在走向衰落,庞大的中华帝国已经被数量很小的英国军队所打败,
并且处于内战中,当他将中国和工业革命后日益富强的西方世界
进行比较时,他几乎不可能再有 18 世纪欧洲人看待康乾盛世时的
那种敬畏和羡慕之情。'②特别是随着西方列强势力逐渐进入中国,
传教士的文化殖民心态更是日益膨胀,汉学研究中不顾事实、夸大
其词,甚至歪曲事实的情况不时出现。"

　　对于卫三畏最重要的代表作《中国总论》,顾钧也没有给予任
何的粉饰,而是平静地说:"《中国总论》虽然对美国人了解中国起
到了重要的促进作用,但从学术性的角度来看,其价值并不突出。
衡量学术性的一个重要标准是创新,而《中国总论》主要的价值在
于提供全面和准确的信息,虽然其中不乏作者的研究心得。它是
一本很好的入门书和普及读物,而不是一部优秀的学术专著。"

---

① S. W. Williams, "Preface", *The Middle Kingdom* (1848), Vol. 1, P. XV.
② Kenneths Latourette, "Samuel Wells Williams", *Notes on Far Eastern Studies in America*, No. 12 (Spring 1943), P. 6.

应该说这些评价是比较公允的、客观的。

在全书的导论部分作者开宗明义地告诉读者自己选择卫三畏作为研究对象的原因,顾钧说:"选择卫三畏作为本书的中心人物,有以下三点理由:一、他是最早来华的美国传教士之一,从1833年到达广州至1876年离开北京,他是早期传教士中在华时间最长、对中国最了解的一位,他目睹和经历了两次鸦片战争、太平天国运动等给中国社会和中外关系所带来的深刻变化。二、他回国后于1877年成为耶鲁第一位汉学教授,也成为美国历史上最早的汉学教授,他见证了美国汉学从业余走向专业的历史,在他身上业余汉学和专业汉学实现了某种结合。三、他是美国最早的汉学刊物《中国丛报》(*Chinese Repository*,1832—1851)的编辑者(1848年后为主编)和主要供稿人之一,他的代表作《中国总论》(*The Middle Kingdom*,1848)改变了此前美国人通过欧洲著作来了解中国的状况,从这个意义上开创了'美国'汉学。"

通观全书,我认为作者基本完成了原来所设定的写作目标。

最后,在这篇书评即将结束时,我要问一个问题:顾钧这种对传教士汉学的研究在学术上有意义吗? 进而将问题再扩大一些,目前学术界对国外汉学著作的翻译,特别是对西方汉学和中国学著作的翻译和研究有价值吗? 这是一个根本性的发问。因为有学者已经很严肃地提出了这个问题,我在这里做一个回应。

有人认为:"必须警惕汉学与汉学译介研究中的'汉学主义'!20世纪90年代以来中国的西方汉学热,由于缺乏学科批判意识造成了'自我汉学化'与'学术殖民',已经成为一个敏感紧迫的问题。如果学术真乃天下之公器,无所谓西中,那么这个问题自然就不存在了;如果西方现代社会科学学科体系中的汉学本身就带有强烈的意识形态性,那么汉学主义就必然提出知识合法性质疑。学界无意识的'自我汉学化'实际上是学术文化的自我异化,非批判性译介研究最终将成为汉学主义的一部分,成为西方学术文化霸权的工具。"①

　　按照这位学者的理解,当下中国学术界对西方汉学著作的翻译和研究是一种自我殖民化,因为西方汉学本身具有强烈的意识形态性,这样当下对西方汉学著作的翻译和译介研究就成为"西方学术文化霸权的工具"。问题如此严重,我们这些从事西方汉学著作翻译和研究的人不得不为自己所从事学术工作的合法性辩护。

　　这种理论的基础是后现代理论。因为这些学者认为,研究西方的中国观,有两种知识立场:一种是现代的、经验的知识立场;另一种是后现代的、批判的知识立场。前一种立场追求的是真和假的问题,后一种立场"无所谓客观的知识,也无所谓真实或虚构"。后现代的知识立场有一定的合理性,因为它不仅仅揭示了知识的内容,也揭示了知识的产生,知识发生中的文化影响和权力影响等问题,使我们对以往所得到的实证知识有一个更为深刻的认识。但如果因为揭示了知识产生中的文化解释和权力的影响的作用,或者因为从这样的角度来重新看待以往的知识,而完全否认知识的真实性和知识内容在一定历史阶段的可靠性,那就走向了另一个极端。由此,19世纪以来人类所有获得的知识都是不可靠的,都是无真假之辨的。我们承认解释的"前见"对知识的影响,因为人不可能在没有任何前见中开拓知识,不可能不在一定的社会形式中解释知识。但并不能由此而否认整个人类以往所获得的知识的可靠性和真实性。

　　将这种后现代的解释理论运用到西方汉学的解释上时,这些学者完全套用了萨义德的《东方学》一书的基本思想和话语。我去年在为李雪涛的《日耳曼学术谱系中的汉学——德国汉学之研究》一书所写的序言中就已经指出了这一点,我们是否可以因为西方

─────────────

①周宁:《汉学或"汉学主义"》,见周宁主编《世界之中国:域外中国形象研究》,南京大学出版社,2007年,第150—151页。

汉学中有着对中国的想象成分和内容就说它"和中国无关呢？是否就可以说西方关于东方的知识都是异国的想象,无论是把东方想象成天堂还是把东方想象成地狱,这些都是西方人将东方作为自己的他者而对自身的认识,和真实的东方没有任何关系呢？难道西方东方学的知识真是没有真假之分,无所谓对错之别？难道西方汉学只是西方人自己的'单相思'？如宋词中所写的'念两处风情,万重烟水。雨歇天高,望断翠峰十二。尽无言、谁会凭高意？纵写得、离肠万种,奈归云谁寄?'仔细想想,我认为西方的东方学除了有想象的成分以外,也还是有真假之分,对错之别的。西方的东方学并不像萨义德说的那样简单,它有着多重的维度,需要从多个角度来分析和把握。萨义德只是看到了一个维度而已。……后派理论家们一根筋地看待人类文化间的知识,看待西方的东方学,看待西方汉学,他们无法解释在云霭飞渡下的文化群山。近年来跟着萨义德的理论跑,以此来解释西方汉学和西方的中国观的著作也不少,不能说他们洋洋大观的十几卷著作没有真知灼见。思想的火花,语言的机智在这些学者的书中也有。但总体上缺乏理论的创造和文化的自觉,他们解释西方东方学与汉学的整体框架和理论是萨义德的,是后殖民主义在中国的翻版"[1]。

　　知识和想象是连在一起的,任何知识的产生既有对所面对的客观对象的揭示和描写,同时这种描写和阐释又受到其自身文化背景、已有的知识框架和身份的影响,我们的任务是研究分析西方汉学中的这两种成分是如何交织在一起的。这点顾钧在书中已经做了很有意义的尝试,他在导论中说得很清楚:"相比于 20 世纪初的梁启超,今天我们对于学术和学术史应该说有了一种更新的理解。学术不再被看作是一种纯粹的'知识',而是一种'话语',其背

①李雪涛:《日耳曼学术谱系中的汉学——德国汉学之研究》张西平序,外语教学与研究出版社,2008 年,第 6—8 页。

后同样有着复杂深刻的'权力'运作。这一点在西方近代以来关于东方的知识话语的建构中显得尤为明显。萨义德（Edward Said）的《东方学》（*Orientalism*, 1979）虽然涉及的主要是西方关于近东的知识谱系，但它很好地提醒我们，今天当我们书写汉学史时，我们不仅要关注学者们说了些什么，我们更应该关注的是他们为什么这么说，或者用福科（Michel Foucault）的话来说，我们更应该关注的不是事物的'真相'，而是事物的'秩序'。实际上，根据福科的见解，对于生活在一种文化中的人来说，要真正'理解另一种文化的真相是完全不可能的'（the stark impossibility of thinking that），这种看法或许有点绝对和悲观，但是采用一种'考古学'（archeology）而不仅仅是传统的'历史学'（history）的方法，对于我们今天研究学术史无疑是非常必要的。"正因为顾钧在书中既有原始史料的开拓和挖掘，又运用了福科的"知识考古学"的方法，从而才既说明了卫三畏在美国汉学历史上的贡献，又揭示了他的汉学成就背后的基督教立场和权力背景，从而对卫三畏做出了较为客观和公允的评价。

　　这是一本值得深入细读的好书，这里我将顾钧在书中的一段话作为文章的结尾，这也代表了我对这本书的基本的看法。"本书力图在两方面有所突破，一是利用前人没有利用或没有充分利用的卫三畏家族档案（Samuel Wells Williams Family Papers）和其他英文资料，二是在全面占有资料的基础上进行全面的考察，力图把卫三畏以及整个早期美国汉学更为清晰地展现在读者面前。"

张西平写于北京游心书屋
2009 年大年初三初稿

（顾钧著《卫三畏与美国早期汉学》序言，外语教学与研究出版社 2009 年出版）

文化的摆渡人

　　从晚明以来,中国文化和思想面临的最大问题就是如何消化经来华传教士所带来的西学。在明末清初之际西学还是以一种平和的态度在中文的话语环境中扩展影响,文人举子们也是以平和的态度看待西学。虽然期间文化的冲突也时时迭起,但耶稣会"合儒"的传教路线,使士人在读这些"西儒"的书时尚有自己本土文化的底气。在这个意义上我们才可以理解为何李约瑟将明清之际的中西文化交流称为"两大文明之间文化联系的最高范例"①,许理和将其称为"中西关系史上一段最令人陶醉的时期,这是中国和文艺复兴之后的欧洲高层知识界的第一次接触和对话"②。

　　晚清时局巨变,中西文化关系发生了根本性的变化。如美国中国学家任达(Douglas R. Reynolds)所说:"在 1898 年百日维新前夕,中国的思想和体制都刻板地遵从了中国人特有的源于中国古代的原理。仅仅 12 年后,到了 1910 年,中国人的思想和政府体制,由于外国的影响,已经起了根本性的变化。从根本性的含义来说,这些变化是革命性的。在思想方面,中国的新旧名流(从高官到旧绅士、新工商业者与学生界),改变了语言和思想的内涵,一些机构

---

①〔英〕李约瑟:《中国科学技术史》第 4 卷第 2 分册,科学出版社,1990 年,第 698 页。
②〔荷〕许理和:《17—18 世纪耶稣会研究》,见《国际汉学》第 4 辑,大象出版社,1999 年,第 429 页。

以至主要传媒也藉此表达思想。在体制方面,他们按照外国模式,改变了中国长期以来建立的政府组织,改变了形成国家和社会的法律制度。"①这种重大的变化在学术上就是"援西入中",以"六艺""四部"为基础的知识体系和框架被解体了,中国现代知识体系和学科建构开始逐步形成。

如果我们想解释清楚今天中国的学术体制和学科思想的根源,那我们必须回到晚清的"西学东渐"时代,近20年来中国学术界为此已经有了许多重要的进步,使我们开始逐步摸清我们今天所表达的学术思想、语言,我们今天所生存的学术体制和学科制度的来源。摆在我们面前的这本叶隽的著作就是沿着这样一个学术路向展开的,如果将其放在近年来的学术发展脉络中,这本书给我们的启示是什么呢? 或者说这本书在当下学术研究的进程中给我们留下些什么呢? 我想以下两点是应该注意的:

第一,在学术界这本书首次如此清晰地勾画出了德国思想对中国近代学术体制的影响,从而使我们对晚清传来的"西学"有了一个更为具体、深入的认识。在以往的研究中有两个特点:一是讲"西学东渐"的"西学"时不太细分,当时传来的思想是美国的思想还是法国的思想,这种学科体制是德国还是英国的,研究者关注不多,大都一概说成"西学"。其实,西方是分为不同的国家的,每一个国家的思想和文化有着重要的区别。只有具体地研究当时"西学"的来源国,这种研究才会具体化,也才有深度。二是在研究中国学术体制和学科制度的形成时,研究者的重点大都放在中国本身。这无疑是正确的。但如果这样的重点没有一个前期对西方思潮和体制的了解,不了解当时西人所介绍的"西学"来源和所在国的关系,对"西学"本身的特点和"西学"本身的形成和变化注意不够,我们就很难从中国文

_____

①〔美〕任达著,李仲贤译:《新政革命与日本——中国,1898—1912》,江苏人民出版社,1998年,第215页。

献本身揭示中国近代制度变迁的特点。叶隽是学德国文化出身,又经中文学科训练,他在这本书中较好地解决了这两个问题。将晚清所接受的"西学"放在了西方近代思想文化史的变迁之中加以考察,使我们对晚清所接受的"西学"有了一个更为深入的认识。

这本书的看点之一在于此。正如作者所说:"理解德国的意义,必须放置在现代世界形成的整体框架中,才更易看得清楚。在我看来,虽然可将现代性的开端追溯到地理大发现的时代,但真正之潮流涌动、山雨欲来,仍当属 18、19 世纪之交。其标志有三:一曰传统秩序的终结,以美国独立与法国革命为标志;二曰科学话语的确立,以柏林大学的建立与费希特的《知识学》为标志;三曰思考方式的呈现,以歌德的《麦斯特》与黑格尔的《历史哲学》为标志。"①这样 18 至 19 世纪初西方思想的中心是德国,像哈耶克所说的 1870 年"此后 60 年中德国成为一个中心,从那里,注定要支配 20 世纪的那些思想向东和向西传播。无论是黑格尔还是马克思,李斯特还是施莫勒,桑巴特还是曼海姆,无论是比较激进形式的社会主义还是不那么激进的'组织'或'计划',德国的思想到处畅通,德国的制度也到处被模仿"②。作者甚至认为:"应该说,自 19 世纪以来,在长达 200 年的时间里,现代世界几乎可以说就是在德国思想的笼罩之下。"③

我想这样的结论,这样一种对 19 世纪西方思想的解释是过去许多做晚清史的学者很难听到的。德国在 19 世纪对西方如此重要,德国拿什么东西献给西方现代社会呢?这就是建立在德国哲学思想之上的现代大学制度和学术体制。这样我们在研究近代中国的学术体制和学科制度时,就必须重视德国,就必须了解德国在这两个方面的思想和历史。作者得出这样的结论并非空穴来风,

---

①叶隽:《主体的迁变:从德国传教士到留德学人群》,上海外语教育出版社,2008 年,第 1 页。
②同上书,第 2 页。
③同上书,第 2 页。

事实上，"到1900年为止，横渡大西洋到欧洲伟大的学术研究中心，主要是德国的大学留学的差不多一万名美国学者，坚定地服膺于学术研究和以科研为基础的教学和学习的思想回到美国"①。这就是说，美国当时在思想和学术上是跟着德国跑的。

正是如此清晰、明确地指出德国在西方现代思想和学术体制上的地位与作用，我们才能更为深入具体地理解我们晚清以来所接受的西学的特点，特别是在学术体制确立上的西学来源，没有这样对"西学"的具体研究，对近代中国学术体制和学科制度的形成就不可能有深入的研究。

第二，这本书对在中国传播德国思想的主体的转换做了深入的研究。以往在对来华传教士的研究中，对其在中国的活动比较关注，对他们在文化交流中的角色和作用与其本国文化的关系，以及这种关系对他们在华活动的影响研究不够。作者在书中再次展现了他熟知德国近代文化和制度的特点，在谈到德国来华传教士的这种主体作用变化时他讲了三条原因："其一，传教士思路从'功利利益'到'文化立场'的变迁，反映出帝国消解是大势所趋。这不仅表现在传教士作为政治力量的'逐渐黯淡'，同样也表现在帝国政治精英层面的'流水落花春去也'。"②"其二，某种意义上具有传统延续性的'现代性'命题正为新一代传教士所自觉认知，现代的兴起乃是不可抵挡的大势所趋。"③"其三，由'帝国话语'到'现代转型'的转折，为日后的'双边学术场域互动'铺垫下很好的基础。"④德国来华的传教士，他们在向中国介绍西学时是直接和德国思想及德国本身在欧洲地位的变化联系在一起的。通过他的研究，

---

①〔美〕伯顿·克拉克著，王承绪译：《探究的场所——现代大学的科研和研究生教育》，浙江教育出版社，2001年，第3页。
②叶隽：《主体的变迁：从德国传教士到留德学人群》，第83页。
③同上书，第84页。
④同上书，第85页。

我们看到来华的德国传教士是如何和德国的政治制度和学术思想相通、互动,并深刻地受到本国思想的影响。德国在欧洲地位的下降和变化直接影响到在华的德国传教士的传教路线的变化。在英美来华传教士中也有同样的特点,他们在华的传教特点和路线直接源于其教派在国内的地位和宗教理解,不同的教派、宗教思想,他们在华的传教路线就不同。以往的来华传教士研究中,这点是个薄弱环节,学者们往往只根据传教士在中国的材料来讨论他们的思想。殊不知,西方才是其思想的大本营,所在国才是其传教动力之源。传教士是中国和西方文化之间的桥梁,我们必须对这座桥梁的两端的文化都十分熟悉,才能做好来华传教士的研究。

在书中,作者对卫礼贤从传教士转换为汉学家的分析十分精彩,对西方汉学的发展来说,卫礼贤的转型具有全局性的意义,从"传教士汉学"到"专业汉学"这是一个历史性的趋势,但像卫礼贤这样将两种身份聚于一身,并成功地完成这种转变,具有很大的戏剧性。个人命运和国家之间的冲突与分离,在这里显示出历史的吊诡。同时,在卫礼贤的经历中我们也看到近代中国学术的转型,中国学术体制和学科的形成与来华的汉学家有着密切的关系,近代以来中国社会科学的许多门类的建立,许多学科的形成不少都和来华的汉学家有着直接的关系。从"四部"到"七科",从经学到现代人文学科,近代来华的汉学家起到了重要的作用。叶隽对卫礼贤的研究给我们提供了样板。

叶隽做中国学人的德国留学史研究已经有显著的成果,在这本书中,作者充分利用了自己的学术积累,通过对卫礼贤和蔡元培、杨丙辰的合作完成了在中国介绍德国西学思想主体的转移的研究,说明了中国近代学科体制的建立是如何从传教士、讲学者、汉学家转换到中国本土学者手中的。同时,他以中研院和德语专业的建立与发展,说明以蔡元培等为代表的中国学者在中国近代学科形成中所发挥的重要作用。从这本书的研究中我体会到,我们在讨论现代中国学术的形成和现代学科的建立时必须放在当时的中西文化交流的历史背景中,新文化运动、近代学术和文化的产生都是在中外文化的激荡中形成的,而以往的形成研究要么只在中国文化本身考虑,要么只在外部力量考虑,都有道理,但显然不全面。本书的价值不仅仅在于指出中国近代学术和学科体制是在中外文化共同作用下产生的,是一种"学术互动",而且更深入地分析作为西学内容的学术体制和学科制度传入的具体内在过程,是如何催生了一个新的学科——德语。在这个历史过程中我们看到对西学的介绍从传教士到留学生主体的转变。这样,作者就真实而细致地通过德国传教士和德国留学生这样两个群体展现了德国思想和文化、德国的现代学术体制和制度影响中国近代学术形成的实际过程。

晚清以来的"西学东渐"是一个多重、多方面、多种力量交错的复杂过程,实际上中国近代学术体制和学科的形成是多种力量集合的结果,是西学在中国长期传播的结果。从卫礼贤到蔡元培,在传播德国西学思想上主体发生了变化,但并不能说传教士从此退出中国学术体制和学科建立的历史舞台,或者不再发生作用。从同文馆的建立开始,现代学科体制就开始启动,但就是在蔡元培执掌北京大学以后,民国初年的教会大学在中国学术体制和学科制度的形成中起到重要的作用是绝对不可忽视的,即便从德国来说,民国期间的辅仁大学和同济大学的建立,在中国大学历史上和学术体制与学科制度的建立上都有着不可忽视的作用。这就是说,在中国学术体制和学科制度的建立、完善的过程中,"传教士—汉学家—留学生"这种主体的转换并不是线性的过程,而是一个立体的过程,是一个混合而不断渐进的过程。这点作者需要做进一步的深入研究,从而揭示出中国近代学术体制和学科制度建立的丰富历史画面。

近代以来的在"'援西入中'的大潮中,中国社会有关现实世界及社会理念合法性论证的思想资源,渐次脱离中国传统的思想资源,转而采纳西方现代型的知识样式"①。从历史说,"如果把1910年和1898年年初相比,人们发现,在思想和体制两大领域都明显地彼此脱离,而且越离越远"。自近代以来,在中国传统思想和现代学术体制之间有了巨大的间隙,随着中国自己的学问"国学"转换为各门具体学科,学科化的中国学问开始一一纳入了西方现代学科体系,尽管民初关于"国学"的理解曾引起重大的争论②,但西方学术体制和学科制度在中国的确立已成历史大潮,无法阻挡。

百年西潮最终导致了中国思想和文化的变化,并由此而推动了中国走向现代化之路。当下,被压抑的现代性在这个千年文化古国中以人类史前所未有的形式喷爆出来,一发而不可收,其现代化进程之猛烈,社会变迁之巨大,在整个人类的现代化史上都未曾见。

当中华民族开始自立于世界民族之林时,当中国作为一个真正的大国成为我们现实的生活的环境时,文化自觉之心、之求油然而生,此刻,中国学术界开始反思百年西潮在推动中国思想变化与发展的同时,由此所造成的对中国思想资源的冷漠、忽略,开始反思百年西学思潮所引起的学术制度化、学科规范化在推动近代中国学科发展的同时,这种规制对中国精神把握的隔离与漏缺。争论由此而产生。

问题的实质正如作者在书中所说:"关注国别中心的创造性发展的同时,也应思考具有'普遍主义'的问题。作为人类整体的世界,是否具有普遍主义的真理可能? 或者这只是一种虚构的大同理想? 如果每个民族(这里主要指以国家为载体的国家民族)都拥有自己的语言、历史和传统,并且仍将在很长时期内按这样的基本轨迹发展的话,那么我们是否需要建构人类文明的基本价值与共

①复旦大学历史系编:《中国现代学科的形成》,上海古籍出版社,2007年,第4页。
②罗志田:《国家与学术:清季民初关于"国学"的思想论争》,生活·读书·新知三联书店,2003年。

识？它与民族—国家本身的发展关系又是如何？这些都是我们应当尝试去回答的问题。"①民族文化理解和世界认知，西学学科与中国传统思想资源，这些百年前曾经困惑我们前辈的问题，今天又以另一种形式开始困惑我们。

今天的中国思想界和学术界很像陈子昂在诗中所写："前不见古人，后不见来者。"过去已经失去，未来尚在探索。学术从未像今天这样活跃、混乱，思想从未像今天这样分歧、多元，书写从未像今天这样繁荣而无力，观念从未像今天这样纷杂而各奔东西。但这正是伟大时代的特征，这正是一个新思想、新学术诞生的前夜，探索中预示着光明，争论中渴望着新生。

张西平

2008 年 7 月 21 日写于北京游心书屋

（叶隽编《主体的迁变：从德国传教士到留德学人群》序言，上海外语教育出版社 2008 年出版；发表于《读书》2015 年第 7 期）

---

①叶隽：《主体的迁变：从德国传教士到留德学人群》，第 190 页。

全球化史视野下的西学东渐与中国近代出版

　　日前,北京外国语大学中国海外汉学研究中心和中国近现代新闻出版博物馆(筹)联合主办的"西学东渐与东亚近代知识的形成和交流暨第四届出版史国际学术研讨会",对晚明至晚清的西学东渐与中西文化交流展开研究。近十余年来学术界对西学东渐研究热情很大,大约有两个方面的原因。

　　首先,自晚明以来,中国学术的发展已纳入全球化视野,知识体系开始发生变化。到晚清以后,基本形成中国近代的知识体系和思想观念。如果不梳理清楚西学东渐的过程,就很难知道我们今天的学科设置和学术术语是从何而来的。近年来,西学东渐研究日益引起学术界的重视,无论是个案研究、断代研究,还是文本研究,各个领域都取得很多新进展。如果说佛教的传入对中国中古社会产生第一次巨大影响的话,那么第二次的巨大影响就是由晚明基督教传入中国拉开的西学东渐的序幕,由此开启了中国近代的变迁。我们今天清理中国近代学术史,必须由此来入手。

　　其次,随着中国的崛起,中国知识界和思想界的文化自觉已经渐成主流,此时重新反思百年欧风美雨对中国近代思想和学术产生的影响,开始有了新的角度。作为后发现代性国家,我们对自己知识和思想的表达是借助于西方的思想体系和知识完成的,今天在中国日益成为强国之时,如何吸取其合理的部分,反思其不合理的部分,成为我们重建中国自己的学术体系与话语的一个重要问题。正像从张载、二程开始,宋代的思想家开始对长达几百年的佛教思想影响进行消化、吸收和批判,从而开创了中国儒学发展的新阶段一样。今天,我们需要新的二程、张载和朱熹,用批判的吸收精神重建中国文化与学术。这样,如何处理百年西学的学术遗产,如何将其吸收到中国本土文化的重新发掘和解释之中,成为我们今天中国学术必须要走的第一步。对西学东渐的研究,从表面上看,是文本、历史和个案的研究,其实它和今天整个的学术重建是紧密结合在一起的,必须从这个大的学术背景上来考虑这个问题,这样会使我们有更强烈的问题意识,给历史研究注入当代的生命和活力。

同时,我们在思考"西学东渐"与中国近代的知识和思想的关系时,不能仅仅停留在中国本土和中国的知识与思想研究之中。因为,中国和欧洲几乎是同时开启了走出"中世纪"的历程,在西学东渐过程中,西方汉学开始将中国的知识介绍到欧洲,并对欧洲的思想产生了影响,这样我们必须把对西学东渐的研究和对"中学西传"的研究放在一个平面上,这就是全球化视野。因为,从晚明后,对中国知识和思想的理解已经是一个全球性的问题,中国的历史已经开始被各种西方语言所记载,到晚清更是如此,像《中国丛报》既是西学东渐研究的重要内容,同时又是中学西传研究的重要内容。因此,这两个研究方向应该放在一个历史的框架中考虑,这就是全球化史。全球化史的研究不仅仅表现在贸易上,由传教士所导致的中西文化知识和思想的交流也应在其中。仅仅从所谓的"东方主义"来研究西方的东方学显然是不够的,晚清后百年只是弹指一挥间,应从全球化开始的 1500 年的长时段来重新考虑全球思想与知识的互动,应从更广阔的角度来看待近代以来中国学术的发生、发展和转变,将西方汉学和西方近代思想的变迁也纳入中国近代学术的研究中来,在不同的参照系中,在更为广阔的文化背景中,考虑中国自身的思想与文化的变迁。这也许就是梁启超先生当年所说的"在中国研究中国""在亚洲研究中国""在世界研究中国"的思路。

　　本次会议是历届规模最大的一次,来自法国、德国、挪威、日本、韩国以及中国的香港、澳门、北京、上海的80余名汉学家及汉学研究者出席了此次会议。会议开得很成功,会上议论风生,会下切磋学问。我们秉承学术乃天下公器的原则,以文会友,有许多年轻学者在这次会议上崭露头角,我们为他们的成长而高兴。我们从会议论文挑选出30篇文章,从文章中我们可以看出这次会议的主题所在。这次会议的学术论文收集与编排是由海外汉学中心管永前博士负责的,对他的认真精神和出色工作我深表感谢。这次会议的成功也是我们中心与中国近现代新闻出版博物馆(筹)精诚合作的结果,在此,我代表与会学者对林丽成女士和她的同事们表示感谢。

　　2011年是北京外国语大学中国海外汉学研究中心成立15周年,15年来我们以历史为基点,以基础文献的翻译和整理为主干,以西学东渐与中学西传统一研究为视域,以重建中国学术为其理想,在学术界朋友们的关心下走过了15年。我们以这次与出版博物馆的合作为契机,表达了我们的学术理念,以此作为对学术界朋友的感谢。

　　2011年12月23日写于北京枣林路6号院游心书屋

　　　(北京外国语大学中国海外汉学研究中心、中国近现代新闻出版博物馆编《西学东渐与东亚近代知识的形成和交流》代序,上海人民出版社2012年出版)

在世界范围内考察中国文化的价值

一

梁启超当年在谈到中国历史的研究时曾说过，根据中国历史的发展，研究中国的历史可以划分为"中国之中国""亚洲之中国"以及"世界之中国"三个阶段。所谓"中国之中国"的研究阶段是指中国的先秦史，自黄帝时代直至秦统一。这是"中国民族自发达自竞争自团结之时代"。所谓"亚洲之中国"的研究阶段是为中世史，时间是从秦统一后至清代乾隆末年。这是中华民族与亚洲各民族相互交流并不断融合的时代。所谓"世界之中国"的研究阶段是为近世史。自乾隆末年至当时，这是中华民族会同亚洲各民族与西方民族交流并产生激烈竞争之时代[1]。由此开始，中国成为世界的一部分。

其实，梁公这样的历时性划分虽然有一定的道理，但实际上中国和世界的关系是一直存在的，尽管中国的地缘有一定的封闭性，但中国文化从一开始就不是一个封闭的文化。中国和世界的关系，并不是从乾隆年间才开始。梁公自己为了说明这一点就提出

---

[1] 参阅梁启超：《中国史叙论》，《饮冰室合集》文集之六，中华书局，1989年，第11—12页。

过两个当时令人匪夷所思的问题:第一,"刘项之争,与中亚细亚及印度诸国之兴亡有关系;而影响及于希腊人之东陆领土"①;第二,"汉攘匈奴,与西罗马之灭亡,及欧洲现代诸国家之建设有关"②。他试图通过这两个在常人看来完全是风马牛不相及的历史事实来说明中国史从来不是在一个封闭的圈子里展开的,世界各国的历史是相互关联的。因而,他的真正目的在于说明:要将中国史放在世界史中加以考察。

　　梁启超这样立论他的中国历史研究时有两个目的:其一,对西方主导的世界史表示不满意,因为在西方主导的世界史中中国对人类史的贡献是看不到的。1901 年,在《中国史叙论》中他说:"今世之著世界史者,必以泰西各国为中心点,虽日本、俄罗斯之史家(凡著世界史者,日本、俄罗斯皆摈不录)亦无异议焉。盖以过去、现在之间,能推衍文明之力以左右世界者,实惟泰西民族,而他族莫能与争也。"③这里他对"西方中心论"的不满已经十分清楚。其二,从世界史的角度重新看待中国文化的地位和贡献。他指出中国史主要应"说明中国民族所产文化,以何为基本,其与世界他部分文化相互之影响何如","说明中国民族在人类全体上之位置及其特性,与其将来对人类所应负之责任"④。虽然当时中国积贫积弱,但他认为:"中国文明力未必不可以左右世界,即中国史在世界史中当占一强有力之位置也。"⑤

————————

①梁启超:《中国历史研究法》,《饮冰室合集》专集之七十三,中华书局,1989年,第 101 页。
②梁启超:《中国历史研究法》,《饮冰室合集》专集之七十三,第 102 页。
③梁启超:《中国史叙论》,《饮冰室合集》文集之六,第 2 页。
④梁启超:《中国历史研究法》,《饮冰室合集》专集之七十三,第 7 页。
⑤梁启超:《中国史叙论》,《饮冰室合集》文集之六,第 2 页。

二

梁启超提出新史学已经百年，此后历史学家在这方面已经取得了很大的进步，上个世纪80年代，我国著名世界史学者吴于廑明确提出建立全球世界史的理论，北京大学罗荣渠的现代化历史研究也明确地将世界史的研究和中国史的研究放在一个历史进程中。特别是中外关系历史研究的迅速展开，大大丰富了我们关于中国与世界各国文化关系的认识。武斌先生的《中华文化海外传播史》就是对中国学术界到上个世纪90年代中期为止这方面研究成果的一个总结。这本著作是值得向学术界推荐的。

在我看来这本书的学术价值表现在以下三个方面：

第一，较为全面地展现了中国文化在域外传播的总体历史。中国学术界对中国文化海外传播的研究已经有近百年的历史。1949年以前最著名的代表著作是张星烺先生《中西交通史料汇编》、方豪先生的《中西交通史》以及朱谦之先生的《中国哲学对欧洲的影响》等，在中西文化交流史的研究方面这三本著作至今仍有重要的学术价值。在中国和东亚以及亚洲文化交流史研究方面，上个世纪80年代后学术成果十分显著，周一良先生的《中日文化关系史论》，严绍璗先生的《日本中国学史稿》都是十分有价值的著作。作为中外文化综合性研究的著作，周一良的《中外文化交流史》出版后较大规模的大型学术丛书是1998年出版的《中华文化通志》中的"中外文化交流系列"，这个系列先后出版了《中国与东南亚文化交流志》《中国与西亚非洲文化交流志》《中国与欧洲文化交流志》《中国与北美文化交流志》《中国与俄苏文化交流志》《中国与中亚文化交流志》《中国与南亚文化交流志》《中国与东北亚文化交流志》《中国与拉丁美洲大洋洲文化交流志》《海外华人华侨文化志》等十余卷著作。但以上所有这些著作都是从中国和外国两个方面同时展开的文化交流史研究,武斌先生的著作,沿袭了朱谦之先生的《中国哲学对欧洲的影响》和忻剑飞《世界的中国观》的学术思路,将研究的重点只放在中国文化的外传这一个方面,从而使他的著作有了独特性。平心而论,对中国文化海外传播的研究在以上提到的中外文化交流史的研究著作中基本都有所研究和论述,但对中国文化在域外的传播历史做全面综合的研究,这本书做出了自己的贡献。这种综合性研究体现在以下两个方面。

首先,它跨越了以往的地域性研究的局限性,第一次从全球角度来梳理中国文化外传的历史。以往对中国文化在外部世界的传播大都是从某一个地区和国家来展开研究的。例如朱谦之先生的《中国哲学对欧洲的影响》、季羡林先生主编的《东学西渐丛书》,将注意力放在了欧洲和西方,季先生主编的《东方文化集成》大型学术丛书中也包含了多本关于中国文化在东方特别是亚洲传播历史的研究著作。武斌的这本书跨越了以往研究的地域局限性,将中国文化在东方和西方的传播历史融为一体,这是一种需要极大学术视野和深厚学术功力的综合研究,这种综合研究的学术价值在于使我们对中国文化价值的理解走出了地域的视野,真正开始用一种全球的眼光思考我们文化的价值。在全球化全面展开的今天,这样的视野是十分重要的。

其次,它跨越以往断代史研究的局限性,第一次从历时性的角度全面总结了中国文化在海外传播的历史与经验。学术界以往对某个历史阶段中国文化在海外的传播均有研究,如对唐朝时中国文化在西域的传播、在东亚的传播的研究,又如 18 世纪时中国文化在欧洲的传播和影响的研究,都有相当好的学术成果。但将中国文化作为一个整体,研究其从古代到现代几千年来在外部世界的传播,从中总结中国文化在外部世界传播的经验和规律,这是首次。历史是真正的教科书,只有在这种大跨度、长时段的研究中,一些历史的真理才会浮现出来。在中国文化重建的今天,这种跨时空长时段的研究对于我们民族的文化心态走出民族虚无主义和狭隘的民族主义,建设一种健康的民族文化心态有着重要的文化意义。

历史研究应从个案开始,由小见大,只有扎扎实实地进行基础性研究,才能探索出历史的真实。但史观和史识往往在个案和局部的研究中很难全面展现出来,没有一定的空间展开,没有一定的时间跨度,真理的普遍性就会受到怀疑。在这个意义上,综合个案研究的成果,从整体上展开分析和研究是十分必要的。或许这样的综合研究经过一定的历史时间后,随着个案和断代研究的深入,又会显得不足,那就会产生新的综合性研究。学术由此而不断地推进。

第二,初步总结中国文化外传研究的意义。历史不仅仅是怀古之幽情,"一切历史都是当代史",克罗齐的这句话揭示了历史解释的当代意义。正如朱光潜先生在《克罗齐的历史学》论文中所说的"没有一个过去史真正是历史,如果它不引起现实底思索,打动现实底兴趣,和现实底心灵生活打成一片。过去史在我的现时思想活动中才能复苏,才获得它的历史性。所以一切历史都必是现时史……着重历史的现时性,其实就是着重历史与生活的联贯"①。作者在书的最后总结了这本书的当代意义。他认为,"中华文化在世界各地的广泛传播,不仅对其他民族文化的发展有一定的影响和作用,对世界文明做出了重大的贡献,而且也使自己获得了世界性文化的意义,使中华文化成为一种世界性文化形态"②。这样在作者看来中华文化不是偏于东亚一隅的地域性文化,不是游离于世界文化大势之外的文化,而是世界文化总体格局中的有机组成部分。这对于提升国人的文化自觉,从世界的角度反观自己的文

①朱光潜:《克罗齐的历史学》,见蒋大椿主编:《史学探渊:中国近代史学理论文编》,吉林教育出版社,1991年,第1269页。
②武斌:《中华文化海外传播史》第三卷,陕西人民出版社,1998年,第2453页。

化,走出晚清以来的文化自卑情绪是很重要的。同时,这个结论也打破了西方中心主义对中国文化的偏见,这对于我们在思想上打破"东方和西方""现代与传统"的二元对峙的文化与历史的认知模式是有启发意义的。

当前,中国文化处在一个重建和再构的重要历史时刻,一个民族的重新崛起不仅仅在于经济上崛起,从根本上讲是文化崛起,是民族心理的重构。健康的民族文化心态,首先来自对自己文化的自信、自觉。这种自信和自觉不是来自对自己传统的自傲,而是在全球范围内对自己文化的理性审视。只有站在世界的高度反观自己的文化时,才会有这样一种理性自觉的文化认知。武斌的著作提供给了我们这样一种全新的角度。

第三,对中国文化外传的若干重要时段做了较为深入的分析。该书上下几千年,纵横海内外,对于这样以综合性为主题的学术著作,平衡与协调全书的内容、提炼和凝聚主题是主要的,在具体的学术问题上很难出彩。但这部著作不仅仅照顾了全局,个别章节写得也相当深入,对中国文化外传的一些问题做了较为深入的思考。例如在谈到中国文化对 18 世纪启蒙文化的影响时,作者给自己提出的问题是:"中国文化特别是儒家思想在 18 世纪欧洲启蒙运动中发挥了什么样的影响和功能作用? 中国文化特别是儒家思想何以能够在启蒙运动中发挥影响和功能作用? 启蒙思想家在回应、接受、理解和融合中国文化的过程中有什么样的文化特征?"[1]如何回答这些问题呢? 作者认为,启蒙运动是欧洲自身文化和思想变革的运动,它从以基督教神学为核心的文化传统转向以理性和科学精神为主流的现代文化,在这样的变革时代,中国文化作为其外部文化为此变革提供了思想的材料和文化的支持。同时,中国作为欧洲的乌托邦理想,催生和加速了欧洲思想的变革,而在对

---

[1]武斌:《中国文化海外传播史》第三卷,第 1875 页。

中国文化的解释上启蒙思想家们从自己的需要出发,以中国为自己的文化参照系,创造性地解释中国文化,期间的"误读""借取"和"意义的重构"是他们的基本方法。这样作者运用了自己的哲学学术背景对中国文化为何在18世纪的启蒙运动中产生如此大的影响做了较为全面的说明。

在我看来作者在这里所做的理论分析虽然仍有待深入,但这种分析平实、中肯,是自己思考的结果。这要比那些炒后现代主义的冷饭、满篇新概念的理论可靠得多。对于跨文化的理论研究,中国学者完全可以在吸收西方解释理论的基础上,创造性地根据自己的文化历史做出独立的思考和理论的构建。

三

《中华文化海外传播史》代表了上个世纪90年代中期的学术发展,同时又是至今为止唯一综合性研究中国文化外传历史的著作。从学术上看,虽然近十年学术界在具体的研究上已经取得了长足的进步,但仍未产生新的综合性研究成果。为此,武斌这部著作至今在综合性研究上仍保持着领先的地位,仍是一本值得细细阅读的好书。为进一步推动中华文化海外传播史的研究,我认为学术界应继续关注这个研究领域,至少在以下几个方面应该进一步关注。

第一,要进一步注重海外汉学史的研究,梳理中国文化在世界各国传播的具体历史过程。在《中华文化海外传播史》的研究中,海外汉学(中国学)尚未作为一个独立的问题和线索展开研究,尽管书中多次提到了这个问题。将中华文化作为自己的学术研究对象,并精心从事对中华文化的翻译、解释和研究的域外汉学(中国学),从中国文化传播到东亚以后就一直存在,西方汉学的兴起是从晚明时期来华的传教士开始的,在此以前是以《马可·波罗游记》为代表的西方早期游记汉学。我们之所以关心域外汉学（中国学）的原因在于，从文化传播学的角度看，文化间传播的核心是精神价值的传播，器物的传播相比之下要低一些。而精神价值的传播主要表现为文化间书籍和文献的翻译，从中国文化的外传来说就是中国典籍的翻译和外传。中国典籍的翻译外传工作主要是由各国的汉学家完成，因此，系统地调查中国典籍的外传和翻译是做好中国文化在域外传播的基础性工作。至今，学术界尚未很好地开展这项工作，我手中只有一本我国台湾学者王尔敏先生所编的《中国文献西译书目》。

其次，在世界各国从事中华文化研究并在各国学术界产生影响的是各国的汉学家，做好汉学家的专题研究或者其代表著作的研究，都是亟待展开的工作。虽然目前出版了一些国别汉学史的著作，但除了严绍璗先生的《日本中国学》、阎国栋的《俄国汉学史》以及严绍璗先生的学术梯队所做的汉学个案研究，例如钱婉约的《内藤湖南研究》外，令人满意的并不多。总之，只有抓住了域外汉学（中国学）这个主体，才能真正说清中国文化在域外传播的历史。域外汉学（中国学）的研究涉及世界各国语言，目前展开的研究绝大多数仍是东亚汉学（中国学）和欧美汉学（中国学），对其他地区和国家的汉学研究基本上没有展开，由此可见，对中华文化在海外传播历史的研究不过刚刚开始，武斌先生的著作是一本基础性的著作，希望更多年轻的学者投入这个研究领域，写出更多令人满意的著作。

第二，注重中国文化在世界各国思想家和文学家中的影响，开辟各国思想文化研究的新领域。长期以来在对外国思想和文化的研究中很少注意中国思想和文学的影响，钱锺书先生的《十七—十八世纪英国文学中的中国》和范存忠先生、陈受颐先生对英国和德国文学对中国的接受的研究都具有开辟性。上个世纪以来，这方面的研究取得了前所未有的进展，早期有乐黛云先生主编的《中国

文学在国外》丛书,近期有钱林森先生主编的《外国作家与中国文
化》、乐黛云先生主编的《中学西渐丛书》;像孟华的《伏尔泰与孔
子》、吴泽霖的《托尔斯泰和中国古典文化思想》等都是不可多得的
好书。

　　传播和影响是两条线索,传播重历史与汉学,影响则重文学与
思想,二者既有联系,又有区别。中华文化在世界的影响史主要从
各国的思想家和文学家研究入手,这方面虽然成绩斐然,但仍有极
大的学术空间。这一研究领域的展开为从事外国哲学、外国文学、
外国历史研究的学者提供了广阔的空间。

　　第三,注重经济史的研究,揭示全球化历史中中国的影响和贡
献。全球经济史是展开中华文化在世界传播研究的一个基础性学
科,在以往的研究中对这个方面有所忽略,文化的影响和经济的发
展与实力紧密相连。长期以来世界史的编写都是站在欧洲中心主
义的立场来叙述的,对中国在全球经济史中的地位没有给予应有
的重视,这显然和在长达数千年的人类经济史中中国一直占有非
常重要的地位的基本历史不相符。自贡当·弗兰克的《白银资本:
重视经济全球化中的东方》和彭慕兰的《大分流:欧洲、中国及现代
世界经济的发展》出版以来,李伯重、王国斌、滨下武志等人的著作
开始被学术界重视,如何看待中国在世界经济史中的地位成为一
个热点问题。表面上看这是一个经济史的问题,实际上这个问题
的研究将重新反思现有的现代世界体系理论,重新反思现有的世
界史的编写。同时,这也必将大大推动中华文化在海外传播史的
研究。

　　第四,注重跨学科研究的方法论更新,保持研究中的理论和文
化的自觉。中华文化在海外的传播的研究是跨学科的研究,是文
化间关系的研究,因而比较文化成为它展开研究的基本方法。目
前比较流行的是采用后殖民主义的方法,用这样的方法所编写的
著作已经洋洋大观。但我对这样的方法一直保持谨慎的态度,至

少从我目前的阅读来看,这些舶来理论都有着相当的漏洞,其智慧
和思想也能启发人,其中有些观点也可以吸取,但总感到不完善,
无法很好地说明中华文化在世界的传播和影响的历史。我去年在
为李雪涛的《日耳曼学术谱系中的汉学——德国汉学之研究》一书
所写的序言中就已经指出了这一点,我们是否能因为西方汉学有
着对中国的想象成分和内容,就说它"和中国无关呢? 是否就可以
说西方关于东方的知识都是异国的想象,无论是把东方想象成天
堂还是把东方想象成地狱,这些都是西方人将东方作为自己的他
者而对自身的认识,和真实的东方没有任何关系呢? 难道西方东
方学的知识真是没有真假之分,无所谓对错之别? 难道西方汉学
只是西方人自己的'单相思'? 如宋词中所写的'念两处风情,万重
烟水。雨歇天高,望断翠峰十二。尽无言、谁会凭高意? 纵写得、
离肠万种,奈归云谁寄?'仔细想想,我认为西方的东方学除了有想
象的成分以外,也还是有真假之分,对错之别的。西方的东方学并
不像萨义德说的那样简单,它有着多重的维度,需要从多个角度来
分析和把握。萨义德只是看到了一个维度而已。……后派理论家
们一根筋地看待人类文化间的知识,看待西方的东方学,看待西方
汉学,他们无法解释在云霭飞渡下的文化群山。近年来跟着萨义
德的理论跑,以此来解释西方汉学和西方的中国观的著作也不少,
不能说他们洋洋大观的十几卷著作没有真知灼见。思想的火花,
语言的机智在这些学者的书中也都有。但总体上缺乏理论的创造
和文化的自觉,他们解释西方东方学与汉学的整体框架和理论是
萨义德的,是后殖民主义在中国的翻版"①。

　　提出这个问题是想说明,在对中华文化海外传播史的研究中,
理论框架和分析的依据已经成为一个重要的问题。这个问题不解

①李雪涛:《日耳曼学术谱系中的汉学——德国汉学之研究》张西平序,外语教
　学与研究出版社,2008年,第6—8页。

决,我们面对的就是一堆史料,全部的研究就失去了灵魂。由此,我深感在当下的中国学术界,真正在立足本土、吸收外来理论的基础上展开理论创造的并不多。西方理论界的确有好东西值得我们学习,但如何学习、如何吸收是个大问题,因为我们跟着西方的理论跑得太久了。"你方唱罢我登场","城头变幻大王旗",这些令人眼花缭乱的西方理论有些使我们理论疲劳,或许回到本土,才能消化好这些"洋货"。这正是:"不知何处吹芦管,一夜征人尽望乡。"

张西平

2009 年 2 月 16 日写于北京枣林路游心书屋

（武斌著《中华文化海外传播史》序言,即将由中国社会科学出版社出版;部分内容发表于《中国图书评论》2009 年第 4 期）

他乡有夫子　东西流水终相逢

汉学的故乡:《国际汉学》发刊词①

    中国是世界文明的发祥地之一。她悠久的文化传统对世界产生过重大的影响。东学西传已有长达上千年的历史。汉学(Sinology,又称中国学)现已成为一项国际性的学术事业,中国文化属于全世界。

    《国际汉学》正是为推动这项宏大的事业而诞生的。它以中国文化为其研究对象,旨在沟通海外汉学界和中国学术界的联系,展示海内外学者对中国历史文化的研究成果,报道世界各地汉学研究进展的信息,介绍重要的汉学研究机构、学术团体和致力于中国传统文化研究的海内外著名学者。

    《国际汉学》将在世界范围内探究中国文化的产生、发展与嬗变,寻踪中国文化的外传及其影响,推动中国文化与世界文化的交流。

    中国是汉学的故乡,她理应成为国际汉学研究的中心。这曾是几代中国学者的夙愿。为实现这一理想,在世界范围内推动中国文化的研究,我们愿尽绵薄之力,使这份学术性集刊成为国际汉学界共同的园地。

(发表于《国际汉学》1995 年第 1 辑)

---

①本发刊词系任继愈先生创办并主编的《国际汉学》第 1 辑(1995 年)的发刊词,由任继愈先生逐字审阅而定。

海外汉学研究方法论初探

一

中华文明是人类历史上最古老的文明之一,并且是唯一流传至今,仍生机勃勃的文明。中华文化不仅始终保持着独立的、一以贯之的发展系统,而且长期以来以其高度发展的文化影响着周边。从秦至清两千年间,中国始终是亚洲历史舞台上的主角,中华文明强烈地影响着东亚国家。在 19 世纪以前,以中国文化为中心,形成了包括中国在内的日本、朝鲜、越南的中华文化圈,成为与西方的基督教文化圈、东正教文化圈、伊斯兰教文化圈和印度文化圈共存的世界五大文化圈之一。

近代以来,中国文化历经磨难,即便此时,中国知识分子对其的祈盼从未停顿。"纵有千古,横有八荒;前途似海,来日方长。美哉,我少年中国,与天不老! 壮哉,我中国少年,与国无疆!"[1]梁启超这激越的文字给处在转折中的中国人多少理想。从 16 世纪以来,中国已经不可能在自己固有的文化发展的逻辑中演化前进。作为后发现代化的中国,在西方外来势力的干扰下,它自身发展的逻辑被打断,在百年的磨难中,中国人民顽强的奋进和努力的探

---

①梁启超:《少年中国说》,《饮冰室合集》文集之五,中华书局,1988 年,第 12 页。

索,对西方文化做了自己的创造性的改造和吸收。"中国近现代新文化既非单纯的西学之东渐,也非中华传统文化全方位的直接延续,而是西学与中国传统文化相杂交、相化合的产物。"①

当代中国的发展有着自己的逻辑,它所取得的伟大成就并非空中楼阁,中华文化是其伟大成就的思想支撑。中国的古代、近代和现代文化并不是一个断裂的文化,中国古代文化并未死亡,它以新的形态存活在当代文化中。从近代以来中国传统文化所面临的主要问题是如何融汇和吸收西方文化,完成自己的社会转变。中国有着自己的文化和历史,它不需要,也不可能完全按照西方的道路实现自己的现代化。学习西方乃至世界各种先进和优秀的文化,为我所用,在自己文化的基础上创造新的文化,近四百年的中国文化演变大体是沿着这样的逻辑发展的。中国传统文化并不是一个博物馆的文化,一个只是发古人之幽思的死去的文化,它活着,它发展着。中国文化从晚明以来的四百年历史有着一个一以贯之的逻辑和主题:学习西方、走自己的路,这样的自觉性使得中国文化获得新生。如鲁迅所说:"外之既不后于世界之思潮,内之仍弗失固有之血脉,取今复古,别立新宗,人生意义,致之深邃,则国人之自觉至,个性张,沙聚之邦,由是转为人国。"②古代三千年,近代一百年,建国六十年,环环相扣,代代相传,万变不离其宗,中国文化,历经磨难,凤凰涅槃。

国家的独立,民族的自觉,是中国文化百年变更的一个最重要成果,中华民族在1949年获得国家的独立和民族文化的再生有着中国历史和文化的内在逻辑。美国著名中国学家费正清告诫西方人"要了解中国,不能仅仅靠移植西方的名词,它是一个不同的生

---

① 冯天瑜、何晓明、周积明编:《中华文化史》第2卷,上海人民出版社,2005年,第924页。

② 鲁迅:《坟·文化偏至论》,《鲁迅全集》第1卷,人民文学出版社,2005年,第57页。

命。它的政治只能从其内部进行演变性的了解",他又说:"中国的国家和社会的当代的形式,是一个基本上独立的进化过程的最终产品,它可以与希腊—罗马的犹太教—基督教的西方相比,但决不是一样的。"[①]按照费正清的理解,文化民族主义,在西方帝国主义压迫下的国家独立与民族存亡的思想,中国几千年的传统文化,所有这些构成了中国当代历史发展的逻辑基础。

　　今天发展的中国以更大的包容性吸收着各种外来文化,在这个"三千年未有之变局"的伟大历史转折中,中国的传统文化作为它的底色,为现代文化的创新提供了智慧和思想,近现代文化的变迁和发展成为我们今天创造新文化的出发点。正像经过六百年的消化和吸收,中国彻底完成了对佛教的吸收一样,四百年来对西方文化的吸收与改造为今天中华文化的重建打下了坚实的基础,中国以其特有的古代文化的资源和现代文化再生的历程可以给当代世界展示其文化的独特魅力,可以为今天的世界提供一种古代与现代融为一体的智慧与思想。中国传统文化经过近代和当代的洗礼,它以新的形态存活在中国人的心中,经过近现代西方文化洗礼后的中华文化仍是我们中国人的精神家园。

　　在探索中行进的中国人并未迷路,在困顿中创新的中国人并未停止探索。分歧和争论时时发生,矛盾与苦恼处处缠绕着我们,但我们知道这是一个更为成熟的新的文化形态形成的标志;思想从未像今天这样活跃,社会生活从未像今天这样复杂与丰富,历史的转型从未像今天这样急速,但我们知道,我们在开创着历史,这一切都是一个更伟大的新文化诞生的开始。在向世界学习的过程中,我们的文化观念开始开阔,在消化外来文化之时,我们开始自觉。在发展中我们获得新生,在伟大的历史成就面前我

[①]〔美〕R·麦克法夸尔、费正清:《革命的中国的兴起》,中国社会科学出版社,1990年,第15、14页。

们有理由为我们的文化感到自豪。中国近三十年所取得的伟大成就完全可以和人类史上任何一段最辉煌的历史相比,我们有理由将自己积淀在三千年文化基础上,历经百年磨难后在这个伟大的时代所迸发出来的思想和智慧介绍给世界,与各国人民分享中国的智慧。

这构成了"国际中国文化研究文库"的基本文化立场。

二

梁启超在谈到中国历史的研究时曾说过,根据中国的历史的发展,研究中国的历史可以划分为"中国中国""亚洲中国"以及"世界中国"三个阶段。所谓"中国中国"是指中国的先秦史,自黄帝时代直至秦统一,这是"中国民族自发达自竞争自团结之时代";所谓"亚洲之中国",是为中世史,时间是从秦统一后至清代乾隆末年,这是中华民族与亚洲各民族相互交流并不断融合的时代;所谓"世界之中国"是为近世史,自乾隆末年至当下,这是中华民族与亚洲各民族开始和西方民族交流并产生激烈竞争之时代①。由此开始,中国成为世界的一部分。

梁公这样的历时性划分虽然有一定的道理,但实际上中国和世界的关系是一直存在的,尽管中国的地缘有一定的封闭性,但中国文化从一开始就不是一个封闭的文化,中国和世界的关系,也不是从乾隆年间才开始。中国文化在东亚的传播,如果以汉籍传入为起点已经有一千多年②,中国和欧洲的关系也可追溯到久远年代,在《汉书》

---

① 参阅梁启超:《中国史叙论》,《饮冰室合集》文集之六,中华书局,1989年,第11—12页。
② 参阅严绍璗:《日本中国学史》,江西人民出版社,1999年。

中已经有了"大秦国"的记载①,而早在希腊拉丁作家的著作中也开始有了中国的记载,虽然在地理和名称上都尚不准确②。我曾将西方对中国的认识划分为"游记汉学阶段""传教士汉学阶段"和"专业汉学阶段"③,虽然这样的划分有待细化,但大体说明欧洲人对中国认识的历史进程。这说明中国文化从来就不是一个完全封闭性的文化,它是在与外部世界文化的交流与会通中发展起来的。因此,在世界范围展开中国文化的研究,这是中国文化的历史本质所要求的。唯有此,才能真正揭示中国文化的世界性意义。

"国际中国文化研究文库"的主旨就是探索中国文化在世界各国的传播与影响,对在世界范围内展开的中国文化研究给予学术的观照。在中外文化交流史的背景下追踪中国文化典籍外传的历史与轨迹,梳理中国文化典籍外译的历史、人物和各种译本,研究各国汉学(中国学)发展与变迁的历史,并通过对各国重要的汉学家、汉学名著的翻译和研究,勾勒出世界主要国家汉学(中国学)的发展史。

严绍璗先生在谈到近三十年来的海外汉学(中国学)研究的意义时说:"对中国学术界来说,国际中国学(汉学)正在成为一门引人注目的学术。它意味着我国学术界对中国文化所具有的世界历史性意义的认识愈来愈深入,也意味着我国学术界愈来愈多的人士开始意识到,中国的文化作为世界人类的共同精神财富,对它的研究,事实上具有世界性。——或许可以说,这是 20 年来我国人

---

① 参阅〔德〕夏德著,朱杰勤译:《大秦国全录》,大象出版社,2009 年;〔美〕费雷德里克·J·梯加特著,丘进译:《罗马与中国》,大象出版社,2009 年;〔英〕H·裕尔著,张绪山译:《东域纪程录丛》,云南人民出版社,2002 年。

② 〔法〕戈岱司编,耿昇译:《希腊拉丁作家远东古文献辑录》,中华书局,1987 年。

③ 张西平:《欧洲早期汉学史:中西文化交流与西方汉学的兴起》,中华书局,2009 年。

文科学的学术观念的最重要的转变与最重大的提升的标志之一。"[1]

　　国际中国文化研究就是在世界范围内对中国人文学术的研究,诸如文学、历史、哲学、艺术、宗教、考古等等,严先生所说的对其的研究是"我国人文科学的学术观念的最重要的转变与最重大的提升的标志之一",就是说对中国人文的研究已经不仅仅局限在中国本土,而应在世界范围内展开。当年梁启超立论他的中国历史研究时就有两个目的:其一,对西方主导的世界史表示不满意,因为在西方主导的世界史中中国对人类史的贡献是看不到的。1901 年,他在《中国史叙论》中说:"今世之著世界史者,必以泰西各国为中心点,虽日本、俄罗斯之史家(凡著世界史者,日本、俄罗斯皆摈不录)亦无异议焉。盖以过去、现在之间,能推衍文明之力以左右世界者,实惟泰西民族,而他族莫能与争也。"[2]这里他对"西方中心论"的不满已经十分清楚。其二,从世界史的角度重新看待中国文化的地位和贡献。他指出中国史主要应"说明中国民族所产文化,以何为基本,其与世界其他部分文化相互之影响何如","说明中国民族在人类全体上之位置及其特性,与其将来对人类所应负之责任"[3]。虽然当时中国积贫积弱,但他认为:"中国文明力未必不可以左右世界,即中国史在世界史中当占一强有力之位置也。"[4]只有对在世界范围内展开的中国文化研究给予观照,打通中外,从世界的观点来看中国,才能揭示中国文化的普世性价值和意义。

──────────

[1]严绍璗:《我对国际中国学(汉学)的认识》,载任继愈主编《国际汉学》第 5 辑,大象出版社,2000 年,第 6 页。
[2]梁启超:《中国史叙论》,《饮冰室合集》文集之六,第 2 页。
[3]梁启超:《中国历史研究法》,《饮冰室合集》专集之七十三,第 7 页。
[4]梁启超:《中国史叙论》,《饮冰室合集》文集之六,第 2 页。

三

对世界各国的中国文化的研究应从知识论和方法论两个角度加以把握。

从知识论上来说,各国的汉学家在许多具体学科的研究上颇有建树,我们只要提一下以伯希和及其所代表的欧洲汉学家对西域和敦煌的研究就可以知道他们的研究成果对推进中国文化研究的价值,这样的例子我们还可以举出许多。因此,对域外汉学家所做的中国文化研究的成果,万不可采取一种轻视的态度。中国文化已经成为一门世界性的学问,因此,在许多中国文化研究的具体门类和学科上,在知识论的研究方面最好的学者并不一定在中国大陆,他们可能是日本人、法国人、德国人等等。在这个意义上,域外汉学并非像萨义德所说的完全是一种"集体的想象",也并非是在本国文化和意识形态的完全影响下,一种没有任何客观性的知识。就西方汉学(中国学)而言,萨义德在其《东方学》中的一些观点值得商讨:"东方学的意义更多地依赖于西方而不是东方,这一意义直接来源于西方的许多表述技巧⋯⋯"①由此,西方的整个东方学在知识论上都是意识形态化的,其真实性受到怀疑。他认为西方的东方学所提供的是"种族主义的,意识形态的和帝国主义的定型概念"②,因而,他认为,东方学的失败既是学术的失败,也是人类的失败。萨义德的观点显然不符合西方汉学的实际情况,作为西方知识体系一部分的东方学,它在知识的内容上肯定是推动了人类对东方的认识的,从汉学来看,这是个常识。因此,系统地梳理各国的中国文化研究历史,如上面所讲的展开

---

①〔美〕爱德华·W·萨义德著,王守根译:《东方学》,生活·读书·新知三联书店,1999年,第29页。
②同上书,第421页。

对域外中国文化研究的重要著作、流派、人物的研究是本文库的基本学术追求。

但域外的中国文化研究毕竟发生在域外,对其的把握仅仅从知识论的角度加以认识仍显不够,我们应注意把握这些发生在海外的中国文化研究所采取的方法论,注意从跨文化的角度,从比较文学的角度来加以把握和理解。从西方汉学(中国学)来看,它是西方学术体系中的一个分支"东方学"的一部分。既然它是西学的一部分,它必然要遵循西方学术的传统和规范。这样汉学和国学之间既有同,也有异。同表现在内容上,无论是传统的汉学还是当代的中国学,材料、文献都是中国的;异则表现在学术规范和方法上,最终还在问题意识上,它是从自身的文化发展的需要出发的,从一个"他者"的角度来看中国文化的。这样,在汉学(中国学)的研究中就必须从一种跨文化的角度,运用比较文化的方法来分析汉学。一些国内做"国学"研究的学者认识不到这一点,往往将"汉学(中国学)"和他们自己所从事的"国学"相等同,对其"同"的部分比较赞赏,认为有水平,对其"异"的部分不太欣赏,对汉学家们对中国文化和学术的"误读"尚不能给予一个合理的解释,究其原因,就是缺乏一种比较文化的视角,不能运用跨文化的研究方法来看待这些发生在中国以外的中国文化研究。

笔者认为,在把握这些发生在京都、巴黎、哈佛的中国学问时以下两点是很重要的:首先,母体文化对汉学(中国学)家学术视野和方法论的影响。平心而论,萨义德说,西方的东方学是伴随着帝国主义的海外扩张而形成的,这说的是对的,东方学受到其西方文化的影响和制约也是对的。但由此认为西方的东方学"并没有我们经常设想的那么具有客观性"①的结论缺乏具体分析。萨义德所提供给我们的从比较文化的角度来评价西方的东方学的方法是有

---

① 〔美〕爱德华·W·萨义德著,王守根译:《东方学》,第 257 页。

价值的,用比较文化的方法来分析汉学(中国学),就是要考察生活在两种文化的夹缝中的汉学(中国学)家是如何在跨文化的语界中展开这种学术研究的,分析他们的在具体的文献和材料背后的一般性的方法,这是我们在观照域外的中国文化研究时一个基本的立足点。由此,我们就会看到汉学家区别于中国本土的"国学"研究者的地方主要在于学术视野和方法论。例如,法国汉学家马伯乐(Henri Maspero)对中国上古文化和宗教的研究受到涂尔干社会学的影响,从而开创了中国宗教社会学研究之先河,对他这种宗教社学会方法论的吸取推动中国本土的社会学研究。当年杨堃先生受教于马伯乐,成为中国社会学研究中最早采用宗教社会学方法的学者,而中国的宗教学界几乎没有人知道早在近一百年前马伯乐已经创立了这种方法。这两年国内宗教学界才开始注意到宗教社会学,但他们只不过是将西方的宗教社会学搬来而已,仍不知中国宗教社会学研究的真正创始人是法国汉学家马伯乐。社会学和宗教学在对待马伯乐汉学研究中的方法论的两种态度,对这两个学科的发展都产生了影响。夏志清运用新批评主义的形式主义分析方法,重评中国现代文学史,使张爱玲、沈从文、钱锺书又回到现代文学史的研究视野之中,这种方法极大启示了中国文学史的研究者。注意其方法论,注意其新的学术视角,运用比较文化的研究方法揭示出隐藏在其"客观知识"背后的方法论,这正是我们国际中国文化研究者的基本任务。

其次,注意"影响史"的研究。中国文化在域外的传播和影响是两个相互关联而又有所区别的领域,一般而论,传播史侧重于汉学(中国学),即他们对中国文化的翻译、介绍和研究,域外的中国形象首先是通过他们的研究和介绍才初步建立的;影响史或者说接受史则已经突破学术的侧面,因为国外的中国文化研究在许多国家仍是一个很偏僻的学科,它基本处在主流学术之外,或者处于学术的边缘。中国文化在域外的影响和接受主要表现在主流的思想和文化界,但二者也很难截然分开,因为一旦中国文化的典籍被翻译成不同语言的文本,所在国的思想家和艺术家就可以阅读,就可以研究,他们不一定是汉学家,但同样可以做汉学(中国学)的研究,他们对中国的兴趣可能不低于汉学家,特别是在创造自己的理论时。英国 17 世纪的学者约翰·韦伯(John Webb)从来没来过中国,但他所写的《论中华帝国之语言可能即为原始语言之历史论文》的书是西方第一本研究中国语言的专著,马克斯·韦伯(Max Weber)的《儒教与道教》你很难说它是汉学著作或者不是,但其影响绝不低于任何一本汉学的专著。美国的思想家爱默生、诗人庞德,欧洲的哲学家荣格等都是这样的人,这样的例子很多。因此,接受史和影响史也应成为我们从事国际中国文化研究的一个重要的方面。这方面前辈学者已经为我们提供了研究的"范式",钱锺书在英国时所写下的《17—18 世纪英国文学中的中国》、范存忠的《中国文化在启蒙时期的英国》、陈受颐的《中国文化对 18 世纪英国文化的影响》、朱谦之的名著《中国哲学对欧洲的影响》、法国学者毕诺的《中国对法国哲学思想形成的影响》,都是我们在做中国文化的影响史研究时所必读的书。"东方代表着非我,相对这非我,西方才得以确定自己之为自己,所以东方乃是西方理解自己的过程中,在概念上必有的给定因素"①。从 18 世纪的中国热,伏尔泰认为中国是"天下最合理的帝国"②,到 19 世纪中国完全失去了魅力,黑格尔认为中国是一个只有空间没有时间的国家,一个停滞的帝国。在西方文化史上中国一直是作为西方确立自我的"他者"而不断变换着。在这个意义上比较文学和比较文化研究是我们对国际中国文化展开研究时的天然盟友。

---

① 张隆溪:《中西文化研究十论》,复旦大学出版社,2005 年,第 11 页。
② 伏尔泰:《道德论》(*Essai Sur Les Moesurs Et L'Esprit Des Nations*)第 1 卷,巴黎 1963 年两卷本,第 224 页。

对中国文化在世界各国的传播与影响,既要从知识论的角度展开各国汉学史的学术史追踪,也要从跨文化和比较文学的角度研究中国文化在世界各国思想、艺术等领域中的影响,这两个方面构成了"国际中国文化研究文库"的基本内容。

四

改革开放三十年来,对海外汉学的研究已经取得了长足的进展,但对域外中国文化研究的称谓仍无法完全统一,"汉学"或"中国学"都有其自身的逻辑和思路,任继愈先生为大象出版社出版的"国际汉学研究书系"所写的总序中说:"我们不准备用很多精力界定这个名词,我们只是把过去和现代人们已经发表的和正在从事研究的这一类译著汇集起来。总之,都属于中国文化这个大范围之内的著作。"今天,我们仍然采取这样的学术立场,为兼顾各方的学术立场,本丛书定名为"国际中国文化研究文库",在实际的研究和出版中我们将海纳百川,欢迎海内外的中国文化研究者为我们撰稿,或译、或著我们都衷心地欢迎。同时,我们将在北京外国语大学中国海外汉学研究中心的网站上开设本文库的专栏,欢迎各方学者对我们的译著、著作和期刊批评帮助。学术乃天下公器,学术在批评中发展和繁荣。

北京外国语大学中国海外汉学研究中心自1996年成立以来,致力于海外汉学的研究,在十余年的历程中我们在季羡林、任继愈先生和李学勤、汤一介等学界前辈的关怀下,与国内外的同行们一起做了些基础性的工作。现在与华东师大出版社携手,在原有的大象出版社的"国际汉学研究书系"的基础上另开辟"国际中国文化研究文库"。在中国文化开始大规模地走向世界的今天,在中国已经成为世界强国的今天,我们希望通过这两套书,为这个伟大的时代做出我们应有的贡献。

张西平

2010 年 3 月 28 日于北京

（《国际中国文化研究文库》总序,华东师范大学出版社出版）

树立文化自觉　推进国际汉学研究[①]

　　海外汉学(或称中国学),从上个世纪80年代以来已经成为学术界一个普遍关注的领域。江苏人民出版社的"海外中国研究"、大象出版社的"国际汉学研究书系"、商务印书馆的"海外汉学书系"和中华书局的"世界汉学丛书",这些译著加起来已二百本之多。域外汉学的繁荣说明"中国文化属于全世界"(任继愈)[②]。特别是近年来汉学研究的专著相继出版,如严绍璗的《日本中国学史》,刘正的《海外汉学研究——汉学在20世纪东西方各国研究和发展的历史》,何寅、许光华的《国外汉学史》,李庆的《日本汉学史》,张国刚等人的《明清传教士与欧洲汉学》,周发祥主编的"中国古典文学走向世界"丛书,王晓路的《西方汉学界的中国文论研究》,阎宗临的《传教士与法国早期汉学》,计翔翔的《十七世纪中期汉学著作研究》,葛兆光的《域外中国学十论》,朱政惠的《美国中国学史研究:海外中国学探讨的理论与实践》以及陈君静的《大洋彼岸的回声》等,这些著作显然要比前几年的一些汉学研究著作有所进步,其中有些著作有相当的深度。对海外汉学研究的深入"意味着我国学术界对中国文化所具有的世界历史性意义的认识愈来愈深——或许可以说,这是20年来我国人文科学的学术观念的最重

---

①本文原为《他乡有夫子:汉学研究导论》(外语教学与研究出版社,2005年)
　一书的前言,在这里作了部分修改,作为丛书的序言。
②任继愈:《国际汉学》第1辑开卷语,商务印书馆,1995年。

要的转变与最重大的提升的标志之一"（严绍璗）①。

不过应该看到,西方汉学若从 16 世纪的"传教士汉学"时期算起已有 400 年的历史,若从"游记汉学"时期算起则更长,而日本汉学如果从中国文化的传入算起则有更长的历史。作为一门专门的学科研究,对域外汉学的研究不过刚刚起步,许多问题有待我们进一步深入研究,许多课题有待研究。李学勤先生多次呼吁:"国际汉学研究作为一种专门学科的发展,将有益于中国进一步走向世界。我们希望得到国内外更多的支持,使这个学科发扬光大。"②

我们应该如何理解这门学科? 应采取什么样的学术路向来把握这门学科? 对域外汉学的研究无疑是一种跨文化、跨学科的研究,这样我们必须了解汉学在域外发生的文化和学术背景,在不同的知识和文化背景下它的价值和影响。反过来说,这种发生在异地,由东洋人和西洋人所做的学问对我们中国本土的学术发展究竟有什么影响? 我们应该用什么心态和什么方法来评价这种学问? 如何和这些近在东京远在巴黎和哈佛的外国同行们对话和交流? 从一定的意义上来说,搞清这些问题比研究汉学的一个具体问题要重要得多,特别是在汉学研究蓬勃发展的今天,学科对象与学科研究方法的问题已经成为一个亟待解决的重要问题。

一、在中西文化交流史的背景下
研究海外汉学

如果将域外汉学史作为一个学术的对象来把握,我们首先遇到的问题就是:中国文化是通过什么途径传播到国外的? 汉学家

①严绍璗:《对国际中国学研究的再思考》,载《国家图书馆学刊》2010 年第 1 期,第 33—37 页。
②李学勤:《作为专门学科的国际汉学研究》,载任继愈主编:《国际汉学》2003 年第 1 期,第 4—8 页。

们所阅读的中文典籍是如何流传到他们手中的？他们所阅读的中文典籍的译本是如何形成的？因为任何一个汉学家，他从事汉学研究的基本条件就是要阅读中国文化的典籍，无论是原本的中文文献还是翻译的文本。

从前者来说，中文典籍的外传，构成了域外汉学家研究中国文化的基础，所以，正如严绍璗先生所说："国际中国学（汉学）的基础性的研究，就必须以原典性的实证方法论，解明中国典籍向世界的传播，探讨这种传递的轨迹和方式，并从事收集、整理和研究相关的文献。失却了这一基本性的功能，所谓对国际中国学（汉学）的研究，都是无根之木，无源之水。"①严绍璗对中国典籍向日本传播的研究，对整个汉学史的研究都具方法论的意义。到现在为止，我们还没有搞清中文文献在西方的流传史，这直接影响我们对西方汉学史的研究。

从后者来说，西方大多数汉学家研究中国的文本使用的是各种西方语言的译本。而在不同的历史时期，中国与外部世界联结的通道是不同的，域外汉学家们所得到的翻译的文本是不同的，这些不同的文本决定了他们对中国文化的理解。例如，在西方汉学的历史上对"四书"的翻译就有罗明坚的译本、柏应理的译本、卫方济的译本、理雅格的译本、卫礼贤的译本和陈荣捷的译本。这些译本由于时代不同，译者的文化背景不同，所表达的"四书"的含义也有着很大的不同。因此，认真摸清中国典籍的外译是进行西方汉学史研究的基础性工作，虽然困难很大，特别是对传教士早期拉丁语译本的梳理和研究，但从学术的长远发展来看，应该去做。

要从学术上掌握汉学的知识来源，我们就必须进入中外文化交流史的研究。由此，我们就可以理解在研究西方早期汉学时，为什么我们一定要熟悉和了解入华传教士的活动；就可以理解为什么费正清认为中西文化交流中入华的传教士扮演着"核心的角色"。因为入华的传教士实际上是站在一个双行道上，"他们在向西方传递中国形象的同时也塑造了中国人对外部世界的观点"①，不了解传教士我们就弄不清他们向西方所介绍的中国形象。

　　例如，直到今天我们仍不能真正说清楚伏尔泰、莱布尼茨的中国观，因为他们所理解的中国儒家的基础是柏应理的《中国哲学家孔子》(*CONFUCIUS SINARUM PHILOSOPHUS, SIVE, SCIENTIA SINENSIS LATINE EXPOSITA*)一书，而到今天为止能真正读懂这本拉丁文著作的中国学者屈指可数。同样，读过龙华民的《中国宗教的若干问题》的学者很少，但研究莱布尼茨和"礼仪之争"的论文和著作却每天都在增加。而如果读不好龙华民的这本书，是很难真正理解"礼仪之争"和莱布尼茨的儒学观的，就很难从理论上说清整个 18 世纪欧洲启蒙时期的中国观。如果从中国汉学史研究的历史来看，对西方传教士汉学著作的翻译工作只是在近几年才开始的，我们到现在为止还不能将这个基本的学术脉络梳理清楚。同样，到今天为止我们还没有认真研究过晚清时裨治文(Elijah Coleman Bridgeman)等人所办的《中国丛报》(*Chinese Repository*)中所介绍的有关中国的基本情况，而正是这份报纸塑造了 19 世纪西方人的中国观，它为 19 世纪的西方汉学家提供了基本的文献。近年来学术界开始翻译晚清时入华传教士的西文著作，但基本的著作和文献我们仍是不清楚的。米怜(William Milne)、麦都思(Walter Henry Medhurst)、卢公明(Justin Doolittle)的著作都尚未深入地研究。目前，虽然开始有了对理雅格(Jame Legge)和卫礼贤(Richard Wilhelm)的研究，但至今国内尚无对他们的中国典籍的

————————
①〔美〕费正清撰，吴莉苇译：《新教传教士著作在中国文化史上的地位》，任继愈主编：《国际汉学》第 10 辑，大象出版社，2004 年，第 121 页。

翻译文本真正的、彻底的研究。如果没有对这两个传教士所翻译的中国典籍的文本进行研究，实际上是说不清 19 世纪以来西方对儒家和中国文化的理解的，因为直到今天理雅格和卫礼贤所翻译的中国典籍的文本仍是大多数汉学家案头必备之书，他们是通过理雅格和卫礼贤的译本来理解中国文化的。

　　另一方面，这些传教士汉学家与当代汉学家的一个重要区别在于，他们长期生活在中国，如果要了解他们笔下的中国、他们的中国观以及他们对中国文化的介绍，必须进入中国明清史的研究中，必须考察他们在中国的活动。这又要求我们必须对中西文化交流史有深入的了解。而近几百年来的中西文化交流史在某种程度上就是西方人逐步"发现"和建构的历史，而探讨和研究中国被欧洲人逐步"发现"和"重构"的历史，无疑是当今比较文学和比较文化研究者的一大理论课题。这点我们下面还要专门论述，这里只是说明对历史、中外文化交流史的研究是汉学研究者必须涉及的领域。

二、从学术史的角度把握
海外汉学的历史变迁

　　西方对中国的认识和研究经历了一个漫长的过程，海外汉学也已经有几百年的历史。作为一个学术领域的发展，它有着自己的学术师承和学术脉络，我们今天在展开海外汉学的研究时应对各国汉学的学术发展史有一个较为清晰的把握。对待域外汉学仅仅采取一种实用的态度是不行的。"我认为研究国际汉学，应当采取学术史研究的理论和方法，最重要的是将汉学的递嬗演变放在社会与思想的历史背景中去考察。"（李学勤）①前辈学者已经这样

①李学勤：《国际汉学著作提要》序，江西教育出版社，1996 年，第 3 页。

做了。1949 年前对西方汉学通史的研究有莫东寅的《汉学发达史》和日本学者石田干之助的《欧人之汉学研究》,近年来国别的汉学史著作,影响较大、受到国内外学者好评的是严绍璗的《日本中国学史》和侯且岸的《当代美国的"显学"》。何寅与许光华的《国外汉学史》是国内目前较为详细的汉学通史性著作,此书有开创学科通史之功。汉学史研究的意义在于,域外汉学的发展在各个国家都有其独特的历史,有自己的学术传统,有师承的传递和各个学派的特点。如果不了解这个历史,我们就无法判定一个汉学家在本国学术史的地位,也不能了解其学术思想的来源和背景,很容易闹出笑话。汉学家也分三六九等,要把最好的汉学成果介绍到国内,就必须做深入、细致的国别汉学史的研究工作。"在此基础上,再来进行整体的或个别的研究。只有这样,我们才能认定各国的'中国学家'们在他们自己国家的学术谱系上的地位,才可以避免由无知而造成的愚昧。"(严绍璗)①从西方汉学史来看,如果没有一个系统而深入的学术史的梳理,就无法解释"传教士汉学"和"专业汉学"之间的巨大变化,也无法解释从费正清到柯文这种学术路向的重大转变,从而也不可能深入地了解这种学术转变背后的深刻的文化原因。所以,无论是判断汉学家个人的学术成就还是从整体上理解汉学的演变,没有学术史的研究是根本不可能的。

三、比较文化的视角是海外
汉学研究的基本方法

海外汉学虽然其内容是关于中国的,但它是发生在域外,由外国人所做的学问。从西方汉学来看,它是西方学术体系中的一个

---

① 严绍璗:《汉学研究在中国的历程》,载《汉学研究》第 8 集,中华书局,2004年,第 4 页。

分支"东方学"的一部分。既然它是西学的一部分,它必然要遵循西方学术的传统和规范。这样汉学和国学之间既有同,也有异。同,则表现在内容上,无论是传统的汉学还是当代的中国学,材料、文献都是中国的;异,则表现在学术规范和方法上,最终还在问题意识上,它是从自身的文化发展的需要出发的,从一个"他者"的角度来看中国文化的。这样,在汉学的研究中就必须从一种跨文化的角度,运用比较文化的方法来分析汉学。许多国内做国学研究的学者认识不到这一点,往往将汉学和国学相等同,对其"同"的部分大加赞赏,认为有水平;对其"异"的部分大加批评,对汉学家们对中国文化和学术的"误读"不能给予一个合理的解释。究其原因,就是缺乏一种比较文化的视角,不能运用跨文化的研究方法来对待汉学。从比较文化的视角来看待汉学,我认为以下两点是很重要的:

首先,母体文化对汉学家学术视野和方法论的影响。从实证的知识论角度来看,域外汉学并非像萨义德所说的完全是一种"集体的想象",也并非是在本国文化和意识形态的完全影响下,成为一种毫不可信的语言技巧,一种没有任何客观性的知识。就西方的汉学而言,从16世纪以后,他们对中国的知识获得了大踏步的进展。"游记汉学"与"传教士汉学"的重大区别就在于,传教士们已经开始长期生活在中国,并开始一种依据基本文献的真实的研究,他们的研究不再是一种浮光掠影式的记载,一种走马观花的研究。传教士汉学绝不是传教士们随意拼凑给西方人的一幅浪漫的图画,他们对中国实际认识的进展,对中国典籍的娴熟和在翻译上的用功之勤,就是今天的汉学家也很难和其相比。特别是到"专业汉学"时期,汉学家在知识论上的进展是突飞猛进的,我们只要提一下法国著名汉学家伯希和就够了。这点我们在下面论述汉学和国学的关系史时还会讲到。在这个意义上萨义德在其《东方学》中的一些观点并不正确。"东方学的意义更多地依赖于西方而不是东方,这一意义直接来源于西方的许多表述技巧……"①如此一来,西方的整个东方学在知识论上都是意识形态化的,其真实性受到怀疑。他认为西方的东方学所提供的是"种族主义的、意识形态的和帝国主义的定型概念"②,因而他认为东方学的失败既是学术的失败,也是人类的失败。萨义德的观点显然不符合西方汉学的实际情况,作为西方知识体系一部分的东方学,在知识的内容上肯定是促进了人类对东方的认识的,从汉学来看这是个常识。

其次,我这样讲并不是否认西方汉学受其欧洲中心主义的影响。平心而论,萨义德说西方的东方学是伴随着帝国主义的海外扩张而形成的观点是正确的,东方学受到西方文化的影响和制约也是对的。但由此认为西方的东方学"并没有我们经常设想的那么具有客观性"的结论缺乏具体分析。萨义德所提供给我们的从比较文化的角度来评价西方的东方学的方法是对的,但在分析中有三点我不同意:其一,不能因西方东方学所具有的意识形态性,就完全否认其所包含的客观性。以传教士汉学为例,传教士入华肯定不是为推进中国的现代化,而是为了"中华归主"。这种心态对他们的汉学研究产生了重大的影响,但这并不妨碍传教士的汉学研究仍具有一定的客观性,他们仍然给欧洲提供了一些有关中国的准确无误的知识。采取比较文化的研究方法就在于对西方汉学中的这两部分内容进行客观的分析,哪些是"意识形态"的内容,哪些是"客观知识",二者之间是如何相互影响的。其二,西方东方学中的方法论、研究方式不能完全归入"意识形态"之中。这就是说不仅研究的知识内容要和意识形态分开,就是萨义德所说的意识形态也要作具体的分析。方法论和研究方式当然受到西方整个学术进展的影响,但它和政治的意识形态不同。作为方法论,它具

---

① 〔美〕爱德华·W·萨义德:《东方学》,生活·读书·新知三联书店,1999年,第29页。
② 〔美〕爱德华·W·萨义德:《东方学》,第421页。

有一定的独立性,同时也具有一定的普世性,即它是整个人类的精
神。如伯希和(Paul Pelliot)在西域史研究中的科学的实证方法,高
本汉(Klas Bernhard Johannes Karlgren)在中国语言研究中的现代语
言学的方法。这些方法是在整个时代进步中产生的,尽管它和西
方社会历史有着血肉的联系,是其精神的一部分,但不能因此就
否认它的有效性。特别是美国当代的中国学家,他们有别于传统
汉学家的根本之点在于,将社会科学的研究方法移植到中国学研
究中;如果把这种方法论的变迁一概否认,那就是将中国学的灵
魂否认了,那我们从当代中国学中几乎学不到任何东西。其三,
如果完全采用萨义德的理论,"社会科学理论几乎要遭到彻底的
摒弃。因为几乎所有的社会科学都源于西方,因为几乎所有的西
方理论都必然具有文化上的边界,并且必然与更大的、和帝国主
义纠缠在一起的话语型构结合在一起,因此,对此除了'批判性'的
摒弃之外,任何汲取都会受到怀疑"(黄宗智)[1]。从汉学家来说,
他们中不少人对中国的迷恋甚至超过了他们自己的文化,所以不
能简单地把他们说成萨义德所讲的东方主义者。

用比较文化的方法来分析汉学,就是要考察生活在两种文化
的夹缝中的汉学家是如何在跨文化的语境中展开这种学术研究
的,分析他们在具体的文献和材料背后的一般性的方法。对中国
本土学者来说,影响我们的恰恰是方法论这一部分。所以我认为,
不能把海外汉学中的研究完全归为意识形态加以批判和抛弃。对
萨义德的理论应加以分析运用。

有了这几点,我们就会看到汉学家区别于中国本土的"国学"
研究者的地方主要在于学术视野和方法论。例如,法国汉学家马
伯乐(Henri Maspero)对中国上古文化和宗教的研究受到涂尔干

---

[1]黄宗智:《学术理论与中国近现代史研究》,见黄宗智编:《中国研究的范式
问题讨论》,社会科学文献出版社,2003年,第117页。

(Émile Durkheim)社会学的影响,从而开创了中国宗教社会学研究之先河,对他这种宗教社会学方法论的吸取推动了中国本土的社会学研究。当年杨堃先生受教于马伯乐,成为中国社会学研究中最早采用宗教社会学方法的学者,而中国的宗教学界几乎没有人知道早在近一百年前马伯乐已经创立了这种方法。宗教学界的学者们这两年才开始注意这种方法,但他们只不过是将西方的宗教社会学搬来而已,他们今天也仍不知中国宗教社会学研究的真正创始人是法国汉学家马伯乐。社会学和宗教学对待马伯乐汉学研究中的方法论的两种态度,对这两个学科的发展都产生了影响。夏志清运用新批评主义的形式主义分析方法,重评中国现代文学史,使张爱玲、沈从文、钱锺书又回到现代文学史的研究视野之中,这种方法极大启示了中国文学史的研究者。在西方汉学的中国文学研究中,"20世纪涌现出来的意象研究、新批评、原型批评、结构主义、符号学、主题学、心理学、文类学、风格学、叙事学,甚至女权主义、混沌理论、文化理论等,举凡用之于西方文学研究者,几乎都在中国文学研究中派上了用场"(周发祥)①。新时期的中国文学研究很大程度上是在步西方汉学方法论的后尘。

　　注意其方法论,注意其新的学术视角,运用比较文化的研究方法,揭示出隐藏在其"客观知识"背后的方法论,这正是汉学研究者的基本使命。

四、在世界文化范围内
探讨中国文化的影响史

　　如果说,汉学的研究是各国东方学的一部分或地区研究的一

---

① 周发祥:《国外汉学与比较文学》,载任继愈主编:《国际汉学》第7辑,大象出版社,第11页。

部分,那么,它主要是一种学术形态。但汉学作为对中国文化的介绍和研究,同时也在世界各国的思想与文化中产生了影响,各国的思想家和文学家也从中国文化的丰富内涵和悠久历史中得到启示,他们也写下了各种形式的文字,从而使中国文化走入了各国的思想文化领域。这些人虽然不是汉学家,但他们和中国在思想上和实际上都有着各种各样的联系。对中国文化在世界各国的影响的研究也构成了汉学研究的一个重要部分。

　　中国文化在域外的传播和影响是两个相互关联而又有所区别的领域。一般而论,传播史侧重于汉学,即对中国文化的翻译、介绍和研究,域外的中国形象首先是通过这些介绍和研究才初步建立的;影响史或者说接受史则已经突破学术的层面,因为汉学的研究在西方仍是一个很偏僻的学科,它基本处在主流学术之外,或者处于学术的边缘。中国文化在域外的影响和接受主要表现在主流的思想和文化界。但二者也很难截然分开,因为一旦中国文化的典籍被翻译成不同语言的文本,所在国的思想家和艺术家就可以阅读,就可以研究。他们不一定是汉学家,但同样可以做汉学研究,他们对中国的兴趣可能不低于汉学家,特别是在创造自己的理论时。英国 17 世纪的学者约翰·韦伯(John Webb)从来没来过中国,但他所写的《论中华帝国之语言可能即为原始语言之历史论文》是西方第一本关于中国语言研究的专著。马克斯·韦伯(Max Weber)的《儒教与道教》你很难说它是汉学著作或者说不是,但其影响绝不亚于任何一本汉学专著。美国的思想家爱默生、诗人庞德,瑞士的荣格等都是这样的人,这样的例子很多。因而,接受史和影响史也应成为汉学研究的一个重要方面。

　　这方面前辈学者已经为我们提供了研究的"范式"。钱锺书在英国时所写下的《十七—十八世纪英国文学中的中国》,范存忠的《中国文化在启蒙时期的英国》,陈受颐的《中国文化对十八世纪英国文化的影响》,朱谦之的名著《中国哲学对欧洲的影响》,法国学者毕诺(Virgile Pinot)的《中国对法国哲学思想形成的影响》,都是我们在做汉学研究时所必读的书。

在这个方面,萨义德的理论给了我们解释的支点。"东方学现象是整个西方的隐喻或缩影,实际上应该用来代表整个西方"①,这是说西方为了确定自我,拿东方作为非我来作对照,"东方代表着非我,相对这非我,西方才得以确定自己之为自己,所以东方乃是西方理解自己的过程中,在概念上必有的给定因素"(张隆溪)②。从18世纪的"中国热",伏尔泰认为中国是"天下最合理的帝国",到19世纪中国完全失去了魅力,黑格尔认为中国是一个只有空间没有时间的国家,一个停滞的帝国,在西方文化史上中国一直是作为西方确立自我的"他者"而不断变换着。

对萨义德的理论我们还应作两点补充:一是西方人把中国当作"幻想"的对象是以中西双方实际历史的交流为基础的。尤其是大航海以后,西方人第一次走出狭小的地中海,域外的文明,特别是中国的文明对其实际的冲击是很大的。这一点拉赫(Donald F. Lach)在《欧洲形成中的亚洲》一书中有史学上的严格考证,这说明西方的精神的形成同样有着外部的因素,基督教是东方传入西方的,中国文明对欧洲的影响绝不仅仅是在作家的书房。弗兰克(Andre Gunder Frank)的《白银资本》、彭慕兰(Kenneth Pomeranz)的《大分流》及王国宾等人的著作都可以为我们理解17—18世纪东西方的实际历史提供经济史的证明,这样的历史观可以瓦解今天的"欧洲中心主义"和一些西方人编造的神话。我们不需要用西方"幻想的矫情"来印证我们文化的合理性,但文化交往的历史至少可以说明多元文化存在的合理性。其二,虽然萨义德告诫我们,在东方不需要一个像西方的东方主义那样的"西方主义",但实际

①〔美〕爱德华·W·萨义德:《东方学》,第425页。
②张隆溪:《中西文化研究十论》,复旦大学出版社,2005年,第11页。

上 19 世纪后的中国思想的确存在着一种"西方主义",而它的历史
正好和西方的"东方主义"的历史进程倒了个个儿。在"夷夏之分"
的观念中,西方是"蛮夷之地";在国门被打破之后,西方一直又作
为想象的"乌托邦"。这个问题属于中国思想文化史,这里只是顺
便提一下。

　　汉学的魅力不仅在于它的"同"——汉学家们为我们的国学研
究提供了许多新的史料,特别是在"四裔"研究方面——其实,它的
魅力更在于"异",在于跨文化间的"误读",在这个意义上比较文学
和比较文化研究是汉学研究的天然盟友。如孟华所说:"作为一个
比较学者,我对汉学有着一份天然的亲近感和学科认同感。甚至
可以毫不夸张地说,自从我踏上比较文学学术之路起,汉学研究就
始终伴随我左右,成为我学术生活中不可或缺的一部分。"①正是在
这个意义上,海外汉学的研究应将比较文化自觉地列入其研究范
围之中。

　　以上几点都是从域外的角度来看待汉学的,即它发生的历史,
它本身的学术史及它在本国文化思想史中的作用与价值,但在研
究海外汉学时还有一个最重要的纬度:汉学和国学的关系,这种发
生在域外的关于中国的学问和我们本土的中国学术有什么关系
呢? 它对中国本土学术的发展有什么价值和影响呢?

五、在与国学的互动中把握海外汉学的研究

　　海外汉学从其诞生起就同中国学术界有着千丝万缕的关系,
特别是西方汉学。在一定意义上讲,中国近现代学术的产生是和
西方近现代的汉学发展紧密联系在一起的,也就是说,中国近现代

---

①孟华:《汉学与比较文学》,载任继愈主编:《国际汉学》第 10 辑,大象出版
　社,2004 年,第 1 页。

学术之建立是中国本土学者与汉学家们互动的结果。利玛窦（Matteo Ricci）与徐光启，理雅格与王韬，王韬与儒莲（Stanislas Julien），伯希和与罗振玉，胡适与夏德（Friderich Hirth）、钢和泰（Alexander von Stael-Holstein），高本汉与赵元任等等，汉学家与中国学人的交往我们还可举出许多例子。正是在这种交往中双方的学术都发生了变化，互为影响，相互推动。戴密微（Paul Demiéville）在厦门大学任教，卫礼贤执教于北大讲坛，陈寅恪受聘于牛津、剑桥，在 20 世纪二三十年代双方的交往比今天还要频繁。就中国来说，正是在这种交往中，中国学术逐步地向现代化形态发展。

　　当年傅斯年在谈到伯希和的学问时说："本来中国学在中国、在西洋原有不同的凭借，自当有不同的趋势。中国学人，经籍之训练本精，故治纯粹中国之问题易于制胜，而谈及所谓四裔，每以无比较材料而隔膜。外国学人，能使用西方的比较材料，故善谈中国之四裔。而纯粹的汉学题目，或不易捉住。今伯先生能沟通此风气，而充分利用中国学人成就，吾人又安可不仿此典型，以扩充吾人之范围乎。"①这说明了当时汉学对中国学人的启示。实际上近现代以来，中国学术对西域的研究日益加强，引起许多学者的兴趣，这显然是受到了西方汉学家的影响。胡适在 1916 年 4 月 5 日的日记中说："西人之治汉学者，名 Sinologists or Sinologues，其用功甚苦，而成效殊微。然其人多不为吾国古代成见陋说所拘束，故其所著书往往有启发吾人思想之处，不可一笔抹煞也。"②

　　这里胡适已认识到汉学的特点，后来胡适在与汉学家钢和泰交往中改变了原来认为汉学家治学"成效殊微"的看法，而是直接向钢氏求教梵文。而他对瑞典汉学家高本汉的评价，更说明西方

①傅斯年：《法国汉学家伯希和莅平》，《北京晨报》1933 年 1 月 15 日。
②胡适：《胡适留学日记》，安徽教育出版社，2006 年，第 860—861 页。

近代汉学对中国学术的影响。高本汉以治音韵学而著称,胡适说:"近年一位瑞典学者珂罗倔伦(即高本汉)费了几年的工夫研究《切韵》,把二百六部的古音弄的清清楚楚。林语堂先生说:'珂先生是《切韵》专家,对中国音韵学的贡献发明,比中外过去的任何音韵学家还重要。'(《语丝》第四卷第廿七期)珂先生成绩何以能这样大呢? 他有西洋音韵学原理作工具,又很充分地运用方言的材料,用广东方言作底子,用日本的汉音吴音作参证,所以他几年的成绩便可以推倒顾炎武以来三百年的中国学者的纸上功夫。"①鉴于西方汉学的这一成就,他号召青年人要掌握新的研究方法,那时再来重新整理国故,便可"一拳打倒顾亭林,两脚踢翻钱竹汀"。

当时西方汉学对中国学界的冲击非常之大,以至陈垣先生说:"现在中外学者谈论汉学,不是说巴黎如何,就是说日本如何,没有提到中国的,我们应当把汉学中心夺回中国,夺回北京。"②其实中国近代学术从传统的注经转变为现代社会科学的方法,一个重要因素是受启于海外汉学。陈寅恪任教清华之初,遵循地道的欧洲汉学及东方学方法,讲授欧洲东方学研究之目录学。赵元任和李方桂的语言学研究走出传统的小学,而采取现代语言学的方法,一个重要原因就是受到高本汉语言学研究的影响。这说明汉学和我们自己本土的学术传统有着内在的联系。

上面讲到,上世纪80年代以来海外汉学的学术著作被翻译成中文的已经有近二百本,这些专著对中国学术界产生了重要的影响。中国本土的学者"今天必须面对一个不容忽视的事实:从日本、欧洲到北美,每一天都有关于中国古今各方面的研究成果问世。如果我们继续把这些成果都称之为'汉学',那么'汉学'与中

①胡适:《胡适文存》第3卷,商务印书馆,1940年,第203—205页。
②郑天挺:《五十自述》,见人民政治协商会议天津市委员会文史资料研究会编《天津文史资料选辑》第28辑,天津人民出版社,1984年,第8页。

国本土的'国学'已经连成一体,再也分不开了"(余英时)①。实际上在当今中国的学术界出现了"'双峰对峙'两派'中学'——其一是自家内省的'国学',其二是别人旁观的'汉学'"(刘东)②。对中国本土学者来说"要求每个学者对本专业在世界范围内的进展了如指掌,有点不切实际,但将海外中国学家的贡献纳入视野,对于生活在中国的新一代学者来说,不但可能,而且必须"(陈平原)③。就文学研究来讲,从夏志清的《中国古典小说导论》出版以来,韩南、浦安迪等人的小说史研究著作相继翻译出版,说明国内学术界"能够较为准确地判断海外中国学的高低优劣"④。而2000年在北大召开的"晚明与晚清国际学术研讨会",来自汉学和国学两大领域的中国文学研究者已经开始共聚一堂。在史学界年轻一代的学者已经开始自觉运用美国中国学的方法,杨念群的《中层理论》"把美国中国学(部分涉及日本中国学)研究的一些基本概念和命题变迁放在我国史学研究的传统脉络里呈现其特征,并评估其价值;反过来,也把中国史学研究的方法置于美国中国学思潮的背景下反观其得失"⑤,他所主编的《空间·记忆·社会转型——"新社会史"研究论文精选集》则是这一思想的具体体现。

实际上汉学的引入具有双向的意义,它不仅使学术转型中的中国本土学术界有了一个参考系,为我们从旧的学术"范式"中走出,达到一种新的学术创新提供了一个思路,同时也对汉学家们提出了挑战。正像中国的学者必须面对海外汉学家的研究一样,他

①刘正:《海外汉学研究:汉学在20世纪东西方各国研究和发展的历史》余英时先生原序,武汉大学出版社,2002年,第3页。
②刘东:《理论与心智》,浙江大学出版社,2015年,第211页。
③陈平原:《学者的人间情怀:跨世纪的文化选择》,生活·读书·新知三联书店,2007年,第203页。
④陈平原:《学者的人间情怀:跨世纪的文化选择》,第210页。
⑤杨念群:《中层理论》自序,江西教育出版社,2001年,第7页。

们也应该开始听听中国同行的意见。我们在《国际汉学》的第七辑曾发表包伟民先生批评内藤湖南"宋代革命论"的论文,王志平先生批评《剑桥中国史》中的关于中国语言学史的观点。我们想通过正常的批评,纠正那种仿佛只要洋人讲的就没错的"殖民地思想",把对汉学的引进和批评统一起来,在一种平等的对话中商讨和研究,这才是一种正确的学术态度。对国外汉学家的成果也不可盲从,正像对待所有的学术成果都不应盲从一样。实际上在西方不仅那些把中国作为"他者"的思想家、文学家在讲中国时常常满口错话,就是在大汉学家那里,常识性的错误也不断出现。周锡瑞先生曾一字一句地指出美国当代中国学家何伟亚(James L. Hevia)在其成名作《怀柔远人:马嘎尔尼使华的中英礼仪冲突》中词表里的错误,周先生说:"或许最令人惊异的是:'一视同仁'写成'一视同人'。此类词汇的错误,很难使人相信作者能够训练有素地使我们更加接近清代文献的原意。"①像这样的常识性的错误在比利时汉学家钟鸣旦的《杨廷筠——明末天主教儒者》一书中也有出现,在著名的《剑桥中国史》中也有很低级的错误。这样讲并不是否认这些汉学家在学术上的贡献,正像我们中国的学者在研究外国的历史和文化时也常有常识的错误一样。对中国学者来说,就是以平常心来看待海外汉学的著作,以一种真正的学术态度来看待汉学家。同时,海外的汉学家必须考虑到他们的著作如何面对中国读者,因为一旦他们的书被翻译成中文,就会成为中国本土学者阅读和审视的对象。他们的著作得到中国学术界的讨论,受到批评和赞扬都是很正常的。汉学家们也要以一种平和的心态看待中国学术界的批评。

　　当我们面对大量涌进的汉学著作时,我们应有一种开放的心

---

①周锡瑞:《后现代式研究:望文生义,方为妥善》,《二十一世纪》1997 年 12月号。

态,有一种多元的学术态度,不能有那种"画地为牢,反正山中无老虎,猴子称大王",对汉学家研究的成果视而不见的态度。同时,也应考虑到这是在另一种学术传统中的学问,它有特有的文化和学术背景,不能拿来就用,要做比较文化的批判性研究。随着汉学的不断引入,对汉学著作做一种批判性研究和介绍日益成为一个重要的问题,因为在不同学术传统中的概念和方法的转化和使用必须经过严格的学术批判和反思才行。在这个意义上运用比较文化的视角和方法尤为重要。如何立足中国本土的学问,在借鉴汉学的域外成果上,从我们悠久的文化传统中创造出新的理论,这才是我们真正的追求所在。葛兆光先生说得好:"我想问的是,有没有人想过这样一个道理,如果要研究世界普遍真理,为什么理论家们不好好先学习汉语? 或者说,为什么一个涵盖了中国、亚洲和西方的顶级世界理论,中国人不可以发明?"①引进域外汉学是为了我们自身学术和文化的变革与发展,万不可在介绍西方汉学走马灯似的各类新理论、新方法时,我们自己看花了眼,真成了西方的东方主义的一个陪衬,失去了自己的话语和反思的能力。

另一方面,国学研究的学者也应参与到海外汉学的研究之中,我们"希望这是一场'学术对话',而不只是单向的'文化输入',就像美国、日本及欧洲等地的中国学家正在积极介入中国的文化建设一样,大陆及台港的学者也完全可能借助平等对话,影响中国学家的学术思路,并修正其具体结论"(陈平原)②。中国学者应努力打破"西方中心主义",使世界的汉学论坛上有中国的声音,有中文的发言,而不总是西方的语言、西方的声音、西方的标准,"仿佛'中国'是一个缺席者,空出来的那个座位总是有异邦人在李代桃僵地对理论家们进行'中国的叙述',而中国学者却总是心有不甘却满

①葛兆光:《看澜集》,复旦大学出版社,2010 年,第 165 页。
②陈平原:《学者的人间情怀:跨世纪的文化选择》,第 210 页。

脸无奈地看着这个空缺的座位"（葛兆光）①。我相信，经过我们对汉学的认真研究和梳理，当我们摸清了汉学家们的思路和方法，了解了他们的话语和特点，学习了他们的经验和长处后，中国再不能是一个缺席者。

相互了解是平等对话的第一步，开放的心态和批判研究的态度则是我们在面对汉学家时所应有的基本立场。对话才刚刚开始。正是在这场刚刚开始的对话和讨论中，中国的人文社会科学研究将逐步走向自觉和繁荣，也正是在这场对话中汉学家才开始面临真正的学术对手，并改变自己的理论形态，也只有在这场对话中，中国文化将真正走向世界，"使全世界共此凉热"（季羡林）②。

　　　　（与郝平先生合撰，《国际汉学研究丛书》总序，外语教学与研
　　究出版社出版）

---

① 葛兆光：《看澜集》，第 165 页。
② 季羡林：《东学西渐丛书》序，河北人民出版社，1999 年。

欧美汉学史研究的新进展

余英时先生在为刘正的《海外汉学研究:汉学在20世纪东西方各国研究和发展的历史》一书所写的序中说:"从日本、欧洲到北美,每一天都有关于中国古今各方面的研究成果问世。如果我们继续把这些成果都称为'汉学',那么'汉学'与中国本土的'国学'已经连成一体,再也分不开了。学术和知识不分国界,这一原则今天也同样适用于一切有关中国的研究领域。1930年陈寅恪先生撰《陈垣敦煌劫余录序》曾提出'预流'与'未入流'之说。他认定'敦煌学'是当时'学术之新潮流',中国学人必须急起直追。今天的'新潮流'则已扩大到中国研究的每一角落,不能再以'敦煌学'为限。域外的'汉学'已取代了当年的'敦煌学'的位置。所以中国学者即使研究自己的'国学'也有'预流'或'未入流'的问题。"①诚如余先生所言,汉学研究的重要进展已经成为我们推动"国学"研究的重要方面。

世界各国汉学研究成果层出不穷,面对这一庞大的学术对象,应该如何把握?李学勤先生在《国际汉学著作提要》一书的序中提出一个研究的思路,他说:"我认为研究国际汉学,应当采取学术史研究的理论和方法,最重要的是将汉学的递嬗演变放在社会与思

---

①刘正:《海外汉学研究:汉学在20世纪东西方各国研究和发展的历史》,武汉大学出版社,2002年,第3页。

想的历史背景中去考察。和其他种种学科一样,汉学也受着各时代思潮的推动、制约,不了解这些思潮的性质及其产生的社会原因,便无法充分认识汉学不同流派的特点和意义。尤其要注意,汉学家的思想观点是与哲学、社会学、文化人类学等学科存在密切联系的。因此,即便是研究一位汉学家,甚至他的一种论著,也需要广博的知识和深入的分析。"①

将欧美汉学历史作为学术史研究的对象,国内已经初步取得了一些研究成果,一些著作相继出版。这些著作对于开启欧美汉学(中国学)史的研究有奠基之功,但随着国内学术界对欧美汉学研究的展开,那种简略式的介绍已经不能满足国内学术界的需要。如果想继续推进汉学史的研究,我认为只有两条路可走:

其一是做个案研究。对欧美各国的汉学家、重要的汉学著作、汉学流派逐一做深入的研究。只有经过这样不断的学术积累,我们才能写出一部国别汉学史。正像做中国史的研究,没有很好的断代史研究做基础,中国通史是无法写出来的。所以,目前在域外汉学史的研究中,最重要的是做个案和断代史的研究。学术是件急不得的事情,学术是要靠积累,有时要靠很长时间的积累,甚至几代人才能发展起来。一代人只能做一代人的事。

其二就是做好欧美各国汉学史著作或论文的翻译工作。汉学家们对自己国家汉学研究的历史已经有不少研究,这些研究成果对我们在国内做汉学史研究的人来说特别重要,平心而论,他们的研究在史实上应更准确些,如果只是对国外已经出版的汉学史著作做一种中文的转述,不如直接将国外这些汉学史的研究著作翻译出版。

基于这种情况,我们北京外国语大学海外汉学研究中心正在组织翻译一套国外汉学史的丛书,《德国汉学史》《奥地利汉学史》《俄罗斯汉学史》等书都在翻译之中。

---

① 李学勤主编:《国际汉学著作提要》,江西教育出版社,1996年,第3页。

　　现在奉献给广大读者的这本《欧美汉学研究的历史与现状》中的文章大多是从近几年大陆、台、港、澳几地汉学研究刊物发表的论文和译作中挑选出来的,从中可以对欧美汉学自产生到发展的几个阶段的脉络,对欧美各国汉学研究的概况和发展现状有一个初步的了解。

　　本书分为两个部分:

　　第一部分是从总体上对欧美汉学的产生和形成做了介绍。法国学者雅克·布洛斯(Jacques Brosse)的《从西方发现中国到国际汉学的缘起》是从他的《西方发现中国》一书中择录出来的,文章简略精辟地叙述了中国和西方日益频繁的交往历史,从希腊的历史学家希罗多德的东方观到20世纪初法国汉学家葛兰言(Marcel Granet)和马伯乐(Henri Maspero)的汉学研究,在这种鸟瞰式的勾勒中我们可以看到欧洲汉学在中国与西方的历史文化关系中的演进和发展。欧洲汉学曾经历了从游记汉学、传教士汉学到专业汉学的三个阶段。游记汉学是西方汉学的起始阶段,少了这一环节,西方汉学就不完整。张西平的简述可以弥补这一缺憾。郑德弟、费正清的两篇文章分别介绍了耶稣会传教士和新教传教士在汉学研究中的地位,肯定了他们在中西文化交流中的作用。德国两位Franke教授的文章特别引人注目,这不仅是因为这两位学者目前都是九十以上的高龄,而且他们两人也是欧美汉学界重量级的人物,由他们来讲述欧洲汉学的历史是再恰当不过了①。傅海波(Herbert Franke)在他的《欧洲汉学史简评》中告诉我们一个有趣的

---

①实际上傅海博(Herbert Franke)和傅吾康(Wolfgang Franke)两人也是最早自觉地对欧洲汉学史进行研究的学者。Gauting Herbert Frank, *Sinologi an Deutschen Universitaen*, Wiesbaden, 1968; Gauting Herbert Franke, *Zue Geschichte der Westlichen Sinologic*, ColloquiumVerlag, 1980; Wolfgang Franke, *Die Entwicklung der Chinakunde in der Letzten 50 Jahren*, NOAG, 1952. 另, Herbert Franke 的中文名应是"傅海博"而不是"傅海波"。

信息,即美国中国学的最初阶段,其领军式的人物大都是欧洲的汉学家,这说明了欧美汉学界的内在联系和互动。傅吾康则对19世纪的欧洲汉学做了简要的回顾。他认为是"19世纪下半叶的欧洲学者奠定了现代汉学的基础",这使我们对欧洲19世纪汉学价值有了新的认识。

第二部分可视为欧美国别汉学研究。读者可以通过这一组文章对欧美几个主要国家的汉学研究历史和现状有一个大致的了解。

葡萄牙人是最早来到东方的,对中国的发现一直是他们引以为豪的一件事。虽然,葡萄牙的当代汉学研究在欧洲已经不再引人注目,但在16至17世纪时,他们却是欧洲汉学的旗手。所以,开头的两篇文章都是关于葡萄牙汉学的。意大利是汉学的故乡,在西方关于中国的介绍中,几乎没有人可以和马可·波罗的知名度相比,而在传教士汉学时期,意大利的传教士开创了欧洲第一个汉学研究的先河,罗明坚、利玛窦、艾儒略、卫匡国……我们可以开列出长长的一串名字。但今天,我们对意大利当代汉学却所知甚少,白佐良(Giuliano Bertuccioli)和兰乔蒂(Lionello Lanciotti)两位教授的文章为我们描述了意大利汉学的全貌,使人读后颇受教益。在西方,人们常说,汉学是法国人创立的,读一下法国著名汉学家戴密微(Paul Demiéville)的《法国汉学研究史概述》一文,即可知此话不假。了解了法国的汉学史,欧洲汉学史的主线条就已经抓住了。在西方最早到东方来的葡萄牙、西班牙、荷兰三个国家中,只有荷兰成为当代汉学研究的大国,不仅莱顿的汉学研究院名震西方,他们和法国联办的《通报》至今仍是西方最权威的汉学研究刊物。包罗史的文章还给我们提供了大量的南中国海和台湾的历史情况。俄国汉学虽然诞生得晚,但成就很大,有的学者把俄罗斯汉学和法国汉学、日本汉学并称为"汉学研究三巨头"。读了米亚斯尼科夫和李明滨的文章后,我们可以深切地感觉到这一点。东欧各国汉学成就最高的是捷克,这里我们发表的一篇文章是捷克汉学家写的,我们可以从中看到捷克汉学发展的历史。在这一部分中我们还收录了关于北欧的瑞典和挪威汉学史的论文,及英国、加拿大、匈牙利等国汉学研究的论文,可以粗略地勾勒出欧美国家现当代汉学研究的大致轮廓。

由以上介绍可知,本书仅是从地域和国别上对欧美汉学情况的概括和梳理,对在不同学术领域,西方汉学家所取得的成就还未展开论述。而且若从汉学史的角度来看,我认为欧美汉学经历了"游记汉学""传教士汉学"和"专业汉学"三个不同的时期①,但由于篇幅所限,我们无法按这个思路来编辑,实际上在一本论文集中想整个反映出欧美汉学的历史也是不可能的。我想在不久的将来,对其他方面的研究情况我们也会加以关注,将欧美汉学界在多方面的学术成果尽可能多地介绍给大家。

欧美汉学研究的成果已经对我国学术传统的重建与改造产生了实际的影响,或者说已经成为我们在进行学术"范式"转换时的重要参照系,对欧美汉学现状与历史的研究已成为学界的一项重要工作。编辑这样的论文集只是一个初步的尝试,希望它的出版能引起学术界的关注,并能为国内的海外汉学史研究和国学研究尽绵薄之力。

张西平

2005 年 4 月完稿于北京枣林路游心书屋

（笔者编《欧美汉学研究的历史与现状》序言,大象出版社 2006 年出版）

———————

①这个分期既是时段性的,即大体符合西方汉学发展的历史,同时也是从学术"范式"的转换上来讲的,即西方汉学在研究的模式上大体经历了这三种类型。但这样的划分只是一个大略的分期,在实际的西方汉学历史发展中,它们也是有所交错的,例如,在专业汉学诞生以后传教士汉学也依然存在。

民国时期海外汉学研究一瞥

国外汉学研究或中国学研究是 20 世纪 80 年代以来中国学术界所开拓的最重要的学术新领域,虽然在如何定义学科名称上至今学术界仍未统一,在学科的内容理解上仍有较大的分歧,但这丝毫没有影响它的发展。刘东主编的"海外中国研究"丛书,王庆成、虞和平所主编的"中国近代史研究译丛"加起来已有几十本之多,这两套丛书对中国晚清史、中国近代史的研究已经产生重要影响;由任继愈主编、北京外国语大学海外汉学研究中心主办的"国际汉学研究书系"直接推动了学术界对欧洲早期汉学和明清中西文化交流史的研究。另外,由王元化所主编的"海外汉学丛书",由李学勤、葛兆光所主编的"当代汉学家论著译丛",中华书局的"世界汉学论丛"和商务印书馆的"海外汉学书系"都已经形成规模。这些译著的出版,标志着学术界对海外汉学或中国学著作的翻译已经取得了较大的进展,这不仅为中国本土的国学研究提供了一个研究的参考系,从而真正形成在中国学问上的中外互动,而且也为国内对汉学或中国学的研究打下了一个坚实的基础。

自觉地把域外的汉学或中国学作为学术研究的对象而不是像一般的国学研究者仅仅把它作为自己研究的一个参考系、一种外文的文献,首先采取这样的研究视角的,据我有限的知识考察应是莫东寅先生的这本《汉学发达史》,它是中国学术史上第一本由国人撰写的国外汉学的研究著作,第一次出版是 1949 年。实际上民国期间,在莫东寅之前已经有学者关注了这个学术领域。最著名的是 1928 年出版的张星烺的《中西交通史料汇编》,该书已经涉及西方汉学的大量知识,但此时汉学并未作为一个专门的研究对象从中西文化交流史的领域中独立出来。莫先生在他书后的参考书举要中,列的第一本就是《中西交通史料汇编》,可见此书对他写作《汉学发达史》的影响。由石田干之助所写、1932 年在日本出版后不久在中国出版的《欧人之汉学研究》,1933 年出版的后藤文雄的《中国文化和中国学的起源》也都是在莫先生的书出版前的一些重要著作,莫先生在写作时也参考了这些书的日文版,但毕竟是日本人所写。

尽管今天看起来,莫先生这本书是过于简单了,在材料上受石田干之助的影响较大,但在学术史上却有着不可取代的地位。我们今天再版这本书,至少有着三个方面的意义。

第一,汉学研究的主要内容之一就是对汉学史的梳理和研究。海外汉学或中国学在国内从事国学研究的学者看来主要是知识和方法两个方面。从前者来说,汉学或中国学直接提供了国内研究者所不具有的知识,如伯希和的敦煌研究,就是直接利用了藏于国外的敦煌文献。当时国内学者不具备这些条件,以至有人说"敦煌在国内,敦煌学在国外"。又如对入华传教士的研究,无论是对清中前期的入华耶稣会士研究,还是对清后期的新教传教士研究,都是这样。因为很多传教士的外文文献在国外,国内学者无法使用。从研究方法来说,当国内学术发生学术"范式"的转变时,国外汉学或中国学的研究方法就会极大地启发国内的国学研究者。这方面的例子也很多,前有民国时期瑞典汉学家高本汉的中古汉语语法的研究,后有今天的美国费正清和柯文的晚清史研究。这种从知识论和方法论的角度来研究海外汉学和中国学当然是可以的,这也是国内国学研究领域目前对海外汉学的基本态度和方法。

但这种拿来就用的态度和方法隐含着两个问题。一是汉学或中国学在本质上是国外学术脉络的一部分，即它在知识内容上是中国的，但这种知识的传承却和中国学术的传统和学术史没太大的关系。也就是说，汉学或中国学虽然把中国作为研究的对象，但他们的术语、思路主要是受本国的学术传统影响。如西方汉学和中国学有着很悠久的学术传统，不同的国家有着不同的特点，如果对此一无所知，仅仅从知识论和方法论的角度来看西方汉学和中国学，对其结论和方法拿来就用，在对这些结论和方法的理解和运用上就会产生问题。如果不知道从瓦罗到贾柏莲的西方早期中国语法研究，如果对从雷慕沙（Jean Pierre Abel Rémusat）到葛兰言（Marcel Granet）的法国汉学的进程不清楚，那很难理解高本汉的问题从何而来，他在继承谁的学术传统，他在批评谁。

　　所以，弄清海外汉学的学术史，将其置于各国不同的学术传统中，是我们汲取其结论、学习其方法的前提。这样从国内学术研究来说，不仅要有一批专业的国学研究者从知识论和方法论的角度来分析国外汉学或中国学，也同样需要一些人从整体或专业的角度对各个国家的汉学学术传统进行梳理和研究，做汉学史的研究。莫东寅先生就是这一方向的开拓者。当代研究日本中国学的严绍璗先生，在对日本中国学的研究中就是这样做的。李学勤先生曾说过："作为中国人去看外国的汉学，不仅要知道汉学的具体研究成果，还应当研究汉学产生和发展的历史过程。从这一点而言，我们的国际汉学研究也就是汉学史的研究。"①

　　还有另一个更为复杂的问题，即汉学不仅是其所在国学术传统的一部分，也是其文化脉络的一部分，如果不从比较文化的角度加以审视，在学术的理解上也会产生问题。这一点我在这里不展开论述，仅作为一个问题提出。

　　其二，尊重前人学术成果，遵守学术史研究的规范。20 世纪

────────

①李学勤：《国际汉学漫步》序，河北教育出版社，1997 年，第 2 页。

90 年代以来,学术界的一个重要成果是学术史的研究。文科研究的承接性很大,我们总是在前辈学者的成果和传统中发展和创新,所以学术史的研究就很重要,这就是章学诚说的"辨章学术,考镜源流"。学术研究就是"接着说",这一方面包含了对前人的尊重,另一方面,唯有此,我们才知这种研究究竟有没有价值。这也是我们再版莫先生此书的用意所在。因为我们看到,在这些年的汉学史或中国学史的研究中,有太多的重复性研究,有些文章和著作对前人的研究全然不知就信口开河。对前人研究的尊重不仅仅是对国内学者,同样也包含国外的学者。因为在汉学史的研究上,特别是国别汉学史和西方早期汉学史方面,国外已经有很好著作和论文。在研究中借用他们的成果当然是可以的,但不能在将这些研究成果从外文转换为中文时,不加说明就变成了自己的研究。也鉴于此,我们北京外国语大学海外汉学研究中心在组织翻译当代国外汉学著作时,将汉学史著作的翻译,特别是西方当代学者对欧洲早期汉学史的研究著作作为一个重要内容,我们已有一批这样的西方汉学史研究著作陆续翻译出版。学术史的研究就是使后来的研究者在研究时产生敬畏,有所顾忌,要遵守学术规范。

汉学史的研究对研究者来说是很具有挑战性的,它不仅要求研究者要有很好的中国学术传统的训练,精通或较为熟悉某一学科,还要求研究者熟悉其研究国的文化和学术传统。这是跨国别、跨民族、跨文化、跨语言背景下的一种研究,所以,我认为做汉学史研究在内容上是国学的,在方法上则必须是比较文化的。

正因为难度大,对汉学或中国学的研究目前主要还停留在翻译阶段,真正研究性的著作并不多。当然,在一个学科刚刚兴起的时候,作一种宏观的概述,介绍国别汉学史或整个的海外汉学史也是必要的,它可以推动整个学科的发展,使年轻的学者找到研究的门径。也正是这样,我个人主张再版莫东寅先生的这本书,他的一些研究甚至直到今天还没被后人超越。当然,由于时代的原因,这样研究的局限性也是很明显的,其学术的生命力也会随着研究的不断深入而消减,但其学术地位是毋庸置疑的。

在这个意义上,我更主张一种个案的研究,主张"小题大做"而不是"大题小做"。这些年还是有一些这样好的著作,如计翔翔的《十七世纪中期汉学著作研究——以曾德昭〈大中国志〉和安文思〈中国新志〉为中心》和许明龙的《黄嘉略与早期法国汉学》。前者从西方汉学最早的两本书的研究入手,揭示欧洲早期汉学的产生及其特点。后者则围绕黄嘉略展开,给我们绘制了一幅法国早期汉学的图景。这两本书都是以第一手的原始文献为基础,没有停留在对国外二手研究的转述上,同时对国外的研究成果敢于展开讨论和批评,显示了研究者较深的学术功力和平和的学术心态。这些著作在研究的深度上已超过了莫东寅此书,也为国内汉学史的研究指出了一个切实的方向。

在本书即将付梓之际,这里要特别感谢学界的几位前辈和同仁:首先是李学勤先生向我们建议重刊莫东寅先生的《汉学发达史》,并欣然为本书题序;在编校过程中,又有幸得到谢方先生的精心校订;还有从事日本汉学研究的严绍璗、戚印平、刘正诸君,他们中肯提醒此书多转译自石田干之助的《欧人之汉学研究》,时下重印意恐价值无多。感谢他们的洞见和善意,所提亦是客观事实,在这种情况下仍然决定重刊的出发点有二:其一,此书在中文阅读系统中终究是第一部汉学通史;其二,诚如李先生所言,转译自晚清以来多有先例,亦属无可厚非。

尽管如此,书中难免多有疏误,亦请学界同仁和读者赐正。

张西平

猴年新春到来之际写于游心书屋

(莫东寅著《汉学发达史》编后记,大象出版社 2006 年出版)

意大利：马可波罗的故乡，汉学的国度

——读意大利汉学家白佐良、马西尼新作《意大利与中国》

　　在中国人眼中，意大利是一个充满文化和神奇的国家。达·芬奇的《蒙娜丽莎》、米开朗琪罗的《大卫》、薄伽丘的《十日谈》，这些文艺复兴时期大师们的作品读书人几乎人人皆知。"意大利是欧洲近代文化的长子"，它这一特殊的历史地位使中国的知识分子对它有一种特别的亲近感。

　　而威尼斯的水乡，比萨的斜塔，罗马的古斗兽场，庞贝的废墟，这一切在圣彼得大教堂悠远的钟声中都被笼罩上了一种神秘的光环。"意大利是上帝选中的国家"，"罗马是全球天主教徒的圣地"，这些使许多中国人对意大利有一种崇敬之感。

　　但对中国来说，意大利还有着另一层特殊的意义，即它是我们最早结识的西方国家。中国古代史书所说的"大秦""拂菻"，汉代甘英西使时在条支隔海相望的陆地，唐代东来的景教徒的故乡，指的都是一个国家：罗马帝国。实际上在 15 世纪地理大发现以前，丝绸之路所连起的两端就是中国和罗马。相传罗马帝国的崩溃有两个原因，一是罗马的饮水管道是铅做的，从而使战场上的士兵们患了慢性铅中毒，丧失了战斗力；一是罗马的贵族们大量购进中国的丝绸以至国库空虚，经济透支。这是野史的传闻，无法证实，但罗马皇帝们极爱穿用中国丝绸做成的衣服，在中国考古中屡屡发

现罗马帝国的金币则是事实。中国与罗马之间的互动所引起的欧
亚大陆历史的变迁已被美国学者弗雷德里克·J·梯加特（Freder-
ick John Teggart）在其《罗马与中国——历史事件的关系研究》一书
中做了非常深入的分析。

　　也正是在这个意义上，长期以来在欧洲关于中国的知识方面，
意大利始终处于领先地位，甚至我们可以说，意大利是欧洲东方知
识的集散地。只要提一下马可波罗这个世界上名声远播的人物就
足以说明问题了。

　　近日读了商务印书馆出版的意大利已故的著名汉学家白佐良
（Giuliano Bertuccioli）和他的高足罗马智慧大学东方学院院长、著
名汉学家马西尼（Federico Masini）所著的《意大利与中国》一书，大
大加深了我对这一问题的认识。

　　例如欧洲最早的一本关于如何同东方人做生意的书《买卖须
知》是一位佛罗伦萨人写的。他在书中告诉欧洲的旅行者到契丹
（中国）去时要"留长胡须"，带足路费。因为契丹的国王会把他们
的银钱收去装入自己的钱柜，"然后换给印有国君印鉴的票子，商
人可以用这些纸币购买你想要的丝绸和各种其他货物"①。这恐怕
是欧洲最早对中国纸币的报道。

　　在蒙元帝国时期来到中国的教皇使节、被教皇派到中国的主
教绝大多数也都是意大利人，如见过蒙古大汗的柏郎嘉宾（Giovan-
ni da Piano di Carpine），北京的第一位主教孟高维诺（Giovanni da
Montecorvino），葬于泉州的安德烈主教等，更不用说神奇的《马
可·波罗游记》。在欧洲人眼中，中国的形象是被意大利人第一次
描绘出来的。

　　大航海时代，在相当长的时间内入华的耶稣会士大都是意大

①〔意〕白佐良、马西尼著，萧晓玲、白玉崑译：《意大利与中国》，商务印书馆，
　2002年，第35页。

利人。正是他们奠基了中西文化交流的基石,开拓了西方汉学的新天地。首次定居中国的罗明坚(Michele Ruggieri),大名鼎鼎的利玛窦(Matteo Ricci),被誉为"西来孔子"的艾儒略(Giulio Aleni),编写第一部中文发音辞典的郭居静(Lfizaro Catfino),和徐光启一起译书的熊三拔(Sabbatino de Ursis),因编写《崇祯历书》而英年早逝的罗雅谷(Giacomo Rho),首次将西方大哲托马斯·阿奎那的《神学大全》译为中文的利类思(Ludovic Bugli),走遍半个中国、首次在欧洲出版第一份完整的中国地图的卫匡国(Martino Martini),在中国几乎家喻户晓的清朝宫廷画家郎世宁(Giuseppe Castiglione),从清宫返回意大利,在那不勒斯创办欧洲第一个"中华学院"的马国贤(Matteo Ripa)……他们都是意大利人。正是在这些意大利人的努力下欧洲人了解了神秘的东方,孔子、长城、《论语》、《四书》才渐为欧洲人所知。

在一定的意义上我们可以说,中国和欧洲的文化交流是由来自葡萄牙、西班牙、法国、意大利、德国等许多欧洲国家的传教士所开拓出来的,意大利则在其中扮演了不可取代的重要角色,若没有意大利传教士的努力,在当时欧洲人的概念里几乎不可能形成一个完整的中国图像。当你读了白佐良和马西尼的这本书后,这一个个文化交流的使者的鲜活形象就会呈现在你的面前……

两位著名的汉学家的书还有两点特别值得称道。

第一,严谨的学风。书中所涉及的意大利和中国文化交流史的人物、事件的评述都依据第一手材料,绝不道听途说,书中所提供给读者的详细书目和注释,给我们展示了一个广阔的学术史的背景。相对于国内的一些著作,我们可感受到一种严谨的学风。例如对马可·波罗的研究就很说明问题,作者绝不因他已大名鼎鼎就忽略其历史细节,也绝不因他是意大利人而回避学术界对他的批评和对其真实性的怀疑,相反,作者是将各家之说一一摆出,有分析、有评判,表现了一种大度、公允的研究态度。

　　书的另一个亮点是对中国文化在意大利接受情况的介绍和研究。目前中外关系史的研究，对"西学东渐"的传播与接受研究得较为深入，而对"中学西传"的影响和接受研究相对薄弱。实际上这一方面的研究已突破了史学的范围，更多已是比较文化史研究或接受国思想文化史研究。近年来中国学术界在这方面的研究已有所进展，如孟华的《伏尔泰与孔子》、许明龙的《欧洲18世纪"中国热"》、卫茂平的《中国对德国文学影响史述》、钱林森主编的八卷本《外国作家与中国文化》以及今年刚出版的计翔翔的《十七世纪中期汉学著作研究——以曾德昭〈大中国志〉和安文思〈中国新志〉为中心》，但相对而言这一方向的研究仍很薄弱，至今尚无一本有关中国文化在意大利的著作。《意大利与中国》的问世填补了这一学术空白，例如书中介绍了意大利第一部以中国为背景的小说，意大利近代思想家维科（Giambattista Vico）、巴雷蒂（Giuseppe Baretti）对中国的论述，所有这些都使中国读者感到十分新鲜。

　　细心的读者会发现作者的研究和写法是从意大利和中国两个角度同时进展的，书中所表现出的作者对中文文献的娴熟，对中国史料运用的熟练与准确，足以使中国的同行们由衷敬佩；而书中所铺陈开的西文材料的广阔与深入，恐怕会使国内从事意大利文学和历史研究的学者惊讶。因为绝大多数国内从事意大利文学、史学、文化研究的学者都忽略了一个重要的学术方向：意大利的汉学，中国文化在意大利的传播和影响。所以，这本书的出版再一次给我们揭示了汉学的研究者已不仅仅在北京、在上海，而可能在巴黎、在罗马……

　　今年上半年我在罗马做学术访问时，曾拜访过马西尼教授，在梵蒂冈城门前的咖啡馆里他送我一本意大利文版的《意大利与中国》，并告诉我中文版很快就要出版。没想到我们分手不到三个月，绍民兄就把《意大利与中国》的中文版送给了我，书装帧之好让我爱不释手。马西尼教授1997年在中国汉语大词典出版社所出版的《现代汉语词汇的形成》曾引起中国语言学界的关注，我相信《意大利与中国》的出版必将给他带来新的声誉，同时这本书的成功也将告慰安眠于九泉之下的意大利老汉学家白佐良的心灵。

（发表于 2002 年 11 月 27 日《中华读书报》）

欧洲早期汉学研究的奠基之作

——写在《奇异的国度：耶稣会适应政策及汉学的起源》出版之际

一

对明清间中西文化交流史的研究已经渐渐地热了起来，因为在全球化的今天，当人们追踪这段历史时很自然要集中到这一时期，只有在1500—2000年这样一个长时段的历史叙述中，全球化的一些本质才会显现出来。在中国融入世界的今天，在中国经过三十余年的发展，已经重新成为世界性强国的时刻，回顾中西初识的历程，梳理近四百年的中国思想文化史，更多的历史智慧启迪着我们今天的生活。

如果从总体上简要回顾一下近三十年来的明清中西文化交流史研究，我们会发现学术界的主要关注点还是在对"西学东渐"的研究上，对中国学术界来说，这当然是一个很重要的问题。从晚明以后，对中国的研究都已经不能仅仅固守中国本土的传统，晚明所传入的西学已经成为揭开中国近代社会发展、思想变迁的一个极为重要的方面。但学术界在对"西学东渐"研究充满热情的时候，对由来华传教士所开启的"中学西传"历史的研究要相对薄弱一些，当然近年来关于"中学西传"的研究著作和论文也有了一些，不过相比之下是无法和数量庞大的对"西学东渐"的历史研究成果相比较的。

　　特别是近年来,个别西方汉学家提出在明清之际中西文化交流史的研究中开始了一种所谓的"汉学转向",即从原来的以西方文献为主,转向以中文文献为主,转向对中国本土的研究。乍一听,这个说法似乎很有道理,一时应者如潮。其实,这个所谓"汉学转向"的说法是很值得思考的。首先,这是西方汉学家们所提出的,这是针对他们自己的学术传统而言的,相对于在西方学术界以往对明清中西文化交流史的研究以传教学为主的特点,提出应注意中国本土文献,应注意中国文人对基督教的接受和反映,这的确不失为一个重要的学术转向。但这样的说法对中国学术界来说意义不大,因为,从陈垣先生到方豪先生,中国的学者们绝大多数都是从中文文献出发的。所以,在研究中一定要区分西方汉学界和中国本土研究这两个不同的研究领域,它们有着不同的学术传统。这些年来我们翻译了不少西方汉学的著作,这对我们的学术研究是很重要的,但由于缺乏对国外汉学史的系统研究,很多人分不清这两个领域的问题意识、学术传统的不同,盲目地跟着国外汉学家跑,缺少一种学术自觉。

　　其实,从中国学术自身的发展来看,在对"西学东渐"的研究中加强对基督教传入在中国的接受和反映的关注无疑是正确的,因为,至今我们对中国基督教史的研究仍停留在较低的水平,只要同中国佛教史和道教史的研究比较一下就可以感觉到这一点。对明清以来基督教在中国传播的基本中文文献的收集与整理,对重要人物和地区的教会史的专题研究都是我们要长期努力做的事。但同时,对"西学东渐"的研究绝不能归结为"中国基督教史",因为,晚明以后西学的传入对中国社会和思想的影响是广泛的,不仅应开拓出社会史和文化史等方面的研究,就是中国基督教史本身也应纳入整个明清史的总体框架中,只有这样,才能真正对明清以来的"西学东渐"有一个较为全面的说明和研究。如果说转向中文文献的话,那些自视很高、感觉很好的个别汉学家们应该好好去读读

黄一农、汤开建先生的文章和著作,在这方面他们需要向中国学者
学习的路还很长。

对中国学者来说,在明清中西文化交流史的研究中最缺乏的
是什么呢? 是对"中学西传"的研究。因为,这里既有寻找文献的
困难,也有对研究者较高的语言能力要求,而且,"中学西传"的研
究实际上已经进入欧洲思想史研究,进入欧洲早期汉学研究的范
畴,在学科分类上这已经完全属于另一个学科。这个研究方向上
的中国学者中虽然有金国平先生这样的大家,但毕竟是凤毛麟角。
正是在这个意义上,孟德卫教授的这本书是值得我们向学术界推
荐的。

二

中国学术界对"中学西传"的研究虽然在总体上无法和"西学
东渐"的研究相比,但也着实取得了一些成绩,无论从翻译的角度
还是从研究的角度都不可和十多年前相比①。如果和中国学术界
的"中学西传"研究相比,孟德卫教授的研究有哪些值得我们关注
呢? 我感到至少以下几点对我们展开欧洲早期汉学史研究是有启
示意义的。

---

① 已经翻译的著作有:何高济等翻译的《利玛窦中国札记》,王尔敏翻译的《中
国文献西译书目》,何高济翻译的《鞑靼征服中国史》《中华大帝国史》《大中
国志》《中国新史》,赵殿红翻译的《清初耶稣会士鲁日满常熟账本及灵修笔
记研究》,耿昇翻译的《希腊拉丁作家远东古文献辑录》及《中国对法国哲学
思想形成的影响》《中国文化西传欧洲史》,郑德弟等人所翻译的《耶稣会士
中国书简集》,郭强翻译的《中国近事报道》,吴莉苇翻译的《耶稣会士傅圣
泽神甫传:索隐派思想在中国及欧洲》,余三乐翻译的《从利玛窦到汤若
望》,澳门文化杂志社翻译的《十六和十七世纪伊比利亚文学视野里的中国
景观》,钱林森等翻译的艾田蒲名著《欧洲之中国》,丛林翻译的《中国来信》,
杨保筠等人翻译的《中国近事——为了照亮我们这个时代的(转下页注)

第一，比较系统地梳理了欧洲早期汉学的学术脉络。

中国学术界对欧洲早期汉学史的研究如果从莫东寅先生的《汉学发达史》算起也已有六十多年的历史，这期间吴孟雪的《明代欧洲汉学史》是近年来比较早从总体上把握的著作，但略显简单。计翔翔的《十七世纪中期汉学著作研究：以曾德昭〈大中国志〉和安文思的〈中国新志〉为中心》是国内较早对欧洲汉学展开研究的专著，这本书对曾德昭的《大中国志》和安文思的《中国新志》个案研究在今后若干年内恐怕很难有人超越，在局部的深度上就是孟德卫教授也有所不及。但这毕竟是个案研究，不能给我们一个欧洲早期汉学的全局把握。张国刚带着他的团队所写的《明清传教士与欧洲汉学》虽然涉及面要比孟德卫教授的书广，因为书中有关于俄罗斯汉学的几章是孟德卫的书所没有的，但总的看，全书略显零散，在来华传教士与欧洲汉学之间的把握上尚未像孟德卫这样有一条逻辑的思路相连，全书各章之间的关系过于松散。吴莉苇的《当诺亚方舟遭遇伏羲神农：启蒙时代欧洲的中国上古史论争》无疑是一本值得注意的书，在问题史的研究上有重要的突破，但它并不是一本欧洲早期汉学史的著作，而只是将欧洲早期汉学史中的一个问题加以展开深入研究，是放入欧洲近代思想史的框架中研究的。吴莉苇和张国刚的《启蒙时代欧洲的中国观：一个历史的巡

（接上页注）历史》，潘琳翻译的《灵与肉：山东的天主教，1650—1785》，李岩翻译的《耶稣会士白晋的生平与著作》等；已经出版的研究著作有：计翔翔的《十七世纪中期汉学著作研究：以曾德昭〈大中国志〉和安文思的〈中国新志〉为中心》，张国刚的《从中西初识到礼仪之争——明清传教士与中西文化交流》《明清传教士与欧洲汉学》，吴莉苇的《当诺亚方舟遭遇伏羲神农：启蒙时代欧洲的中国上古史论争》，吴莉苇、张国刚的《启蒙时代欧洲的中国观：一个历史的巡礼与反思》，严建强的《十八世纪中国文化在西欧的传播及其反应》，许明龙的《黄嘉略与早期法国汉学》《欧洲十八世纪"中国热"》，张西平的《中国与欧洲早期宗教和哲学交流史》等等，由于篇幅有限，这里无法将这类著作一一列出。

礼与反思》比以往学者的研究更为系统,但侧重的是中国文化传入欧洲后的思想影响史,而不是欧洲早期汉学的学术史。张西平的《欧洲早期汉学史:中西文化交流与西方汉学的兴起》写作思路和孟德卫教授有所接近,但在对欧洲早期汉学的理解上两者略有差异。在欧洲早期汉学的历史线索把握上,孟德卫的书显得更为系统,而张西平所涉及的欧洲早期汉学的历史跨度要比孟德卫长一些。

无论如何,相对于中国学术界较为薄弱的欧洲早期汉学史研究来说,孟德卫教授的书第一次给了我们一个较为完整的欧洲早期汉学的图景。

第二,对欧洲早期汉学发生的宏观研究和具体研究进行了较好的结合。

学术的进步是在个案研究与宏观把握两个维度的交错中发展的,没有很好的个案研究,通史性的研究就很难有好的宏观把握;反之,如果没有宏观性的通论性著作,个案的研究无法贯连起来,历史的整体面貌就无法掌握。在很长时间里,学术研究较多是从宏观展开的,通论性著作出得人眼花缭乱。近年来,历史研究回到历史的现场,学术史研究的深入展开,产生了一批优秀的个案研究著作,大大推进了学术的发展。但同时,研究的细碎化开始出现,真正有宏观视野的著作反而很少见到。在全球化研究兴起的今天,对产生于初期全球化历史过程中的欧洲汉学研究,如何把握好个案研究和宏观研究两个维度,使个案研究置身于全球化的总体研究之中,将总体的研究通过个案的展开而深化,是对每一个研究者的考验。孟德卫教授最值得中国学者注意的就是在这两个维度的把握上。全书不仅仅给我们勾勒出了一个全球化初期欧洲早期汉学的发展线索,也在具体的个案研究上有深入的探讨。

例如,在对德国早期汉学家对"中文之钥"的寻找的研究上,以及在对柏应理代表的来华耶稣会士所翻译的《中国哲学家孔子》一书的研究上写得都很精彩,很多文献的使用是中国学者所不及的。

在对世界各国汉学史的研究上,我们实际面临着一个学术进展上的矛盾,没有一本较好的国别汉学史著作,很难推动对国别汉学史的研究;但没有很好的个案研究,断代史和专书、专人的研究,又很难有令人满意的国别汉学史著作。目前除严绍璗先生的日本中国学史研究和阎国栋先生的俄罗斯汉学史研究这样的通史性著作受到学术界好评外,其他类似的研究虽然对学术也有推进,但总有不尽如人意之处。问题就出在如何处理这个矛盾。孟德卫先生的著作在这方面的努力是值得中国学者关注的。

第三,更为深入地介绍了欧洲早期汉学发生的文化和思想背景。对西方汉学进行研究的难度在于:研究者必须同时熟悉中国和西方两个方面的思想文化背景,中国学者仅仅依靠自己熟悉的中国知识背景是远远不够的,西方汉学的发生、发展有着自己的文化思想背景和逻辑。从学术上讲,这门洋人所做的关于中国的学问,并不能完全归入中国学术史,它本质上是欧洲学术史的一部分,是西方东方学的一部分。因此,这对中国学者就提出了一个挑战,从事西方汉学研究的学者在知识和学术修养上必须打通中西。近年来中国学者在这方面有了长足的进步,但我在读了孟德卫教授的著作后,感到我们仍需努力。在对西方思想和文化的理解上,我们对西方学者应持一种更为谦和的态度。

在谈到这一点时孟德卫教授说:"总之,欧洲和中国在思想上首次伟大相遇的背景表明,这是一个欧洲人充满着求知欲,在精神上、学术上走向世界的时代。然而,当欧洲人开始接触异域,如中国时,却不得不以某种方式对异域文化进行阐释和消化,这些方式制造了复杂的综合和有时显得幼稚而又自相矛盾的调和。以上就

是本书的主旨。"①书中在对基歇尔《中国图说》(*China Illustrata*,
1667)的研究中,很好地揭示了基歇尔的欧洲文化背景。他认为:
"基歇尔身上赫尔墨斯思想式的那种对综合的热情也体现在他不
朽的作品《中国图说》对中国的看法上。基歇尔从源头上将一切文
化都还原成一种和谐的统一体,其中埃及文化又是最早的,因而中
国文化被视为是从埃及衍生出来的。《中国图说》收入了关于中国
的各种信息,该书之所以重要是因为基歇尔选取的材料都是一流
的。基歇尔身处耶稣会罗马学院,又是有名的耶稣会士,这使他能
够接触到从中国归来的传教士。他的书中包含了大量直接从这些
传教士手中获得的有关中国的信息。但他学术上的赫尔墨斯思想
观点以及对埃及文化的推崇,使他在这本书中加入了与在华耶稣
会士的观点有所不同的自己的阐释。传教士们景仰中国,认为中
国是理性的典范,而基歇尔则将中国贬低为一个堕落的埃及殖民
地。传教士们赞颂中国的语言文化,基歇尔则将汉字贬低为对埃
及象形文字的拙劣模仿。"②这里所讲的赫尔墨斯思想对欧洲的影
响在中国学者的研究著作中鲜有深入论述。

　　又如对欧洲早期对汉语的热情关注的分析。书中详细分析了
欧洲在 16—17 世纪对普遍语言学向往和追求的原因,从而将欧洲
早期对汉语的学习放在了一个思想史和文化史的背景下,使我们
加深了对欧洲早期汉语学习的理解。

　　书中提到,当时英国著名的哲学家培根在《学术的进步》(*Ad-
vancement of Learning*)(London,1605)一书中写道:

　　　　中国和远东各国用真正的字符来书写语言,这种字符既

①〔美〕孟德卫著,陈怡译:《奇异的国度:耶稣会适应政策及汉学的起源》,大
　象出版社,2010 年,第 26 页。
②〔美〕孟德卫著,陈怡译:《奇异的国度:耶稣会适应政策及汉学的起源》,第
　11 页。

不表示字母也不表示整个词,而是表示事物或观念;这样一
来,那些语言不通的国家和省份就可以互通文字,因为字符要
比语言更普遍地被人接受。①

培根之所以倡议发明一种新的普遍语言,是出于对现存欧洲诸语
言的不满。他在倡议中把汉语作为一个模型。虽然他只是简要地
提到了汉语,却对 17 世纪中期普遍语言方案的实施者,如达尔加
诺和威尔金斯,产生了很大影响。德国思想家莱布尼茨对中国语
言的关注也是从这个角度出发的。

本书中对欧洲文化史的介绍和研究是值得中国学术界注
意的。

三

在对 1500—1800 年中西文化交流史的研究中,从总体上来说
中国学者的优势在于中文,虽然现在欧洲的汉学家在独立地编辑
藏在欧洲的一些中文文献,但在对文献的理解上和对中国本土文
献的发掘上,中国学者大有用武之地。沿着这样的方向展开研究
是我们所应长期坚持的。

但从耶稣会士来华后,中国的历史就不仅仅存在于中文文献
中,它同时存在于西方语言的各类文献中。对晚明史和清史的研
究已经不能仅仅依靠中文文献,近年来笔者走访了一些欧洲的图
书馆和档案馆,这些地方所藏的中国明清史料的数量实在是我想
象不到的,这些材料既有传教士的报告,也有商人的记载和外交使
团的报告。任何做中国近代史研究的学者对这些外文文献的轻视
都是不对的。旅居葡萄牙的中国学者金国平先生认为:"从目前的

---

① 转引自〔美〕孟德卫著,陈怡译:《奇异的国度:耶稣会适应政策及汉学的起
  源》,第 189 页。

学术发展来看,将这些资料中所包含的丰富的一手史料引入南明
史的研究势在必行。长远而言,它将决定性地为明、南明、清史研
究开拓新的观念、视野和空间,对新清史的编写也大有裨益。鉴于
它是一种非传统史源,我们必须在史料的分类上,给予恰如其分的
地位——作为正史辅助学科,使其具有学术独立性,不局限于中外
交流史范畴而进入正史研究领域。因此,我们建议探讨是否可以
构建'西方语言中国史料学'。"①我完全赞同金国平先生的建议,
虽然自清史编撰委员会成立以来,编译组为此做了大量的工作,也
为此翻译出版了不少著作,但仍然是很少的一部分,对这些藏在西
方的关于中国历史的文献应该从长计议,作为一个国家学术事业,
培养人才,制定规划,一步一步地展开。在这方面日本学术界给我
们树立了很好的榜样,他们目前对大航海以后西方文献中日本文
献的整理和翻译是我们中国学术界完全无法相比的。

　　一代人只能做一代人的事,学术是急不得的,对基础性的外文
文献要下力气去翻译和整理,这将会从总体上推进学术的进步。
我们只要提一下金国平和吴志良近年来的澳门研究就可以看到这
一点,没有他们对葡文文献的基本整理和介绍,我们的澳门研究,
乃至中西文化交流史的研究不会取得今天这样的成果。也正是基
于这样的想法,北外海外汉学研究中心十余年来沉下心做基础性
文献的翻译和整理,对重要的西方汉学家的著作做介绍和翻译。
在这个过程中年青的一代在成长,在这个过程中我们的翻译译本
也出过这样或那样的错误,学术界的热心之人也给予了我们批评
和帮助。学术乃天下公器,只要别人批评得对,我们都一概接受,
为此,海外汉学中心不久会在自己的网站上专门开设对我们出版
物的批评专栏,欢迎学术界对这些译本展开批评,经过这样不断的

①金国平:《构建"西方语言中国史料学"之初议》,载金国平、吴志良:《过十字
　门》,澳门成人教育协会,2004年,第283页。

批评使译本更为完善。

孟德卫教授的这本书是我的研究生陈怡翻译的,她现在在上海交通大学任教,为翻译这本书已经做出了六年的努力,在这里我对她的认真和努力表示感谢。但同时,也必须说明,我们并不能保证翻译中毫无错误,只能说我们尽力了。我期待着学术界的批评和指正,以便在再版时更为完善。对汉学著作的翻译不是一件容易的事,特别是对中西文化交流史著作的翻译,对译者的要求比较高,但无论如何任何人的译本都会有不尽如人意之处。众所周知,像傅雷这样的大家我们今天都可以找出他翻译的不足,更何况这些成长中的青年学者。我这样说,倒不是为我们出版的翻译著作的不足辩护,而是说在批评的同时要给予善意的理解。

文章千古事,得失寸心知。路遥知马力,日久见人心。我想,经过若干年的努力,北外海外汉学中心的这种学术理想一定会在学术界的关怀和帮助下得以实现。

张西平

2009 年 4 月 27 日写于北京枣林路 6 号院游心书屋

定稿于 2009 年 8 月 10 日

(〔美〕孟德卫著、陈怡译《奇异的国度:耶稣会适应政策及汉学的起源》序言,大象出版社 2010 年出版;部分内容发表于《中国图书评论》2009 年第 10 期)

交错的文化史　互动的中西方

　　明清之际的中西文化交流是人类历史上少有的较为平等的文化交流,荷兰汉学家许理和说这是"中西关系史上一段最令人陶醉的时期:这是中国和文艺复兴之后的欧洲高层知识界的第一次接触和对话"①。正是在这段时间,中西文化思想开始实质性的接触。就中国来说,这是自佛教传入中国以来最大规模的一次与外部文化的交流与融合;就西方来说,这是欧洲思想文化首次在宗教、哲学思想层面与中国相遇。在这一时期,尽管中国历经乾嘉百年禁教,但天主教已经在中国扎根,西学改变了中国思想文化的进程,西学入,乾嘉汉学兴,这便是明证。这一时期,中国儒学核心经典大部分已经翻译成欧洲语言,启蒙运动的思想家们手执耶稣会士们从东方传来的火炬,燃起了一场大的思想革命,欧洲走出了中世纪的城堡。

　　这是一个交错的文化史,双方的历史文化和思想都已经不能在原有的框架中加以解释,你中有我,我中有你。中国在世界之中,世界在中国之中。

　　也就是在这个意义上,将明清之际的中西文化交流史研究仅仅作为西学东渐去做,甚至仅仅将其压缩为中国天主教史研究都

---

① 〔荷〕许理和,辛岩译:《十七—十八世纪耶稣会研究》,载任继愈主编:《国际汉学》第 4 辑,大象出版社,1999 年,第 429 页。

是值得反思的。同样,如果离开了对耶稣会等传教修会在华传教活动的探讨,如果不熟悉传教士们的汉文写作及其西文翻译,也很难把欧洲启蒙运动与中国文化的关系说清楚。

我在《罗明坚:西方汉学的奠基人》一文中提出西方汉学发展大体经历了"游记汉学""传教士汉学"和"专业汉学"三个阶段。西方汉学形成与发展的重要一环是传教士汉学,这是它的基础。就中西文化交流史而言,在一定意义上讲"传教士汉学"与"中国基督教历史"是一体两面的事情,二者很难分得开,如果有所区别,只是研究的角度有所不同而已。在"传教士汉学——中国基督宗教史"这个中西文化交流史主干的两端便是:中国近代思想文化史和欧洲近代文化思想史。明清中西文化交流史是一个在世界范围展开的宏大的文化互动、互鉴的历史运动,其规模之大、文献之多、思想之复杂在中外文化交流史上绝无仅有。我们只有从两端同时把握,才能察其全貌,悟其精华。从我进入这个研究领域后的第一本著作《中国与欧洲早期宗教和哲学交流史》到中华书局出版的《欧洲早期汉学史:中西文化交流与西方汉学的兴起》一书,我都是沿着这样的思路去展开研究的。

这次,我之所以把这本书定名为《交错的文化史——早期传教士汉学研究史稿》,是因为大多数研究者都是从中国基督宗教史或者中国近代史角度研究这段历史的,毫无疑问,从这样的角度展开是正确的,而且是十分重要的。但来华耶稣会士们在中国活动的历史同时也是传教士汉学展开的历史。他们用中文所书写的"西学汉籍",既是中国近代宗教史、文化史的重要文献,同时也是西方汉学史的基础性文献;反之亦然,来华传教士们用西文所写作的著作、信件、报告等,所翻译的中国典籍等,既是西方汉学的基础性文献,也是中国明清史、中国基督宗教史的重要历史文献。这样我们才能理解何为"交错的文化史"。由此,本书的逻辑安排和实际历史发展进程是一致的,从西人来到东方,占领满剌加(今马六甲)开始,到最终 1814 年法国设置首个专业汉学教席,一个历史过程结束。所以,历史与逻辑的统一是本书基本构架原则。

这样,在本书中我集中研究传教士的汉文写作及其在中国及东亚的传教活动,对于他们西文写作及影响,虽然也略有涉及,但不是主干。对于来华传教士以西文文献为主的"中学西传"研究,可以参看我的另一部著作①。在这个意义上,这本书也可以称为"明清之际天主教史研究"。虽然我的写作对象已经基本放到了中文文献上,但却是采用的西方汉学史的研究视角,希望通过这些文章,既能推进中国天主教史的研究,又能从这个研究中展示出传教士汉学的内容和特点,并最终揭示出传教士汉学的发展与西方专业汉学兴起之间微妙多重的复杂历史联系。

（笔者《交错的文化史——早期传教士汉学研究史稿》序言,学苑出版社 2017 年出版）

---

① 张西平:《儒学西传欧洲研究导论:16—18 世纪中学西传的轨迹与影响》,北京大学出版社,2016 年。

中西文化的伟大相遇

　　这本书是我在 2000 年时申请教育部的人文社科基金项目的成果,一晃八年多过去了。本来在 2005 年就可以结项,但总想把新的材料放进去,这样就拖了下来。后来我发现自己是不可能在这样一本书中将欧洲早期汉学史全部写出来,到欧洲各个国家的图书馆跑得越多,就越加深我这样的认识。学术是一个不断渐进的过程,总是一代人接着一代人来做的,只要在这里为后人提供了一个超越自己前进的阶梯,我也就心满意足了。这正是江山代有才人出,各领风骚数百年。

　　书写完时看到了美国学者孟德卫的(David E. Mungello)的《1500—1800 中西方的伟大相遇》(*The Great Encounter of China and the West* 1500—1800)中文版出版,这是本好书。近三十年来,孟德卫教授是这个研究领域最有影响的学者之一,他的《奇异的国度:耶稣会适应政策及汉学的起源》(*Curious Land*: *Jesuit Accommodation and the Origns of Sinology*)不久也会问世。孟德卫教授的研究和西方另一些人的不同之处在于他对来华耶稣会士的研究是放在中西文化互动中把握的,而不是将其仅仅归于一种中国天主教史的研究。这样一个视角实际上是对长期以来在这个研究领域中以天主教为中心的研究模式的纠正,无论是以传教士为中心,还是转向以中国教徒和文人为中心,都是以天主教在中国的传播和接受为研究重点,其实质在于中国对于基督教的接受和反应。这样的研究无疑是重要的,特别是对于中国天主教史以及中国近代文化和思想变迁研究。但这样的研究如果放在1500—1800年的中西文化交流史来看只是一个方面,这段历史还有另一面,这就是中国文化在欧洲的传播。只有将明末清初的"西学东渐"和"中学西传"作为一个整体,将明末清初的"中国天主教史"和"欧洲早期汉学史"放在一个框架中加以研究,这一时期的历史本质才会呈现出来。同时这两个方面是相互影响的,也只有这样联系起来研究才能将"西学东渐"和"中学西传"的历史厘清。直到今天不少中国学者并不清楚1500—1800年间的中西文化交流的特点,当孟德卫教授以中国和西方的伟大相遇为题目时,他们觉得这是不可能的,中国当时有那么强大吗?以晚清推晚明是许多人的思维模式,晚清的悲情使他们走不出19世纪的思维。这不仅表现在他们知识上的贫乏,而且也表现在思想上的幼稚。

　　当然,当我们这样将整个中西文化的交流历史放入我们的研究视角时,并不是陶醉在17—18世纪欧洲对中国的赞扬之中,也丝毫不会停止我们对自己文化的反思。在中国和西方的互视中,不仅西方人在对待中国的态度上是典型的变色龙,中国人对待西方的态度上也是变色龙。中国和西方的相遇不仅改变了中国也改变了西方,正是在这种文化间的互动中,整个世界的面貌发生了变化。只有从双方观念的这种历史变迁中,在一个更长段的历史过程中,我们才能发现历史的真相,尤其在全球化的今天。

　　互动的交流,相互的影响,共同的创造,这是16—18世纪中西文化交流史的根本性特点。这样,我们把传教士在中国的整个活动和写作都纳入了欧洲早期汉学的历史,反过来,我们也同时将欧洲文化的变化纳入了中国文化变迁的视野中。这是一个中国和西方相互交错和相互重叠的历史,一旦我们将中国明清之际的中国天主教史和欧洲早期汉学的发生放在一个历史的平台,许多问题就会有新的看法,相互断裂的历史开始连接起来,全球化初期的复杂局面开始呈现出来。

对于欧洲早期汉学的兴起,对于欧洲在 17—18 世纪的中国观的认识,不少人采用了后殖民主义的观点,萨义德(Edward Waefie Said)的《东方学》成为不少学者研究时立论的根据。关于这点我在一篇文章表达了自己的看法。我认为:"域外汉学并非像萨义德所说的完全是一种'集体的想象',也并非是在本国文化和意识形态的完全影响下,它成为一种毫不可信的语言技巧,一种没有任何客观性的知识。就西方的汉学(中国学)而言,从 16 世纪以后,他们对中国的知识获得了大踏步的进展,'游记汉学'与'传教士汉学'的重大区别就在于,后者已经开始长期地生活在中国,并开始一种依据基本文献的真实的研究,它不再是一种浮光掠影式的记载,一种走马观花的研究,传教士汉学绝不是传教士们随意拼凑给西方人的一幅浪漫的图画,他们对中国实际认识的进展,对中国典籍的娴熟和在翻译上的用功之勤,就是今天的汉学家也很难和其相比。特别是到'专业汉学'时期,汉学家在知识论上的进展是突飞猛进的,我们只要提一下法国的著名汉学家伯希和就够了。……在这个意义上萨义德在其《东方学》中的一些观点并不是正确的……他认为,东方学的失败既是学术的失败,也是人类的失败。萨义德的观点显然不符合西方汉学的实际情况,作为西方知识体系一部分的东方学,它在知识的内容上肯定是推动了人类对东方的认识的,从汉学来看,这是个常识。"①

我在这本书采取的是这样的方法,从"认识"和"想象"两个角度,从互动与交流的视野,梳理欧洲早期关于中国知识和形象的形成。既注意欧洲文化对早期汉学知识的影响,又考察关于中国的真实知识是如何传播到欧洲的,研究"知识"与"想象"的互动。同

---

① 张西平编:《他乡有夫子:汉学研究导论》编者序,外语教学与研究出版社,2005 年,第 8 页。

时,在考察中国时,将西方放进来,在考察西方时,把中国放进来。把传教士在中国的活动作为欧洲早期汉学史来把握,把"西学东渐"和"中学西传"放在一个历史的平台上研究。必须承认,面对这样的题目,本书的写作仅仅是一个开始,仅仅是一个纲要,无论在研究的广度还是深度上都远远不够。从我自己的本意来说,不喜欢宏大的叙事,尤其是对 16—18 世纪的中西文化交流史研究,因为材料太多没有掌握,细节太多是不知道的,个案太多是没有深入研究的。但这次,我还是写了一本宏大叙事的书。为了不违自己的心愿,我尽力在每个细节上深入一些。如果这本书能为后来的年轻人的前进做个铺路石,我也就心满意足了。

几年来为写作此书,每年都到欧洲访书,在台湾、香港和澳门访学,正是在一些朋友的帮助下,我才有机会查阅到一些材料。这些朋友是意大利罗马大学的马西尼(Federico Masini)教授、拿波里的樊蒂卡(Michele Fatica)教授、梁作禄(Angelo S. Lazzarotto)神父,法国的巴斯蒂(Marianne BASTID-BRUGUIÈRE)教授、沙百里(Jean Charbonnier)神父,英国伦敦大学亚非学院的傅熊(Bernhard Fuehrer)教授,德国的施寒微(Helwig Schmidt-Glintzer)教授、马雷凯(Roman Malek)教授、顾彬(Wolfgang Kubin)教授、弥维礼(Wilhelm K. Müeller)教授、郎宓榭(Michael Lackner)教授、李文潮教授、KAAD 基金会的汉杰克(Heinrich Geiger)博士、麦耶(Johannaes Meier)教授,比利时的韩德利(Jeroom Heyndrickx)神父,波兰的爱德华(Kajdański)教授,美国的魏若望(John W. Witek, S J.)教授、孟德卫(David E. Mungello)教授,葡萄牙的萨安东(António Vasconcelos de Saldanha)教授、金国平教授,台湾的黄俊杰教授、康士杰教授、古伟瀛教授、黄一农教授、李奭学教授,香港中文大学的吴梓民教授、温伟耀教授、卢龙光牧师,香港大学的冯锦荣教授、彭仁贤(Anthony W. Ferguson)馆长、尹耀全副馆长,香港城市大学的张隆溪教授,澳门基金会的吴志良博士,澳门理工学院的李向玉院长,社会科学院历史所的耿昇研究员、万明研究员、吴伯娅研究员,世界宗教所的卓新平所长、王建研究员,好友孙波,北京大学的严绍璗教授、孟华教授、荣新江教授,清华大学的李学勤先生、张国刚教授,中国人民大学清史所的戴逸先生、黄爱平教授、黄兴涛教授,中国艺术研究院的任大援研究员,北京行政学院的余三乐教授、侯且岸教授,中国科学院自然科学史研究所的汪前进研究员、张柏春研究员、王杨宗研究员,复旦大学的李天纲教授,福建师大的林金水教授,暨南大学的汤开建教授,华中师大的章开沅先生,中山大学的吴义雄教授。对于他们的帮助和支持,我表示衷心的感谢。在这里我要特别感谢荷兰汉学家库佩斯(Jac Kuepers)对全书的外文部分做了校对,感谢我的学生骆洁同意将我们共同的研究成果收入本书之中,感谢我的学生杨慧玲、李真、杨紫烟、杨莉、戴月等人在我的书稿写作和出版中付出的劳动和心血。

同时我也感谢北京外国语大学,感谢海外汉学研究中心的同仁们,这样一个充满学术氛围的团队和环境,使我一心投入到学术研究中。当然,这本书的出版要特别感谢中华书局的李晨光先生,没有他的努力,书不会如期出版。

去年初秋在梵蒂冈档案馆查阅文献,午间小歇,坐在梵蒂冈档案馆的院内草坪上仰望罗马的蓝天,信手写下一首小诗,诗虽短,但反映了这几年访书的生活,抄下作为后记的结语:

无　题

云舒天淡雁飞忙,

斜阳古城凉。

踩风踏浪又重阳,

罗马似故乡。

石道弯,断壁长,
残卷墨飘香。
欲将沉醉化悲凉,
秋风翻书忙。

张西平写于北京游心书屋
2007 年 5 月 30 日初稿
2008 年 3 月 31 日定稿

（笔者《欧洲早期汉学史:中西文化交流与西方汉学的兴起》后记,中华书局 2009 年出版）

西文之中国文献学初议

一

做中国学问,文献学是其基础。"文献学"一词源于1920年梁启超在《清代学术概论》中所说的"全祖望亦私淑宗羲,言'文献学'者宗焉"①。他又在《中国近三百年学术史》中说:"明清之交各大师,大率都重视史学——或广义的史学,即文献学。"②当代文献学大家张舜徽先生在谈到中国文献学时,总结历史,阐明近义,对中国文献学做了很好的表述,他说:"我国古代,无所谓文献学,而有从事于研究、整理历史文献的学者,在过去称之为校雠学家。所以,校雠学无异成了文献学的别名。凡是有关整理、编纂、注释古典文献的工作,都由校雠学家担负了起来。假若没有历代校雠学家们的辛勤劳动,尽管文献资料堆积成山,学者们也是无法去阅读、去探索的。我们今天,自然要很好地继承过去校雠学家们的方法和经验,对那些保存下来了的和已经发现了的图书、资料(包括甲骨、金石、竹简、帛书),进行整理、编纂、注释工作,使杂乱的资料条理化、系统化;古奥的文字通俗化、明朗化。并且进一步去粗取

①梁启超:《清代学术概论》,上海古籍出版社,1998年,第18页。
②梁启超:《中国近三百年学术史》,东方出版社,2004年,第97页。

精,去伪存真,条别源流,甄论得失,替研究工作者们提供方便,节
省时间,在研究、整理历史文献方面,作出有益的贡献,这是文献学
的基本要求和任务。"①

　　张舜徽先生所讲的中国文献学的范围是中文文献。但至晚明
以后,中国的历史已经纳入全球史之中,晚清之后,更是被拖入以
西方世界为主导的世界历史之中。这样,来华的传教士、做生意的
西方各国东印度公司、驻华的外交官和汉学家留下了大批研究中
国的历史文献,翻译了大批关于中国古代的历史典籍。由此,中国
文化开始以西方语言的形态进入西方文化之中,关于中国近代历
史的记载也再不仅仅是中文文献。我们将其称为"中学西书"。很
自然,这批"中学西书"是西方中国研究中的一个重要组成部分,是
治西方汉学之基础。但对中国学术来说,这些"中学西书"也构成
了研究中国近代历史的重要文献。

　　根据张舜徽的理解,我们可以说,在西方汉学的历史中也同样
存在一个西方汉学文献学的研究领域,西方汉学文献学作为一个
西方汉学研究的基础研究领域是完全存在的。进一步扩展来讲就
是"西方语言的中国文献学",简称之"中学西书"。金国平建议建
立"西方语言中国史料学",他认为:"只要充分地利用在华传教士
留下的这批宝贵历史遗产,比勘汉语史乘,从新的视角对已知史料
进行新的诠释,披沙觅金,某些较具有争议的重大历史事件真相的
发潜彰幽不无可能。"②

　　从全球史研究的新进展来看,如果打破欧洲中心主义的世界
史写作,就必须将地域史的研究纳入全球史研究的总体框架之中,
这个进程不是东方被动地适应西方,而是一个互动的过程。迄今
为止的世界史写作大都建立在单一地域史的写作基础上,对于文

①张舜徽:《中国文献学》,上海古籍出版社,2009年,第3页。
②金国平:《构建"西方语言中国史料学"之初议》,载金国平、吴志良《过十字
门》,澳门成人教育协会,2004年。

化与文明之间的互动关注不够。如果从全球史的角度构建中国历史，中西之间的互动就成为关键，由此，传教史和贸易史就成为必须研究之方面。从东西互动的角度来构建中国史，就必须将"西学东渐"和"中学西传"作为一个整体来把握，中国近代历史就不仅仅是一个西化的历史，同时也是西方不断吸收东方文化，从而促进西方变化的历史，由此，西方汉学史的研究就不再仅仅属于西方东方学，它同时也是中国近代历史的一部分。中国近代历史的研究也不再仅仅局限于中文文献，这些"中学西书"就同样成为记载中国近代历史不可或缺的基本文献。如果确立这样的史观，西方语言的中国文献整理就成为基础性的工作，在这个意义上，"西方语言中国史料学"或者"中学西书"的梳理与整理就成为学术界的基础性工作。"西方语言中国文献学"或者"中学西书"包括：凡是由西方文字出版的关于中国的书籍，藏于西方档案馆尚未出版的关于中国的档案、手稿、资料。

二

中国文献学作为一门学问包括目录、版本、校勘。同样西方语言中国文献学大体也包括这几个方面，不过呈现出不同的特点。

清代著名学者王鸣盛说："凡读书，最切要者，目录之学。目录明，方可读书。不明，终是乱读。""目录之学，学中第一紧要事，必从此问途，方能得其门而入。"[①]

治西方语言中国文献学亦是如此，西方关于中国的历史记载已经有几百年历史，关于中国的研究著作、中国游记同样浩如烟海，如果不从目录入手完全不知从何读书。考狄（Henri Cordier，1849—1924）书目（*Bibliotheca Sinica*）、袁同礼书目（《西文汉学书

---

① 王鸣盛：《十七史商榷》卷七、卷一。

目》)是目前最基础的书目,各类专业书目也有多种,只有对这些书目都烂熟于心,方可摸到西方汉学发展之脉络。

版本学是文献学之基础之一,它主要研究各种中文版本的源流,比较其优劣,鉴别其真伪。

西方的中国研究同样存在版本学的问题,16 至 18 世纪关于中国的知识剽窃流行,海员的记载、传教士的著作在欧洲相互转抄、翻译出版,一部重要的著作很快就有各种语言的翻译。从 16 到 19 世纪,随着欧洲各国实力的变迁,关于中国记载的语言也在不断变化。因为,在 19 世纪前中国典籍的翻译以传教士为主,传教士的这些中国典籍的译本在欧洲呈现出非常复杂的情况。17 世纪时传教士的一些译本是拉丁文的,例如柏应理和一些耶稣会士联合翻译的《中国哲学家孔子》(*Confucius Sinarum Philosophus*),这里包括了《论语》《大学》《中庸》,这本书的影响很大,很快就有了各种欧洲语言的译本,有些是节译,有些是改译,如果我们没有西方汉学文献学的知识,就搞不清这些译本之间的关系。

18 世纪时欧洲的流行语言是法语,会法语是上流社会的标志。恰好此时来华的传教士由意大利籍为主已经转变为法国耶稣会士为主。这些法国来华的传教士学问基础好,对中国典籍翻译极为勤奋。法国传教士的汉学著作中包含了大量的对中国古代文化典籍的介绍和翻译,例如来华耶稣会士李明(L. Le Comte)返回法国后所写的《中国近事报道》(*Nouveaux mémoires sur l'état présent de la Chine* 1687–1692),1696 年在巴黎出版,他在书中介绍了中国古代重要的典籍《五经》,同时介绍了孔子的生平。该书所介绍的孔子生平在当时欧洲出版的来华耶稣会士的汉学著作中最为详细,因此出版后四年内竟然重版五次,并开始有多种译本。如果我们对法文本和其他文本之间的关系不了解,就很难做好翻译研究。

19 世纪后英语逐步取得霸主地位,英文版的中国典籍著作逐渐增加,版本之间的关系也更为复杂。美国诗人庞德(Ezra Pound)

在翻译《论语》时既看过早年由英国汉学家柯大伟(David Collie)翻译的第一本英文版《四书》,也参考过理雅各的译本,如果只是从理雅各的译本来研究庞德的翻译肯定不全面。

因此,认真比较西方出版的关于中国的书籍的各种版本以及各种版本之间的关系,是做好西方汉学之必须,也是做好西方语言中国文献学之基础。

张舜徽认为:"校勘学是研究总结校勘工作的一般性方法和规律的专门学问","在雕版印刷术没有发明以前,书籍都由手写。在抄写过程中,有时不小心在字体上加了一笔或者减了一笔,便变成了另一个字,直接改换了文句的原意,影响到内容的真实,甚至牵涉到古代制度的认识、说明和处理,以致引起许多混乱。"①这是指由稿本转写和抄写而导致的问题需要校勘。"至于古书在长期写、刻的过程中,有时无意识地掉了一个字,或者添了一个字;由于一个字的不同,便直接影响到内容的真相,带来许多不必要的争论和纠纷。对于做研究工作的人来说,关系尤大。"②这就提出了中国文献学中校勘的重要性。

这在西方语言的中国文献学中,是同样存在的,只是在形态上有所不同。目前西方国家的档案馆中收藏着大量关于中国的手写档案,例如《耶稣会在亚洲》(*Jesuítas na Ásia*)档案文献原藏于葡萄牙的阿儒达图书馆(Biblioteca da Ajuda),它是 1549 年沙勿略(San Francisco Javier)到达日本后西方传教士在远东传教活动的真实原始记录。全部档案共 61 卷,均为手抄本,计三万页。文献是以拉丁文、葡萄牙文、西班牙文、意大利文及法文写成。这批文献最早是由葡萄牙耶稣会神父若瑟·门丹哈(José Montanda)和若奥·阿尔瓦雷斯(João Álvares)修士等于 1742—1748 年对保存在澳门的

---

① 张舜徽:《中国文献学》,第 71—72 页。
② 张舜徽:《中国文献学》,第 75 页。

日本教省档案室的各个教区资料整理而成。在这些教区中包括中国的副省北京、广州、南京以及交趾支那、老挝、柬埔寨等地。这批档案是研究中国清代天主教史、明清中西文化交流史及清代社会史的最重要的一手文献,包括向耶稣会总会的年度报告表,教区内的通信,发生在康熙年间的"礼仪之争"中伦理学和神学的争论,宗座代牧与罗马传信部争论的报道,耶稣会殉道者列传,澳门地区、日本和中国教区的主教和各省会长记载,航行于澳门和日本之间的黑船所载运货的货物表,澳门及各省会修会的财产清单,传教士之间的通信等。这些文献为我们提供了清前中期的许多重要情况,都是中文文献所没有记载的。

　　类似这样的档案文献在西方还有很多,对于欧美所收藏的关于中国的外文文献,至今无论是欧美学术界还是中国学术界均无一个基本的书目介绍。这批文献的基本特点是以手稿为主,基本内容是原始的传教报告、贸易报告、外交档案等。

　　如果使用这批文献就有一个对文献的校勘问题。西文文献的校勘有着悠久的传统,1933年胡适在为陈垣先生的《元典章校补释例》一书所写的序中对中西校勘学做了比较,他说:"西洋印书术起于十五世纪,比中国晚了六七百年,所以西洋古书的古写本保存的多,有古本可供校勘,是一长。欧洲名著往往译成各国文字,古译本也可供校勘,是二长。欧洲很早就有大学和图书馆,古本的保存比较容易,校书的人借用古本也比较容易,所以校勘之学比较普及,只算是治学的人一种不可少的工具,而不成为一二杰出的人的专门事业,这是三长。在中国则刻印书流行以后,写本多被抛弃了;四方邻国偶有古本的流传,而无古书的古译本;大学与公家藏书又都不发达,私家学者收藏有限,故工具不够用,所以一千多年来,够得上科学的校勘学者,不过两三人而已。"①

────────────

①胡适:《胡适文集》(5),北京大学出版社,1998年,第112页。

对于西方语言的中国文献来说,在校勘上更有中西之共同特点,也是一个专门之学问。我们要学习西方校勘学的经验①,但这批文献又有其自身的特点,需要我们特别注意。

一是这批文献数量之大令人惊讶,超出一般学者之想象。英国东印度公司关于中国的手稿文献、荷兰东印度公司关于中国的手稿文献、梵蒂冈传信部关于中国的手稿文献等等,这些文献加起来可以绕地球几圈。至今我国学术界对这批手稿文献没有一个基本的把握。

二是这批关于中国的西文手稿辨读困难。由于这些手稿文献大都是16至19世纪的欧洲各类语言的手稿,辨读十分困难。即便在西方,能辨读这些手稿也需要专门的训练。外语能力、历史知识、西方校勘学的训练都需要具备。目前,能辨认这些手写稿的中国学者不多,因此转写就是第一难事。笔者在国外看到这些手写稿时,如果转写只能求教于国外学者。

三是这些文献内容的核对困难。尽管是西方语言的文献,但其内容是关于中国的。如上文所说的《耶稣会在亚洲》文献,其中相当多的文献内容是对中国各地传教的记载。这样即便是一般的西方汉学家,如果不是专业的研究者,即便将这些内容转写成现代西方语言,对他们来说也是陌生的,如果核对其中的内容更是要有专业的知识,尤其是涉及中国古代的地名、人名,正确理解极为困难。因为记载这些文献的西方人当时并未有统一的拼读中国文字的法则,加之他们又生活在中国各地,方言、口音夹杂其中,使人完全不知所云。即便后来威妥玛(Thomas Wade)汉语拼音系统出现后,也减轻不了多少核对的难度。

四是翻译更为复杂和困难。来华的传教士的报告、外交官的报告、东印度公司的报告大都是他们内部文件,其内容涉及中西之

---

① 苏杰编译:《西方校勘学论著选》,上海人民出版社,2009年。

间四百多年的历史,时间跨度大,内容繁杂,不了解历史背景,很难把握。他们对中国文化经典的翻译,也有着自己的文化立场。缺少了跨文化的视角,随之产生的"误译"和"误读"实为正常。

三

在笔者看来,西方语言之中国文献的研究整理比中国文献学和西方自身文献研究整理还要困难。

中国文献学的目的是为"辨章学术,考镜源流",对学术之发展有一个宏观的了解和把握;西方语言之中国文献学亦是如此。尤其在从事中国古代文化经典在西方的翻译和传播研究时,一定要从文献学入手,从目录学入手,这样才能保证我们在翻译研究上对版本之间的复杂关系有一个清楚的了解,为研究打下坚实的基础。

另一方面,国家目前对汉籍外译投入了大量的费用,国内学术界也有相当一批学者在从事这项事业。但我们在开始这项工作时应该摸清西方汉学界已经做了哪些工作,哪些译本是受到欢迎的,哪些译本问题较大,哪些译本是节译,哪些译本是全译。只有清楚了这些以后,我们才能确定新的翻译政策。显然,目前我们在西方汉学的文献学上做得不够理想,对西方汉学界近四百年来对中国古代文化经典的翻译情况了解不清,造成国内现在确立的一些翻译计划是重复的,这在学术上是一种浪费。即便国内学术界进行重译,也需要在前人的基础上展开。

因此,建立西方语言的中国文献学,或简而称之"中学西书文献学",是展开西方汉学研究之基础,是做好中国典籍外译和流播研究之基础,也是在全球范围内展开中国历史文化研究,将中国史放入全球史中加以研究的基础性工作。这里从文献学上对做好西方语言书写的中国文献研究的方法提出一个初步的设想,以期引起学术界之重视,开启西方语言之中国文献研究和整理的大门,将其纳入中国学术发展的基础性工作。只有将这批西方语言的中国文献彻底掌握，我们才能真正写出全球史背景下的中国近代历史文化之研究著作，才能揭示出中国文化在西方的影响，才能在全球史的背景下说明中国文化之意义。

北外国际中国文化研究院（原海外汉学研究中心）长期以来致力于西方汉学基础文献的翻译和整理，我们已先后出版了《马礼逊文集》《中国丛报》《卫三畏文集》等，这次与中华书局合作出版这套《西方汉学文献丛刊》，以期进一步推动这项工作。这次首先出版考狄的《西人论中国书目》后，我们还将陆续推出《通报目录》《华裔学志目录》等系列西方汉学基础文献。希望得到学界支持，使这套文献惠及学林。

（考狄编《西人论中国书目》序言，中华书局 2017 年出版；部分内容发表于《文献》2012 年第 2 期）

跨文化视阈中的德国汉学

在中国人文学术的研究范式急剧变化的今天，海外汉学无疑成为学术界进行创造性转换的一个重要参照系。书肆里卖得风风火火的各类中国学和汉学①的翻译书籍就证明了这一点。但我们看到对域外汉学著作的翻译和研究主要集中在美国、法国和日本等几个国家，关于德国汉学的译著很少看到。在这个意义上，由我们北京外国语大学海外汉学研究中心组织、大象出版社出版的这部《德国汉学：历史、发展、人物与视角》就显得格外有意义，它使国内的读者看到了德国汉学家们的第一次集体亮相②。这本书最显著的特点就是给我们展现了一幅德国汉学的全景图，使我们对德国汉学第一次有了一个整体的把握。

一般人都认为德国汉学起源于1909年在汉堡大学所设的殖民地研究所，福兰格（Otto Franke, 1862—1946）被认为是德国第一个汉学家。实际上这个结论忽视了三个重要事实：其一，1879年由贾柏莲③（Hans Conon Georg von der Gabelentz, 1840—1893）执掌莱比锡大学东方语言学教席，在东方语言的旗帜下，他拉开了德国汉

---

①这里我将汉学和中国学统一使用，尽管在不同的国家这两个术语有着不同的内涵。
②张国刚先生的《德国汉学》一书将作为中国海外汉学研究史的一个重要环节载入学术记忆之中。
③国内学术界又译为"甲柏连孜"。

学的序幕。1881 年他所著的《汉文经纬》(*Grammatik der Chines-sichen Schriftsprache*)是德国历史上第一部关于中文语法的著作,当代瑞典汉学家马悦然(Göran Malqvist)认为,这部著作"至今依然被视为对古代汉语语法最全面可靠的描述"①。1897 年孔好古(August Conrady,1864—1925)被任命为贾柏连的继承人,莱比锡学派开始形成了自己的特点,只要提到当下中国学术界众人皆知的瑞典汉学的奠基人高本汉(Bernhard Karlgren,1889—1978)出自他的门下,就可看出孔好古承上启下的重要作用②。

1887 年在柏林成立的东方语言学院(Seminar für Orientalische Sprachen—SOS)"是德国第一个坚贞不渝地献身介绍非欧洲语言和相应国国情的学术机构"③。它是为了适应德国的东方政策而成立的,进一步推动了德国专业汉学的诞生。正如许翰为(Hans-Wilm Schütte)所说:"在第一次世界大战以前,许多德国汉学家的名字都是与东方语言学院联系在一起的:阿恩德(Karl Arendt)、弗里德里希·威廉·卡尔·穆勒(Friedrich Wilhelm Karl Müller)和佛尔克(Alfred Forke)都在该学院任过中文教师。"④而以后大名鼎鼎的库恩(Franz Kuhn)、福兰格、海尼士(Erich Haenisch)也是那时十分活跃的学生。这是其二。

其三,1902 年德国在中国境内开始的吐鲁番探险则直接催生了德国专业汉学,李希霍芬(Ferdinand Paul Wilhelm Richthofen,1833—1905)成了家喻户晓的人物,而从中国和中亚地区运

---

① 贾柏连其他的汉学著作还有:《汉语语法论集:广西方言》《论汉语语法史和汉语语法学》《论古汉语的比较状语》《庄子的语言》《满洲语语法基础知识》《孔子和中国文化》等。关于贾柏连的《汉文经纬》参阅北京外国语大学王艳的硕士论文:《甲柏连孜〈汉文经纬〉论略》抽样本。
② 关于莱比锡学派,君特·列文(Günter Lewin)在《叶乃度和莱比锡汉学》一文中做了详细的介绍,请参阅〔德〕马汉茂、汉雅娜、〔中〕张西平、李雪涛编:《德国汉学:历史、发展、人物与视角》,大象出版社,2005 年,第 424—454 页。
③ 同上书,第 5 页。
④ 同上书,第 5 页。

回柏林的文物则使学术界认识到他们对东方知识的认识还远远不够，这样对吐鲁番的研究"把汉学和东方学联系到了一起，并因此在德国首次被公认为一门学科"①。

　　本书最令人感兴趣的是汉学家们告诉了我们一些过去鲜为人知的德国汉学发展史上的事情，如在二战时期德国纳粹和汉学家们的关系。在中国学术界颇为有名的中德学会实际上当时是直接受到德国驻华使馆控制的，汉学家福华德（Walter Fuchs，1902—1979）②、罗越（Max Loehr，1903—1988）也都是纳粹党的成员，而卫礼贤（Richard Wilhelm，1873—1930）的儿子卫德明（Hellmut Wilhelm，1905—1990）则因太太是犹太人而辞去了中德学会会长的职务。中德学会主要从事学术交流工作，但它绝不是一个纯粹的学术机构，正像托马斯·詹森（Thomas Jansen）所说"仅从学会的半官方性质和财政上对德国政府的依赖，我们就不能期待中德学会能对纳粹主义采取一种中立甚或绝对公然拒绝的态度"③。例如，在学会里汉学家们经常放映德国纳粹的电影，在 1936 年还放映了宣传纳粹党第六届帝国党代会的《意志的胜利》，所以，有人就认为"毫无疑问，学会还起到了第三帝国宣传员的作用"④。这倒不是说中德学会没有做学术工作，他们做了大量的学术工作，翻译了大量的学术著作。但以往中国学者不知道在他们学术背后的东西，本书则给我们展现出了中德学会的另一面，使我们看到二战时期在中国的德国汉学家们的复杂而又真实的情况。

　　这场战争不仅使德国要在废墟上重建，而且也给德国汉学造

①〔德〕马汉茂、汉雅娜、〔中〕张西平、李雪涛编：《德国汉学：历史、发展、人物与视角》，第 6 页。
②著名的满文学家，以研究康熙年间传教士的《皇舆全览图》而著名。
③〔德〕马汉茂、汉雅娜、〔中〕张西平、李雪涛编：《德国汉学：历史、发展、人物与视角》，第 183 页。
④同上书，第 184 页。

成了重大的损失,大批反对纳粹的汉学家迁移到了国外,目的地主要是美国。在一定的意义上美国战后汉学的发展得益于这些从欧洲来的汉学家,特别是德国的汉学家。如曾给胡适在美国当过老师的著名中西交通史专家夏德(Friedrich Hirth,1845—1927)和以研究中国哲学、思想史而著称的卫德明。这点正如老汉学家傅吾康所说:"1933 年后的政治事件使德国汉学遭受了极其严重的损失。损失的一部分已无可弥补。纳粹政权将大批学者驱逐出境——在这里,我们只需提及西门华德(Walter Simon)、科恩(William Cohn)、白乐日(Stefan Balázs)、霍古达(Gustav Haloun)、申德勒(Bruno Schindler)和艾伯华(Wolfram Eberhard)作为他们的代表。接着军事行动摧毁了一系列的重要图书馆,柏林、莱比锡与哥廷根的研究生班和法兰克福的中国学会(China-Institut)。"①柯马丁(Martin Kern)的《德国汉学家在 1933—1945 年的迁移——重提一段被人遗忘的历史》一文使我们在世界整体范围内来看待西方的汉学发展,并对美国当代汉学(中国学)的兴起有了新的认识。

对中国学术界来说,这本书也给我们提供了许多鲜为人知的德国汉学家与中国学术、与中国近代社会关系的史料,从中使我们感受到近代中国学术变迁与汉学之间的互动关系。这一点是我们在做国外汉学史时所必须要注意的一个侧面。

这方面最值得关注的无疑是卫礼贤,他直接参与了山东的"高密教案",在青岛他成立了"尊孔文社",并在那里结识了清朝的遗老遗少,如恭亲王溥伟、军机大臣徐世昌、东三省总督赵尔巽、陕甘总督升允、两江总督周馥、学部副大臣兼京师大学堂总监督劳乃宣、刘廷琛等,特别是和劳乃宣关系甚密,正是基于劳乃宣的帮助,卫礼贤才完

---

① 〔德〕马汉茂、汉雅娜、〔中〕张西平、李雪涛编:《德国汉学:历史、发展、人物与视角》,第 224 页。

成了他最有名的汉学译著《易经》。在北京期间他通过蔡元培结识了辜鸿铭、康有为、梁启超、胡适、王国维、罗振玉和沈兼士等人,他们之间的友谊一直保持了很长时间,直到他返回德国后同这些中国文人们仍保持着密切的关系。1925 年卫礼贤在法兰克福成立中国学院时,董事会的两名中国人就是蔡元培和当时的中国驻德公使。1926年他还将胡适请到法兰克福的中国学院做报告①。

　　二战期间罗越以中德学会会长的名义和伪南京政权正式建立了联系,"罗越在他从 1941 年 11 月 21 日至 30 日于南京逗留期间与下列政府代表见了面:外长褚民谊、教育部长李圣五(他曾被任命为驻柏林大使,但由于交通路线的中断未能成行)、考试院的主席江亢虎。此外还与汪精卫的儿子汪文悌、汪精卫的表兄兼姐夫汤良礼谈了话;两人都会说德语"②。以后霍福民到南京开音乐会与汪氏政权展开外交联系,这些都揭示德国汉学与中国现代历史的密切关系。

　　德国老汉学家大部分都在中国工作过,艾锷风(Gustav Ecke,1896—1971)先后应聘于厦门大学(1923—1928)、清华大学(1928—1933)和辅仁大学(1935—1948),他也是著名汉学杂志《华裔学志》的创办人之一。《华裔学志》目前依然是欧洲最有影响的汉学杂志之一,当年圣言会的传教士和汉学家鲍润生(Francis Xavier Biallas,1878—1936)与中国学者陈垣、张星烺、英千里共同创办了这份汉学杂志,这段历史应是德国汉学和中国近代学术史

①详细内容参阅书中吴素乐:《卫礼贤——传教士、翻译家和文化的诠释者》和孙立新、蒋锐主编:《东西方之间:中外学者论卫礼贤》,山东大学出版社,2004 年。
②〔德〕墨柯(Peter Merker):《评霍福民 1940—1945 年在北京中德学会中的作用》,〔德〕马汉茂、汉雅娜、〔中〕张西平、李雪涛编:《德国汉学:历史、发展、人物与视角》,第 504 页。

最值得纪念和回忆的一段历史①。傅汉思(Hans Hermann Frankel,
1916—2003)1947—1948 年在北大教书,李华德(Walter Liebenthal,
1886—1982)从 1933 到 1952 年先后两次在北大教书,抗战时随北
大迁往昆明。雷兴(Ferdinand Diedrich Lessing,1882—1961)是
1930—1933 年斯文赫定(Sven Hedin,1865—1952)西北探险队的主
要成员,其后在青岛、北京等地工作。福华德在北大教过德语,卫
礼贤也是经蔡元培推荐在北大教德语。这样的名单我们还可以开
出长长的一串,如果研究中国近代以来的德语教育史,来华的德国
汉学家是绝对不能忽略的重要方面。

　　同样,书中对留德的中国留学生在汉学上的贡献也给予了充
分注意。国内学者对近代以来中国学生留德学习的情况已经做了
很好的研究,但对留德学生在德期间和德国汉学的关系尚注意不
够②,在《汉学的疏误? ——1945 年以前中国留学生对汉学的贡献
和推动》一文中作者告诉我们,中国学者陆诒③在波恩大学写下了
《温飞卿及其文学圈子》的博士论文,熊伟在波恩大学的博士论文
是《论无以言表》④。王光祈是最早在德国介绍中国戏剧的留学生,
他的博士论文为《中国古典歌剧》,还有曾教过福兰格中文的商承
祚,他的博士论文是《中国的巫术——中国巫史研究》,这恐怕也是
德国第一篇研究中国巫术的博士论文。1911 年出版的中国留学生
Moses Chin(Zhou Muxi)的《有关老子及其学说的批判性思考》是德

①〔德〕巴佩兰(Barbara Hoster):《〈华裔学志〉及其研究所对西方汉学的贡
　　献》,《世界汉学》2005 年第 3 期。很遗憾在这个论文集中没有对《华裔学
　　志》的专题研究。
②叶隽:《另一种西学:中国现代留德学人及其对德国文化的接受》,北京大学
　　出版社,2005 年;陈洪捷:《德国古典大学观及其对中国大学的影响》,北京
　　大学出版社,2002 年。
③书中只有拼音,未注中文。
④该论文 1938 年在波恩出版。熊先生在自传中未提他在波恩大学撰写博士
　　论文一事,见熊伟:《自由的真谛》,中央编译出版社,1997 年。

国第一篇关于老子的博士论文。这些人大多不为国内学界所知，但也有在国内颇为有名的留学生，如乔冠华在蒂宾根大学的博士论文是《庄子哲学的阐述》，郑寿麟的博士论文是《古汉语中的俗语》①，陈铨的那篇著名论文《德国文学中的中国纯文学》就是今天看来也是很有价值的②。林语堂在莱比锡的博士论文是《论古汉语之语音学》，因孔好古给林语堂的论文评价不高，致使其论文在德国始终没有出版。

今天，在梳理德国汉学的历史时，德国的汉学家们并没有忘记这一点，这种开阔的学术视野正是这本书的特点。从东德的汉学到西德时期的汉学，可以说德国汉学研究的各个方面的历史，书中几乎都涉及了，它使中国学者第一次看到德国汉学的全景图画。

如果从汉学史研究的角度来看，这本书也让我们理解与认识了海外汉学的一些新事物，或者说以往我们对研究海外汉学的一些方法和理念，在德国汉学的历史中进一步得到了印证。

西方汉学是西方学术史的一部分，它的发展是和西方的学术发展与思想变迁联结在一起的。《德国汉学：历史、发展、人物与视角》用德国汉学的历史证明了这一点。对于这个观点，国内汉学研究领域认识比较一致③，但做人文研究的学者对此注意不够。他们主要是从知识论的角度来看待域外汉学研究的，也就是说，他们观察汉学的角度主要是汉学家们研究的内容而不是汉学家们背后的方法。这样的思考是有合理性的，因为西方汉学作为西方学术体系中的一个分支，它的诞生要比中国经学解体后所诞生的近代学

---

①郑寿麟1925年在莱比锡大学艺术史系获得博士学位，回国后曾任四川大学、北京大学和广州中山大学教授。1948年迁居台湾，1966年退休后任中国文化学院教授、德国文学院院长。

②陈铨：《中国纯文学对德国文学的影响》，台湾学生书局，1971年；辽宁教育出版社，1997年。

③参阅严绍璗：《我对国际中国学（汉学）的认识》，载《国际汉学》第5辑。

术要早,在对中国文化和历史研究的内容上已经和中国传统的经学所关注的内容有很大的区别。例如,贾柏莲 1881 年所写的《汉文经纬》要比 1898 年马建忠所写的《马氏文通》早 18 年,这样贾柏莲受到中国语言学家们的重视是很自然的①。又如,近代以来随着敦煌文献的发现,西方汉学家对中西交通史的研究着力很大,成就很高,这就使中国民国初期时在学术上研究"四裔之学"的人较多②。

西方汉学在学术上的成就,对中国近代学术的影响是不可否认的事实。在这个意义上关注西方汉学界在知识论范围的成就,对其加以评介和研究是中国学术界的一项基本工作,这是完全无可厚非的。就此而论萨义德(Edwar Waefie Said)所认为的西方的东方学完全是一种"集体想象",是一种毫无任何可信度的语言技巧,一种没有任何客观性的知识③。这样的评价是片面的。他忽视了西方东方学是一种知识论和方法论相结合的学术,是一个具有二重性的学术。

这种二重性就表现在,西方汉学虽然其知识的内容是中国的,但研究者汉学家是在接受了西方的学术传统和学术观念后才开始学术研究的,他们的方法论和中国学者有着很大的差别。最重要的在于他们的问题意识基本上是从西方的学术传统中得来的。这样,他们的研究有意无意地要受到本国的文化、政治、思想的影响。因此,在看待域外汉学时,绝不能将其和中国本土的学问等同④,或仅仅从知识论上对其评价。这一点,德国汉学的历史给了我们很大的启迪。

———————————

① 参阅周法高:《论中国语言学》,香港中文大学出版社,1980 年,第 8 页。
② 桑兵:《国学与汉学:近代中外学界交往录》,浙江人民出版社,1999 年。
③ 参阅〔美〕爱德华・W・萨义德:《东方学》,生活・读书・新和三联书店,1999 年。
④ 做海外汉学史研究时首要之点就是区分"汉学"和"国学"。

　　例如,在上个世纪初,德国政府为巩固自己在中国的利益,向汉学家们征求他们对中国的意见,1901年李希霍芬在给政府的报告中"恳切告诫政府以眼下的日本为前车之鉴,提防中国有朝一日也会利用新掌握的现代技术知识,'将西方民族文化在世界市场上打得落花流水'。李希霍芬把这个危险视为对欧洲的最大威胁"①。1903年在是否于中国开设德语学校的问题上,德国政府又一次征求汉学家们的意见,这次是佛尔克。他和李希霍芬不同,主张在中国开办德语学校,他"认为建立德国学校可以促进德国的利益……他觉得应仿照法国的计划,将培训的重点放在传授贸易知识上。这样,首先会使德国的工商业受益"②。而后来福兰格在给德国海军部的报告中也主张从德国与其他西方国家的势力竞争的角度来考虑问题,如果德国不积极参与在中国的文化活动,德国在东亚地区的文化影响就会逐步丧失,就会变得无关紧要,继而为德国的贸易和经济带来不良的后果③。这正如萨义德所称第一次世界大战结束时,欧洲殖民地覆盖了地球总面积的85%,"说现代东方学一直是帝国主义和殖民主义的一个组成部分,并非危言耸听"④。萨义德对西方东方学的批评虽然不够全面,但却道出了很多真理。

　　令人高兴的是,今天的德国汉学家们对汉学历史和殖民主义的关系毫不回避,对那种美化那段历史的观点直言不讳地讲出自

————————

①罗斯维他·莱因波特(Roswitha Reinbothe):《德国对华文化政策的开端与德国汉学家的作用》,〔德〕马汉茂、汉雅娜、〔中〕张西平、李雪涛编:《德国汉学:历史、发展、人物与视角》,第166页。

②〔德〕马汉茂、汉雅娜、〔中〕张西平、李雪涛编:《德国汉学:历史、发展、人物与视角》,第168页。

③同上书,第171页。

④〔美〕爱德华·W·萨义德:《东方学》,第159页。

己的观点①,莱因波特(Roswitha Reinbothe)在他的论文中认为:"直到今天,还有人将当时在中国推行文化渗透政策的殖民势力与被统治势力间的那种不平等的关系作为'德中合作关系'或是'德中协作关系'而加以称颂。福兰格或卫礼贤甚至被尊崇为人道自由主义者,是德国在中国殖民政策的反对者。在我的博士论文中试图借助广泛的迄今为止鲜为人知的原始资料来追述德国对华文化政策的开端,并驳斥有关'德中合作关系'的说法。"②

　　如果说汉学在历史上面对东方时不可避免地和殖民主义联系在一起,从而使其客观的知识和学术立场发生内在的裂痕,那么,在其面对西方时,它又和西方的精神文化内在地纠缠在一起,成为推动西方精神与文化演进的一个环节。这是汉学非常重要的一个特征。

　　屈汉斯(Hans Kühner)在他的《1968年的抗议运动、毛泽东思想和西德的汉学》一文中非常精彩地分析了这个问题。在国内做西方现代哲学研究的都知道法国的"五月风暴"和席卷整个欧洲的1968年的学生抗议运动,所谓的西方马克思主义就是由此才在中国暴得大名③。但作者在这里给我们描述了1968年学生运动和汉学之间的关系,这点国内学术界所知甚少。在1968年以前让·米尔达尔(Jan Myrdal)的《来自一个中国乡村的报道》和埃德加·斯诺(Edgar Snows)的《红星照耀中国》的再版已经给德国塑造了一个

---

① 弗兰茨·凡·布里森(Fritz von Briessen)等人的《德中关系的基本特征》一书和郭恒钰主编的《从殖民政策到共同协作:关于德中关系史的研究》等书持这种观点。〔德〕马汉茂、汉雅娜、〔中〕张西平、李雪涛编:《德国汉学:历史、发展、人物与视角》,第175页。

② 〔德〕马汉茂、汉雅娜、〔中〕张西平、李雪涛编:《德国汉学:历史、发展、人物与视角》,第175页。

③ 在1968年的慕尼黑学生运动中,学生高呼着"我们是毛泽东的学生,我们只要动乱"口号,但作者认为在中国所发生的"文化大革命"和1968年在欧洲发生的学生运动是两个完全不同的社会运动。

崭新的中国形象,而汉学家施克尔(Joachim Schickel)的《动态》杂志和《伟大的长城,伟大的战略》则向德国的青年们介绍了一个他心中所梦想的和现实的中国没任何关系的而又同现实的资本主义相对立的中国。同时,汉学系的学生在运动中成为主力也和他们对汉学学科的内容缺乏当代内容而产生的不满有关,这在慕尼黑的青年汉学家们那里表现得比较突出。

在精神层面上,实际上中国成为青年学生们用以抗议西方物化生活的对立面,成为他们与异化的西方消费社会相对立的一个"具体的乌托邦",正像屈汉斯所说的"肯定态度代替了批判态度,对现实的丧失也通过从中国'文化大革命''借来的现实'得到了弥补。切·格瓦拉(Che Guevara)、胡志明和毛泽东成了欧洲后现代黑暗天空中的三颗璀璨的星辰"①。

不仅是在1968年,实际上,早在卫礼贤时代就已经有了这样的文化取向,他所翻译的《易经》实际上"迎合了魏玛共和国有教养的德语阶层的中国热"②,而黑塞(Hermann Hesse)和荣格(C. G. Jung)对卫礼贤《易经》的赞扬,并不是他们懂得中国的学问,而是他们从《易经》中看到了西方所没有的东西,他们对西方的不满在东方找到了回应。正如荣格所说:"在欧洲喧嚣的不和谐的意见中……能够听到中国的使者威廉的朴素语言,实在是一种享受……它深受质朴的中国精神的影响,善于用朴素的语言来表达深刻的道理。"③

对中国这样的颂扬在18世纪就已经存在了,在伏尔泰那里,在歌德那里,我们都可以看到类似的论述。所以,我们在解读西方汉学时,必须从西方文化的角度,从西方精神史的发展中来寻找汉学发展的思想根源。"因此,对西方汉学的解读仅仅因为你是一位

①〔德〕马汉茂、汉雅娜、〔中〕张西平、李雪涛编:《德国汉学:历史、发展、人物与视角》,第325页。
②同上书,第477页。
③同上书,第478页。

中国本土的学问家是远远不够的,必须同时也是一位西方文化的研究者,只有此解读才能更全面一些。"①

西方汉学,特别是美国的中国学当前对中国学术界的影响是很大的,尤其是对那些试图走出旧的中国史叙述模式的青年学者来说更是明显。但绝大多数老的研究者在把握西方汉学(中国学)时主要是从知识论的角度来看的,年轻的学者们主要是从方法论的角度来考量的。但在注意汉学家的方法论时,我们对其理论的来源并不是很清楚。对汉学(中国学)与西方哲学、思想的关系国内也是若明若暗。关于美国中国学的著作已经很多了,但至今没有看到分析这些美国中国学家们和当代西方思想的专著。如果我们对美国中国学的背后理论及其与西方理论的互动没有深入的研究,而直接拿来其结论就用是会产生问题的。

就此而论,《德国汉学:历史、发展、人物与视角》这本书对我们是有启示的。特别是罗梅君(Mechthild Leutner)的《世界观·科学·社会:对批判性汉学的思考》一文很值得反复阅读。在她看来,汉学是站在欧洲的立场来观察中国的,而任何科学的经验都是受到观察者所处的社会和历史影响的,任何一种理论都是"首先把来自内部联系的经验普遍化"。这样,汉学研究就绝不是一种纯粹知识的叙述。她说:"对中国的学术研究,不仅仅是以学者为主体、以中国为客体之间的一种认识过程,而且是'两种社会转移的研究'。因此我认为,在学者完全限定在起点文化(即德国)的基础之上时,这种研究可被视为文化之间的转移,是把中国的知识、信息和中国形象介绍到起点文化那里去。这种介绍不是单纯反映中国的特有现象并把它们介绍到德国社会的简单行为,而是一个学者所应完成的积极过程,一个挑选和评估、分类、构思和归纳的过程。

① 张西平:《中国与欧洲早期宗教和哲学交流史》,东方出版社,2001 年,第386 页。

同时,学者的出发点,他所确定的社会观、世界观和由此所决定的知识兴趣,以及他的论点有意无意地所追求的社会作用等等,对他如何研究中国都有决定性的意义。"①

罗梅君从这个角度分析了德国历史上的四位汉学家在研究中国时的基本立场:"中国文明化",这个研究的范式主宰了他们的全部著作。这就是,"进步的欧洲文明优越于不发达国家、劣等种族和社会,而这些国家、种族和社会应该通过欧洲人的干预和影响来实现'文明化'"②。她认为直到今天,这些问题仍在缠绕着西方汉学家,尽管态度不同。对汉学家来说,她提出要建立"批判性的汉学",要对欧洲中心主义的汉学进行批判性的思考。

德国汉学家的这种态度也启示我们在研究海外汉学时,不仅要注意其在认识论上的推进、在中国知识上的贡献,更要注意其学术的立场和学术的倾向,分析其使用的方法,将其放回西方的社会精神和文化中加以考察。要考察西方汉学中的知识论和方法论这两个纬度的关系,分清"哪些是'意识形态'的内容,哪些是'客观知识',二者之间是如何相互影响的"③。只有这样,我们才能了解汉学的实质,看清它的真实面貌,才能在和汉学的对话中,认清我们自己,改进我们的学术,走自主创新之路。

2005 年 10 月 8 日写于北京枣林路六号游心书屋

（〔德〕马汉茂、汉雅娜、〔中〕张西平、李雪涛编《德国汉学:历史、发展、人物与视角》前言,大象出版社 2005 年出版）

----

① 〔德〕马汉茂、汉雅娜、〔中〕张西平、李雪涛编:《德国汉学:历史、发展、人物与视角》,第 14 页。
② 同上书,第 16 页。
③ 张西平:《汉学研究导论》,载《国际汉学》第 12 辑,第 6 页。

从德国汉学看中国学术界的海外汉学研究

——"德国汉学史国际研讨会"大会总结

这次由北京外国语大学海外汉学研究中心组织、大象出版社出版的这本《德国汉学：历史、发展、人物与视角》是国内学术界第一本国别汉学史的翻译著作，这次召开的"德语区汉学史国际研讨会"也是国内第一次国别和地区汉学史研讨会，这是中德当代学术史上一件值得关注的事。从学术上讲，我们从对德国汉学的研究中得到了哪些启示呢？或者说，我们在从事海外汉学的研究中应该注意哪些问题呢？我想了两点，求教于大家。

第一，注意从学术史的角度来审视海外汉学。

这里的学术史不是我们研究德国汉学的学术历史，而是德国汉学自身发展的学术历史。国内从事国学研究的学者在看待海外汉学时，主要是从知识和方法两个方面着眼的。从前者来说，汉学或中国学直接给国内研究者提供了他们所不具备的知识，如伯希和（Paul Pelliot）的敦煌研究，就是直接利用了藏于国外的敦煌文献。当时国内学者不具备这些条件，所以有的汉学家说"敦煌在国内，敦煌学在国外"。又如对入华传教士的研究，无论是对清中前期入华传教士的研究，还是对清后期入华传教士的研究都是一样的，因为很多有关传教士的外文文献在国外，国内学者无法使用。从后者来说，当国内发生学术"范式"的转变时，国外汉学或中国学的研究方法就会极大地启发国内的国学研究者。这方面的例子也很多，前有民国时期瑞典汉学家高本汉（Klas Bernhard Johannes Karlgren）的中古汉语语法的研究，后有今天美国费正清（John King Fairbank）和柯文（Paul A. Cohen）的晚清史研究。这种从知识论和方法论的角度来研究海外汉学和中国学的方式当然是可以的，也是我们把握海外汉学的一个重要方面。

但这种"拿来就用"的态度和方法是有问题的。汉学或中国学在本质上是国外学术脉络中的一部分，即它在知识内容上是中国的，但这种知识的传承却有着和中国学术不同的传统。也就是说，汉学或中国学虽然把中国作为研究的对象，但他们的术语、他们的思路主要是受本国学术传统的影响。西方汉学和中国学有着很悠久的学术传统，不同的国家有着不同的特点，如果对此一无所知，仅仅从知识论和方法论的角度来看西方汉学和中国学，对其结论和方法拿来就用，这样是会产生问题的。

所以，弄清海外汉学的学术史，将其置于各国不同的学术传统中，是我们汲取其结论、学习其方法的前提。对于国内学术研究来说，这就要求不仅要有一批专业的国学研究者从知识论和方法论的角度来分析国外汉学或中国学，也同样需要一些人从整体或专业的角度对各个国家的汉学学术传统进行梳理和研究。李学勤先生曾说过："作为中国人去看外国的汉学，不仅要知道汉学的具体研究成果，还应当研究汉学产生和发展的历史过程。从这一点而言，我们的国际汉学研究也就是汉学史的研究。"①今天，国内做德国汉学史研究的学者们集聚一堂，拉开了对德国汉学研究新的一幕。

从这个角度来看，这本书明确地告诉我们：

西方汉学是西方学术史的一部分，它的发展是和西方的学术

①李学勤：《国际汉学漫步》序，河北教育出版社，1997年，第2页。

发展、思想变迁纠缠在一起的。例如关于书中所提供的德国汉学家和早期的殖民扩张的关系这一问题,屈汉斯(Hans Kühner)在他的《1968 年的抗议运动、毛泽东思想和西方汉学》一文中做出了非常精辟的分析。它揭示了汉学的发展和德国本国的思想文化运动之间那种内在的、不可分割的精神关系。所以,当我们在解读西方汉学时,必须从西方文化史和精神史的发展角度来寻找汉学发展的思想根源。"因此,对西方汉学的解读仅仅因为你是一位中国本土的学问家是远远不够的,必须同时也是一位西方文化的研究者,只有此解读才能更全面一些。"①

西方汉学,特别是美国的中国学对当前中国学术界的影响是很大的,尤其是对那些试图走出旧的中国史叙述模式的青年学者来说,其影响更是明显。但绝大多数老一辈的研究者在把握西方汉学(中国学)时主要是从知识论的角度来看的,他们不太关注西方汉学背后的方法论;而年轻一代的学者们主要是从方法论的角度来关注国外汉学(中国学),但他们对其理论的来源又并不是很清楚,对汉学(中国学)与西方哲学和思想关系的了解也是若明若暗。关于美国中国学的著作已经很多了,但至今仍然没有分析这些美国中国学家们和当代西方思想之间互动关系的专著问世。如果我们对美国中国学背后的理论与西方理论的互动不做深入的研究,而是直接拿其结论就用的话,是会产生问题的。

就此而论,《德国汉学:历史、发展、人物与视角》这本书对我们是有启示作用的,特别是罗梅君(Mechthild Leutner)的《世界观·科学·社会:对批判性汉学的思考》一文很值得反复阅读。在她看来,汉学是站在欧洲的立场来观察中国的,而任何科学的经验都是受到观察者所处的社会和历史背景影响的,任何一种理论都是"首

---

① 张西平:《中国与欧洲早期宗教和哲学交流史》,东方出版社,2001 年,第386 页。

先把来自内部联系的经验普遍化"①。这样,汉学的研究就绝不是一种纯粹知识的叙述。她说:"对中国的学术研究,不仅仅是以学者为主体、以中国为客体之间的一种认识过程,而且是'两种社会转移的研究'。因此我认为,在学者完全限定在起点文化(即德国)的基础之上时,这种研究可被视为文化之间的转移,是把中国的知识、信息和中国形象介绍到起点文化那里去。这种介绍不是单纯反映中国的特有现象并把它们介绍到德国社会的简单行为,而是一个学者所完成的积极过程,一个挑选和评估、分类、构思和归纳的过程。同时,学者的出发点,他所确定的社会观、世界观和由此所决定的知识兴趣,以及他的论点有意无意地所追求的社会作用等等,对他如何研究中国都有决定性的意义。"②

从这个意义上,德国汉学界的汉学家第一次这样明确地给了我们一个信息,给了我们反思研究海外汉学的基本立场。

第二,注意海外汉学与中国近代学术变迁之间的互动关系。

西方汉学作为一个近代的学术专业,诞生于1814年的法国,而中国近代学术是随着经学的解体而诞生的。清华国学院的成立距今不过80年,这就说明,在中国近代学术的诞生时期,西方汉学给了中国决定性的影响。当年伯希和第一次来北京展示敦煌文献时,中国近代学术的创始人王国维、罗振玉还不知有敦煌文献;当高本汉建立现代中国的古汉语研究系统时,赵元任、李方桂才刚刚开始现代中国语言学的研究。所以,在这个意义上,近代西方汉学是中国近代学术脱离经学后最早的老师,他们对近代中国学术的建立起到了重要的催生作用。陈寅恪从欧洲返回后在清华"考第"

----

①〔德〕威特豪夫:《中国近代史的基本特征》,转引自〔德〕马汉茂、汉雅娜、
　〔中〕张西平、李雪涛主编:《德国汉学:历史、发展、人物与视角》,大象出版
　社,2005年,第14页。
②〔德〕马汉茂、汉雅娜、〔中〕张西平、李雪涛主编:《德国汉学:历史、发展、人
　物与视角》,第14页。

汉学书目,近代以来"四裔"研究成为中国学术界的主流,无疑是受到了西方汉学的影响。

对中国学术界来说,这本书也给我们提供了许多鲜为人知的德国汉学家们与中国学术、中国近代社会关系的史料。从这些史料中,我们感受到近代中国学术变迁与汉学之间的互动关系。这一点是我们在做国外汉学史时必须要注意的一个侧面。

这方面最值得关注的是卫礼贤(Richard Wilhelm, 1873—1930),他直接参与调停了山东的高密事件。在青岛,他成立了"尊孔文社",并在那里结识了清朝的遗老遗少,如恭亲王溥伟、军机大臣徐世昌、东三省总督赵尔巽、陕甘总督升允、两江总督周馥以及学部副大臣兼京师大学堂总监督劳乃宣、刘廷琛等。其中卫礼贤和劳乃宣的关系尤为密切,正是在劳乃宣的帮助下,卫礼贤才完成了他最有名的汉学译著《易经》。在北京期间,他通过蔡元培结识了辜鸿铭、康有为、梁启超、胡适、王国维、罗振玉以及沈兼士等人,他们之间的友谊一直保持了很长时间,直到返回德国后,他同这些中国文人之间仍保持着密切的联系。1925年,卫礼贤在法兰克福成立中国学院时,董事会的两名中国成员就是蔡元培和当时的中国驻德公使。1926年,他还将胡适请到法兰克福的中国学院做报告①。

德国老一辈汉学家大部分都在中国工作过,艾锷风(Gustav Ecke)先后应聘于厦门大学(1923—1928)、清华大学(1928—1933)和辅仁大学(1935—1948),他也是著名汉学杂志《华裔学志》的创办人之一。《华裔学志》是欧洲目前最有影响的汉学杂志之一,当年圣言会的传教士和汉学家鲍润生(Franz Xaver Biallas)与中国学者陈垣、张星烺、英千里共同创办了这份汉学杂志,这应该是德国

①详细内容参阅书中吴素乐的文章《卫礼贤——传教士、翻译家和文化的诠释者》和孙立新、蒋锐主编《东西方之间:中外学者论卫礼贤》,山东大学出版社,2004年。

汉学史和中国近代学术史上最值得纪念和回忆的篇章①。傅汉思（Hans Hermann Frankel）于1947年到1948年在北大教书，李华德（Walter Liebenthal）从1933年到1952年先后两次在北大教书，抗战时随北大迁往昆明。福克斯（Walter Fuchs）在北大教过德语，卫礼贤也是经蔡元培推荐在北大教德语。这样的名单我们还可以列出更长的一串。对于中国近代以来德语教育史的研究而言，来华的德国汉学家是绝对不能忽视的一个方面。

　　所以，对西方汉学必须从中国和西方两个角度加以理解，这是《德国汉学：历史、发展、人物与视角》给我们最大的启示。

　　西方汉学在学术上的成就很高，对中国近代学术的影响也很大，这是不可否认的事实。从这个意义上说，关注西方汉学界在知识论范围内的成就，对其加以评介和研究是中国学术界的一项基本工作，这是无可厚非的。萨义德认为，西方的东方学完全是一种"集体想象"，是一种毫无任何可信度的语言技巧，一种没有任何客观性的知识②。这样的评价是片面的，他忽视了西方东方学是一种知识论和方法论相结合的学术，是一种具有二重性的学术。

　　这种二重性就表现在，虽然西方汉学研究的内容是中国的，但作为研究者的汉学家是在接受了西方的学术传统和学术观念后开始他们的学术研究的，他们的方法论和中国学者有着很大的差别，而且他们的问题意识也基本上是从西方的学术传统中得来的，这样，他们的研究就有意无意地要受到本国的文化、政治和思想的影响。因此，在看待海外汉学时，绝不能将其和中国本土的学问等同

①〔德〕巴佩兰（Barbara Hoster）：《〈华裔学志〉及其研究所对西方汉学的贡献》，《世界汉学》2005年第3期。很遗憾在这个论文集中没有对《华裔学志》的专题研究。
②参阅〔美〕爱德华·W.萨义德：《东方学》，生活·读书·新知三联出版社，1999年。

起来①，或仅仅从知识论上对其评价。这一点，德国汉学的历史给了我们很大的启迪。

所以，我们在研究海外汉学时，不仅要注意其在认识论上的推进和在中国知识上的贡献，更要注意其学术的立场和学术的倾向，分析其使用的方法，将其放回西方的社会精神和文化中加以考察。要考察西方汉学中的知识论和方法论这两个维度的关系，分清"哪些是'意识形态'的内容，哪些是'客观知识'，二者之间是如何相互影响的"②。只有这样，我们才能了解海外汉学的实质，看清它的真实面貌，才能在和海外汉学的对话中，认清我们自己，改进我们的学术，走出自主创新之路。

中国学术界对海外汉学的研究才刚刚开始，我们希望通过对德国汉学的研究，逐步摸索出一条正确的道路，同时，也希望通过对海外汉学的研究，特别是对德语区汉学的研究，使我们对中国近代学术的形成有一个更为清晰的认识，从而使当今中国学术的重建有一个更为广泛、更为扎实的基础。

2005 年 10 月 8 日写于北京枣林路六号游心书屋

2006 年 1 月 8 日定稿

（张西平、朗宓榭编《德国汉学的回顾与前瞻：德国汉学史研究论集》序言，外语教学与研究出版社 2013 年出版）

---

①做海外汉学史研究时首要之点就是区分"汉学"和"国学"。
②张西平：《汉学研究导论》，载《国际汉学》第 12 辑，第 6 页。

俄罗斯汉学鸟瞰

——读《沟通中俄文化的桥梁:俄罗斯 汉学史上的院士汉学家》

　　我们这一代人对俄罗斯有着特殊的感情,记得上小学时老师鼓励我们和俄罗斯小朋友通信,我用仅学了一年的俄语给遥远的俄罗斯的一位小朋友写了信,还真的收到了回信。读《青年近卫军》,唱《莫斯科郊外的晚上》,这成为我们中学时代最美好的回忆。近百年来中国人最了解的国家,并对中国产生最大影响的国家莫过于俄罗斯。

　　但我们知道俄罗斯了解中国多少吗? 在我从事海外汉学史研究以前,似乎从来没有考虑过这个问题。现在做域外汉学研究的学者中绝大多数人关注的是西方汉学或者东亚汉学,很少有人将俄罗斯放在世界汉学的一流国家中来看待。在我读完了我的同事柳若梅的《沟通中俄文化的桥梁:俄罗斯汉学史上的院士汉学家》的书稿后,这个看法发生了动摇,俄罗斯汉学的悠久历史和巨大成就极大地震撼了我的心灵。

一

　　如果将俄罗斯汉学和欧洲汉学相比较,俄罗斯汉学的独特性在于它和中国有着地缘政治的关系,这是西欧各国所不及的。而这一点决定了俄罗斯汉学的成就与特点。中俄两国山水相连,这一点曾使许多西欧人十分羡慕。

地理大发现后,西方到达东方的航道有两条:一条是葡萄牙人开辟的,沿西非海岸,进入印度洋,穿过马六甲海峡到达澳门;一条是西班牙人开辟的,过大西洋到达墨西哥,后横渡太平洋到达菲律宾,来到中国的福建沿海。后因荷兰和葡萄牙争夺南中国海,马六甲海峡这条通道经常被阻断。这样欧洲人就想开辟新的通往亚洲的通道,自然而然就想起了俄罗斯。当时,对中国极感兴趣的哲学家莱布尼茨对开辟这条通道十分热心。他曾亲自给来华的耶稣会士闵明我(Domingo Fernandez Navarrete)写信,希望他回中国时从俄罗斯借道,以便开辟一条陆路达到中国的通道。在他编辑的德国第一本关于中国的书《中国近事》(*Novissima Sinica*)中,不仅仅收入了《1693—1695 年俄罗斯使团访问中国的沿途见闻》一文,而且在书的序言中他也写下了下面这段热情的文字,"人类最伟大的文明与最高雅的文化今天终于汇集在了我们大陆的两端,即欧洲和位于地球另一端的——如同'东方欧洲'的'Tschina'(这是'中国'两字的读音)。我认为这是命运之神独一无二的决定。也许天意注定如此安排,其目的就是当这两个文明程度最高和相隔最远的民族携起手来的时候,也会把它们两者之间的所有民族都带入一种更合乎理性的生活。我相信,这绝不是偶然的,即借助其辽阔疆土把中国同欧洲连在一起,并统治着北冰洋沿岸那些北方不文明地区的俄罗斯人,正在通过他们当今统治者和教会牧首的精诚努力,就像我所听说的那样,致力于仿效我们的功绩。"①

当然,莱布尼茨在世时这条通道始终没有打通,但他的愿望最终还是由俄罗斯的东正教使团的汉学家们实现了。

早在 1676 年,俄国的外交部官员斯帕法里(Н・Г・Спафарий-

---

① 〔德〕莱布尼茨:《中国近事》,大象出版社,2005 年,第 1 页。

Милеску）就访问过北京,以后俄罗斯也多次派出使团来华,但俄罗斯和中国的关系始终不能在一个稳定的制度框架中发展。天赐良机,"中俄雅克萨之战,俄军败,1689 年,中俄尼布楚条约签订后,部分俄俘被送往北京。先后被带到北京、归顺为清朝臣民的俄俘有近百人。身为满族的清朝统治者继承中国历代统治者对于异族'因俗而治'的统治思想,允许俄俘保持其原有的宗教信仰即东正教信仰,按常规行圣事,并为其安排了供奉圣像之所"①。虽然,俄方提出在中国建立教堂等事未被批准,但东正教在中国的存在为俄国进一步发展同中国的关系、深入地了解中国埋下了巧妙的伏笔。"1711年,在中国北京主持东正教活动的马克西姆神父去世。1712 年(康熙五十一年)俄国以准许中国派往卡尔梅克的使团经俄境前往,作为交换条件,请求由俄国再派出东正教司祭为中国的东正教信徒主持圣事。1715 年,俄国政府和教会终于将东正教使团派入北京,这便是第一届俄国东正教驻北京使团。"②后经中国和俄罗斯所签订的《恰克图条约》(1728 年),驻北京的东正教使团被确定为 10人,4 名神职人员,6 名世俗人员,包括随团的医生和学员,定期每10 年轮换一届。中国和俄罗斯的关系开始在一个稳定的制度框架中发展。

　　由此,俄罗斯的东正教在中国获得了一个合法身份,从 1715年的第一届东正教使团到 1956 年的第二十届,在这长达 250 年的历史中,俄罗斯成为世界各国在中国最早建立正式的外交使团,并保持如此长的时间的唯一国家。东正教使团成为俄罗斯汉学的摇篮,正如孙越生先生所说:"到 1860 年俄国在中国设立公馆为止的一个多世纪时间……实际上既是沙俄政府驻中国的外交使团,又

---

① 柳若梅等著:《沟通中俄文化的桥梁:俄罗斯汉学史上的院士汉学家》,外语教学与研究出版社,2010 年,第 5 页。
② 同上书,第 7 页。

是有组织有计划地培训中国学的大本营,一身三任焉。"①实际上,到 1860 年英法联军侵入北京时,在北京的欧洲人只剩下了俄罗斯东正教使团的人,当时英法联军和奕亲王都在找能在中文和欧洲语言间做翻译的人,所能找的"通事"也只是东正教使团的人。

以往学术界大都认为法国来华的耶稣会士汉学成就很高,到宋君荣(Antoine Gaubil)、冯秉正(Joseph Francois Marie Anne de Moyriac de Mailla)、韩国英和钱德明时,他们个个都是著作等身。冯秉正的《中国通史》有 13 卷之巨,宋君荣的《成吉思汗和蒙古王朝史》《中国天文学史》不同凡响,钱德明的《满法词典》及孔子研究更是享誉欧洲。《耶稣会士中国书简集》《中华帝国史》《中国杂纂》,这些法国耶稣会士的汉学著作奠基整个欧洲汉学。但如果我们细细梳理俄罗斯驻北京使团成员的汉学著作时,他们的汉学研究无论是在数量上还是在研究的广度上所取得的成果都是令人惊讶的。我在这里把柳若梅书稿和相关学者著作中所介绍的东正教使团的汉学家和他们的汉学著作稍加整理,就会看出这一点。

第二届使团中的随团学生罗索欣(И·К·Россохин)在中国生活了 12 年,1750 年他完成了《亲征平定朔漠方略》的翻译;1756年,罗索欣受命翻译《八旗通志初集》,得译稿共 16 卷,罗索欣在翻译过程中做了大量极为详尽的注释,集成单独一集——《所有满语汉语词、人名、封号和职官注释》;他还将满文的《异域录》翻译为俄译本发表。和法国入华耶稣会士宋君荣的法译本相比,罗索欣的译本更实用,因为宋君荣法译本中没有注释,且不是全译。罗氏所翻译的《资治通鉴纲目前编》比冯秉正的译本早了 20 年。他还翻译了《二十四孝》《三字经》《千字文》《1730 年京报摘抄》《日本简史》等书。

---

① 孙越生:《俄苏中国学概况》,载于《俄苏中国学手册》,中国社会科学出版社,1986 年,第 4 页。

　　第三届使团学生列昂季耶夫（А·Л·Леотьев）于 1755 年返回
俄国，1756 年被任命为外务委员会翻译，开始了他在俄罗斯汉学史
上成果卓著的汉学家生涯。他完成了罗索欣所没有翻译完的《八
旗通志》，并于 1784 年在圣彼得堡出版。1780 年 5 月列昂季耶夫
推出了由汉语和满语直接翻译的俄译本的《大学》，1782 他摘译了
《易经》。他还翻译了《三字经》、文集《中国思想》（集中国汉、唐、
宋等朝代的皇帝和官员治国思想，《孙子兵法》等书也包含其中）。
1778—1779 年，列昂季耶夫受女皇之命翻译满文本的《大清律例》
简缩本（2 卷），该译本问世后，时值叶卡捷琳娜二世及俄国宫廷的
法典委员会制定法典，对列昂季耶夫的译本兴趣极大，后又命翻译
全文，全文 3 卷本于 1781—1783 年问世。1778 年，列昂季耶夫节
译了《大清一统志》，以《简述中国的城市、收入及其番属国》为题发
表，该书完全保持了一手原始资料的特点，对于俄国进一步了解中
国发挥了很大作用。列昂季耶夫一生发表作品 22 种，这些由汉语
和满语直接翻译的作品是对 18 世纪下半叶俄国社会思想生活的
一大贡献，他的作品不仅几乎全部得以在俄国发表，而且还被翻译
成其他语言在欧洲发表（如《中国思想》就被译成了德语和法语）。

　　第八届使团的巴维尔·伊万诺维奇·卡缅斯基继承前贤翻译
中国经典的传统，先后翻译了：《通鉴纲目》、《元史》、《北京使节出
使西藏谒见第巴桑结、出使准噶尔谒见噶尔丹、策妄阿拉布坦诸汗
记》、《明亡清兴（叛民李自成生平）》、《汉蒙满俄拉丁词典》、《俄华
例句详解大辞典》、《汉满例句详解成语辞典》、《汉语发音词典》
（又名《五方元音》）、《按发音或声调排列的汉语词典》、《俄汉神学
术语与基督教典籍语句词典》、《俄汉医药辞典》、《皇家科学院中国
日本图籍目录》、《太上感应篇》、《唐太宗时期建立的基督教在中国
传教碑》（《大秦景教流行中国碑》）、《食物本草》、《脉理歌诀》。

　　第九届东正教使团团长比丘林（Никита Яковлевич
Пичуринский，1777—1853）更是著作等身，他一生的著述极大地推

进了俄罗斯汉学的发展,他也被称为俄罗斯汉学的奠基人。他的代表性著作有:《三字经》、《四书》、《西藏志》、《西域记》、《资治通鉴纲目》、《汉俄词典》、《汉俄语音简明词典》、《汉拉(语音)词典》、《满—汉—俄词典》、《满—汉—俄钟表词汇词典》、《中国,及其居民、风俗、习惯和教育》、《中国详志》、《中国民情与风尚》、《蒙古札记》、由《元史》前三卷和《通鉴纲目》选译的《成吉思汗家族前四汗史》、《十五世纪至今的卫拉特,即卡尔梅克人历史述评》、《古代中亚各民族资料汇编》(三卷)、《东亚中亚史地资料汇编》等。

第十二届东正教使团的巴拉第在对中国典籍的翻译上非常勤奋,根据陈开科的研究,他先后翻译和注释了:《长春真人西游记》《元朝秘史》《圣祖亲征录》《中国佛教诸神及他们的画像纪要》《迦毗罗学说》《佛陀传》《古代佛教史》《中国的穆斯林》《中国伊斯兰教文献:对中国伊斯兰教徒刘泽亮编译的汉文伊斯兰教文集〈御览至圣实录〉的简介》《中国伊斯兰教汉文文献》《中国史料中古老的基督教痕迹》。

第十二届东正教使团随班大学生戈尔斯基,主要代表著作有:《满族先世的肇始与发迹》《清室源流与满洲名义》。

第十二届东正教使团随班大学生杂哈劳,主要代表作:《新疆详图》。

第十二届东正教使团医生塔塔林诺夫,主要代表作:《中国医学》《中国麻醉术与水疗法评价》。

第十三届东正教使团修士伊拉里昂,主要代表作:《中国西藏关系史纲》《平定罗刹方略》《论俄中关系和中国军队的俄罗斯连》等。

第十三届东正教使团随班大学生赫拉波维茨基,其代表作:《甲申之变—明朝灭亡之际的北京事变》《钱币制度历史概览》等。

第十三届东正教使团司祭茨威特科夫的代表作:《基督教入中国考》《七世纪的景教碑》等。

　　第十三届东正教使团司祭叶夫拉姆皮的主要代表作：《关于钞法的会奏》《南京灾难的回忆》等。

　　在 19 世纪反映东正教北京使团的汉学研究成就的重要代表是连续出版了四集的《俄罗斯东正教驻北京布道团成员著作集》，虽然只有四集，但其研究内容之丰富实在令人惊讶，蔡鸿生先生曾将《著作集》中的主要论文翻译成中文，例如，杂哈老的《中国户口历史概览》，戈什克维奇的《中国人脂粉调剂法》《中式算盘》《中国佛徒发源出家仪式》《御膳用香稻米》等等，这些研究在整个西方汉学史上都是极为特殊的。

　　通过这个简单回顾我们可以重新考虑俄罗斯汉学在欧洲汉学中的地位。

　　如果我们将俄罗斯的汉学和西欧的汉学做个比较可以看出，俄罗斯是欧洲历史上第一个拥有职业汉学家的国家。这就是柳若梅在书稿中介绍的汉学家巴耶（Gottlieb Siegfried Bayer，1694—1738）这位来自德国哥尼斯堡的专家。一开始他是被彼得大帝作为古希腊研究的专家请来的，后来他转向中国研究，并和在北京的耶稣会士建立了通讯关系，独立地开始了汉学研究，并出版了俄罗斯历史上的第一本汉学著作《中国博览》。他 1726 年 2 月携家来到了彼得堡，任职古希腊罗马史院士席位。鉴于他在东方研究方面的贡献，1734 年 11 月 22 日的科学院大会上，他被授予东方古迹史院士席位。在彼得堡科学院，巴耶奉献出了自己毕生的精力。巴耶在俄罗斯的汉学研究标志着俄罗斯汉学作为欧洲汉学的一部分，与欧洲汉学有着一种历史和学术的联系。他同法国汉学家的通讯，以及与北京耶稣会士的通讯都说明俄罗斯汉学在其创立时期与欧洲汉学的密切关系。巴耶的汉学研究说明俄罗斯汉学在欧洲汉学史上的地位，因为从严格的意义上讲巴耶应该算作欧洲第一位职业汉学家，他从事职业汉学研究要早于法国的雷慕萨。

　　尽管如此，巴耶所开创的俄罗斯汉学也说明了另一个问题，即他们的汉学研究是在西欧汉学研究的帮助下成长起来的,这就使俄罗斯汉学在其创立的初期打上了较深的西欧汉学的印记。

但俄罗斯汉学真正走出一条自己的道路,在西方汉学史上写出自己的辉煌,形成自己独有的特点则应开始于驻北京的东正教使团时期。按照阎国栋的说法,俄罗斯汉学、欧美汉学和日韩代表的东亚汉学形成了"汉学鼎足而三,共同构成了蔚为壮观的世界汉学版图"①。

我们可以看出,这些长年生活在中国的使团成员,无论是从事汉学研究的人数,还是其研究的成果,都已经大大超越了在华耶稣会士的研究成果。可以这样说,如果同西欧汉学相比,在 19 世纪俄罗斯汉学是领先的。为何在此期间俄罗斯汉学的成就超过西欧汉学呢? 今天我们考察这段历史,我想有两个原因。

第一,雍正禁教后,在近一个世纪的时间里,来华的欧洲耶稣会士人数大大减少,相比之下,在北京最多的欧洲人是俄罗斯东正教使团的人员,而且长年坚持,每十年一轮。在同中国的制度关系建立上俄罗斯走在了西欧各国的前面。东正教使团的汉学家从莫斯科来到北京,并展开他们的汉学研究是有制度保证的。这种体制上的稳定性,使其在华汉学家人数明显超过来华的其他天主教修会,而其中的多数人又为其学术成果的积累奠定了基础。

第二,在北京的东正教使团主要担任外交使命和汉学研究的任务,他们没有传教的任务。这是他们和在华的耶稣会士以及其他天主教会士的重大区别。那些在宫中的耶稣会士尽管才华横溢,但其主要的精力仍要放在为皇帝的服务上,这是和耶稣会在中国的总体传教策略联系在一起的,因为他们在中国各地的传教活动是要依托于北京宫中的那些传教士的,没有宫中的这些为皇帝服务的传教士的庇护,耶稣会在中国的传教活动可能在雍正禁教

①阎国栋:《俄罗斯汉学的过去与现在》,《中国社会科学报》2015 年 6 月 10 日。

后就土崩瓦解了。反之,我们看到在北京的这些东正教使团的神职人员并未把精力放在传教上,他们几乎是将全部精力投入了对中国的研究,为俄罗斯在东方的扩张提供学术的支持。很长时间里,学术界大都认为在华耶稣会的汉学家代表着西方传教士汉学的最高成就,现在看来要改变这种看法了。

二

西方东方学的形成既有其知识的积累,也有其集体的想象。尽管笔者并不完全认同萨义德的东方主义理论,但他的确从一个从未注意的视角揭示了西方文化中的东方因素,不管西方的思想家们如何将东方作为"他者",来构造自己的理想和乌托邦。有一个事实是不可否认的,这就是在西方思想形成的历程中东方文化曾经发挥过重要的作用,无论是作为"乌托邦"的想象或是作为"意识形态"批判的靶子。这样19世纪以来,西方思想家们所制造出来的"东方和西方的二元对峙"的社会发展模式就自然被消解了。在"东方和西方的二元对峙"的模式中,西方在其现代化进程中有一个似乎神圣的、神秘的历史逻辑:希腊——基督教——文艺复兴——宗教改革——启蒙运动——法国大革命——英国工业革命。上帝好像把智慧的苹果只给了西方人,西方人所以实现了现代化是有其自身的内在逻辑,他的成功是因为有着自己的独有的文化。正像马克斯·韦伯在《新教伦理与资本主义精神》一书中所展示的逻辑那样,资本主义的精神只有在基督新教的那种氛围中才能产生。

相反,作为后发现代化的国家,如果想实现现代化,那只有学习西方,不仅仅是器物层面上学,在精神层面上更要学。现代化这个圣物是建立在希腊文明、基督教文明的基础上的,其他文化要想实现现代化只有走这条路。这是一个美丽的谎言。我们暂不说希腊文明、基督教文明的确有着其他文明所要学习的地方，其实，伊斯兰文明、印度文明同样有着其他文明可学习的地方。不能因为近代以来几百年希腊、基督教文明在现代化上领先，其他文明就丧失了自身的意义。

这是一个文明理论问题，我们不做展开。我们从历史上看，"东方和西方的二元对峙"模式忘记了东方和西方从来不是在孤立的历史地缘中行进的，鼓吹这种"东方和西方的二元对峙"的人大都是西方的思想家，很少是历史学家。一旦进入历史，进入东西文化交流的历史，就会发现这些逻辑只有片面的真理，它无法解释真正的历史。

作为东方学一个重要分支的汉学的存在就是东西方文化交流的一个历史产物，在解释的历史中它凝结着真实的知识，在真实的知识中它包含着集体的想象。作为中国的知识一旦到了西方，它从来不仅仅停留在汉学的书桌上，作为异邦的知识，它一进入欧洲就成为思想家的材料。知识一旦从传播进入影响阶段，它就开始飞速地变异，成为本土文化和思想的一个组成部分，像秋天的蒲公英一样随风飘荡。

当法国的来华传教士把一个儒家的中国介绍到欧洲时，中国立即成为启蒙运动者手中的武器，最典型的是伏尔泰。儒家的自然主义成为其攻击教会一神论的最有力的说辞，没有耶稣的中国过着一样幸福的生活，教会的那种基督教普世主义的说法不攻自破；中国历史的自然编年的可靠性揭穿了教会的基督教历史编年的荒诞。

当法国迷恋中国的时候，俄罗斯正在迷恋法国。伏尔泰成为叶卡捷琳娜二世的精神导师，在她和伏尔泰的通信中对中国赞赏不止，她在夏宫修建了中国风格的蓝色客厅，建造了中国剧院，中国园林，小桥流水，九曲回廊，亭台楼阁，她甚至用俄文创作了一部小说《费维王子的故事》，中国古代的贤明皇帝成为主角。

　　叶卡捷琳娜二世与启蒙思想家交往密切,倾慕法国宫廷的"中国风格",醉心于中国的物质文化,这也带动了俄国的社会。"在叶卡捷琳娜二世统治时期的 18 世纪下半叶,俄国思想家和大众文化界对于中国的兴趣有增无减,诺维科夫、冯维辛、捷尔查文、拉吉舍夫等俄国思想文化的代表人物不仅在作品中关注中国,而且借助中国深入思考俄国现实。这一时期,彼得堡科学院和莫斯科大学储备了一批训练有素的翻译,他们外语娴熟,也出于工作或其他原因同东方学或汉学发生了联系。"

　　这里要注意的是,此时的俄罗斯思想和法国为代表的西欧思想进程有所不同。如果说,启蒙运动者从中国获得智慧,从而为自身的思想裂变寻找到了一种思想的武器,这个演变的过程是从文艺复兴运动、宗教改革运动以来的一个自然历史进程,东方成为其思想和文化发展与变迁的重要的因素。而俄罗斯没有经历一个文艺复兴、宗教改革运动,俄罗斯思想和文化形成的奠基时期就是在叶卡捷琳娜时期,此时从法国学来的"中国热"和此后从东正教使团那里带来的中国知识和思想,成为俄罗斯本身思想和文化形成、成熟的重要因素。俄罗斯这个双头鹰,不仅其躯体的一半在东方,其思想来源的一半也在东方,这或许和它经历的近 200 年的蒙古统治时期有关,由此,才形成了俄罗斯性格和思想中的独特一面:以东正教为代表的基督教文化是其文化的底色,但对东方思想,即中国思想的消化始终是其成长、成熟的重要的内在因素。

　　这样的特点也可以从以后的历史中得到证明。

　　当欧洲 18 世纪的中国热随着欧洲的逐步发展而渐渐退潮,当亚当·斯密和黑格尔公开批评中国的时候,中国的思想和文化已经成为 19 世纪西方思想家的批判对象。而恰恰这个时候俄罗斯的思想界始终保持着对中国的敬仰,中国始终是俄罗斯进步思想家关注的对象,中国思想始终是建构俄罗斯思想文化的重要来源。

　　"俄罗斯诗歌的太阳"，这是别林斯基对普希金的评价，他认为"只有从普希金起，才开始有了俄罗斯文学，因为在他的诗歌里跳动着俄罗斯生活的脉搏"。普希金对中国始终充满友好与渴望。

> 在迷人的田野里，
> 五月的轻风吹来了凉爽；
> 在飘动的树林的阴影里，
> 中国的夜莺在歌唱。

这是普希金著名的《鲁斯兰和柳德米拉》中的一节，从中我们可以感受到中国对他的影响。普希金对中国的认识和了解与他结识了来华的东正教使团的重要汉学家比丘林有着直接的关系，比丘林曾将自己翻译的《三字经》等书送给普希金，普希金在写作他的《普加乔夫史》时也读了不少比丘林和其他俄罗斯汉学家的著作。甚至在普希金失恋的一段时间，他向沙皇提出要到中国访问。虽然这个梦想最终并未实现，但他始终对中国所抱有的热情和当时欧洲已经消退的中国热形成明显的反差。

　　"假如我还年轻的话，那我一定要到中国去。"①这是俄罗斯大文豪托尔斯泰在去世前几个月所留下的一句名言。按照戈宝权先生的研究，托尔斯泰在 19 世纪的 70—80 年代思想开始发生"激变"。他试图在基督教学说、中国孔子，特别是老子的思想基础上建立新的学说，建立自己的新生活。"据载，托尔斯泰当时阅读过的有关中国的专著和译本多达 32 种……1891 年 10 月，当彼得堡的出版家列杰尔列询问托尔斯泰世界范围内影响他最深的思想家有哪些时，托尔斯泰明确地说，孔子和孟子对其影响'很大'，老子

---

① 〔苏〕瓦・布尔加科夫：《托尔斯泰一生的最后一年》，苏联国家文学出版社，1960 年，第 173 页。

则'巨大'"①。在托尔斯泰从中国吸取智慧和思想时,西方的思想和文化界早已经把中国作为死去的木乃伊,当 1900 年八国联军攻破天津,进入北京烧杀掠夺时,托尔斯泰发表有名的政论文《不准杀害》,对西方列强的罪行提出严重的抗议。

托尔斯泰转向中国文化,希望从中国文化实现自己的精神追求有着深刻的社会原因。实际上托尔斯泰转向东方思想,代表了俄罗斯思想和文化一个特质。如果和法国的伏尔泰、德国的莱布尼茨相比,他们都对中国思想和文化怀着敬意。他们对中国文化的认识和理解也都是从当时本国的思想和文化变迁的需求出发的。但托尔斯泰的特点在于,他的这种对中国文化的接受和吸收是与俄罗斯文化的内在东方特质背景联系在一起的。

东方、中国是俄罗斯精神形成中的重要因素,这使它与欧洲思想界对中国的介绍和接受呈现出不同的特点,从普希金到屠格涅夫,从冈察洛夫到托尔斯泰,从契诃夫到高尔基和马雅可夫斯基,我们可以列出一串在建构自己文学作品时,从中国汲取思想的俄罗斯文学家的名单,而正是通过他们,俄罗斯汉学成为俄罗斯文化思想的一个重要来源。著名汉学家阿列克谢耶夫 1944—1948 年间为列宁格勒大学东方系授课期间,在谈到中国时曾说过这样的话,中国是一个真正完整的世界,而不是任何一个世界的分支,这个世界是由其自身最原本的东西构成,其中蕴藏着无限的潜能……中国通过典籍和艺术作品回答了人类思想和人类理想的很多课题,这种回答是全新的,在欧洲、在俄国都找不到这样的回答……欧洲的知识文化世界只是世界思想世界的一部分,中国世界是另外一个部分,就其博大而言,中国世界丝毫不逊于欧洲。汉学家的认识融入文学家和思想家那里,成为俄罗斯精神的一部分,像柳若梅在

①翟广顺:《托尔斯泰对鲁迅人道主义教育思想的影响——纪念鲁迅逝世 70 周年》,《中国德育》2006 年第 1 卷第 10 期,第 9 页。

书稿中所说:"处于俄国学术整体发展背景之下的俄罗斯汉学是俄罗斯东方学的一部分,与其他国家的汉学发展路径有所不同的是,在俄罗斯大地上,'中国'是伴随着俄罗斯民族文化的发展而进入俄罗斯人的视野之中的,因而俄罗斯汉学也就在一定程度上成为了俄罗斯独特文化发展过程中的重要因素之一。"

俄罗斯是一个跨越了东方和西方的民族,乌拉尔山脉像他英俊的鼻梁,欧亚大陆共同铸造在他沧桑的面孔上。这只同时遥望东西方的雄鹰,不仅有着广阔的东方沃土,也同样有着东方的思想。

(柳若梅著《沟通中俄文化的桥梁:俄罗斯汉学史上的院士汉学家》序言,外语教学与研究出版社 2010 年出版;发表于《中国图书评论》2011 年第 8 期)

比丘林——俄罗斯汉学的一座高峰

　　前两年在给我的同事柳若梅教授的《沟通中俄文化的桥梁:俄罗斯汉学史上的院士汉学家》一书作序时,我认真读了她的书,受益匪浅。这次李秋梅老师希望我为她的译著《比丘林传》写篇序言,我也欣然答应了。在阅读她们著作的过程中,我自己增长了不少关于俄罗斯汉学史的知识,这本书尤其如此。

　　顾炎武说过:"凡书有所发明,序可也;无所发明,但纪成书之岁月可也。"①秋梅译的这本书属于"有所发明"的书,通读完全书后,我感到至少有四条理由可以说明它的"有所发明"。第一,这是国内第一本关于比丘林的传记著作。汉学史的研究由通史和断代史进入专书和专人研究是一个发展的趋势,这是学术深入的表现。在这本书中我们看到的比丘林就要比那些通史性著作中的比丘林具体得多、活泼得多。在这里,我们看到比丘林虽然是个汉学大家,但不是那种不苟言笑的书生。他是一个性格开朗、善交朋友的人;他是一个在生活上多难、多彩的人物。他在中国期间主持东正教使团,因为经费紧张,他变卖了教产以维持生计。本来这是合情合理之事,但为此,他回国后历经磨难。作为一名神职人员,他酒肉穿肠过,爱吃荤,爱喝葡萄酒,广交天下名士。他绝不是那种天天在教堂打磨自己的神甫。这样的人生,读起来提神、

──────────

①顾炎武:《日知录》卷十九。

有趣。第二,比丘林汉学成就极大。中国古代一些成大事业者,不少都是历经苦难而后成功的。孔子厄于陈蔡而成一代宗师,韩信受胯下之辱而成为横扫千军的战将,司马迁受腐刑之罪而写下千古名作《史记》,孙膑受膑足之痛而演绎《孙膑兵法》。苦难是人生的最珍贵的财富,挫折是人走向成功的必经之路。比丘林也是这样的人。他回国后被宣判有十条罪状,发配流放,历经百难。在流放地的潇潇秋风中,在西伯利亚的漫漫冬夜里,他仍笔耕不止,一生竟写作翻译了几十部著作。笔墨化为彩虹,苦难酿成美酒,正是这一成就,使他成为俄罗斯汉学史上的一座高峰。读这样的传记,让人不仅仅获得知识的扩展,而且还有人生的超拔与提升。

另外,比丘林所代表的俄罗斯汉学家在对中国的认识上似乎比西欧的汉学家们更为客观,当然,这样的结论有待进一步的考察。在这部传记中,多次表示了比丘林对法国、德国汉学的不满,书中写道:"比丘林对万济国、公神甫、马歇曼、马礼逊、马若瑟等前人在该领域的成果进行批判性的研究后提出,'他们的研究成果所展示的只是汉语中肤浅的东西'。他提醒那些对中国感兴趣的读者,'这些学者试图用自己的思维方式来解释他们未知的东西,或者用猜测来填补认识上的空白,当然得出的结论是不可靠的'。"比丘林一直很关注西欧旅行家在书中对于中国人从历史民族学视角的描述。对这些著作,"比丘林一方面认为其具有重要意义,同时也建议谨慎参考他们的著作,还特别强调指出,那些西欧旅行家在描述中国人的道德、风俗、精神生活和日常生活习惯时的偏颇不是偶然的,他们蓄意而为之是为了讨好基督教会、迎合其利益的需要。针对西欧'权威'学者肆意美化欧洲文明在东方民族生活中的作用。"比丘林认为"那些痴迷于基督教的传教士们在描写中国人的多神教信仰时笔调阴暗,这极大地刺激着聪明的欧洲。那些描写中国的一流作家,谁也不甘示弱,极尽自己善辩之能事，添枝加叶，似乎如此便使得基督教民族的优越性更加鲜明地凸显在普通民族之中"。比丘林认为自己是"从欧洲各国与中国交往开始，在过去两百多年的时间里，我第一个揭穿了在欧洲根深蒂固的关于这个国家的不实信息和无稽之谈的真相……"这些话对于那些将西欧的汉学家们捧上了天的学者们来说，无疑是打开了另一扇知识的门窗，会使人开始有了比较，评价也会开始平和一些。

最后一点值得注意的是比丘林在俄罗斯文化史上的价值和作用。在西方汉学史上，思想家和汉学家之间、文学家和汉学家之间也都有交往，最著名的就是德国的莱布尼茨和来华耶稣会士们的交往，这样的交往对莱布尼茨的思想产生了重要的影响。汉学家影响思想家、文学家的例子也是有的，但不多见。比丘林算是一个。他和彼得堡知识分子的交往，与十二月党人的交往，特别是他和普希金的交往更是文坛佳话。"比丘林创作生涯中最为辉煌的一页是与伟大诗人普希金的相识与相知。一位是学者，一位是诗人，他们都是19世纪上半叶俄罗斯文化的杰出代表……阿列克谢耶夫认为，比丘林与普希金之间的私人交往是在1828年左右，也就是诗人从流放地米哈伊洛夫斯基村回到彼得堡以后。"比丘林曾把自己出版的《西藏志》《三字经》赠给普希金。普希金正是在与比丘林的交往中知道了中国、了解了中国，从而写下了这样的诗句：

> 我们启程吧，我已整装待发；
> 任凭你们去哪里，朋友们，
> 只要你们能够想得出来的地方，
> 我都欣然跟随你们，
> 到任何地方，只为逃避高傲：
> 到遥远中国的长城脚下，
> 到沸腾的巴黎去，到那里去，终于，
> 在那里，夜里的划桨人不再歌唱塔索。

古城昔日的威严在废墟下沉睡，
在那里柏树林散发着芳香，
到任何地方我都做好了准备。
我们启程吧……但是，朋友们，
请你们告诉我，在远行中我的热情是否会枯寂？

一个人的生命是一个世界，比丘林的生命是一个汉学的世界，是一个不断向命运作斗争的奋斗的世界。在这部传记中我们看到的是他对知识不懈的追求和对人生不断的超越。

顾炎武在谈到为别人写序跋时也说过：“人之患，在好为人序。”①这是指那种应酬敷衍之序。但我感到“人之惠，在勤于为序”，这些年来我为朋友们写了些序——有时写序如沐春风，心旷神怡；有时写序如登高山，一路风景，满眼美色；有时写序如履薄冰，小心阅读，不敢乱言。现代知识生产的一个重要特点是专业化，这叫术业有专攻。但实际上知识专业化的同时，人的知识也开始异化。现代分工下的专家的确很专，但专家很多时候知识和视野是很狭窄的。除了自己的一亩三分地，其他概不知道。知识的局限，使一些读书人自恋，自我欣赏，每日照镜，总认为自己是天下第一美人。不知天下美女如云，不知世界丰富多彩，不知学海无边，自己所知道的那点东西真是沧海一粟。求学而不知困，任教而不知不足，这是学问堕落的开始，是一个教师学业停滞的象征。这时反倒觉得分工不尚明确、知识不太专业的前工业时代的那些人更可爱些。王阳明是哲学家，但也会带兵打仗；苏轼的词作得好，不要忘记他也是政治家，对天下大事多有议论。要是在今天，这简直是天方夜谭。现代化的知识体系也是个陷阱，不得不看到这一点。为此，不妨走出自己的一亩三分地，看看外边的风景，或许会好些。

---

① 顾炎武：《日知录》卷十九。

　　凡我为之写序者,皆是我师,凡我所读之书,皆是我师。由此,写序何乐而不为?"人之惠,在勤于写序"就是这个道理。天涯无处不芳草,人间无处不是师。这正是我给秋梅写这篇序言时的心情。

2012 年深秋写于北京枣林路游心书屋

　　(李秋梅著《比丘林传》序言,即将出版;发表于 2012 年 12 月 5 日《中华读书报》)

萨义德的《东方学》与西方汉学

——读《日耳曼学术谱系中的汉学:德国汉学之研究》

柳宗元在《师友箴》中说:"不师如之何,吾何以成;不友如之何,吾何以增!"人的知识就是在与老师和朋友的相处中获得的。雪涛晚我十余年,但自相识以来,切磋学问,谈书论道,素以平生风义兼师友与之相期。雪涛在德国波恩大学主修的是汉学,辅修宗教学和日耳曼学,他长期研究中国佛教,又通西方汉学和德国思想史。其对雅斯贝尔斯著作的翻译和研究在国内也颇有影响。这样的知识背景和学养使他对德国汉学的研究有自己的独特体会和观点。他的这本《日耳曼学术谱系中的汉学:德国汉学之研究》是近二十余年来国内关于德国汉学研究最为深入的一部著作。出版之前有幸阅读了全书,读后颇有收获。

如何看待西方的东方学? 现在这是一个很有争议的问题,最时髦的说法莫过于后现代理论系统中的后殖民主义。在西方,汉学是东方学的一支,在讨论德国的汉学时,我们也回避不了如何看待作为东方学一部分的汉学这个问题。在后殖民主义的观点看来,西方的东方学是西方人对东方的想象,是他们将东方作为他者对自己文化的反思。因而,东方学是无所谓真假和对错的,西方的东方学和东方是没有关系的,那只是西方人在解决自己精神和文化问题的一种手段、一个说法而已。同时,由于西方的东方学是伴随着西方对东方的殖民而产生的学问,因而这种学问是沾着血的,它是人类知识和学术的耻辱。

这种后殖民主义的观点真让第三世界国家的读书人解气。我敢说,作为一个中国知识分子,一个有着百年民族耻辱的读书人,凡是第一次读到萨义德《东方学》的时候,都会看得热血沸腾,拍案叫绝。萨义德真是好男儿,一身胆气,敢向几百年的西方东方学挑战。据说,他作为一名巴勒斯坦后裔的美国学者,为表达对以色列的抗议和不满,周末时曾坐着飞机从美国飞到巴勒斯坦,蒙上面布,在街头向以色列的装甲车投石头。这正是"男儿何不带吴钩,收取关山五十州"。周日晚再坐飞机返回美国,周一在课堂上批评西方文学中的东方形象,批评西方东方学对东方的歪曲和肢解。这又是"醉里挑灯看剑,梦回吹角连营"。武器的批判和批判的武器,在萨义德那里轮番使用,非如此不能解他心头对当年殖民主义者奴役东方之恨。但过后细细一想,总觉得萨义德说的那些道理激情有余,分析不足。雪涛的这本《日耳曼学术谱系中的汉学:德国汉学之研究》使我对萨义德的后殖民主义理论有了新的认识。

萨义德运用解释学的理论揭示、说明了文化间的理解总是有着"理解的前见",人们原有的知识与思想影响着人们对外来知识的认识。这点说得不错。从这点来看,西方汉学在本质上是西方学术体制中的学问,它的发生和变化必然受制于所在国家的文化与观念。雪涛在谈到德国汉学时说:

　　实际上,随着德国历史的变迁,德国汉学也经历了不同凡响的发展过程,一部德国汉学发展史,实际上就是几百年来德国的政治和人文科学演变的缩影图。随着时代的巨变,德国汉学家与他们同时代的知识分子一道,经历了德国历史的风云变幻:他们曾为德意志帝国的建立讴歌,曾为纳粹的"理想"奔走……总之,德国汉学家并非游离于当时欧洲思想狂澜之外的另类,他们同样强烈地感受到每个时代的共鸣。汉学家的思想历程固然与自我的知识结构、兴趣取向有关,但同时也是那个时代的思潮所铸就的。况且汉学又绝不仅仅是时代思潮的产物,它也参与到了德国主流思想的改造。"68级"的学生运动充分显示出了汉学的这样一个功能,这一运动对欧洲知识路向的改变充分说明了,汉学在促成20世纪最具冲击力的思想方面无疑起到了催化作用。[①]

德国汉学的这个历史倒也说明萨义德的理论还是有几分道理的,我们在看西方的东方学时,不能仅仅将其视为一个知识的体系,而要将其看成西方思想文化的一个部分。德国汉学是德国思想文化的晴雨表。正像德国的汉学是德国文化的一部分一样,西方各国的汉学都是各国文化的一部分。这样一个视角对于在国内做国学研究的学者特别重要,因为,这些学者常常看到一些汉学家读唐诗宋词,研宋汉轮回,就觉得汉学和国学没有什么区别。其实,国学和汉学虽然研读的都是中国历史文化,但立足点是不同的。站在巴黎看香山怎能和北京的文人们在曹雪芹故居前饮酒,在樱桃沟论诗一样呢?这样的文化立场和思想背景的差别是一定要注意的。

但这样是否就可以说德国汉学是一门德国人自己对中国想象的学问,和中国无关呢?是否就可以说西方关于东方的知识都是异国的想象,无论是把东方想象成天堂还是把东方想象成地狱,这些都是西方人将东方作为自己的他者而对自身的认识,和真实的东方没有任何关系呢?难道西方东方学的知识真是没有真假之分,无所谓对错之别?难道西方汉学只是西方人自己的"单相思"?如宋词中所写的"念两处风情,万重烟水。雨歇天高,望断翠峰十二。尽无言、谁会凭高意?纵写得、离肠万种,奈归云谁寄?"

[①] 李雪涛:《日耳曼学术谱系中的汉学:德国汉学之研究》,外语教学与研究出版社,2008年,第15页。

　　仔细想想,我认为西方的东方学除了有想象的成分以外,也还是有真假之分,对错之别的。西方的东方学并不像萨义德说的那样简单,它有着多重的维度,需要从多个角度来分析和把握。萨义德只是看到了一个维度而已。

　　当年我和雪涛与德国汉学家马汉茂、汉雅娜合编了《德国汉学:历史、发展、人物与视角》一书,他为此书着力甚多。也正是在他翻译编辑此书时,他对德国汉学的整体和个案都有了深入的了解。这个特点在雪涛这本《日耳曼学术谱系中的汉学》中仍十分明显,大处着眼,使人登高望远,有全局之感;小处着手,娓娓道来,使人身临其境,对德国汉学有了深切的了解。

　　通过他对德国汉学的历史的清晰描述,我体会到德国汉学对中国的介绍和研究并不都是梦中的想象、恋人的情思。严肃的德国汉学家们还是一个字一个字地写出了不少研究中国的好书。在雪涛这本书中他又举出了一些这样的例证来证明这一点,如在《马氏文通》前写出德国第一部古汉语语法著作的贾柏莲,于1881年所完成的《汉语经纬》①一书是在德国第一次用语言学的方法对古代汉语进行研究,也是在欧洲语言学史上第一次用崭新的视角来认识一种对欧洲人来说非常独特的印度支那语言的尝试。"贾氏在书中强调了汉语作为一种东亚语言的独特性,叶乃度在为这本书的修订版所作的序中指出:

　　　　贾柏莲是第一个摆脱了他的前辈们影响的人,那些人潜意识中还一直有一种成见,认为每种语言必须用拉丁语的模式来衡量,其语法也要遵照拉丁语来建立,贾柏莲也是第一个正确对待印度支那语言特点的人。

　　……这一里程碑式的著作不仅对德国汉学家的古代汉语的学

────────────

①该书的书封题名为《汉语经纬》,但德文书名为《文言文法》,或曰《不包括粗俗文体和当今口语的中文文法》。

习,而且对研究工作,都起到了极大的促进作用。"①看过贾氏《汉语经纬》的人都会为他那种认真的态度所感动,几百页的书,上万个汉字,都是一笔一画写出来的。难怪当代中国语言学家周法高对此书评价极高。又如,雪涛在书中所指出的,当年做过胡适之先生博士答辩老师的德国汉学家夏德对丝绸之路的研究、对中西文化交流史的研究历来被中国学者所重视,他的《大秦国全录》、《中国与罗马东地》(China and the Roman Orient)至今仍是学者案头必备之书。这些事实都是用后殖民主义理论无法解释的。正如今天没有人能否认法国汉学家伯希和对敦煌文献的研究,无法否认瑞典汉学家高本汉对古汉语的研究一样,我们无法否认德国汉学在近二百年历史中所取得的学术成就②。

"横看成岭,侧看成峰",后派理论家们一根筋地看待人类文化间的知识,看待西方的东方学,看待西方汉学,他们无法解释云霭飞渡下的文化群山。近年来跟着萨义德的理论跑,以此来解释西方汉学和西方的中国观的著作也不少,不能说他们洋洋大观的十几卷著作没有真知灼见。思想的火花、语言的机智在这些学者的书中也有。但总体上缺乏理论的创造和文化的自觉,他们解释西方东方学与汉学的整体框架和理论是萨义德的,是后殖民主义在中国的翻版。雪涛的书没有跟风,书中没有满篇的新名词,没有开口"意识形态",闭口"乌托邦",沉静而自信,按照自己的思路展开,接受新知而不随风,兼容百家而不失己,保持自己解释的独特性,这是这本书的重要特点。

桑兵曾说过:"近代中国学术界名家辈出,形成宋以来学术发展的又一高峰。究其原因,史料大量涌现,承袭清学余荫,沟通域

---

①李雪涛:《日耳曼学术谱系中的汉学:德国汉学之研究》,第38页。
②当然,也有不少汉学著作的水平低下,有些傲慢的西方汉学家其实学问很是一般。

外汉学,当在首要之列。"①雪涛书中特别引人注意的就是德国汉学界和中国近代学术的关系。书中介绍说,陈寅恪曾于1921年冬季入柏林洪堡大学,一直到1925年末离开,在柏林留学整整四年。当时他主修的专业是哲学学院的印度学和汉学。"陈氏曾师从吕德斯、米勒(F. W. K. Müller)等印度学和佛教学者治东方各种古代语言文字和佛学,从海尼士、福兰阁等汉学家治元史和满族学。陈回国之后,其学术真正达到了融会中西于一体的境界,这与他所接受的德国学术训练有直接的关联,正是这一点在后来得到了中国传统学术界的一致推崇。"②而在民国期间在中国大学和研究机构中工作的德国汉学家有几十人之多,书中在总结这一点时说:"从晚清教育制度的改革,特别是1905年科举制度的废除,经学在中国的彻底解体,到中国现代学术体系的真正形成,域外汉学在其中起到过至关重要的作用。在百余年的中国近代史中,内忧外患的时局,政治、经济和文化的急剧变化,迫使中国知识分子在几十年的时间内接受了西方三四百年所经历的各种变革和纷繁复杂的思潮。正是在与西方学术的接触过程中,中国学术才逐步建立起自己的学术体系。"③"王国维在'二十世纪之法国汉学及其对于中国学术之影响'中对葛兰言的研究就予以了批评:'顾此失彼之事亦不能避免,故葛氏书中亦颇多误点。'"④但对葛兰言的研究方法给予了充分的肯定,并由此而说明了西方汉学研究方法对中国近代学术研究之意义。王国维说:"惟氏所用法,方在开始,史语方法训练或有未精。然如继起之人,能有沙、伯史语方法之深刻,再有葛氏社会学法之通达,则其著作必如葛氏诸书之言理持故左右逢

---

①桑兵:《国学与汉学——近代中外学界交往录》,浙江人民出版社,1999年,"绪论"第1页。
②李雪涛:《日耳曼学术谱系中的汉学:德国汉学之研究》,第60页。
③李雪涛:《日耳曼学术谱系中的汉学:德国汉学之研究》,第55—56页。
④李雪涛:《日耳曼学术谱系中的汉学:德国汉学之研究》,第95页。

源,且无葛氏之小訾,则混圆如一,自然颠扑不破了。"①这里的
"沙"指的是法国汉学家沙畹,而"伯"当然就是伯希和了。

　　反之,中国学术界也一直支持和帮助着德国的汉学界,德国汉
学的泰斗福兰阁很认真地说如果没有向达、傅斯年、胡适、洪业、顾
颉刚、张星烺、陈垣、王国维等人的帮助,德国汉学不可能取得当时
的成就,所以,福兰阁认为,在民国时期中国学术界和德国汉学界
的合作达到了很高的程度,"在这一点上,屡经宣称和这样情愿宣
称的两方面精神合作,已是到了显然有功效的地步了"②。

　　德国汉学和中国学术界的这些实际交往不仅仅使我们对中国
近代学术的产生有了更为深刻、全面的认识,也使我们看到用后殖
民主义的"理论旅行"来解释西方东方学和中国近代学术的关系是
多么的单薄。通过德国汉学和中国近代学术的这种关系,说明西
方汉学并不仅仅是一种"单相思",它和中国学术的实际进展还有
着这样或那样的关系。在这个意义上研究西方汉学,并不是像一
些学者所说的那样是"汉学主义",对西方汉学著作的翻译,是自我
殖民化。对西方汉学的研究就是在研究我们自己的学术史,对西
方汉学著作的翻译就是在清理近代以来我们自己学术思路与概念
的变迁。对域外汉学的研究无论从内涵上,还是从外延上都大大
扩展了中国文化历史研究的深度和广度。

　　当然,我们这样做和这样说,并不否认西方汉学本质是西方学
术体系中的一支,是西方文化和学术的一个晴雨表。只是认为仅
仅这样来看西方汉学是远远不够的,我们仅仅靠萨义德的《东方
学》和后殖民主义来解释西方汉学的产生和历史,说明其学术价值
和文化作用是远远不够的。

　　历史是需要解释的,或许历史会因解释理论而呈现出五颜六

①李雪涛:《日耳曼学术谱系中的汉学:德国汉学之研究》,第95页。
②李雪涛:《日耳曼学术谱系中的汉学:德国汉学之研究》,第81页。

色,但历史的本色是存在的。历史不能归结为饭后茶余的闲谈,也不能把西方汉学说成像恋爱中的男女对情人玫瑰般的梦想那样的结果。正是在这点上,我们看到东方主义理论的局限和矫情。

这正是"唱尽新词欢不见,关山万里待重渡"。

2008 年 1 月 21 日写于游心书屋

(李雪涛著《日耳曼学术谱系中的汉学:德国汉学之研究》序言,外语教学与研究出版社 2008 年出版)

西方早期汉学的"千古不朽之作"

——读《耶稣会士中国书简集》

如果把 1814 年 12 月 11 日法国法兰西学院开设汉学讲座,并正式任命雷慕沙为第一位汉学教授作为西方"专业汉学"开始的标志,从此在西方大学的教育系列和知识谱系中有了汉学这门学科,那么我们可以说以 1583 年(万历十一年)9 月 10 日罗明坚进住肇庆为起点,则拉开了长达 200 多年的"传教士汉学"的帷幕,虽然此时以入华耶稣会士为代表的传教士对中国的认识与研究,仍局限于或受制于传教学的影响,但它已具备了汉学的基本形态,以汉语为基本手段,以中国文献和现实为对象的研究已经开始,从而使它与"游记汉学"时期那种浮光掠影的报道形成了明显的区别,并为以后"专业汉学"的形成和发展直接提供了文献与知识的基础。

"传教士汉学"是我们摸清西方汉学知识体系的最重要的一个环节。从张星烺的《中西交通史料汇编》到陈垣的《民元以来天主教史论集》、冯承钧的《西域南海史地考证译丛》和朱谦之的《中国哲学对欧洲的影响》,前辈学者已注意到"传教士汉学"的重要学术价值,并给予了研究。20 世纪 80 年代以来谢方先生在其主编的"中外关系史名著译丛"中收入了何高济等诸先生翻译的金尼阁改写的《利玛窦中国札记》、冯承钧所译的《在华耶稣会士列传及书目》与耿昇所译《在华耶稣会士列传及书目补编》,从而恢复了 30 年代的学术传统,并为进一步的研究奠定了基础。

　　沿着这个学术脉络,由北京外国语大学海外汉学研究中心主办、任继愈先生主编的"国际汉学研究书系"之"西方早期汉学经典译丛"的第一套书《耶稣会士中国书简集》已由大象出版社正式出版,此书的出版标志着学术界对"传教士汉学"基本文献的翻译和整理又迈出了可喜的一步。在人心日益浮躁的今天,郑德弟、吕一民、沈坚、朱静等几位先生能坐下来"啃"这块"硬骨头",其精神实在可嘉。

　　入华耶稣会士的汉学著作很多,早期曾德昭的《大中国志》,安文思的《中国新史》,卫匡国的《中国上古史》《鞑靼战纪》,利玛窦的《中国传教史》在西方都有着重要影响,但《耶稣会士中国书简集》之所以被称为西方汉学"三大名著"的开山之作,不仅仅在于它标志着在华耶稣会士中葡萄牙和意大利籍传教士主导局面的时代结束,法国耶稣会士主导地位的开始,更重要的在于,它对于今天我们深入认识中国的清代历史、18世纪的欧洲史以及中国与西方的关系史都有着重要的意义。中国学术界在明清史研究中一直比较重视入华耶稣会士的西文著作,杜文凯所编的《清代西人见闻录》的翻译和利类思、安文思的《圣教入川记》的出版都代表了这种努力,因为从耶稣会士入华以后,对明清史的记载已不仅仅在中文文献中,于耶稣会士的西文文献中也记载着大量明清史的重要文献,这方面《耶稣会士中国书简集》提供了有力的支持。

　　这些法国耶稣会士中不少人待在北京并经常有机会同康熙见面,因而书中对康熙的介绍是多方面的。在巴多明1723年5月1日的信中,我们可以看到康熙对西方科学的关心、对西方医学和解剖学的兴趣,他还让巴多明把有关西医的书译成满文。在殷弘绪1707年7月17日的信中,我们可以了解到康熙在确定皇位继承人上所遇到的复杂问题和清宫内的激烈斗争的一些细节。在一封写于1718年的信中,可以看到康熙在遴选哪一个皇子继位时的犹豫和严厉。有多封信谈到康熙和传教士的关系,如在扬州接见入华的五位法国传教士,在杭州会见殷弘绪,神父们在南京城郊迎接康熙的南巡。这些记载都可以与清史中的记载相对照,从而使读者对康熙有一个更为深入的认识。因传教士卷入康熙的皇子继位一事,导致雍正对传教士态度的转变和对皇族中信教亲王的迫害,巴多明关于苏努亲王因归信基督教而全家受到迫害的七封长信,给我们提供了雍正时期的珍贵文献,陈垣先生在《雍乾间奉天主教之宗室》一文中曾引用过巴多明这七封信的部分内容,现在这七封信的全文发表会进一步加深我们对该问题的理解。

由于这些法国传教士在国内都是一流的科技人士,被称为"国王数学家",他们入华的直接目的之一就是考察中国的科学,因而书中为我们提供了清代中国科技方面的珍贵文献。殷弘绪 1726年 5 月 11 日信中对中国接种牛痘疫苗以预防疾病的描写十分具体,其中对三种接种疫苗的方法和处方都做了极为清楚的介绍,使人感到中医的魅力,这恐怕是自卜弥格在晚明时期向西方介绍中医后又一次更为深入地向西方介绍中国。厦门的茶叶、陕西的野熊、潮州的黄道蟹、广州的蝴蝶,都被传教士纳入了介绍的行列,其中殷弘绪对景德镇瓷器生产工艺的介绍,完全是一份他送给法国的极为珍贵的工业情报。从景德镇的地理环境到瓷器用土、工艺程序、瓷器模型、瓷器绘画、涂釉入窑、窑的建设、窑火的掌握都一一介绍,这些材料对于我们佐证景德镇的历史有着重要的参考价值。

可以这样说,《耶稣会士中国书简集》为我们展示了一幅中国18 世纪的社会风景画,如郑德弟在译者序所说:"达官贵人、贩夫走卒在他们书简中均有一席之地。中国以家长制为模式的政治管理体制、中国的教育(科举制)、司法、城市管理、伦理、民风、史地、物产、农业、商贸、人口、语言文字等种种问题都是他们在书简中介绍的对象。"从欧洲早期汉学史的角度来看,书简集所报道的有关中国的内容,无论就其广度还是深度都要大大超过以前的著作,因为书简是入华传教士所写，他们生活在中国不同的地区，每个人的兴趣又多不相同，因而它向欧洲的读者展现了一幅东方的神奇画卷。欧洲当代著名汉学家许理和（Erik Zürcher）说，以《耶稣会士中国书简集》为代表的早期西方汉学三大名著"成了欧洲中国文化爱好者的《圣经》"。

　　"传教士汉学"的发展是同欧洲 18 世纪的文化变迁、思想革新联系在一起的，所以，《耶稣会士中国书简集》的另一历史作用，主要在于它为 18 世纪欧洲的思想变革提供了思想的材料，许理和说它影响的主要是"欧洲思想史"。在这个意义上，"传教士汉学"是欧洲思想文化史的一部分，也就是说只有从欧洲思想的变迁历史过程中，我们才能把握住"传教士汉学"的另一个重要方面。

　　当然，这只是指"传教士汉学"的西方语言的著作，而他们的中文著作则是和中国 17—18 世纪的思想文化史联系在一起的，"传教士汉学"的这两部分著作本是一个有机整体，但长期以来由于历史和语言的障碍，两者还不能作为一个整体来研究。在中国学术界，对"西学东渐"的研究较为重视，而对"中学西传"的研究则略显不足。《耶稣会士中国书简集》中文版的出版，则为我们提供了深入理解 17—18 世纪欧洲思想文化史的一手材料。因为若不了解入华耶稣会士所写的一系列有关中国的西文著作，尤其是像《耶稣会士中国书简集》这样的奠基性著作，我们就弄不清当时欧洲何以形成"中国热"，就不知伏尔泰、莱布尼茨、歌德、魁奈、蒙田、维科、狄德罗、孟德斯鸠等这些欧洲 18 世纪的思想文化巨人为何在当时都对中国颇感兴趣。

　　伏尔泰受启于入华耶稣会士的著作，从儒家思想中找到了世俗的理性精神，并以此作为反对宗教愚昧的根据和理由，莱布尼茨是《耶稣会士中国书简集》的忠实读者，白晋给他的《康熙皇帝传》深深地打动了他，使他认为康熙是当时世界上最伟大的帝王，他还从白晋所寄的有关《易经》的材料中，找到了可以证实自己所发现的二进制的内容。孟德斯鸠则从这些文献中得出了另一个相反的结论,认为中国是一个专制主义的国家,尽管是专制政体中最好的国家。在西方向现代社会的发展过程中,东方也发挥着作用,这一点钱锺书在他的" China in the English Literature of the Seventeenth Century"论文中,范存忠在他的《中国文化在启蒙时期的英国》一书中,阎宗临在他的有关17、18世纪中西关系史的一系列论文中都做了开创性的研究。

　　《耶稣会士中国书简集》在当时欧洲所产生的作用,也许是我们今天所不能想象的,这些书信给欧洲人带去了遥远东方的芳香和神奇,"这些书简是如同一种真正的、客观的和几乎天真的编年史一样而出现的,它使大众们产生了一种阅读他们所喜欢的文献之一的感受,这些书简分散于四分之三的世纪中,它们使我们目击了传教区胜利的开端、其充满喜剧性或悲剧性事件的历程及其末日。它们清楚地说明了传教区的宗教、外交和科学等三种志向。它在外交上为法国利益服务,在科学方面实行文化合作,通过译文使得法国人了解了中国哲学,又使欧洲科学能被中国人了解"。在整整一个世纪里,书简集吸引了欧洲的知识界,对他们来说中国绝不仅仅是异国之情调,而是新思想之来源,如当代法国学者席微叶所说:"耶稣会士书简就如同其他许多游记一样,广泛地推动了旧制度的崩溃,在西方那已处于危机的思想中,发展了其相对的意义。……这些书简甚至部分地造就了18世纪的人类精神面貌。"

　　自大航海以后在中西400多年的漫长历史中,1500—1800年间的中西文化交流完全有别于1840年以后的状况,对于这300年的中西互动的历史还需要以新的眼光重新加以审视,一些西方学者完全不顾这一时期中国文化对西方的影响,认为这仅仅是一种"神话",一些中国学者也以1840年以后所形成的中西关系观念来解释这300年的历史,从而产生了一些误解。在这个意义上,《耶稣会士中国书简集》的出版,会为我们重新诠释这段历史提供第一手的文献。

　　梁启超当年在评价《几何原本》时曾说过该书"字字精金美玉，为千古不朽之作"，并说有清一代学者"最喜欢读经世致用之学，大概受利、徐诸人影响不小"。若从欧洲 17—18 世纪的早期汉学史来说，我们也可以讲《耶稣会士中国书简集》为"千古不朽之作"，它深刻地影响了欧洲 17—18 世纪的思想文化史，当时大多数学者以中国为其参照系议论时局，也多受《耶稣会士中国书简集》的影响。

　　　　　　　　　　　　（收入《传教士汉学研究》，大象出版社 2005 年出版）

简议传教士汉学

中国学术界将国外汉学(中国学)①纳入自己的学术视野,作为研究的对象,有两种做法:一是取其知识论上的成果,促进本土学术的发展。例如,史学界在敦煌研究上对法国汉学家伯希和成果的汲取;语言学界对瑞典汉学家高本汉成果的吸收。二是对汉学家研究方法论的学习,以变更本土学术研究的"范式"。如杨堃对法国汉学家马伯乐"宗教社会学"的吸收,首次将涂尔干的社会学方法引入中国宗教史的研究之中。而这两方面都有赖于对国外汉学的研究,因为西方汉学是西方学术体系中的一个分支,若不了解其学术的流变和发展,则无论是从知识论上还是从方法论上对其汲取和借鉴都会产生问题。

前辈学者早已认识到这一点,20世纪30年代莫东寅的《汉学发达史》和朱滋萃翻译的日本学者石田干之助的《欧人之汉学研究》,就是国人最早的对西方汉学史进行研究的著作。但如何对西方汉学史分期,两人各有自己的表述。最近出版的由何寅和许光华主编的《国外汉学史》是近年来国内第一本关于海外汉学的通史性著作,该书将东西方汉学历史融为一体,分为"国外汉学的滥觞和酝酿(从古代至18世纪)""国外汉学的确立和发展(19世纪至

①以下在谈到整个西方汉学时,我所使用的是广义的"汉学"概念,它包含"中国学"这样的历史形态。

20世纪初）"和"从传统'汉学'到现代'中国学'（20世纪20年代以来）"三个阶段。

从西方汉学的历史来看，我主张采用"游记汉学时期""传教士汉学时期"和"专业汉学时期"的分期倒更为合适。理由在于：其一，这样的分期基本符合西方汉学发展的实际历史。《马可·波罗游记》是西方游记汉学时期的主要代表著作；利玛窦的《中国札记》，杜赫德所编的《耶稣会士中国书简集》《中华帝国全志》等书是传教士汉学时期的主要代表著作；1814年12月11日法国的法兰西学院开始设立汉学教授的位置，雷慕沙的《汉文启蒙》成为专业汉学的代表性著作。这些判断和结论是得到几乎所有汉学家认可的。西方汉学的历史也是这样走过来的。其二，这样的分期突出了传教士汉学的特殊地位。

以上的分期方法并不是绝对的，实际上每个时期也不是决然分开的，1814年专业汉学诞生以后，传教士汉学依然很发达，马伯乐说18世纪是传教士汉学的世纪，其实19世纪同样也是传教士汉学的世纪，虽然在欧洲专业汉学得到了稳定的发展，但在中国仍是传教士汉学家们的天下，只要提及马伯乐的同乡顾赛芬在中国所取得的成就就足够了。虽然，这三种汉学是交织在一起的，但大体来说，还是有个分期，这样划分不仅是在时间段上的区别，更重要的是它们在学术特点上的区分。

传教士汉学的学术特点是很明显的。也许有人认为传教士汉学的价值不大，因为它们的基本理论框架是在传教学之中的，许多研究没有建立在现代学术的基础之上。这种看法诚然有其合理性，但其实西方汉学的任何一个时期，都受其不同理论框架的影响，按萨义德的看法，现在西方的整个东方学都是在"欧洲中心主义"的理论下发展起来的，其基本的出发点都是有问题的。当我们把西方汉学作为其研究对象时，并不会因其不同的理论框架而放弃研究。从比较文化和跨文化研究来看这是正常的，我们要做的是了解西方汉学在西方学术和文化的背景下,是如何发展的,它的发展对西方和中国的学术有什么价值和启示。

如果有了这样的视角,我们就会发现传教士汉学的独特性。

首先,我们从西方学术和文化的角度来看,传教士汉学实际上是西方汉学的奠基石。这一点莫东寅看得很清楚,他说:"从来欧洲人关于东方的知识,多得于旅行之见闻,或事业之报告,至十六世纪,东印度航路发现,耶稣会士东来,于东方文物,始进入于研究之域。十八世纪,礼仪问题发生,遂提高欧洲本土之极东探索,各教士皆为拥护本派,详细研究中国礼俗,其报告论战,甚刺激欧洲宗教界,东方研究因而愈广。东来教士及欧洲本土学者相偕并进,至十九世纪,汉学于焉确立。"在欧洲的东方知识演进的过程中,入华的传教士所起的作用是至为关键的。

无论是天主教的传教士还是基督新教的传教士,他们中绝大多数人长期生活在中国,对中国的社会生活和文化内涵有着独特的理解和深入的研究,他们所取得的成果即使在今天看来也十分可观。利玛窦等入华的耶稣会士中不少人一生用中文写了十几部、二十几部著作,虽然他们有中国文人的帮忙,但即便如此,这个成就也是很值得夸耀的。宋君荣的《中国天文学史》、马礼逊的《华英字典》就是在今人看来也是很有价值的。雷慕沙认为,利玛窦是"西方汉学的奠基人"此说绝不为过。因为,西方专业汉学的诞生和起步,实际上是直接在传教士汉学的基础上开始的。雷慕沙走马上任后,如果没有马若瑟的《汉语札记》他就开不了课,他自己的成名作《汉文启蒙》就是受启于马若瑟的《汉语札记》。理雅格翻译的《中国经典》,卫礼贤翻译的《易经》,时至今日也仍是欧美汉学家们案头必备之书。传教士生活在中国,他们与中国实际生活的那种紧密联系是许多后来的专业汉学家所不能及的。

传教士汉学的独特性还在于,作为一种对东方文化的介绍和研究,它与西方思想的变迁是紧密相连的,特别是在 18 世纪。只要提一下法国的伏尔泰、德国的莱布尼茨和入华传教士的交往就足以说明这个问题,无论是"游记汉学"还是"专业汉学",都从未像传教士汉学那样深刻地影响欧洲思想史的发展。因此,对传教士汉学的研究必须是在两个方面同时展开的:一个是他们生活的中国;一个是他们所影响的欧洲。任何一个学者,一旦进入传教士汉学的研究领域,就会发现自己站在中西文化的交汇处,这和那些后来大多数从未来过中国,仅仅依靠文献来做研究的专业汉学家有着明显的不同。

传教士汉学对中国的学术和思想来说,其影响力也大大超过了"游记汉学"。从晚明耶稣会士罗明坚、利玛窦入华到晚清的基督新教传教士马礼逊等人入华传教的活动,可以说就是从晚明到整个清代中国思想和文化变迁的一个重要外因。胡适则认为"17世纪耶稣会在中国的巨大成功,就是文化间一见钟情的好例子"。胡适说得不错,徐光启第一次见到圣母的西洋油画时,久久凝视而不愿离去;晚明大儒冯应京读到利玛窦的《天主实义》时,爱不释手,马上翻刻;李卓吾曾几次和利玛窦见面,帮其修改奏书,赠其诗文,称他为"极标致之人"。三棱镜的神奇、红衣大炮的威力、《几何原本》的实用、天文观测的准确,这些正如胡适所说"科学上的胜利,大大地推动了基督教的传播,为它赢得了不少当时最富才华、思想严谨的学者"。晚清时基督教对太平天国的影响,《中国丛报》对魏源等进步思想家的影响,基督新教所开办的教会大学、医院等对整个转型中的中国社会的作用,这些都已经被学术界所认可。

在学术上传教士的汉学研究也对近代中国学术的发展产生了重要影响,但不少研究成果至今尚未被我们充分认识。例如,入华传教士的汉语研究和成果,长期以来学术界重视不够,除了罗常培先生等极少的学者外,中国语言学史的学者很少将其纳入研究的视野,实际上中国语言的变化大都是在同外来文化的接触中发生的,最明显的例证是佛教传入中国后,对中古汉语的影响。目前,研究佛教对中古汉语变迁影响的论文、著作很多,但对基督教传入后对中国近代语言变迁的影响研究不够,实际上入华传教士在学习汉语的过程中对汉语的研究所取得的成果是很大的。最近,语言学家游汝杰先生在谈到传教士的中国方言研究时,认为传教士在音韵学上所取得的成就要比乾嘉学派的语言学家们高得多。这样的结论恐怕会使很多人吃惊!中国的第一部汉语语法书是1898年由马建忠所写,而实际上早在1703年西班牙传教士万济国就用拉丁文在广州刊刻了《华语官话艺术》。仅此,便可说明我们要重新认识传教士汉学研究的成果及其价值。

"19世纪欧洲传教士观察中国农村所留下的记录,具有高度的史料价值,是研究19世纪中国社会极佳的第一手资料。1950年代初期萧公权院士撰写《中国乡村》(*Rural China: Imperial Control in the 19th Century*)巨著时,就参考了大量的欧洲传教士的著作。"费正清也认为,揭开中国近代以来发展原因的一个重要方面是对入华传教士的研究。

即便是今天的专业汉学,对中国的学术和思想变迁的影响也不及传教士汉学。今天学术和思想虽也处在重建时期,并也和西方专业汉学发生着密切的关系,但大体上自己的脉络是清晰的,而相比之下,从晚明到晚清,则是中国社会剧烈变化和学术范式急剧转变的时期,外来思潮对中国学术与思想的影响越来越大,最终催生出中国的现代思想和现代学术。其间,传教士们的汉学研究,他们所介绍的西方思想发挥过重要作用,当时他们的影响力绝不是今日的专业汉学所能及的。

这些都说明传教士汉学是一个亟待开发的领域。无论是研究西方汉学的发展史,还是研究中国近代社会史、中国基督教史、中国文化史和思想史都绕不过这个环节。

20世纪80年代以后,中国学术界开始注意对传教士的研究,无论是对明清之际入华的天主教传教士的研究,还是对晚清时入

华的基督教新教传教士的研究都取得了实质性的进展。但如何将
中国基督教史的研究和传教士汉学的研究结合起来,仍是一个尚
未完全解决的问题。或者说不少人仍将其视为两个完全不同的领
域。这直接影响到对传教士汉学的研究。因为对传教士汉学的研
究需要一定的外语阅读能力,除了语言能力以外另一个重要的原
因就是受到国外一些汉学家所提出的所谓"汉学的转向"这一学术
模式的影响。这种在中国基督教史的研究中,方法从"传教学研
究"到"汉学研究"的转向是由国外汉学家提出的。他们认为,长期
以来"对早期耶稣会的一般的研究多是'传教学'的研究,主要注意
力都集中于著名耶稣会士的生平和活动,集中于耶稣会传教策略
和'礼仪之争'这一多有争议的问题,集中于西方的原始资料,在某
种程度上也集中于耶稣会自己的中文著作"①。他们认为后来西方
汉学界对明清基督教史的研究发生了重要的学术转向,"这一转变
即是:人们从重视对传教学的研究转向重视对中国文人对西学以
各种方式做出反应(无论积极的还是消极的)的研究(后者包括科
学技术和数学)"②。

　　这本是西方汉学界的一种观点,但一些中国学者也跟着如是
说,似乎中国学术界在中国基督教史的研究中确有这样一个转变。
这真是一个大误解。其实,这种研究方式的转变是西方汉学家从
自己的传统来讲的,它和中国自己的学术传统并无关系。中国基
督教史研究的开创者陈垣先生一开始就注意所谓的"汉学问题",
即中国文人对基督教的接受问题。但现在我们国内的一些人不明
白汉学研究和国学研究之别,直接把这种"汉学转向"的研究模式
移植到中国自己的学术传统中。这种方式的一个直接结果就是将
研究的重点转移到中国人对基督教的接受方面。这个问题当然可

---

①②许理和编,辛岩译:《十七—十八世纪耶稣会研究》,《国际汉学》第4辑,大
　　象出版社,1999年,第443、445页。

以研究,也很重要。但这种研究方向对中国自己的学术传统来说不是什么新的东西,也谈不上什么学术上的"转向",因为,陈垣先生一开始就是这样做的。如果有什么"转向",那只是对西方汉学自己而言。如果将这种转向作为一种学术的范式接受下来,就会在我们自己的学术研究中产生两个问题:

第一,在中国基督教史的研究中,会忽略传教士的活动。这显然对中国基督教史的研究不利,因为从明清时期的中国基督教史来看,其主导方面是传教士,如果这个主导的方面抓不住,明清基督教史的主线就会模糊。这点我会在其他文章中详细展开,这里姑且不做深入论述。

第二,这种理解把入华传教士统一的整体的两个方面完全分开了,即把"传教士汉学"和"传教士在华活动影响"这两个方面完全分开了,或者说将传教士的西方语言著作及其影响和传教士的在华活动及其影响分开了,从而使许多人忽视了传教士汉学的研究。

应该承认我们偏离陈垣、方豪先生所开辟的学术研究很久了,在我们刚刚回到这个学术传统时,对传教士的研究不是多了,而是远远不够。从中国基督教史研究来看,对传教士西方语言著作了解的欠缺恰恰是我们学术上的不足。这里我只是想指出:从中国基督教史的研究来看,我们必须加强传教士汉学的研究。

要推进传教士汉学的研究,有两点特别重要。其一,应从原始著作和文献出发,在第一手材料上下功夫。傅斯年先生曾经在《历史语言研究所工作之旨趣》中说:"凡能直接研究材料,便进步。凡间接地研究前人所研究或前人所创造之系统,而不繁丰细密地参照所包含的事实,便退步。""凡一种学问能扩张它研究的材料便进步,不能的便退步。"如果将传教士汉学史作为研究对象也同样如此。不能将自己的研究停留在国外研究的二手材料上,而应直接面对原文，这方面值得称道的是计翔翔的《十七世纪中期汉学著作研究》，这本书是直接从第一手材料出发，从个案研究入手，特别可贵的是他直接将国外研究者的成果纳入讨论之中，对其不足进行批评。这同那种完全依赖国外二手材料，只是将别人的研究转述成中文的做法根本不同，目前关于入华传教士汉学方面的研究论著虽然渐丰，但真正从一手原始文献出发的研究仍不多见。

其二，如何将传教士汉学的著作和明清史的研究与欧洲文化史的研究结合起来，把传教士的著作放入中西的实际历史进程中加以研究，这是传教士汉学能否取得进展的关键所在。

收入这本论文集的文章是我近年来对传教士汉学的研究成果，在基本思路上是按上面所讲做的。可以说我自己只是朝这个方向努力了，但做得并不理想。由于文章写作时间不一，有些论文今天看起来并不很成熟，但我还是收了进去。写作是学者的生命，我珍视生命的每个阶段。

我很有幸处在这样一个社会和思想巨大变革的时代，一个学术重建的大时代，当我们接过前辈的学术话题时，仍感到一切那么崭新。在那炮火连天的动荡年代，前辈们早感觉到了许多重大的方向要去研究，但时代没给予他们时间，陈寅恪在清华开设的第一门课，就是法国汉学家考狄的《欧洲汉学史书目》，可惜讲者有心，听者无意，最后这门课竟越听人越少，陈垣先生在给马相伯的信中就希望能继承明儒李之藻未竟之伟业，编出一套《天学总函》，像编《开元释教录》那样，编出一本中国基督教史总目。南北二陈，作为中国近代史学的拓荒者，都注意到了西方汉学研究和中国学术研究中入华传教士汉学这个重大的学术方向，也给我们留下了宝贵的学术遗产。但路不过刚刚开始，一切还有待我们的继续努力。中国学术的重建需要一代一代人的努力，需要一砖一瓦的积累，我希望通过这个论文集，也能对我国的传教士汉学研究尽一己绵薄之力,为这条前辈所开辟的学术之路加上小小的一块铺路石。

张西平
2004 年 7 月 30 日于北京枣林路游心书屋

（笔者《传教士汉学研究》前言,大象出版社 2005 年出版）

关注国际中国文化研究的
"历史性"与"变异性"

　　域外中国学或者汉学研究的展开,首先要从历史入手,正像我们从事中国学术史的研究一样,各国对中国文化的研究也都有着自身的历史、学术脉络和传承。因此,从"历史性"入手是进入这个学科的第一步。2014年是西方专业汉学200周年诞辰,北京外国语大学中国海外汉学研究中心与法兰西学院汉学研究所共同在巴黎召开了庆祝法国专业汉学建立200周年的学术研讨会。

　　下面是我在这个会议开幕式上的一个简短发言,这个发言侧重的就是"历史性"。

　　今天,我们在这里共同庆祝法国专业汉学建立200周年,缅怀雷慕沙(Jean-Pierre Abel-Rémusat,1788—1832)等法国汉学的开创者们在汉学研究上的丰功伟业,这是一个令中国和法国学术界高兴的日子。1582年以利玛窦(Matteo Ricci,1552—1610)为代表的耶稣会士的入华,标志了中国和欧洲两大文明开始在精神层面上真正相遇。利玛窦将西方的文化介绍到中国,这种"西学东渐"为明清之际的思想和文化变革提供了新的内容,产生了积极的影响。同时,由于耶稣会士辛勤的翻译,中国的哲学、历史等经典性著作开始被翻译成欧洲的各种语言。在来华传教士中以路易十四所派遣的法国耶稣会士最为勤奋,他们成为沟通中国和法国文化之间的摆渡者。

这种"中学西传"也成为当时法国思想和文化变迁的一个重要外部因素。

欧洲汉学到 18 世纪末和 19 世纪初发生了较大的变化,传教士汉学转变为"专业汉学"。法国汉学经过弗雷烈(Nicolas Fréret,1688—1748)、傅尔蒙(Étienne Fourmont,1683—1745)、黄嘉略(1679—1716)这样的传承,到 19 世纪初,专业汉学诞生了。在法国东方学中开始有了一个新的学科:汉学。如戴密微(Paul Demiéville,1894—1979)所说:"1814 年 11 月 11 日,法兰西学院汉语教授席位的创立使汉学研究的面貌大为改观。这不仅是对法国汉学,而且对整个欧洲汉学都是一个关键性的日子。对中国的研究被列为大学学科,这在西方世界还是第一次(在俄国直到 1851 年,在大不列颠直到 1876 年才进入大学学科,在欧洲其他国家那就更晚了,美国是最后)。"担任第一个汉学教授的是当时年仅 27 岁的雷慕沙。他最初攻读医学,1813 年进行中国医学论文答辩,他 1811 年对"鞑靼"语言以及 1813 年对中国语言文学的研究引起了人们的注意。雷慕沙的代表性著作是《汉语启蒙》(*Eléménts de la grammaire chinoise*,Paris,1822)。

西方专业汉学的诞生标志着中国的知识和学问开始成为世界性的学问,成为人类共同知识财富的一部分。西方汉学从其诞生起就同中国学术界有着千丝万缕的关系,在一定意义上讲,中国近现代学术的产生是和西方近现代的汉学发展紧密联系在一起的,也就是说,中国近现代学术之建立是中国本土学者与汉学家们互动的结果。利玛窦与徐光启(1562—1633),理雅各(James Legge,1815—1897)与王韬(1828—1897),儒莲(Stanislas Julien,1797—1873)与王韬,伯希和(Paul Pelliot,1878—1945)与罗振玉(1866—1940),夏德(Friederich Hirth,1845—1927)、钢和泰(Alexander von Stael-

Holstein,1877—1937）与胡适（1891—1962）,高本汉（Klas B. J. Karlgren,1889—1978）与赵元任（1892—1982）等,汉学家与中国学人的交往我们还可举出许多例子,正是在这种交往中双方的学术都发生了变化,互为影响,相互推动。戴密微在厦门大学任教,卫礼贤（Richard Wilhelm,1873—1937）执教于北京大学讲坛,陈寅恪（1890—1969）受聘于牛津大学,在20世纪20、30年代双方的交往比今天还要频繁。就中国来说,正是在这种交往中中国学术逐步地向现代化形态发展。

　　当年傅斯年（1896—1950）在谈到伯希和的学问时说:"本来中国学在中国在西洋原有不同的凭藉,自当有不同的趋势。中国学人,经籍之训练本精,故治纯粹中国之问题易于制胜,而谈及所谓四裔,每以无新材料而隔膜。外国学人,能使用西方的比较材料,故善谈中国之四裔。而纯粹的汉学题目,或不易捉住。今伯先生能沟通此风气,而充分利用中国学人成就,吾人又安可不仿此典型,以扩充吾人之范围乎。"①这说明了当时汉学对中国学人的启示。实际上,近现代以来,中国学术对西域的研究日益加强,对敦煌学术的展开都是受到了西方汉学家的影响。其实中国近代学术从传统的注经转变为现代社会科学的方法,一个重要因素是受启于海外汉学。陈寅恪任教清华之初,遵循地道的欧洲汉学及东方学方法,讲授考狄（Henri Cordier,1849—1925）的汉学书目。赵元任和李方桂（1902—1987）的语言学研究走出传统的小学,而采取现代语言学的方法,一个重要原因就是受到瑞典汉学家高本汉语言学研究的影响。这说明西方汉学和我们中国本土的学术传统有着内在的联系。

――――――――――

①《法国汉学家伯希和莅平》,《北京晨报》1933年1月15日,转引自桑兵《国学与汉学:近代中外学界交往录》,浙江人民出版社,1999年,第140页。

　　当下,中国学术正经历着前所未有的深刻变化,如何看待近代已经形成的新的学术体系和知识系统,如何看待中国固有的传统知识和体系,这些都是在积极讨论的问题。而如果不清楚近代以来中国学术与西方汉学之间的互动,就很难说清今天中国学术体系和知识的形成与来源。这就是中国学术界为何从 20 世纪 80 年代以来十分重视对海外汉学研究的原因之一。陈寅恪在谈到学术发展时说:"一时代之学术,必有其新材料与新问题。取用此材料,以研求问题,则为此时代学术之潮流。治学之士,得预于此潮流者,谓之预流。其未得预者,谓之未入流。此古今学术史之通义,非闭门造车之徒,所能同喻者也。"①今日中国学术之发展,掌握域外汉学研究成果已经成为研究之前提,无论在问题意识上还是在研究材料上,海外汉学界的成果都是国内学者不可以忽视的。同时,中国学术界近年来的学术进展也同样为西方汉学界所重视,新的对话正在开始,这无论是对西方汉学界还是对中国学术界都是很有意义的。

　　海外中国学或者汉学还有另一个重要的特点就是"变异性",本期《国际汉学》"汉学一家言"栏目中严绍璗先生在文章中指出:"国际中国文化研究本身就是一门世界性的学科,我们只有在逐步把握各国中国学之间的相互的精神渗透的过程中,才能更加准确与清晰地把握对象国'中国学'的本质特征,也许我们只有在理解它与世界文化的关系中才能更加确切地把握它的文化本质。"②"一旦中国文化被具有与中华文化不相同的'哲学意识者'言说,则中

---

① 陈寅恪:《金明馆丛稿二编》,生活·读书·新知三联书店,2009 年,第 266 页。
② 严绍璗:《国际中国文化研究的哲学本体——关于这一学术的几个问题》,《国际汉学》2015 年第 2 期,第 33 页。

国文化就从'本源形态'转化为'变异形态'。正是在这样的文化运作中,几乎可以肯定地说,国际中国文化研究不是一种'单边文化',而是与比较文学学术的基本定位相一致,即属于'跨文化研究体系'。"①

如何把握好国际中国文化研究的"历史性"和"变异性"是能否做好这门学问的关键所在。我们今后将就这两方面继续展开讨论。

2015 年 5 月 19 日写于病中

(《国际汉学》2015 年第 2 期编后记)

---

① 严绍璗:《我看汉学与"汉学主义"》,《国际汉学》2014 年第 1 期,第 5—6 页。

汉学研究二题

对国外汉学的研究是上个世纪 80 年代以来中国学术在其恢复和重建中最重要的努力之一,我们应该如何看待这个学术现象? 如何把其放入中国学术的流变和发展的历史脉络中进行分析? 如何提高我们对这一学科研究的自觉性? 这都是需要我们认真考虑的问题。

汉学和近代中国学术的转变

如果把日本宋学作为日本汉学的独立形态,日本传统汉学当形成于 14—15 世纪,它已有近 600 年的历史;如果把利玛窦入华作为西方早期汉学,即"传教士汉学"开始的标志,它已有近 400 年的历史;如果把 1814 年 12 月 11 日法国法兰西学院正式任命雷慕沙为"汉、鞑靼、满语言文学教授"作为"西方专业汉学"诞生的标志,西方专业汉学也已走过了 189 年的历程。

海外汉学从其诞生起就同中国学术界有着千丝万缕的关系,在一定意义上讲中国近现代学术的产生和近现代西方汉学的发展是紧密联系在一起的,也就是说她是中国近现代以来的学者与汉学家们互动的结果。利玛窦与徐光启,理雅格与王韬,王韬与儒莲,伯希和与罗振玉,胡适与夏德、钢和泰,高本汉与赵元任等等,汉学家与中国学人的交往我们还可举出许多例子,正是在这种交

往中双方的学术都发生了变化,互为影响,相互推动。戴密微在厦
门大学任教,卫礼贤执教于北大讲坛,陈寅恪受聘于牛津、剑桥,在
20 世纪 20、30 年代双方的交往比今天还要频繁。就中国来说,正
是在这种交往中中国学术逐步地向现代化形态发展。

　　当年傅斯年在谈到伯希和的学问时说:"本来中国学在中国在
西洋原有不同的凭藉,自当有不同的趋势。中国学人,经籍之训练
本精,故治纯粹中国之问题易于制胜,而谈及所谓四裔,每以无比
较材料而隔膜。外国学人,能使用西方的比较材料,故善谈中国之
四裔。而纯粹的汉学题目,或不易捉住。今伯先生能沟通此风气,
而充分利用中国学人成就,吾人又安可不仿此典型,以扩充吾人之
范围乎。"①这说明了当时汉学对中国学人的启示。实际上近现代
以来,中国学术对西域的研究日益加强,引起许多学者感兴趣,这
显然是受到了西方汉学家的影响。胡适在 1916 年 4 月 5 日的日记
中说:"西人之治汉学者,名 Sinologists or Sinologues,其用功甚苦,
而成效殊微。然其人多不为吾国古代成见陋说所拘束,故其所著
书往往有启发吾人思想之处,不可一笔抹煞也。"②

　　这里胡适已认识到汉学的特点,以后胡适在与汉学家钢和泰
交往中改变了原来认为汉学家治学"成效殊微"的看法,而是直接
向钢氏求教梵文。而他对瑞典汉学家高本汉的评价更说明西方近
代汉学对中国学术的影响,高本汉以治音韵学而著称,胡适说:"近
年一位瑞典学者珂罗倔伦(即高本汉)费了几年的工夫研究《切
韵》,把二百六部的古音弄的清清楚楚。林语堂先生说:'珂先生是
《切韵》专家,对中国音韵学的贡献发明,比中外过去的任何音韵学
家还重要。'(《语丝》第四卷第廿七期)珂先生成绩何以能这样大
呢? 他有西洋音韵学原理作工具,又很充分地运用方言的材料,用

---

①傅斯年:《法国汉学家伯希和莅平》,《北京晨报》1933 年 1 月 15 日。
②胡适:《胡适留学日记(下卷)》,安徽教育出版社,2006 年,第 198 页。

广东方言作底子,用日本的汉音吴音作参证,所以他几年的成绩便可以推倒顾炎武以来三百年的中国学者的纸上功夫。"①鉴于西方汉学的这一成就,他号召青年人要掌握新的研究方法,那时再来重新整理国故,便可"一拳打倒顾亭林,两脚踢翻钱竹汀"。

当时海外汉学对中国学界的冲击非常之大,以致陈垣先生说:"现在中外学者谈论汉学,不是说巴黎如何,就是说西京(日本东都)如何,没有提中国的,我们应当把汉学中心夺回中国,夺回北京。"②其实中国近代学术从传统的注经转变为现代社会科学的方法,一个重要因素是受启于海外汉学。陈寅恪任教清华之初,遵循地道的欧洲汉学及东方学方法,讲授欧洲东方学研究之目录学。对于这段历史桑兵先生的《国学与汉学:近代中外学者交往录》一书有详细的研究和介绍,这里我不过摘其一二而述之,说明在20、30年代伯希和、高本汉等海外汉学家的中译本著作对当时学界的影响,说明汉学和我们自己的学术传统的内在联系。

汉学对当代中国学术发展的意义

为什么在上个世纪80年代中国学术界开始逐步关注海外汉学的发展呢?其实这里有着深刻的文化和学术的背景。从大处说,从那时开始学术界开始了一种深刻的反思,检讨以往的学术,试图跳出长期以来制约学术发展的那种教条主义的体系和方法,寻求一种新的理论和方法。这是80年代西学热的基本背景。海外汉学当时是作为西学的一部分而介绍到中国学术界的。这种狂飙式的介绍和学习还是给学术界带来了许多新的东西,不管今天人们怎么评价80年代的西学热,我对那段历史一直心存敬意。不

---

① 胡适:《胡适文选(下)》,中国文史出版社,2013年,第437页。
② 欧济霖:《国学大师陈垣》,岭南美术出版社,2005年,第68页。

可否认当时所介绍进来的一些理论和方法还是对中国传统文化的研究产生了影响,例如雅斯贝尔斯的"轴心期理论",几乎成为我们解释中国文化的一个基本视角,以法国历史学家布罗代尔为代表的"法国年鉴派"的理论和方法也已经成为新一代学者构建自己学术体系的基本依据。

但到80年代后期人们已经感到,仅仅西学的介绍对中国文化的研究是不够的。特别是90年代初加大了对中国文化的研究,学术界需要有关如何研究中国本土学问的新方法,如李学勤先生讲"国际汉学研究对于中国学术界来说,有着特殊的重要性"[①],而作为西学一部分的汉学以研究中国历史和文化为其对象,它所提供的一些方法和理论对以中国本土文化为学术研究对象的学者来说更为直接和便利。这就是"海外中国学丛书"当时受欢迎的原因之一。而汉学家们的研究方法和成果对中国学术界的影响,我们只要提一下费正清的中国近代史研究和李约瑟的中国科技史研究就足够了。

国外汉学家的一些研究为什么会在一些方面高于国内同行的研究呢?这是我们国内学者要认真反思的,这里的原因是多方面的,我认为有两点较为重要。

第一,有些研究方向的文献,海外优于国内。例如长期以来敦煌在国内,敦煌学在国外,但这并非国内学者不努力,而是绝大多数敦煌文献藏于国外,国内学者无法使用。类似的情况还有不少,如明清中国基督教研究,至今最优秀的学者、最有影响的著作大多是汉学家的而不是国内学者的。因为大多数传教士的文献藏于国外。

第二,研究方法汉学家高于国内学者。高本汉用现代语音学的理论研究中国古代音韵,从而使这一研究走出了中国传统语言学研究的老路。李约瑟运用现代科技思想整理中国历史,从而开创了中国科学技术史这一新的学科。费正清用现代社会科学的研究方法研

---

① 李学勤:《国际汉学著作提要》序,江西教育出版社,1996年,第2页。

究中国近代社会,从而开创了西方汉学的新路,使美国汉学从此有别于欧洲汉学。目前,国内文科研究中许多人采取社会学、人类学的方法,这同样受启于汉学家。在中国历史文化研究面临范式转换的今天,汉学家对中国学术界在方法论上的影响日益增大。

汉学家的研究水平并非整齐划一,他们中许多人的研究隔靴抓痒,文不对题。他们的许多研究方法和成果也应深入讨论,但这些都不能作为我们轻视海外汉学家的理由,他们的存在已是无可争辩的事实,我们应了解他们、研究他们并与其积极对话,以此促进中国学术的发展。在这个意义上,加强对汉学的研究是推动中国学术发展的一条重要措施。

在更大的意义上看,汉学的存在标志着中国自己的学问,无论是传统的文史哲,还是当代有关中国的社会科学的各个门类已经不再是中国学者自己独有的专利,中国学术已成为一门世界性的学问。汉学的存在日益揭示出了中国文化的世界性意义。近 20 年来在西方的传统文科中,汉学成为发展最快的学科,全球范围内学习汉语的人数每年以 15%的速度发展。随着中国加入 WTO,域外汉学还将会有大的发展。在这个意义上,汉学的发展是中国发展的表现,汉学的强大是中国强大的表征,它是中国文化走向世界的标志。正像人们所说的语言与文化的强大是民族昌盛的特征。现在全球有近万名专业汉学家,仅美国就有 6000 多名职业汉学家,每年毕业的汉学博士有近千名,每年海外出版的汉学著作有几百部,面对这个庞大的群体,我们不能采取鸵鸟政策,无视他们的存在。中国学术走向世界首要一步就是要了解海外汉学,中国文化要显示其世界文化的意义,最重要的就是要做好与汉学的沟通与互动。

（发表于 2003 年 5 月 21 日《中华读书报》,转载于《新华文摘》2003 年第 10 期,后收入《新华文摘精华本·文化卷》(2000—2008),人民出版社,2008 年）

如何展开海外中国学研究

　　"国际汉学研究书系"出版已经十五年了,当年是任继愈先生写的总序,先生已经驾鹤西去,他对"国际汉学研究书系"的关心和指导至今仍是我们考虑这套书的出发点。

　　近三十年来,国内学术界对海外汉学(中国学)的研究已经取得了长足的进步,研究大大深入了。学术界已经充分认识到,中国人文社会科学走向世界,展示自己的学术成果,扩大自己的学术影响力,第一步就是要了解国外中国文化的研究(汉学或中国学)的历史与现状,唯有如此,才能迈出走向世界的坚实步伐。

　　同时也应看到,海外中国学与中国近现代的中国学术进展紧密相连。从晚明时开始,在全球化的初期,中国已经被卷入世界的贸易体系之中,关于中国的知识、文化、历史、典籍已经开始被这些来华的传教士、外交官、商人研究。从那时起,中国的知识已经不完全归中国学者独有,开始有了另一套讲述中国文化和学术的新的叙述,这就是海外中国文化研究(汉学或中国学)。而且在1814年的法国,他们已经把中国研究列入其正式的教育系统之中,在西方东方学中开始有了一门新学问——汉学。更为引起我们注意的是,1905年中国废除科举制度,经学解体,中国知识的叙述系统发生了根本性变化,目前我们这一套人文社会科学体系,完全是从西方传过来的,其中很大一部分是经由苏联传来的。作为后发性现代化国家,自己的知识系统的独立发展已经中断了,而帮助我们建立这套现代学术体系的人中,西方汉学家起到很重要的作用。在这个意义上,如果不了解国外的中国文化研究(汉学或者中国学),我们就搞不清我们自己的近代知识系统的形成与变迁。

更为重要的在于今天中国崛起后,我们希望走出百年欧风美雨对我们的影响,重建中国的学术体系,如果做到这一点也必须了解域外中国文化研究,不这样,我们自己的近代到当代的学术历史就搞不清,中国学术的当代重建也是一句空话。

中国学术已经在全球范围内展开,为了让中国学术回到世界学术的中心,为了重建好自己的学术系统,我们都必须了解海外的中国文化研究(汉学或中国学)。

如何展开海外中国学的研究呢? 以下三点是很重要的。

首先,要了解各国中国学研究的历史与传统。每个国家对中国的研究都有自己的历史和传统。所以,摸清其历史和传统应该是与其对话的基本要求,不然会闹出笑话。近三十年来中国学术界在这方面已经取得了初步的成果。《国际汉学》《世界汉学》《汉学研究》已经成为重要的学术阵地,"海外中国研究丛书""国际汉学研究书系""列国汉学史丛书"等多种系列丛书在学术界受到了欢迎。我们对各国的中国文化研究传统有了一个初步的了解。

其次,要注意海外中国文化研究的学术背景和文化背景。西方的中国研究是在西方的学术背景下展开的,他们的基本理论、框架、方法大都是西方的,因此,在把握这些国外的中国研究,特别是西方的中国学时,要特别注意这一点,万不可以为,他们讲述的是中国的知识和内容,就按照我们熟悉的理论和方法去理解他们。对待域外的中国文化研究应从跨文化的角度加以分析和研究。这是一个基本的出发点。

最后,积极与海外中国学展开学术互动,建立学术的自信与自觉。在当前的世界学术话语中,无论人文学术或者社会科学的研究,占主导地位的是西方的学术话语。由于长期以来,国内学术界未在国际学术领域展开，中国研究，这个原本属于我们掌握话语权的研究领域，在国际范围起主导作用的仍是西方的中国学研究者，这在社会科学研究领域十分明显。近年来有所好转，但基本格局尚未扭转。因此，我们走向世界的第一步是了解海外的中国文化研究，同时，我们所面临的第一波的学术论争也可能是和西方的汉学家们展开的。在解释中国文明与文化，在解释当代中国的发展上，西方中国学研究领域已经形成了一整套的理论和方法，这些理论和方法中有些对我们很有启发，值得我们深思，有些则明显是有问题的，这就需要我们和他们展开学术性的讨论。所以，在与国外汉学家们打交道时，文化的自信和自觉是一个基本的立场。

世界的重心在向东方转移，走出"西方中心主义"是一个大的趋势，西方文明和中国文明一样都是地域性的文明，同时都具有普世性的意义，一切理论都来自西方的看法肯定是有问题的。在中国文化研究上更不应如此。因此，在世界范围内展开中国文化研究，熟悉国际范围内的中国文化研究成果，学习汉学家们的宝贵经验，理解他们在跨文化背景下中国文化研究的特点的同时，纠正他们中一些汉学家在知识论和方法论上的问题，与其展开学术的对话，这是更新我们的学术和推动中国学术走向世界的重要任务之一，这是我们面临的双重任务。这是全球化时代中国学术走向世界的必由之路，也是中国学术重建的必由之路。

国外中国文化研究的存在，表明中国的学术已经是一个世界性的学术，我们只有在世界范围内展开与海外中国学界的对话与合作，才能逐步拥有在世界学术领域中的发言权；我们只有在世界范围表达我们中国学术的理想、立场、传统与文化，才能在当下这个"三千年未有之大变局"的背景下，真正重建中国当代学术体系和理论，开创属于我们这一代人的学术事业。

我们应该看到海外中国文化研究是在中西文化交流背景下展开的，从事海外中国文化研究的主体是汉学家，由此，我们在"国际

汉学研究书系"再版之际对丛书做了适当的调整,本书系分为三个方面:

一、中西文化交流史翻译与研究系列。旨在介绍西方出版的中西文化交流史著作,同时展示国内对中西文化交流史的研究。近代以来的中西文化交流史涉及中国和西方的社会与文化思想变迁,它们构成了西方汉学的发生和中国明清思想文化裂变的基础。这是一批具有双边文化特点的著作,是研究全球化初期中国和西方文化关系的基础。

二、国际汉学经典译丛。旨在翻译和整理西方汉学历史名著,可以说,这方面已经形成了自己的风格与特点。目前国内西方汉学早期历史的重要著作基本是我们组织翻译的。我们将继续继承这个传统,将翻译的范围逐步扩大到能涵盖西方各国汉学历史的名著。

三、汉学家传记翻译与研究系列。汉学家是国际中国文化研究的重要力量,系统地展开对重要汉学家的研究,系统整理和翻译重要汉学家的传记,可以为读者提供一个海外中国文化研究的更为生动、具象的画面。

"江山代有才人出,各领风骚数百年。"我们期盼国内外年轻的学者们加入"国际汉学研究书系"的写作和翻译中来,在这里书写汉学研究的新篇章,我期待着你们。

张西平
2013 年岁末于游心书屋

（《国际汉学研究书系》序言,大象出版社出版;发表于《寻根》杂志 2016 年第 1 期,转载于《新华文摘》2016 年 12 期）

黄鹂春风鸣　五洲汉字风

进入中西语言交流之门

1996年底我调入北京外国语大学工作后,科研工作主要是在海外汉学研究中心展开,而教学工作则归属于中文学院。因当时正埋头于《中国与欧洲早期宗教和哲学交流史》一书的写作,一时还未找到对欧洲早期汉学史的研究与对外汉语教学之间的内在联系。1998年国家汉办颁布科研项目时,我仍未找到感觉。这时程裕祯院长告诉我,任何一个汉学家都要从学汉语入手,明清入华的传教士们也不例外,但这方面的研究很少,他鼓励我不妨在这方面考虑一下。几句话使我恍然大悟。因为这几年我和几位同事在编辑《利玛窦全集》,其间我对《葡华辞典》一直十分关注。特别是1998年夏我在罗马耶稣会档案馆看到罗明坚和利玛窦的这部手稿时,对他们当时学习汉语的情况有了感性的认识。另外,罗常培先生的文章,《西儒耳目资》《程氏墨苑》我也都看过,但当时仅是从中西文化交流史或早期汉学史来把握的。如果换个角度,这不正是西方人的汉语学习史吗? 也就是说早期汉学史自然也包含着早期的汉语学习史和汉语教学史。这真是"山重水复疑无路,柳暗花明又一村"。这样,在程老师的鼓励下,我申请了国家汉办的科研项目,完全没有想到国家汉办很快批准了我的课题,于是我带着几个研究生慢慢做了起来。

一旦进入这个领域,才发现这是一片未开垦的处女地,一方面我们发现了对外汉语学科的学科史,从而根本上改变了我过去对对外汉语学科的看法。尽管这个学科仍有许多待发展之处,与其他学科相比显得年轻些,但无论如何不能小看这个学科,那种认为对外汉语是"小儿科"的人是一种历史的无知。当我读到鲁健冀先生的文章时,这种认识更加坚定。鲁先生的文章虽不长,但对这个研究方向有着极大的指导意义,其实我们也正是沿着他指出的这个方向前进的。"对外汉语教学史"和"西方人汉语学习史"是一个亟待开拓的新的研究空间。另一方面,在研究中我们发现,这段历史的研究与语言学本体的研究,与中国语言学史的研究有着内在的联系。这个认识的日益清醒是与姚小平先生的结识分不开的,我们同在一个大学,特别是从 1998 年杭州会议以后,我们互有来往,他的洪堡特研究,他的一系列论文对我们的研究产生了重要的影响。在这个研究方向上,他是国内学术界真正的领头人。

我自己对语言学的研究实际上是从这个课题才开始的,完全是个新手,若无鲁健冀先生、姚小平先生,社科院语言所的徐枢先生,国家语委的尹斌庸先生的指点,可能现在还未入门。

虽然,一切刚刚开始,但我仍有兴趣和信心。因为做明清传教士的研究,不进行跨学科研究是根本不行的,为弄清传教士在中国的活动,你必须进入中国天主教史研究领域;若要掌握其思想和理论,则必须在基督教理论和中国哲学思想两个方面着力;要研究欧洲早期汉学史,则必须了解 16—18 世纪欧洲思想文化史;为找到对传教士汉学一个合理的解释,则又要求你应有一个比较文化研究的方法,这样又必须进入比较文学和比较文化领域。正是在这样的背景下,我进入了语言学领域,进入了对外汉语教学史研究领域,我认为这种对语言学史的研究是和我对入华传教士的研究,以及我对欧洲早期汉学史的研究有着内在联系的。不把这方面情况搞清,很难写出一本深入的欧洲早期汉学史。我也不知道我自己的这种"不中不西"的学问会做成什么样,但我觉得"好玩",觉得新鲜,觉得比做那些天天炒别人剩饭的学问有意思。当然,我深知这种跨学科研究带来的优势和由此产生的劣势,所以,每当进入一个新学科时,都是"提心吊胆",格外小心,不敢做宏大叙事,宁愿做些具体小事,做些"笨"一点的工作,做些基本文献的梳理和翻译,为学科的基础性建设尽点力。

正是基于这个想法,我们把这本书定题为"西方人早期汉语学习史调查",意在做些探路性的工作。为了从总体上把握这段历史,在书的第一篇我做了个总体的梳理。在一个研究领域尚未深入展开时,这种概括性的论述是有价值的,但疏漏肯定是很大的。所以,在我看来,本书最有价值的在它的第三篇,即"文献与目录",据我所知这是国内第一次将考狄的语言学部分目录译为中文,我们希望这些基本的目录和文献能为以后的研究提供些有用的东西。第一篇的总体叙述实在是不得已而为之,漏写、未说到处肯定很多,希望在日后的研究中它的作用越来越小,并在适当时候被真正的系统性研究所取代。

令我欣慰的是我的几个研究生已逐步进入这个领域,她们最值得肯定的就是从研究一开始就是以一手原始文献为基础,而决不停留在对二手材料的转述上。现在这种停留在二手文献的研究太多,我认为一旦把一些外文的研究成果翻译出来,许多国内的洋洋大作都会失去价值。我们坚持把研究的基础放在一手文献上,这样才会一步步推进学术的发展。她们三人的系统性研究会在我们以后的研究成果中看到,我只是通过这本书把她们介绍给学术界,使同仁知道李真在做马若瑟的研究,陈怡在做约翰·韦伯的研究,王艳在做甲柏连孜的研究,我相信她们的这些研究会引起学界同行的关注。于冉是小平的高足,晓冬则是我的同事。

在这里我应该感谢我们课题组的全体成员,正是大家的努力,我们才有了这样一份成果,尤其是王艳承担的工作最多,她的任劳任怨给我们留下了深刻的印象。

本课题是国家汉办1998—2000年度的科研项目。

　　因为课题涉及语种颇多，在研究中我们得到了北京外国语大学西班牙语系的刘键、叶志良，法语系的傅荣、文铮，外国语言研究所的姚小平，国际交流学院的张丹、柳若梅、骆杰、张艳，中国社会科学院世界史所的许明龙先生，外交学院的郭强先生，中国天主教爱国会的涂世华主教，中国天主教爱国会北京赵建敏神父，奥地利汉学家雷立柏等诸位学者的帮助和支持，得到了北京外国语大学国际交流学院程裕祯院长等领导的有力支持。在此我们对以上诸位先生表示真诚的谢意。特别是还得到了汉办的支持和帮助，在这里我们向国家汉办学术处和汉办的领导表示感谢。由于是第一次做这样的文献翻译和书目翻译工作，加之有多种语言，因而在全书的研究和翻译过程中难免出现错误，欢迎各位专家批评指正。

　　4月份我正在罗马访问时，国家汉办的宋若云博士就远隔重洋催我早点定稿，那时我实在无能为力，7月返回北京后正值酷暑，我一头扎到书稿中，夜夜苦读。云飞日落，待定稿时，已是天凉好个秋，掩卷举目遥望西天，我想起在梵蒂冈图书馆所看到的入华传教士们的上百部的著作，几十部汉外辞典，真感到我们的这本书宛如天边的一小片彩云。我们不过刚刚起飞，无垠的天际是那么的广阔……

2002年深秋于北京枣林路游心书屋

　　（张西平、李真、王艳、陈怡编著《西方人早期汉语学习史调查》后记，中国大百科全书出版社2003年出版，这里稍加改动）

《国际汉语教育史研究》发刊词

　　自 2003 年出版《西方人早期汉语学习史调查》一书以来,在学术界前辈关心和支持下,2009 年我又主编了《世界汉语教育史》,此书作为对外汉语教育专业的教材在不少高校被使用。随着汉语在世界各地的迅速传播,孔子学院在世界各国的建立,世界各国汉语教育的历史开始被重视,越来越多的学者,特别是青年学者投入到这个领域的研究。

　　因为中国文化是一个不断与外部文化相交融而发展、变化和丰富起来的文化,在语言上自然也是如此。王力先生在《中国语言学史》中说:"中国语言学曾经受过两次外来的影响,第一次是印度的影响,第二次是西洋的影响。前者是局部的,只影响到音韵学方面,后者是全面的,影响到语言学的各个方面。"[1]王先生在谈到近代中国语言受到西洋影响时是从晚清说起的。实际上,这个影响要从晚明开始。晚明来华的传教士,为了适应中国环境,他们首先致力于学习中国语言;为了直观地记录语言的发音,他们发明了用罗马字符注音汉字,由此产生了汉字系统的拉丁字母注音方案;为了满足西人学习汉语的需要,他们编写了带有西人汉语研究印记的中文语法书和汉—欧语言的汉语词典;为了表达新的思想,他们创造了一大批新的词汇。近代的中西语言文化交流就此拉开了帷幕。从 16 世纪至 19 世

---

①王力:《中国语言学史》,复旦大学出版社,2006 年,第 142 页。

纪末,来华传教士、欧美新教传教士、欧美驻华外交官、海关洋员等西
人的汉语著述传统,延绵 300 余年而不绝。

西人的汉语学习与研究又直接影响了中国近代语言的变迁,
1929 年 10 月,罗常培在《中央研究院历史语言研究所集刊》第一本
第三分上发表了《耶稣会士在音韵学上的贡献》一文。他高度表扬
了明代来华传教士利玛窦、金尼阁等人,认为他们为汉语语音的研
究立了大功。因为他们用了罗马字给汉字注音,还用了罗马字标
记汉语官话语音,这在中国肯定是一件破天荒的事情。这样,西人
的汉语研究就从一种外学变成了一种内学,本来是外国人为学习
汉语所做的研究,结果开始影响汉语本体的变化,并最终成为汉语
从古代形态变为现代形态的重要原因之一。由此,世界汉语教育
史的研究就和中国本身的语言学问的研究成为一体了。

从语言学上来看,这也是件大事。索绪尔把与语言有关的因
素区分为"内部要素"和"外部要素",认为语言的"外部要素"不触
及"语言的内部机构"而予以排除。他说:"至于内部语言学,情况
却完全不同:它不容许随意安排;语言是一个系统,它只知道自己
固有的秩序。"①语言是一个同质的结构,语言学主要研究语言内部
稳定的系统和特点。这样,他们把语言的外在因素放在了一边,对
语言的变异不太关注。

语言接触(language contact)的认识始于 19 世纪。从上个世纪
90 年代开始语言接触成为语言学研究的热门话题,甚至要成为语言
学的一个分支。同时,社会语言学也开始关注这个问题,语言的"外
部要素"也成为历史语言学主要内容的一部分。如剑桥大学 1977 年
出版的《历史语言学》(*Historical Linguistics*, Theodora Bynon)一书的
上半部分讨论的是"语言发展的模式"(models of language develop-

---

① 〔瑞士〕费尔迪南·德·索绪尔著,高名凯译:《普通语言学教程》,商务印书
　馆,2001 年,第 46 页。

ment），下半部分讨论的是"语言的接触"。1996 年英国学者 R. L.
Trask 出版的《历史语言学》中的一章，题为"接触，语言的生和死"
（Contact and birth and death of language）讨论语言的接触。

这说明语言的变化并不仅仅在内部因素，外部因素也有着重
要的作用，即语言接触引起的变化。语言接触是通过语言使用者
来实现的，因此，它和人群之间的互动有关。现在国内研究语言接
触的学者大都在研究中国方言之间的接触和相互影响，这当然是
对的。但对汉语的变化影响最大的是汉文化两次与外部文化的交
流。一次是佛教传入中国后对汉语的影响，一次是晚明后基督教
传入对汉语发展产生的影响。

学术界对佛教传入中国后，特别是在佛经翻译中梵语对汉语
的影响研究已经比较充分，而与此相比对基督教传入后，罗曼语系
为代表的西方语言系统对汉语的影响研究得还不够，亟待深入展
开。由此，引出研究西方人早期汉语学习的议题。

历史语言学说明，在语言接触中大体有三个阶段：语言接
触——语言影响——语言变化。罗曼语系所代表的西方语言系统
在和汉语接触中对汉语的影响是一个逐步展开的过程，从晚明到
晚清，从民国到现在，历经四百年之久。学术界对此已经有了初步
的研究。汉语和罗曼语所代表的西方语言的接触对汉语产生了四
个方面的影响：

一、词汇影响——罗常培先生将语言接触中的词汇变化称为
"借字"，他说："所谓的'借字'就是一国语里所羼杂的外来语成
分。"这方面学术界已经有了很好的研究，上个世纪的高名凯先生、
史有为先生等都有著作，但他们对近代以来的基于中西文化交流
基础上的外来词研究不够，这些年马西尼先生、内田先生、沈国威
先生在这方面做了许多工作，受到学术界的关注。

二、语音影响——罗常培先生的《耶稣会士在音韵学上的贡献》
做了开创性的研究，至今这仍然是一个待开拓的研究领域，特别是像

顾炎武、刘献廷等明末清初的考据学家在音韵学上的研究和传教士音韵研究的关系仍有待深入。从王征和金尼阁的《西儒耳目资》后，汉语的注音系统开始逐步变化，到现在汉语拼音已经成为汉语学习的一个重要手段。近年来张卫东先生的研究很值得关注。

三、语法影响——汉语语法书是传教士首先开始编撰的，从卫匡国到万济国，再到马若瑟，最后到新教来华传教士的汉语语法书编撰，这成为西方汉学史上一个重要的学术传统，而中国直到1898年才有马建忠编写的第一部汉语语法著作。语法研究由外到内，中国近代语言发生了重大变化。

四、词典的编撰——中国自有双语词典编撰的传统，在四夷馆中也有一系列这样的词典，如最近出版的刘迎胜先生整理的《回回杂字》就是元代的波斯语与汉语的双语词典。但中文与罗曼语系统接触后所编撰的双语词典则起源于传教士，从利玛窦、罗明坚所编撰的《葡华词典》到新教传教士马礼逊所编撰的浩大的《英汉汉英词典》，这方面他们留下了一批有重要学术价值、至今尚未系统整理的学术文献。以上所有这些变化都是由于传教士来华后，欧洲语言和中国语言接触后逐步形成和发展起来的。

这样我们看到，如果弄清近代中国语言学史，近代以来基于中西文化交流基础上的语言接触的历史是一定要搞清楚的，如果这一段搞不清楚，我们无法说清中国近代语言学史，语言研究需要有历时性的眼光，加大对语言接触的研究就十分必要。

在语言接触中语言发生变化，这点已经得到承认，但如何研究各种语言的变化？就汉语来说，我们如何展开对近代汉语中这种语言变化的研究呢？如何在这样的研究中揭示出语言接触的基本理论问题呢？这是我们要考虑的。

目前的研究主要是共时性研究，即研究一个时段的语言接触所造成的对汉语的影响，这是正确的。因为，历史语言学的研究是建立在历史基础上的，没有对一个一个特定时段，即语言在其共时态下的变化研究,我们根本无法概括出中国近代语言的历时性的变化。因此,现在对基本文献的收集和整理,对重要文本的具体研究都是很重要的。

但语言的变化不仅需要聚焦每一个特定的时段,更需要从历时的角度考察语言接触过程中,外部因素和内部因素之间的互动关系。徐通锵先生提出语言的变化是"有序异质",在有序和无序中逐步发生变化。现在在语言接触的研究中对 19 世纪后西方语言对中国语言的影响研究比较深入,对晚明后耶稣会来华后对中国语言的影响研究相对薄弱。实际上近代中西语言的接触历史应该从晚明开始,从晚明到民国这三百多年应该作为一个整体去研究,探讨语言接触对语言变化影响的机制问题,"具体而言,在语言接触过程中,到底有哪些因素对语言的变化起到了制约作用? 不同因素对语言变化的制约力怎样? 语言接触究竟是怎样导致语言发生变化的? 只有对这些问题有了比较充分的认识,才有可能揭示语言接触所引发的语言变化机制"[①]。

所以,语言接触的研究对研究近代中国语言学史是很重要的。例如,我们现在清楚了西方人早期的汉语语法研究的基本脉络,但这种外部的因素是如何逐步进入中国内部的,从现在中国语言的研究,我们看得不是很清楚。语言接触一般认为亲属语言之间的影响比较大,非亲属语言之间的相互影响要小些,但我感到中国近代以来在语言的接触中似乎非亲属语言对中国语言的影响更大些。梵语是曲折性语言,罗曼语系也是曲折性语言,而汉语是典型的孤立型语言,用虚词和语序而不是词尾屈折变化来表示语法关系。但经过与梵语和罗曼语的接触,特别是近代以来欧风美雨的

---

①王远新、刘玉屏:《论语言接触与语言变化》,载薛才德主编《语言接触与语言比较》,学林出版社,2007 年,第 35 页。参阅张西平、杨慧玲编:《近代西方汉语研究论集》,商务印书馆,2013 年;李葆嘉:《中国转型语法学:基于欧美模板与汉语类型的沉思》,南京师范大学出版社,2008 年;王立达:《汉语研究小史》,商务印书馆,1963 年。

洗礼,汉语书面语已经相当的欧化。这些都是汉语史研究的重要内容。都要做对比语言学研究方能说清这些问题。

在《世界汉语教育史》一书的导言中我曾写道:"世界汉语教育史是一个全新的研究领域,它极大地拓宽了汉语作为第二语言教学的研究范围,使学科有了深厚的历史根基;我们在总结和提升汉语作为第二语言教学的基本原理和规律时,不再仅仅盲目地追随西方第二语言教学的理论,而是从汉语作为第二语言教学的悠久历史中总结、提炼出真正属于汉语本身的规律。实际上,我们还可以在这一研究中为第二语言教学的理论和方法作出我们的贡献,将我们的历史经验提升为更为一般的理论,使其具有更大的普遍性。尽管这还是一个遥远的目标,但在学术上则是必须要确立的一种文化自觉的理念。……同时,我们在这一研究中将会强烈地感到,中国语言学史的研究已经不再仅仅局限于中国本土范围,中国语言对国外语言发展和影响正是在汉语作为第二语言学习的历史中产生的,这不仅表现在东亚一些国家的语言形成和发展之中,也表现在西方近代以来的语言变迁中。把世界汉语教育史的研究纳入我们的学术视野,我们对中国语言的思考、对'汉语国际教育'的研究,都将会扩展到一个更为宽阔的学术空间。"①

这是八年前所写的文字,直到今天仍是需要我们努力的。为推动世界汉语教育史这一领域的研究,我们特创刊《国际汉语教育史研究》,将其作为所有关心这一领域研究的学者的共同阵地。

张西平
写于 2013 年 12 月 22 日

（原系为商务印书馆出版的《国际汉语教育史研究》所撰发刊词,后因其他原因未收入,现收入本书）

①张西平主编:《世界汉主教育史》,商务印书馆,2009 年,第 14—15 页。

开拓中国语言史研究的新领域

　　王力先生在《中国语言学史》中指出："中国语言学曾经受过两次外来的影响,第一次是印度的影响,第二次是西洋的影响。前者是局部的,只影响到音韵学方面,后者是全面的,影响到语言学的各个方面。……直到解放以前,除了极少数的马克思主义者以外,中国语言学始终是以学习西洋语言学为目的。这样,中国语言学就是从封建主义转移到资产阶级的,整个时期可以称为西学东渐的时期。"①在王力先生看来,尽管马建忠功不可没,但"马氏在理论上也有一些缺点。其中重要的是缺乏历史主义观点"。同样,他也反思了自己和吕叔湘、高名凯三家的语法体系,认为"惟有这个时期的语法学家们才真正研究了普通语言学,真正运用了普通语言学",但缺点在于:"他们只知道把西洋的语言学方法应用到汉语语法上来,而不知道很好地结合汉语的具体情况来进行创造。"②

　　"西学东渐"时期是研究近代中国语言学变迁的重要时段。这一时期起于晚明以后,西人东来,耶稣会入华,由此开启了以往丝绸之路所缺乏的中国与欧洲之间精神与文化深层次的交往。语言的交流就在其中。16—19世纪以西方传教士为主体的西方汉语研究既是推动西方在大航海后,在全球化初期认识世界语言状况,促

①王力:《中国语言学史》,复旦大学出版社,2006年,第142页。
②王力:《中国语言学史》,第151页。

成欧洲语言变化发展的一个重要部分,同时也构成了中国近代语言学变迁的一个重要方面。"早期传教士留下的注音方案、汉语语法、双语词典等等是一批珍贵的语言学史料,对于中国语言学界具有特殊的价值。近年来这方面不断发掘出新材料、新文本,研究者的队伍也在逐渐扩大,可惜多数人是把传教士对汉语的研究看作汉学史和中西文化交流史的一个片段,甚至视之为比较文学的一个领域,从语言学史角度从事考察的学者还不多。"①当然,在笔者看来,来华传教士的这批文献,无论对东方研究还是对西方研究,都具有价值,在学术和文化上它具有双边文化的特点,是西方文明和东方文明初识的重要文献。

姚小平教授所提出的,从语言学史角度展开16—19世纪的传教士汉语文献和西方汉语史研究是一个很重要的观点。这些年来,北京外国语大学中国海外汉学研究中心一直把世界汉语教育史作为一个基本的学术方向,也是基于这样的理解。但这一领域的研究苦于没有一个学术阵地,没有集中发表研究成果的地方。为此,我与宇明教授一起组织了这套《国际汉语教育史研究丛书》,已经出版了董海樱的《16世纪至19世纪初西人汉语研究》、杨慧玲的《19世纪汉英词典传统——马礼逊、卫三畏、翟理斯汉英词典的谱系研究》,还将陆续推出《国际汉语教育史研究》《近代西方汉语研究论集》《19世纪上半叶英国汉语语法研究》《俄罗斯早期汉语教学史》《西方早期汉语研究文献目录》《马若瑟〈汉语札记〉研究》。

这里我们向读者介绍的《国际汉语教育史研究》将会作为一个长期坚持出版下去的学术辑刊,而不是一本独立的学术研究著作。推动这项事业的除了北京外国语大学中国海外汉学研究中心以外,还有在日本注册的"世界汉语教育史研究学会",海外汉学研究

---

① 姚小平:《西方语言学史》,外语教学与研究出版社,2011年,第147—148页。

中心与世界汉语教育史研究学会已先后在澳门、日本、北京、罗马和首尔召开过五次国际研讨会,也先后在外语教学与研究出版社出版了《世界主要国家语言推广政策概览》《日本汉语教育史研究:江户时代唐话五种》《马来西亚华文教育发展简史》《印度尼西亚华文教育发展史》等研究著作。

这本论文集主要论文来自在北京外国语大学所召开的"国际汉语教育史"研讨会和在罗马大学召开的"欧洲人的汉语研究历史"国际研讨会的会议成果,尽管出版晚了一些,但现在看来这些论文仍具有较高的学术价值。海外汉学研究中心的李真老师对稿件进行了最后的统稿,姜丹老师以及研究生王晓颖、潘铮铮等也做了一些会务和编辑的工作,在此一并表示感谢。明年我们将会推出 2012 年在韩国外国语大学召开的"汉语与亚洲、欧洲语言的接触与交流"国际研讨会的论文集。

自此以后,我们将以这本学术辑刊为阵地,为世界汉语教育史这一研究领域开辟一个新的学术阵地,推动从语言学史的角度展开对汉语在世界各国的研究和发展,揭示汉语在不同语言文化中所产生的影响,当然,要更关注这种语言间的交流与接触对汉语本体所发生的影响。这个研究领域的展开,实际上将汉语语言学史的研究放在世界文化范围内展开了,本土与域外很难有严格的界限。我们将其定名为"国际汉语教育史研究",并非仅仅限制在传统的对外汉语教学这个领域,毫无疑问,世界汉语教育史领域的开拓为对外汉语教育史奠基了一个学科史的基础,却并不仅仅局限在对外汉语教育史的角度。我们将以汉语与外部语言的接触为纽带,向内外两个方向展开,向内是近代中国语言的变迁历史,向外是世界各国的汉语教育和研究的历史以及汉学史,主要是要从语言接触的角度对西方人的汉语学习做一个新的思考,推进中国学术界对汉语与西方语言接触的研究。

王国维把治学分为三个阶段:"昨夜西风凋碧树。独上高楼,望尽天涯路";"衣带渐宽终不悔,为伊消得人憔悴";"众里寻他千百度,蓦然回首,那人却在,灯火阑珊处"。对世界汉语教育史的研究来说,现在恐怕还处在"昨夜西风凋碧树。独上高楼,望尽天涯路"和"衣带渐宽终不悔,为伊消得人憔悴"这样两个阶段之间。我们需要打破已有的学科界限,"独上高楼,望尽天涯路";面对崭新的领域,文献的开拓、材料的搜寻都极为困难,这正是"衣带渐宽终不悔,为伊消得人憔悴"。愿这份刚刚起步的学术辑刊成为我们携手研讨学术的阵地,美人已在,"众里寻他千百度,蓦然回首,那人却在,灯火阑珊处"。我们一定会达到学术的顿悟,创造新的学术天地。

张西平

2013 年 3 月 4 日写于北京枣林路游心书屋

（张西平、柳若梅编《国际汉语教育史研究》后记,商务印书馆 2014 年出版）

近代西方汉语研究刍议

　　近代东西文化的沟通始于语言。近代西人入华之初,为了适应中国环境,他们首先致力于学习中国语言。为了直观地记录语言的发音,他们发明了音写汉字系统——拉丁字母注音方案;为了满足西人学习汉语的需要,他们编写了带有西人汉语研究印记的中文语法书和汉—欧语言的双语词典。近代的中西语言文化交流就此拉开了帷幕。从16世纪至19世纪末,来华耶稣会士、欧美新教传教士、欧美驻华外交官、海关洋员等西人的汉语著述传统,延绵300余年而不绝。

　　近代西人的汉语著述中,汇聚着他们的汉语研究成就。张西平认为,对于佛教传入后对汉语语言的影响,学界已出版了一批学术成果,然而对近代基督教传入中国以来,在汉语语言方面的影响以及近代西人的学术贡献,学界仍未引起足够的重视。有鉴于此,他对近代西人在汉外词典编纂、汉语语法研究、中文拉丁字母注音、近代汉语外来词等方面的汉语语言研究成就做了综述,充分肯定了近代西人语言著述的学术价值,倡导学界重视这批学术遗产。内田庆市提出的"周边"法研究中国语言颇有新意。他论述了欧洲人汉语研究资料的有效性,指出:自16世纪,以基督教传教士为主、从语言学角度对汉语语言的研究,对汉语的特征做出了准确的阐述,而且通过欧洲语言观照汉语,西方人更能把握中国人习而不察的语言现象。

　　近代西人语言著述,在当代是否还具有学术价值? 以音韵学和语音学史的研究为例,国内学者罗常培和周有光较早注意到近代西人的汉语著述,并对他们的注音系统进行了介绍和研究。传统的反切法研究音韵学存在不足,罗常培认为近代西人的罗马字母注音则为中国音韵学研究开创出一条新路。罗常培对利玛窦、金尼阁《西儒耳目资》的注音研究得出结论:耶稣会士对于中国音韵学的第一个贡献是用"罗马字母分析汉字的音素,使向来被人看成繁难的反切变成简易的东西";第二个贡献是"用罗马字母标注明季的字音,使现在对于当时的普通音,仍可推知大概";第三个贡献是"给中国音韵学研究开出一条新路,使当时的音韵学者,如……受了很大的影响"①。继此文之后,罗常培对汉拉对照的昭雪汤若望文件的注音进行了研究,以印证耶稣会士们的罗马注音方案有无一致性。然而,受时代因素限制,《〈耶稣会士在音韵学上的贡献〉补》一文待刊登之际又被撤出,这篇文章并不多见,特收入本文集。1989 年,杨福绵利用罗明坚、利玛窦合著的《葡华辞典》,利玛窦的《西字奇迹》《传教史》,金尼阁的《西儒耳目资》,同时参照《中原音韵》和中国各个主要方言,用国际音标构拟明朝官话语音系统,取得了重大突破。周有光对马礼逊拼音方案的承上启下的重要地位予以评介。虽然以近代西人语言著述为材料的研究成果从数量上看仍然寥寥无几,然而在质量方面却达到了相当高的水平。为此,我们将这些原本发表在各处、零散而又具代表性的论文汇编成册,以此推动学术进步。

　　近代西人汉语学习和研究集大成之作主要是他们编写的汉语语法书和汉外双语词典。从世界语言史看,服务于宗教活动的语言学研究在大航海后达到了一个高峰,在华传教士们以欧洲语言编写的汉语语法书和双语词典,都是在这个时代背景中孕育发展的。陈国华把《马氏文通》与普遍唯理语法进行了比较研究,揭示了《马氏文通》对西人语法的继承与创新关系。贝罗贝继又对《马氏文通》与此前欧洲人编写的五部汉语语法书进行了比较,同样得出了西方学者撰写的汉语语法书是《马氏文通》的来源之一的结论。就是说,近代西人汉语语法的结构和观念受到了希腊—拉丁语法结构的影响,继而又影响到近代中国学者的语法著作。本文集还收入了西山美智江关于万济国《华语官话语法》与西方语法学著作及在华传教士语法著作的关系的文章。通过上述研究,我们可以了解到近代西人汉语语法研究的西学、中学学术源流的交汇,以及西人汉语语法体系的内在沿承与创新。

近代中西语言文化的交流,在汉语词汇方面留下了深刻的历史印记。从16世纪末以来,以入华耶稣会士为代表的欧洲传教士为了传播宗教,在著述中已经开始创造表达新观念的新词。马西尼在对19世纪现代汉语词汇的形成进行了深入研究后,愈加重视16世纪至18世纪天主教传教士著述中的新词问题。马西尼对艾儒略三部著述、保罗对《职方外纪》中的地理学术语的词汇研究文章,代表了国际学界对早期中欧词汇交流研究取得的最新成果。沈国威对19世纪末20世纪初的近代新词问题进行了深入讨论,辨析了"近代新词"的概念和特征,高屋建瓴地对创制阶段、类型及日语词汇对现代汉语词汇的影响进行了综合阐述。

数百部由明清时期入华传教士、驻华外交官、洋员等近代西人编写的汉外双语词典,在中国双语词典史上占据重要地位。这些历史汉外双语词典,由于多从汉语口语中取材,相当全面地记录并反映了当时汉语语言的实际状况,是汉语史研究的活化石。马西尼从汉外词典源流的角度,追溯了早期欧洲传教士在菲律宾和中国编写的汉语词典,介绍了耶稣会、多明我会、圣方济各会之间的"词典之争"。高田时雄在龙彼得研究的基础上更进一步,对在菲律宾编著的珍贵手稿《汉西辞典》的作者、成书过程、文本内容进行了钩沉。高柏对 1628 年稿本《荷汉词典》的作者生平、版本情况和《基督教概要》的各个版本以及文本内容进行了考证。入华传教士还编写了相当数量的方言汉外词典，姚小平对艾约瑟《上海方言词汇》的研究，增进了学界对传教士编写的方言词典的认识。作为汉学史和汉外双语词典史上名作的《汉字西译》并不为人所知，杨慧玲初步勾勒出《汉字西译》的成书及各个版本流传演变的概况。这些研究文章使我们对近代汉外双语词典的缘起和重要发展阶段有了更深入的认识。

　　近代西人汉语著述，是在世界范围内对汉语的研究；当代学界对近代西人汉语著述的研究，是以汉语语言为共同平台的交流和沟通。在这场学术对话中，中西学者的汉语研究互为参照，相互借鉴，相互启发，扩充了语言研究的史料，也拓展了学术研究的视野。当年王力先生在《中国语言学史》和《汉语史稿》中都强调了对这一领域研究的重要性，明确将其作为中国近代语言史研究的重要内容。希望这部文集的出版，能引起学界对近代西人汉语著述的重视，让这批宝贵的学术遗产进入汉语史、中国语言学史和世界汉语教育史的研究中去，推动学术的繁荣和进步。

　　　　（与杨慧玲合撰，张西平、杨慧玲编《近代西方汉语研究论集》
　　　　导语，商务印书馆 2013 年出版）

探讨中西语言接触的历史

自 16 世纪晚期利玛窦等泰西诸传教士东来,中国和西方的交流开始呈现出一种全新的局面。欧洲传教士为传播天主教历尽艰辛进入中国内地,在中国这样一个文化底蕴深厚、历史悠久的文明古国,一种新的宗教和外来文化要想得到推广,必然不能对中国的文化置若罔闻,而汉语正是沟通中西的一种纽带和桥梁。在西方人学习和研究汉语的过程中,以耶稣会士为代表的早期来华传教士起到了核心作用,在中西文化交流的这段历史中扮演了重要的角色。

范礼安(Alexandre Valignani,1538—1606)神父最早确定耶稣会远东传教路线,提出了在中国传教应"首重熟悉华语"①。他随后选定了罗明坚(P. Michel Ruggieri,1543—1607)和利玛窦(Matteo Ricci,1552—1610)来华传教,他们二人也成为明末最早学习汉语的外国人。耶稣会在中国的传教一直遵循利玛窦所制定的"适应"策略和"合儒"路线,这就要求耶稣会士不光从一开始就要学习说官话,而无须费心于方言;还要努力掌握汉字和文言文的读写。这一传教路线所带来的直接影响就是极大地推动了入华传教士系统地研习汉语和深入地研究中国文化。

---

① 〔法〕费赖之著,冯承钧译:《在华耶稣会士列传及书目》上册,中华书局,1995 年,第 21 页。

　　传教士长期生活在中国，对中国语言有着最直接的感性认识，面对全然不同于欧洲任何一种语言的汉语，自抵达之初就从语音、词汇、语法等方面对其展开了持续而深入的学习与研究。尽管他们的初衷是为着传教的便利，但在客观上也推动了中国传统小学向近代语言学的科学化发展。中国传统小学一直强调训诂、音韵、字书三类，缺乏一种新的研究语言的方法，即语法学的角度。长期以来，国内汉语界通常以《马氏文通》1898 年付梓出版作为中国现代语法学的起点，其实在二百多年前入华传教士就已经就汉语语法的相关特性编写了相当多的语法书。其中，意大利耶稣会士卫匡国（Martinus Martini，字济泰，1614—1661）的《中国文法》（Grammatica Sinica）（稿本，1653）当属这一领域的首创之作。

　　卫匡国是欧洲早期著名汉学家、地理学家、历史学家和神学家，他用拉丁文著有《中国上古史》（Sinicae Historiae Decas Prima，1658）、《中国地图新集》（Novus Atlas Sinensis，1655，Sinicae Historiae Decas I）、《鞑靼战纪》（De Bello Tartarico Historia，1654）和《中国文法》等四部著作。自 1615 年利玛窦的著作《基督教远征中国史》问世后，以及 17 世纪晚期有关中国的较多作品出版以前，卫匡国的这些作品成为了欧洲读者所能见到的关于中国最新、最全面的报道和评论，这使他成为欧洲传教士汉学的几位奠基人之一。

　　卫氏之《文法》是目前已知现存西方人所编写的最早的语法书，原书的成书时间尚无法最终确定，但可以肯定的是在卫匡国 1651 年前往欧洲时就携有这部书的原稿，1652 年滞留巴达维亚时给某位学者留下了一个副本，1653 年又赠给荷兰的东方学者葛列斯（Jacob Gohl，1596—1667）一个副本。此后的数个抄本大部分均出自 1653 年的这个副本，有一本出自 1652 年的巴达维亚的副本。该《文法》还极有可能是最早出版的汉语语法书。据考狄书目中介绍，17 世纪法国著名的东方学家梅尔奇斯得奇·泰弗诺（Melchisédech Thévenot，1620？—1692）在 1663 年至 1672 年间编撰了一部《关于各种神奇旅行的记录》,1696年在巴黎出版,该书中收录有一份15页的 *Grammatica linguae sinensis*,但未署名,据最新的研究表明极有可能就是卫匡国的这部《文法》①。由此推算《中国文法》比目前学界认定的第一部出版的汉语语法书,多明我会传教士万济国(Francisco Varo,1627—1687)1703年在广州出版的《华语官话语法》(*Arte dela linguae sinicae*)还要略早上十几年。《中国文法》虽然在很长时间以抄本流行于世,却是后来许多汉学家的必读之书,成为了西方汉学的发端之作。比如,欧洲汉学的开拓性人物门泽尔(Christian Mentzel,1622—1701)、巴耶尔(T. S. Bayer,1694—1738)、哈盖尔(Joseph Hager,1757—1819)等人都承认他们的汉语知识及语言观均得益于《中国文法》一书。

意大利汉学家白佐良(Giuliano Bertuccioli,1923—2001)对卫匡国及其著作的研究取得了很大的成就。在意大利出版的《卫匡国全集》共五卷,《中国文法》作为该全集第二卷的一部分,于1998年出版。目前中译本即以此本为蓝本。白佐良教授在整理卫匡国遗稿的过程中,发现了卫匡国《中国文法》的几份抄本。根据他的调查,《中国文法》原手稿现存世有五份抄本。其中三份保存在英国格拉斯哥大学图书馆(Glasgow),一份保存在波兰克拉科夫(Krakow)加格罗林(Jagiellońska)图书馆,一份保存在柏林国家图书馆。他通过对这些抄本进行鉴别和比较,把最完整的一份收录进《卫匡国全集》,就是英国格拉斯哥大学图书馆三个抄本中最接近原始手稿的一本。因为白教授认为这份抄本相对完整,而且明确标注其源自卫匡国留在巴达维亚的《中国文法》稿本。更重要的是该抄本的汉字字部没有采用后来流行的214部首,而是330个部首,这与金尼阁的《西儒耳目资》(1626)中的304个部首表非常相似。

---

① 意大利东方智慧大学马西尼教授的博士生 Luisa Paternicò 对此有深入的研究,在此感谢她提供的相关信息。

　　《中国文法》正文由拉丁文和中文写成①,正文共有 26 页,分为
三个章节,另有两个附录。第一章包括一份 320 个汉字的字表及
其释义;另外还专门介绍了汉字声调的发音。第二、三章是语法部
分,分别介绍了名词、代词、动词、介词、副词、感叹词、罕用连词、名
词的原级(及比较级和最高级)、附录的代词、数量词。正文之后是
一个部首表,收入了 330 个部首;另有一个附录列出了 73 个汉字及
解释,这些解释均来自迪亚兹的字典②。

　　卫匡国通过细致的观察,通过与欧洲语言的对比分析,敏锐地
捕捉到了汉语迥异于欧洲语言的一些特殊性,在用拉丁语法模式
解说汉语时,也在努力阐释中国语法的事实。例如,他根据希腊—
拉丁语法的传统,将拉丁语法中的词类概念引进了汉语研究,把汉
语的词类分成了名词(含形容词)、代词、动词、介词、副词、感叹词、
罕用连词、数量词。不过卫匡国也注意到汉语中的词性之间并无
严格的界限,同一个词处于句中的不同位置,就可分别作名词、形
容词或动词。可以说他是最早把西方语法中的词类观念引入汉语
的探索者之一,这种尝试对于中国传统语言学恰恰弥补了薄弱的
一环,令人耳目一新。

　　卫匡国的文法虽然在很多方面都未能详尽展开,但为汉语初
步勾勒出了一个语法体系的框架。继卫匡国之后,又有法国耶稣
会士马若瑟(Joseph Henry de Prémare,1666—1736)集三十余年研
究中国语言与文学之大成,撰写出了传世大作《汉语札记》(又名
《中国语言志略》,*Notitia Linguae Sinicae*,1728),成为耶稣会对中国
语文学最重要的贡献。

　　早期耶稣会士对于汉语的研究,不仅开启了后来传教士和汉

---

①部分词使用了希腊文、荷兰文、葡萄牙文、德文、西班牙文和法文。参见
　〔意〕白佐良撰,白桦译:《卫匡国的〈中国文法〉》,任继愈主编《国际汉学》
　第 15 辑,2007 年,第 220 页。
②即《卡斯蒂利亚方言释义的中文词汇》。

学家汉学研究的新领域,同时也深刻地影响了欧洲的中国语言观和中国观。如果从西方学术和文化的角度来看,传教士的汉语研究促进了欧洲关于东方知识的演进,是西方汉学的奠基石之一。近四百年的西方汉语学习运动给我们留下了一笔丰富的学术遗产,这笔遗产不仅对于研究西方汉学史具有重要意义,而且对于汉语本体研究,对于比较文化、比较语言学的研究,对于今天的世界汉语教育史研究都具有重要的学术意义。在这段历史中所尘封的数百部西方关于中国语言的论著,亟待学界的发掘和整理。此次《中国文法》中译本的出版,只不过是迈出了第一步,我们希望能有更多的手稿被发现,被关注,被研究,我们也深信这一汉学新领域将为中外学术界提供一个更为广阔和丰富的研究平台。

(与李真合撰,〔意〕卫匡国著,〔意〕白佐良、白桦译《中国文法》序言,华东师范大学出版社 2009 年出版)

研究国外语言推广政策
做好汉语的对外传播

随着中国经济、社会的发展和国力的日益强大，汉语越来越受到世界各国的重视。特别是中国加入世贸组织（WTO）和北京申奥成功后，全球范围内出现了一股学习汉语的热潮，汉语在世界的推广处在一个前所未有的好形势中。但从另一个方面来看，汉语向外的发展刚刚开始，把汉语作为第二语言向外推广的经验尚显不足。对我们来说，目前最重要的是学习发达国家推广自己语言的经验和成功的方法，以制定出适合我国国情的语言推广方针和政策。

一、世界主要语种对外推广的历史

早在 15 世纪欧洲人开始发现新大陆并进而统领全世界之时，"语言作为立国的工具"①的重要性就得到了人们的认可。西方的一些语言随着其母语者在不同地区活动范围的扩大相应地得到推广甚至普及。

在 18 世纪中叶，英国政府把掌握英语言知识看作是"教化属

①中国社会科学院民族研究所、"少数民族语言政策比较研究"课题组、国家语言文字工作委员会政策法规室编：《国外语言政策与语言规划进程》，语文出版社，2001 年，第 708 页。

地内有色人种最重要的方式"①,对英属殖民地普遍实行种族隔离的教育政策,由此使英语渐渐成为文化和经济上步入殖民地主流社会的正式渠道和富有魔力的钥匙。第二次世界大战后,旧的殖民体系被打破,英国改以"文化交流""援助"等更为温和、间接和隐蔽的方式来推广英语。英国的历届政府一直高度重视英语的推广和普及,把它看成是除政治、军事和经济以外的第四个层面的外交活动。1934年成立的所谓"以从事教育类文化类活动为目的的慈善机构性质的国际组织"英国文化委员会(The British Council),实际上就是政府给予实实在在的支持的一个语言推广机构。20世纪50年代中期,英国政府颁布了一系列报告,把"支援本国的外交政策、维护并加强英联邦和英帝国、促进本国贸易并保护英国在海外的投资"②作为推广英语的目标,并为实施有关计划提供了资金,同时还促成了一批必备的学术团体和官方机构的诞生。至此,在国内政策和对外交往活动中,英国政府以英国文化委员会为纽带,把政府、大学和工商界联结在一起并互相促进。在这一时期,英国文化委员会注重"英语教学",并逐步加强对课程大纲、师资培训及教学方法等方面的指导工作,直接参与了英国英语教师培训两大基地——伦敦大学和爱丁堡大学的创建,甚至应用语言学这门学科的产生也不无英国文化委员会的功劳。至2001年,英国文化委员会已在全球设有230家分支机构和138家教学中心,其推广英语的成就显而易见,其承办的"雅思"国际标准化考试已成为最热门的英语水平考试之一。据最新资料统计,每年有56万多名外国人在英国的语言学校学习,教育和语言服务所创造的收入约为130亿欧元。

　　同样是老牌殖民主义国家的法国,以其法语文化深厚的内涵

---

①中国社会科学院民族研究所、"少数民族语言政策比较研究"课题组、国家
　语言文字工作委员会政策法规室编:《国外语言政策与语言规划进程》,第
　709页。
②同上书,第712页。

为支点,以外交为依托,长期不懈地在全世界推广法语,其政府重视语言推广的程度、语言推广的规模及所花费的时间等方面,都是绝无仅有的,法国外交历来被称为"文化外交"就是一个范例。在17—19世纪,法国一度被看成是欧洲乃至世界的精神和文化的中心,这首先要归功于法语在全世界的推广。在当代,法国政府把维持法语的"具有国际影响的语言"的地位视为法语推广的目标,通过全力推动语言文化多样化、多元化发展,以同英语不断扩张的趋势相抗衡;大力宣传法语在获取文化知识、进行职业活动以及国际或地区性组织中的作用(如在国际奥林匹克运动会中,法语是两种官方语言之一,两种语言有争议时,"以法文本为准"①,近年来,在奥运会举办时,法国都积极主动地与举办城市签署关于在奥运会筹备及举行期间保证法语的使用和推广的协定);利用欧盟在欧洲推广法语。法语推广的主要机构——法语联盟(Alliance Francaise),百余年来长盛不衰,堪称是世界各国语言推广机构中的佼佼者,法国政府对法语联盟的活动十分支持,每年都为其提供巨额拨款,同时在组织管理上也毫不松懈,法国总统是法语联盟的名誉校长,法国各驻外大使都是所在国分支机构的名誉校长,各分支机构与使馆文化处协调共同开展法语文化推广活动。现在法语是除英语外唯一在五大洲都有国家和地区使用的语言,是全世界公认的一门重要的"文化语言",在法语国家和地区,每年对法语感兴趣并学习的人数大约为1—1.1亿人。法国在法语第二语言教学中占有绝对的主导地位。

西班牙推广自己的语言历史悠久,可追溯到15世纪末的地理大发现时期。现在,世界上有21个国家以西班牙语为官方语言。其中,西班牙位于欧洲,赤道几内亚位于非洲,其他19个国家都位于拉丁美洲。此外,美国和菲律宾也有大量居民以西班牙语为母

---

① 《奥林匹克宪章》1991年版,第二章,第27条,奥林匹克出版社,1992年。

语。全世界以西班牙语为第一语言的人数超过 4 亿,在使用人数
上西班牙语是仅次于汉语和印地语的世界第三大语言。在当代,
随着西班牙加入欧共体,其经济发展速度加快,西班牙政府更加重
视西班牙语在世界的推广。在 20 世纪八九十年代之交,西班牙政
府先后在外交部内设西班牙国际合作署和塞万提斯学院,负责西
班牙语的对外推广。西班牙国际合作署是隶属于西班牙外交部的
一个国家对外援助下的执行机构,负责人是外交部负责文化事务
的副部长(或副部级官员);塞万提斯学院董事会的名誉主席是西
班牙国王,西班牙首相亲任主席。这是一个明确无误的政府支持
机构,经费来源全部为国家预算,2002 年经费为 5450 万欧元。国
家重视语言推广的程度可见一斑。西班牙国际合作署的任务是对
外宣传,具体的语言推广工作通过向外国学生提供奖学金和向国
外派遣西班牙语教师实现。塞万提斯学院的任务是在全球范围内
推动西班牙语的教学、研究和应用,向世界宣传西班牙文化。2002
年的统计资料表明,2002 年在塞万提斯学院注册学习西班牙语的
人数达 73676 名,参加其教师培训班的教师来自 31 个国家,约
6800 名。

二、西方主要语言的推广历程

　　细心总结各国推广自己语言的历程,我们感到至少在以下几
个方面西方发达国家语言推广的历史可以给我们一些思考。
　　**(一)将本民族语言的向外推广作为其强国战略的一个组成
部分**
　　按照社会语言学的观点,语言和经济之间存在着一定的互动
关系,从各个国家的内部语言的统一性和多样性来看,"语言的统
一性是经济发展必要的但不是充分的条件,而经济发展是语言统

一性的充分的但不是必要的条件"①。这说明经济的因素是国内语言统一的重要条件。从语言在其民族国家外部的传播和发展来说,"语言传播只不过是对现行语言习得模式和语言使用模式的再塑造"②。这只是一种语言学的解释,但一种语言的习得模式为何得到别的国家的认可,而另一种语言的习得模式却得不到别的国家的认可,这里有着更为深刻的语用因素的影响,因为"语言使用变化的终极原因是社会的变迁"③。

是什么样的社会变迁造成语言使用的变化呢? 从社会语言学的角度看,是交往。因为"语言群体之间和群体内部交往频度及交往本质的变化是改变现行语言使用模式的主要方式之一"④。这说明人们对语言的使用要求是随其交往的改变而改变的。

而国家之间的交往最重要和最基础的是经济上的交往,特别是在全球化的今天,这种经济上的交往就表现在我们的日常生活中。当今世界上英语已成为一种强势语言,从其发展过程来看有以下几个根本性原因:

1. 国家的扩张政策,几百年来不断的殖民政策。

与其他语言相比,英语并无特别之处,英语得以推广的根本动因是英国早期的海外扩张政策。所有西方国家的语言推广无不如此:西班牙在南北美洲的扩张与殖民,法国在非洲的扩张与殖民。"语言素来是帝国之伴侣,并将永远成为帝国之伙伴。"⑤这是一切殖民主义者当时的语言观。在一定的意义上这些强势语言应对世界语言生态的恶化负有责任,大家知道,世界上存在或存在过 5000

①中国社会科学院民族研究所、"少数民族语言政策比较研究"课题组、国家语言文字工作委员会政策法规室编:《国外语言政策与语言规划进程》,第 7 页。
②同上书,第 607 页。
③同上书,第 607 页。
④同上书,第 610 页。
⑤同上书,第 708 页。

种语言,但如今已经消失的语言达上千种,正像工业化的过程使上万种的植被和物种消失一样,其危害是显而易见的。西方语言的推广及普及对本地语言的发展所起的作用是消极的。

2. 政府的重视和投入。

英国将英语的推广和它的整个外交政策联系在一起,英国政府已将语言的推广作为其软实力的最重要内容,这种重视和投入表现在:作为推广英语的"英国文化委员会"的费用几乎全部为政府拨款,根据1989—1990年英国文化委员会的预算,全年费用是3.21亿英镑。英国文化委员会的规格也很高,它的庇护人是女王伊丽莎白二世,副庇护人是查尔斯亲王。

3. 第二次世界大战后美国成为经济和军事强国。

美国的崛起和强大对英语在世界范围内的扩张发挥了重要的作用,因为,二次世界大战后,美国在世界经济中处于中心地位,特别是在20世纪70年代美元和金本位完全脱钩后,美元成为左右世界经济的重要手段。在全球经济一体化过程中,强势的经济必然推动其语言的扩张和发展。美国每年投入英语推广的费用是2亿美元。

4. 经济交往对语言发展的影响。

在不同国家和地区的经济交往中,如果经济上较弱的地区和国家想摆脱自己的劣势地位,一个重要的方法就是掌握强势的语言,因为掌握这种语言就可以得到实际的利益。这使得操经济薄弱群语言的人感到,他们自己的语言在不断变化的经济形势中变得无用,这种局面使得他们越来越不重视本民族的语言①。由于经济的发展,英语逐渐取代法语成为世界经济交往中的主要使用语言。

英语和法语的角力从第一次世界大战后就开始了,《凡尔赛条

①要总结第三世界被西方强势语言殖民化的教训,警惕一些西方语言所带来的殖民意识。目前中国对英语的过度追求很值得反思。

约》是用英法两种语言写成的，同等有效，从而结束了法语一统天下的局面。二战后法语更受到了英语的严重挑战。比如，在联合国代表大会上，从1992年到1998年，用英语发言的国家从74个增加到95个，而同时用法语发言的国家却从31个减少到25个。

由此我们可以看出，国强，语言胜；国弱，语言败。语言的兴衰与国力的强弱紧密相连。必须从国家战略的高度来看待本民族语言的对外传播和推广，这是西方强势语言特别是英语传播和推广的基本经验。

（二）语言的推广必须有专门的机构和专门的资金作保证

具有战略性的眼光只是成功的开始，要使本国的语言推广走向成功，必须有相应的配套措施。推动语言传播的两条根本性措施，是专门的语言推广机构和专门的基金。

我们先来谈一下专门的语言推广机构。英国对外传播英语的机构是"英国文化委员会"，这个庞大的机构在全球有230个分支机构和138个教学中心，2000—2001年在全球111个国家的229个城市设有办事处，经营艺术活动达3000项，组织承办职业考试或学术考试70万次，向全球35万个下属图书馆发行图书和音像制品800万种，接待来访550万人次，在60多个国家组织科技活动1500多场，接待13000名学生参加青年交流项目，资助4000多名教师和学员参加全欧的职业培训，在海外138个教学中心雇佣教师1900名，这些教师完成教学量120万小时。

法国的语言推广机构大体分为两种，一种是官方的，如"法国文化中心"，在91个国家设立了223个性质各异的文化机构，又如"法国海外教育局和法国学校"，在全球130个国家建立了410所中小学。"法语联盟"则属于非官方、非营利的一个推广法语和法国文化的机构，它有120年的历史，目前在全球138个国家建立分支机构1135个。

德国的歌德学院是其推广德语的主要机构之一。目前歌德学院的国外分院共有 127 所,有总部派出的工作人员 309 人。"德国学术交流中心"则是另一个重要的德语推广机构,仅 2001 年,向 90个国家派出的德语老师就达 577 名。

塞万提斯学院是西班牙向国外传播西班牙语的主要机构之一,1995 年开设语言班 2108 个,2001 年达到 5346 个,参加人数 6万人,2002 年在塞万提斯学院注册的学习人数达 73676 名。

组织的保证是语言推广的基本经验,各国情况不同,在机构的设置上各有特点,有官方的机构,有半官方的机构,有民间的机构,但有一条原则是一致的:即一定设立语言的推广机构,制定统一的教学计划,培训外派的教师,协调其在全球的语言推广政策等等。

资金的支持是语言推广的另一个最基本的条件,各国根据本国的条件在资金的支持上采取了不同的方法。2000—2001 年英国文化委员会得到政府拨款 4200 万英镑;而营利性教学收入有 7100万英镑,通过合同和下属机构收入为 1500 万英镑。美国则主要是通过"卡耐基国际和平基金会""洛克菲勒基金会"和"福特基金会"来支持英语在海外的扩张。

在法国,由外交部国际合作与发展司负责在海外推广法国文化和语言,国际合作与发展司 2003 年在语言文化推广方面的预算为 20.31 亿欧元,文化部法语司的运行费用为 240 万法郎,教育部面向法语区国家和大学的费用为每年 2300 万法郎。

德国歌德学院的海外分院主要由政府的外交部拨款。1999 年歌德学院获得外交部 3 亿 25 万马克的拨款;联邦政府的对外合作与发展部在 1999 年也向歌德学院拨款 80 万马克。除政府的拨款外,他们还从各个基金会获得捐款,1999 年得到 280 万。此外,歌德学院自己还有一些营利性收入,其在 1999 年的总收入为 3 亿7300 万马克。

西班牙的塞万提斯学院的经费完全是国家拨款。1992 年刚成立时政府拨款约为 300 万美元,1998 年为 3600 万美元,1999 年为

3800 万美元,2000 年为 4000 万美元,2002 年为 5450 万欧元,比
2001 年增加了 13%。

日本在日语的推广上也很下力气,它的语言推广机构主要是
日本国际交流基金会,其活动经费主要来自政府的补贴和民间的
捐款,到 2001 年,日本政府累计出资已达 1062 亿日元,民间出资
600 万日元。

(三) 将语言的推广和文化的推广紧密结合

将语言推广和文化推广相结合是发达国家向外传播自己的语
言时所采取的一个基本政策。语言是文化的载体,学习一种语言
同时就意味着学习一种文化,而从传播者的角度来看,传播一种语
言也就是传播一种文化。英国文化委员会成立的直接目的就是为
了对抗德国和意大利的纳粹文化,推广英语就是要推广英国的价
值观念。

法语在推广中更是将文化作为最主要的语言推广特征,法语
代表着一种"地位",一种"修养",一种"生活的品位"。特别是近
些年面对美国文化,法国始终注意保持自己文化大国的地位,在推
广语言中将文化的推广作为语言推广的核心。

以上这三点可以说是世界各国特别是西方发达国家推广自己
语言的最基本的历史总结。

三、走向世界的汉语所面临的问题

在新的国际局势下,随着中国改革开放步伐的加快和综合国
力的提高,全世界学习汉语的人数一直呈上升趋势,从 20 世纪 80
年代开始,出现了"汉语热"的提法。实际上,所谓"汉语热"只是相
对而言的。新世纪为对外汉语教学提供了广阔的发展空间,也使
其面临严峻的挑战。从国外语言推广的历程来看,汉语国际推广
过程中有以下几个问题应引起注意。

（一）将汉语国际推广列入国家和平发展战略之中

和平发展是国家的战略性决策。和平发展的一个重要内容就是扩大中国的软实力,充分利用中国悠久的文化资源,向世界展示中国文化的智慧和魅力。无疑,汉语国际推广是扩大中国软实力的一个有效的途径。如果我们这样认识,就会对"对外汉语教学是国家和民族的事业"这一结论有一个更为深刻的理解。我们希望有关部门能重视这个问题,将汉语的国际推广列入国家发展战略之中,从中国和平发展的战略高度全面调整汉语国际推广的政策和方针,使其在新的形势下,为整个国家的发展做出自己的贡献。

平心而论,虽然我们已经有 50 多年的汉语推广的历史和经验,但语言的向外传播和国家融入世界经济的速度相比是明显滞后的。加大对汉语国际推广这一事业的支持,使其与国家的经济发展及国外经济合作的步伐相配套,是摆在我们面前的一个重要问题。

我们面临的另一个问题更为深刻。这就是发达国家的语言向外传播和推广与其殖民的历史紧密相连。直到今天,在英语等其他西方国家的语言推广中也仍隐含着这样的倾向。20 世纪 60 年代,非洲大多数国家在制定重要的教育规划时往往不注重本土语言,他们直接套用殖民地模式,青睐欧洲语言,在大部分的"援助"项目中只采用英语,而不重视本土语言,从而脱离了第三世界学习者所面对的多语言现实和文化的独特性。因此,有的学者认为:"对一种西方语言和西方教育原理的依赖与经济、军事和文化方面的依赖密切相关,这种不平等的关系导致富裕的西方国家势力的加强,也同样会带来贫穷国家经济、文化甚至语言上的落后的局面,西方依然处在决定原料价格以及语言规范性的大国地位。"①他们将这称为"语言主义"。

这说明西方强势语言的向外传播和推广的经验并非十全十美,他们的经验仍有其历史的痕迹。作为一个后来兴起的现代化的国家,作为一个曾深受帝国主义侵害和压迫的国家,如何根据我们自己的历史和特点来确定语言国际推广的政策,仍是我们要研究的问题。

所以,不仅仅从语言学的角度,也从国家战略的角度,认真梳理总结"世界第二语言学习历史与经验",是我们汉语国际推广过程中必须要做的一项基础性研究工作②。

（二）加强调查研究,注意语言推广政策的研究

语言国际推广政策研究是对外汉语教学领域中长期被忽略的问题。从社会语言学的观点来看,描写语言学只研究语言本体,研究语言自身的结构,而社会语言学则反其道而行之,"它的研究对象不仅仅是语言,而是兼顾言语,提倡联系语言本体之外的社会因素研究语言,研究在社会生活中实际的语言是如何运用的"③。语言政策(Language Policy)是对语言和政治关系的研究,"语言政策的形成必须考虑到语言对个体、族群、民族、社会及国家的意义,其

①中国社会科学院民族研究所、"少数民族语言政策比较研究"课题组、国家语言文字工作委员会政策法规室编:《国外语言政策与语言规划进程》,第715页。这个观点很值得中国的外语教育政策制定者、特别是英语学习政策的制定者注意。书中还说:"当一种语言,比如英语,比另一种语言,比如尼日利亚语或肯尼亚语,获得较多资源和权利时,从结构上,这种语言的权利势必削弱他种语言的功用。教育界乃至全社会的这种'语言主义'给欠发达民族和社会造成了不少灾难性后果。"今天中国的全社会学英语、各种职称及技术级别的晋升都考英语的做法值得深思。
②从20世纪60年代起,在美国福特基金会的支持下,西方国家已经连续召开了多次"国际第二语言问题研讨会",并展开了"世界第二语言调查"的大型国际合作项目。
③游汝杰、邹嘉彦:《社会语言学教程》,复旦大学出版社,2004年,第2页。

中也涉及到认同的概念"①。它是社会语言学研究的一个部分。在一般的语言政策研究中,大都是研究在一个多民族国家中如何处理好国家统一的语言和各民族语言的关系,使语言的规划更加合理。但实际上在国家间也存在着语言政策的研究,最明显的例子就是欧盟,在一个庞大的政治、经济联合体中如何处理各个民族国家间的语言问题②。

而在语言推广过程中,各种语言之间的关系问题、各个国家之间的关系问题也十分重要。如何处理外来语言和本土语言之间的关系,这绝不是语言学本身能够解决的。例如,我们从日语的传播政策史中可以看到,在日本对东亚展开侵略和扩张的过程中,日语推广和传播政策的目的就是"把亚洲人民教育成日本帝国的臣民,政治家的野心是想在大东亚共荣圈内把日语推广为通用语言"③。日语的推广与其国家政策紧密相连。因此,政治、经济、民族、国家关系等多方面问题都应成为语言推广政策研究的内容。

我们认为在中国的汉语国际推广政策研究中有两个问题是亟待解决的。

1.建立国外汉语教育信息的系统调查与研究机构。

过去这个问题不很突出,但随着汉语快速地走向世界,今后几年我们将在国外建立上百所孔子学院,这个问题就显得日益突出。最明显的一个例子就是至今我们尚不能对海外学习汉语的人数进行基本的、较为准确的估计,以致于制定汉语的国际推广的所有政策的科学性都将受到影响。目前,在对外汉语领域弥漫着一种盲目乐观的情绪,对汉语国际推广缺乏认真的、理论和学术上的准备,对我们即将开始的、把对外汉语教学的主战场从国内向国外转

①蔡芬芳:《比利时语言政策》,台湾前卫出版社,2002年,第100页。
②参阅丁元亨:《欧洲整合与欧盟语言政策》,台湾前卫出版社,2002年。
③蔡芬芳:《比利时语言政策》,第678页。

移这个重大的决策,尚缺乏较为系统的调查和研究。英国文化委员会、歌德学院和法语联盟都有自己专门的海外推广的政策研究机构,为其语言的传播提供学术的分析和基本的数据,日本每年都出版专门的总结海外日语推广和传播的书籍,总结经验,研究问题。

调查研究是一切决策的前提,没有调查就没有发言权。这也是汉语国际推广工作中所必须遵循的原则。为做好全球范围内的汉语教育情况的调查,应尽快建立专门的研究机构,充分利用互联网等科技手段,对汉语在海外传播的基本情况做系统的调查,对重大的政策问题进行深入的理论研究,使我们的决策机构能够动态地了解在全球范围内汉语国际推广的基本情况,从而使汉语国际推广政策的制定更及时、合理。

2. 展开国别和地区汉语政策研究。

在国家财力和人力有限的情况下,我们的汉语国际推广不能平面地展开,而应根据国家利益和不同的地区特点等多方面情况有重点地展开,对在全球汉语教育的展开也应有基本的设计和规划。而要做到这两点,都需要对重点国家和地区的汉语政策进行深入研究。因为文化和政治情况的差异,每个国家与中国的国家关系的不同,形成各个国家不同的汉语政策,应对这些国家或地区的汉语政策进行历史和现实的考察与分析,从而有针对性地制定出汉语国际推广的相应政策与策略。

分类指导,区别对待,以此为基本原则制定汉语国际推广政策。近年来我们已经开始这项政策研究,但无论在深度上还是广度上都显得不够。这方面英语和法语的推广历史为我们提供了有价值的参考经验。

从对外汉语这个领域的学术研究来说,在以往研究的基础上,应将社会语言学研究、语言推广政策研究作为拓展学术研究的一个新的方面。在领导机关的学术质询中应注意吸收社会语言学家、语言政策学家参加。汉语走向世界的过程就是我们的学术视野不断开拓的过程,就是我们的知识不断扩大的过程,只有这样,才能使我们的汉语国际推广事业更为平稳和顺利地发展。

（三）积极与海外汉学界互动,为汉语走向世界提供良好的外部条件

在汉语走向世界的过程中,如何认识海外汉学家这个群体?如何与海外汉学界展开良性的互动? 这是一个关系到汉语国际推广的重要问题,加强与海外汉学家的互动是我们做好汉语国际推广工作的一个重要方面。有鉴于此,2003 年起,国家汉办建立了"资助外国汉学研究者短期访华计划";在 2005 年 7 月召开的"世界汉语大会"上,国家汉办第一次把"海外汉学研究"作为与"国际汉语教学讨论会"相平行的一个系列活动,把两者放在同样重要的位置上。这表明,国家汉办已经把海外汉学的研究作为一项基本的工作纳入其工作视野。

这种认识的转变是非常重要的,因为在海外,汉语国际推广最主要的支持者就是海外汉学家,这是一个基本的事实。如果没有汉学家的支持,汉语的国际推广就会遇到困难。团结和帮助汉学家应是我们汉语国际推广的一项长期政策,以下两个方面比较重要。

1. 将对海外汉学的研究作为汉语国际推广事业的一个重要组成部分。

对外汉学教学是一个跨学科的领域,或者说我们应拓宽对对外汉语教学学科的理解。即便不将海外汉学研究列入其学科范围①,也应从国家和民族的事业这个更为广阔的视角支持海外汉学的研究。只有对海外汉学(中国学)的历史现状、汉学家的基本情况有了系统研究,我们在海外各国的汉语国际推广中才能寻找到

———————————
① 对海外汉学的研究涉及多个学术领域,很难将其归在某一固定学科之中。

真正的合作者，这样，我们所展开的国别和地区的汉语政策研究以及其他一系列关于汉语国际推广的问题就有了人脉上的支持。

2. 加大对海外汉学家来华访问支持的资金力度。

这点也是世界主要语言向外推广的基本经验。英国文化委员会设立的"志奋奖学金"由外交与联邦事务部提供，它首先发给那些已经有一定的事业基础的人，其目的在于资助那些未来的决策者和智囊人物到英国学习，同时也面向年轻的一代，资助正在研究生阶段的学生到英国学习和研究。法国的法语联盟和外交部以及德国的学术交流中心也都有这样的计划和项目，美国在这方面做得更为老到，福特基金会等众多的基金会每年为来美国学习语言和文化的学者与年轻人提供大量的资金。

现在中国国家汉办的"资助外国汉学研究者短期访华计划"已经有了好的开端，但和发达国家推广其母语所设立的同类奖学金和基金相比仍有较大的差距。从总的数量上来说，应加大总量，以资助更多的汉学家和年轻的汉学研究者来华；从单个人的资助量来说，也可适当增加资助的力度。在计划整个运作过程中应尽量减少行政的色彩，对汉学家来访计划的推荐和审批，对访华成果的检验，都应更多地吸收学术界的意见。从长远来看，将此计划转变为基金会的运作模式是最为理想的，在这方面发达国家给我们提供了大量的成功经验。

做好海外汉学家的工作对于我们已经开展的孔子学院计划有着重要的意义，有了汉学家的支持，我们在海外建立的孔子学院就有了较好的外部环境。

（四）注意协调中国境内、境外汉语传播，使汉语传播和推广事业成为一个统一的整体

目前，来中国学习汉语的人数持续增多，中国进行对外汉语教学工作的机构也在不断地增加，在人才师资、教材教法、标准化测试、留学生管理以及与汉语学习相关的服务等方面虽然取得了很大进展,但仍都大有文章可做,一些方面的政策也需增强其针对性。

　　实际上目前的汉语第二语言教学是在中国本土和海外两个领域同时展开的,我们过去主要的精力是放在国内的汉语第二语言教学上,对外汉语教学界对国外汉语教学状况的了解还严重不足。"到中国去学习汉语"还远没有成为全球汉语学习者的最佳选择。孔子学院的建立表明我们将在今后一段时间内把扩大海外汉语教育市场作为一个重要的政策,这是我们汉语国际推广政策的一个重大变化,也是对外汉语教育事业发展的一个重要标志。但我们应该看到,这两个领域远未融为一体,如何协调这两个领域的汉语教学仍存在大量的问题。服务于海外的汉语第二语言教学,继而吸引汉语学习者来中国学习,或是在国外为他们学习汉语提供指导和服务,还需决策机构和对外汉语教学工作者今后长期不懈的努力。通过对国外语言推广情况的调查我们看到,几乎所有的语言,其母语国都当仁不让地占据着该语言第二语言教学的主导地位,目前,世界汉语第二语言学习明显存在两个领域,即中国境内和境外,虽然国家汉办组织过几次推动汉语学习的大规模的国际性活动,但全球的汉语第二语言教学还远没有融为一体,中国在全球汉语教学领域占据主导地位应该是中国对外汉语教学领域长期努力的一个重要目标。

　　　　(与柳若梅合撰,发表于《语言文字应用》2006年第1期;后改写作为张西平、柳若梅编《世界主要国家语言推广政策概览》导言,外语教学与研究出版社2008年出版)

简论中国国家外语能力的拓展

一、中国国家利益的扩展

经过 30 多年的改革开放,中国经济以人类历史上前所未有的速度和规模持续发展,从而使中国已经从一个区域性大国变为一个世界范围内的经济强国。中国的经济发展已经成为亚洲发展的动力,世界经济发展的重要力量。中国以其超大的人口规模,超广阔的国土面积,超悠久的文明历史,超常规的发展模式,首次实现了后发现代性国家的崛起。尽管中国当前的经济发展和社会发展面临着一系列严重的问题,但在总体上已经实现了国家的和平崛起,这是一个不争的事实。中国的崛起是自工业革命以来,第一个完全不同于西方体制的国家首次成为世界一流经济体。

特别是这次国际金融危机的爆发,"中国将明显地缩小与美国之间的实力差距,也获得了前所未有的机遇:从国际事务的被领导者转变为领导者,从国际规则的被动接受者转变为规则的参与制定者,从国际舆论的'挨打'者转变为竞争者,从西方文化的接受者转变为多元文化的创新者"[1]。中国的国家利益在全球的迅速扩

---

①胡鞍钢等:《中国:走向 2015》,浙江人民出版社,2010 年,第 56 页。

展,其根本原因是我国经济实力的快速增长。我国已成为外汇储备世界第一大国、国民生产总值世界第二大国(按世界银行购买力平价计算)、出国旅游人数世界第二大国、石油消费量世界第二大国、贸易总额世界第三大国。由此,中国的国家利益,从政治到经济到文化都在向全球拓展。能源需求使我们的经济利益从发达国家向亚非拉的发展中国家扩展。经济的发展,使中国的企业迅速走出国门,在全球布局自己的经济发展,从而把我国的安全利益带到世界各地;大国的责任推动我们从关注周边地区事务向参与全球事务进展。技术进步促使我们的利益从地球向太空延伸。按照学者的预测,在 2015 年中国将成为新兴强国,那时中国将成为国内生产总值第一大国,成为世界经济发展的新的增长发动机;中国将成为货物出口贸易的第一大国,进口贸易第二大国,服务贸易出口第三大国。清华大学国情研究中心提供了一个中国从 1978 年到 2015 年的发展指标(如下表所示):

中国主要指标居世界位次(1978—2015 年)[1]

项目	1978 年	1990 年	2000 年	2005 年	2010 年	2015 年
国内生产总值(汇率法)	10(0.9)	11(1.9)	6(3.8)	4(5.0)	3(8.0)	2(10)
国内生产总值(PPP)	4(4.9)	3(3.7)	2(11.8)	2(5)	2(18)	1(20)
货物出口总额	29(0.7)	15(1.7)	8(3.7)	3(7.3)	2(10)	2(12)
外汇储备	40	7	2	2	1	1
科技实力		5	5	3	3	2
综合国力	5(4.5)a	3(5.6)	2(2.8)	2(10.0)	2	2

中国的发展已经说明中国再不是一个地域性的国家,它已经走出东亚一隅,成为一个在全球范围展开发展,在全球布局自己的

---

[1]胡鞍钢等:《中国:走向 2015》,第 57 页。

经济、政治和文化利益的世界性大国。

二、国家发展与国家外语能力的扩展

国家利益在全球的拓展必然带来国家语言能力的拓展,按照李宇明先生的论述,国家语言能力指的是"国家处理海内外各种事务所需要的语言能力,其中也包括国家发展所需要的语言能力"①。

国家语言能力的拓展表现在两个方面,一是母语在全球影响的扩大,二是国家外语能力的发展。

首先,国家利益的发展必然带动其语言的发展,国家地位的提高必然带动其国家民族语言影响的扩大。任何国家自身的母语的发展都是随着国家利益在全球的发展而迅速地在全球发展起来的,从而使本国语言从一个地域性语言变成一个全球性语言。这就是国盛,母语盛,国强,母语强,千古恒理。

英国在其殖民扩张中始终将英语的扩张作为其殖民政策的一个重要部分,"英国文化委员会"作为一个推广英语的机构,其根本使命就是"支持本国外交政策、维护并加强英联邦和英帝国、促进本国贸易并保护英国在海外投资"。而法语在全球五大洲的布局,西班牙语成为 22 个国家的国家语言都是和其殖民的扩张联系在一起的,是他们在 15 世纪到 19 世纪国家利益发展的一个必然结果。如笔者曾经指出的:"英语并无特别之处,英语推广成功的根本原因是英国的海外扩张政策。所有西方国家语言的推广无不如此:西班牙在南北美洲的扩张与殖民,法国在非洲的扩张与殖民。

---

① 李宇明认为这种能力有五种:"国家语言能力的外延应当非常广泛,囿于学力目前笔者还很难确切圈定,但可以从五个方面来描画其轮廓:一是语种能力;二是国家主要语言的国内外地位;三是公民语言能力;四是拥有现代语言技术的能力;五是国家语言生活管理水平。"见李宇明:《提升国家语言能力的若干思考》,《南开语言学刊》2011 年第 1 期,第 1 页。

'语言素来是帝国之伴侣,并将永远成为帝国之伙伴。'"①

中国的发展必然使汉语成为世界上最重要的语言,随着中国利益的全球化,我们必须进一步提高汉语的国际化程度,提高汉语的国际影响力。

国家语言能力随着国家利益拓展而不断增长与增强的第二个方面就是国家外语能力的扩展。

文秋芳认为:"国家外语能力指的是一个国家应对各种外语事件的能力。"②笔者认为,国家外语能力除应用外语处理各类事件的能力外,还应包括一个国家运用外语研究人类多样文明类型与文化的能力。简而言之,国家外语能力是国家运用外语发展国家力量和研究人类多样文明的能力之综合③。

西方人的外语能力提升有一个历史过程。古代时期希腊人除了自己的语言以外并不研究其他语言,他们认为希腊语的结构自然体现人类思维的基本结构,他们甚至认为希腊语代表了宇宙的秩序。

欧洲人语言知识视野的扩大是随着海外探险开始的,传教士们在世界各地的传教,同时也把世界各地的语言带回欧洲,这些传教士编写了大量的双语对照词典,从而大大开拓了欧洲的语言视

---

① 张西平、柳若梅编:《世界主要国家语言推广政策概览》,外语教学与研究出版社,2008年,第5页。
② 文秋芳:《国家外语能力的理论构建与应用尝试》。感谢文秋芳将其未发表的稿件提供给笔者。
③ 李宇明将外语能力分为五种,按语种需求可以分为四类考虑:第一类是国际事务中通用的语种,可称"通用语种";第二类是国家利益的特需语种,比如周边国家的语种、重要资源地区的语种、合作关系特别密切国家的语言、"假想敌"国家和地区的语言等,可称"特需语种";第三类是紧急情况下(如反恐、缉毒、维和、救灾等)需要使用的语种,可称"应急语种",其人才具有储备性质;第四类是科学研究(包括语言学研究)所需要的语种,可称"学术语种"。李宇明:《提升国家语言能力的若干思考》,第5页。

野。"西班牙的神父早在 16 世纪就开始了这项工作;有些关于美
洲和菲律宾的语言的著述,得归功于他们。"①大航海时代,西方国
家在全球的扩张使西方国家在外语能力上得到了前所未有的扩
展。这种外语能力的提高表现在两个方面。

首先,对整个人类语言的认识大大扩展了。西方"18 世纪末语
言视野的扩展,可以从一个词汇表看出,整个表包含了 285 个词
儿,从欧亚两百种语言中选出来,是 1786 年派拉士(P. S. Pallas,
1741—1811)奉俄国女皇卡特琳(Catharine)的命令编辑的。这本
书 1791 年出版第二版,增加了 80 种语言,包括非洲和美洲的语言
在内。1806—1817 年间出版了一部名为《米色雷达提斯》(*Mithri-
dates*)的四卷著作,那是由阿代龙(J. C. Adelung)和伐特尔(J. S.
Vater)合编的,其中用了近五百种语言写成的主祷文"②。从这里
我们看到在大航海时代西方的语言学家们已经初步了解了全世界
五百多种语言,初步具有了利用自己的国家外语能力表达和研究
人类多样文明的能力,同时,他们国家利益也在这种外语能力的扩
展中大大加强了。

其次,对外语的研究程度大大加深了。正是在 16、17 世纪有
关梵语和印度语法知识传入欧洲,对印度语法的了解开启了印欧
历史语言的研究。"印欧语的历史比较研究已成为 19 世纪欧洲科
学中主要工作之一,而且是最成功的工作之一了。"③这种历史比较
语言学的研究大大加深了欧洲学者对自身语言的认识,同时也促
进了整个人类对语言的研究。直到今天,历史语言学研究的大本
营仍在欧洲,包括中国在内的亚洲学者在整个领域基本上没有太
多的发言权。

西方国家这种外语能力是历史形成的,这种历史所形成的国

①〔美〕布龙菲尔德著,袁家骅等译:《语言论》,商务印书馆,1997 年,第 6 页。
②同上书,第 7 页。
③同上书,第 12 页。

家外语能力直到今天仍是他们国家利益扩展的重要武器,是他们掌握世界学术话语权的语言基础,也是他们今天了解世界的重要手段和途径。

这里以法国和英国为例来说明这一点。

创建于 1795 年的巴黎东方语言文化学院是法国教授语种最多的一所属于高等教育与研究部的大型语言科学学院。这所学院教授中欧、中东、亚洲、大洋洲、非洲及美洲等 100 个国家的 93 种语言;同时,也借助这些语言对这些语言所在的国家展开相关国家的地理、历史、机构、政治、经济、社会的研究。这所大学为法国在非洲、南亚、东南亚、太平洋、中国、阿拉伯、美洲、俄罗斯等地区和国家的利益服务。巴黎东方语言文化学院所开设的 93 种外语,有力地说明了法国的国家外语能力和他们掌握世界非通用语言的范围与广度。正是这种外语能力奠定了法国在非洲古代文明等研究领域的领袖地位,也为法国巩固其在世界各地的国家利益提供了保证。

我们再看伦敦亚非学院,这所学院是英国唯一一所专门研究亚洲、非洲和中东语言与文化的高等教育学院。来自亚洲和非洲的教师和学生成为这所大学的特点,学院对外招生的语种有 43 种,但整个学院拥有对近 100 种以上的非通用语的研究能力。例如,伦敦大学亚非学院知名语言学家彼得·奥斯丁(Peter Austin),他是濒危语言学术项目主任。他的最新著作是《千种语言:现存和消亡语言的世界史》,探讨全世界语言现状。仅仅从奥斯丁教授的研究中我们就可以知道这所大学的外语研究能力有多强。正是在这些语言研究的基础上,该院的 6 个区域研究中心——南亚研究中心、东南亚研究中心、近东和中东研究中心、非洲研究中心、当代中国研究所、日本研究中心、韩国研究中心,成为英国掌握世界重要国家情况的智库。

从外语能力看其国家利益扩展最典型例子就是美国。美国在"9·11"后痛定思痛,将外语能力作为提高国家能力的三大基本国策之一,美国在 2005 年发布的全国语言大会白皮书指出:"我们的构想是,通过外语能力和对世界文化的了解,使美国成为更强大的全球领导者。"这里明确清楚地表达了美国外语能力与国家利益之间的关系。在全球化时代,要求一个国家必须具有更强的全球多种外语的能力。外语能力越强,国家竞争力就越强。美国的国家语言战略根本上就是国家外语战略,这个战略是直接为美国的全球利益服务的,具体来说就是将这种外语能力服务于国家安全,服务于美国经济利益在全球的扩张,服务于美国文化的传播①。

无论从历史还是从现实来看,外语能力是整个国家能力的一个重要体现,特别是当国家利益走出国门,在全球布局自己的国家利益时,此时的外语能力成为保障国家利益的一个基本能力。国强语言强,国盛语言盛,国家发展,国家外语能力相应发展,这是千古恒理。

三、加强非通用语建设已经成为提高
国家外语能力的关键

国家外语能力的提高目前有着诸多方面的问题,但在笔者看来我国国家外语能力中最薄弱的环节是非通用语能力的薄弱。初步估计全国已经开设的非通用语种有 53 种,其中北京外国语大学共开设 49 种语言,其中非通用语 48 种②。目前北外和欧盟合作,已经开设了欧盟所有的官方语言,共 24 种,分别是保加利亚语、克

---

① 参阅王建勤:《美国"关键语言"战略与我国国家安全语言战略》,载《云南师范大学学报》2010 年第 42 卷第 2 期。
② 关于非通用语的划分有两种,一种是英语之外均为非通用语,一种是联合国公用 7 种语言外是非通用语。

罗地亚语、捷克语、丹麦语、荷兰语、英语、爱沙尼亚语、芬兰语、法语、德语、希腊语、匈牙利语、爱尔兰语、意大利语、拉脱维亚语、立陶宛语、马尔他语、波兰语、葡萄牙语、罗马尼亚语、斯洛伐克语、斯洛文尼亚语、西班牙语、瑞典语。

北外亚非学院所开设的亚非语言有 17 种，分别是：泰语、柬埔寨语、缅甸语、老挝语、越南语、马来语、印尼语、菲律宾语、韩语、土耳其语、希伯来语、波斯语、印地语、乌尔都语、僧伽罗语、豪萨语、斯瓦希里语。

如果从中国国家利益的战略角度来看，目前在国家外语能力上，特别是在非通用语的教学和研究上有两个问题是严重滞后的，这两个问题分别如下：

（一）非通用语种类的开设跟不上国家的需要

从以上的介绍中我们可以看到，如果同西方老牌的强国相比，我们在外语语种上，特别是在非通用语的种类数量上有着较大的差距，这样的差距反映了我们至今没有从国家的战略利益来安排自己的外语能力的建设，来安排非通用语的建设和研究。

从中国的外交战略来看主要是大国外交和周边外交，为配合国家的外交政策，外语能力的建设应与其相配套。但实际上我们的外语语种数量，特别是非通用语的语种数量和国家的外交战略不配套，相差甚远。

首先，我们可以从周边国家来看。苏东变局以来，中亚成为一个新的战略要点，中亚概念从地域上说只包括哈萨克斯坦、吉尔吉斯斯坦、土库曼斯坦、乌兹别克斯坦、塔吉克斯坦五个国家。由于历史及其地缘政治和地缘经济上的特殊地位，中亚成为各个国家政策和利益的交汇处，正因为这一地区如此重要，所以地缘战略家们常常把这一地区看作是欧亚大陆的心脏地带，认为控制了这一地区就可以进而征服整个欧亚大陆，而欧亚大陆又是世界的心脏地带，控制了欧亚大陆就可以有效地统治世界。

　　中亚的语言分属于印欧语系的突厥语族和伊朗语族。在突厥语族下的语言为：哈萨克语、吉尔吉斯语、鞑靼语、土库曼语、维吾尔语、乌兹别克语；在伊朗语族下的语言分别为：塔吉克语、波斯语。当然在中亚还有俄语、汉语、蒙语和藏语等。

　　哈萨克斯坦的语言主要为：哈萨克语、吉尔吉斯语、鞑靼语、乌兹别克语、俄语、维吾尔语等。其中哈萨克语是哈萨克斯坦的官方语言，俄语为哈萨克斯坦的通用语言。乌兹别克斯坦国内的语言为：乌兹别克语、俄语、塔吉克语、哈萨克语、鞑靼语、卡拉卡尔帕克语、吉尔吉斯语、乌克兰语、土库曼语等。其中乌兹别克语为官方语，俄语为通用语。吉尔吉斯斯坦国，吉尔吉斯语为国语，俄语为官方语，两种语言在国内均为通用语言。塔吉克斯坦国内主要使用三种语言：塔吉克语、乌兹别克语和俄语。塔吉克语是塔吉克族的民族语言，也是这个国家的官方语言。土库曼斯坦国，土库曼语为官方语言，其通用的语言是俄语。

　　中国在中亚地区的外交重大进展是组建了上海合作组织。这是中国、俄罗斯、哈萨克斯坦、吉尔吉斯斯坦、塔吉克斯坦和乌兹别克斯坦六国组成的一个国际组织。另有观察员国：蒙古国、伊朗、巴基斯坦、印度。工作语言为汉语和俄语。上海合作组织成员国总面积为 3 018.9 万平方千米，即欧亚大陆总面积的 3/5，人口约 16 亿，为世界总人口的 1/4。上海合作组织是首个在中华人民共和国境内宣布成立、首个以中华人民共和国城市命名的国际组织。上海合作组织现有两个常设机构，分别是设于北京的秘书处以及设于乌兹别克斯坦首都塔什干的反恐中心。上海合作组织是中国近年来在周边外交上的重大进展。这个机构对于中国的战略发展和国家安定具有重要的战略性意义。苏联解体后中亚五国虽然仍将俄语作为通用语言，但已经开始正式公布了自己的国家官方语言，然而迄今为止国内高校仍未将中亚五国的国家语言列为高校非通用语建设的内容。这种语言教学的滞后显然已经不符合我国的战略利益。

　　我们再看南亚,南亚是周边国家中对中国有着重要战略意义的地区。抗日战争时期,中国与外部世界的最后通道就是南亚地区。在南亚国家中印度是一个大国,目前是金砖四国的成员;尼泊尔是中国的近邻;巴基斯坦是中国的老朋友,是一个人口过亿的南亚大国。南亚在中国的地区战略中具有重要的地位。"第一,从地理条件看,中国是南亚最大的邻国,与五个南亚国家(巴基斯坦、印度、尼泊尔、不丹和阿富汗)拥有几千公里的共同边界,而南亚是中国周边地区中陆上邻国最多的一个地区。第二,从政治和安全角度看,所有的南亚国家都是发展中国家,处于中国的周边地区,是中国周边环境的一部分,对中国西南地区的安全和稳定有直接的影响。第三,从经济角度看,南亚地区对中国西部开发和确保能源安全有重要的意义。第四,南亚两个主要大国印度和巴基斯坦在中国外交中的地位不可低估。一方面,巴基斯坦是中国与伊斯兰世界发展关系的重要桥梁和维护南亚地区战略平衡的主要力量;另一方面,印度不仅是中国的邻国,更是崛起中的亚洲乃至世界大国,中国必须妥善处理与其边界争端和重视其在亚洲的作用。印巴对立是中国安全环境中的一个潜在不稳定因素,两国又都拥有核武器,一旦其对立和对抗上升为冲突,将对中国外交形成重大挑战。"①

　　但对中国如此重要的战略性地区,我们在外语能力的培养和掌握上却远远跟不上国家的需要。我们知道南亚地区包括印度、巴基斯坦、孟加拉国、尼泊尔、斯里兰卡、不丹、阿富汗和马尔代夫8个国家。在印度,英语和印地语并列为官方语言;巴基斯坦的"国语"是乌尔都语,"官方语言"是英语;在孟加拉国,孟加拉语为国

---

① 张贵洪:《中国与南亚地区主义:以南亚区域合作联盟为例》,《南亚研究》2008 年第 2 期,第 3 页。

语,英语为官方语言;尼泊尔,官方语言是尼泊尔语,英语也是通用
语言;斯里兰卡,官方语言是僧伽罗语、泰米尔语和英语;不丹,官
方语言为不丹语即宗卡语和英语;马尔代夫,官方语言为迪维希
语,上层社会通用英语;在阿富汗,普什图语和达里语(波斯语)为
官方语言。目前我国高校所开设的南亚语言只有印地语、乌尔都
语、僧伽罗语三种。对国家有着战略意义的阿富汗的普什图语和
尼泊尔的尼泊尔语所有高校都未开设,显然这是和国家利益有着
很大的差距。

另外,印度对中国而言是一个极其重要的国家,它不仅和中国
有着深厚的历史文化关系,同时作为和中国一样的新兴发展中国
家,其与中国的关系将会影响整个世界。虽然印度国家官方语言
是印地语,其实其国内有着多种语言,各个邦有着自己的官方语
言。例如,阿萨姆邦的官方语言有阿萨姆语、博多语,特里普拉邦
与西孟加拉邦的官方语言是孟加拉语,查谟—克什米尔邦的官方
语言有多格拉语、乌尔都语,达德拉—纳加尔哈维利、达曼—第乌
和古吉拉特邦的官方语言是古吉拉特语,卡纳塔克邦的官方语言
是卡纳达语,果阿邦的官方语言是孔卡尼语,比哈尔邦的官方语言
之一是迈蒂利语,喀拉拉邦和拉克沙群岛的官方语言是马拉雅拉
姆语,曼尼普尔邦的官方语言是曼尼普尔语,马哈拉施特拉邦的官
方语言是马拉地语,锡金邦的官方语言是尼泊尔语,奥里萨邦的官
方语言是奥利亚语,旁遮普邦以及印度其他旁遮普地区的官方语
言是旁遮普语,泰米尔纳德邦和本地治里的官方语言是泰米尔语,
安得拉邦的官方语言是泰卢固语。作为官方语言的印地语其实原
是安达曼和尼科巴群岛、比哈尔邦、昌迪加尔、恰蒂斯加尔邦、德
里、哈里亚纳邦、喜马偕尔邦、恰尔康得邦、中央邦、拉贾斯坦邦、北
方邦和乌塔兰契尔邦官方语言。

在印度还有一些使用人口超过 500 万但却非官方的语言,如
阿瓦德语、比尔语、博杰普尔语、Bundeli 语(通常被视为印地语的

一个亚种)、恰蒂斯加尔语(恰蒂斯加尔邦语言,通常被视为印地语的一个亚种)、龚德语(龚德部落)、哈里亚纳语(哈里亚纳邦语言,通常被视为印地语的一个亚种)、印度斯坦语(印地语和乌尔都语的混合语,流行于印度北部地区)、Kanauji 语(北方邦语言,通常被视为印地语的一个亚种)、果达古语(即 Kodava Ttakk,通用于卡纳塔克邦的果达古县)、Kutchi 语(古吉拉特邦 Kutch 地方语言)、摩揭陀语(Magadhi,比哈尔语的一种,源于古代摩揭陀王国,常被视为印地语亚种之一)、马尔瓦尔语(拉贾斯坦邦语言,通常被视为印地语的一个亚种)、图卢语(为卡纳塔克邦和喀拉拉邦的图卢人使用)等。

　　印度不仅是一个语言的大国,而且在法律上每一种语言都享有平等的地位。对于印度这样的大国我们如果仅仅掌握其官方语言显然是不够的,我们应从长远着眼,开始关注印度的各种地方性语言,只有这样才能深入研究印度的国情。

　　其次,从国家利益的扩展角度来看,我们所拥有的外语语种跟不上国家的发展。目前,中国国家利益在全球扩展,尤其是经济利益遍及全球。仅从非洲来说,2009 年,中非贸易额为 910.7 亿美元,中国成为非洲第一大贸易伙伴国。截至 2009 年年底,中国对非洲直接投资存量达 93 亿美元,非洲对华投资达 99.3 亿美元。中国企业积极参与非洲国家基础设施建设,涉及房建、道路、水利水电、石化、电信、建材、供水等多个领域。中国还为非洲基础设施建设提供融资支持。中国对非援助覆盖 50 多个非洲国家,援建了800 多个成套项目,涉及住房、农业、水利、电力、通讯、交通等领域,中国向非洲派出医疗队员 1.7 万人次,免除了非洲重债穷国和最不发达国家的 312 笔债务。

　　中非经济政治合作如此深入,但我们对非洲语言的掌握和了解却远远落后于我们的经济投入。非洲除了西方殖民时期的语言葡萄牙语、法语和英语外,本土还有闪含语系(包含 240 语种,2.85

亿人使用),尼罗—撒哈拉语系(包含 100 多语种,3000 万人使用,主要分布在乍得、埃塞俄比亚、肯尼亚、苏丹、乌干达、坦桑尼亚北部等地区),尼日尔—刚果语系(世界最大的语系之一,包含数百多语种,分布在撒哈拉以南非洲地区,包括班图诸语言),科依桑语系(包含 50 语种,12 万人使用,集中在非洲南部)。班图语系中使用人数较多和通行范围较广的语言有斯瓦希里语和祖鲁语。斯瓦希里语原是东北非地区的一种商业交际语,现在已经成为坦桑尼亚、乌干达和肯尼亚的官方语言。有关专家正在呼吁把它作为非洲统一组织的工作语言之一。这一语言还在索马里、卢旺达、布隆迪、刚果东部、莫桑比克和东部沿海一带被广泛使用。祖鲁语通行于南非共和国和中非等地。但直到现在为止还没有一个国家宣布豪萨语为官方语言。豪萨语是撒哈拉以南西苏丹的重要语言。通行于从乍得湖沿岸到塞拉利昂之间西苏丹广阔的地带,被视为继阿拉伯语和斯瓦希里语之后的非洲第三大语言。通行这种语言人口最多的国家是尼日利亚。尼日利亚北方的豪萨人、富拉尼人和其他各部族都讲这种语言。豪萨语也是一种西非地区的商业用语。这种语言使用比例最高的国家是尼日尔。全国 70% 的人口都使用这种语言。欧洲的语言在非洲的城市和工矿区都被广泛使用。不少国家至今仍把它们作为官方语言。目前在非洲 50 多个独立国家中,有 20 个国家把英语作为官方语言或通用语言。19 个国家以法语作为官方语言,以葡萄牙语为官方语言的国家有 3 个。还有一些国家正在考虑把民族语言作为国语。

目前,我国仅仅开设两门非洲的语言:斯瓦希里语、豪萨语;阿姆哈拉语和祖鲁语至今没有开设。非洲最古老的语言文字是撒哈拉大沙漠中的蒂菲纳文字。这种文字是图阿雷格人说的塔马谢克语的文字。据说,这种文字有 2000 年左右的历史。令人惊奇的是这种文字不仅历史悠久,而且书写方式奇怪,不论横竖都可以书写。这种古文字的存在有力地证明,撒哈拉大沙漠在古代确实是非洲文明比较发达的地区之一。现在,被世界各国语言学界和传播媒介比较重视的非洲语言依次是:阿拉伯语、斯瓦希里语、豪萨语、祖鲁语、阿姆哈拉语、富拉尼语、曼丁哥语等。

(二)目前我国在外语研究的能力上与大国地位不相称

国家的外语能力不仅表现在为国家经济利益扩展的服务上,也表现为国家文化发展的服务上。中国作为一个世界大国,其标志不仅仅表现在我们对世界经济发展的贡献,对世界新的政治秩序形成的贡献,也表现在我们对人类多样文明研究的贡献上。中华文明作为人类四大文明的发源地,我们在对自身文明的研究上有着重要的贡献,但在对世界其他古代文明的研究上仍处于远远落后于西方发达国家的地步。例如,印欧语系比较语言学源自18世纪英国对印度的殖民统治。以英国人威廉·琼斯为代表的一批学者发现英语与印度人使用的官方语言——波斯语——以及多数印度人使用的宗教语言梵语拥有共同的祖先。通过梳理、追踪、解读、比较世界各地区、国家、民族所使用的印欧语言,印欧语系比较语言学研究推动了学界对于移民问题、语系学问题的研究,对于民族间文化交流和迁移的研究都有重要的作用。又如,在古埃及文字的研究中,对两河文明文字的研究成果也主要属于西方学术界。关于西域丝绸之路的古代语言是研究中外关系史的重要语言,如龟兹文、吐火罗文、佉卢文、粟特语、突厥语、于阗语、波斯语、叙利亚语、古普鲁士语、峨特语、高卢语、奥斯干语、温布利安语、涅希特语、巴比伦语、古迦南语、腓尼基语、古希伯来语、古埃及语、科普特语等,这些语言前辈学者尚还能掌握部分,如季羡林先生,但目前能掌握这些语言的人在中国寥寥无几。作为一个文明大国,应该开始培养懂得这类语言的人才,为今后中国的历史研究和西域研究打下语言的基础和人才的基础①。

中国作为一个世界大国,它的学术视野和文化情怀不能仅仅限于对自身文化和语言的研究,一个国家的外语能力在学术上的重要标志就是对人类文明史产生过重要影响的语言有发言权,对全球多样文明的研究有所贡献,显然,在这方面我们还亟待努力。

一个简单例子,北外作为全国外语语种最多的外语院校至今没有拉丁语,没有古希腊语。这在语言学上和文化史研究上都是不应该的;北外的南亚和东南亚研究和教学中也没有梵语和巴利文教学,这是明显的不足。这些说明,如果从学术角度来衡量我们所拥有的外语语种,从研究的角度看我们的国家外语能力,它是和一个一流大国的地位不相称的。

长期以来我们在外语教学与研究、外语人才的培养上没有战略性的规划,如胡文仲先生所说:"外语教育整体规划的缺失。……我国一直没有相关的部门制定外语教育政策和长期的规划。"②国之强大,外语能力才强大。今天我们国家已经开始成为强国,但外语能力并未强大,因此,从国家的战略利益出发,从国家的文化地位出发,加大对非通用语的研究已经成为提高国家外语能

---

①上海复旦大学的白钢教授是目前中国掌握古典语言最多的学者,包括印欧语系的安纳托利亚语族之赫提语,希腊语族之古希腊语,意大利亚语族之拉丁语,印度语族之吠陀语、梵文、巴利文,伊朗语族之阿维斯特语、古波斯语,亚美尼亚语族之古亚美尼亚语,日耳曼语族之哥特语,凯尔特语族之古爱尔兰语,斯拉夫语族之古教会斯拉夫语,吐火罗语族之东吐火罗语、焉耆语、西吐火罗语、龟兹语等。在闪米特语系方面,白钢教授掌握了东部闪米特语族之阿卡德语、亚述—巴比伦语;西部闪米特语族之圣经希伯来语、阿拉美语—古叙利亚语、腓尼基语—迦太基语、乌加里特语以及南部闪米特语族之古典阿拉伯语、西南阿拉伯语和古埃塞俄比亚语。闪米特语族包括中古埃及语、科普特语。乌拉尔—阿尔泰语系包括古突厥语、满文、古芬兰语、匈牙利语。另外还有苏美尔语、艾拉美语、古藏语、马来语、斯瓦希里语等其他语族语言。
②胡文仲:《新中国六十年外语教育的成就与缺失》,载《外语教学与研究》2009年第41卷第3期,第168页。

力的一个重要方面。这已经成为一个刻不容缓的重大问题。

（本文写于笔者担任北京外国语大学亚非学院院长期间,收入
《科学发展:社会管理与社会和谐(上)》一书,北京师范大学出版
社 2011 年出版）

世界汉语教育史的研究
对象与研究方法

引　言

　　王力先生在《汉语史稿》中说:"汉语史是关于汉语发展的内部规律的科学。"①他认为,为了研究汉语史应该注意对汉语的亲属语言的研究,例如,对汉台语群中的各类语言的研究,对汉藏语系中的藏缅语群的研究。为研究汉语古代语音,还应对日语、朝鲜语、越南语中的汉语借词展开研究。但从根本上讲,汉语史首先是和中国史、汉族人的历史密不可分的,因而,汉语史的研究基本上是以中国史为背景、以汉族人的语言认知活动为内容展开的。到目前为止,所有已出版的汉语史研究著作基本上都是以此为基点展开的。这样做无疑是正确的,但汉语的历史还有另一个重要的方面,即汉语作为外语研究的历史,或者说汉语作为外语学习的历史。这样的历史不仅在中国发生,也在世界各地发生。对于汉语这样的历史也应给予研究和重视,本文对如何研究汉语作为外语

① 王力:《汉语史稿》,中华书局,1980年,第1页。

教学和学习、研究的历史做一简要的探讨,以求教于各位方家。①

一、世界汉语教学史的研究对象

世界汉语教育史就是汉语作为第二语言教育在世界范围内所发生的历史过程。这一定义已经大略地确定了世界汉语教育史的研究对象的基本内容。

把汉语作为目的语进行学习和教育有着悠久的历史,鲁健骥先生最早明确提出这个问题,他说:"有史有论,是一个学科存在的必不可少的条件。近二十年来,对外汉语教学的科学研究取得了长足的进步,可以说在'论'的方面,有了一定的基础,在'史'的方面,显得十分不足。到目前为止,还只有一些很零散的记述。因此,我们应该改变这种状况,尽快地开展起对外汉语教学历史的研究。"②毫无疑问,对外汉语教育史是世界汉语教育史的最主要内容,但并不是唯一的内容,世界汉语教育史的研究应该有以下五个方面的内容:

第一,对外汉语教育史。汉语在中国周边国家和地区的传播有着悠久的历史,汉语的对外教育始终是中国历代王朝的国家政

---

① 世界汉语教育史研究兴起的标志是董明《古代汉语汉字对外传播史》(2002)和张西平《西方人早期汉语学习史调查》(2003)的相继出版。2005年首届"世界汉语教育史国际研讨会"在澳门召开,会议期间在澳门注册成立了"世界汉语教育史国际研究会",并在澳门出版了首届会议的论文集《世界汉语教育史研究》,这标志着这个学科的正式确立。2007年在日本大阪的关西大学召开了"世界汉语教育史国际研究会第二回会议",会议主题为"16—19世纪的西方汉语学习",并将在澳门注册的"世界汉语教育史国际研究会"转移到日本大阪正式注册,选举产生了新的学会领导,北京外国语大学的张西平教授当选为会长,学会决定2010年在罗马召开世界汉语教育史第三届国际研讨会,这些标志着这一领域研究的深入和成熟。
② 鲁健骥:《谈对外汉语教学历史的研究》,《语言文字应用》,1998年第4期,第30页。

策,作为语言教学,这个漫长的历史过程给我们研究对外汉语教学
留下了极其丰富的经验。如董明所说:"闹清中外古人汉语教学的
内容、特点及方式、方法,寻求其中有规律的东西,总结其经验教
训,继承其优秀传统,做到'古为今用','洋为中用',以便探索出一
条真正具有中国特色和中国文化底蕴、符合汉语汉字特点的对外
汉语教学之路,搞好今天的对外汉语教学,促进学科的发展、建设,
使之日臻完善、成熟。"①这点出了展开对外汉语教育史研究的重要
理论意义。只有做好学科的历史研究,才能真正走出完全盲从于
西方的二语习得理论,用其裁剪中文作为外语教育的特点,从而完
全忽略了汉语汉字特点的研究路向。历史研究会给予我们新的智
慧,汉语作为外语的教育有着比西方更为悠久的历史。我们必须
承认对于中国古代的对外汉语教育史的研究才刚刚开始,这是一
个亟待开拓的学术研究领域。学术界已经意识到这个问题的重要
性,施光亨的长文《历史上的汉语教学:向着第二语言教学走出的
第一步》②对对外汉语教学史做了一个系统论述,给我们展示了对
外汉语教育史的丰富内容。

　　目前急需对中国古代到当代各个时期的对外汉语教育史展开断
代史的研究,对中国历史上的对外汉语教育史的重要人物和文本展
开深入的个案研究,只有将断代史研究和重要的个案研究做好了,我
们才能真正写出一部较为完备的对外汉语教育史。近年来学术研究
已经开始向这样的方向发展。例如,张宏生编辑的《戈鲲化集》③就
是一个很好的对外汉语教育史的文献整理个案。在澳门召开的首
届世界汉语教育史国际研讨会上,鲁健骥先生的《〈践约传〉——19

---

①董明:《古代汉语汉字对外传播史》,中国大百科全书出版社,2002年,第
　639页。
②载李向玉、张西平、赵永新主编:《世界汉语教育史研究》,澳门理工学院出版
　社,2005年。
③张宏生编著:《戈鲲化集》,江苏古籍出版社,2000年。

世纪中叶中国人编写的汉语简易读物》、鲁宝元先生的《人在海邦为俊杰,学从中华问渊源——乾隆二十三年琉球王国第四批派遣留学生北京学习生活调查》、刘丽川的《清末的韩、中〈外国教师合同〉比较研究》、张美兰的《掌握汉语的金钥匙——论明清时期国外汉语教材特点》、施正宇的《汉语教师戈鲲化出使哈佛初探》①从不同的方面展示了对外汉语教育史的研究内容。程裕祯主编的《新中国对外汉语教学发展史》②则对当代中国对外汉语教学史做了系统的梳理,从而开启了对外汉语教育研究史断代史研究的先河。

　　第二,少数民族汉语教育史。中华文化的历史就是一个汉民族同其他少数民族文化不断融合的历史,在这个过程中不仅汉字的传播直接影响了中国境内少数民族文字的形成和发展③,而且无论在历史上还是在今天,都存在着中国境内的少数民族学习汉语、接受汉语教育的历史事实。戴庆厦、董艳认为,中国少数民族的双语教育经历了一个漫长的历史过程,分别经历了从秦汉到明清、从清末到民国和新中国时期的双语教育④。一个典型的例子就是满族入关后的汉语学习,他们留下了一系列的汉语学习的历史文献,这对我们研究汉语教育史都是很珍贵的。从现实来看,目前正在

①以上论文参阅李向玉、张西平、赵永新主编:《世界汉语教育史研究》,澳门理工学院出版社,2005 年。
②程裕祯主编:《新中国对外汉语教学发展史》,北京大学出版社,2005 年。
③陆锡兴:《汉字传播史》,语文出版社,2002 年。
④戴庆厦、董艳:《中国少数民族双语教育的历史沿革(上、下)》,《民族教育研究》1996 年第 4 期、1997 年第 1 期。关于双语教育的概念,文中说:"双语教育学科历史沿革的研究,探讨双语教育研究的历史,人们可以从中寻找有益的经验和教训,可以从中发现双语教育发展的规律性,我国一些学者对双语教育研究的历史进行了回顾、搜集、整理了一批研究资料,并对其进行了分析、评价。如戴庆厦、赵益真《我国双语研究的现状及展望》,丁文楼《中国少数民族双语教学学科的形成与发展》,丁石庆《双语类型及我国双语研究综析》,沙玛·加甲《发展中的民族语文教学》等论文和著作对这一问题做了有益的探讨。"

进行的少数民族的汉语教育给我们提供了现实的材料。虽然,这不是对外汉语,当仍是将汉语作为目的语的教育,也同样是一种第二语言教学①。因此,对中国国内少数民族的双语教育的历史、学习汉语的历史,这样的研究同样是世界汉语教育史研究的基本内容。

第三,国外华文教育史。这是指对在国外生活的华人的汉语教育。"有水井之处就有华人,有华人之处就有华教"。这说明华文教育历史的久远。华侨的汉语教育一般都是在双语背景下进行的,汉语也是作为目的语来学习的,因此也应作为汉语教育史的研究范围。郑良树先生三卷本《马来西亚华文教育发展简史》②给华文教育史的研究提供了典型的范例。近期出版的黄昆章先生的《印度尼西亚华文教育发展史》③也给我们提供了一个国别华文教育史的范例。这方面的研究也亟待展开,需要我们从不同国家的华人历史情况出发,研究在不同地区和国家的华文教育的重要人物、著作和教材,研究在不同语言背景下展开中文教育的方法和特点。

第四,国别汉语教育史。由中国政府主动派出教师进行汉语教学的历史并不长,但汉语作为目的语学习的历史却很长,凡国外自主进行的汉语教育,并不能归为对外汉语教育。对各国汉语教育的历史、人物、教材和研究著作做系统的研究是世界汉语教育史的重要和基本的研究内容。在这方面已经有了初步的研究成果,

---

①木哈白提·哈斯木指出:"对少数民族来说,双语虽然不是外国语,但它毕竟是一种非母语的外族语,少数民族使用自己的母语的习惯,同样也会对汉语的学习产生干扰甚至抗拒作用。"(木哈白提·哈斯木:《少数民族汉语教学中引进对外汉语教学成果的必要性和可能性》,载吕必松主编《语言教育问题研究论文集》,华语教学出版社,1999年,第370—376页)
②郑良树:《马来西亚华文教育发展简史》,外语教学与研究出版社,2007年。
③黄昆章:《印度尼西亚华文教育发展史》,外语教学与研究出版社,2007年。

六角恒广的《日本中国语教育史研究》①和牛岛德次的《日本汉语语法研究史》②就是这种研究的典范;白乐桑的《法国汉语教学史浅论》③、金基石的《韩国汉语教育史论纲》④都是最早进行这一研究的论文。在世界汉语教育史首届国际研讨会上,丁超的《罗马尼亚汉语教育的发展》、潘奇南的《20世纪新越南成立后的汉语教育》、李明的《20世纪的瑞典汉语教育》、梁志桦的《新西兰的中文教育历史及其教学模式》、董淑慧的《保加利亚汉语教学史概论》等论文都是近年来国别汉语教育史的最新研究成果。

　　文献的收集和整理是做好国别汉语教育史研究的基础性工作,历史学的所有研究都是建立在材料和文献的基础上的,这是它和理论研究的重要区别。近来这方面也有可喜的进展,汪维辉教授整理的《朝鲜时代汉语教科书丛刊》⑤开启了国内国别汉语教育史文献整理工作,在国外做得较好的是日本,日本学者六角恒广《中国语教本类集成》⑥系统整理了日本各个时期的汉语学习教材,具有极高的学术价值。这些学术进展说明,如果推进国别汉语教育史的研究,首要的问题就是要系统地收集和整理世界各国的汉语学习历史文献,对这些基础性的文献加以整理和翻译是展开研究的第一步。除文献的收集与整理外,对各国重要的汉语研究者的著作和各个时期的汉语教材做个案的深入研究也是一项重要的工作。

　　在理论上,国别汉语教育史研究中有两点较为重要:一是注意在历史研究中展开对比语言学的研究,研究汉语与其他外国语言

①〔日〕六角恒广:《日本中国语教育史研究》,北京语言学院出版社,1992年。
②〔日〕牛岛德次:《日本汉语语法研究史》,北京语言学院出版社,1993年。
③〔法〕白乐桑:《法国汉语教学史浅论》,《中国文化研究》1993年第2期。
④〔韩〕金基石:《韩国双语教育史论纲》,《东疆学刊》2004年第1期。
⑤汪维辉编:《朝鲜时代汉语教科书丛刊》,中华书局,2005年。
⑥〔日〕六角恒广编:《中国语教本类集成》,日本不二出版社,1991—1998年。

接触中的特点，注意吸收对比语言学的成果①，这样我们就可以从各国的汉语教育的历史著作中总结汉语作为外语学习的基本经验和规律。二是注意各国汉语政策和语言政策历史的研究，发生在国外的汉语教学不仅可以从对比语言的角度展开，也应注意语言外的影响，即别国的语言政策和汉语政策对汉语教学的影响。语言政策是应用语言学的重要内容，但在以往的汉语教学研究中较为忽视，一旦我们将汉语教育的历史研究扩展到国外，语言政策问题就成为一个事关各国汉语教育成败的大事。

第五，国外汉学史。各国的汉学家在他们进入中国各个具体学科研究之前，第一步就要学习汉语，因此，各国的汉学史为世界汉语教育史的研究提供了大量丰富的文献。关注海外汉学史的研究，从中提取有关汉语教学历史的材料是展开世界汉语教育史研究的重要途径。另一方面，在历史上，不少汉学家本身就是汉语教学的实践者或领导者，他们留下了一些重要的汉语教学的著作和文献，如法国的雷慕沙(Abel Rémusat, 1788—1832)的《汉语启蒙》既是他从事汉语教学的教材，又是西方汉学史的重要著作。实际上，如果做海外汉学史研究，忽略了这一部分，那也将是不完整的②。

这样，我们看到，世界汉语教育史研究对象是包括对外汉语教育史和国内少数民族双语教育史在内的世界各国进行汉语学习和展开汉语教育的历史。我们倡导世界汉语教育史的研究就在于，试图通过对各国汉语教育史的研究，探讨汉语在与世界各种语言接触中各国汉学家和语言学家对汉语的认识和研究，总结汉语作为目的语进行教育的特点、规律和方法，从而为今天世界范围内的

---

①潘文国:《对比语言学:历史与哲学思考》,上海教育出版社,2006 年。
②参阅张西平:《西方人早期汉语学习史调查》,中国大百科全书出版社,2003年;姚小平:《西方早期汉语研究再认识——17—19 世纪西方汉语研究史简述》,载商务印书馆编辑部编《21 世纪的中国语言学(一)》,商务印书馆,2004 年;许明龙:《黄嘉略与早期法国汉学》,中华书局,2004 年。

汉语教学研究提供学术和历史的支撑。

二、世界汉语教育史的研究方法

通过以上我们对世界汉语教育史的研究对象的描述,我们可以看到世界汉语教育史的研究实际上是一个跨学科的研究领域,它的研究范围已经大大超越了单纯的应用语言学的研究范围。研究范围的扩大必然导致研究方法的多样化,因此,在展开世界汉语教育史的研究时,所采取的方法是多样的,笔者认为在多样的研究方法中以下四点较为重要:

第一,语言习得理论的研究方法。

对外汉语教育史的研究只是对外汉语教育研究的一种历史延伸,对外汉语教学作为一种外语教学,其方法的特点和独特性同样适用于对外汉语教育史的研究。对外汉语教育史是世界汉语教育史的重要部分,因而,在展开世界汉语教育史研究时,对外汉语的语言习得理论自然成为它的研究方法。关于语言习得理论的研究方法,刘珣讲得很清楚,他说:"语言学的任务是研究语言,把语言规律弄清楚,它的学科任务就完成了。语言教育学科则不能到此为止,它不是为研究语言而研究语言。因此,除了对汉语这一客体的研究外,本学科还需要研究教学活动的主体即学习者,研究学习者汉语习得的过程和规律,以及学习者的生理、认知、感情等个体因素——这就是语言习得的研究。"[①]这就是说,在对外汉语教育史的研究中要特别注意总结历史上的汉语习得的历史过程和规律,学习者的各种因素对汉语学习的影响。

这里需要注意的是目前在西方出版的第二语言习得的理论研

---

①刘珣:《谈加强对外汉语教学的教育学研究》,载中国对外汉语教学学会秘书处、《语言文字应用》编辑部编:《语言教育问题研究论文集(2000)》,华语教学出版社,2001年,第31页。

究,基本上是建立在西方语言作为第二语言教学的实践基础上的,
这些西方语言学家大多对汉语没有研究,因此,这样一种第二语言
教学研究的理论是有局限性的,这点西方的语言学家也是承
认的①。

　　这个事实告诉我们,在我们把第二语言习得的理论应用于汉
语教育史研究时,要考虑到它的局限性。在这方面,对外汉语教育
界已经认识到这个问题,字本位的提出就是一个证明。正是在这
个意义上,研究世界汉语教育史对于建立基于汉语本身的第二语
言习得理论具有重要意义。正是几千年中国本土的对外汉语教学
的历史给我们提供了丰富的汉语作为第二语言教学的经验和教
训,正是在研究世界各国汉语教学的历史中,我们可以总结出真正
的汉语作为第二语言教学的普遍性规律,并从这种历史的研究中
提升出更普遍的规律和理论,丰富一般的第二语言习得理论和外
语教学理论。

　　这就是说,在世界汉语教育史的研究中,一方面要善于使用当
下语言习得的理论和方法来指导我们的历史研究,另一方面,又不
要局限于当下的那种以印欧语的语言习得为经验所总结出的一般
原理,而是创造性地从世界汉语教育史的历史经验中丰富、发展出
真正从中国语言文字特点出发的语言习得理论。

　　第二,中国语言学史的研究方法。

　　任何语言的发展都是在与其他语言的相互接触中变化与发展
的。王力先生早年明确作过论述,这已经被中国语言发展的历史
所证明。佛教传入中国后,不仅对中国的宗教和思想产生了影响,

―――――――――

① 英国社会语言学家 R. A. Hudson 在《社会语言学》的中文序中说:"一件令
　人尴尬的事实是,(书中)一次也没提到中国,这一方面反映出我本人的无
　知,但同时也反映了中国没出现在我所读过的著作和论文之中这一事实。"
　转引自中国对外汉语教学学会编:《中国对外汉语教学学会第六次学术讨论
　会论文选》,华语教学出版社,1999 年,第 130 页。

对中国的语言也产生了不可低估的影响①。基督教自明末传入中国以后,对中国社会和思想产生了较大的影响,同时对语言的影响也是很大的。近代以来,中国语言在语音、语法、词汇三个方面的变化都和基督教的传入有极大的关系。从语音来说,现在我们的汉语拼音系统的基础就是传教士所确立的。罗常培先生早年的论文至今仍有很高的学术价值②。近年来杨福绵对利玛窦、罗明坚《葡华辞典》的研究③,张卫东对《语言自迩集》语音的研究④都有突破性的进展。语法方面,姚小平最早对将《马氏文通》作为中国近代第一部语法书的观点提出批评⑤,2003 年在北京召开了"西洋汉语史研究国际讨论会",并出版了万济国的《华语官话》一书⑥。实际上万济国也并不是第一个写出中国语法书的传教士。对法国人华传教士马若瑟《中国文法》的研究已经开始⑦。词汇方面,最有影响的是意大利汉学家马西尼所写的《现代汉语词汇的形成:十九世纪汉语外来词研究》一书,此书使我们对近代以来中国语言的形成历史有了一个新的看法。这方面日本关西大学的沈国威等有一系列的研究成果⑧。这些都说明,在我们研究世界汉语教育史时,其

①王力:《汉语史稿》,中华书局,1980 年。
②国内学者在这方面大多局限在对《西儒耳目资》的研究上,实际上传教士所留下的大量语音文献至今尚未被系统研究。
③杨福绵:《罗明坚、利玛窦〈葡汉辞典〉所记录的明代官话》,《中国语言学报》第 5 期,商务印书馆,1995 年。
④张卫东:《威妥玛氏〈语言自迩集〉所记的北京音系》,《北京大学学报》1998年第 4 期。
⑤姚小平:《〈汉文经纬〉与〈马氏文通〉——〈马氏文通〉历史功绩重议》,《当代语言学》1999 年第 2 期。
⑥国外已经开始注意这一研究领域,参阅 Breitenbach Sandra, Leitfaden in der Missionarlinguistik,Frankfurt am Main,2004。
⑦李真:《马若瑟对中国语言学史的贡献》,西洋汉语研究国际研讨会论文(北京),2003 年。
⑧沈国威:《近代日中语汇交流史》,日本笠间书院,1994 年版。

实已经进入了中国语言学史的研究领域。

这样一个事实有两个方面的意义：一方面，无论是佛教的传入还是基督教的传入，这些外来者最初只是汉语的学习者，他们汉语学习的历史材料显然是世界汉语教育史研究的基本内容；另一方面，他们的汉语学习反过来影响了汉语本身的发展。研究这种语言接触对汉语的影响，就使我们进入中国语言学史的研究范围。对做中国语言学史的人来说，汉语教育史是其不可忽略的一个重要的方面，特别是传教士汉语的研究，将会对中国语言学史的书写产生重大的影响。同样，对于世界汉语教育史研究者来说，如果仅仅局限于第二语言教学的方法，仅仅将这一领域的研究放在对汉语教育史的研究中，已经不能更好地推进其研究。我们应该从更大的学术视野，从整个中国语言学史的角度来看这个问题，运用中国语言学史的研究方法来进行研究，才能将其学术价值更好显现出来。

第三，汉学史的研究方法。

当中国语言从传统走向现代之时，在西方也正经历着一场"普遍语言学运动"①，从大的历史背景来说，这是和地理大发现紧密相连的；从具体背景来说，西方各国的汉语学习是和当时西方各国汉学的兴起和发展密不可分的，或者说，西方各国的汉语教育本身就是西方汉学史的一个重要组成部分。

欧洲文化界对中国语言的认识最早都是从入华传教士写的有关中国的书籍上看到的。据说中国方块字第一次出现在欧洲书籍中是在西班牙传教士门多萨的《中华帝国史》中，影响较大的是基歇尔（Kircher）的《中国图说》，他在这本书中首次公布了中国的一些象形的古文字，引起了人们广泛的兴趣。特别是他首次将《大秦

---

①Mungello，D. E. ，*Curious Land：Jesuit Accommodation and the Origins of Sinology*，Stuttgart，1985.

景教碑》的碑文编成了拉汉对照词典,使汉字在欧洲第一次可以根据罗马拼音读出,可以根据拉丁文释义来理解,这在当时的欧洲是破天荒的大事。这恐怕也是在欧洲最早出版的欧洲人学习汉语时的第一部拉汉词典①。

第一次把中国语言放入世界语言研究范围内的著作是英国人韦伯(John Webb,1611—1672)的《论中华帝国的语言可能是原始语言的历史性》②。这本书在西方影响很大。虽然韦伯本人从未来过中国,但他通过阅读传教士的著作提出了这种惊人的观点。从中国语言学的角度来看这本书价值不大,但从西欧思想文化史的演变而言倒有一定的地位,所以对西方人学习汉语、研究汉语具有重要意义。汉语教学史的研究不能仅仅从语言学的角度出发,还应从比较文化和比较语言学的角度考虑,关于这一点下面在讲方法论时还会提到。

德国早期的汉学家米勒(Andreas Müller)是欧洲本土最早研究汉语的人之一,他在自己著名的 *Clavis Sinica* 一书中称他已找到了学习汉语的钥匙,可以很快地读懂汉语。这个消息曾一度使莱布尼茨十分动心,多次给他写信③。在俄国的德国早期汉学家巴耶尔(T. S. Bayer 1694—1738)也是最早学习汉语和研究汉语的人,他既研究中国文学也研究中文文法④。

1814 年 12 月 11 日法国法兰西学院开设了汉学讲座,从此"传教士汉学"与"专业汉学"并存的时代开始了。"这个日子不仅对于

---

①Kircher Athanasius, *China Illustrata*, Kathmandu Nepal, 1979.

②Webb, John, *An Historical Essay Edeavouring a Probability that the Language of the Empire of China is the Primitive Language.* London, Printed for Nath. Brook, at the Angel in Gresham, 1669.

③Mungello, D. E., *Curious Land: Jesuit Accommodation and the Origins of Sinology*, Stuttgart, 1985.

④Knud, Lundbaek, *T. S. Bayer* (1694-1738): *Pioneer Sinologist*, Curzon Press, 1986.

法国汉学界,而且对于整个欧洲汉学界,都是有决定意义的。"①从此,汉语、汉语语法及《大学》等都成为法兰西学院的正式课程。第一任汉学教授雷慕沙第一次讲中文文法时借助的是马若瑟的手稿,几年后他出版了自己的第一部汉语教学著作《中华帝国通用的共同语言官话》,奠定了他在汉语教学中的地位,而《汉文启蒙》(*Elmens de la Grammaire Chinoise*)很长一段时间内也成为法兰西学院的汉语教材。

德国汉学和汉语教学的奠基人是硕持(Wilhelm Schott,1802—1889)。他于1833年在柏林开设中国语言文学课程,拉开了德国专业汉学的序幕。他于1826年完成的博士学位论文是《中国语言的特点》(*De Indole Linguae Sinicae*)②。他1857年在柏林出版的《可用于讲课、自学的汉语课本》(*Chinesische Sprachlehre,zum Gebrauche bei Vorlesungen und zur Selbseunterweisung*)很长时间内是德国人学习汉语的教材。

俄国汉学和汉语教学的奠基人是雅金夫·比丘林,他在北京呆了14年之久,其间他努力学习汉语,并最早开始编纂辞典。1831年比丘林在哈克图开办了俄罗斯的第一所汉语学校,并亲任教师,1838年返回彼得堡后,又从事汉语教学和汉学研究30多年。"他的办学为俄国开办汉语学校提供了经验,所编《汉语语法》(1835年)长期被沿用,直到20世纪初仍是喀山大学和彼得堡大学东方系的教材。"③

英国的汉学和汉语教学则落后于法国和德国,基督教新教传教士入华以后,英国的汉学和汉语教学有了长足的进步。理雅各

①戴仁主编,耿昇译:《法国当代中国学》,中国社会科学出版社,1998年。
②张国刚:《德国汉学研究》,中华书局,1994年;简涛:《柏林汉学的历史和现状》,《国际汉学》第4辑,大象出版社,2000年。
③李明滨:《俄国汉学史提纲》,载阎纯德主编《汉学研究》第4集,中华书局,2000年,第59页。

（James Legge，1815—1897）的英译中国典籍奠定了他在 19 世纪西方汉学史上的地位。而翟理斯（Herbert Allen Giles，1845—1935）在继承威妥玛汉字罗马拼音法的基础上所创立的"威—翟式"拼音也使他在汉语研究上确立了自己的地位。

美国传统汉学的兴起是和基督教新教入华传教联系在一起的。按费正清的说法，它是"西方入侵的一部分"①，美国大学的第一个汉学系是由卫三畏（Samuel Wells Williams，1812—1884）1876年从中国返回耶鲁大学后所创立的。"在卫三畏的主持下，建立了美国第一个汉语教学研究所和东方学图书馆。翌年，哈佛大学也设置汉语课程，并设立东方图书馆。"②

我在这里罗列这些历史事实是想说明：如果我们做国别的汉语教育史，那实际也就进入了汉学研究的领域，不从这个角度把握，我们很难摸清各国汉语教育史的线索。

第四，对比语言的研究方法。

研究汉语在世界各国的教学与研究就必然涉及不同语言之间的比较，就必然涉及不同语言之间的接触。任何一个外国人在他从事汉语教学和研究时很自然要受到其母语的影响，原有的母语对其学习汉语和研究汉语都有着内在的影响。因此，从语言对比的角度分析不同国家的汉语研究者的汉语观是我们研究世界汉语教育史时所必须掌握的方法。对比语言学最早是由美国人类语言学家沃尔夫（Benjamin Lee Whof）提出来的，在西方语言学史上最早将西方语言和中文进行对比研究的是德国的语言学家洪堡特（Wilhelm von Humboldt），他所提出的汉语与印欧语系之间的比较的观点至今启发着所有从事汉外语言比较的学者。近年来中国学

---

①〔美〕费正清：《新教传教士著作在中国文化史上的地位》，见《费正清集》，天津人民出版社，1992 年，第 241 页。
②侯且岸：《当代美国的"显学"——美国现代中国学研究》，人民出版社，1995年，第 33 页。

者在比较语言领域取得了长足的进步,他们所提出的比较语言学的原则和方法成为我们研究世界各国汉语教育史时所必须遵循的方法。我们应清醒地认识到只有掌握了比较语言学的方法,才能更有效地进行世界各国汉语教育史的研究①。

三、世界汉语教育史研究的意义

在汉语国际教育专业开设世界汉语教育史的课程是对外汉学专业一个重要的进步,任何学科都有理论与历史两个方面,学科史是学科理论展开的历史支撑,一个没有学科史的学科是不成熟的学科。我们可以从以下三个方面来认识学习世界汉语教育史的重要意义。

第一,世界汉语教育史的研究将进一步丰富对外汉语理论的研究。

第二语言习得理论的提出不过几十年的时间,而世界各国的汉语教育和汉语研究的历史已经有二百多年,中国自身的对外汉语教学和双语教学的历史则更长。世界汉语教育史为对外汉语教学理论提供了丰富的历史经验和范例,通过认真研究世界汉语教育史的重要著作和人物,我们可以为汉语教学的理论找到历史的根据,进一步丰富当前的第二语言习得理论。例如,鲁健骥通过研究《语言自迩集》中由中国文人所编写的教材《践约传》,认为《践约传》作为汉语学习的泛读材料有着启发意义,因为"泛读在我国的对外汉语教学中还不落实,由《践约传》开创的精泛互相配合的教学方法,没有得到很好的继承"。他通过对《践约传》这个世界汉语教育史上的历史泛读教材的研究,进一步认识到加强泛读和精

①比较语言学最有代表性的著作是潘文国、谭慧敏《对比语言学:历史与哲学思考》,上海教育出版社,2006年。

读的结合的必要性。所以,他呼吁:"应该重视汉语作为外语教学的历史,包括我国的对外汉语教学史的研究,推动对外汉语教学学科的发展。当时从事汉语教学的外国人和他们的教师、助手思考的问题,也会对我们今天的教学有所启发,大有裨益的。"①

第二,世界汉语教育史的研究将直接推进对汉语本体的研究。

文化间的交往必然带来语言间的交往,当汉语作为外语在世界各地被学习时,学习者会不自觉地受到母语的影响,从第二语言习得的角度来看,母语的作用会直接影响学习者的汉语学习。但很少注意到,学习者的这种习惯力量也同时推动着语言间的融和。

王力先生说:"中国语言学曾经受过两次外来的影响,第一次是印度的影响,第二次是西洋的影响。前者是局部的,只影响到音韵学方面;后者是全面的,影响到语言学的各个方面。"②这两次影响的启端都是从汉语作为外语学习开始的。佛教的传入,印度的僧侣们要学习汉语,要通过学习汉语来翻译佛经,结果,直接产生了反切。王力先生说,反切的产生是中国语言学史上值得大书特书的一件大事,是汉族人民善于吸收外来文化的表现。西方语言学对中国的影响表现得更为突出,来华的传教士正是为了学习汉语编写了汉语语法书,如卫匡国(Martin Martini,1614—1661)为了读中国的书,写下了《中国文法》;传教士们为了阅读中国典籍,发明了用罗马字母拼写汉字的方法;为了用中国人听得懂的语言来布道以及翻译圣经等宗教书籍,创造了一系列的新词汇,包括至今我们仍在使用的大量词汇。这说明,当一种语言作为外语来被学习时,它并不是凝固的,它也会随着学习的需求而不断发生变化;反之,学习者虽然是将汉语作为第二语言来学习的,但学习者并不

---

① 鲁健骥:《〈践约传〉——19世纪中叶中国人编写的汉语简易读物》,载李向玉、张西平、赵永新主编《世界汉语教育史研究》,澳门理工学院出版社,2005年,第8页。
② 王力:《中国语言学史》,复旦大学出版社,2006年,第142页。

是完全被动的,学习者也会对自己的目的语产生影响。语言间的融合与变迁就是这样发生的。直到今天,现代汉语形成的历史并未完全说清,而世界汉语教育史的研究则可以直接推动汉语本体的研究,可以直接推动近代汉语史的研究。一个最明显的例子就是关于明清之际中国官话问题的讨论,长期以来一直认为明清之际的官话是北京话,但最近在传教士的很多汉语学习文献中发现,他们的注音系统是南京话,这些传教士在文献和他们的著作中也明确地说他们学习的官话是南京话。不仅西方传教士的汉语学习材料证明了这一点,同时在日本的汉语学习材料也证明了这一点。如日本江户时期冈岛冠山所编写的《唐话纂要》《唐译便览》《唐话便用》《唐音雅俗语类》《经学字海便览》等书,六角恒广研究了冈岛冠山的片假名发音后,明确地说:"这里所谓的官音是指官话的南京音。"①这说明汉语学习的文献直接动摇了长期以来中国语言学史研究的结论。

至于语法和词汇两个方面,有更多的文献和材料说明只有在搞清世界汉语教育史的情况下,才能更清楚地研究好近代中国语言学史,甚至可以说,随着世界汉语教育史研究的深入,原有的前辈学者研究中国语言学史的结论将被重新改写。

第三,世界汉语教育史的研究将加深海外汉学史和中外文化交流史的研究。

以往在海外汉学史的研究中,绝大多数研究者是不把汉学家们的汉语学习历史和文献作为研究内容的,认为这样的著作和文献是很肤浅的,海外汉学史研究的是汉学家们专题性的研究著作。世界汉语教育史研究的展开使我们对以往海外汉学史研究重新反思,汉学家们的汉语学习文献和著作同样是海外汉学史研究的重

---

① 〔日〕六角恒广著,王顺洪译:《日本中国语教育史研究》,北京语言学院出版社,1992年,第276页。

要内容。例如,张西平对罗明坚(Michel Ruggieri,1543—1607)汉语学习史的研究,给我们提供了天主教早期最早的汉文写本,揭示了罗明坚汉诗的学术意义和价值,这些都是在罗明坚的正式著作中所不可能发现的。

同样,正是在从事世界汉语教育史的研究中,我们才能掌握中华文化外传的轨迹,看到中国典籍向外传播和翻译的具体历史过程,这种研究将大大推动中外文化交流史的研究。

四、结论

世界汉语教育史是一个全新的研究领域。这一领域的开拓必将极大地拓宽汉语作为第二语言教学的研究范围,使学科有更深厚的历史根基,从而使我们在总结和提升汉语作为第二语言教学的基本原理和规律时,不再盲目地追随西方第二语言教学的理论,而是从汉语作为第二语言教学的悠久历史中总结、提升出真正属于汉语本身的规律。实际上,我们还可以在这一研究中为第二语言教学的理论和方法做出我们的贡献,将我们的历史经验提升为更为一般的理论,使其具有更大的普遍性。尽管这还是一个遥远的目标,但在学术上则是必须要确立的一种文化自觉的理念。先后两届世界汉语教育史大会的召开,是我们向这个目标迈出的第一步,"世界汉语教育史学会"的成立,则表明了中国学者为实现这一目标的决心。

世界汉语教育史是一个跨学科的研究领域,涉及多学科,必须有多种方法的结合。我们在运用第二语言习得研究的方法时,一定要注意和中国语言学史的方法相结合。在一定意义上,中国语言学历史的研究和汉语作为第二语言学习和教育历史的研究是密不可分的。那种将汉语国际教育仅仅局限在课堂教学经验研究的方法是其学识不足的表现;反之,那种无视甚至轻视汉语作为第二语言学习和教育历史的观点同样是一种学术上的短视。如果忽视了世界汉语教育史的研究，将无法揭示出中国近代以来语言变迁的真正原因。

同时，我们在这一研究中将会强烈地感到，中国语言学史的研究已经不再局限于中国本土，中国语言对国外语言发展的影响正是在汉语作为第二语言学习的历史中产生的，这不仅表现在东亚一些国家的语言形成和发展之中，也表现在西方近代以来的语言变迁中。将世界汉语教育史的研究纳入学术视野，将使我们对中国语言的思考，对"汉语国际教育"的研究扩展到一个更为宽阔的学术空间。

（发表于《世界汉语教学》2008 年第 1 期；后作为杨慧玲著《19世纪汉英词典传统——马礼逊、卫三畏、翟理斯汉英词典的谱系研究》序言，商务印书馆 2012 年出版）

天地南北双飞客
一桥横渡化古今

比较文学视野下的海外汉学研究

一

　　对域外汉学的研究是近代以来中国学术界一直关心的问题,因为从 1905 年晚清政府废除科举制度以后,中国传统的知识分子已无法按照几千年来的传统来表述中国的知识和思想。此时,已经有百年历史的西方汉学家在中国的活动极大地启示了当时的中国知识分子从传统的治学方式转向按照西方的现代学科分类来做自己的学问。例如,瑞典汉学家高本汉(Klas Bernhard Johannes Karlgren, 1889—1978)的《中国音韵学研究》(*Etudes sur la phonologie chinoise*)作为一部重新构拟古代汉语语音系统的奠基之作,受到赵元任、李方桂等中国现代语言研究的代表人物的高度评价,并由此而使中国语言学的研究走出了传统小学研究的路数,开启了中国现代语言学研究之路。又如,法国汉学家伯希和(Paul Pelliot, 1878—1945) 1909 年来到中国,他将其在敦煌发现的部分敦煌写本精品,出示给在京的中国学者罗振玉等人,中国学术界由此知有敦煌遗书。罗福苌和陆翔分别在《国学季刊》与《国立北平图书馆馆刊》上翻译发表了伯希和编制所获部分敦煌汉文写本的目录(Catalogue de la collection de Pelliot manuscrits de Touenhouang),由此开启了中国敦煌学的研究。近代以来,中国学术界对域外汉学的研究,无论是对日本汉学的研究还是对欧美汉学的研究,都是与近代中国学术体制和学科建设分不开的,因此,此时对域外汉学的研究主要集中在知识论上。

上个世纪80年代以来,对海外汉学研究的兴起与整个学术界对传统教条主义学术体系的反思是联系在一起的,对汉学的热情几乎和清末民初时有着很大的相似之处,即对域外汉学的介绍是同中国现代学术体系和观念的重建联系在一起的。但此时,如果和清末民初时对西方汉学的介绍学习相比,最大的一个不同就是比较文学学科的发展对从事海外汉学研究的学者产生了重大的影响,并自觉地将对汉学的研究纳入了比较文学研究的领域,由此,对域外汉学的研究已经走出了主要在历史学中展开的局面,从而开启了多学科对域外汉学的研究,并开始走出单纯的知识论的范围,用跨文化的视角审视这个发生在中国以外的关于中国的知识和文化系统。

二

比较文学与海外汉学研究紧密相连可以用两个基本事实来证明。其一,乐黛云先生早在1996年和1998年就主编了《北美中国古典文学研究名家十年文选》和《欧洲中国古典文学研究名家十年文选》两本书,将海外中国学的研究直接纳入比较文学研究的领域之中;其二,我们可以从当前中国学术界关于海外汉学研究最有影响的学术辑刊的有关文章,看出比较文学与海外汉学研究的内在关系。《国际汉学》是1995年在商务印书馆创办、由已故的中国著名学术大师任继愈主编的当代中国第一份专门介绍域外汉学并对其展开研究的杂志。《国际汉学》第七辑上,已故的中国当代比较文学研究者周发祥先生发表了《国外汉学与比较文学》一文,文中提出"国外汉学所固有的比较性质"是中国比较文学界可以展开研究的重要领域。《国际汉学》第九辑上,孟华教授发表了《汉学与比较文学》,她在文章中指出:"汉学家的工作(译作、评论、研究文章等)为比较学者提供了研究中国文学、文化在异域流播的最基本的资料。作为翻译者、介绍者或研究者,他们都是中国文化的第一接受者。从这个意义上来讲,一部汉学史,往往就是一部中国文学、文化在他国的流播史。"①从比较文学的角度来看,汉学研究的成果代表了一种"他者"的视角。所以,孟华认为,汉学是比较文学天然盟友,"甚至可以毫不夸张地说,自从我踏上比较文学学术之路起,汉学研究就始终伴随我左右,成为我学术生活中不可或缺的一部分"②。张西平在《国际汉学》第十二辑发表的《汉学研究导论》,开始系统关注比较文学方法对汉学研究的价值。严绍璗先生在《国际汉学》第十四辑所发表的《我对国际 Sinology 的理解和思考》一文,更是从比较文学的角度全面阐释了汉学研究的立场、方法。严绍璗认为,从比较文学和跨文化的角度来看,对域外汉学的研究应该有四个方面:"首先需要掌握中国文化向域外传递的基本轨迹和方式。""其次,则需要掌握中国文化在传入对象国之后,在对象国文化语境中的存在状态——即对象国文化对中国文化的容纳、排斥和变异的状态。""再次,则需要探讨世界各国(对具体的学者来说,当然是特定的对象国)在历史进程中于不同的政治、经济和文化条件中形成的'中国观念'。""最后,则需要研究和掌握各国'Sinology'在其自身发展中形成的各种学术流派,并由此而研究掌握各个国家'Sinology'的学术谱系。"③这四点现在已经成为中国当代学术界展开域外汉学研究的基本原则。乐黛云先生在《国际汉学》第十六辑发表了《文化自觉与国际汉学新发展的一点思考》一文,

---

① 孟华:《汉学与比较文学》,载《国际汉学》第 9 辑,大象出版社,2003 年,第 5 页。
② 孟华:《汉学与比较文学》,载《国际汉学》第 9 辑,第 1 页。
③ 严绍璗:《我对 Sinology 的理解和思考》,《国际汉学》第 14 辑,大象出版社, 2006 年,第 11—12 页。

作者高屋建瓴,从当前发展的中国形势出发,认为随着中国的崛起,中国知识界一定要走出西方中心主义,树立文化自觉的观念。她认为,"将中国文化置于全球化的语境之中,研究它与其他文化的关系,使其成为正在进行的全球文化多元建构的一个组成部分,这是我们过去从未遭遇,也全无经验的一个崭新的领域。"①乐先生认为,相对于对"西学东渐"的研究,从反方向,即从"东学西传"的角度展开研究,特别是中国文化对于西方文化影响角度的著述还很少,而这个领域正是比较文学得以大展身手的地方。

中国当代比较文学界自觉地将对海外汉学研究的领域纳入其学术研究的范围,从而在中国比较文学领域开始涌现出一批较有影响的关于域外汉学的研究,成为近30多年来中国比较文学界的一道独特的风景线。

当前中国比较文学界把握海外汉学研究大体从两个角度展开:一是从传播史的角度展开,一是从影响史的角度展开。

从传播史的角度展开的研究著作首推严绍璗的《日本中国学史》,这本1991年出版的著作直到今天仍是学者案头必备之书。作者采取原典实证的方法,清晰地梳理了中国文化在日本传播的途径、阶段,日本汉学发展演进的历史过程。在其影响下,张西平的《中国与欧洲早期宗教和哲学交流史》《欧洲早期汉学史》大体走的也是传播史的研究路线。周发祥主编的"中国古典文学走向世界"丛书中《西方文论与中国文学》《国外中国古典文论研究》,王晓路的《西方汉学界的中国文论研究》,钱林森的《法国汉学家论中国文学:古典戏剧和小说》《法国汉学家论中国文学:古典诗词》《法国汉学家论中国文学:现当代文学》基本上都是从传播的角度,侧重汉学的维度展开研究的。这样一个研究路向,已经被许多青年

---

① 乐黛云:《文化自觉与国际汉学新发展的一点思考》,《国际汉学》第16辑,大象出版社,2007年,第4页。

学者所熟悉,钱婉约的《内藤湖南研究》、刘萍的《津田左右吉研究》、张哲俊的《吉川幸次郎研究》已经把对日本汉学史的研究深入到个案,从人物研究入手。这种专人、专书的研究,使比较文学对中国文化在域外的传播历史梳理达到了一个很深的程度,从而为比较文化的展开奠定了一个非常扎实的史学基础。

从影响史的角度展开研究的首推孟华1992年出版的《伏尔泰与孔子》,这本书篇幅不大,但选题重大,它开辟了在影响研究中注重原始文献、注重思想文化历史背景的研究,作者较好地显示了其法国比较文学学派训练的特点。1996年出版的卫茂平的《中国对德国文学影响史述》、1998年钱满素的《爱默生和中国》,2000年吴泽霖的《托尔斯泰和中国古典文化思想》都是不可多得的好书,这些书的出版大大推进了影响史的研究。

对当代比较文学研究领域的域外汉学研究产生重大影响的,有两本书不能不提,一本是萨义德(Edward Wadie Said, 1935—2003)的《东方学》(1999),一本是孟华主编的《比较文学形象学》(2001)。前者使研究者获得了一种后殖民主义的立场,后者使研究者有了一个超越传播史和影响史的新的研究角度。试图将这两个角度糅为一体的代表学者是周宁,从他的系列出版物《中国形象:西方的学说与传说》以及专题研究《天朝遥远》,都可以看出他对形象学和后殖民主义理论的吸收。秉承后殖民主义的理路,他对国内学术界研究西方汉学提出了十分尖锐的批评,认为这是一种"汉学主义",一种自我的殖民化。他的批评也同样遭到了反批评,张西平认为萨义德的后殖民主义在对待包括西方汉学在内的东方学的研究,有着自身的不足①。孟华的形象学理论得到了学术界较好的回应,在对中国文化在域外的传播影响研究中得到较为

①参见周宁:《汉学或"汉学主义"》,载《厦门大学学报》(哲学社会科学版)2004年第1期;张西平:《后殖民主义的局限性》,载《文景》2008年第1期。

广泛的应用。例如钱林森主编的《跨文化丛书：外国作家与中国文化》，姜智芹的《文学想象与文化利用——英国文学中的中国形象》，欧阳昱的《表现他者：澳大利亚小说中的中国人》，卫景宜的《西方语境中的中国故事》，宋伟杰的《中国·文学·美国：美国小说戏剧中的中国形象》，吴其尧的《庞德与中国文化：兼论外国文学在中国文化现代化中的作用》，都是对特定国家文学作品中的中国形象的研究。

从1996年季羡林先生主编的"东学西渐"丛书，到2006年乐黛云先生主编的"中学西渐"丛书，相隔10年，但研究的视角都聚焦在以汉学为中心的中国文化在域外的传播和影响这个主题上。同时，这两套书都是将中国文化在西方的影响研究从单纯的文学界扩展到整个文化思想界，显示了汉学研究和比较文学研究的密切关系和内在的联系，显示了比较文学界对域外汉学研究的关注。

三

从上个世纪80年代逐步发展起来的对海外汉学的研究，标志着中国学术界已经开始将中国文化的研究扩展到全球范围内展开，这是上个世纪80年代以来中国学术界在学术观念上的重大提升。对域外汉学的研究极大地扩展了比较文学研究的范围，并已经成为中国比较文学界最为活跃的一个领域。由于对域外汉学研究的跨文化属性，从比较文学的角度来看，无论在基础建设还是在理论建设上都亟待深入和提高。

从基础建设来说，我们仍需回到乐黛云1996年编辑《北美中国古典文学研究名家十年文选》和《欧洲中国古典文学研究名家十年文选》这个思路上来，没有对中国文化在域外传播历史的基础性研究，没有对域外汉学基础性文献的翻译和整理，如若从比较文学的角度展开对汉学的研究几乎是不可能的。严绍璗提出的原典实证的方法仍是展开汉学研究的基本方法。中国文化在域外的传播如果从传播到日本算起已经有近千年的历史,如果从传播到欧洲算起已经有 400 多年的历史,而中国学术界对它的研究不到百年,真正学术性的展开不过 30 余年。至今,我们仍不能完整拿出中国文化在任何一个国家传播的基本书目①,仅此就可以说明一切才刚刚开始。沉下心来,克服中国迅速崛起带来的那种使命感所产生的学术冲动,集中精力做好基础文献的翻译和整理,精心做好国别汉学史的研究,做好专书、专人的研究,仍是汉学研究领域一个长期的任务。

　　域外汉学或中国学研究的领域也亟待扩展,目前中国学术界对中国文化在域外的传播研究几乎将全部的精力放在了东亚和欧美,对这两个地区之外的汉学或中国学研究我们所知甚少。近百年来欧风美雨、以日为师几乎成为知识界的主流,但在中国迅速成为一个世界性大国的时刻,在中国的国家利益遍及全球的时刻,我们已有的知识显然已经不够。从另一个角度来说,这种知识范围的扩展也不仅仅是一个国家的利益问题,这种知识和视野的扩展也包含着一个大国的知识界应该具有的全球精神视野和整个人类文明的情怀;正像在语言研究上如果没有对埃及古文字的研究,没有两河流域线性文字的研究就很难称得起语言大国一样。如果把对海外汉学的研究仅仅局限在东亚和欧美,我们就很难说清中国文化在全球范围内的影响和价值,很难在多元文化的视角下展开跨文化的对话与研究,从而真正在多元文化的对话中创造出中国自己的跨文化研究理论,对世界的比较文学研究有所贡献。

　　从理论建设的角度来看,以域外汉学为中心的研究视域对比较文学原有的理论提出了多重挑战。域外汉学在学术形态上几乎

---

①严绍璗的《日藏汉籍善本书录》代表了中国学术界对汉学研究基础性工作的一种努力,应沿着这个方向展开中国文化海外传播目录的编制工作。

涵盖了中国学术和文化的所有方面,中国文学只是其中的一个部分,中国的历史、宗教、哲学、科学常常是汉学的重要内容。比较文学所常用的平行研究或影响研究,实际上都无法说明汉学学术形态的复杂性。如何解释作为知识系统的汉学成就?这些仅仅在比较文学的领域都无法说清。这是一种全球化后知识和思想的交融与会通,你中有我,我中有你,这里既有思想的误读,也有知识的传播。域外汉学在不同的地域和国家有不同的形态,在一个国家不同的时期又有不同的特点,如何综合考察汉学的文化形态与特点、其形成的规律与本质,仍是一个未定论的问题,似乎到目前为止尚无一套较为全面的跨文化理论对其做总体的说明。这是其一。

其二,形象学和后殖民主义理论对域外汉学的研究无疑是重要的方法①,但将其运用到域外汉学的研究中就凸显其理论的不足。在"我"与"他"的对应关系中,汉学对"他者"的"社会集体形象"是如何产生影响的?知识和想象之间的关系、汉学与"关注主体"认知结构的关系等等都有待讨论。"社会集体想象"如果只是在"意识形态"和"乌托邦"两种方式下转换,显然有着不足,它无法很好地说明知识的真实和解释的主观性问题,也无法说明"关注者"和"被关注者"互动的复杂关系。正如我在一篇文章所说的:"形象学和萨义德的'东方学'对早期欧洲汉学的研究提出了一个根本性的问题:作为东方学一部分的欧洲汉学如果是意识形态的产物,是帝国主义早期殖民主义扩张的产物,那么它的真实性何在?或者进一步扩大,在历史研究中,如何确立'历史事实'和意识形态的关系。如果像后现代主义者巴特(Roland Barthes)所说的'历史推论在本质上是意识形态经营下的一种形式,或者更正确一

①参见孟华:《试论汉学建构形象之功能——以19世纪法国文学中的"文化中国"形象为例》,《北京大学学报》(哲学社会科学版)2007年第4期。

点,是想象的惨淡经营',那么历史学还有存在必要吗?"①

　　其三,汉学研究的复杂性还在于中国文化和历史作为"他者"传入了不同的国家,被不同文化背景的汉学家解读、说明、研究,成为其"异邦"知识和文化的一部分。但同时,这个在"异邦"所形成的汉学,又返归中国,参与了中国文化和学术的建构之中。此时的域外汉学又作为一种异邦的"他者",呈现在中国文化和学术面前。汉学参与中国近代学术与思想建构的深度是很多人不可想象的,我在文章开头就指出了这一点。这样,域外汉学作为一种异邦的"他者"并不完全外在于"我",并不是仅仅成为我们关注的对象。中国近代学术的形成,乃至中国当代学术的转型,都和我们对汉学的研究与理解密不可分,这个"他者"几乎已经内化到"我"之中。中国当代学术和思想重建的首要之事,就是如何从中国原本的文化传统梳理出自身基本的理路,如何从中国近代思想和学术的转变中梳理出已经"内在于我的汉学概念和思想",剥离出"外在于我的汉学概念和思想"。这实际上已经超出了比较文学的范畴。实际上对域外汉学的研究并不能完全纳入比较文学研究的范围,如孟华所说,汉学只是比较文学研究的天然盟友。因为,对汉学的考察与反思已经成为中国当代学术和文化重建的重大问题,对其进行把握需要在更大的学术范围内加以考察。至今,我们在把握这个研究领域时仍不能从理论上对汉学做一种整体的说明,揭示其复杂的特性。

　　天地玄,寰宇变。当代中国经过 30 年的发展,以超出任何人想象力的速度骤然崛起。面对这种历史的巨变,几乎中外所有的知识分子和思想家都哑然失语。但中国发展到世界一流大国已经指日可待,汉唐盛世也即将在不久的将来再现于中华大地。在这

---

① 张西平:《基歇尔笔下的中国形象——兼论形象学对欧洲早期汉学研究的方法论意义》,《中国文化研究》2003 年第 3 期,第 147 页。

三千年未有之变局的重大历史转折关头,抖搂掉晚清以降的悲情,走出百年殖民后的被殖民心态,在无与伦比的辉煌历史文化传统之上,重建中国人的精神世界,吸取百年来所融合西学的思想和知识传统,重建中国思想和学术的重任已在召唤我们。通过对中国文化在全球的传播和影响的研究,通过对域外汉学的研究,探求中国文化的普世价值和全球意义,已经成为我们这代人的使命。显然,无论在学术的基础建设上还是在理论建设上,我们离这个目标还很远、很远。路漫漫其修远兮,吾将上下而求索。

(发表于《中国比较文学》2011 年第 1 期,又以法文发表于《比较文学》〔*La Sinologia à L'ètranger: le point de vue de littèrature Comparée*〕杂志)

在比较中开拓文化视野

　　蔡元培先生当年在《北京大学月刊》的"发刊词"一文中曾对单一学科的教育提出过批评。蔡先生说："破学生专己守残之陋见。……治文学者,恒蔑视科学,而不知近世文学,全以科学为基础;治一国文学者,恒不肯兼涉它国,不知文学之进步,亦有资于比较;治自然科学者,局守一门,而不肯稍涉哲学,而不知哲学即科学之归宿,其中如自然哲学一部,尤为科学家所需要;治哲学者,以能读古书为足用,不耐烦于科学之实验,而不知哲学之基础不外科学,即最超然之玄学,亦不能与科学全无关系。"[①]用今天的话来说,蔡先生提倡的是通才教育。蔡先生的这个提法对中国的外语类院校来说是十分重要的。人文教育的相对薄弱,中国文化的素养相对不足,使得外语类院校的毕业生的文化和学术视野相对狭窄,并已经严重阻碍外语类院校的学科发展,其严重性已经引起了很多专家和学者的重视。正如有的学者所说,我们今天的外语教学已经与当年吴宓先生在清华大学外语系所倡导的"会通中西,学识博雅"的外语教育思路相距越来越远了。

　　那么,如何在外语类院校加强人文学科的教育呢?把比较文学课程列入外语类院校的基础课程应该是办法之一。杨周翰先生当年曾经说过:"我们出版的外国文学史在联系实际方面做得很不

[①]蔡元培:《中国伦理学史》,上海科学技术文献出版社,2013年,第123页。

够,有时又很勉强,最不够的是外国文学和我国古今文学的联系……我觉得教外国文学有意识地同中国文学做些比较,辨其异同,可以加深对外国文学的理解,同时也加深了对本国文学的理解。"①杨先生的话点出了我国外国文学教学中的一个缺憾。外国文学是外语类院校的主干课程。但是,长期以来我们在外国文学的教学中往往忽略了比较文学的视野,只是单纯地分析和讲解外国的文学作品,很少自觉地将外国文学和中国文学加以比较,无论是历史地比较还是平行地比较。其实细想起来,如果完全抛开比较文学,外国文学的讲授和研究也会受到影响。因为我们毕竟是在中国的大学里讲授外国文学,我们面对的是在中国文化熏陶中成长起来的青年学生。如果我们在教学中能够从中国文化的主体性出发来讲授和研究外国文学,我们的学生就不会跟在国外研究人员的后面,人云亦云,而会逐渐学会用一种比较独特的视角来欣赏和分析外国的文学作品。

　　北京外国语大学是一所有着优良学术传统的大学。当年吴宓先生的两位高足王佐良和周珏良教授不仅是北外比较文学研究的奠基者,也是20世纪80年代以来中国比较文学学科创立时期的奠基人。王佐良先生是中美比较文学研讨会的前三届的中方代表团团长,他的《论契合》一书曾获得中国比较文学学会的最高荣誉奖。他们为我们北京外国语大学留下了十分宝贵的学术遗产。另外,北外讲授着34种外国语言,这也为我们展开比较文学和比较文化的教学和研究创造了语言上和学术上的条件。去年北京外国语大学比较文学与比较文化研究中心正式成立,标志着我们将继承这份珍贵的学术遗产,发挥北外的优势,把比较文学作为我们的重要学科来建设。

　　为发扬北京外国语大学比较文学研究的优良传统,我们于

①乐黛云:《乐黛云散文选》,民族出版社,2008年,第282页。

2004 年 11 月在北京召开了全国部分外语类院校比较文学学科建设讨论会,大家一致认为应该尽快在外语类院校开设比较文学课程,同时也应发挥外语类院校的学术力量,推动比较文学的学术研究。基于这一考虑,我们北京外国语大学比较文学与比较文化研究中心组织了这套比较文学研究丛书。第一辑收录了五本,分别为《超越文化的屏障——胡文仲比较文化论集》、《文学间的契合——王佐良比较文学论集》、《构设普遍诗学——周珏良比较文学论集》、《他乡有夫子——汉学研究导论》(上、下)、《碰撞与融会——比较文学与中国古典文学》。希望该丛书的推出能够对我国的比较文学的教学与研究工作有所助益,有所启示,也衷心希望我们的比较文学研究在新世纪全球化背景下能够开出一片崭新的天地。

　　(《北京外国语大学比较文学研究丛书》序言,外语教学与研究　　出版社出版)

问学于中西之间

　　2011年是北京外国语大学成立70周年,北外中国海外汉学研究中心成立15周年,由此,我出版这本书对自己十余年的研究做一个回顾。这些论文全部是过去发表过的论文,但有些论文因为是在国外发表,在国内未出版,这次都编入了论文集里。

　　"问学于中西之间"是我对自己学问的一个初步总结,我从研究西方当代哲学转入海外汉学研究以后,很长时间把握不住这个研究领域。因为,域外汉学不是一个学科,它是一个研究领域,其内容几乎没有边界。渐渐地我在学长和前辈的带领和指导下,逐步摸索出了研究这个领域的一些方法,概括起来就是"问学于中西之间"。这就是说,对中国和西方的学问都要有所涉猎,不懂中国自己的学问,没有根,不懂西方的学问,抓不住汉学的神。中国学问和西方学问如此之大,从何入手?只能由点入面,我的点是哲学和宗教,这样我基本上仍在我的专业范围之中。在海外汉学研究上,从方法论来说,我受到严绍璗先生和孟华先生影响较大,前者擅长严谨的文献研究和原典实证的方法,后者熟悉跨文化的方法。在历史研究上,中华书局的谢方先生、浙江大学的黄时鉴先生、暨南大学的汤开建先生,他们的历史考据研究方法对我有较大的影响。

　　从当前的中国学科划分来说,我的研究主要在历史学科的中西文化交流史学科和外国语言文学或者中国语言文学的比较文学与跨文化研究学科。其实,这样的学科划分是很有问题的。分工是社会进步的开始,但同时也是人异化的开始,人开始有了专业技能的同时,也在逐步丧失其全面性。这是马克思和黑格尔的观点,学术也是如此。学科划分后,学问开始专一,研究开始深入,与此同时,学者的视野开始缩小,方法开始单一,最终所谓的专家也就成了整个社会化分工上的一个螺丝钉,学问开始枯黄,学者开始偏执。这是马克斯·韦伯和卢卡奇说的。

在工业化分工基础上发展起来的现代人文学科几乎无法抗衡这种学科的分工,这样在促进人文学科研究深入化的同时,文科研究作为社会良心的功能,作为阐发人类知识的生命意义的功能也在逐步淡化甚至丧失。陈寅恪先生在他撰写的悼念王国维碑文中说:"士之读书治学,盖将以脱心志于俗谛之桎梏,真理因得以发扬。思想而不自由,毋宁死耳。斯古今仁圣同殉之精义,夫岂庸鄙之敢望。先生以一死见其独立自由之意志,非所论于一人之恩怨,一姓之兴亡。呜呼! 树兹石于讲舍,系哀思而不忘。表哲人之奇节,诉真宰之茫茫。来世不可知者也,先生之著述,或有时而不章。先生之学说,或有时而可商。惟此独立之精神,自由之思想,历千万祀,与天壤而同久,共三光而永光。"①读书人读到这些文字时所以受到震撼,就在于此话点出了做学问之根本态度和治学之根本意义。

其实,这是读书治学的一个"二律背反"。不专,知识何以进步? 无总体,何以明了专业之意义? 无"器"之精良,哪来"道"之广大? 无"形上"之追求,治"形下"之学对生命意义何在? 我明白此理,但二者之矛盾常常纠缠着我,虽内心明了,但实际上兼顾好不易。这样自己的学问就成了不中、不西的学问,一种游走在多个学

①陈寅恪:《金明馆丛稿二编》,上海古籍出版社,1980年,第216页。

科之间的"野狐禅"式的学问。我用"问学于中西之间"来概括自己
目前的理解,聊以自慰,也算是个解脱吧。全球化时代的问学与求
知都在发生变化,我自己踏出的此道是否管用,不知道,只有继续
求索。

2012 年 3 月写于北京海淀区枣林路游心书屋

（笔者《问学于中西之间》后记,外语教学与研究出版社 2013
年出版）

"他者"眼里的中国

对待中国,西方是一个典型的变色龙。当西方人所开辟的近代工业文明给这个世界带来的问题越来越多时,当自文艺复兴以来,意大利人所传播的那种个人至上的观念不能再安抚西方人的灵魂时,他们把目光再次聚焦于中国。作为"他者"的中国始终成为西方反思自己文化的参照系。

当代法国汉学家于连有一段话说得很精彩,他认为:"从严格意义上讲,惟一拥有不同于欧洲文明的'异域',只有中国。"①中国的特点在于它无法按照欧洲的逻辑进行归类,正如帕斯卡尔说的"这个不可归类的理论丰富性"。正是中国的这种"异",使欧洲既黑暗,又有光明可寻,于连说,通过中国文本将我们陷入的黑暗,有一种别样的光亮,一种成为可能的理论光辉,并且必须寻找它。

如何把握西方思想界对中国文化的这种认识呢? 这实际上提供给了我们一个重新认识自己的视角。对中国文化本身来说,将中国置于全球文化的语境之中,"研究它与其他文化的关系,使其成为正在进行的全球文化多元建构的一个组成部分。这是我们过去从未遭遇,也全无经验的一个崭新的领域"②。在与西方文化的

---

①杜小真:《远去与归来:希腊与中国的对话(关于法国哲学家于连的研究)》,中国人民大学出版社,2004 年,第 5 页。
②乐黛云:《多元文化共生将决定世界前程》,载《中国民族报》2007 年 4 月 20 日版。

互动和相互关系中观照中国文化的价值和意义,在世界文化的范围内考察中国文化的当代意义,这是一个全新的研究。乐黛云先生所主编的"中学西渐"丛书(首都师范大学出版社出版)就是这样一套学术丛书。这套学术丛书在以下三个方面是很值得推荐的。

首先,这套丛书将中国文化在域外的传播从汉学领域扩展到西方文化的主流思想界。东方学在西方的学术体系中是一个边缘性的学科,汉学(中国学)更是一个很少人问津的学术领域。西方的汉学家(中国学家)塑造了一个学术的中国,而让这样一个中国走向大众、走向民间是不大可能由汉学家来完成的。一个文化的中国是由西方主流思想家、文学家们所塑造的。如果我们把握西方在各个不同阶段对中国的认识和幻想,那我们必须从研究维科、伏尔泰、莱布尼茨、黑格尔、马克斯·韦伯等这样的一流思想家、文学家入手,因为他们是西方文化的主导者,他们具有解释中国文化的"霸权"。在这个意义上,"中学西渐"丛书在中国学术界对海外汉学的研究30年后推出具有重要的学术意义,它不仅仅使我们看到西方汉学在西方的实际影响,也使我们顺着汉学家们摸到西方文化的主脉,揭开在对待中国态度上西方文化这条变色龙的真正秘密所在。

其次,这套丛书对西方主流思想家的中国观放在比较文化的视野中考察。西方思想家对中国的认识、评论是和其整个的学术文化背景分不开的,中国在这里是作为"他者"出现的。要展开这样的研究,比较文学和比较文化的方法是不可缺少的。正如乐黛云先生所说:"这些西方主流文化的大家并不全面熟悉中国文化,也并不精通汉语,但却从中国文化汲取了至关重要的灵感和启迪。这是一个十分复杂的过程,包括误读、改写、吸收和重建,这种研究不是一般通行的汉学研究所能代替的。……他们对'异文化'的研究和吸取也就往往决定于其自身的处境和条件。当他们感到自身比较强大而自满自足的时候,他们在异文化中寻求的往往是与自身相似的东西,以证实自己所认同的事物或原则的正确性和普适性,也就不免将异文化纳入本文化的意识形态而忽略异文化的真正特色;反之,当他们感到本文化暴露出诸多矛盾,而对现状不满时,他们又往往将自己的理想寄托于异文化,将异文化构建为自己的乌托邦。从意识形态到乌托邦构成一道光谱,显示着西方文化主流学者对中国文化理解和吸收的不同层面。"①这套书中多数作者就是比较文学这个学科的耕耘者,这样按照比较文学的方法展开研究也就得心应手,书读起来有分析、有深度、有观点、有比较。

最后,在世界文化的范围内确立对中国文化的自觉。在中国重新返回世界民族之林的时刻,文化自觉成为我们唯一正确的选择。这种文化的自觉正如费孝通先生所说,首先要了解自身文化的种子(基因),其次,必须创造条件,对这些基本特点加以现代解读,"这种解读须融和古今中外,让原有的文化基因继续发展,使其在今天的土壤上向未来展开一个新的起点"②。实现文化自觉的一个重要的方法就是在世界范围内重新审视自己的文化,在这样的考察中,我们会有一种新的历史感,会重新树起文化的自信。

(为乐黛云先生主编《中学西渐丛书》所撰书评,发表于 2007 年 7 月 31 日《光明日报》)

---

① 乐黛云:《中学西渐丛书》总序,首都师范大学出版社,2006 年。
② 周鸿:《论培养世界公民的文化包容与自信品格》,载《大学教育科学》2008 年第 6 期,第 15 页。

在交流中展开中法教育合作的历史

　　一谈起中国和法国的文化交流,在我们心中就会浮现出许多美好的记忆,18世纪在康熙皇帝身边的那些才华横溢的法国传教士写下的书信集,催生了欧洲的中国热。启蒙运动的领袖伏尔泰对中国的热情,就是今天读起来仍让人感到温暖。新世纪初,颇有创意的"中法文化年"开启了友谊的新华章,故宫与凡尔赛宫的互展让北京和巴黎参观的人人流如潮……但大多数人不知,中国和法国之间的文化交流的篇章在动荡的20世纪上半叶一点也不逊色于今天,那时中法之间以教育为中心的文化交流,其规模和影响可能远远超过过去与今天。回顾那段历史会使我们对当代的文化交流有新的认识。

　　中国近代中外文化交流史研究中,留学教育史的研究无疑是近年来开始热起来的研究领域,在这个研究领域中国留日教育史、留美教育史、留德教育史都有很好的研究,而葛夫平的《中法教育合作事业研究(1912—1949)》则给我们打开一幅留法教育史的历史画卷。

在里昂和北京的中法大学

　　对留法教育史研究大多停留在留法勤工俭学教育上,但引起我兴趣的是在中法教育交流中的在对方设立大学,这就是在里昂的中法大学和在北京的中法大学。1919年秋当吴稚晖发表了《海外中国大学末议》一文后,在法国创立一所大学用于培养中国留学生的想法就开始逐步走向现实,尽管最后大学没有设在巴黎,但在里昂建成却成为事实。从 1921 年 10 月大学正式在中国招生到 1951 年彻底关闭,前后历时 30 年之久。这在中国近代教育交流史上很少见的。从创办到 1951 年停办,"里昂中法大学约培养博士 129 名,硕士 55 名,工程师 63 名,学生获得高等文凭计 93 张,各类高等证书 353 张"①。就是今天看来这也是个不小的成就。以往不少人总是把里昂中法大学与留法勤工俭学混为一谈,实际上,中法大学无疑是留法勤工俭学的继续和发展,它是当时中法教育交流的另一种新形式。

中法大学的经费是双方共同筹集,法国外交部和教育部对里昂中法大学做了少量的投入,主要经费来源于法国归还中国的庚子赔款和中国各省以及一些大学资助。双方按照所签署的《里昂大学与中国大学联合会协定》《中法大学协会章程》和《里昂中法大学组织条例》来管理学校。在我看来,这是近代以来中法两国通过民间形式展开教育合作的一个创举。在近代以来的中国和西方各国的教育交流史中,只有法国的中法大学采取了这种形式,尽管这种教育合作形式是在当时特殊情况下展开的,但它给我们今天的教育交流提供了一个新的思路。

近代以来出国留学在文化上面临的最大问题,就是如何在留学中学习好西洋科技知识与同时坚守好中国文化,实际上直到今天为止的留学教育仍面临这个问题,许多"海龟"开口希腊、闭口华盛顿,其实,真正懂得中国自身文化又十分熟悉西方文化的学者并不多。陈寅恪当年曾说:"祸中国最大者有二事,一为袁世凯之北

---

①葛夫平:《中法教育合作事业研究(1912—1949)》,上海书店出版社,2011年,第 76 页。

洋练兵,二为派送留美官费生。"①这实际是对当时"全面拜倒洋学"现象的不满。近来学者研究中也指出,近代以来的留学教育在推进中国教育近代化的进程中,也有一定的不足。一方面,它使中国教育始终滞留于模仿阶段,学术未能走向独立,走向中国化;另一方面,它造成了现代中国教育中的一些畸形现象:重视高等教育,忽视基层教育;文理科比例失调;高等教育在地理上的分布不平衡等。

这是从教育制度建设上说的,更重要在于留学生在学习西洋与保持传统之间如何处理好,这是近代教育的大问题,这个问题在留学教育中尤为突出。吴宓留学时就说过,自己在如何处理好坚守传统文化和学习西洋文化之间一直存在紧张。他说:"二者常互背驰而相冲突,强欲以己之力量兼顾之,则譬如二马并驰,宓相以左右二足分踏马背而絷之,又以二手紧握二马之缰于一处,强二马比肩同进。然使吾力不继,握缰不紧,二马分道而奔,则宓将受车裂之刑矣。"②这种紧张感未必每个留学生都有,但这种文化上的内在矛盾时至今日也未解决得很好。其实,这也是作为后发现代性国家,在自己精神建设上所遇的根本性问题在留学的读书人身上的反映。

但在里昂中法大学却将二者兼顾得比较好。因为这种共同合作的大学形式比分散的出国留学更有了组织,更能使学生在学习西方知识的同时兼顾好自己的传统。

这表现在几个方面,首先在研究的问题上并非一边倒的只做理工农医这些应用性的博士论文。根据葛夫平的研究我们可以看出,在里昂中法大学129篇博士论文中有33篇是研究与中国有关

①《纪念陈寅恪教授国际学术讨论会文集》,中山大学出版社,1989年,第44页。
②吴学昭:《吴宓与陈寅恪》,清华大学出版社,1992年,第47页。

的历史文化或社会科学的论文,这个比例不算少。其次,由于中法
大学是双方共同管理的,而且中国学生比较集中,这样他们在每年
的国庆节举办各种介绍中国历史文化的活动,向法国民众展示中
华文化。1930 年 10 月 10 日学生所举办的画展在当地引起了较大
的反响,在四天之内,前往中法大学参观的人数不下 3000 人,"此
数日间,车马隆隆,竟成极热闹之场所"。许多法国朋友参观后"深
赞我国四五千年之文明,实为彼人之所不及"①。这样的活动,任何
单独的留学生都无法组织起来,达到这样的规模和效果。其三,里
昂中法大学有校刊《里昂中法大学季刊》(*Annales Franco-Chi-
noise*),这份刊物非常重视向法国人民介绍中国的历史文化。书中
列出了一批《里昂中法大学季刊》所发表的关于中国历史文化的论
文题目,例如,《中国四大奇书》《关于李太白》《中国诗歌五十首》
《儒家音乐》《中国的理想主义还是儒家学说》《中国古代有关植
物、农业、蚕丝业书目解题》《伏尔泰与中国》《欧洲国家与汉学研
究》《中国对十八世纪法国重农学主义学说的影响》等。这些文章
既有中国留法学生所写,也有不少是法国汉学家伯希和、葛兰言等
人所写。

　　这样我们看到中法大学作为一个中法共同举办的大学,它有
着体制上的优势,从而使在里昂中法大学留学的学生将留学教育
中最易产生的文化问题做了适度的化解。现在中国留学的规模不
小于民国,但至今尚未见到一所在国外由中国和对象国联合创办
的大学,来推动中国的当代留学教育。希望有识之士,能像当年的
吴稚晖、李石曾那样,在欧美与西方大学共同创办像中法大学那样
的合作性大学,从而使我国的留学生在学习到西方的技术和文化
的同时,文化和思想上不要割裂,能始终坚守住自己的历史与
文化。

─────────────

①葛夫平:《中法教育合作事业研究(1912—1949)》,第 87 页。

在巴黎和北京的汉学研究机构

法国汉学在欧美一直处于领先地位,如蔡元培所说:"西洋各国,在文化上与中国最有关系的是法国。只看从余廉(Julien)以来,中国的经书都有法文译本。从沙万(Shavanne)以来,中国最伟大的古物美术品,都有法国的照印本。"①民国期间中国和法国在教育事业上的交流的一个重要内容就是中国政府在巴黎建立"巴黎中国学院",法国在北京建立"北京中法汉学研究所"。最早提出这个想法的是北洋政府前交通次长叶恭绰,他在1919年3月访问法国后萌生了这个想法,写信给当时北洋政府总统徐世昌后,得到了徐的支持。当时正值欧洲第一次世界大战结束不久,欧洲百般凋零,不少中国文人访问欧洲后都对西方文化有了新的认识,徐世昌也是如此,认为这是向欧洲传播中国文化的好机会。当时这样想的不仅仅是中国人,许多法国重要人士也都这样认为,当时的法国总统德萨乃尔致电徐世昌总统,称:"中国文化,自昔为世界所推崇,若使中法两国之英贤更增观摩之善,其于世道人心,必多进步。贵大总统提倡中国学院,懿谋渊虑,其在于斯,此诚旷古之宏规,不刊之盛业。"②在两国政府和汉学家的积极运作之下,1920年巴黎中国学院在巴黎大学正式成立。1968年后巴黎中国学院由巴黎大学改归法兰西学院,延续至今,这就是我们常说的汉学研究所。这实际上是中法教育合作事业唯一延续至今的事业。巴黎中国学院在法国汉学史上有着重要的作用,在伯希和、葛兰言、马伯乐一代汉学大师的指导下,20世纪下半叶的著名汉学家均毕业于此。

与此同时,法国汉学家们也希望在北京设立汉学研究机构,伯

①蔡元培:《在华法学务招待法国公使傅乐猷等宴会上的演说词》(1922年2月7日),见《蔡元培全集》第四卷,浙江人民出版社,1997年,第530页。
②郭剑林:《北洋灵魂——徐世昌》,兰州大学出版社,1997年,第398页。

希和在 1919 年的一份备忘录中就提出这个问题,他说:"在对中国传统和历史的研究中,以及在它们适应现代生活的需要方面,法国可以扮演一个合适的角色,甚至可以充分发挥作用。在西方,对中国的广泛的科学研究已由过去在北京的法国使者奠定,而雷慕沙、儒莲、沙畹及其弟子们则进一步丰富了这一伟大的文化遗产。在一战前夕,有位德国人在德国的一份重要的东方学杂志上宣称:'从本质上说,汉学过去一直是现在更加是一门法国的学科。'"①尽管伯希和的这个建议最终实现是在 1941 年,抗日战争中在北京正式成立了"北京中法汉学研究所"。1953 年"北京中法汉学研究所"关闭。

　　尽管当时中国正处在一个动荡的年代,有一堆堆处理不完的乱麻,但仍支持了法国的汉学研究,无论是在巴黎成立的巴黎中国学院还是在北京成立的北京中法汉学研究所。

　　反观今天,我们在巴黎既无一个与法国合作的汉学研究所,在北京也无一所双方合作的汉学研究所。法国远东学院来北京多年,但无论其规模与活动都无法和抗战期间的北京中法汉学研究所相比。今天的中外教育交流已经完全不可同民国时相比,它已经发生了翻天覆地的变化。但细细研究,其实我们学术的开放程度与国际化程度在许多方面还赶不上民国期间。今天孔子学院遍地都是,中国语言走出去取得了骄人的成绩;每年中国的各类演出在国外有几千次,少林功夫几乎天下无人不知。但一个民族的文化说到底是思想文化,这才是本质。讲讲汉语,包包饺子,练练太极当然很好,但这只是中国文化的外表,其内核是思想与哲学。而真正能向世界各国介绍中国思想与哲学、历史与文化的是汉学家,因此,如何与各国的汉学家合作是一个亟待解决的问题。中国学术研究的不少领域今天还处在自娱自乐之中,殊不知对中国文化

─────────

① 葛夫平著:《中法教育合作事业研究(1912—1949)》,第 270 页。

的研究已经是一个国际性的学术事业，中国学术要走出去，就需要
学术机构直接在国外设立研究所，与汉学家展开合作和对话。将
这样的重担全部交给孔子学院是不行的，因为，他们的主业毕竟是
对汉语的推广。中国文化走出去是一个伟大的事业，需要有更多
的形式，也需要更多的机构来参与其中。这方面民国期间的一些
经验可以借鉴。

　　从历史学的角度来看，这是一本难得的好书，它有数据、有事
实，中外文都有涉及，大多数的文献都是作者亲自从档案馆查阅
而来，从作者在书中所公布的一系列数字就可以看出用力之勤。
虽然这本书研究的是上个世纪前半叶的中法教育交流历史，但今
天读起来仍充满了新鲜感，因为在学术的国际合作方面我们的步
伐尚未迈开，今天的留学生大潮已经远远超过了晚清和民国，但
制度创新上仍待努力，如何解决留学生的精神世界上的矛盾也需
要探索新的办法。从汉学史研究来说，这本书则给我们打开了一
个新的天地。

　　克罗齐说的好，一切历史都是当代史，如果这本书能推动当代
中国教育交流的发展，使中国学术在世界有一个新的展开，那该多
好啊！

　　　　（为葛夫平著《中法教育合作事业研究（1912—1949）》所撰书
评，发表于 2012 年 12 月 24 日《中华读书报》）

亚洲——我们的家园

　　"亚洲"（Asia）这一地理区划,最早是欧洲人提出来的。晚明来华传教士利玛窦绘《坤舆万国全图》,提出天下分为五大洲,便有亚细亚,利玛窦在图中说:"若亚细亚者,南至苏门答腊、吕宋等岛,北至新曾白蜡及北海,东至日本岛、大明海,西至大乃河。"①图中分列出"万国",中国只是万国之一。晚明儒生李之藻感叹"俯仰天地,不亦畅矣大观"②。利玛窦的同乡艾儒略作《职方外纪》,专列出亚细亚一章,从地理上明确了亚洲的方位,"亚细亚者,天下一大州也,人类肇生之地,圣贤首出之乡。其地西起那多理亚,离福岛六十二度;东至亚尼俺峡,离一百八十度;南起爪哇,在赤道南十二度;北至冰海,在赤道北七十二度。所容国土不啻百余。其大者首推中国……"③这些恐怕是中文文献中最早对亚洲地理所做的整体详细的描述了。

　　在西方文献中,亚洲观念只是作为欧洲人的"他者"的一种想象。而国人对亚洲整体的自我认知却相当地迟缓。在亚洲,最早将亚洲作为一个整体加以认识的恐怕是日本人。1863年,日本著名思想家胜海舟提出"亚洲联盟论"。他认为"当今亚细亚几无人

①〔意〕利玛窦著、朱维铮主编《利玛窦中文著译集》,复旦大学出版社,2001年,第174页。
②方豪:《李之藻研究》,海豚出版社,2016年,第26页。
③〔意〕艾儒略:《职方外纪校释》卷一,中华书局,1996年,第32页。

有意抵抗欧罗巴。此乃脑臆狭小,而无远大之策之故。以我所见,
当以我国出动船舰,前往亚细亚各国,向这些国家的统治者广为游
说",说明亚洲联合,建立亚洲同盟的紧迫意义,特别是宜由日本、
中国与朝鲜结成三国同盟,"合纵连衡以共抗西洋"①。显然,这是
日本逐渐强大后的一种自我意识的体现。后来,在福泽谕吉的《脱
亚论》后,冈仓天心反其道而行之,提出"亚洲一体论"。他认为,亚
洲虽然有着不同的国家,但在精神上有着共同性,"阿拉伯的骑士
道,波斯的诗歌,中国的伦理,印度的思想,它们都分别一一述说着
古代亚洲的和平,并在这种和平中发展、孕育着一种共通的生活,
在不同的地域,开放着不同的、各有特色的文明之花。在任何地方
都不能划出明确固定的分界线"②。冈仓天心自觉地将日本作为亚
洲的一员,实际上他是在代表亚洲,把欧洲作为"他者"来确定亚洲
的思想和文化价值。他说:"亚洲一体。虽然,喜马拉雅山脉把两
个强大的文明,即具有孔子的集体主义的中国文明与具有佛陀的
个人主义的文明相隔开,但是,那道雪山的屏障,却一刻也没有阻
隔亚洲民族那种追求'终极普遍性'的爱的扩张。正是这种爱,是
所有亚洲民族共通的思想遗产,使他们创造出了世界所有重要的
宗教。而且,也正是这种爱,是他们区别于不顾人生目的、一味追
求人生手段的地中海及波罗的海沿岸诸民族的所在。"③

我不知道,这是否是亚洲最早的自我言说,亚洲自我意识的最
早明确表述。很遗憾,冈仓天心这个"立足于东方,反思西方文化
弊端,谴责西方文化侵略的反殖民主义的思想因素,到了 20 世纪

①〔日〕松浦玲:《明治的海舟与亚细亚》,岩波书店,1987 年,转载于盛邦和:
《19 世纪与 20 世纪之交的日本亚洲主义》,《历史研究》2000 年第 3 期,第
126 页。
②钱婉约:《从汉学到中国学:近代日本的中国研究》,中华书局,2007 年,第
229 页。
③钱婉约:《从汉学到中国学:近代日本的中国研究》,第 234 页。

二三十年代,恰恰冠冕堂皇的,甚至非常富有感染力,变成了日本对东亚民族进行殖民侵略的侵略理论"①。日本的这两种亚洲观都走向了反面,成为日本近代以来侵略和欺压亚洲的理论来源,这个事实也说明了他们的亚洲观的内在矛盾和问题。

在亚洲,中国、日本、印度大约是对亚洲文明的价值和西学东渐后所产生的东方文明自身价值最为关注的国家。印度三圣之一的泰戈尔,是在对西方文明的反思中关注东方的文明的。他曾写道:"'文明'一词是欧洲用语,我们几乎没有费心去弄懂其真正含义。一个多世纪以来,我们就这样绝对信任地接受了它,就像我们接受一匹作为礼物的马,根本没有想过要去数它的牙齿。直到最近,我们才开始寻思,我们领悟的真谛是否就是西方人所谓的文明。……一个多世纪以来,繁荣的西方把我们甩在其马车后,灰尘呛住了我们的喉咙,噪音震聋了我们的耳朵,无助使我们感到卑贱,他们的发展速度让我们不知所措。我们承认,那马车驱动的是进步,进步就是文明。如果我们大胆诘问:'进步往何处去? 进步又是为了谁?'——这种进步的绝对性的质疑,会被视为东方所特有的荒谬。"②泰戈尔这种对东方价值的守护,是建立在对西方文化的批判之上的,他认为:"西方已经变成剥削者,已经尝到剥削的果实而丧失道德,我们却必须用人类道德和精神力量的信心来战斗。"他又说:"我们东方人既不能借来西方的头脑,也不能借来西方的脾气。我们要去发现我们自己生下来应该有的权利。"③1941年泰翁临终前写了一篇名为《文明危机》("Crisis in Civilization")的文章,其结尾说:"我环顾四面八方,看见一个骄傲的(西方)文明

①钱婉约:《从汉学到中国学:近代日本的中国研究》,第 234 页。
②沈益洪编:《泰戈尔谈中国》,浙江文艺出版社,2001 年,第 64—65 页。
③参见 Sisir Kumar Das(ed),*Rabindranath Tagore's Talks in China*(1999, Calcutta:Rabindra-Bhavana, Visva-Bharati),p. 53,转引自谭中《东方文明的气质与中印研究的灵魂》,感谢谭中先生发给我他的抽样稿。

倒塌，变成一大堆枉费心机的垃圾。"又说："可能从这地平线上、从太阳升起的东方，黎明将会来到。"①

　　近代以来最关注亚洲问题的当属孙中山先生。1924年，孙中山在神户做了他有关"大亚洲主义"的演讲。孙中山演讲开头就说："今天大家定了一个问题，请我来讲演，这个问题是大亚洲主义。我们要讲这个问题，便先要看清楚我们亚洲是一个什么地方。我想我们亚洲就是最古文化的发祥地。在几千年以前，我们亚洲人便已经得到了很高的文化。就是欧洲最古的国家，像希腊、罗马那些古国的文化，都是从亚洲传过去的。我们亚洲从前有哲学的文化、宗教的文化、伦理的文化和工业的文化。这些文化都是亘古以来，在世界上很有名的。推到近代世界上最新的种种文化，都是由于我们这种老文化发生出来的"②。这里我们看到孙中山的"大亚洲主义"本质上说是文化。学者们认为"孙中山的大亚洲主义，其最强调的是亚洲有一个大主义，有一个大精神。所以孙中山的大亚洲主义，就是亚洲的大文化主义与大精神主义。这个大主义与大精神就是中国的儒教思想。他主张将这个大主义与大精神作为亚洲灵魂与亚洲发展发达的精神基础"③。他说："我们现在处于这个新世界，要造成我们的大亚洲主义。应该用什么做基础呢？就应该用我们固有的文化做基础，要讲道德，说仁义。仁义道德就是亚洲的灵魂，是我们大亚洲主义的好基础。"④以后，章太炎先生也主张过大亚洲主义，发起过"亚洲亲和会"。他认为亚洲文化有

①参见 Sisir Kumar Ghose（ed），*Tagore for you*（1966，Calcutta：Visva-Bharati），pp. 188-189，转引自谭中《东方文明的气质与中印研究的灵魂》。
②孙中山"民国十三年十一月二十八日对神户商业会议所等五团体讲演词"，载于曹锦清编：《民权与国族》，上海远东出版社，1994年，第300页。
③盛邦和：《近代以来中日亚洲观简论："亚洲一体化"的思想追溯》，《国际观察》2005年第4期，第6页。
④盛邦和：《近代以来中日亚洲观简论："亚洲一体化"的思想追溯》，第6页。

着共同性,他曾将中国、日本、印度三国的关系比喻为一把扇子,中国是扇骨,印度是扇纸,日本是系扇柄的扇绳。"在章太炎看来,亚洲是在儒教与佛教思想基础上建立起来的统一的文化区域,在近代同时都受到西洋文化的冲击。章太炎对于这种冲击,未抱全盘否定的态度,问题在于西学东渐,亚洲文明正走向瓦解与衰败。这使章太炎产生紧张与难抑的文化忧思,希冀通过亚洲亲和,互勉互尊,既收西学养分又使亚洲文明大劫获生,更新发展。"①

西学东渐对中国的知识分子产生了双重的压力:一方面,希望通过学习西方来促成自身文化的变迁;另一方面,又对西学在东方的快速发展感到担忧,对西方文化的问题也开始反思,并希望通过新亚洲主义来抗衡西方势力对亚洲的压迫。

正像一些学者所说,亚洲的近代是一个学习西方的时代,明治维新以后的日本成为亚洲向西方学习的"优等生",中国向日本学习,在本质上仍是通过日本向西方学习。由于亚洲各国的历史、文化不同,遭遇西学的历史和条件都有所不同,对西学的接受有着自己的特点,从而形成亚洲各国不同的近代历史,但有一点是共同的,即向西方学习,走西方的现代化道路,对"西学"的学习和接受构成了亚洲近代历史的主流。

这一点在中国尤为明显,"中国—西方"这样的思路已经构成了我们百年来思考的焦点。

近三十年的历史发展中有以下两个重大的历史变化促使我们应该反思"中国—西方"的思考模式。

第一,全球化的兴起。全球化的发展一方面加快了经济上的合作,同时又重提国家经济、地域经济的重要性。世界的复杂性,经济的多样性,使一些主张全球化就是西方经济全球化的观点受到质疑。2008年以来的西方金融危机,再次告诫我们西方体系内

---

①盛邦和:《近代以来中日亚洲观简论:"亚洲一体化"的思想追溯》,第8页。

在的问题。这样，如何在学习西方的同时，从亚洲古老的文明中汲取智慧，这是我们应考虑的问题。同时，全球化在促进文化间合作的同时，也促使人们思考自己的民族文化，地缘文明说油然而起。全球化绝不是西方化，更不是美国化。越是全球化，越要注意保护本土文化。这样，亚洲的问题、亚洲文化的特点、亚洲的价值开始引起我们的注意，对亚洲的整体思考开始进入我们的眼界。

第二，中国的崛起。中国近三十年来的经济发展以人类历史上前所未有的速度创造了亚洲国家进入现代化的新的模式。作为一个世界性大国的中国，它的崛起将改变世界的政治和文化版图，而中国的崛起首先应是在亚洲的崛起。中国与亚洲许多国家不仅山水相连，也有着悠久的文化联系。如何站在亚洲的立场上说话和思考，已经成为我们必须考虑的问题，因为中国首先是作为亚洲的大国存在的。从国家利益而言，这也是我们应关注的问题。一个世界性的大国，首先应是一个地域性的大国。如果连自己生活的家园都无法处理得更好，那这样的国家很难作为一个世界性的大国登上历史舞台。离间亚洲国家的团结，利用亚洲国家历史上的恩恩怨怨，使亚洲国家无法形成合力，减少中国在亚洲的影响，这已经是一些国家阻止中国崛起的一个基本的策略。

我们必须从战略上重新考虑亚洲的问题，从文化上重新思考亚洲的一些根本性问题。我们应十分清楚，中国首先是一个亚洲国家，亚洲是我们生活的家园，我们同亚洲国家不仅山水相连，而且文化相通。我们有着悠久的历史文化关系，我们有着共同的文化基因。整个亚洲都是作为后发现代化地区而开始自己的近代历史，包括日本在内，亚洲国家在如何处理自己的传统文化和西方文化的关系上有着同样的焦虑；我们和印度一样，都有着被西方殖民，从而同西方斗争，获得自己民族主权的历史过程。

因此，重新整理近代以来的亚洲观，继承这份重要的学术和思想遗产，这对于我们理解今日之亚洲是重要的。同时，将亚洲放入我们的学术视野,从全球化的角度重新思考中国与亚洲的关系,研究亚洲文化的特点及亚洲文化的价值,都显得十分迫切。

但是,我们知识界对亚洲的思考是明显不足的,正如学者们所说:"改革开放以来,中国知识领域有关亚洲、非洲、拉丁美洲的讨论不仅在数量上有限,而且真正能够将这些地区的研究带入当代中国思想讨论的文章少之又少,在许多重大的历史认识问题上,这种知识和思想事业上的局限影响深远。这一知识状况不仅对把握当代世界的脉搏构成了巨大的限制,而且也对建立新的自我认识形成了严重的障碍。"①

季羡林先生在谈到中国和印度的关系时说:"中印两国同立于亚洲大陆,天造地设,成为邻国。从人类全部历史来看,人类总共创造出来了四个大的文化体系,而中印各居其一,可以说是占人类文化宝库的一半,这是一件了不起的事实。"②这种文化的自豪感,这种对亚洲文化的认同和自信是我们需要的。季羡林在其主编的《东方文化集成》的序言中说道:"我认为,最重要的任务就是学习,就是了解。我们能责怪西方不了解东方文化,不了解东方,不了解中国,难道我们自己就了解吗? 如果是一个诚实的人,他就应该坦率地承认,我们中国人自己也并不了解中国,并不全了解东方,并不全了解东方文化。实在说,这是一出无声的悲剧。"③

了解亚洲,了解东方,这是每一个中国人,每一个亚洲人应该做的,只有了解了我们自己,才能更好地学习别人。

正因为此,当刘琛把她的《全球化背景下的亚洲电视传媒——发展与文化》拿给我,让我写个序言时,我欣然答应了,这不仅仅是我现在作为北京外国语大学亚非学院的院长,理应对亚洲研究的著作给予支持,同时,近年来亚洲的问题日益进入我的学术思考之

①汪辉、黄平:《亚洲的病理》序言,生活·读书·新知三联书店,2007年。
②季羡林:《中印文化交流史》,新华出版社,1991年,第2页。
③季羡林主编:《东方文化集成》序言,光明日报出版社,2000年。

中,无论是在历史的研究中,还是在当代思想的研究中。尽管,作为年轻学者,刘琛这本书许多地方有待深化,思想还待进一步展开,但作为国内第一本论述亚洲电视传媒的著作,仍有其价值。因为,对中国学术界来说,我们对亚洲的知识亟待丰富和增长,就此而言,这是一本值得看看的好书。

张西平

2009 年 5 月 15 日

　　(刘琛著《全球化背景下的亚洲电视传媒——发展与文化》序言,北京交通大学出版社 2009 年出版)

光从东方来

现代性源于西方,而西方精神之根是希腊,希腊的神话、希腊的艺术、希腊的哲学、希腊的逻辑,这一切奠基了西方精神。既然西方是现代性的最早的实践者和成功者,其他民族若要走向现代性之路,自然要学习西方,回归希腊,只有"言必称希腊"才是正道,而"落后"的东方则作为西方的对立面只能被抛弃。像黑格尔所说的,东方只是人类的童年,而希腊才是人类的青春。这就是近百年来植根于我们思想中的"东方—西方""现代—传统"二分的思维方法。

人类的精神之根在希腊还是在东方?这本来是一个历史常识,却被忘记了。这里的"东方"概念,在英文中叫作 Levant,指地中海东岸"各地"。正是在这个东方,产生了农业文明,文明之光首先从美索不达米亚即两河流域兴起,这个新兴的文明被称为"苏美尔文明",它从公元前 5000 年至前 2000 年,绵延达 3000 年。从两河流域往西,则是古埃及文明。它兴起于公元前 4000 年,经历了两度分裂、三度统一,断断续续达 3500 年。古埃及的文字、法律都达到了很高的水平,这在《帕勒摩碑铭》和《金字塔铭文》中均有明确体现。在此之后,才是克里特—迈锡尼文明,这个文明存在于大约公元前 2000 年至前 1100 年,晚于苏美尔和古埃及文明。这便是后来所称的"爱琴海文明""希腊文明"。关于这个历史事实,西方的思想家也是承认的,但他们认为人类文明只是到了希腊时代,才真正达到了自觉,正如黑格尔所说:"希腊的名字被欧洲的知识阶层深刻地领会着,尤其是被德国人深刻领会着……他们(希腊人)的宗教、文化的实质性开始当然自……亚洲、叙利亚和埃及;但是,他们是如此深刻地泯灭了这一来源的外来性质,如此深刻地改变、修正、变化了它,使它变得完全不同,以至于他们,如同我们一样,在其中注重、了解和钟爱的东西本质上是他们自己的了。"①

　　黑格尔对希腊的崇爱到了无以复加的地步,作为希腊精神之根的亚洲和非洲则被他完全抛在了一边。黑格尔的这种叙述,被马丁·贝尔纳(Martin Berna)在他的《黑色雅典娜:古典文明的亚非之根》一书中称为"雅利安模式",贝尔纳对黑格尔所代表的将希腊自我神圣化的叙述提出了严厉批评,他说:"如果我坚持推翻雅利安模式,而代之以修正的古代模式是正确的,那么,不仅有必要重新思考'西方文明'的基石究竟是什么,而且有必要认识到种族主义和'大陆沙文主义'对我们所有史学或曰历史写作哲学的渗透。古代模式没有重大的'内部'缺陷或解释力单薄的问题,它被推翻是由于外部原因。在18和19世纪的浪漫主义者和种族主义者看来,希腊不仅是欧洲的缩影,而且是欧洲纯洁的童年,认为希腊是本土欧洲人与外来殖民的非洲人和闪米特人混合的结果简直令人无法忍受。因此,古代模式必须被推翻,而代之以更能让人接受的东西。"②一系列的研究已经证明,19世纪以来西方学术界和思想界所提出的"东方—西方""现代—传统"模式,所反复叙说的希腊是人类文明之根的理论是站不住脚的。

　　人类文明之根是亚洲和非洲文明,尽管在其后发展起来的希腊文明在人类文明史上也有着重要地位,但以希腊为代表的西方文明

---

① 转引自〔美〕马丁·贝尔纳著,郝田虎、程英译:《黑色雅典娜:古典文明的亚非之根》,吉林出版集团,2011年,第266页。
② 〔美〕马丁·贝尔纳著,郝田虎、程英译:《黑色雅典娜:古典文明的亚非之根》,第2页。

是在充分吸收了亚非文明的成果后发展起来的。亚非文明不仅在历史上是人类文明之根,在文明进展上至今仍是人类文明的重要财富。21 世纪将是亚洲和非洲重新崛起的世纪,19 世纪以来形成的世界政治、经济格局将被改变,19 世纪所形成的文明观和文化观也将被重写。亚洲和非洲文明与文化的特色与价值将获得它们应有的地位。走出西方中心主义已经是历史之必然。当然,告别"西方中心主义",并不是回到"东方中心主义"。"'物之不齐,物之情也。'和而不同是一切事物发生发展的规律。世界万物万事总是千差万别、异彩纷呈的,如果万物万事都清一色了,事物的发展、世界的进步也就停止了。每一个国家和民族的文明都扎根于本国本民族的土壤之中,都有自己的本色、长处、优点。我们应该维护各国各民族文明多样性,加强相互交流、相互学习、相互借鉴,而不应该相互隔膜、相互排斥、相互取代,这样世界文明之园才能万紫千红、生机盎然。"①这种文明互鉴观是我们处理文明之间关系的基本原则。

重读亚非文明的经典吧!我们疏远、冷淡这个人类文明之根的时间太长了。当亚非学院组织出版这套"亚非译丛",希望我写篇序言时,我欣然允诺下来,这不仅仅是因为我曾在亚非学院工作过,与亚非学院的很多同事结下了深厚友谊,更为重要的是,正是我在亚非学院工作这段时间,我的学术和思想更为坚定地走向东方,开始回到亚非这个人类文明的家园。

是为序。

写于 2015 年 6 月 5 日从孟加拉国访问返回之时。

(《亚非译丛》序言,社会科学文献出版社出版)

---

① 习近平:《在纪念孔子诞辰 2565 周年国际学术研讨会暨国际儒学联合会第五届会员大会上的讲话》,2014 年 9 月 24 日,http://news. xinhuanet. com/politics/2014-09/24/c_1112612018. htm。

东方的希望

——读《中国人看泰戈尔》

一

　　2011年是泰戈尔诞辰150周年，今天当我们重温上个世纪泰戈尔来中国时文化界对泰戈尔的研究和评价的文字，感触良多。泰戈尔是东方国家的知识分子中最早获得诺贝尔文学奖的人，也是东方国家的文人中较早批评西方文化、并对东方文化寄予厚望的人。当年泰戈尔来到中国时，中国正处在风雨飘摇之中，西方思想与文化仍是中国知识界的希望之星，而泰戈尔却说，"余此次来华……大旨在提倡东洋思想亚细亚固有文化之复活……亚洲一部分青年，有抹煞亚洲古来之文明，而追随于泰西文化之思想，努力吸收之者，是实大误。……泰西文化单趋于物质，而于心灵一方缺陷殊多，此观于西洋文化在欧战而破产一事，已甚明显；彼辈自夸为文化渊薮，而日以相杀反目为事……导人类于此残破之局面，而非赋与人类平和永远之光明者，反之东洋文明则最为健全。"①

————————

①陈独秀：《太戈尔与东方文化》，见秦维红编《陈独秀学术文化随笔》，中国青年出版社，1999年，第229页。

这样的看法必然在中国引起激烈的争论,反对者说:"'好了!抨击西方文化,表扬东方文化的大师到了! 他一定会替我们指出迷途;中华民族有了出路了!'这是玄学家和东方文化者底欢迎词。……我们以为中国当此内忧外患交迫,处在两重压迫——国外的帝国主义和国内的军阀专政——之下的时候,唯一的出路是中华民族底国民革命;而要达到这目的的方法,亦惟有如吴稚晖先生所说的'人家用机关枪打来,我们也赶铸了机关枪打回去',高谈东方文化实等于'诵五经退贼兵'! 而且东方文化这个名词是否能成立,我们正怀疑得很。这便是我们不欢迎高唱东方文化之泰戈尔的理由。"①

赞同者则认为,"现在的世界,正如一个狭小而黑暗的小室。什么人都受物质主义的黑雾笼罩着,什么人都被这'现实'的小室紧紧的幽闭着。这小室里面是可怖的沉闷,干枯与无聊。在里面的人,除了费他的时力,费他的生命在计算着金钱,在筹思着互相剥夺之策,在喧扰地在暗中互相争辩着嘲骂着如盲目者似的以外,便什么东西都不知道,什么生的幸福都没有享到了。太戈尔则如一个最伟大的发见者一样,为这些人类发见了灵的亚美利亚,指示他们以更好的美丽的人的生活;他如一线绚烂而纯白的曙光,从这暗室里的天窗里射进来,使他们得互相看见他们自己,看见他们的周围情境,看见一切事物的内在的真相。虽然有许多人,久在暗中生活,见了这光,便不能忍受的紧闭了两眼,甚且诅咒着,然而大多数肯睁了眼四顾的,却已惊喜得欲狂起来。这光把室内四周的美画和宏丽的陈设都照出来,把人类的内在的心都照出来"②。

他们认为,西方文化给世界带来了灾难。"西方乃至全个世界,都被卷在血红的云与嫉妒的旋风里。每个民族,每个国家,每

①茅盾:《对于泰戈尔的希望》,见韦韬、陈小曼编《茅盾杂文集》,生活·读书·新知三联书店,1996年,第124—125页。
②郑振铎:《欢迎太戈尔》,1923年9月《小说月报》第14卷第9号。

个党派,都以愤怒的眼互视着,都在粗声高唱着报仇的歌,都在发狂似的随了铁的声,枪的声而跳舞着。他们贪婪无厌,如毒龙之张了大嘴,互相吞咬,他们似乎要吞尽了人类,吞尽了世界;许多壮美的人为此而死,许多爱和平的人被其牺牲,许多宏丽的房宇为之崩毁,许多珠玉似的喷泉,为之干竭,许多绿的草染了血而变色,许多荫蔽千亩的森林被枪火烧得枯焦。太戈尔则如一个伟人似的,立在喜马拉雅山之巅,立在阿尔卑斯山之巅,在静谧绚烂的旭光中,以他的迅雷似的语声,为他们宣传和平的福音,爱的福音。他的生命如'一线镇定而纯洁之光,到他们当中去,使他们愉悦而沉默'。他立他们黑漆漆的心中,把他的'和善的眼光堕在他们上面,如那黄昏的善爱的和平,覆盖着日间的骚扰。'"①

二

从这些话语和文字中,可以看出当时的知识界对泰戈尔的东方观的看法是有分歧的,而且这种分歧还相当大。对他思想的理解南辕北辙。

或许在上个世纪 20 年代的时候,我们尚看不清这场由泰戈尔来到中国后所引起的文化争论的实质和意义;但今天当中国走出了它的苦难与黑暗,迎来了自己新的世纪的时候,当全球化的风暴席卷全球、西方的金融危机将世界带入动荡之时,一切问题开始渐渐明朗起来。

2011 年是辛亥百年,百年来的中国是在向西方学习中发展与变迁的,百年欧风美雨给了我们哪些东西呢? 当代经济学家温铁军先生从经济学的角度总结了百年辛亥以来的基本经验,他认为:"在经济基础的洋务运动和上层建筑的戊戌维新之后,中国已在教

---

①郑振铎:《欢迎太戈尔》。

育、军事乃至政府体制上采取西制。……后来我们知道,引进西制及人才没能救活被内外战争搞得财政崩溃、地方弄权的清王朝。"而民国之亡,很少人注意从整个世界经济和西方的危机的角度加以考察,温铁军则认为,1929 年—1933 年西方大危机所导致的中国白银大量外流已经埋下了国民党失败的种子:"所以说,民国先亡于无储备之西制财政金融崩溃,后亡于无军饷之西制军事失败。天可怜见,西制也没能救民国。"对今天来说,温铁军认为:"有个现实需要承认:辛亥逾百年,中国至今仍是不得不承担西方国家转嫁过来的制度成本的后发国家。如果没有另辟蹊径的创新能力,则难逃玉石俱焚之宿命。"他的结论是:"告别百年西制崇拜。"①

尽管对温铁军的观点也有争论,但一些人没有看到,他并不是否认百年来向西方的学习,而是以一个经济学家的视角,从长时段的百年世界经济发展的角度,说明今天的世界经济仍在西制之中。在这样的体制中的中国的发展面临着一个根本性的问题,即如何对待这个 400 年来已经统治全球的西方制度,如何超越这个制度的不足,中国发展的真正困局在此。这是中国百年来的一个结:我们以西为师,但老师总是在欺负学生。正是这样的结,使新中国走上一条独特的、想超越老师的道路。中国超广的国土、超长的历史文化、超多的人口,使我们这种"一万年太久,只争朝夕"的梦想屡屡受挫,只好耐下心来向这个"总是欺负学生的老师"学习,但心中不爽。而今天,当我们在奋斗中走到了中心时,这样的念头自然在心中涌动。

三

其实,不仅仅是在经济上,在文化上亦是如此。现代化源于西

---

① 温铁军:《告别百年西制崇拜》,《文史博览》(理论)2011 年第 9 期。

方,对欧美来说,现代化与文化意识的解放、自我的实现是同步的,
但当欧美的现代化向全球扩展时,西方在全球的发展给殖民地国
家带来的是灾难。在黑格尔所说的"历史的狡计"中,后发现代化
国家被带上西方所开辟的现代化轨道,在灾难中并非没有进步。
历史在恶中进步,精神也得到释放。或许像王船山所说的"秦以私
天下之心而罢侯置守,而天假其私以行其大公,存乎神者之不
测"①,但必须看到作为后发现代化的国家,其文化上的内在矛盾,
一直内存于我们的精神之中。在追求现代化的过程中,我们的文
化在接受西方优秀文化的同时,也已经受制于"文化帝国主义"的
控制。或许对那些历史短暂的小国来说,西方文化这些洋玩意儿
还能完全被接受。但对于历史文化比西方文化还要久远的中国来
说,这几乎是不可能的。环看今日中国的文化,本土的文化已经面
目全非,但它在,它仍在我们的生活中,隐隐地在我们精神世界的
深处。而在表层的生活中,我们的确已经完全西化了,甚至在如何
表达自己的文化上都已经有了困难,因为言语已经完全辞不达意。
崛起的中国在自身文化和已经进入自己骨髓的西方文化之间痛苦
地徘徊和挣扎。

　　或许像中国古代文化吸收佛教文化的历史那样,我们当下的
混乱和苦恼只是因为"张载"未出,"二程"显世还有待时日。总有
一天中国会像消化佛教那样把一百年来的西方文化彻底消化,让
新的"宋明理学"再生,新的"朱熹"横空出世,把中国文化提升到新
的世界的高度。但西方文化和东汉后进入中国的佛教文化有着根
本性的区别,这或许只是白日做梦。目前的现实是,走向世界强
国,中国已经是指日可待,走向文化强国,结束百年来的中西混杂,
重建一个立足自身文化之根而又有强烈时代感、将西方文化化解
于其中的新的中国文化形态尚未出现。

---

①王夫之:《船山全书》第 16 册,岳麓书社,1996 年,第 1041 页。

应该清醒认识到,虽然地理大发现后西方文化渐成强势文化,但东方有着比西方文化还要悠久的文化历史,有着自己完全独立于西方的价值体系和精神世界。

吊诡的是,在全球化的初期,当西方在南北美洲烧杀抢掠,摧毁玛雅文明和印第安文明时,在东方却遇到了真正的对手。葡萄牙人、西班牙人、荷兰人都无法用枪炮打开中国的大门。于是,东西方之间开始了近两个世纪的平等的文化交流,乃至催生了18世纪欧洲的中国热。按照西方历史学家的话是,"在北美西方发现了土地,在东亚西方发现了文明"。其实,西方文化的神话是他们的思想家编造出来的,西方有着向阿拉伯文化学习的长期历史,文艺复兴的第一步就是从阿拉伯文化译经,美国历史学家拉克认为没有亚洲就没有今日之西方文化,只是在西方掌握了这个世界后,他们编造出了"东方与西方""现代与传统"这样二元对峙的模式,真实的历史不是这样。冷静的西方史学家早就看出了这一点,例如汤因比。

在中国影响了西方近一百年后,晚清的败局将一切都改变了!中国成了西方新的殖民地。国之破落,使19世纪的东方文化也随之走向了下坡路。正如没有当年英国对印度的统治,哪有伦敦的繁华?19世纪到20世纪上半叶没有西方与日本联合对中国的压榨,哪有西方的繁荣和日本的崛起?文化变局之背后的这些财富的转移与掠夺才是文化兴衰的根本原因,没有什么离开经济利益和政治利益的纯文化。胜者为王,败者寇,政治是如此,经济是如此,文化也是如此。观察世界文化发展的格局,必须从这里入手。

四

如果按照布罗代尔的史学理论,一百年是一个太短的时段,三四百年也未必看出历史的真相。今天,当全球化进入深层之时,资

本与生产快速在世界转移,西方遇到了他们从未想到的问题,遇到
了他们从未遇到过的对手。中国、印度、巴西、南非、俄罗斯这些国
家快速崛起,世界重心转向东方,经济发展重心转向亚洲,已经成
为定局。这次的美国金融危机,绝非是西方的小病,而是西制长期
积累下来的大病,或许这次危机西方仍可以渡过去,但并不可根
治,而世界大势已经开始变化,中国和印度的崛起具有全球性重大
意义。中国、印度这样的东方大国绝不是像一些小国那样可以让
西方势力随意蹂躏的。中国和印度在文化上有着西方所不及的悠
远的历史和丰厚的内涵,作为民族深层结构的文化基因不会因短
时期的政治走向而发生根本变化。此时,在中国、印度重新回到世
界政治和经济中心的当代,政治和经济大格局变化的当代,世界文
化格局必然会重新洗牌,这才是世界文化发展史上"三千年未有之
大变局"。在这样的时刻,文化自觉和文化自信是一个大国在精神
建设上之必须。我们必须看到,尽管目前在全球政治、经济乃至文
化上西方文化仍是全球性主导文化,但伟大的变革已经慢慢开始,
对中国来说,对西方的崇拜可以退场了。东方文化和西方文化之
间再不是"臣属关系"而是"平等关系"。如何在吸取百年西学的基
础上,重建自己的文化、恢复自己的文化肌理,是我们当下中国文
化最紧迫、最重大的问题。

　　泰戈尔的价值正在这里! 季羡林先生晚年对泰戈尔的肯定、
对印度文化的肯定也多是从这个角度讲的,他认为在全球环境恶
化、全球问题日益严重的今天,东方的智慧是有价值的。他说:"我
个人认为,我们东方的思想是一个很好的出路,中国和印度都有一
个'天人合一'(Unification of the nature and mankind)的思想,印度
叫 Brahma Atma-ailryam(梵我一如)。……西方主张征服自然,把
自然作为对立面甚至敌人进行征服。征服的结果产生了上述我所
说的那些弊病。……我们东方与西方不一样。西方的方式是:你
不给我,我就征服你。我们东方的主张是,向自然索取的同时,把

自然当作朋友、兄弟。"因此,季老晚年对东方文化寄予极大的希望,正如泰戈尔晚年所写的《文明的危机》中对东方充满希望一样,"在西方几百年文化的基础上,发扬东方文明,使整个人类文明更上一层楼"①。

季羡林先生说,泰戈尔"对整个东方的胜利,也有所期望,有所预见。在他晚年,他再三发出曙光将自东方升起,一个新时代就要来到的预言"②。

这真是一个伟大的预言! 今天,中国和印度开始崛起,整个亚洲将开始成为世界的中心舞台。此时,我们再读上个世纪泰戈尔来到中国时,中国文化人受其影响而写下的文字,心灵会再受到一次冲击,或许对当时的争论会有新的认识。实际上,今天我们对泰戈尔所提出的问题的解答在中国引起的争论并未结束,而是以新的形式进行着。

在这里,我用泰戈尔论中国的一段话作为结语:"我有个信念,当你们的国家站立起来,能够表现自己的风貌时,你们,乃至整个亚洲都将会有一个远大的前景,一个会使我们共同欢欣鼓舞的前景。"③

2011 年 12 月 27 日

写于北京海淀区枣林路 4 号院游心书屋

(佟加蒙编《中国人看泰戈尔》序言,人民出版社 2012 年出版; 部分内容以"东方的希望"为题发表于 2012 年 3 月 27 日《中华读书报》)

---

①季羡林:《东方文化要重现辉煌》,见《季羡林全集》第八卷,外语教学与研究出版社,2009 年。
②季羡林:《泰戈尔的生平、思想及创作》,见《社会科学战线》1981 年 2 期,第321 页。
③泰戈尔:《泰戈尔全集》第 20 卷,河北教育出版社,2000 年,第 28 页。

东亚文明的历史与理想

如何从历史与现实来理解东亚文化,东亚文化的特点与发展应该如何展开,尽管当下的东亚如一团乱麻,但从漫长的历史中倒可以看出一条较为清晰的线索。近期读了韩国赵东一教授的《东亚文明论》,他从世界文明史的角度重审东亚文明的价值,从东亚文明自身的历史与发展出发,总结东亚文明的形成、发展与困顿,从全球文化史的角度,对东亚文明的未来发展充满希望,并提出重振东亚文明的宏大设想。

一

"中世化"概念是一个创新性的概念,也是重新理解东亚文化的一个出发点。赵东一认为:"虽然近代化一词及其相关探讨是在欧洲文明圈内首先开始,后来被引进到东亚的,但是中世纪化应由东亚学术界先行开创,并最终确立下来……现在重新展开中世论研究的目的主要有两点:还原被近代主义者随意歪曲贬低的中世纪历史本来面目,以寻求正确地理解历史。只有这样,才能说是为实现下一个更为远大的目标奠定了必要的基础。为了纠正近代主义者认为近代是历史发展终点的错误观点,也为了人类能顺利地超越近代,朝着下一个时代前进,我们必须对过去的中世纪化进行深入研究。近代为了否定中世纪而继承了古代,同样,为了否定近代,下一个时代也必须要继承中世纪。"①很显然,"中世纪化"的提出既是为了回到历史,也是为了超越现实。德国哲学家雅斯贝尔斯的"轴心说"从文明起源的角度说明了世界文明史的多元性,但"轴心说"只是从文明的起源的角度,说明了几大文明的源头大体在一个时期产生,并未说明各自文明的形成和文明圈的特点,也并未说明在人类文明史上东亚文明长期居于领先地位。其实"轴心说"忽略了中国文明与希腊文明早期的发达,忽略了在中世化时期,东亚文明高于欧洲文明的历史。尽管他已经认识到世界文明并非西方一枝独秀,但历史的维度仍是不够的。赵东一的"中世化"则说明东亚文化一体化比欧洲的近代化要早,其文明发展也要高于欧洲文明。

从历史来看,"古代文明只有中国一枝独秀,而从中世纪开始,汉文传入周边。中世纪的概念确立。……中国的中世化和其他国家的中世化过程基本上是一致的。中国将儒教尊为传统,之后又吸收了佛教思想,并将其作为整个文明圈的普遍宗教。记载儒教和佛教经典的汉文逐渐成为文明圈内的通用书面语,广泛应用于文学创作之中。从骈俪文到古文,从古诗到律诗,中国首先确立了诗文的规范。东亚各国分享这一文化成果的时期就称为中世纪。总体上来看,这些变化是从公元前后的汉代之后开始,进入古代至中世纪的过渡期,可以认为公元5世纪至公元6世纪的南北朝时期开始进入中世纪;至7世纪的唐朝,才体现出较为完善的中世纪化面貌"②。

这里用"中世纪化"来表示汉字文化圈形成后的一个更大的文明体的发展阶段。东亚文明的核心特点就是中国、韩国、日本和琉球都使用汉字。从世界文明史的角度看,这是一件值得大书特书

①〔韩〕赵东一著,李丽秋译:《东亚文明论》,社会科学文献出版社,2013年,第9页。
②同上书,第45页。

的大事。"中世纪出现了统一使用通用书面语的文明圈。通用书
面语在中世纪首次出现,使文字生活得以扩展,记录文学得以远
播,这也是世界史的一大转变。通用书面语成为普遍宗教教义经
典的撰写语言,使得普遍宗教思想得以保存下来,并担负起各国之
间交流之媒介,从而保障了文明圈的同质性。在各个国家,口语不
同的人们也得以确认政治和精神上的同质性,这也得益于通用书
面语的共同使用。"①

　　这种看法是建立在坚实的历史事实之上的。"韩国既有当时
使用汉文来歌颂建国大业的金石文,也有一些记述历史的后代著
作。而日本的《日本书纪》和越南的《大越史记全书》采纳了汉文文
明圈通用的历史叙述方式,既体现了东亚文明的同质性,又提高了
对于本国历史的主体认识,这两个方面都应该给与肯定评价。除
了韩国、日本和越南以外,南诏、琉球等国家基本上也以同样的方
式进入中世纪文明进程,从而大大扩展了东亚文明圈。这些国家
使用汉文这一通用书面语,与文明圈中心的'天子'形成册封关系,
篆刻碑石以弘扬国威,记录历史、创作诗文以描述民族生活。另一
方面,倡导民族语言文学,另辟蹊径,将文明圈的共同规范变为己
用。由此,东亚开启了一体和多元共存的时代。"②

二

　　汉语作为东亚通用语,其刻版印刷技术和书籍普及程度都要
早于和高于同时代的欧洲。汉文文化圈的历史要早于欧洲的基督
教文明圈。"南亚和东南亚的佛经都是手抄本,基督教和伊斯兰教
的经典也都是手抄本。印刷刊行普遍宗教经典的行为只存在于东

---

①〔韩〕赵东一著,李丽秋译:《东亚文明论》,第31—32页。
②同上书,第34页。

亚大藏经文明圈。印刷方法是将字刻在板上,蘸上墨后印在纸上。佛经使用了现有的木版印刷技术,而佛经的版刻和印刷又促进了木版印刷的发展。""虽然欧洲也开发出了活版印刷术,首先用于基督教经典印制,并出版了其他书籍,但由于存在很多技术上的困难,纸价也比较昂贵,因此书籍的普及相对落后。直到19世纪工业革命以后,开始利用动力驱动来进行活版印刷,欧洲的印刷技术和书籍普及才超过了东亚。"①在这个意义上,东亚汉籍不仅仅是一个文献学上的概念,它同时代表这一个文明体的精神载体和文化凝聚,如果将这种现象放在世界史范围内考察,其价值和意义便立即凸现出来。

东亚文明作为一个共同的文明体,给我们留下很多美好的回忆,例如唐代著名诗人温庭筠写下的著名诗篇——《送渤海王子归本国》:

> 疆理虽重海,车书本一家。
> 盛勋归旧国,佳句在中华。
> 定界分秋涨,开帆到曙霞。
> 九门风月好,回首是天涯。

渤海和唐朝隔海相望。国家虽不同,文明却是一体的。也正因为如此,渤海王子才能在唐朝停留期间写出辞藻华丽的诗句。这里的"车"指的是制度,这里的"书"指的是文化,"疆理虽重海,车书本一家"生动地说明了东亚文明是一体的。汉字不仅出现在书籍上,碑刻上也留下了大量的汉字碑文——在这一时期不仅高句丽、新罗如此,南诏、日本、越南、琉球等地也都开始用汉文撰写歌颂建国大业的碑文。这标志着汉文文明圈的形成以及中世时代的到来。虽然所有国家均接受中国天子的册封,往来的国书也都按照

---

① 〔韩〕赵东一著,李丽秋译:《东亚文明论》,第14页。

相应的格式书写,但是各国在撰写颂扬建家大业的金石文时,却常常表达为国王直接代行天意,大大提高了国家的自主性。

通用书面语和民族语言保持着双语关系,在共同使用的过程中相互作用、相互影响。很多地区都经历了这一过程,而具体的情况则根据其在文明圈中所处的位置及时代的变化而不同。有些国家首先实现了中世文明,有些国家则稍晚一些。根据情况的不同,可以将其分为中心部、中间部和周边部。中国、韩国和日本分别很好地体现了中心部、中间部和周边部的特征。应将这一认识作为比较研究和相互理解的基础,从而摆脱肤浅的孰优孰劣之争。

"汉字作为东亚通用书面语也发挥着政治功能,这在东亚的科举制度中体现最为突出。科举制度具有划时代的意义,除了贱民之外,所有的良民都有机会参加这种汉文能力考试,从而步入仕途。科举制度使得中世身份等级制度的矛盾在一定程度上得以缓和,这种现象在其他文明圈中是没有的。中国自公元589年,韩国自958年,越南自1075年开始实施科举制度,东亚的中世文明进程因此走在了世界前列。日本没有引进科举制,而是保持了根据身份来担任官职的传统,长时期徘徊于东亚文明圈周边国家的位置。"①

三

西人东来后,欧洲人也看到东亚文明体的基本特点。这样,传教士们开始以书传教,西方文化以汉字形式在东亚传播,我将这批书称为"西学汉籍"。但这只是一个短暂的时期,在如何应对西学上,东亚各国对原有的东亚文明共同体采取了不同的态度和对策,

①〔韩〕赵东一著,李丽秋译:《东亚文明论》,第35页。

导致东亚裂变,东亚文明体开始被抛弃。东亚各国都认为应该向欧洲学习,摆脱落后,走向先进之路,由此,都开始贬低东亚文明,贬低文明圈的同质性,转而崇尚民族文化。

东亚各国面对西方文化采取了不同对策,形成了近代史上不同的国家发展道路。赵东一对日本的"脱亚入欧"的国家发展路线与后果作了深入的分析;指出中国只是将汉学视为本国的国学,并不认同汉学是中国、韩国、越南、日本一起创造的东亚文明的共同财产,将日本、韩国以汉字通用语为基础的文化成果,视同于欧洲、美国一样的海外汉学,而没有看到日本、韩国、越南的汉字文化成果是与中国自身的历史文化联为一体的,是东亚文明的宝贵财富。

从宏观的历史来看,我们相信东亚的再次崛起,"文明和文明的关系也如出一辙。与中世其他文明圈相比,欧洲文明圈曾处于弱者地位,到了近代却成了领头羊。而在中世比欧洲文明圈先进的东亚文明圈,到了近代却落后了。先进与落后的彼此转化将再次上演,超越近代,从而开启下一个时代,历史将在不断重复中向前发展。这也是生克论给予我们的启迪:循环即发展,发展即循环"①。

当下的世界文明发展已经揭示出了西方文明的问题和病端。20世纪80年代以来,以美国为首的西方国家从自身利益出发,在世界范围内推广和扩张西方发展模式、政治制度、意识形态和价值观念,东亚国家深刻地认识到已经不能完全围绕美国的指挥棒打转,不能照搬西方的发展模式,而应从自己的历史、文化和现实出发,走东亚特色的发展道路。伴随着经济的持续高速增长,东亚人的归属感、认同感也开始不断增强。如马哈蒂尔所说:"一种地区意识正在东亚出现,亚洲自豪感在大多数亚洲国家变得越

①〔韩〕赵东一著,李丽秋译:《东亚文明论》,第26页。

来越强烈。"①近年来东亚学者开始认同儒家文化。东亚学术界基本上认同了"东亚儒家资本主义"及其成就,并提出将东亚共同经济圈建立于共同的文化——儒家文化地基上,儒家道德是东亚人共同的意义之源,儒教是东亚人的心灵皈依之所等观点。杜维明指出,东亚人把东亚经济的"成功因素"归功于儒家思想,是长期感到被西化压制的东亚人的一种强烈的"寻根"意识或"归属感"的表征。

面对东亚的崛起,韩国学者提出:"为了纠正只有欧洲人扮演世界人的错误做法,我们应当将孔子塑造成为世界人。除了孔子,老子和释迦摩尼也都应该成为世界人。我们应当从东亚乃至整个亚洲范围内挑选出几位有资格成为世界人的学者,让他们为全人类做出应有的贡献。我们应当改变世界史的失衡局面。但这些并不会自然而然地实现,我们应当对亚洲进行更加深入的研究和评价,让它的价值体现出来。"②

让东亚出现世界人,就是要确认和继承普遍价值。因为这有助于回顾生活姿态、建立思考框架、探索真理,所以应该不断回顾过去。创造就是将原有财产加以重新利用,财产是越多越好,但是如果筛选条件过于严格,随意去掉并丢入垃圾桶,就是愚蠢的。

从历史来看,欧洲文明圈发掘出所有遗产,并且精雕细琢,赋予其价值,而后推向世界,并以此为豪。而东亚不但没有这样做,反而不断地抛弃自己的遗产。究其原因,还是自卑意识或者是失败意识在作怪——认为欧洲文明圈是整个世界,是世界中心,而我们只是远离中心的微不足道的存在。现在我们应当抛弃这种错误的思想了。世界的中心并不是永远固定的,历史发展的主体也在

---

① 〔马来西亚〕马哈蒂尔:《马来西亚总理马哈蒂尔演讲集》(中译本),世界知识出版社,1999年,第142页。

② 〔韩〕赵东一著,李丽秋译:《东亚文明论》,第163页。

不断交替。

　　中国学者葛兆光也提出从周边看中国,意在于整个东亚文明范围内研究中国,而不只是在中国研究中国。赵东一所代表的韩国学者希望通过对汉字通用语的研究,从中世化历史中总结出整个东亚的文化价值,并将其继承下来,用于今天的东亚文明建设,这是对东亚文明重建的一次重要尝试:"在追寻东亚世界共同文化渊源,发现东亚各个国家和民族在精神文化方面存在的固有联系方面,还有许多需要东亚各国学者勠力同心才能圆满完成的任务。"[1]应该看到,东亚文明复兴的历史时刻已经到来。"东亚各国各有所长,果断的规划、严密的考证、多样的文化体验,再加上改变世界历史的震撼,一应俱全。除此之外,别无所求。东亚具备其他任何文明圈所不具备的幸运条件,但是将这四种因素结合起来并不容易。"[2]这是一个东亚学者对东亚文化复兴的渴望。

　　历史是一个漫长的过程,按照沃勒斯坦的长时段历史理论,一百年、二百年都是历史的一个阶段,历史只有在长时段中才能显现出它的真正趋势。中国的复兴、东亚的复兴、亚洲的复兴将彻底改写近二百年来由西方人所主导的世界文明格局,这一切都有待东亚各国学者的努力。我们相信,东亚文明在经历百年磨难后,必将重新屹立于世界的东方。

　　　　2013 年 6 月 16 日写于岳各庄东路阅园二区游心书屋

　　　　([韩]赵东一著、李丽秋译《东亚文明论》序言,社会科学文献出版社 2013 年出版;发表于 2013 年 12 月 4 日《中华读书报》)

---

[1]李文:《构建东亚认同的意义与途径》,载吴志攀、李玉主编《东亚的价值》,北京大学出版社,2010 年,第 75 页。
[2][韩]赵东一著,李丽秋译:《东亚文明论》,第 204 页。

汉学作为思想和方法论

汉学（中国学）——在我看来，汉学和中国学在内涵上虽有所差别，但大体是一个学术的类型，所以，在这里我们是在一个意义上使用的——作为西方学术中的一个重要方面日益引起中国学术界的重视，西方汉学著作翻译出版的繁荣也说明了这一点。无论从知识论上还是从方法论上，域外汉学，特别是西方汉学，已经成为今天中国自己的传统学问重建时的一个重要的参考系列。

做西域研究，我们不能不看伯希和的著作；做晚清史研究，我们不能不读美国中国学家的书；做中国科技史研究，李约瑟是一个绕不过的环节；做近代中国语言史中的外来词研究，意大利年轻的汉学家马西尼的成果一定要看。

从方法论来说，中国近代史研究中的"范式"的转变，从社会学、人类学切入晚清史研究，乃至采取"后现代史学"的方法重新审视长期被忽视的领域和文献，开拓新的研究领域，这些无不和美国中国学的引进有着密切的关系。在文学领域中，从夏志清和刘若愚的关于中国文学史的著作被翻译成中文后，文学史界看到了另一种文学叙述的模式。他们运用新批评主义的形式主义分析方法，重评中国现代文学史，使张爱玲、沈从文、钱锺书又回到现代文学史的研究视野之中，这种方法极大启示了中国文学史的研究者。甚至有的学者认为，由于西方汉学的影响，"20 世纪涌现出来的意象研究、新批评、原型批评、结构主义、主题学、文类学、风格学、叙事学,甚至女权主义、混沌理论、文化理论等等,举凡用之于西方文学研究者,几乎都在中国文学研究中派上了用场"①。新时期的中国文学研究在很大程度上是在步西方汉学方法论的后尘。

　　所有的汉学家无论是以方法著称还是以史料著称,有一点是很明确的,他们都以中国的知识和思想作为自己研究的对象,他们学术的目标是中国。但只有一个人例外,他认为中国的知识和思想并不是其研究的对象,而只是他治学的一个方法,他的学术目标也不是在中国,而是在希腊,在西方。这个人就是法国当代的汉学家——弗朗索瓦·于连。

　　当我们称他为汉学家,这会受到法国许多汉学家的反对,认为他不是汉学家,但他实际却处在巴黎七大汉学系主任的位置上。他能熟练地读中文书,他所写的每一本书都在讲中国;当我们称他为哲学家时,同样也有不少法国的哲学家反对,认为他是汉学家,但他确实当过国际哲学学会的会长,他对希腊文的熟练程度绝不比任何一个哲学家差。

　　于连的学问为什么在法国引起这样的争论呢? 根本上是由他的学术取向所决定的。这位毕业于巴黎高师的古希腊哲学专业的高才生对哲学有一种独到的理解,他认为哲学就是一种反叛,他说:"每一种哲学除了对自己的前者说'不'之外,没有其他出路。"②在他看来到目前为止的所有西方哲学都是在希腊的传统中发展的,尽管有各种各样的派别和分歧,但都没有同希腊传统彻底"断裂",因而也无法有真正建设性的开创未来。如何真正摆脱掉希腊传统,真正重新审视西方的文化传统呢?

　　只有从外部来重新审视它。如果排除印欧语系,在欧洲文明

①周发祥:《国外汉学与比较文学》,载任继愈主编《国际汉学》第 7 辑,大象出版社,2002 年,第 11 页。
②杜小真:《远去与归来:希腊与中国的对话(关于法国哲学家于连的研究)》,中国人民大学出版社,2004 年,第 10 页。

以外真正能和其对话的只有中国。所以,于连说:"从严格意义上讲,惟一拥有不同于欧洲文明的'异域',只有中国。"[1]中国的特点在于它无法按照欧洲的逻辑进行归类,正如帕斯卡尔说的"这个不可归类的理论丰富性"[2]。正是中国的这种"异",使欧洲既黑暗,又有光明可寻,于连说,通过中国文本将我们陷入的黑暗,有一种别样的光亮,一种成为可能的理论光辉,并且必须寻找它。当欧洲面对中国时,在语言上和历史上遇到了不可归类情况,因此是在原则上遇到了无法做任何直接比较的情况,因为人们只能在一种有共同参照物的框架内进行比较。而同中国比较,没有这样现成的框架,它需要制作。或是,中国特异性给我们的教训之一是不应混淆"别处"和"不同":中国是在"别处",是在欧洲范围之外——它既不同于欧洲,也不与欧洲相像。

这样,于连的思路就很清楚,他是为了解决欧洲思想的问题,而找到了中国,他研究中国不是为了做一个汉学家,而是做一个欧洲的哲学家。中国不是他的目的地,只是他为冲破欧洲思想的藩篱而反思自己的工具,他的目的地是希腊,是欧洲。他是一个要返回自己故乡的汉学家。

他在同中国学者杜小真的对话中清楚表达了这一想法,他说:"哲学是扎根于问题之中的。为了能够在哲学中找到一个缺口(边缘),或者说为了整理创造性理论,我选择了不是西方国家中的中国,也就是相异于西方希腊思想传统的中国。我的选择出于这样的考虑:离开我的希腊哲学家园,去接近遥远的中国。通过中国——这是一种策略上的迂回,目的是为了对隐藏在欧洲理性中的成见重新进行质疑,为的是发现我们西方人没有注意到的事情,

---

①杜小真:《远去与归来:希腊与中国的对话(关于法国哲学家于连的研究)》,第5页。
②〔法〕弗朗索瓦·于连、狄艾里、马尔塞斯:《(经由中国)从外部反思欧洲——远西对话》,大象出版社,2005年,第146页。

打开思想的可能性。"①他在《道德奠基:孟子与启蒙哲人的对话》的序言中也表达了这样的想法,他认为研究孟子是"有意要从侧面,从一个在印欧文化圈之外独立发展起来的伟大道德传统——中国(以孟子为代表)这个曲角着手。这并非是想在中国为我们的迷途找一个出路(以18世纪的口味,生造一本什么《中国道德入门》),而是首先想要清理出这个问题本身来。笔者希望通过换一个地域带来的错位感,通过把这个问题移动到别的理论构架之中,通过理论之间相互冲突所产生的动力,能够为这个问题提供发展的可能性,让它重新动起来"②。

有了这样的学术取向,他的汉学研究就完全是另类的,他不重视在知识论的积累,他不做实证性的研究。这和绝大多数汉学家完全不同,甚至背叛了法国汉学的优良传统。在他那里,再没有伯希和那种严密的考证,没有戴密微那种文本上的细微探究,难怪当代法国著名汉学家谢和耐在一篇书评中说:"从前,把我们的西方对峙于一个模糊的东方成为时髦,这个东方无所不包,从君士坦丁堡到北海道。把这种对峙局限于中国会不会是个巨大进步呢?任何真正的汉学家,只要他意识到中国地域的广大和它留给我们的异常浩繁的文献,就会感到很难回答中国是什么这个问题。这是因为他所了解的至多只能使他保持其谦虚态度而已……如果说相距遥远的文明之间存在根本差异的话——人们也会发现印度,这个另样的社会和精神世界——抽象而言,却不能说存在比'欧洲思想'更多的'中国思想'。况且,'西方'或'欧洲'思想的理念本身是可笑的。对照这两种思想兴许能够廉价地、以极端蔑视对中国作家进行长期而艰难研究的态度为精采的阐述提供材料;但是,因

---

① 杜小真:《远去与归来:希腊与中国的对话(关于法国哲学家于连的研究)》,第3—4页。
② 〔法〕弗朗索瓦·于连:《道德奠基:孟子与启蒙哲人的对话》,北京大学出版社,2002年,第5—6页。

为这些阐述不顾时间和脱离一切背景,它们同时便失去了任何合理性。"①谢和耐在这里几乎否认了于连所主张的全部的理念,对他这种脱离历史和时间的中西思想不屑一顾,认为于连的做法没有任何合理性。

但于连仍坚持自己的主张,他认为:"第一,人们只能从外部通过远景(视觉以外)合理地使用中国思想概念或欧洲思想概念:从内部看,看到的是认识论的紧张关系和决裂——从外部看,看到的却是构成"理性"基础的逻辑-相符性形式;第二,如果说中国代表一种特殊的、更加根本的特异性情况,这正是因为中国跟我们不属于同一语言群体,不同于印度(印欧语系);也不同属于同一历史或交流的群体(至少直到近一个时期),不同于阿拉伯语或希伯莱语。"②

汉学在他看来只是方法,而不是对象。这样说时并不意味着他不懂西方汉学的规矩,他懂,他很了解。从传教士汉学家到19世纪的理雅格、顾赛芬,他对西方汉学的传统是很熟悉的。他在为自己的方法辩护时说:"我要说,不谈中国历史是想避难就易,甚至是懒惰。在此问题上,我的选择很清楚,我要使中国思想走出历史车辙,并使之参与思想活动。但这显然并不意味着我忽视历史的分量,也不是我不重视历史条件。我的书都是以历史为基础的。"③这也是实话,他熟悉中国的典籍文献,他的研究都是建立在对中文文本的分析之上的。直接阅读文本而不靠二手材料,是他的著作的基本特点。

关键在于:他的归宿点不在中国,不在汉学,他有着极大的思想的"野心",他说:"为什么不要求思想雄心呢? 任何前进的思想

①〔法〕弗朗索瓦·于连、狄艾里、马尔塞斯:《(经由中国)从外部反思欧洲——远西对话》,第265页。
②同上书,第266页。
③同上书,第262页。

都是有雄心的、冒险性的。甚至这里必须有果敢行为,我觉得这是思想生命所特有的:躲避思想冒险是无益的,或毋宁说是不可能的。"①他就是想以汉学为方法,对西方思想做一次观照,一次思想的冒险,他不赞同那种只把中国作为历史去研究,而不把它作为思想去对待的治学方法。他认为,如果只停留在历史的侧面上,"也就没有了产生概念的可能性,哲学也就不复存在了。或是说人们不能从中国思想出发去思维而只能去诠释它? 但是,这就等于把中国思想打进博物馆了。而且,这也等于自我封闭,拒绝进入其中,进而对其真正理解的可能性;因为人们只能在思考中理解思想,甚至只能在为了思维而利用思想时才能理解思想"②。

那么,于连给我们展示了什么样的思想呢? 于连首先迂回到中国,目的在返回欧洲,从外部来看欧洲。但实际上当他迂回到中国时,他首先是从外部在看中国。他不是从汉学家的立场,而是从一个西方哲学家的立场,从一个希腊哲学的研究者来看中国的思想,从而给我们展示了他眼中的中国思想的特质。

在西方,黑格尔对中国哲学的评价很有影响。在黑格尔看来,在孔子的思想中看不到深刻的哲学研究,更谈不上思辨,仅仅是"善与诚实的道德"而已。在他眼中孔子就是一个俗得不能再俗的老头,毫无精彩之处。于连不同意黑格尔的这种看法,他认为从表面上看,孔子的言论松散,但言简意赅;而且,在孔子简单的回答之中,我们可以发挥出无限的可能性意义。他认为在孔子生平的那些具体事件中,在那些具体的论述中"得以开启整体的意义,可以阐明道理;也就是说,有关的联系使我们通过简单渐进的扩展,从'有限'、局部的面貌过渡到有关的全面的范围:因而不存在像具体(可见)与抽象(可知)之间的那种转化,一种代表性的关系也不因

---

①〔法〕弗朗索瓦·于连、狄艾里、马尔塞斯:《(经由中国)从外部反思欧洲——远西对话》,第266页。
②同上书,第266页。

此应该建立起来"①。这实际在讲中国思维的特殊性,它不是像希腊哲学那样去追问事物背后的概念,从而将世界二元化,分成抽象和具象。在孔子那里没有这样的路向,不问这样的问题。他只给你具体的答案,让你推想,这样那种西方式的思维关系在孔子那里就不存在。

所以,于连认为黑格尔的问题在于他"把那些应该看成为通过一种或另一种迂回方法指明渐进途径的各种标志的东西,当作一般和'抽象'的(从否定意义上讲)"②的方法,这是说黑格尔实际在用西方的问题方式来套孔子,孔子的意义不在从特殊事件中抽象出一般概念,像柏拉图那样。如果从于连的迂回策略来看孔子,孔子的思想价值在于"指示",在于从简单出发的"扩散、包容的方式"。

当然,于连也是从外部,从西方来看中国的,只是结论不同。黑格尔在看中国时,手中已经有了一把西方的尺子,以此为标准来衡量中国的思想,裁减中国思想,而于连看中国时,手中也有一把西方思想的尺子,但他不用它来裁减中国思想,反而用中国的思想来检验西方思想的尺子。

所以,从黑格尔后西方思想界认为中国没有存在概念,没有上帝概念,没有自由概念,这成为中国思想的问题和缺点。但于连却反其道而行之,认为,在中国没有存在概念,没有上帝概念,没有自由概念,这不是中国的错,反倒是中国思想的独特之处,是合理的、正常的。

在《(经由中国)从外部反思欧洲》一书中,他专门论述了中国思想的这"三无"的必然性。他认为,在中国的语言中原来并无"存

---

①〔法〕弗朗索瓦·于连著,杜小真译:《迂回与进入》,生活·读书·新知三联书店,1998年,第213页。
②同上书,第211页。

在"的概念,古典汉语中没有任何语词对应于"存在"这个词,"在整个中国思想历史中尽管不乏权势和特立独行,甚至是忤逆和边缘人物,而实际上却没有一人想过这个存在概念!没有一个人……"

这样中国思想就自然没有孕育出整个以"存在"为基础,并使之成为可能的语意网。而实际上"存在"这个概念是纯西方的概念,他说:"只要读一读希腊语的《荷马》便可看出柏拉图和亚里士多德在多大程度上只是让人们说他们的语言,换言之就是说《荷马》的语言;也可以更好地衡量出,如本维尼斯特告诉我们的,'存在''本体论'说法只是阐明了包含于希腊语的某些意根及某些语法类别里的东西。"

于连这个说法是对的,只要想一下从贺麟先生开始到王太庆先生等前辈学者为翻译 Sein 和 Bing 所费的心思,以及这个概念在中文概念系统中的多义性,我们就会赞同他的这一观点。

上帝这个概念原是中国的,但它并没有从远古时神的概念向人格神的方向发展,在中国这个概念和西方完全不同。于连认为,"这个概念逐渐被排除,后来在中国文化里慢慢地被边缘化,变得越来越不实用。这个概念从未受到过批评,中国人从未想过是赞成还是反对,也从未试图过从中解脱出来:在他们的思想里,这个概念太淡泊,不会形成问题,不能够使人为之折服。这个演变大致在公元前 2000年至前 1000 年从商朝到周朝转折期间,周代为使周制合理化采取一种新伦理教育;他们采用新出现的'天'的概念作为调解世界的原则,取代上帝的个人形象:此后,是'天'授君权。天的概念占优势的同时,地的概念囊括了古老的地狱诸神,开始成为天的伙伴。由此产生了构成古代中国人世界观的重要对偶词:'天与地'"。

他的这个看法大体是对的,王国维说殷周之变是中国文化发展中的重要阶段,所谓的"旧文化灭,新文化生"就是指中国文化由此开始从宗教性文化向世俗性文化的转变。于连也认为,"中国此后无需形而上学","没有享有特殊和神圣地位的圣职功能,也没有

由此而来的为社会所必须的精神导师。总之,没有与上帝有特权
关系的权威神甫——包括政治含义的权威神甫"。

　　自由概念也是如此。人们不能按西方的自由概念来理解中
国,因为,自由这个概念在西方是在特定环境下产生的。他说"希
腊的政治自由概念(eleuthria)本身就是双重的。自由首先是希腊
城邦面对波斯帝国和他们的意欲扩充其专制制度的'大王'的自
由。但这也是在城邦内部,民主组织的自由,后者构成一种权利平
等公民的'民众',它的部族混合挣脱了氏族联系,也就挣脱了大家
庭的监管。然而,中国没有过独立于外族人的要求(只是在很晚的
时候遭到了大的入侵——蒙古人和满族人的入侵);也没有想象过
不属于个人专权的政治秩序,此后,公民概念没能扎根。最后,它
没有确定自由人法律地位与之对立并由此得以肯定的奴隶条件"。
因此,他认为,自由的概念"在中国未享有过这两种地位。不享有
形而上学地位,也不享有政治地位。"

　　是什么原因使中国和西方形成为完全两种不同的思想体系
呢? 他认为是对数学的不同态度。因为柏拉图传统把哲学的概念
赋予了数学家毕达哥拉斯(Pythagoras)本人。中国人也发展了数
学,尤其是计算程序非常发达;在孔子时代的"六艺"就有算术。然
而,事实是数学对中国思想从未起过模式作用。其结果是数学没
有在中国思想里产生模式化的要求。数学和思想的结合在中国没
有发生,而在希腊却扎了根,并且自此不停地发生效应。

　　所以,对中国的思想不能进行"逻辑推理",不能将其作为完全
的知识对象。他在与杜小真的谈话中说:"说到底,中国思想和西
方哲学的一个根本'无关'的地方,就是不那么区分在西方人那里
非常明确区分的感觉的和知性的这两个世界。"①

---

①杜小真:《远去与归来:希腊与中国的对话(关于法国哲学家于连的研究)》,
　第45页。

但不能由此就说中国思想只处在幼年,没有达到西方哲学思考的阶段,他说:"像黑格尔那样阅读理解中国思想是不妥当的,他认为中国思想一方面是最模糊的抽象,一方面又是最平庸的具体。二者之间,他认为一无所有,中国思想欠缺对观念的研究。而我认为,二者之间的关系不是特殊和普遍的关系,而是指号和总体之间的关系。"[1]他由此对中国思想和西方思想做了一个非常新奇的区分:西方思想中规定语言追求普遍性,而中国思想中的语言"指号"可以说是从普遍性来的。这样"在前者,普遍性构成的是目的,而在后者,普遍性构成的是'源泉'"。因此,西方的思想是"哲学",而中国的思想是"智慧"[2]。

于连在法国学术界是个有争议的人物,但他独特的思路和治学路向的奇特,对于我们还是很有启迪意义的。思想最忌讳的是平庸,学术最忌讳的是没有创新。在这个意义上,听听于连的"奇说",反观我们自己的思想和学术是很有意思的。

从近代以来,由于社会文化的深刻变化,如何回应传入中国的西方文化成为一个根本性的问题,它几乎牵动了所有哲学家和思想家的心。但当时的所有选择都是用西方哲学来改造中国思想和哲学。按冯友兰的话,就是"新的中国哲学,只能是用近代逻辑学的成就,分析中国传统哲学的概念,使那似乎含糊不清的概念明确起来"[3]。实际上冯友兰是在"用柏拉图和新实在论的哲学"对宋明理学进行诠释,而熊十力和梁漱溟则更倾向于西方的生命哲学,牟宗三用的是康德的哲学,李泽厚用的是马克思的实践本体论。当然,他们很清楚"哲学"是个外来的概念,用它来套中国古代的思想是有一定的困难,也清楚看到中国古代对修养义理之学有着自

①杜小真:《远去与归来:希腊与中国的对话(关于法国哲学家于连的研究)》,第50—51页。
②同上书,第51页。
③冯友兰:《中国现代哲学史》,中华书局(香港)有限公司,1992年,第207页。

己的贡献,西方哲学并不能包含。张岱年先生认为,哲学并不是专指西方哲学,它只是一个学科的类称,西方哲学只是其中一个特例而已。冯友兰甚至认为可以撰写一部《中国义理学史》,并以此为标准来写一部西洋义理学史。前贤们虽有此心,但无此力,当时的局势是如何回应西方哲学,用西方哲学的概念来表述中国自己的思想是一个学术的主流,而对中国思想中与西方哲学不同的问题,他们较少注意。在这个意义上,如何从中国哲学自身的特点出发来表述和研究中国哲学,反映出中国思想的独特性,真正摆脱西方中心主义对我们的影响是一个尚待努力的问题。于连给了我们一个西方学者的观察,他的这些结论都还可以讨论,但他的那种将中国哲学和思想的独特性与西方区别开来加以研究的路向是有启示意义的。

在一定意义上西方的汉学家与我们中国的“西学家”很类似,即中国学术界的西方学术研究者,他们都是以对象国的学术文化为自己的研究对象,正如西方汉学家研究孔子如同中国的“西学家”研究柏拉图一样。在西方汉学家的学问中,他们的方法论深受其国家文化和学术传统的影响,学术的材料虽是中国的,但方法论上往往不同于中国的学问家。这点在传教士汉学中表现尤为明显。即便这样,在西方汉学家中,真正的对西方文化有很深的研究,同时对中国文化又有很深研究的人并不多。

反观中国,做西学研究的学者如果和西方的汉学家相比较,有两点明显不同。其一,在方法论上有自己的独到之处,受到西方学术界的重视的人很少,大约只有陈康先生等少数几位学者。而在研究西学中采用中国式的研究方法解释西学,运用中国的思想资源来解释西方思想,如同汉学家运用西方的学术方法论来解释中国文化那样,以区别于西方学者的研究者更是少之又少。反倒是做国学研究的学者在解释西方哲学和文化时往往有些独到之处,梁漱溟笔下的柏格森、牟宗三笔下的康德、张君劢笔下的黑格尔都有着研究者独特的视角。其二,真正对中国文化本身有深入研究的西学研究者不多,这点在前辈学者中倒是很普遍,但今天真正打通中西的学者并不多,尽管,不少人在努力这样做。这两条都和近代以来西方文化成为强势文化有关,它直接影响了学者的学术取向和学术修养。于连的学术路向是:学习中国是为了返回希腊。在中国有此明确学术路向——学习希腊是为返回先秦——的学者几乎没有听到过。或者如于连那样原是专攻希腊的学术背景,后而转为研究汉学的中国学者也不多,至少我还未见过,原来的专业是研究中国古代思想史的,现在转为研究希腊哲学史的学者。

　　当然,这种比较是一种纯粹的理论想象。但我在这里想表达的是:很长时间以来,我们的西学研究者大都在跟着西方跑,不能如西方的汉学家研究中国时那样,有一种理论上的自觉;我们的西学研究者更少有于连那种"迂回与进入"的意识、强烈的本土文化的问题意识。在这个意义上,于连对我们的西学研究是个启示。

　　从汉学研究来说于连也是个典型的个案。我们不能从知识论的角度来看他,他和伯希和是完全两类的汉学家。他在书中也说:"我的双重目标——通过使思想脱离故土来干扰思想和回到哲学的最初阶段以质疑其固有成见——至少在优先程度上没有考虑知识的'实证性'。这正是许多汉学家为之遗憾的,他们更希望我终生为他们修一部优美的中国思想史……或完全不同的此类知识研究——预先是有用的,合理的! 而且遇到的困难要少得多……那样,我就会很好地,像人们说的那样,完成我的'传经送宝'的中介角色。在这样做的时候,通过用欧洲的观点比照他们的客体,因此也就丰富了他们的视角,我甚至会对中国人做了有益的事情了。但问题就在此! 事实是我既不想做学问渊博之士,也不想'制造'某些思想效应和关于思想的效应。"[1]于连的存在再次说明汉学的

---

[1]〔法〕弗朗索瓦·于连、狄艾里、马尔塞斯:《(经由中国)从外部反思欧洲——远西对话》,第199页。

跨学科性,我们在研究它时,仅仅从知识论的角度来看是不行的,我们必须将其视为西方学术的一部分,摸清其西方学术的背景和价值取向。跨文化的视野是不可少的。正像法国当代哲学家利奥塔在评价于连时所说的:"他是中国人了吗? 或只是哲学家? 又抑或,两者皆是。"①

于连自己很清楚自己的角色,他说:"我根本不能作为这一领域的代表,但我会继续在这一领域中进行研究。"②他在做汉学研究时,始终注意自己的角色,他告诫他的汉学同行们,在研究中国时,总会面临着"中国化"的危险,因为中国文化异常强大,它往往使研究者坠入其中而浑然不知。所以,要时时和中国文化保持一种距离,时时不忘自己的问题。

这样,我们看到在对于连的汉学成果把握时,必须从比较文化的角度入手,才能切入他的要害。如果把他的汉学成果搬来就用,像现在不少学者对待美国中国学那样的方法,是一定会出问题的。

于连的汉学研究给予我们的主要是一种比较文化的方法。这种方法显然受到后殖民主义的影响,他努力摆脱"西方中心主义"。如在《迂回与进入》中对列维-斯特劳斯的批评,"从而把自列维-布留尔以来关于中国人原始思维的神话彻底消解。这是对西方人文社会科学中欧洲中心主义的思维定式和白人优越的种族主义偏见的激进颠覆"③。

如果我们仔细研究于连的作品,我们会发现,他所设定和研究的中国文化基本上是先秦时期的元典文化,这样他忽略了中国文

---

① 〔法〕奥利塔:《螃蟹的效力》,见乐黛云主编《跨文化对话》第17辑,上海三联书店,2005年,第190页。
② 〔法〕于连:《建议,或关于弗洛伊德与鲁迅的假想对话》,见乐黛云主编《跨文化对话》第17辑,第151页。
③ 叶舒宪:《在中国发现诗学》,见乐黛云主编《跨文化对话》第14辑,第190页。

化在其漫长的发展过程中的演变,如他为说明欧洲语言的多样性
和中国语言的单一性,他说:"我在中国也没发现人们对翻译的兴
趣。一个简单的原因就是,中国以往身处汉字世界中,尽管在中国
通过梵文接触佛教时,翻译活动延续好几个世纪,但这种翻译是由
一些并不地道的中国人以过度的形式完成的,几乎形成对汉语的
干扰点。"①显然,这个结论是可以讨论的,佛教的传入对中国中古
语言的影响是比较大的,这点在语言学界已经得到证明。近代以
来,基督教和西方文化传入中国后,中国的语言也发生了较大的变
化。中国文化之所以源远流长,一个重要的原因就是它对外来文
化的吸收,这一点于连注意不够,在一定的意义上,他是在一种静
态的环境中来把握与分析中国思想和文化的。

　　因此,在我们出版他的这本书时,我们并不是赞成他的所有论
点,但我们关注他的研究,他的方法,作为法国汉学的一个特殊形
态,他的学术存在使我们对域外汉学的认识更为宽阔,同时作为一
个思想的例证,他也提供给了我们反思自己文化的一面镜子。

张西平

2005 年 8 月

　　([法]弗朗索瓦·于连、狄艾里·马尔塞斯著,张放译《(经由
中国)从外部反思欧洲——远西对话》序言,大象出版社 2005 年出
版;发表于《读书》2006 年第 3 期)

---

① [法]于连:《建议,或关于弗洛伊德与鲁迅的假想对话》,见乐黛云主编《跨
　文化对话》第 17 辑,第 143 页。

与西方哲学交错影响中的中国哲学

  李鸿章在晚清时面对西洋文明对中国之冲击,感叹这是"三千年未有之大变局",今日中国似乎又一次面临着三千年未有之大变局。因为,自晚清以来中国从未像今天这样靠近世界舞台的中心,从未像今天这样接近中华民族伟大复兴之目标。由此,思想之巨变在学者心中涌动:从先秦诸子中阐发其思想的世界意义;为中国哲学正名、向从黑格尔以来无视中国哲学的西方哲学界说"不";对晚清以降的西学崇拜开始动摇;对五四先哲们的"反向格义"的中国哲学叙述提出质疑。一个怀疑的时代开始了,一个觉醒的时代降临了,一个走出西方思想的学徒期的伟大变革时代到来了,一个思想大融合的时代启动了,一个对三千年来中国思想与哲学做彻底总结的梦想开始起飞了。

  思想的飞翔是建立在坚实的历史基础之上的,一切哲学的思考根本上是面向历史的思考,由此才能开启未来。在这个意义上马克思下面这个判断无疑是正确的,"我们仅仅知道一门唯一的科学,即历史科学"[①]。

  张耀南这部著作虽名为"哲学批评史",实际上是一部新的中

---

①中共中央马克思恩格斯列宁斯大林著作编译局编译:《马克思恩格斯选集》第1卷,人民出版社,1972年,第21页。

国哲学史。历史成为其研究的出发点,但从他的书写中我们看到其"会当凌绝顶,一览众山小"的宏大气势和大鹏展翅九万里的创造力,而所有这些都是建立在坚实的历史考证与分析之上的。耀南提出"大者优先"格式,作为中国哲学从原创文化时期的"效应优先"格式,历经佛禅盛行期的"智慧优先"格式和西学盛行期的"本体优先"格式后,中国哲学否极泰来的最新阶段。上下三千年,纵横中西思想,以哲学批评为中轴,他梳理出中国哲学发展的四个不同的发展阶段,从历史的角度对中国哲学的历史做了新的概括和总结。

耀南将"大者优先"格式作为中国哲学的最高发展阶段,何谓"大者"? 他提出:"'合和同而观'之第三极即是'大者','合一多而观'之第三极即是'大者','合主客而观'之第三极即是'大者','合力德而观'之第三极即是'大者'。总之,'合本体他者而观'之第三极,即是'大者'。"①从这里我们看到他纳四百年西学于其中而超越之理想。

从汉代佛教传入中国,历经六百年方产生中国本土的佛教宗派——禅宗,自张载、二程到朱熹,宋明理学家们完成对佛教理论的吸收,从而产生了儒学的新阶段"新儒学"。而从晚明西学东渐以来,如何消化掉这个来自欧罗巴的"本体优先"的思想体系,折磨了中国思想四百年。在耀南这里我们看到走出欧罗巴本体思想的一缕霞光。如果说从唐代李翱的"复性说"被视为宋明理学之"先声",那么今日耀南之"大者优先说",是否为开启中国学术界新学说之先声呢? 我们接触、学习西学已经四百年了,这个

---

① 张耀南:《"虑之以大":中国人可以"走出去"的"中华共识"》,见《新视野》2014 年第 6 期,第 109 页。

学徒期应该结束了,中国哲学与学术的否极泰来时代应该开始了。

2017 年 4 月 28 日写于游心书屋

(王耀南博士《哲学批评史》序言,即将出版)

对亚洲命运的再思考

——读《殖民统治时期的斯里兰卡》

斯里兰卡对中国人而言并不陌生,在《大唐西域记》《佛国记》等文献中都有记载,特别是最近中国的"一带一路"战略提出来后。法国汉学家沙畹(Emmanuel-Edouard Chavannes)所提出的"海上丝绸之路"受到关注,斯里兰卡也更多地进入中国人的视野。佟加蒙的这本《殖民统治时期的斯里兰卡》或许是近年来中国学术界少有的研究斯里兰卡的专著。这本书对我的最大启发是他运用马克思关于西方资本主义国家在殖民地所承担的"双重使命"的理论对斯里兰卡进行历史的分析。

马克思的殖民主义双重使命的学说是在他于 1853 年发表在《纽约每日论坛报》上的《不列颠在印度的统治》和《不列颠在印度统治的未来结果》这两篇文章中提出的。在《不列颠在印度的统治》一文中,马克思说:"不列颠人给印度斯坦带来的灾难,与印度斯坦过去的一切灾难比较起来,毫无疑问在本质上属于另一种……而英国则破坏了印度社会的整个结构,而且至今还没有任何重新改建印度社会的意思。印度失去了他的旧世界而没有获得一个新世界,这就使它的居民现在所遭受的灾难具有了一种特殊的悲惨的色彩,并且使不列颠统治下的印度斯坦同自己的全部古代传统,同自己的全部历史,断绝了联系。"①一个月后马克思在《不列颠在印度统治的未来结果》中说:"印度本来就逃不掉被征服的命运,而且它的全部历史,如果要算做它的历史的话,就是一次又一次被征服的历史。……因此,问题并不在于英国是否有权利来征服印度,而在于印度被不列颠人征服是否要比被土耳其人、波斯人或俄国人征服好些。"由此,他提出了"双重使命"的观点,"英国在印度要完成双重的使命:一个是破坏性的使命,即消灭旧的亚洲式的社会;另一个是建设性的使命,即在亚洲为西方式的社会奠定物质基础"②。

　　尽管,马克思在这里说的是印度,但实际他的这个观点也给了我们思考整个亚洲近代命运的一个视角。就中国来说,它本来有着自己的自然的发展历史,近期对晚明社会的研究充分证明了这一点③。但西方国家的强行进入,以暴力手段打开了中国的大门,从此中国堕入了半殖民地半封建社会。印度和中国的命运基本是亚洲近代命运的缩影。

　　资本的每一根毛孔都滴着血,贪婪、残忍的西方资本主义在压榨着亚洲。如马克思所说的:"英国资产阶级看来将被迫在印度实行的一切,既不会给人民群众带来自由,也不会根本改善他们的社会状况,因为这两者都不仅仅决定于生产力的发展,而且还决定于生产力是否归人民所有。"④马克思揭露了英国资产阶级的伪善,他指出:"当我们把自己的目光从资产阶级文明的故乡转向殖民地的时候,资产阶级文明的极端伪善和它的野蛮本性就赤裸裸地呈现在我们的面前,因为它在故乡还装出一副很有体面的样子,而一到

---

①中共中央马克思恩格斯列宁斯大林著作编译局编译:《马克思恩格斯选集》
　　第2卷,人民出版社,1972年,第63—64页。
②《马克思恩格斯选集》第2卷,第70页。
③参阅万明《晚明社会变迁:问题与研究》,商务印书馆,2005年。
④《马克思恩格斯选集》第2卷,第73页。

殖民地它就丝毫不加掩饰了。"①

　　资本同时具有伟大的文明作用。马克思说:"这种作用只是全部现存的生产制度所产生的有机的结果。这个生产是建立在资本的万能统治上面的。资本的集中是资本作为独立力量而存在所十分必需的。这种集中对于世界市场的破坏性影响,不过是在大范围内显示目前正在每个文明城市起着作用的政治经济学本身的内在规律罢了。"②资本的这种作用在于推动了生产力的发展,他说:"历史中的资产阶级时期负有为新世界创造物质基础的使命:一方面要造成以全人类互相依赖为基础的世界交往,以及进行这种交往的工具,另方面要发展人的生产力,把物质生产变成在科学的帮助下对自然力的统治。资产阶级的工业和商业正为新世界创造这些物质条件,正象地质变革为地球创造了表层一样。只有在伟大的社会革命支配了资产阶级时代的成果,支配了世界市场和现代生产力,并且使这一切都服从于最先进的民族的共同监督的时候,人类的进步才会不再象可怕的异教神像那样,只有用人头做酒杯才能喝下甜美的酒浆。"③

　　资本的罪恶与资本的伟大文明作用聚于一身,历史的吊诡和辩证也正体现在这里,如何理解这二者之间的关系,是我们如何理解资本在殖民地的双重作用的关键所在,也是理解亚洲近代命运的关键所在。

　　因为资本的罪恶,而无法理解近代以来的进步,因看到这种历史性进步是在牺牲当地人民的生活的前提下展开的,这种进步就如人头做成的酒杯盛的美浆,于是浪漫主义成为反抗这种资本的一种选择,拒绝资本的进步,回到原初的平静生活,重新企盼那种

---

①《马克思恩格斯选集》第 2 卷,第 74 页。
②《马克思恩格斯选集》第 2 卷,第 74—75 页。
③《马克思恩格斯选集》第 2 卷,第 75 页。

牧童短笛的农业社会生活。拒绝工业社会,拒绝资本,用过去来对抗现实,这样的思潮在亚洲现代化的过程时时存在。马克思在谈到资本的二重性历史作用时说:"如果亚洲的社会状况没有一个根本的革命,人类能不能完成自己的使命。如果不能,那末,英国不管是干出了多大的罪行,它在造成这个革命的时候毕竟是充当了历史的不自觉的工具。这么说来,无论古老世界崩溃的情景对我们个人的感情是怎样难受,但是从历史观点来看,我们有权同歌德一起高唱:'既然痛苦是快乐的源泉,那又何必因痛苦而伤心?'"①

因为资本具有伟大的文明作用,而一味歌颂资本,成为资本的附庸,对资本进步同时带来的罪恶熟视无睹,甚至将资本带来的进步与资本对民族国家的凌辱混淆起来,就丧失了基本的民族国家立场,怀念西方资本对民族国家的占领时期的繁荣,这是亚洲在近代以来右翼思想的表现。

"资本主义的文明是一个巨大的矛盾:在这里,繁荣与贫困共生,进步与压迫相联;一方面是人与社会的全面联系,另一方面是人与社会的全面异化;在能力的增长中得到的是精神的苦闷与压抑,在自由的交往中留下的是空虚、孤独和寂寞;在自然面前人第一次站立了起来,在资本面前人却仍是奴隶;智慧的灵光使技术日新月异,但每一种新的发明却总是与工人为敌,把他们排除到生产之外,把他们抛向街头。……"②近代以来亚洲的思想在资本这个巨大的矛盾面前表现出了彷徨、迷茫,有人迷惘,有人痛惜。一切都根植于如何认识资本这个巨大的矛盾。

今日的亚洲进入了资本大发展的时代,在走出了殖民时代的亚洲,资本以一种内在的力量和需求释放出了巨大的力量,亚洲开始迈进工业革命时代。马克思的"双重使命",使我们对亚洲的历

---

① 《马克思恩格斯选集》第 2 卷,第 68 页。
② 张西平:《历史哲学的重建:卢卡奇与当代西方社会思潮》,生活·读书·新知三联书店,1997 年,第 239 页。

史有了认识的新视角,但如何面对今日亚洲资本狂飙的时代? 如果说在历史上西方资本主义只是充当了亚洲历史进步的"不自觉的工具",那么,今天亚洲在自觉推进工业革命的时候,资本的二重性并未消失,历史仍在多维的矛盾中前行。在复杂多维的历史面前,思想的分歧和争鸣依然存在。后殖民主义的激进显示出独立性与浪漫性的双重品格,自由主义则在巨大的进步中迷茫。在十余年前我曾写道:"我们能否走出资本这个巨大的矛盾体? 在未来的高度发展的技术与无尽财富的社会中,人类能否还保持那颗童稚的心? 这实在是不可妄言的。理论总是一种预测。马克思毕竟给了我们一个最好的说法,使我们在这个罪恶的世界面前,在这个进步与罪恶共存的,时时感到难以描述的历史面前有了一颗冷静的心,有一个美好的梦,也只能如此。否则'历史的理性'与'绝对命令'的冲突将永远折磨着每一个有良知、有理想的知识分子的心,尤其在今日中国当我们消化这个难分难解的历史时,更是如此。"[1]

读到了加蒙的书,遥远的斯里兰卡的历史使我重新回到十余年前曾经思考过的问题,尤其在亚洲世纪即将到来的今天,历史展现出了比马克思所在时代更为复杂的矛盾,亚洲在迈过了西方资本力量的"双重使命"之后的历史中,在自己展现自己的历史中如何消化资本的二重性,这仍是摆在亚洲思想家面前的重大课题。

是为序。

张西平
2015 年 6 月 12 日写于岳各庄阅园小区游心书屋

(佟加蒙著《殖民统治时期的斯里兰卡》序言,社会科学文献出版社 2015 年出版)

---

[1]张西平:《历史哲学的重建:卢卡奇与当代西方社会思潮》,第 243 页。

十年甘苦心　得失寸心知

追寻世界近代思想的起源

中欧早期宗教和哲学交流是中西早期文化交流史的一部分。如果以 1583 年罗明坚、利玛窦正式入华,在肇庆建立了"仙花寺"为起点,到 1840 年鸦片战争爆发,中西早期文化交流史便告一段落。

就西方宗教和哲学在中国的传播来说,在华耶稣会士向中国传播科学和技术的同时也将西方神学、西方哲学传入中国。长期以来对传教士传入的这部分内容重视不够,一是评价不高,认为这些内容基本上是中世纪的经院哲学,对中国思想没有起到多少作用;二是深入梳理不够,究竟传教士们介绍了哪些西方哲学思想,介绍到什么程度,往往大而化之。

鉴于此,本书上篇着力于基本文献的爬梳和介绍,并力图将传教士所介绍的思想与中国传统哲学做一比较和评述。因为这部分文献相当多,而且许多文献还藏于海外,国内学者很难见到,因而这种梳理工作也仅仅是开始,还有许多工作有待深入研究。

从文化比较史来说,上篇侧重于传播学,而对于西方宗教和哲学对明清思想史的实际冲击与反映虽有所涉猎,但毕竟着墨较少。之所以如此,有两点考虑:一是如将明清间中国对西方宗教和哲学思想的接受列入本书,那上篇实际成为明清思想史的一个方面,其内容非本书所能容纳,我想待以后有机会可将这一问题专门加以展开;二是 20 世纪 30 年代从陈受颐、方豪开始,历经 20 世纪 80 年代陈卫平的《第一页与胚胎》、林金水的《利玛窦与中国》、李天纲的《中国礼仪之争：历史・文献和意义》和孙尚扬的《基督教与明末儒学》等不断开拓，这方面已有实质性进展，若没有新的文献发现，尤其是没有个案的深入研究，已显然不行，而一旦这样展开又和本书主题冲突。

西方文化在中国的命运与礼仪之争有着重要的关系，这一事件的发生暴露了自利玛窦以来天主教儒学化所包含的自身矛盾，当西方哲学与宗教面对着有其悠久传统和独特哲学表述的中国文化时，应该进行怎样的调整？中西文化相遇后如何找到"会通"之路？这是一个很大的挑战。但后来入华的传教士们并未解决利玛窦留给他们的矛盾，面对这份有着巨大价值的理论文化遗产，利玛窦的继承者们消化得并不理想，到康熙时入华传教士中"惟白晋一人稍知中国书义"，而白晋、马若瑟等人又走的是"索隐派"的路线，西学的式微应在必然之中。

同时，由徐光启、李之藻、杨廷筠、王征等人所开创的会通中西之路，虽在明末和康熙年间曾一度显示其巨大的价值，但到雍正、乾隆两代采取"节取技能而禁传其学术"的路线时，只能使西学归结为"技能"，形而上学和宗教被归为排斥之列，徐光启等人留给中国思想界的重大文化遗产同样未被清代的士人们消化好，当"西学中源说"正式登场时，西方宗教和哲学在中国的传播就失去了发展的空间。道光十八年（1838），拥有一技之长的传教士退出历局，"西学已被整个社会（包括帝王在内）遗忘得一干二净"①。两年之后英国的大炮便轰塌了虎门炮台，一个新的时代开始了。西方宗教和哲学结束了它在近代中国的第一次传播。

就中国宗教和哲学在西方的传播来说，从1592年高母羡将《明心宝鉴》译为西班牙文到1814年十六卷的《中国杂纂》，即《中

---

①陈卫平：《第一页与胚胎》，上海人民出版社，1992年，第274页。

国人之历史、学术、艺术、风俗、习惯等等的论考》(*Memoires Concer-nant L'Histoire , les Suences , les Mocurs , les Usages , &C , des chinons ; par les Missionnaires de pekin*)出版,前后近二百多年,中国宗教和哲学思想、文化传统大规模地、系统地传入欧洲,中国文化成为催生启蒙运动的重要因素,中国宗教和哲学以其独特的思维方式、深邃的哲学思考,深深影响了欧洲启蒙时代的思想家。

尽管入华耶稣会士对中国的介绍有其理想化的一面,但基本材料还是真实的,18 世纪欧洲的"中国热"并非像一些西方学者所讲是"一个神话"和"梦想",也并不能把它完全归入今天的所谓"东方主义"。这是中西思想相识以后,东方文化对西方文化的第一次大的冲击。在康乾年间中国的国力在世界上是第一位的①。当时双方同时在向近代转化,而中国文化悠久于欧洲,国力也强于欧洲。因而形成这种"中国热"除有欧洲自身的原因以外,也是当时中西方的实际情况决定的。今天有些西方人完全忘记了这一点,或者说从"欧洲中心主义"出发不愿意接受这一点。赫德逊说得好:"由于 1789 年以后对中国的崇拜几乎完全消失,大多数欧洲历史学家都未能就中国对 18 世纪欧洲的影响给予公正的评价。他们一笔勾销了这种崇拜,认为它只是一种反常的风尚,或者只是假借中国之名的一种乌托邦式的空想,但与真正的中国或者它的文化毫无关系。"②显然简单地用萨义德的"东方主义"来解释 16—18 世纪的东方观也不尽全面,因为在萨义德看来,"东方主义"在今日西方所构建的东方,这只是西方的"他者",是"想象"的东方,

①当时各国人均收入如用 1960 年美元价格计算,"唯独中国 1800 年的记录228 美元",居世界先进水平。参阅布罗代尔:《15 至 18 世纪的物质文明、经济与资本主义》,三联书店,1993 年,第 617—618 页。

②〔英〕赫德逊著,王遵仲等译:《欧洲与中国》,中华书局,1995 年,第 301 页。许明龙:《欧洲 18 世纪"中国热"》,外语研究与教学出版社,2007 年,此书对这一问题有较深入的分析。

而不是实际的东方①。但这是指 19 世纪以后"欧洲中心论"形成以后的东方观,而不能套到 1500—1800 年间欧洲的中国观上。

16—18 世纪,甚至可以说是从 15—18 世纪,在西方第一次进行殖民主义扩张时,西方人也是第一次走出地中海,走出大西洋,他们面临着一个崭新的世界。如果说他们对南美洲是物质掠夺与精神文化扫荡同时进行的话②,那么他们在东方则遇到完全不同的境遇,因为那是一个比西方还要强大的东方,一个比欧洲文明还要悠久的中国文明。因此,在东方面前,此时"欧洲中心主义"并未完全形成。更何况中国在经济上也是十分强大的。当时中国与欧洲的交往是平等的。这段历史至今仍未被充分研究,我们很容易习惯地接过 19 世纪以来中西方关系完全不对等以后的一些理论来解释这段历史,应看到西方的"中国观"是变化的"中国观",在对待东方和中国的态度上,西方是典型的"变色龙"。

1793 年马戛尔尼使团访华以后,西方对中国的认识就开始发生转变③,黑格尔则是这种转变完成的代表者。在黑格尔眼中中国哲学已完全失去了它的光环,孔子成了一个俗不可耐的糟老头。正因此,我没有把黑格尔列入本书研究范围,从中西宗教和哲学交流史发展的逻辑来说,他属于下一个阶段。中国到乾隆晚年已露出败象,当乾隆二十四年(1759)颁布《防范外夷规条》并关上中国大门时,中国就注定要失败了。此时,西方发生了科技革命,法国开始了轰轰烈烈的大革命,平衡开始被打破。欧洲人的世纪来了,这就是 19 世纪。此时"印度的神秘主义,夺取了中国哲学的地位;它在 19 世纪所起的作用,正如中国文化在 18 世纪所起的一样,但

---

①〔美〕爱德华·W·萨义德:《东方学》,生活·读书·新知三联书店,1999 年。

②参阅〔美〕普雷斯科特:《秘鲁征服史》,商务印书馆,1996 年;〔德〕贡德·弗兰克:《白银资本:重视经济全球化中的东方》,中央编译出版社,2000 年。

③许明龙:《欧洲 18 世纪"中国热"》,第五章有很好的介绍。

没有像后者受人注意而已"①。

1500—1800 年这三百年是近代世界史上最重要的三百年。长期以来对世界体系的研究受到欧洲中心主义的影响,今天当中国、当东方、当第三世界重新返回世界体系时,当经济真正开始了它的全球化时,1800—2000 年这二百年所形成的世界体系将被打破②。在文化上,"欧洲中心主义"将被真正解构,就中国来说,历史仿佛又回到了它的起点——1500—1800 年,但这次西方遇到的是一个再次逐步强大的东方,一个迅速发展的中国,一个部分吸收了西方文化的东方文化。

19 世纪以来的以西方为中心的文化结构必须被打破,中西双方应回到一个平等的起点上,重建世界体系,重新开始不同文化的平等对话。正是在这段历史中,我们看到五四以来困扰中国思想界的"现代与传统""东方与西方"的二元对峙的思维模式的历史局限性。

这段历史告诉我们:以基督教为代表的西方宗教哲学思想,的确包含着许多西方思想文化的精华,虽然在当时它是中世纪的官方意识形态,但正是通过它中国人知道了希腊,知道了罗马文化的重要内容。尤其是利玛窦所确立的"适应路线"更为文化的交流与融合开辟了一条新路,利玛窦的思想尽管有着内在的矛盾,但若同今日的"欧洲中心主义"相比,无疑是西方人的一份极其珍贵的思

---

① 〔德〕利奇温著,朱杰勤译:《十八世纪中国与欧洲文化的接触》,商务印书馆,1991 年,第 132 页。

② 参阅〔德〕贡德·弗兰克:《白银资本:重视经济全球化中的东方》;王国斌:《转变的中国:历史变迁与欧洲经验的局限》,江苏人民出版社,1998 年;王加丰:《扩张体制与世界市场的开辟——地理大发现新论》,北京大学出版社,1999 年;〔美〕伊曼纽尔·沃勒斯坦:《现代世界体系》,高等教育出版社,1998 年。在全球化的今天,"世界体系"问题日益引起人们的关注,以"欧洲中心主义"的立场所建造的"世界体系"必然要被打破,这将对重新说明中西关系产生重要的影响。

想遗产。就中国来说，晚清所确立的"节取技能而禁传其学术"的路线无疑是一条将中国引向死路的路线。而徐光启等人则为我们今天吸收西方文化，尤其是吸收西方宗教和哲学思想方面留下一份宝贵的文化遗产①。文化是可以沟通、相容、相互吸收的，中国文化对佛教文化的吸收就证明了这一点，对待西方文化也应走融合之路、会通之路。我们应拿出当年儒学吸收佛教之勇气，放开胸襟，立足本土，积极同基督教代表的西方文化、近现代西方哲学、政治文化展开对话，重建中国文化。

　　同时这段历史又告诉我们：中国的传统并不是完全与近现代社会相冲突的，中国宗教和哲学思想并不是与现代思想根本对立的，在我们先哲的思想中有许多同希腊文明一样永恒的东西，有许多观念同基督教文明一样具有普世性。只要我们进行创造性的转化，中国传统哲学的精华定会成为中国现代文化的有机内容。东方在世界体系中也并非无足轻重，在西方走向世界时，东方无论在思想上还是在经济上都起着不可取代的作用。同样，在西方近代思想的形成过程中，"欧洲中心主义"并不是其主流，在伏尔泰的《风俗论》中，他丝毫没有白种人的优越感；在维科的《新科学》中，民族平等是其基本准则②，这说明我们应从更长的历史，从全球化新的视角，从近五百年来中西文化互动的历史中重新梳理世界近

────────────

① 王晓朝：《基督教与帝国文化》第九章，东方出版社，1997年；中国现代文化学会主编：《东西方文化交融的道路与选择》，四川人民出版社，1993年；许志伟、赵敦华主编：《冲突与互补：基督教哲学在中国》，社会科学文献出版社，2000年。

② 伏尔泰说："我们在其他篇章里，也曾一再指出，跟一个例如中国这样的民族争夺它那些名副其实的名望是何等鲁莽笨拙。我们以欧洲而论，没有哪一家名门贵族的古老程度能比得上中国的那些世家。""我们不过是昨天的人，是刚刚开拓了荒野森林的克尔特族的后裔。我们还是不要去打扰中国人和印度人，让他们安安静静地享受他们的锦绣河山和古老文化吧。"（《风俗论》）。

代思想的形成过程。

　　也正是在这个意义上,本书努力从中西两个方面同时研究,将"西学东渐"和"东学西传"作为一个整体,试图探讨世界近代思想形成的历史过程。在全球化的今天,我们如何理解和接受西方文化,如何理解中国文化在全球文化中的地位和作用,如何确立传统文化在现代化价值体系中的地位和作用,这已是一个十分紧迫而又重要的文化问题。本书的目的就在于从历史的视角揭示西方文化对中国文化的价值,中国文化对西方文化的价值,说明其"中西会通"的必要性。而这种论证和揭示不是立足于纯理论上的分析,而是立足于中西思想交流的实际历史过程。我们应从中西方第一次思想对话的历史中汲取智慧,因为思想从来不能离开历史的大地飞翔,轻视、无视历史的思想创造是注定要失败的,厚重的历史凝聚着一代代哲人的思考,绕过他们几乎是不可能的。

　　　　(笔者《中国与欧洲早期宗教和哲学交流史》结束语,东方出版社 2001 年出版)

在世界范围内展开中国文化研究

——一代学术宗师任继愈先生与海外汉学研究

7月11日听到了任继愈先生仙逝的消息,心中极为悲恸,任先生一代学问宗师,是当代中国文化研究的一座高峰,他的去世代表了经历了五四风雨、走过了百年路程的那一代学者的谢幕,一个时代过去了。

任先生晚年学术生涯中的一件重要事情是他主编《国际汉学》,这份学术辑刊1995年在国家图书馆创刊,第一期在商务印书馆出版,是当时国内第一份研究海外汉学的学术辑刊。在《国际汉学》的开卷语中写道:"中国是世界文明的发祥地之一。她悠久的文化传统对世界产生过重大的影响。东学西传已有上千年的历史。汉学(Sinology,又称中国学)现已成为一项国际性的学术事业,中国文化属于全世界。"

任先生这种开阔的文化和学术视野显然和他在北大所受的教育有关,他的恩师汤用彤先生是现代中国学术史上会通中西、接通华梵、熔铸古今的国学大师之一,在哈佛大学留学期间曾与陈寅恪、吴宓并称"哈佛三杰"。任先生秉承汤先生的学术传统,长期从事中国佛教史和中国哲学思想史的研究,深知文化交流对中国文化的意义,能从世界的眼光来揭示中国文化的价值。

1996年我调入刚刚建立的北外海外汉学研究中心工作,任先生欣然同意将由他主编的《国际汉学》一并归于北外海外汉学研究中心,这在学术上是对北外的重大支持,因为当时北外作为外语院校还没有这样一份厚重的人文学术辑刊。

在任先生的指导下海外汉学研究中心已经取得了不小的成绩,出版了几十本学术著作,在国内外学术界有了一定的影响。2005年学校决定把海外汉学研究中心作为全校的四大中心之一,放入全校的战略位置,推动中国文化走出去的工作。

2006年在北外六十五年校庆时,学校认为由任先生、季先生所支持的海外汉学研究日益具有全局性的重要的学术意义和文化意义,因此提出:"我们不仅要把世界介绍给中国,还要把中国介绍给世界,北外要成为沟通中国与世界的桥梁——这就是时代赋予北外的历史使命!"从那时起,"将中国介绍给世界"成为北外新的战略使命。

2006年6月,任先生不顾九十岁高龄,应邀出席了北外海外汉学研究中心成立十周年庆祝活动,并积极支持学校将中心更名为"中国海外汉学研究中心"的决定。其实,这一名称的更改既是对在任先生指导下海外汉学研究中心工作的充分肯定,也表明了新形势下北外在学术上的新抱负。在大会上校长提出,我们应从全球的角度来规划中国学术与文化的发展,以世界的眼光审视对域外中国学术的研究。任先生对这个提法给予了肯定,他在讲话中说:"孔子三十岁找到了他的位子,他的位子是什么呢?就是发展文化、总结经典著作、整理文献,这就是他的位子。从三十岁以后,孔子终身就是围绕这些事情。那么,我们中华民族今天这个'位子'在哪里呢?就是促进国际间的文化交流。现在是经济交流走在了前面。接下来更深层次的就是让文化交流给我们国家、民族做出贡献。"这里任先生讲的"文化交流"就是指将中国文化和学术介绍出去这项事业。

这一年,任先生谢绝了许多为他九十岁生日祝寿的活动。由于对北外的牵挂,任先生答应了我们为他过生日的请求,但要求要低调，只一桌饭。那天，任先生吃的东西很少，却对我们讲了一席语重心长的话。他说：大学生的文化素质需要提高，文理分科，学生对中国文化没有很好的了解，外语类大学的学生对中国文化更是所知甚少，做好中国文化的外传，不了解中国文化本身的内容怎行呢？他建议编辑一本《国学读本》，首先在全国外语院校使用，而后再逐步推广到其他类型的高校使用。

事后，我们感到任先生的这个建议很重要，就专程登门拜访，向任先生汇报编辑《国学读本》的计划，诚邀任先生做《国学读本》的名誉主编，他听完汇报，提出了许多建议，并欣然接受担任名誉主编，并说可以介绍几位学术界的人来帮助我们编辑这本《国学读本》。那天，我们在任老家聊得非常开心。过了不久，他就找到了张岂之先生等学术界的大家参与《国学读本》的编写工作。为了帮助我们编好《国学读本》，他亲自为这本书的哲学部分写了导言，并为全书写了序言。现在这部《国学读本》已经编完，任先生所写的两篇文章或许是他为中国学术界留下的最后的文字。但没有来得及在他生前出版此书，不能不说是留下了一个遗憾。

从2004年到2007年北外紧紧抓住了国家在海外建立孔子学院的重大战略时机，积极利用语言优势和海外汉学研究的学术资源，先后在海外建立了12所孔子学院。这个时候我们感到中文学科在北外的学术地位日益提高，把中文学科涵盖在国际交流学院里，显然已经不能适应新形势发展的需要，也很难使全校承担起"将中国介绍给世界"的新的战略使命。因此，决定把国际交流学院改名为中国语言文学学院，并希望邀请任先生担任北外中文学院的名誉院长，指导北外的中文学科建设，以提高其学术地位。为此，我和校长又专门登门拜访了任先生，向他表达了我的想法。任先生沉思了良久，没有回答我的请求。虽然这也是我们当时所预料到的，但对此我们也没有灰心，我们知道他老人家对学校的这份感情和牵挂。而且，邀请任先生这样的国学大师，到一个外国语大学做中文学院的名誉院长,是一件具有重要文化意义的大事,这件事表明长期以来外国语大学那种以介绍外国文化为主的学术和教学方向要发生一种内在深刻变化,表明了外语类院校的一种文化自觉和文化责任。只有立足自己本民族的文化才能更好地介绍外国文化,才能在外国语言和文化研究中有中国的立场;更为重要的是,只有有了全校的文化自觉,有了对中华文化这个我们民族精神家园的文化的认同,才能更好地完成新的历史使命。我们再次登门陈诉和请求,并进一步希望他老人家担任学校的顾问。最终我们的诚意打动了任先生,他同意担任北外中国语言文学学院的名誉院长。

2007年12月28日,学校隆重举行了庆祝任继愈先生担任北外中国语言文学学院名誉院长的大会。那天校园像过节一样,充满了欢乐的气氛。现在看来,任先生担任北外中文学院的名誉院长不仅仅是北外自身发展历程中的一个重要举措,也应该是中国外语教育史上一个具有标志性的文化事件。

任老在晚年一直惦记、关心着北外的发展,他总能从中国文化发展的高度给北外的发展指出新的方向。2008年的春节,我去看望他,他又谈到中国文化在世界的地位和发展,他说:"中国是个大国,是一个有着悠久文明的文化古国,在学术上、在文化上她应该在世界上有自己的声音啊,在这方面北外作为全国外语院校的排头兵,应该发挥更大的作用,在中国文化走出去、中国学术走出去的历史进程中发挥更大的作用。"春节后不久他就专门写信给中央领导,表达了他的这些想法,希望有关部门对北外的海外汉学研究中心给予更大的支持,批准《国际汉学》获得国家正式刊号,希望国家对中国文化和学术走出去给予更有力的支持,从语言的走出去提高到中国学术和文化价值的走出去。

7月14日我站在国家图书馆悼念任先生的大堂中,凝视着先生沉思的遗像,晚年他和北外的往事一一又浮现在眼前,我意识到

他和北外所有这些学术联系,都表示了一个中国文化研究的大师
对外语大学新使命的期待,一位文化老人对祖国文化的眷恋,一位
著名学者对强大后的国家的文化建设的思考:中国学术走出去,在
世界范围展开中国文化学术的研究,展示中华文化的价值和魅力。

（部分发表于 2009 年 8 月 5 日《中国文化报》）

当代中国文化的两座高峰

——悼季羡林先生、任继愈先生

7月11日,中国文化之悲日。季羡林、任继愈两位中国文化的托命之人同天仙逝,这是一个时代的结束,是自民国以来中国现代学术诞生后第一代学人时代的终结。两位学术泰斗驾鹤西去,将追随着他们的师长胡适之、陈寅恪、汤用彤、贺麟共赴瑶池,天国论道。

国失奇珍!星陨河汉!两位大师历经五四风雨,国之灾难,千锤百炼,已成当代中国文化的两座高峰。

二老或赴西国求学,会通中西,为四裔之学开新篇;或于西南联大,接中国哲学真精神,为往圣继绝学。求真,以使学精;为学,以使理明,现代学术体系在他们手中得以宏大、成形。在他们那里中西融为一体,知识再无地域国家之分,中国现代学术开始和西方学术衔接、对话;在他们那里究天人之际,通古今之变,探中国传统文化凤凰涅槃之再生。

两位大师学问不同,但都有了中国传统文化"士志于道"的知识分子精神。"为天地立心,为生民立命,为往圣继绝学,为万世开太平"是他们共同的追求,正如孟子所言:"故士穷不失义,达不离道。穷不失义,故士得己焉;达不离道,故民不失望焉。古之人,得志,泽加于民;不得志,修身见于世。穷则独善其身,达则兼济天下。"他们留下的不仅仅是知识,更给我们留下一个知识分子在风雨飘摇的岁月的处世原则和人格追求。

中华文化历经百年磨难，十年"文革"浩劫，三十年重商之风弥漫，文化之重建，精神家园之回归，百废待兴。在这样的时刻，两位大师曲尽人终，我辈后学悲恸之极，茫然于心界。

北外乃中国百校中之小辈，但两位大师都对北外的发展和建设格外关心，北外的中国海外汉学研究中心乃是"荒山野老屋中，二三素心人商量培养之事"的小小研究所，但我们确得到两位大师的提携与关爱。四年前季先生欣然同意担当我们中心的名誉主任，并提笔给我们写下了"文化交流，中学西渐，张扬和谐，全球共暖"的题词，以勉励我们做好中国文化的外传研究。任先生更是我们海外汉学研究中心的学术支柱和精神领袖，《国际汉学》1—16期他一直担任主编，对海外汉学研究的关注是他晚年学术中的浓重一笔。呜呼，两位世纪老人携手谢幕，告别人世，我和海外汉学研究中心全体同仁悲痛无比。

陈寅恪先生在悼王国维碑文中说："士之读书治学，盖将以脱心志于俗谛之桎梏，真理因得以发扬。思想而不自由，毋宁死耳。斯古今仁圣同殉之精义，夫岂庸鄙之敢望。先生以一死见其独立自由之意志，非所论于一人之恩怨，一姓之兴亡。呜呼！树兹石于讲舍，系哀思而不忘。表哲人之奇节，诉真宰之茫茫。来世不可知也，先生之著述，或有时而不彰；先生之学说，或有时而可商。惟此独立之精神，自由之思想，历千万祀，与天壤而同久，共三光而永光。"

季先生、任先生所留给我们的"独立之精神，自由之思想"将是我们永久的精神遗产，汉学中心全体同仁将铭记于心。

"中学西传"，将中国介绍给世界——这是两位大师交给北外的学术重托，在中国文化走向世界的今天，我们更感到这份托付的沉重与意义。

　　愿大师在天国聆听我们的喜讯,全体北外人绝不会辜负你们的重托。

(发表于《国际汉学》2009 年第 2 辑)

为自己的生命而写作

 1995 年从德国返回北京图书馆以后，我结识了中国社会科学院文学所的周发祥先生，尤其当我从北图调往北京外国语大学海外汉学研究中心工作以后，我们之间的交往更加密切。由他推荐，我认识了湖南教育出版社的聂乐和先生和刘清华先生。当他们得知我在做明清间中西文化交流史研究时，希望我出面把他们搁置已久的《中外哲学交流史》的主编工作担当起来，这部书的大纲是楼宇烈先生确定的，但一直未找到合适的作者，尤其是明清间西方哲学的传入和中国哲学的西传这两部分内容作者难以找到。

 看了楼先生的大纲，我感到很好，这为我做好具体的组织工作打下了基础，这样，我就欣然答应了出版社的要求。

 对于我来说，早在 80 年代初期第一次读到朱谦之先生的《中国哲学对欧洲的影响》时就对这个领域产生了浓厚的兴趣，但那时只是买些书看看，当个"票友"而已，自己的研究方向仍集中在当代西方哲学上面。90 年代初到北京图书馆工作以后，任继愈先生主编的《国际汉学》一书的具体编务工作落在我的身上，在任继愈先生的鼓励和指导下，我开始研究中国哲学，尤其是中国哲学的西传和西方早期汉学史，学术方向开始了大的转变，虽然此时对西方哲学的研究并未丢掉，但重点已经开始变化，从"票友"变成了"客串"。

　　从更深的原因来说，我常常感到"哲学"这个行当不能当作"饭碗"（当然现在我是靠它在"养家糊口"），它更应是一种思想的追求，没有张载那种"为天地立心，为生民立命，为往圣继绝学，为万世开太平"的理想，没有那种将形而上学沉思化为个体生命的历程，没有那种在宁静与平淡之中，在达观与清贫之中涵泳义理、追思历史和生命的态度，哲学是很难做好的。说到底，哲学研究不应是做给高职评审委员会的委员们看的，也不是做给出版社、报社乃至同行们看的。按亚里士多德的说法，只有当人"为自己而不是为了别的什么而存在"时，人们才"把哲学作为唯一自由的学术加以探求，因为唯有它才是为其自身而存在的学术"。研究哲学当然要写书、写文章，但有了一大堆写给别人看的书的人并不一定是哲学家。哲学是一种个体生命自由的追问，是在个体精神的升华中对人类精神的追索。说到底，真正的哲学应是个体化的，而真正体悟到性命之理时，便也悟出了人类之大道。

　　既然哲学是对自己精神困惑的回答，那就不应该把自己局限在某一专业中，研究应随自己思想的发展而确定。很长一段时间，我是在做当代西方哲学的研究。我常常想，西方哲学的智慧怎样才能汇入我们民族的精神中呢？面对着铺天盖地的西方文化，在一种价值的重建中怎样能体现出我们传统中那些具有普世性的精神呢？我们总不能老是在叙说着别人的故事，应该找到一种文化会通的切合点。

　　中西文化比较的争论持续了一百多年，但我相信智慧应在历史中，而不是在空泛的理论比较中。这样我从现代追溯到了明清之际，发现这才是今日世界的真正起点，这才是中西哲学见面的最早时期。在某种意义上，中西思想的对话直到80年代才又重新回到这个元点上。在这个元点上蕴藏着巨大的历史智慧。

　　实际上，我对交给读者的这份答卷并不十分满意。一方面，中外哲学交流史这样大跨度的贯通研究还没有过。我多次给刘清华先生说,楼宇烈先生交给了我一个难题,因为在一些断代史尚未研究清楚的情况下,很难写出好的通史。在一定意义上,这个学科还很不成熟,还没有发育到写一部通史的时候。在这种情况下,这部书实际上只能算是一个大纲或引论,更深入的研究待以后其他学者展开。这样,希望读者能对书中各章衔接不太通畅、展开得不太深入等问题给予理解。

另一方面,这部书的姊妹篇是《中外宗教交流史》,宗教和哲学在远古时本为一体,后来分为两个学科。但在中国思想中,这两个方面始终分化得不是那么清晰,直到今天,人们还在讨论儒家是不是宗教。这样,这两部书在个别章节中略有重合,望读者能给予理解。

我作为全书的主编之一,应感谢各章节的作者,是大家共同的努力完成了这部书。但平心而论,由于每个人的情况不同,各章水平也是参差不齐。就我个人所写的三章来说,交稿时已感到不太满意。由于篇幅所限,许多外文原始文献基本上没有用上,思想的展开也不太系统。这些或许在以后有机会时我会加以修订和补充。

全书写作的具体情况如下:张敏写第一、三章的第一节;梁鸿飞、卢会琴写第一、三章的第二节;杨保筠写第一、三章的第三节;孙波写第二章,孙波、杨佩苓写第九章;四、五、六章是张西平写的;吴其同、李然写第七章第一节,吴其同写第七章第二节;赵枫写第七章第三、四节,李然写第八章第一节,姚顺章写第八章第二、三、四节。全书的引言是由张西平写的。

90年代初,当我在组织《国际汉学》第一辑稿件时,曾多次拜访过徐梵澄先生。先生年已古稀,但思维敏捷,当我看到他那十几部英文、德文著作时,我十分震惊:当今中国学界,中、印、西三者全通的学者寥若晨星,先生可谓国宝级大师。但更使我震惊的是先生那宁静、从容的生活态度,俭朴的生活方式,这一切与外面那热

闹的世界、喧嚣的学术圈形成强烈的反差。大哉！梵澄先生,真是
大隐隐于市啊！正是从那时起,我一度浮躁的心开始了安静。可
以这样说,没有一颗安静的心,这部书的写作和组织是完不成的。
当然,没有楼宇烈先生周全的大纲,没有湖南教育出版社的热情支
持,这一切都是完不成的。在此,对湖南教育出版社的聂乐和、刘
清华两位先生的热忱支持和辛勤的编辑劳作表示深深的感谢。

张西平
1998 年 3 月 15 日于玉泉路游心书屋

（张西平、楼宇烈编《中外哲学交流史》后记,湖南教育出版社
1998 年出版）

声尘寂寞系恒常

——记徐梵澄先生

认识徐梵澄先生是在 14 年前,那时,我在北京图书馆工作。在任继愈先生的领导下,我为新创办的《国际汉学》组稿。为此我曾到过冯友兰先生的三松堂找过蔡仲德先生,也到过庞朴先生家约稿。有一次,任先生对我说:"你可以到徐梵澄先生那里去约稿。"按图索骥,我找到了团结湖北里 6 号楼 1 门 302 号,站立叩门。门打开了,一个高挑清瘦的老人出现在我面前,一双眼睛在镜片后炯炯有神,"你是北图的张西平?""是",我诺诺答之。"请进。"我鞠身尾随。先生让我坐,他拉开窗帘,并为我沏茶,我随即环顾了一下房间,看到只有几件简旧家具和柜子里书架上摆的书籍。先生说的是湖南话,乡音颇重,因为我在南方工作过一段时间,所以他的话我大致可以听懂。第一次见面谈的时间不长,他答应给我一篇英文稿子,是关于宋明理学的,名曰《易大传——新儒家入门》。为了这篇稿子,我又到先生家两次,这样我们就慢慢熟了起来。后来任先生告诉我,他是鲁迅的学生,我到北图一查,才知他就是当年翻译《苏鲁支语录》的梵澄。而那时节他却静静地在自己的书房里思考、写作,仿佛外面的世界与他不相干似的。

1994 年,我赴德国做学术访问,临行前去看望他。他告诉我,1929 年至 1932 年,他曾在海德堡大学哲学系学习,当得知我将拜访那里的汉学系时,他说他和该校的鲍吾刚教授相识,让我代他问好。1996年我从德国访问回来以后又去看望他，只觉得先生苍老了许多。那一次他讲到了德国汉学家卫礼贤，说他深通中国古典，在所有《易经》的西文译本中，惟有他的翻译与原文最合。2000年春天，先生病故，其时我正在欧洲做访问学者，没有为先生送别，甚为遗憾。幸有孙波兄担此重任，收集与整理文稿，历时四年，《徐梵澄文集》终得以出版。怀想孤身一人的先生，在九泉之下一定会感到慰藉吧！

抗战胜利后，先生参加中印文化交流，一去就是三十多年。他告诉我，他当年自重庆飞赴印度时，郭沫若和郑振铎亲自送行，挥手间，他们笑着说要他带真经回来。先生呢，自然也是这么想的。《蓬屋诗存》卷一末诗《飞印度讲学留别诸友》五律四首，有"儒释待评量"，"高风怀季子（先生名）"，"他时求妙觉，衡岳隐云孤"句。待他1978年底落叶归根以后，故人多去矣。90年代初，他的两个老朋友，贺麟与冯至先后谢世，他更加孤单了。其实他一生都是孤独的，孜孜矻矻，独自进掘，把彼国那么多的好东西都翻译过来了，如《五十奥义书》《神圣人性论》《薄伽梵歌论》等，真如璀璨宝珠，光华烂漫。可是，再大的智者，或说"精神者"，也需要与"君子游"，示寂之前先生的孤寂，其深沉大概是吾辈所不能测量的吧！

先生做三大文化会通的工作，明通梵、拉丁、希腊、德、英、法等八种语言。他从来不说，只是做。说他运用若干种文字，那是后来别人"计算"出来的。他从不显扬自己，但是我们知道他"学问甚大"。他安静得甚是寂寞，寂寞得非常安静，他在不声不响地做着"接续"精神传统的工作。似乎他在英文《唯识菁华》序里表达过这样的意思：在人类历史骤急的进步中，传统有时候会被打断，于是，那些圣人（大学者）们，就把它重新接续起来，并使它"恒常"一贯，因为，这传统是一个民族文化生命的源头活水。

因为对他不够了解，鲜有人称他为"大师"，偶有称之者，他会不高兴："唔，——我算什么大师呢！"大概在他眼里，鲁迅、阿罗频多才算得上"大师"。我估计先生可能是鲁迅的弟子中最后一个病故的,当年许广平在回忆录中说到梵澄:"他天赋极高,旧学甚博,能作古诗、短评,能翻译。钦慕尼采,颇效其风度。"然而他甚少谈起他和鲁迅的关系,也许他怕有"依草附木"之嫌,因为,如果有这种倾向,可能对人们一种健康的理解会有减损。

　　自晚清以来,中国传统文脉断裂。先生那一代人为求索救治方略,或远涉重洋,就学欧罗巴;或飞越雪山,取经古天竺。为的是兼收并蓄,"拿来"彼国之菁华,浇灌吾华之园地。有他们在,精神之火就在,况且他们又采来铜山之矿,灵山之薪,何愁不会燃起熊熊大火?何愁不会再现大唐气象?我想,先生文集出版的意义正在于此。

　　时至今日,我仍记得:有一次先生送我出门,我看到先生的毛衣右臂处有一个洞,一根断出的毛线随着先生的手臂在空中摆荡。我说,"您老人家的毛衣该换换了",他笑着回答说:"穿着很好嘛!"这情景,历历在目,仿佛就在昨天。

　　　　（此文经好友孙波润笔,发表于《人民日报》2006 年 12 月 8 日,
　　后于台湾《弘誓》杂志 2007 年纪念徐梵澄先生的专辑中刊出）

东西流水　终解两相逢

　　当我编完这本书时,掩卷静思,10 年前我在德国汉学重镇《华裔学志》研究所做访问学者时的情景一幕幕浮现在我的眼前。我从 1994 年到 1996 年上半年在《华裔学志》(*Monumenta Serica*)做了一年多的访问学者,十分荣幸,我是他们研究所设立的"陈垣奖学金"的第一位获得者。现在我还清楚地记得我的德语老师,当时《华裔学志》的主编弥维礼先生面带微笑地告诉我,那里一切都准备好了,你可以安心到我们研究所做研究了。其实在到《华裔学志》研究所以前,我并不知他们的具体研究内容是什么,只知道那是德国乃至欧洲最好的汉学研究所。

　　Sankt Augustin 是一座美丽、安静的小镇,《华裔学志》研究所坐落在一片浓密的树林旁,坐在研究所的阅览室读书时常常看到门外的小松鼠在窗外的林间跳跃;每天在上下午休息时,推开阅览室的玻璃大门,可以踏着林中厚厚的落叶散步;穿过浓密的树林,在研究所的后门外便是一望无际的麦地,远处就是莱茵河。每天除了听到研究所后面的树叶在微风中瑟瑟作响,还有修道院那悠远的钟声外,一切都笼罩在静谧之中。"忽闻江上弄哀筝,苦含情,遣谁听? 烟敛云收,依约是湘灵。欲待曲终寻问取,人不见,数峰青。"苏轼的《江城子》真是对这里的传神描绘。静才能定。正是在这里我的心境才慢慢地从国内当时那种浮躁的状态中转了过来,并逐步安静下来。

　　研究所的汉学藏书量在德国是屈指可数的,实际上当年老辅仁大学的许多珍贵的版本,不少藏在了这里。有次在读一本善本时我竟然还发现在书后当年的借阅卡上写有陈垣先生的名字。不仅有书,还有很好的汉学家,我在时,从主编位子上退下不久的布恩礼(Heinrich Buch S. V. D, 1912—2002)先生还健在,他每天准时到他的办公室坐一会。他是中国著名学者余嘉锡的亲授弟子,学富五车,满腹经纶。当听他慢条斯理地讲《华裔学志》在北京的故事,如数家珍地回忆他与陈垣、张星烺、英千里的交往时,你会感受到这个研究所那跳动的灵魂。《华裔学志》在西方汉学的重要地位一方面就反映在对中国基督教史和传教士汉学的研究,它实际上是将这两个方面有机地融合在一起的,无论是研究明清之际天主教在中国的传播,还是研究此间传教士的西文著作在西方的传播与影响,《华裔学志》都是西方学术界最有影响和最重要的学术期刊①。

　　在我访问期间,马雷凯教授(Roman Malek)出任研究所所长和杂志的主编,他本人的学术方向是研究中国的道教,但他担任所长后所关注的一个重要研究方向就是中国基督教史和传教士汉学。马神父为人豪爽,正当壮年,我们年龄相近,意气相投,每逢佳节,觥筹交错,畅谈深夜。

　　在 Sankt Augustin 的日子并不算长,但它对我的影响是深远的。今天许多人认为国际学术界只是在近年来才在中国基督教史的研究中注意了中国人的态度,开始加强对他们接受和反对基督教的研究,其实《华裔学志》早在几十年前就这样做了,布恩礼主编就给我讲过他早在几十年前所写的关于东林党人和耶稣会的关系的论文。我当时极为惊讶,回国后我曾检索过中文文献,至今几乎

---

① 〔德〕巴佩兰(Barbara Hoster)著,谢蕙英译:《〈华裔学志〉及其研究所对西方汉学的贡献》,台湾《汉学研究通讯》2004 年第 32 卷第 2 期。

没有相关的研究论文①。这样当国内不少学者为所谓中国基督教史研究中的"汉学转向"的路向叫好时,我是不以为然的。同时,我仍坚持传教士汉学的研究,坚持对传教士西文文献的梳理和研究与中文文献研究并重的学术路向,强调在汉语研究领域中对"传教学"研究的重要性。我始终认为在中国基督教史研究中要注意区分海外汉学研究的特点和传统与中国国内学术研究特点和传统的不同,我们应注意自己的学术传统,并从长远出发进行自己的学术建设,而不能跟着海外的一些人跑。所有这些理念都是我在《华裔学志》研究所做研究时所确立的。

　　去年我听说布恩礼老先生已经病故,这激起我心中一阵波澜。静忆天涯路,故人西去。在我这本《传教士汉学研究》出版之时,我将它献给《华裔学志》,感谢在研究中曾帮助过我的弥维礼先生,马雷凯先生,韩德利先生,沙伯里先生,梁作禄先生。

　　"东西流水,终解两相逢"。传教士汉学告诉我们的正是这种会通之境,我愿为此而努力。

　　　　2004年中秋节写于北京枣林路6号院游心书屋

　　　　　（笔者《传教士汉学研究》后记,大象出版社2005年出版）

---

①巴佩兰说得好,钟明旦所说的是从谢和耐才开始这个研究方向的观点"有待商榷"。参《〈华裔学志〉及其研究所对西方汉学的贡献》。

铁肩担道义　妙手著文章

　　从 20 世纪 90 年代初开始至今,我从西方哲学研究转入中西文化交流史研究已经有二十多年了。1996 年我从德国访学回来后,很快从国家图书馆调入了北京外国语大学工作,这是我学术发展的重要转折点。当时程裕祯院长希望展开海外汉学研究,于是我成为北外海外汉学研究中心这个"三无"研究所的第一个成员。1997 年,海外汉学研究中心与杭州大学的黄时鉴先生合作在杭州召开"中西文化交流史国际研讨会"。这是北外海外汉学研究中心召开的第一次国际学术会议,陈乃芳校长出席了会议。从杭州回来后我们得到了学校的科研经费支持,研究所迈出了坚实的第一步。

　　我至今不能忘记在南沙沟任继愈先生家中的那次与大象社领导的见面。在任先生的指导下,我们开始了和大象出版社长达二十多年的合作,由任继愈先生所主编的《国际汉学》开始在国内外学术界崭露头角。2006 年,为适应国内外学术发展的需要,时任北京外国语大学校长郝平提议,将海外汉学研究中心更名为"中国海外汉学研究中心",并从中文学院分离出来,成为北外的独立科研机构。在北外 65 周年校庆时,郝平校长正式提出北外的新使命——把中国介绍给世界,并希望中国海外汉学研究中心承担起新的历史使命和核心任务,开辟新的研究领域,推动北外学术转型,通过对海外汉学(中国学)的研究,在世界范围内自信与自觉地表述中国学术与文化。北外新使命的确立以及研究所的更名得到了许多学术前辈的关怀：中国海外汉学研究中心成立那天，任继愈先生来了，汤一介先生来了，乐黛云先生来了，教育部国际司的姜峰司长来了。从此，中国海外汉学研究中心进入了稳步发展的时期。

2016 年是北京外国语大学建校 75 周年，也是北京外国语大学国际中国文化研究院（前身是中国海外汉学研究中心）成立 20 周年（1996—2016）。20 年来，这个研究所以中国文化的复兴为理想，以揭示中国文化的世界意义为学术重点，不求一时之轰动，不做媚俗之举措，问学于中西之间，集天下英才育之。20 年来披荆斩棘、夙夜在公，国际中国文化研究院从只有我一个人的"三无"研究所，终成今日北外学术之中坚，国际汉学研究之重镇。

2004 年，我曾将我们研究所的学术传统概括为三点：第一，以历史为基本线索，梳理中国文化外传的历史、途径和机制；第二，以基督宗教研究为中心，探索在"西学东渐"背景下的传教士汉学，研究西方汉学的根基；第三，推动海外汉学与中国学术的互动，并以比较文学与跨文化的方法对海外汉学做系统的学术史研究，揭示中国近代学术形成的外部机制，以世界的眼光重审中国近代学术的发展。我将这三点浓缩为一句话："在历史中探中西会通，在神圣中究天人之际。"

崛起的中国不断改变着我们的认识，飞速发展的中国使我们的学术理念更加丰富。在 2006 年中心成立 10 周年时，我曾提出："以中国的和平崛起和发展为依托，通过海外汉学（中国学）的研究，向世界展示中国文明特有的魅力，介绍中国和平发展的前景，把从学术的角度重塑中国的世界新形象作为自己的历史使命。通过对在中国文化的域外传播中起重要作用的海外汉学的研究，为中国文化的海外发展提供学术支持。使我们能从全球发展的战略高度，规划中国文化在海外传播的全局，通盘考虑中国文化和学术在世界传播的方法和手段，为中国文化和学术在世界范围内的发展做整体性、全面性的学术研究，为增强中国的软实力做出贡献。"此时，家国情怀成为我们的出发点，"风尘三尺剑，社稷一戎衣"是我们当时的写照，"铁肩担道义，妙手著文章"成为我们的座右铭。

当年李鸿章在晚清的危难之际曾惊呼中国面临"三千年未有之大变局"，今天中国处在"前所未有地靠近世界舞台中心、前所未有地接近实现中华民族伟大复兴目标、前所未有地具有实现这个目标的能力和信心"这样伟大的历史时刻，这是中华民族又一个新的三千年未有之大变局！中国学术的重建从未像今天这样迫切，崛起的中国需要有自己的学术建构与话语体系，国家的发展从未像今天这样需要学人提供思想与智慧。"为天地立心，为生民立命，为往圣继绝学，为万世开太平"，将安静的书桌和沸腾的生活融合在一起，把学术的追求与民族的复兴集于一体，这就是我们这一代学人的使命，也是我们这个研究院 20 年来最根本的文化传统。北外中国海外汉学研究中心正是继承了这个学术传统，潜心学术，以学术之公心，为整体学术的发展埋头做好基础性文献翻译和整理工作。"尊德性，道问学"，这是我们的院训。季羡林先生曾是中心的名誉主任，任继愈先生曾长期担任《国际汉学》主编，汤一介先生生前一直是研究院的学术顾问。在前辈大师的引导下，在张岂之、李学勤、乐黛云、袁行霈、楼宇烈、戴逸、严绍璗等国内学术前辈的指导帮助下，在谢和耐、汪德迈等这些国外学术大家的支持下，我们守住了安静的书桌，紧紧抓住中国文化在世界的发展这个主题，将"西学东渐"和"中学西传"放在世界的整体中加以研究。20 年的耕耘得到了学术界的认可。

在这本书的写作中得到了麦克雷教授、梅谦立教授、任大援教授等许多学者的帮助，在此表示感谢。20 多年来我带出了一批学生，在治学的路上我们之间切磋学问、交流思想。我与他们亦师亦友，从这些年轻的学生身上我学到了很多东西，他们的成长，他们在学术上的进步是对我最大的安慰。在写作这本书时，我的学生罗莹、张明明、蒋薇、李慧、蒋雯燕、马丽媛、谢明光、李婷、伍昕瑶等也在各个方面给予我支持，我也将他们的译作作为附录收入书中。"平生风谊兼师友"，我希望在我这块小小的铺路石上能走出中国学术有希望的新一代。

今年我已经从学院的行政岗位上退了下来，这本小书是我献给研究院 20 周年生日的礼物。

"雄关漫道真如铁，而今迈步从头越。"愿国际中国文化研究院在未来的征程中不断取得新辉煌。

张西平

2016 年 5 月 29 日

写于岳各庄东路阅园二区游心书屋

（笔者《儒学西传欧洲研究导论》后记，北京大学出版社 2016 年出版）

尊德性道问学

　　收入这本书的论文是我近年来的一些新的研究成果,也有一些文章是从过去 20 余年研究中挑选出来的论文,加以修订补充后编辑在一起的。我原本做西方哲学研究,后在任继愈先生指点下进入明清思想史中的西学传入及影响研究,先生让我看侯外庐先生的书,介绍我去拜访何兆武先生,由此迈开了第一步。从 1990 年开始,我基本告别了原有的研究学科,一头扎入这个新的研究天地。一切从头来,国家图书馆的港台室曾是我每日读书的地方,那时搬回家中的复印材料至少有两人之高,真幸运当时在国家图书馆工作,使我能阅读到这个领域的各类文献。当时在中国能看到《天学初函》《天主教东传文献》的地方并不多。一进入这个研究领域,它的复杂性和多维性就激起了我极大的好奇心,特别是在欧洲访问期间查阅到的各类文献,使我感到这是一个极其广阔的世界。在这样一个跨学科、跨语言、跨文化、跨国别的研究领域,我深感自己知识之不足,能力之有限。于是,重读中国历史,再读基督教神学,重新学习语言,在欧洲四处游走,访友人,查文献。一路艰辛,20 多年来跌跌撞撞走到今天。从西人东来到中国文化西传,这是中国和欧洲第一次在思想和文化上如此深入互动的年代。这本文集试图反映我自己力图从西学东渐和中学西传两个方面把握那个时代的学术想法。无奈自己学术修养、知识积累和语言能力都不够,只能是抛砖引玉,为中国学术的发展做一点前期的准备。回想起治学的历程,我首先感谢任继愈先生给我指出了明清传教士研究这个研究方向,感谢戴逸先生、谢方先生、黄时鉴先生、汤开建先生、任大援先生等在清史、中外关系史和中国思想史研究上对我的帮助;感谢严绍璗先生、耿昇先生、金国平先生、孟华先生、阎纯德先生等在汉学研究和比较文学方面给我的帮助和指点;感谢卓新平先生、卢龙光牧师、赵建敏神父等在宗教学上对我的帮助。当然不能忘记带我走向这条研究之路的德国汉学家弥维礼先生(Wilhelm K. Muller),在欧洲访问期间多次给我帮助的沙博理神父(Jean Charbonnier)、梁作禄神父(Angelo S. Lazzarotto)、马雷凯神父(Roman Malek)以及马西尼教授(Federico Masini)、郎宓榭教授(Michael Lackner)、施寒微教授(Helwing Schmidt-Glintzer)、巴斯蒂教授(Marianne Bastid-Bruguière)等汉学家朋友。

1996 年我从德国访学回国后从国家图书馆调到了北京外国语大学工作。感谢程裕祯院长给了我海外汉学研究中心这个学术平台,感谢陈乃芳校长、郝平校长、杨学义书记、陈雨露校长、彭龙校长、韩振书记、金莉副校长、孙有中副校长、张朝意处长等北外领导对海外汉学研究中心的关心和扶持,感谢程裕祯教授、吴宗玉教授、魏崇新教授、丁超教授、薛庆国教授、文秋芳教授、陈国华教授、王克非教授等北外的各个学院和专业的老师对中国海外汉学研究中心的支持,使它从一个人的"三无"研究所发展到今天,成为北外学术研究的重镇。特别是当北外把中国介绍给世界作为自己的新的战略使命后,海外汉学研究中心开始将基础性学术研究与中国文化走出去的国家使命集于一身,承担起了更大的责任。

20 多年来自己教书育人,课上课下与学生结下了很深的友谊。我是历来反对汉儒的"私相传授,恪守师承师法,不敢越尺寸"的师生关系的。尊德性,道问学,亦师亦友,化文为心,这才是一个学术团队的基石。本书也收入了几篇我的学生和朋友的翻译之作,作为附录,放在文章之后。在这里,对这些年来一直与我切磋学问的所有学生们表示感谢,感谢他们对我的帮助。平生风谊兼师友,一蓑烟雨师生情。在他们青春的脸庞上,我已经看到中国学术研究的前景,学术的未来属于他们。我们这一代人做好一个铺路的石子就已经心满意足了。收入书中的文章虽已尽心,但面对学术的沧海,不过是一束浪花而已,文有不足,论有所短,期待以文会友,指点不足。

　　冯友兰在其所写的西南联大碑文中说:"并世列强,虽新而不古;希腊罗马,有古而无今。惟我国家,亘古亘今,亦新亦旧,斯所谓周虽旧邦,其命维新者也。"今日之中国正处在千年未有的巨变之中,诚如先生所说"周虽旧邦,其命维新者也"。我辈能目睹国家之兴旺,民族之复兴,实为万幸! 能恰逢中国学术重建之重要时刻,展开自己的研究,真是天赐良机。余历经磨难,学识不足,只是尽力而为,以不负这个伟大的时代。几年前我六十周岁时,在欧洲旅行途中写过小诗一首,今天仍能表达我的心情,作为这篇跋的结语。

六十抒怀

——2008 年写于巴黎戴高乐机场

塞纳河边夕阳红,

翻书已到罗马城。

四海寻踪兴亡事,

五洲书写青春梦。

海涛万里常伴客,

心思百年故园情。

文章书写继绝学,

安得心静小楼风。

张西平

丙申年孟春写于北京岳各庄东路阅园二区游心书屋

　　(笔者《交错的文化史:早期传教士汉学研究史稿》跋,学苑出版社 2017 年出版)

十年老尽少年心

　　一晃我已经到60岁,人生如白驹之过隙,岁月催人老啊!

　　我的正规学术道路起步比较晚,23岁离开大别山的农村知青生活,当兵后在当时的总后襄北五七干校服役,很有幸在那里遇到了当时的总后才子、后来担任总后参谋长的蒋胜祥等一批军内的知识分子,并于1974年进了当时总后的一个政治教员培训队学习。训练虽不太正规,但总算可以读书了,当时年轻,没有外语可学,每天清晨就迎着襄北的朝阳背唐诗和宋词,傍晚在夏夜的凉风下听老教员们讲往日的故事。正是在襄北的旷野上我开始恢复了高中时代对文学的爱好,对思想的好奇,迈出了走向以后学术的第一步。32岁时从湖北襄樊的总后干部学校考入北京的解放军政治学院,开始比较正规的学术训练,40岁时才完成了研究生教育。记得1988年从社科院研究生毕业时,我要比同班年龄小的同学整整大一轮,在班上我是老大哥。读研究生时,我的专业是当代西方哲学,方向是西方马克思主义,论文选的是卢卡奇研究,导师是徐崇温先生。在哲学所的三年使我发生了彻底的转变,对学问、人生的看法都和以前有很大的不同。当年在哲学所读书时,贺麟先生、杨一志先生、王玖兴先生、容肇祖先生、王明先生、虞愚先生都还在,当时叶秀山先生是我们的系主任,他还专门给我们安排这些老先生上课,我由此结识了这些学术前辈。1994年,我到德国访问,还是贺麟先生给我写的推荐信,出国前,贺先生的高足范进领我到干面胡同 8 号看望了贺麟先生。我们班是哲学所从 1978 年正式招收研究生以来招生人数最多的（32 人），也有人说我们的人数不如 1978 年的第一届多，反正人数是比较多的，不是第一也是第二。这样不仅班上思想、学术十分活跃，也使我们很容易通过同学和所里的老师们见面交谈。当时李惠国老师是副所长，他的 8 个学生都在我们班，因此对我们班特别关照，记得第一次开班里的晚会，他按时到会，放声高歌，充满了青春的活力。和吕祥同学一起到叶秀山老师的小书房坐坐，是经常的事；我当时跟着我的好友李青同学到薛华老师那里听了他所有的课，薛老师一直把我看成他的学生，对我十分关心；最热情的莫过于吴仕康老师，当时我和邵滨鸿选了他的南斯拉夫实践哲学的课，每次课后他都留我们在他家吃饭，十分亲切。经杨煦生同学的介绍，我也认识了李泽厚先生，他听说我在做卢卡奇，就支持我把《社会存在的本体论》翻成中文，并亲自把他手中的《社会存在的本体论》中的《劳动》等三章英文版给我，这也是我后来组织完成《社会存在的本体论》中译本的原因之一。哲学所的王树人先生、梁存秀先生、马泽民先生、涂纪亮先生、陈筌泉先生、姚介厚先生等在我读书期间都有所教诲，正是在他们的引导下，我开始进入学术的殿堂。

80 年代是一个思想狂飙的时代，哲学所当时是这个思想狂飙的中心之一。当时在哲学所最活跃的是 1978 年的第一批研究生，景天魁、吴元梁、苏国勋、王鹏令、徐友渔、周国平、李鹏程、程志民等人，组织出书，发文章，在社会上很有影响。苏国勋对我最为关心，我和他一直有着密切的联系，后来我在三联书店出版的第一本书也是他推荐的。1996 年初，我从德国回来后，吴元梁一直积极活动希望我调到哲学所来，对吴元梁、徐友渔、李鹏程等这些学兄们的关心和帮助，我一直记在心里。

距 1988 年从哲学所毕业已经整整 20 年了，回忆起那 20 年前的往事，仍历历在目。我感谢我的导师徐崇温，是他把我领进了哲学所,我至今怀念所里的学术和文化氛围,正是那种学术和文化氛围,熏陶着一代又一代的年轻学子走向学问之路。

1991年,在叶秀山、王树人、姜国柱等先生的帮助和介绍下,我认识了任继愈先生,并很快调进北京图书馆工作。我终于度过了自己最困难的一段时间,在新的环境开始工作。

从西方哲学的研究转向中西哲学比较研究和西方汉学研究,这是我中年后完成的最大的学术转换。现在我做汉学(中国学)研究已经十余年,在这个领域我是一个后来者。国内汉学(中国学)研究的开拓者是社科院已故的孙越生先生和北大的严绍璗先生,但在任继愈先生和李学勤先生等前辈学者的鼓励下,我慢慢进入了这个领域,更重要的是,在这个领域的研究中我找到了自己的兴奋点,并从它的挑战性中提升了自己的知识和思想。

所谓的兴奋点,首先就是这样一种研究是和中国自己的文化紧紧相连的。只做西方哲学时,总感觉是在讲别人的故事,而一个生活在中国土地上的学者如果对自己土地上的故事没兴趣,或者自己的研究和所赖以生活的土地没有关系,总有一种无根的感觉。特别是我在经历了一场风暴后,在个人生活发生了重大的变化之后,这种感觉更为强烈。我开始考虑必须转向中西之间,把西方的学问和中国的学问结合起来做。恰在这时,任继愈先生鼓励我可以做些西方的汉学研究,从明清之际的来华传教士入手,探索西学进入对明清之际思想的影响。任先生说,你是做西学出身的,对传教士的思想背景要熟悉些,这是一个好的切入点,而对这一段做中国思想史和做中国哲学史的人一直做得不理想。先生一席话,使我看到了新的方向。

当时我所在的北京图书馆参考研究部的王丽娜老师一直在做国外汉学研究,这样在北图很快就有了一个小的学术圈子。后来在焦树按先生的领导下,我们研究部开始筹划《国际汉学》的出版,这是1991年的事。一进入这个领域,我便发现国外汉学(中国学)

研究领域空白较多，在这个领域中几乎每一步都在开拓，都在创新，这使我在研究中有一种兴奋感，新鲜感。前人研究的成果积累较少，这在文科研究中是很少见的，这为研究者提供了一个广阔的学术空间。但这并不意味着对海外汉学（中国学）的研究可以马到成功，其实只要认真查一下有关海外汉学（中国学）的学术著作就会发现，国内出版的绝大多数汉学（中国学）著作主要是译著，真正的研究著作屈指可数。国内学术界除北大的严绍璗等极少的几位学者外，大多数的研究者尚拿不出令人信服的作品。所以，我一直认为，汉学（中国学）的热是虚热。为什么会这样呢？大家都认识到了海外汉学（中国学）的重要性，都在说汉学或中国学，但真正将其作为自己研究对象的人并不多。还有一个原因是，对海外汉学（中国学）的研究是一个跨学科、跨文化、跨国别、跨语言的研究，它对研究者的学术要求是比较高的。要有较好的国学专业学科的训练，要有较好的外文研究能力，要有比较文化的视野。我自己原是做西方哲学的，学识有限，因而，初做汉学（中国学）时困难很大。特别是我的研究方向定在西方早期汉学研究，在语言上要求较高，使我花了很长时间学习德文和拉丁文、法文。做这门学问似乎语言的学习永远不能停止。1996年底我调入北京外国语大学海外汉学中心以后，研究的条件好了许多，有了一个稳定的学术环境，这样，自己也慢慢进入了状态。

一个人在中年时进行学术的转向是一件很不容易的事，这对自己是一个很大的挑战。但我已在战战兢兢中慢慢走了过来。古人云，"为学大益，在自求变化气质"，正是在对海外汉学的研究中，在梳理明末清初中西文化交流史的探索中，我对生命、学问、功名都有了自己新的理解。"去国十年老尽少年心"，我再也没有了"倚天万里须长剑"的英气，再也没有学术以外的任何幻想，再也不想在学术上做什么惊天动地的大事，而更愿在一点一滴的学问中使自己的根深深扎在自己的土地上，在一砖一瓦的辛勤工作中为学生们的成长铺好路基,为中国学术做个铺路石。

这些年一心为学,出书、编书、译书,写了不少关于海外汉学、中西文化交流史方面的书序、后记和书评。积画以成字,积字以成句,积句以成篇,谓之文。或长或短皆为心声。这本书中也有我游走四海所写下的文字,以文载道也好,诗言志也好,都是"立言"。载道之文在理,言志之文在情,我愿将这些文字献给把我领入学术殿堂的师长,我想把在这些跳动的文字中所流露出的感情,献给这些年来帮助过、关心过我的所有朋友。

张西平

2009 年 6 月 22 日写于北京枣林路游心书屋

(笔者《东西流水终相逢》后记,生活·读书·新知三联书店 2010 年出版)

站在学术发展的新起点上

——写在中国海外汉学研究中心成立之际

    在北京外国语大学海外汉学研究中心成立十周年之际,北外决定将中心名称改为"中国海外汉学研究中心",这一名称的改变既是对海外汉学研究中心过去十年来工作的充分肯定,也表示了北京外国语大学在学术上新的抱负和理想。郝平校长在最近的文章中指出:"北京外国语大学现在已经将海外汉学研究工作作为全校教学与科研工作的重点,整合全校的力量,使北京外国语大学在很好地完成'将世界介绍给中国'的重大使命同时,开创'将中国介绍给世界'的新的历史使命。在中国走向世界的重大历史关头,我们必须从全球的角度规划中国学术与文化的发展,以世界的眼光审视域外对中国的评价和研究。北京外国语大学具有完成这一历史使命的学术积累和文化积淀,具有承担起这一重任的视野和能力。"这是北外在学术上新的宣言,"将中国介绍给世界",这是发展的中国赋予北外的新使命,通过对海外汉学(中国学)的研究,在世界范围内书写中国学术与文化,这是中国文化自信与自觉的表达。

    在过去的十年中,北京外国语大学海外汉学研究中心坚持以学术研究为本,以中国文化的重建为其理想,以学术的积累和整体建设为其着眼点,不求一时之轰动,不做媚俗之举作,扎扎实实展开自己的研究,从而得到了中国学术界和海外汉学界两个方面的高度评价。在中心成立八周年时,我们将自己的学术传统概括为三点:第一,以历史为基本线索,梳理中国文化外传的历史、途径和机制。第二,以基督宗教为中心,重点研究在"西学东渐"基础上的传教士汉学,奠定研究西方汉学的根基。第三,推动汉学与中国学术的互动,并以比较文化为方法对海外汉学做系统的学术史研究,从而揭示中国近代学术形成的外部机制,以世界的眼光重审中国近代学术的发展。我们将这三点概括为:"在历史中探中西会通,在神圣中究天人之际。"

十年的青灯黄卷,十年的孜孜以求,使我们研究所有了自己的学术积累,有了国内外学术界的认可。"人事有代谢,往来成古今。"今天,我们又站在新的历史起点上,新成立的"中国海外汉学研究中心"将在以下四个方面展开自己新的事业:

第一,成为中国文化海外传播发展研究中心。

它将以中国的和平崛起和发展为其依托,通过海外汉学(中国学)的研究,向世界展示中国文明特有的魅力,介绍中国和平发展的前景,把从学术的角度重塑中国的世界新形象作为自己的历史使命。通过对海外汉学家这支域外中国文化的传播者和中国形象的塑造者队伍的研究,为中国文化的海外发展提供学术的支持,使我们能从中国在全球发展的战略高度,来规划中国文化在海外传播全局,来通盘考虑中国文化和学术在世界的传播的方法和手段,为中国文化和学术在世界范围内的发展做整体性、全面性的学术研究,为增强中国的软实力做出贡献。

第二,成为中国海外汉学(中国学)学术研究中心。

将海外中国学纳入其研究范围,通过这种学术研究范围的扩展,将海外的传统中国研究和现实中国研究作为一个学术整体来把握,从而真正了解各国中国观的发展与流变,将海外汉学(中国学)的研究提高到一个新的阶段。

第三,成为中国学术界与海外汉学界(中国学界)的学术交流中心。

　　中国是汉学的故乡,她理应成为全世界汉学(中国学)研究的中心,中国学术界有责任在全世界的汉学研究中发挥主导性作用。"中国海外汉学研究中心"将把推进域外中国研究作为其基本的任务,把中国学术界与海外汉学界的互动与联络作为自己的基本使命,使"国学"的发展有一个世界的舞台,通过海外汉学的研究,在世界范围内书写中国学术与文化。

　　第四,成为全国域外汉学(中国学)的出版中心和中国文化的翻译出版中心。

　　目前,在全球范围内每年出版数百部关于中国研究的学术著作,但国内的海外汉学(中国学)著作的翻译出版刚刚起步,在出版的内容上主要侧重于英语国家。本中心将与中国学术界合作,遴选海外汉学(中国学)的精品出版,以推动中国学术与海外汉学(中国学)的互动;制订中国文化典籍的翻译出版计划,使中国文化以多语种的形式,真正走向世界;将外译中和中译外这两项工作统一规划,整合两种学术方式,依托北京外国语大学的语言和学术力量,调动全国各外语大学的积极性,使中心成为全国海外汉学(中国学)出版的学术规划者,成为中国文化典籍的翻译的学术组织者。

　　"究天人之际,通古今之变",几千年来中国知识分子一直有着伟大的胸怀,在中华民族伟大复兴的历史关头,我们仍是"风尘三尺剑,社稷一戎衣",将中国文化的重建与发展作为其学术研究的灵魂与动力,通过海外汉学(中国学)研究这个新天地,实现我们的"独立之精神,自由之思想"的学术追求。

2006 年 6 月 30 日

(在北京外国语大学中国海外汉学研究中心成立大会上的发言)

文章千古事　篇篇文人心

　　清晨,当站在家中遥望东方的鱼肚白渐渐退去,朝霞染红了天空时,我每日的写作正进入佳境。七年多春去夏来,秋落冬至,当书稿渐渐积攒起来时,两鬓也渐有霜色。文章千古事,篇篇都是文人心,字字都是岁月敲成。刘勰在《序志》篇说:"盖〈文心〉之作也,本乎道,师乎圣,体乎经,酌乎纬,变乎骚,文之枢纽,亦云极矣。"因为刘勰崇儒,他把士人的写作拔高到了前所未有的程度,"道沿圣以垂文,圣因文以明道。"在商业化的社会里,这样去作文写作,已被讥笑。当下,在写作已成"码字"的时代,字与文也开始论价而作。其实,文成圣,以成道统,或"码字"以成为财源之道,不过是摇笔写作的文人们的两端。古往今来,大多数文人在为稻粱谋的写作中很少成为腰缠万贯的富翁,多少个怀抱着横空出世,成为一代文圣、哲王的孤独思考者,在茕茕孑立,在苦思冥想中聊度一生。

　　写作对我来说已不是谋财之道,更谈不上烁字以成千古圣书。"传道、授业、解惑",这是师之德,传承知识,延续文脉,这是文人教书匠的本色。课题对我来说只是外在的形式,探索与好奇才是内心写作之动力。因身处三千年未有之大变局之中,无论是知识的叙述还是思想的梳理,似乎一切都在重新开始。思想的彷徨与新知的求索,成为每日敲字谋篇的推动者。"古人云:'形在江海之上,心存魏阙之下。'神思之谓也。文之思也,其神远矣。故寂然凝虑,思接千载;悄焉动容,视通万里;吟咏之间,吐纳珠玉之声;眉睫之前,卷舒风云之色;其思理之致乎!故思理为妙,神与物游。神居胸臆,而志气统其关键。"这话说得有几分道理,没有心之动,哪来文之彩,没有思之虑,文何以舒卷风云之色,动人心魂之中?

这本书大约就是我的新知之求索、心虑之疏解的一个结果。

当合卷掩书,止笔长叹之时,六年前申请课题时的情境还历历在目。郝平校长亲临考场,慷慨陈述,在得知他只是我课题下的一个子课题负责人时,评委们大为动容。事后得知,评委们感到在当今大学少有校长甘于在一名教授之下做课题,并为之奔走。在官本位已成大学痼疾的今天,这恐怕是一个奇迹。北外海外汉学研究中心之所以在北外渐入学校主流,并最终成为北外"将中国介绍给世界"这个新战略方向的学术柱石,得益于郝平校长主政之时。今天,我这本书也算是给老校长一个郑重的交代吧。

六年来云展云舒,星移物换,我的多位学生在写作中帮我抄录资料、翻译文献、整版画表,没有他们的协助,这部书不会是这个样子。他们青春的面孔和学术的热情一直记在我的心头:杨慧玲,马丽娟、李颖、郭磊、全慧、刘美华、郭瑶、康泰一、林潇潇、于美晨、刘国敏、李青、王雯璐、程熙旭、蒋雯燕、胡文婷、潘琳、王寅冰、陈茜等,在这里对他们的帮助表示感谢。

这本书的主题是从古典文献的翻译角度切入海外汉学的研究,如此跨度,绝非一人之能。尽管我采取了宏观把握、微观入手的写作方法,试图龙虫并雕,在每个时期只是择取人物—机构—刊物这样三个点来进入一个时代,但知识的挑战对我来说仍是前所未有的。为寻找文献,我几度前往欧洲图书馆,期间德国汉学家郎宓榭教授、施寒微教授、李文潮教授,意大利的马西尼教授、麦克雷教授、樊蒂卡教授,法国巴斯蒂教授、何碧玉教授、沙百里神父都给予不同的帮助,没有他们这本书也不会成为这个样子。谢谢这些同行朋友们,游走于学术的天地之间,此时方真正体会到学术乃天下公器的本质特点。

　　刘勰在《风骨》篇中说:"《诗》总六义,风冠其首,斯乃化感之本源,志气之符契也。是以怊怅述情,必始乎风;沈吟铺辞,莫先于骨。……故练于骨者,析辞必精;深乎风者,述情必显。捶字坚而难移,结响凝而不滞,此风骨之力也。"古人之文章,思情并茂,令人百读不厌。而今我辈至开始学会写学术论文后,呲牙咧嘴,文章面目狰狞,才情已荡然无存,风骨已无踪影。"盖文章,经国之大业,不朽之盛事",这样的佳作已经难寻。自己也已习惯于学术论文的写作模式,无力自拔,每每在书的后记中试图做一突围,舒以真情。

　　文章千古事,得失寸心知。以此为后记。

2013 年 10 月 11 日初稿

2017 年 4 月 17 日定稿于游心书屋

　　（笔者《20 世纪中国古代文化经典在域外的传播与影响研究导论》后记,大象出版社 2018 年出版）

在世界范围内梳理中国
文化外传的历程
——与大象出版社十五年合作记

一

　　梁启超当年在谈到中国历史的研究时曾说过,根据中国历史的发展,研究中国的历史可以划分为"中国之中国""亚洲之中国"以及"世界之中国"三个阶段。所谓"中国之中国"的研究阶段是指中国的先秦史,自黄帝时代直至秦统一。这是"中国民族自发达自竞争自团结之时代"。所谓"亚洲之中国"的研究阶段,是为中世史,时间是从秦统一后至清代乾隆末年。这是中华民族与亚洲各民族相互交流并不断融合的时代。所谓"世界之中国"的研究阶段是为近世史,自乾隆末年至当时,这是中华民族与亚洲各民族开始与西方民族交流并产生激烈竞争之时代。由此开始,中国成为世界的一部分。

　　梁公这样的历时性划分虽然有一定的道理,但实际上中国和世界的关系是一直存在的。尽管中国的地缘有一定的封闭性,但中国文化从一开始就不是一个封闭的文化;中国和世界的关系,并不是从乾隆年间才开始。中国文化在东亚的传播,如果以汉籍传入为起点已经有 1000 多年①,中国和欧洲的关系也可追溯到久远年代,在《汉书》中已经有了"大秦国"的记载②,而早在希腊拉丁作家的著作中也开始有了中国的记载,虽然在地理和名称上都尚不准确③。我曾将西方对中国的认识划分为"游记汉学阶段""传教士汉学阶段"和"专业汉学阶段"三个阶段④,虽然这样的划分有待细化,但大体说明欧洲人对中国认识的历史进程。这说明中国文化从来就不是一个完全封闭性的文化,它是在与外部世界文化的交流与会通中发展起来的。因此,在世界范围展开中国文化的研究,在世界范围内梳理中国文化外传的历程,这是中国文化的历史本质所要求的。唯有此,才能真正揭示中国文化的世界性意义。

二

由北京外国语大学中国海外汉学研究中心(以下简称北外汉学中心)所主持,由大象出版社出版的"国际汉学书系"正是秉承着这样的学术理念展开着自己的学术研究和学术出版。这套书原由已故的学术大师任继愈先生主编,他在书系的总序中说"为了涵盖古今汉学进展的全面状况,本书系分为三个系列:一、西方早期汉学经典译丛(翻译);二、当代海外汉学名著译丛(翻译);三、海外汉学研究丛书(著作)"。这样三个系列的安排表示着编者对展开中国文化在域外传播和影响研究的基本设想和理解。

---

① 参阅严绍璗:《日本中国学史》,江西人民出版社,1999 年。
② 参阅〔德〕夏德著,朱杰勤译:《大秦国全录》,大象出版社,2009 年;〔美〕费雷德里克·J·梯加特著,丘进译:《罗马与中国》,大象出版社,2009 年;〔英〕H·裕尔著,张绪山译:《东域纪程录丛》,云南人民出版社,2002 年。
③ 〔法〕戈岱司编,耿昇译:《希腊拉丁作家远东古文献辑录》,中华书局,1987 年。
④ 张西平:《欧洲早期汉学史:中西文化交流与西方汉学的兴起》,中华书局,2009 年。

　　"西方早期汉学经典译丛"。西方汉学大体经历了"游记汉学""传教士汉学""专业汉学"三个时期。这里所说的西方早期汉学主要指"传教士汉学"。这一时期的汉学研究较之"游记汉学"时更为可靠、更为准确,我们研究这一时期的西方汉学在学术史、思想史上都有着十分重要的意义。首先,对中国来说,明清之际是"天崩地裂"的大变动时期,这一时期不仅有满人入关、明亡清兴、改朝换代这样的大事,还有西方文化的传入、天主教的入华。中国传统思想第一次与西方思想相遇。徐光启的入教、李贽与利玛窦的相见对中国思想文化来说都具有划时代的意义。震动中国文人的不仅仅是天学、算学、地图、自鸣钟,还有一整套与之伴随而来的宇宙观念、思维方法、宗教信仰。

　　心学衰而实学兴。乾嘉汉学的大师们重考证、讲版本,开始抛弃空疏的心性之学而向经世之学转化,这里不能不讲传教士所介绍的西学的作用。梁任公认为"清朝一代学者,对于历学算学都有兴味,而且最喜欢谈经世致用之学,大概受到利、徐诸人影响不小"。胡适认为中国文艺复兴时期的大师们如顾亭林、阎若璩、戴震都曾先后受启于利玛窦等人的著作。这样,我们看到如果我们把入华传教士的中外文著作纳入西方汉学的整体历史发展之中,那么对西方早期汉学的研究实际上是与明清思想史的研究紧紧连在一起的。

　　其实,对中国来说,早期汉学的研究意义还不仅仅在于学术的梳理与发展上,它对于我们重新审视中国近代文化变迁,对于当代中国文化的重建都有着重要的启示意义。对前者来说,晚清以降的思想裂变一直是中国学界所关注的焦点。现在看来对中国近代思想文化的变化的探寻必须上溯到明清之际,必须将视野扩展到传教士的中外文著作和徐光启等人的思想。一旦视野扩展到明清之际,就会对中国传统文化的转型有一个更为全面的思考。

　　对西方来说,对早期汉学的研究至少有两层意义。从学术而言,1814 年以后的专业汉学是在西方早期汉学的基础上发展起来的,尤其是我这里所特指的"传教士汉学"。雷慕沙 1815 年 1 月 16日在法兰西学院第一次开汉语课时,用的是马若瑟的《汉语札记》的手稿,而约瑟夫·德经则一直保持着与宋君荣的联系,并将整理宋君荣的遗稿作为其研究任务,法国 19 世纪东方学的巨头们则一直关注着传教士汉学名著《中国杂纂》最后一卷的出版。"专业汉学"在其诞生的初期,其学术文献和资料都是在传教士汉学的基础上发展起来的。今天西方汉学已成为西方庞大东方学术体系中的重要一支,我们若要把握好西方汉学发展的历史及其来龙去脉,则非要从西方早期汉学入手不可,因这是其整个学科的根,也是它的全部基础。

从思想史来看,西方早期汉学已构成西方近代思想文化变迁的重要因素。自大航海以来,西方文化在精神侧面一直在发生着变迁,神奇的东方一直是西方文化关注的方向。尤其是经"礼仪之争"之后,中国一下子搅动了整个西方。耶稣会、道明会、巴黎外方传教会及其他各个入华修会的传教士纷纷著书写文,申辩自己的立场,一时闹得沸沸扬扬,以致当时的法国人对中国各省份的情况甚至比对法国本土还要熟悉。这期间西方早期汉学的文献发挥着重要的作用。当时法国最伟大的历史学家圣西门说,"这场礼仪之争产生了惊人的后果"。

这"惊人后果"之一,就是一批启蒙思想领袖利用传教士汉学成果,中国传统思想经过他们的剥离与解释成为其战斗的武器和旗帜。

"惊人后果"之二,就是引发了持续将近 100 年的欧洲"中国热",中国文化已不仅仅是在思想家的书斋中孕育,催生出启蒙的思想,而且在大众生活中成为一种时尚。在这个意义上,传教士汉学实质上是近代欧洲文化思想史的一个重要内容。若不从欧洲思想本身的变迁来研究这批文献,就无法评估其真正的价值和意义。

　　这样，我们看到对"西方早期汉学"的研究无论是对中国，还是对欧洲，都是极为重要的学术论题，尤其是对重新理解世界体系，打破"欧洲中心主义"的理论框架有着重要的意义。

　　大象出版社"国际汉学书系"中的"西方早期汉学经典译丛"所出版的书基本上揭示了西方早期汉学的多重学术意义。这个系列中不仅每一本书都是西方早期汉学的精品之作，其中有些书在当下的世界学术范围内也极有原创的价值。例如由捷克汉学家高马士从拉丁文翻译成捷克文，而后由北外欧洲语言文化学院丛林教授翻译成中文的，捷克来华第一人严嘉乐的《中国来信》目前在全球范围内只有中文版和捷克文版，没有英文版；同样，德国哲学家莱布尼茨的《中国近事》，在德国学术史上具有重要的意义，但目前这本书没有德文的全译本，而只有中文的全译本，因为，当年用拉丁文出版时在华传教士苏霖的一封近3万字的长信，即便对今天的德国学者来说完全翻译成德文也有相当的困难，但北外海外汉学研究中心组织汉学家直接将其从拉丁文翻译成了中文。可以这样说，大象出版社出版的这套"西方早期汉学经典译丛"在今天的全球学术范围内都具有着原创性，中文出版界在这方面已经开始领先于英文出版界。

　　"当代海外汉学名著译丛"侧重当代域外的著名汉学家著作的翻译，在这个系列中几本关于西方当代汉学家对儒学研究的翻译著作尤其应引起注意，顾立雅的《孔子与中国之道》、葛瑞汉的《中国的两位哲学家：二程兄弟的新儒学》、于连的《〈经由中国〉从外部反思欧洲——远西对话》、罗哲海的《轴心时期的儒家伦理》，可以说本本都是经典，本本都是好书。在中国文化和思想重建的今天，中国本土的学者"今天必须面对一个不容忽视的事实：从日本、欧洲到北美，每一天都有关于中国古今各方面的研究成果问世。如果我们继续把这些成果都称之为'汉学'，那么'汉学'与中国本土的'国学'已经连成一体，再也分不开了"（余英时）。实际上汉学（中国学）

的引入使学术转型中的中国本土学术界有了一个参考系,并为我们从旧的学术"范式"中走出,达到一种新的学术创新提供了一个思路,如何立足中国本土的学问,在借鉴汉学的域外成果上,从我们悠久的文化传统中创造出新的理论,这才是我们真正的追求所在。

中国是汉学的故乡,对中国文化的学术研究中国学者自然有着国外学者不可比拟的优势,在世界范围展开中国文化的研究开阔了我们的学术和文化视野,促进了我们观念和学术的发展,引进域外中国文化研究的成果是为了我们自身学术和文化的变革与发展,因此,立足中国文化的立场,会通中外,打通古今,通过对域外的中国文化研究做建设性的学术对话,推动中国学术的发展和文化的重建,也成为我们出版这一系列出版物的根本目的。

"海外汉学研究丛书",这个系列主要是反映中国学术界对域外汉学研究的成果。在这个系列中,《西方中国古代史研究导论》《神体儒用的辨析:儒学在日本历史上的文化命运》《传教士与法国早期汉学》《汉学发达史》《俄罗斯汉学史》《欧美汉学研究的历史与现状》《传教士汉学研究》《莱布尼茨思想中的中国元素》从不同的侧面揭示了从中国近代以来中国学术界对域外汉学研究的历史,虽然种类不多,但基本涵盖了近代以来这一学术领域的研究史,在国内诸多的关于海外汉学的出版物中,只有大象出版社的这套书具有这样的学术视野。

三

近年来,中国学术界对域外汉学的热情前所未有,各种关于域外汉学的翻译丛书、研究丛书先后不断出版,但像大象出版社的这套"国际汉学书系"这样具有明确学科意识、清晰的学术理念的丛书并不多见。这个书系有三个最明显的学术特点:

第一,注重从原典上展开对西方汉学史的梳理。"国际汉学书系"的主旨就是探索中国文化在世界各国的传播与影响，对在世界范围内展开的中国文化研究给予学术的观照。在中外文化交流史的背景下追踪中国文化典籍外传的历史与轨迹，梳理中国文化典籍外译的历史、人物和各种译本，研究各国汉学（中国学）发展与变迁的历史，并通过对各国重要的汉学家、汉学名著的翻译和研究，勾勒出世界主要国家汉学（中国学）的发展史。

李学勤先生认为，当下国内的汉学研究主要是汉学史研究。这是一个很重要的论断。如果梳理不清西方汉学发展的历史，你就很难说清它的学术意义。西方汉学界对此并不是很自觉，尽管也有一些关于他们自己学术史的著作，而对中国学术界来说，从事学术史研究是中国学术治学的重要方法，从《宋高僧传》到《宋儒学案》，中国学术界从古至今都将学术传统的继承作为学术展开的重要内容，这就是"接着说"。近年来，中国学术界加大了对域外汉学史的研究，从而也促使了他们开始注意这个问题，例如《德国汉学：历史、发展、人物及视角》就是德国汉学界近年来开始自觉地对自身学术史的回顾和总结。如果中国当下的国学研究在世界范围内展开，新国学发展的重要内容就是与海外汉学展开对话，那么，关注世界各国的汉学研究，系统梳理各国的汉学历史就成为题中应有之义。在这个方面，北外海外汉学中心做得是比较好的，尤其是对西方汉学史的梳理。在这个书系之外，2008年大象出版社出版的《马礼逊文集》应引起学术界足够的重视，这是近200年来在中外学术史上首次对马礼逊著作的大规模整理，这个文集具有极高的文献价值和学术价值。

对域外汉学史的梳理和研究，系统地把握各国汉学的嬗变、学派、师承。在这个过程中将最有代表性的汉学著作翻译成中文。这个工作虽然已经展开，但对于有着近千年历史的东亚汉学来说，对于有着400年历史的西方汉学来说，学术界仍是有待努力的。系统地翻译和研究各国汉学的名作，梳理各国汉学的历史将是我国学术界一个长期的艰巨任务。

第二,注重汉学研究与国学研究的互动。海外汉学(中国学)从其诞生起就同中国学术界有着千丝万缕的关系,特别是西方汉学,在一定意义上讲,中国近现代学术的产生是和西方近现代的汉学发展紧密联系在一起的,也就是说中国近现代学术之建立是中国本土学者与汉学家们互动的结果。在这个意义上清华国学院院长陈来提出"汉学之国学"是有一定的道理的,如他所说"汉学化的国学是什么意思呢? 就是世界化的,就是跟世界学术的研究接轨、合流的一个新的国学研究",当年以陈寅恪为代表的清华国学院在国学研究上主要是吸收西方汉学和日本汉学的研究方法,将中国的学问在世界学术空间中展开,与国外汉学展开积极的对话,同西方的人文社会科学展开积极对话,这才是今日国学发展之正确的途径。

北外海外汉学研究中心在进行当代汉学名著的翻译出版时,始终将其和当下中国学术的发展紧密相连。1999 年出版《中国的两位哲学家:二程兄弟的新儒学》后海外汉学研究中心就同国际儒联、中国社会科学院哲学所等单位联合召开了"二程哲学国际学术研讨会",张岱年先生亲临会议,发表了重要的讲话。2010 年在罗哲海的《轴心期时代的儒家伦理》一书出版后,海外汉学研究中心同台北中研院文哲所、德国波鸿大学汉学系等单位联合召开了"当代欧美汉学对中国哲学的诠释:以罗哲海为中心"的国际学术研讨会,大陆中国哲学史研究的著名学者陈来、杨国荣、单纯等参加了会议,通过罗哲海著作的出版研讨中国思想的普世性价值,为中国文化的复兴和重建提供学术的基础。

第三,注重汉学研究的多样性。目前,中国大陆对域外汉学的介绍主要集中在对美国汉学和日本汉学(中国学)的介绍,实际上世界各国对中国文化的研究都有着自己的特色,注重汉学研究的多样性是我们展开国际中国文化研究时所必须注意的。在这点上，北外海外汉学研究中心充分发挥了它立足于北京外国语大学的优势，在对域外汉学的翻译和研究上充分注意了汉学的多样性特点。"国际汉学书系"有捷克汉学家高马士翻译的著作《中国来信》，有波兰汉学家爱德华的著作《中国的使臣——卜弥格》，有法国汉学家于连的《〈经由中国〉从外部反思欧洲——远西对话》，有德国汉学家罗哲海的《轴心期时期的儒家伦理》，有西班牙汉学家闵明我的《上帝许给的土地——闵明我行记和礼仪之争》。在对域外汉学的研究上既有对英国汉学的研究，也有对比利时汉学家的研究如《清初耶稣会士鲁日满研究》，既有对德国汉学的研究，也有对俄罗斯汉学史的研究。在这套丛书中我们读到了世界主要国家汉学家的翻译著作，看到了中国文化在全球范围内传播的足迹，体会到了世界各国对中国文化研究的丰富画面。

四

北外海外汉学研究中心和大象出版社的合作已经有了 15 年的历程，任继愈先生去世时我曾写文回忆他在促成这个合作中的重要作用。那是 1996 年的深冬，京城飘起了雪花，当时我和大象出版社的社长周常林、总编李亚娜、副总编崔琰一起走进了任先生南沙沟家中的客厅，这是一次非常难忘的会谈。任先生高度称赞了大象出版社的学术眼光，他说："现在商业化思潮弥漫中国出版界，大象出版社能将海外汉学研究的学术出版作为全社的长期战略发展方向，非常了不起。"大象出版社和任先生有着长期合作的关系，当时由任先生所主编的《中国科学技术典籍通汇》刚刚获得了国家图书奖提名。周社长当时说："由任先生主编的《国际汉学》能在大象出版社出版，标志着大象出版社要长期支持海外汉学研究的出版，要在海外汉学研究出版方面使大象出版社成为全国出版社中的旗帜。"他还设想将来在大象出版社可以设国际汉学学术奖,全球的汉学研究学会也可以落脚在大象出版社。任先生认为,这是一个有远见的想法,他说,随着中国的强大,中国文化也要走向世界,要做好这一点,研究好海外汉学是很重要的。就这样,在任先生的家中定下来《国际汉学》将长期在大象出版社出版,同时大象出版社还将出版由北外海外汉学研究中心主办,由任先生任主编的"国际汉学书系"。

一个出版社连续 15 年和一个研究所合作,无论风云如何变化,无论人事如何变更,双方都矢志不渝,为一个共同的学术理想而努力。15 年风雨春秋,北外海外汉学研究中心已经成为国内研究域外汉学的最重要的学术机构,而大象出版社所出版的《国际汉学》和"国际汉学书系"已经成为其出版的品牌。

这是一个出版社和学术机构合作的典范,它记载着 10 余年来中国学术的进步和出版社对学术理想的追求。

(发表于 2010 年 7 月 6 日《中国图书商报》之《阅读周刊》)

我们这一代人的学问

当一位教授六十岁时,他所在的研究领域中的一些同仁将他们的学术论文汇在一起,出一本集子,以示祝贺。这样的做法,在西方学术界是个传统,朋友们通过自己的学术研究论文来推动这一领域的发展,虽是以文会友,但论文毫无献媚溢美之词。因此,这样的论文集往往成为这一学科或领域研究成果的重要体现。我在做西方哲学和西方汉学史研究时对他们这样的论文集十分重视。

我的同事李雪涛博士毕业于德国波恩大学,对这种传统自然十分熟悉,在这样的想法下,就汇集成了这本祝贺我六十岁的学术论文集。

我在读到这些论文时,立即想到了钱锺书先生一段很有名的话,他说,"大抵学问是荒山野老屋中二三素心人商量培养之事,朝市之显学必成俗学"。这段话点出了学问的本质,学问是为己之学,如孔子所说"古之学者为己,今之学者为人"。荀子说:"君子之学也,以美其身;小人之学也,以为禽犊。"这都是在说,为学主要在自己的兴趣,为自己道德的提升,它与功名、世欲之利没有关系,这就是"素心之人"。在学术日益功利化、世俗化的今天,几位"素心之人"以文会友,论道论学,这是很难得的。孔子曾说:"独学而无友,则孤陋而寡闻。"这话说得也极有道理,从我自己的治学道路来看,如果没有香山红叶下与朋友们漫无边际的散步谈心,没有莱茵河畔举杯畅饮的论学，没有珠江岸边把酒临风评古今的聚会，一句话，没有与朋友的相互切磋与交流，自己的学问永远不会长进。

我是"老三届"高中毕业生，转眼之间，我们这一代人都将先后进入"耳顺之年"。在学术界，从20世纪40年代末到50年代末出生的这一代人，眼下势头正劲，各领风骚。但殊不知，我们这一代人独特的生命历程造就和决定了我们的学问与志向。我们这一代人下过乡，在泥巴中打过滚，知道山峦乡村之苦；当过兵，扛过枪，经历过那种八百里狼烟无人迹和沙场秋点兵的场面；做过工，在火烧烟燎的车间抡过锤，在人声鼎沸的码头扛过包。正是带着这样的社会阅历，我们在80年代进入了学堂，开始自己的学习生活。

80年代是个狂飙的时代，反叛的时代，批判的时代。告别了60年代以来那种空疏沉闷的学术叙事，在疯狂的西学热潮中，学习新知识、探索新理论，眼界从此开阔；被压抑的求知热情一下子爆发了出来，念外语，读洋文书；学历史，沉醉于古籍文本之中。青春好像在读书中得到补偿，流失的岁月似乎在每日的阅读中追回，知识的增长与思想的反叛成为80年代的记忆。

正像我们个体的那种被压抑的青春爆发出来一种不可阻挡的反叛和求知一样，历经百年苦难的中国那种被压抑的现代性也爆发出了一种人类史所没有的现代化冲动，在宏大的历史叙事中，短暂的90年代初的沉闷很快被新一轮的改革开放浪潮所取代。当学术史研究渐成学界主流时，像马克斯·韦伯所说的那样，学术也被纳入一个庞大的运转机器之中。空洞的政治热情已经不能构成学术的主题，以知识为其趋向的学术叙述逐步成为一种主流的叙事。我也正是在90年代初开始了自己的学术转型，从西方当代哲学研究转向了明清中西文化交流史的研究，并以此为基点向东西两侧展开，向东就是"西学东渐"，这便进入了明清基督教史研究和明清文化史及思想史的研究；向西就是"中学西传"，这便进入了欧洲早期汉学史研究和欧洲近代文化史及思想史的研究。

　　近十年我几乎完全从原来的西方当代哲学研究领域消失，当1998年三联的"哈佛燕京学术丛书"第三批出版了我的《历史哲学的重建：卢卡奇与当代西方社会思潮》时，我正在经历着艰苦的学术转型。此时，我才发现自己在学问上很幼稚，有如此多的书没有看过，有如此多的重要人物和事件完全不知，一个学科就是一片天地，一个领域就是一片海洋，自己原来的那些狂傲和自大是多么可笑。那时我才真正理解了庄子所说的"吾生也有涯，而知也无涯。以有涯随无涯，殆已；已而为知者，殆而已矣。为善无近名，为恶无近刑。缘督以为经，可以保身，可以全生，可以养亲，可以尽年"。我当然没有像庄子那样走向无为之路，但却知道了自己的无知，看到了知识的博大和个人之渺小。正是在这样的学术转型中，跨学科的研究使我的精神世界从此更加辽阔，对人生的理解也开始更为平实，从80年代的狂躁重新回到了自然和朴实的思想状态。

　　也就在这个时候，一些学术先贤和前辈开始吸引了我。陈垣先生此时成为我的偶像，方豪先生的书我几乎每天都要翻来翻去，我寻找过向达先生散失的书籍，访问过王重民先生的后人，认真地读过袁同礼先生所编的汉学书目，读着他主编的《国立北京图书馆馆刊》，我一本本地寻找藏于国家图书馆中的中西文化交流的历史文献和汉学书籍。在国家图书馆工作的六年给我提供了从未有过的良好学术环境，在夕阳的余晖之下，我在善本部的阅览室中一本本地翻阅了北堂的摇篮本，在港台室的晨曦之中，我第一次借到了《天学初函》，在这里我找到了方豪主编的《上智编译馆馆刊》，看到了藏在善本部里的利玛窦地图的残卷，还发现了一些尚未编入《北堂书目》中的一些传教士的手稿。我特别感谢国家图书馆在我最彷徨的时刻收留了我，感谢任继愈先生在我思想恍惚之时给我指出了一条崭新的学术之路。同时，学术的圈子也开始扩大，在这一时期我结识了历史所的耿昇先生，认识了中华书局的谢方先生、杭州大学的黄时鉴先生，开始比较密切地与社会科学院历史所的何高济先生和张铠先生交往。同时,在编辑《国际汉学》的过程中,结识了严绍璗先生、孟华先生、李明滨先生、许明龙先生。在学习中交往,在交往中学习,谦卑是发自内心的,因为我结识的这些朋友知识都如此渊博,学问都是那样的广博和扎实,而我自己正像一个从石头缝中长出的小草,虽然有足够的生命力和坚韧的毅力,其实在知识和学问上缺乏养分和阳光,没有丰富的土地的支撑,有先天的不足。

历史好像在给我们这一代人开玩笑:尽管我们在耀眼光环下有着一些虚荣的名声,其实我们根本没有清末民初那批学者的学养;尽管我们处在人生的顶峰之中,家境略微改善,有了些斯文的生活,其实我们完全没有民国时代那些文人们的富足和从容;我们也游走四海,求学五洲,但精神的家园似乎在飘荡,而不像三四十年代的那批留学者一样,有着强烈的家园归属感和文化自觉。我自己一直把自己看成一个过渡性的人物,其实我们这一代大体都是这样,有太多的理想,但先天的不足,使我们无法远行。

但不经意之间,在学术的推进和思想的重建上突然把我们这一代人推向了历史舞台的前沿。因为,国家已经重立于世界民族之林,它需要学者们在国际舞台上代表这个东方大国说话;因为,东方的日出已经不再是神话,五百年的世界格局在我们这一代要发生根本性的变化,近一百年来在欧风美雨熏陶下成长的知识分子突然失语,发现自己无法用东方的语言和思维说话。此时,我们发现过去从先生那里学来的知识已经完全陈旧,甚至先生的话语和逻辑都要重新审视了。

在不到三十年间的时间,我们生活于其中的中国已经连我们自己都无法辨认,现代化和现代性的冲突已经成为生活的现实,从自由主义那里接续来的香火似乎并不能点亮我们前行的道路,从西方舶来的那套思想和社会理论看似美丽,但却无法解释这个有着三千年文化传统的国家所发生的文化巨变。茫然,分歧,探索,精神世界重建的使命从未像今天这样一下子压在了我们这一代人的肩上。

"天将降大任于斯人也,必先苦其心志,劳其筋骨,饿其体肤,空乏其身,行拂乱其所为,所以动心忍性,增益其所不能。"我们能担起这三千年未有之变局的大任,为往圣继绝学吗?我们能从这一代开始重新书写中国的知识体系与学术的道统吗?

在这个世纪,一切都崭新而陌生,全球化的现实、中国的崛起都需要思想的变革和理论的支撑,我们能为这个变动的世界提供一个东方色彩的理论吗?在这个资本消融一切的平面化社会中,我们这些读书人能"为天地立心,为生民立命"吗?

只有问题,没有答案,因为历史正在行进中;只有思考,没有结论,因为我知道自己的生命不可能与变动的历史一样久远同行。

六十一甲子,让我重新开始新的生命与历程。

张西平
2009 年 11 月

（李雪涛、柳若梅、顾均编《跨越东西方的思考:世界语境下的中国文化研究》后记,外语教学与研究出版社 2010 年出版）

后 记

年青时最喜欢贺铸的《六州歌头·少年侠气》这首词：

> 少年侠气，交结五都雄。肝胆洞。毛发耸。立谈中。死生同。一诺千金重。推翘勇。矜豪纵。轻盖拥。联飞鞚。斗城东。轰饮酒垆，春色浮寒瓮。吸海垂虹。闲呼鹰嗾犬，白羽摘雕弓。狡穴俄空。乐匆匆。
>
> 似黄粱梦。辞丹凤。明月共。漾孤篷。官冗從。怀倥偬。落尘笼。簿书丛。鹖弁如云众。供粗用。忽奇功。笳鼓动。渔阳弄。思悲翁。不请长缨，系取天骄种。剑吼西风。恨登山临水，手寄七弦桐。目送归鸿。

他写出了自己青春岁月的激情与热血的生命历程。

到了七十随心所欲不逾矩的年龄，我常读穆旦的《听说我老了》这首诗，在幽默中有着对生命的执着和沉稳。

> 我穿着一件破衣衫出门，
> 这么丑，我看看都觉得好笑，
> 因为我原有许多好的衣衫
> 都已让它在岁月里烂掉。
>
> 人们对我说，你老了，你老了，
> 但谁也没有看见赤裸的我，

只有在我深心的旷野中
才高唱出真正的自我之歌。

它唱着,时间愚弄不了我,
我没有卖给青春,也不卖给老年,
我只不过随时序换一换装,
参加这场化装舞会的表演。

但我常常和大雁在碧空翱翔,
或者和蛟龙在海里翻腾,
凝神的山峦也时常邀请我。
到它那辽阔的静穆里做梦。

　　青春和老年,这是完全不同的两个生命阶段,对人生与学问有
了完全不同的理解。我用这两首诗来作为这本书的后记,算是对
我七十岁生日的纪念。

　　　　　　　　　　　　　2019 年 11 月 20 日写于游心书屋